design
school

강재신 지음

프리미어 프로 CC

ADOBE PREMIERE PRO CREATIVE CLOUD

한빛아카데미
Hanbit Academy, Inc.

지은이 **강재신** realsloo@naver.com

서울과학기술대학교 시각디자인학 학사, 서울과학기술대학교 IT디자인대학원 일러스트미디어디자인학 석사를 마친 후, 현재 청운대학교 멀티미디어학과와 방송영화영상학과에서 영상 편집 워크숍을 진행하고 있다. 또한, ㈜킹콩에서 3D영상 및 360°VR 제작팀을 맡고 있다.

design school **프리미어 프로 CC**

초판발행 2018년 12월 7일

지은이 강재신 / **펴낸이** 김태헌
펴낸곳 한빛아카데미(주) / **주소** 서울시 서대문구 연희로2길 62 한빛아카데미(주) 2층
전화 02-336-7112 / **팩스** 02-336-7199
등록 2013년 1월 14일 제25100-2017-000063호 / **ISBN** 979-11-5664-393-7 93000

총괄 배용석 / **책임편집** 김현용 / **기획** 김성무 / **편집** 신꽃다미
디자인 표지 이아란 내지 이아란 / **전산편집** 이소연 / **제작** 박성우, 김정우
영업 이윤형, 길진철, 김태진, 주희, 김성삼, 임현기, 이정훈 / **마케팅** 김호철

이 책에 대한 의견이나 오탈자 및 잘못된 내용에 대한 수정 정보는 아래 홈페이지나 이메일로 알려주십시오.
잘못된 책은 구입하신 서점에서 교환해 드립니다. 책값은 뒤표지에 표시되어 있습니다.
홈페이지 www.hanbit.co.kr / **이메일** question@hanbit.co.kr

지은이 머리말

프리미어 프로를 통해 나만의 개성 있는 영상을 만들 수 있습니다.

『design school 프리미어 프로 CC』는 프리미어 프로의 영상 편집 기능 및 효과와 더불어 영상 제작을 위해 꼭 알아야 할 내용을 다루고 있습니다. 이 책은 영상 제작 프로세스를 따라 기획, 제작, 편집 작업을 진행할 수 있도록 구성하였습니다. 또한, 기본 이론을 제외한 책의 70% 이상을 실전 예제에 할애하여 영상 작업에 응용할 수 있도록 집필하였습니다.

스마트폰을 비롯한 다양한 디지털 기기와 애플리케이션을 통해 전문가만이 수행하던 디지털 촬영과 편집 능력을 누구나 가질 수 있게 되었고, 영상을 완성한 뒤에는 가족이나 친구들에게 유튜브나 페이스북 같은 SNS를 통해 온라인으로 배급하고 상영할 수도 있습니다. 이 책은 영상을 전공하는 학생들이 자신만의 전문가적 가치를 찾고 만들어 나가기 위해 최신 트렌드와 기본기를 익히는 데 적합할 뿐만 아니라 보편화된 영상 제작 기술에 힘입어 넘쳐나는 디지털 콘텐츠 가운데서 자신의 의도와 가치를 전문적으로 보여주고 싶은 1인 미디어 창작자들에게도 필요한 책이 될 것입니다.

프리미어 프로는 책에서 다루고 있는 연동 가능한 그래픽 프로그램과 사운드 프로그램, 그리고 3D 제작 툴과 함께 사용하면 더욱 다양한 결과를 얻을 수 있습니다. 프리미어 프로의 많은 메뉴와 도구를 처음 접하면 어렵다고 느낄 수도 있지만, 책에 있는 예제를 따라 하다 보면 그만큼 많은 기능을 가진 프로그램이라는 것을 곧 알 수 있을 것입니다. 이 책과 함께 하는 여정이 힘들 수도 있지만, 알아가는 기쁨을 느끼고 나만의 개성 있는 영상 제작이라는 결실을 맺기 바랍니다.

책을 집필하는 데 학생들과 함께한 시간들이 많은 도움이 되었습니다. 책에 예제를 수록하도록 허락해 준 청운대학교 학생들에게 감사의 마음을 전합니다. 또한, 책 한 권을 만들기 위해 불철주야 애쓰고 노력하는 한빛아카데미(주)에 깊은 애정과 감사를 드립니다.

저자 **강재신**

이 책의 사용 설명서

강의 보조 자료

한빛아카데미 홈페이지에서 '교수회원'으로 가입한 분은 인증 후 교수용 강의 보조 자료를 제공받을 수 있습니다. 한빛아카데미 홈페이지 상단의 〈교수전용공간〉 메뉴를 클릭해 주세요.

http://www.hanbit.co.kr/academy

본문 구성

섹션 개요

이론 섹션에서는 해당 섹션에서 배울 내용에 대한 큰 줄기를 짚어 보고, 실습 섹션에서는 준비파일과 완성파일을 보여줍니다.

본문

이론 섹션에서는 툴이나 메뉴의 기능을 설명하고, 실습 섹션에서는 실습을 진행합니다.

팁

참고로 알아 두면 좋을 내용, 실습하면서 주의할 사항 등을 설명합니다.

여기서 잠깐

본문에서 다룬 툴이나 메뉴의 세부 옵션 및 기타 특징을 설명합니다.

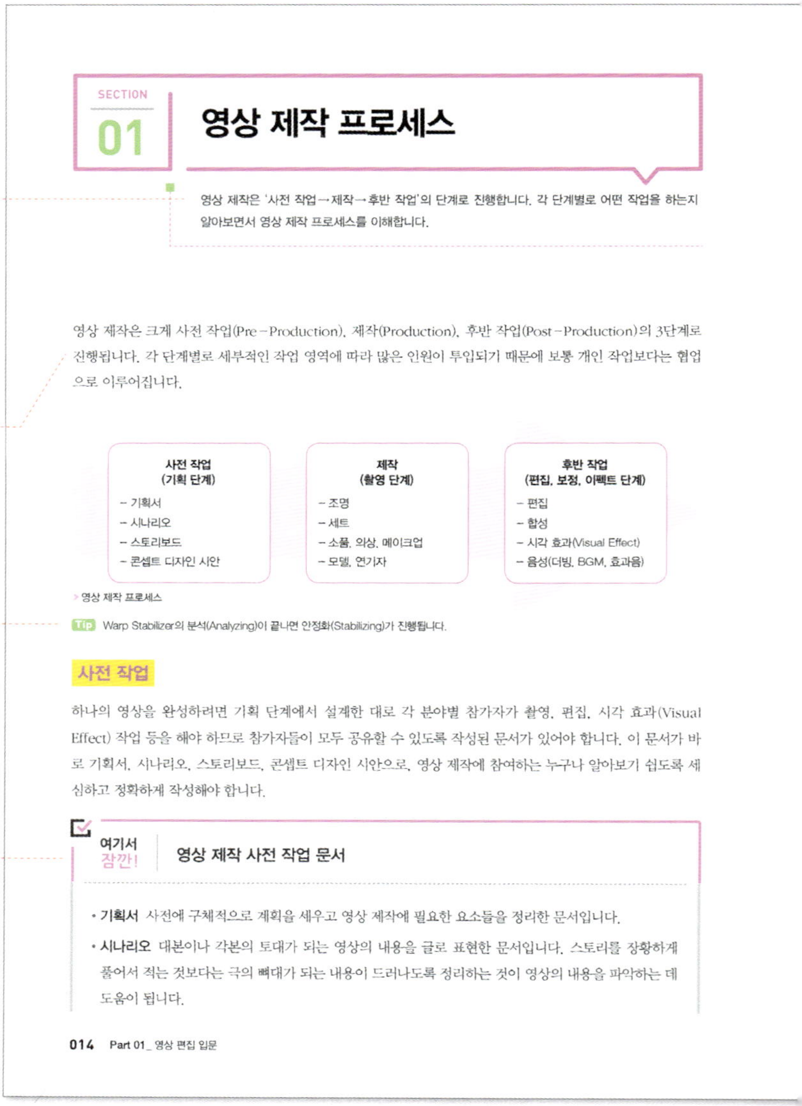

SECTION 01 영상 제작 프로세스

영상 제작은 '사전 작업→제작→후반 작업'의 단계로 진행합니다. 각 단계별로 어떤 작업을 하는지 알아보면서 영상 제작 프로세스를 이해합니다.

영상 제작은 크게 사전 작업(Pre-Production), 제작(Production), 후반 작업(Post-Production)의 3단계로 진행됩니다. 각 단계별로 세부적인 작업 영역에 따라 많은 인원이 투입되기 때문에 보통 개인 작업보다는 협업으로 이루어집니다.

사전 작업 (기획 단계)	제작 (촬영 단계)	후반 작업 (편집, 보정, 이펙트 단계)
– 기획서 – 시나리오 – 스토리보드 – 콘셉트 디자인 시안	– 조명 – 세트 – 소품, 의상, 메이크업 – 모델, 연기자	– 편집 – 합성 – 시각 효과(Visual Effect) – 음성(더빙, BGM, 효과음)

영상 제작 프로세스

Tip Warp Stabilizer의 분석(Analyzing)이 끝나면 안정화(Stabilizing)가 진행됩니다.

사전 작업

하나의 영상을 완성하려면 기획 단계에서 설계한 대로 각 분야별 참가자가 촬영, 편집, 시각 효과(Visual Effect) 작업 등을 해야 하므로 참가자들이 모두 공유할 수 있도록 작성된 문서가 있어야 합니다. 이 문서가 바로 기획서, 시나리오, 스토리보드, 콘셉트 디자인 시안으로, 영상 제작에 참여하는 누구나 알아보기 쉽도록 세심하고 정확하게 작성해야 합니다.

여기서 잠깐! 영상 제작 사전 작업 문서

- **기획서** 사전에 구체적으로 계획을 세우고 영상 제작에 필요한 요소들을 정리한 문서입니다.
- **시나리오** 대본이나 각본의 토대가 되는 영상의 내용을 글로 표현한 문서입니다. 스토리를 장황하게 풀어서 적는 것보다는 극의 뼈대가 되는 내용이 드러나도록 정리하는 것이 영상의 내용을 파악하는 데 도움이 됩니다.

014 Part 01_ 영상 편집 입문

〈Part 1, 2, 4〉

design school

예제 소스

실습에 필요한 파일은 아래 주소에서 내려받을 수 있습니다. 준비파일과 완성파일이 섹션별로 정리되어 있습니다. 계속 사용할 파일이므로 하드디스크에 복사해 두는 것이 좋습니다.

http://www.hanbit.co.kr/src/4393

SECTION 02

화이트 밸런스로 색상 보정하기

- 준비파일 WhiteBalance.prproj
- 완성파일 WhiteBalance_result.prproj

PREVIEW

PLAY

OVERVIEW

카메라로 화이트 밸런스(White Balance)를 조정하고 촬영하면 반사된 빛의 색감을 흰색 기준으로 중립적으로 잡아 색을 균형 있게 조절할 수 있지만, 조정 없이 촬영했다고 해도 프리미어 프로에서 루메트리 컬러 패널을 이용하면 보정할 수 있습니다. 프리미어 프로에서 루메트리 컬러 패널을 이용해 화이트 밸런스를 조절하는 방법에 대해 알아봅니다.

Chapter 10_ 루메트리 컬러를 이용한 색상 보정 363

준비파일/완성파일
해당 섹션에서 실습할 준비파일과 완성파일을 확인합니다.

PREVIEW/PLAY
작업 결과를 예측할 수 있도록 완성된 예제의 재생 장면을 여러 컷으로 나열합니다.

OVERVIEW
해당 섹션에서 만들 예제에 사용된 기능과 간단한 개념 설명을 통해 실습 진행 방향을 지시합니다.

〈Part 3〉

목차

목차

CHAPTER 14 내가 촬영한 영상 편집

PART

01

영상 편집 입문

Chapter 01 영상 편집 소개
Chapter 02 프리미어 프로 CC 시작

CHAPTER

01

영상 편집 소개

프리미어 프로는 영상을 편집할 때 사용하는 프로그램입니다. 영상이나 이미지를 잘라내고 붙이는 기본 기능을 효율적으로 수행할 수 있을 뿐 아니라 화질을 개선하고 레이아웃에 변화를 줄 수 있으며, 자막과 오디오 편집 효과도 적용할 수 있습니다. 영상 편집은 영상 제작 과정 중 후반 작업(Post-Production)에서 이루어집니다. 하지만 영상의 기획 단계에서부터 편집점을 고려하고 촬영하면, 불필요해서 버리게 되는 영상 소스를 줄일 수 있고 부족한 부분을 추가 촬영하는 등의 시간 낭비도 방지할 수 있습니다. 그러므로 프리미어 프로를 다루기 전에 영상의 제작 과정과 편집점을 찾기 위한 기획, 화면 구성, 장면 전환 등 영상 편집의 기본기를 익혀야 합니다. 이 CHAPTER에서는 영상 제작 프로세스를 파악하고, 영상을 기획하여 스토리보드를 그리는 방법을 살펴봅니다.

Section 01 / 영상 제작 프로세스

Section 02 / 기획과 스토리보드

Section 03 / 화면 구성

Section 04 / 시퀀스

Section 05 / 촬영과 편집 용어

SECTION 01

영상 제작 프로세스

영상 제작은 '사전 작업→제작→후반 작업'의 단계로 진행합니다. 각 단계별로 어떤 작업을 하는지 알아보면서 영상 제작 프로세스를 이해합니다.

영상 제작은 크게 사전 작업(Pre-Production), 제작(Production), 후반 작업(Post-Production)의 3단계로 진행됩니다. 각 단계별로 세부적인 작업 영역에 따라 많은 인원이 투입되기 때문에 보통 개인 작업보다는 협업으로 이루어집니다.

사전 작업 (기획 단계)	제작 (촬영 단계)	후반 작업 (편집, 보정, 이펙트 단계)
- 기획서 - 시나리오 - 스토리보드 - 콘셉트 디자인 시안	- 조명 - 세트 - 소품, 의상, 메이크업 - 모델, 연기자	- 편집 - 합성 - 시각 효과(Visual Effect) - 음성(더빙, BGM, 효과음)

» 영상 제작 프로세스

사전 작업

하나의 영상을 완성하려면 기획 단계에서 설계한 대로 각 분야별 참가자가 촬영, 편집, 시각 효과(Visual Effect) 작업 등을 해야 하므로 참가자들이 모두 공유할 수 있도록 작성된 문서가 있어야 합니다. 이 문서가 바로 기획서, 시나리오, 스토리보드, 콘셉트 디자인 시안으로, 영상 제작에 참여하는 누구나 알아보기 쉽도록 세심하고 정확하게 작성해야 합니다.

여기서 잠깐! **영상 제작 사전 작업 문서**

- **기획서** 사전에 구체적으로 계획을 세우고 영상 제작에 필요한 요소들을 정리한 문서입니다.
- **시나리오** 대본이나 각본의 토대가 되는 영상의 내용을 글로 표현한 문서입니다. 스토리를 장황하게 풀어서 적는 것보다는 극의 뼈대가 되는 내용이 드러나도록 정리하는 것이 영상의 내용을 파악하는 데 도움이 됩니다.

- **스토리보드** 대본을 시각화하여 표현한 문서로, 화면에 담을 장면과 최대한 흡사하게 그리는 것이 좋습니다. 제작진의 의사소통을 돕는 주요한 수단이기 때문에 누가 보아도 이해하기 쉽게 작성해야 합니다.
- **콘셉트 디자인 시안** 스토리보드에 미처 담아내지 못하는 영상의 분위기나 색감 등을 설명하기 위해 구현한 이미지입니다.

제작

본격적으로 영상을 제작하려면 촬영을 해야 합니다. 이 단계에서는 카메라, 조명, 다이크, 촬영 장소, 세트, 등장인물, 소품, 의상 등이 필요합니다.

❶ **카메라** 고가의 DSLR이나 미러리스 카메라도 좋지만, 휴대폰에 탑재된 카메라로도 훌륭한 영상을 만들 수 있습니다. 휴대폰의 전면 카메라보다는 후방 카메라의 화소수가 높으므로 후방 카메라를 이용하는 것이 좋습니다.

❷ **조명** 조명에서 빛의 종류, 세기, 색을 어떻게 사용하느냐에 따라 영상의 분위기가 달라집니다. 가장 일반적인 광원은 태양이지만, 태양은 이동하기 때문에 피사체와의 각도가 계속 바뀐다는 단점이 있습니다. 조명에 의해 생기는 그늘을 줄이려면 반사판이나 보조 조명(Fill Light)을 사용합니다.

③ **마이크** 좋은 사운드를 녹음하려면 카메라의 내장 마이크보다는 콘덴서 마이크(Condenser Microphone)나 녹음기(Recorder)를 이용하는 것이 좋습니다. 휴대폰으로 통화할 때 쓰는 이어폰에 부착된 마이크로도 녹음을 할 수는 있지만, 소리의 근원과 마이크의 거리가 멀면 전혀 녹음이 되지 않는다는 단점이 있습니다.

④ **기타** 촬영 단계에서는 제작 일정에 맞춰 촬영 장소(세트)와 등장인물을 미리 섭외하고, 소품이나 의상, 장비 등을 대여하는 일정도 꼼꼼히 챙겨야 합니다.

후반 작업

후반 작업에서 영상 편집/합성, 시각 효과(Visual Effect) 적용, 음성(Sound) 합성 등을 하려면 하드웨어와 소프트웨어가 필요합니다.

하드웨어인 컴퓨터는 PC와 매킨토시 중에서 선택할 수 있습니다. 컴퓨터 작업은 멀티코어 연산으로 이루어지기 때문에 CPU의 코어 수가 많을수록 속도가 빠릅니다.

편집을 위한 소프트웨어로는 PC와 매킨토시에서 모두 사용할 수 있는 프리미어 프로(Premier Pro)와 애프터 이펙트(After Effect)가 표준적으로 사용됩니다. 또한, 매킨토시용 파이널 컷 프로(Final Cut Pro)도 많이 쓰이며 실무 분야에 따라 누크(Nuke) 등의 프로그램도 사용합니다.

Tip 어도비(Adobe)의 프리미어 프로와 애프터 이펙트는 서로 호환되므로 편집과 보정, 효과 적용 등의 작업을 할 때 함께 사용하기 편리하다는 장점이 있습니다.

SECTION 02

기획과 스토리보드

기획서와 스토리보드가 무엇인지 알아보고, 각각의 샘플을 확인하면서 영상 편집에 필요한 내용을 이해합니다.

기획서와 시나리오

기획 단계(사전 작업)에서는 작품의 기획 의도를 명확히 설정하고, 제목, 주제, 장르, 등장인물, 시놉시스 등을 구체적으로 계획하여 영상의 전체적인 모습이 그려지도록 기획서를 작성하는 것이 좋습니다. 자세한 줄거리는 시나리오에 기록합니다. 이때 등장인물, 시간, 장소, 원인과 결과가 잘 드러나도록 작성해야 보는 사람이 영상의 내용을 파악하는 데 도움이 됩니다.

❶ **영상 제작 기획서 샘플** 영상 제작 기획서 샘플을 확인하면서 기획서에 어떤 세부 내용을 적어야 할지 파악합니다. 다음은 전통음악을 공부하는 학생들의 모습을 통해 전통음악을 홍보하기 위해 제작한 영상의 기획서입니다. 인터뷰와 내레이션이 포함된 다큐멘터리 형식으로 제작할 예정입니다. 대략적인 스토리만 설명하는 것이 아니라 예상 러닝타임과 구체적으로 필요한 장면/캐릭터를 설정하였고, 제작 배경을 기록하여 영상의 목적과 타깃을 알 수 있게 하였습니다. 마지막으로 촬영/녹음/편집 일정을 계획하여 영상 제작이 순조롭게 진행될 수 있게 하였습니다. 좀 더 시간적 여유가 있다면, 일기 변화와 같은 예상치 못한 상황이 발생하여 재촬영이나 수정이 필요할 경우에 대비해 여분의 시간을 할애하는 것도 좋습니다.

<table>
<tr><th colspan="2">제작 부분</th><th>장르</th><th>제작 기법</th></tr>
<tr><td colspan="2">디지털 영상</td><td>다큐멘터리</td><td>스케치/내레이션</td></tr>
<tr><th colspan="2">작품명</th><th>상영 시간</th><th>대상</th></tr>
<tr><td>한글</td><td>우리 전통 나의 음악</td><td rowspan="2">10분 이내</td><td rowspan="2">전체</td></tr>
<tr><td>영문</td><td>Our traditional my music</td></tr>
<tr><th colspan="4">시놉시스</th></tr>
<tr><td colspan="4">국악을 공부하는 또래 학생들의 다양한 모습을 보면서 우리나라의 역사 속에 크게 자리 잡고 있는 전통 음악인 국악에 대해 생각하는 시간을 갖고자 한다. 학생들이 수업시간에 국악 관현악을 연주하는 모습, 교수와 함께 공연을 준비하는 모습, 공연하는 모습 등을 보고, 국악을 하는 대학생들이 생각하는 전통 국악과 퓨전 국악에 대해 들어본다. 그리고 많은 사람 앞에서 공연하는 모습을 보여줌으로써 전 세대를 아우르는 국악이라는 이미지를 심고자 한다.</td></tr>
<tr><th colspan="4">작품 개요</th></tr>
<tr><td colspan="4">오늘날 젊은 계층은 힙합, 랩, 팝 등 현대 음악을 주로 듣지만, 우리나라 전통 음악인 국악을 즐기고 공부하는 젊은이들도 있다. 그들이 왜 국악을 공부하는지 알아보고, 퓨전 국악을 통해 전통 국악과 현대 음악이 어우러질 수 있는 가능성을 탐색하고자 한다.</td></tr>
</table>

제작 의도 및 배경

① 제작 의도 오늘날 국악은 사람들에게서 멀어져 있지만 국악을 부흥시키기 위해 젊은이들이 다양한 방식으로 노력하고 있다. 이들의 모습을 통해 국악에 대해 알리고자 한다.

② 제작 배경

사회적 배경: 국악은 우리 사회에서 점점 멀어지고 있지만 국악을 부흥시키기 위해 노력하는 젊은이들이 늘고 있다.

문화적 배경: 전통 음악과 현대 음악을 혼합한 퓨전 국악 등의 형태로 전 세대가 공감할 수 있는 국악이 만들어지고 있다.

캐릭터 설정

등장인물	A 대학교 국악원 학생들	B 대학교 학생들
성격	전통 국악과 퓨전 국악이 모두 대중에게 사랑받을 수 있도록 노력하고 있음	전통 국악에 대한 자부심을 지니고 있으며, 어떻게 하면 전통 국악을 이어나가고 대중성을 갖게 할 수 있는지 생각하며 노력하고 있음
특징	전통 국악과 퓨전 국악을 연주하는 학생들과 교수들이 함께 하는 국악 수업	각 지역의 특색에 맞는 전통 국악을 연주하며 국악의 대중화를 연구하는 수업

제작 일정

10/9~12/4					
내용	A대	국립국악원	B대	편집실	프로세스
캐스팅	완료	완료	완료		사전 작업
촬영	10/17	10/27	10/28		제작
레코딩/Wrap	10/17	10/27		10/30~12/3	후반 작업
편집/CG				10/30~12/3	

> 영상 기획서 예시: 우리 전통 나의 음악

* 위 샘플은 청운대학교 방송영상영화학과 정동환, 김정용 학생이 2017년 1학기 '영상 편집 워크숍' 수업시간에 과제로 작업한 영상의 기획서입니다.

❷ **시나리오 샘플** 정해진 법칙이 있는 것은 아니지만, 시나리오 작업 시 시간, 장소, 등장인물의 행동과 동선, 대사와 함께 카메라의 움직임 등을 기록하면 스토리보드 작업을 할 때 화면을 구성하기가 어렵지 않습니다. 다음은 '네모의 꿈'이라는 음악의 뮤직비디오를 스톱모션 기법으로 제작한 영상의 시나리오입니다. 줄거리만 표현하기보다는 줄 콘티 형식으로 작성하여 매 장면이 떠오를 수 있도록 자세하게 작성했습니다.

제목	네모의 꿈
장르	뮤직비디오
표현 기법	스톱모션
등장인물	캐릭터 1

#1. Sound(♬ 네모난 침대에서 일어나)
- 아무것도 없는 방의 바닥에 네모난 침대 등장
- 침대 위에 네모난 베개가 올려지고, 네모난 이불이 덮임
- 안대 쓴 캐릭터가 이불 안에서 스톱모션으로 등장

#2. Sound(♬ 눈을 떠 보면)
- 캐릭터가 이불을 덮은 채로 일어나 앉음
- 웨이스트 샷

#3. Sound(♬ 네모난 창문으로)
- 창문 앞 책상에 앉은 캐릭터의 뒷모습
- 캐릭터 앞에 눈높이보다 위에 있는 창문을 통해 아파트가 보임

#4. Sound(♬ 보이는)
- 캐릭터의 앞모습
- 창문에서 바라보는 각도로 촬영
- 바스트 샷

#5. Sound(♬ 똑같은 풍경)
- 캐릭터의 뒷모습에서 창문으로 클로즈업

#6. Sound(♬ 네모난 문을 열고)
- 캐릭터가 문을 통해 방에서 밖으로 나감
- 네모난 문이 보이도록 캐릭터 뒤에서 촬영
- 풀 샷

#7. Sound(♬ 네모난 테이블에 앉아)
- 캐릭터가 테이블 앞에 의자를 빼서 앉음

#8. Sound(♬ 네모난 조각신문 본 뒤)
- 테이블에 팔꿈치를 대고 신문을 양손에 펼쳐 드는 캐릭터의 뒷모습
- 카메라 앵글은 위에서 아래로 촬영

#9. Sound(♬ 네모난 책가방에 네모난 책들을 넣고)
- 테이블 위에 종이로 만든 네모난 책가방이 있음
- 캐릭터가 가방을 열고, 종이로 만든 책을 집어넣음
- 화면에 책가방과 손이 나오도록 촬영

#10. Sound(♬ 네모난 버스를 타고)
- 버스가 정류장에 들어오고, 화면 오른쪽에서 버스에 타는 캐릭터의 뒷모습

#11. Sound(♬ 네모난 건물을 지나)
- 창문에 기대 창밖에 건물이 지나가는 모습을 바라보는 캐릭터의 옆모습
- 웨이스트 샷

#12. Sound(♬ 네모난 학교에 들어서면)
- 학교 전경 풀 샷에서 학교에 가까워지는 캐릭터를 따라 줌 인

#13. Sound(♬ 또 네모난 교실 네모난 칠판과 책상들)
- 네모난 교실 창문, 칠판, 책상 컷으로 연결

≫ 시나리오 예시: 네모의 꿈

* 위 샘플은 청운대 멀티미디어학과 2017년 1학기 '디지털 영상 제작' 수업 시간에 김진영 학생이 과제로 제출한 시나리오입니다.

스토리보드의 구성

스토리보드는 문자로 된 시나리오를 콘텐츠로 제작하는 과정에서 이미지로 사고할 수 있도록 돕는 작업으로, 시나리오의 시각화를 통해 콘텐츠 제작과 관련된 사람들에게 정확한 정보를 전달하여 의사소통이 원활하게 이루어질 수 있도록 하기 위해 작성합니다.

스토리보드에는 영상의 흐름을 설명하기 위한 스토리나 구성 요소, 촬영 정보, 등장인물과 카메라의 동선 등 제작 시 필요한 정보들을 미리 약속된 언어로 작성하면서 동시에 중요한 장면별로 간단하게 스케치를 담습니다. 따라서 스토리보드에는 영상 촬영 및 편집 시에 필요한 전체적인 정보가 담겨 있기 때문에 제작에 들어가기 전에 점검하는 데 유용하게 쓰이며, 촬영 및 편집을 하는 데에도 일종의 가이드라인이 되어 좀 더 효율적으로 일을 할 수 있게 도와줍니다.

스토리보드의 화면 비율(종횡비)은 작품이 상영되는 매체에 따라 달라집니다. 4:3을 기준으로 16:9와 1.85:1 등 상영 매체의 화면에 따라 작업해야 합니다.

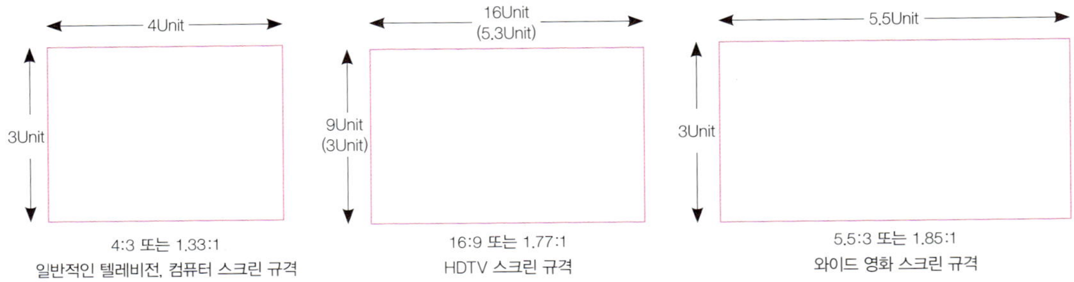

› 화면의 종횡비

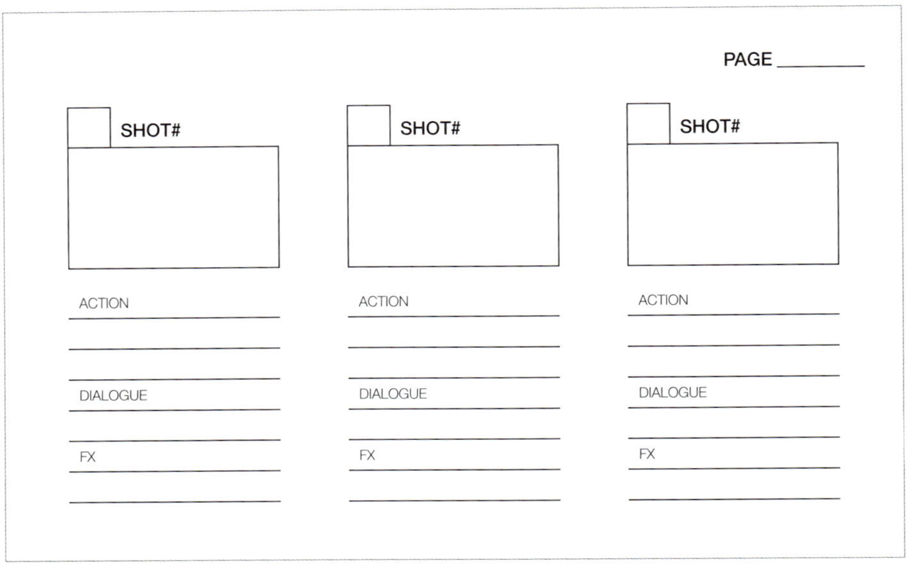

› 스토리보드의 패널 양식(수평)

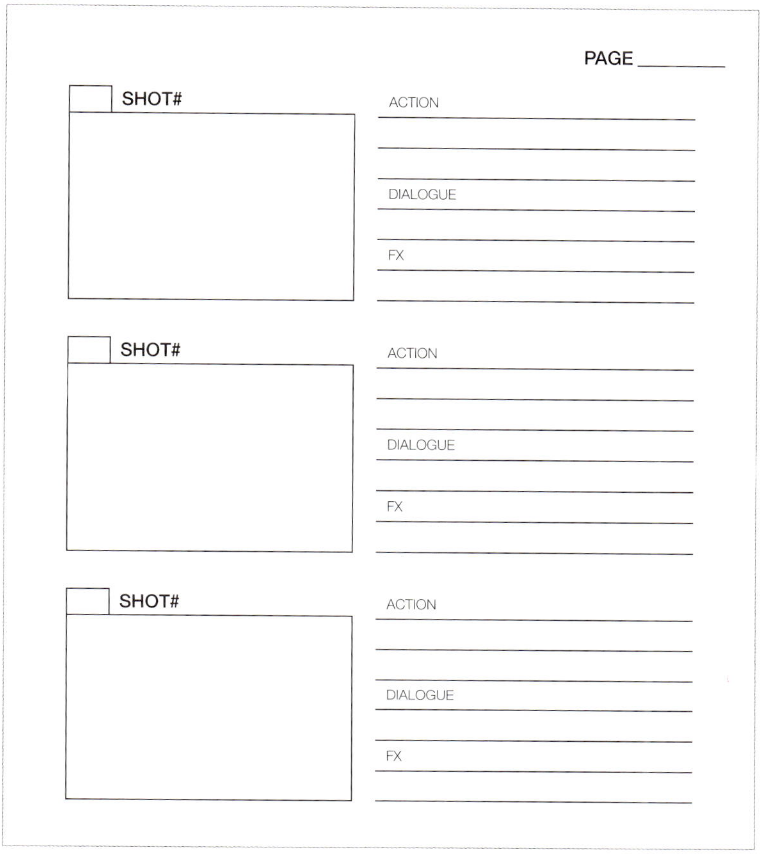

> 스토리보드의 패널 양식(수직)

스토리보드 샘플

다음은 '케이크 대소동'이라는 영상을 제작하기 전에 작성한 스토리보드입니다. '케이크 대소동'은 크라운 왕국에서 세쌍둥이 자매인 딸기공주, 밀크공주, 초코공주가 생일 케이크를 도난당하고 범인을 찾으면서 벌어지는 이야기를 담고 있습니다. 장면을 이해할 수 있도록 그림을 그리고, 카메라의 움직임이나 장면 전환, 등장인물의 이동 경로를 자세하게 표시했습니다. 스토리보드에는 대략적으로라도 장면별 시간을 초 단위로 기록해 영상 재생 시간을 예상하는 것이 좋습니다.

컷	영상	내용	사운드	시간
#1		(Fade in) • 아무도 없는 조리실 안 • 카메라를 오른쪽에서 왼쪽으로 움직이며 조리실의 모습을 담는다(Pan). • 화면이 창문 쪽으로 이동했을 때 창문이 열리고 카메라가 멈춘다. • 창문 확대(Zoom in)		02:15

컷	영상	내용	사운드	시간
#2		• 열린 창문 너머로 누군가가 아래에서 위로 나타난다.	• 효과음: 등장	03:00
#3	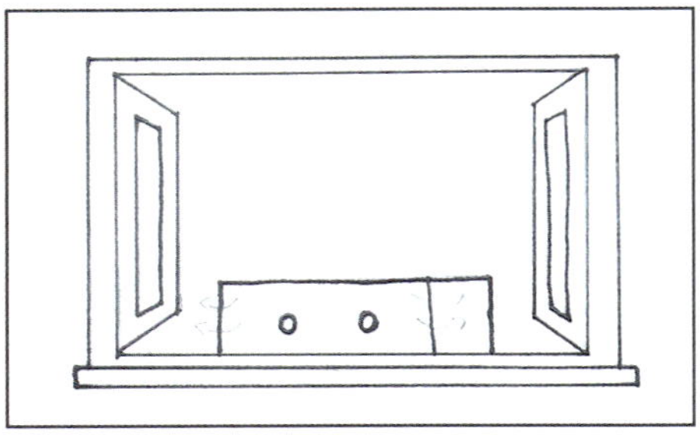	• 고개를 좌우로 돌리며 조리실 안을 살핀다.		03:20
#4	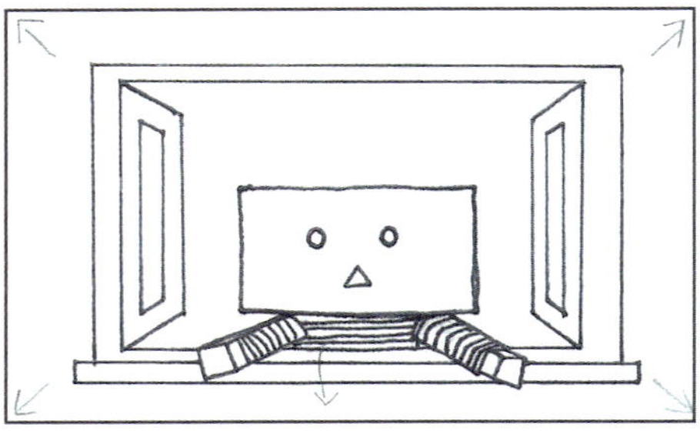	• 창문을 넘어 조리실 안으로 들어온다. • 카메라를 아래로 조금 내린다(Tilt Down).	• 효과음: 창문 넘는 소리, 바닥에 떨어지는 소리	05:05
#5		• 다시 조리실 전체가 보이게 축소한다(Zoom Out). • 조리실 테이블에 놓여 있는 케이크를 가지고 창문을 넘어 나간다(Fade Out).	• 효과음: 케이크 끄는 소리, 창문 넘어가는 소리	07:10
#6		(Fade In) • 오른쪽에서 문이 열리고 딸기공주가 들어온다(Frame In). • 그대로 걸어오다가 고개를 돌려 빈 테이블을 보고 멈춰 선다.	• 효과음: 걷는 소리	09:00

컷	영상	내용	사운드	시간
#7		• 뒤돌아서 열린 문을 보면서 손을 위아래로 휘두르는 딸기공주	• 딸기공주: 대사, 빠른 재생 효과 • 효과음: 걷는 소리	10:10
#8		• 밀크공주와 초코공주도 조리실로 들어온다(Frame In). • 딸기공주가 테이블을 가리키자 놀라는 밀크공주와 초코공주 • 열려 있는 창문을 확대(Zoom In).	• 밀크공주: 놀라는 소리, 빠른 재생 효과 • 초코공주: 놀라는 소리, 빠른 재생 효과	12:15
#9		(Zoom Out) • 바닥을 살피던 딸기공주가 무언가를 발견한다. • 발견한 것을 들고 뒤돌아서 창문으로 다가선다.	• 효과음: 걷는 소리	14:20
#10		(Frame In) • 조리실 안으로 들어서다 멈춰서는 초코공주 • 창밖으로 무언가를 버리는 딸기공주		16:00

» 스토리보드 예시: 케이크 대소동

* 위 샘플은 청운대 멀티미디어학과 2017년 1학기 '디지털 영상 제작' 수업 시간에 김해진 학생이 과제로 제출한 스토리보드입니다.

SECTION 03

화면 구성

안정적인 영상 촬영의 중요성을 알고, 다양한 화면 구성 샘플을 보면서 균형이 맞도록 화면을 구성할 수 있는 방법을 익힙니다.

안정적인 영상 촬영의 중요성

카메라는 화면에 담을 영상을 선택하는 기기입니다. 즉, 관객은 카메라에 담긴 선택적 영상만 볼 수 있습니다. 좋은 영상이란 관객이 카메라의 존재를 인식하지 않고 편안하게 즐길 수 있는 영상입니다. 줄거리와 관계없이 카메라 조작 기술이 부족해 흔들리는 영상이 그대로 보인다면 관객은 카메라의 존재를 인식하고 그만큼 영상에 흥미를 잃게 됩니다. 카메라의 부드러운 움직임은 화면을 안정적으로 구성하기 위해 꼭 필요한 조건입니다. 그러므로 삼각대나 카메라 전용 스탠드 등 카메라를 지지할 수 있는 도구를 사용해 촬영해야 합니다.

삼등분의 법칙

좋은 구도를 잡기 위해 주로 사용하는 방법 중 하나는 삼등분의 법칙(삼등분법)입니다. 화면의 가로와 세로를 각각 삼등분한 선을 네 개 그렸을 때, 가로와 세로 두 선이 만나는 네 지점에 주 피사체 또는 인상적인 포인트를 위치시키라는 법칙입니다. 이 방법이 항상 멋진 구도를 보장하는 것은 아니지만, 관객이 보아야 할 지점을 위주로 화면을 구성하는 데 도움이 됩니다.

다음은 삼등분의 법칙을 적용해 구성한 화면과 그렇지 않은 화면의 예입니다. 삼등분의 법칙을 적용하지 않은 경우에는 관객이 어디에 시선을 두어야 할지 헤매는 동안 다음 장면으로 넘어가 버릴 수도 있으니 촬영할 때 염두에 두어야 합니다. 다큐멘터리나 드라마에서는 일반적으로 삼등분의 법칙이 가장 안전하고 유용한 화면 구성법입니다.

> 삼등분의 법칙을 적용한 화면 구성

> 삼등분의 법칙을 적용하지 않은 화면 구성

균형이 맞는 화면 구성

화면 구성의 균형(balance)이 맞을 때 관객의 시선이 주 피사체가 향하는 방향을 다라갈 수 있기 때문에 영상을 보다 편하게 감상할 수 있습니다. 불균형하게 구성된 화면은 관객에게 심리적으로 프레임 속 인물의 갈 곳이 막혔다는 답답한 느낌을 줄 수 있습니다. 관객은 균형이 맞는 화면에서 보다 편안한 구도로 감상할 수 있습니다. 시각적인 균형을 유지해야 한다는 법칙은 인물뿐만 아니라 사물에도 마찬가지로 적용됩니다.

» 균형이 맞는 화면 구성 1

» 불균형한 화면 구성 1

» 균형이 맞는 화면 구성 2

» 불균형한 화면 구성 2

» 균형이 맞는 화면 구성 3

» 불균형한 화면 구성 3

여기서 잠깐!

헤드 룸

프레임 상단 끝부터 인물의 머리 끝 사이의 공간을 헤드 룸(Head Room)이라고 합니다. 바스트 샷(Bast Shot)으로 찍을 때 헤드 룸은 주먹 하나 정도 공간이면 적당합니다. 웨이스트 샷(Waist Shot), 니 샷(Knee Shot), 풀 샷(Full Shot)으로 갈수록 헤드 룸이 조금씩 커집니다. 이 공간이 너무 크거나 좁으면 구도가 불안정해 보입니다.

» 바스트 샷의 헤드 룸

» 웨이스트 샷의 헤드 룸

Tip **노즈 룸:** 인물이 바라보는 공간을 노즈 룸(Nose Room)이라고 하며, 루킹 룸(Looking Room) 또는 룩 스페이스(Look Space)라고도 합니다. 노즈 룸이 좁아지면 인물이 바라보는 시선이 막히므로 단절된 느낌이 들고 답답해 보입니다.

Tip **리드 룸:** 리드 룸(Lead Room)은 인물이 바라보는 공간을 말합니다. 인물이 움직이고 있는 상황에서 인물의 진행 방향으로 공간을 더 남겨두면 이후 진행 화면을 안정적으로 구성할 수 있습니다.

SECTION 04

시퀀스

시퀀스의 개념과 관련 용어를 이해하고, 시퀀스를 이용한 다양한 촬영 방법에 대해 알아봅니다.

시퀀스의 개념

한 번의 카메라 조작으로 기록한 화면을 샷(Shot)이라 하고, 연속된 샷이 모여 행위를 이룬 것을 장면(Scene)이라고 합니다. 그리고 여러 장면이 모여 만들어진 단위를 시퀀스(Sequence)라고 합니다. 같은 카메라 앵글로 긴 시간 촬영한 영상보다 여러 장면으로 작게 나누어 촬영한 영상이 관객이 흥미를 갖고 이야기를 이해하기에 좋습니다. 이것은 만드는 사람의 의도대로 이야기를 강조하고 영상의 길이를 조절할 수 있는 수단이기도 합니다.

기본 시퀀스를 찍을 때 가장 주의할 점은 각 샷을 찍을 때 이미지 사이즈와 카메라 앵글을 항상 변화시켜야 한다는 것입니다. 이 원칙을 지키면 샷과 샷의 연결이 자연스러워지고 해당 시퀀스가 훨씬 흥미로워집니다.

» 이미지 사이즈와 카메라 앵글 변화

30도 법칙과 180도 법칙

동일한 피사체를 여러 샷으로 나누어 찍을 때 이전 샷의 카메라 위치에서 최소 30도 이상 움직인 위치에서 다음 샷을 찍어야 하는데, 이것을 30도 법칙(30 degree rule)이라고 합니다. 30도 법칙을 지키지 않으면, 카메라의 변화는 거의 없는데 피사체만 급격히 이동하여 화면이 튀어 보이는 이른바 점프 컷이 나타납니다.

여기서 잠깐!

점프 컷(Jump Cut)

연결되는 두 장면에서 동작 연결이 자연스러워 마치 연속적으로 이루어지는 한 동작처럼 보이게 하는 편집 방법인 매치 컷(Match Cut)에 대비되는 용어로, 두 장면을 연결했을 때 연속성이 갖는 흐름을 깨뜨리는 편집을 말하는 용어입니다. 예를 들어 다음 사진처럼 같은 동작 중인 인물을 같은 방향에서 인물의 크기만 다르게 촬영해서 연결할 경우 화면이 튀어 보이는 부자연스러운 편집이 됩니다.

특별한 경우 의도적으로 점프 컷을 사용하기도 합니다. 예를 들면, 배경은 변하지 않는데 인물이 변하거나 인물은 변하지 않는데 배경이 변하도록 하면 시간이 빠르게 흐르거나 되돌아가는 듯한 효과를 연출할 수 있습니다. 또, 피사체가 갑자기 나타나고 사라지거나 불연속한 동작으로 다가오는 등의 화면을 만들어 관객이 불안감이나 공포감을 느끼도록 유도하기도 합니다.

> 부자연스러운 점프 컷

두 명의 등장인물이 등장하는 장면과 장면을 연결할 때는 그 캐릭터 사이를 연결하는 가상의 선을 설정하고 동일한 시퀀스의 모든 샷은 이 선의 한쪽에서만 촬영해야 합니다. 이것을 시퀀스의 180도 법칙(180 degree rule)이라고 합니다. 이는 영화를 보는 관객의 시선에 혼란을 주지 않도록 하기 위해서입니다.

> 투 샷에서의 카메라 변화

컷 어웨이

등장인물 두 명이 대화하는 장면에서 말하고 있는 한 명만 보여주는 경우, 대사가 길어지면 관객은 자칫 지루해질 수 있습니다. 이럴 때는 말하는 등장인물을 보여주는 샷 사이에 대화를 듣는 다른 등장인물의 컷 어웨이 샷을 넣어 편집하는 것이 효과적입니다.

컷 어웨이(Cut Away)란 주요 인물과 관련성이 있는 다른 사람이나 피사체를 보여주는 컷입니다. 예를 들어, 다음과 같이 전통 음악을 전공하는 학생들의 인터뷰 중간에 공연 장면을 삽입한 것도 같은 맥락입니다. 컷 어웨이 샷은 편집 작업의 안전한 이음새와도 같으므로 사용할 수 있는 장면들을 미리 촬영해 두는 것이 매우 중요합니다.

» 컷 어웨이 샷을 이용한 시퀀스

오버래핑 액션

샷과 샷을 부드럽게 연결하는 또 다른 방법은 편집할 때 동작 중에 컷을 하는 것입니다. 관객의 시선은 자연스럽게 등장인물의 동작을 따라가므로 동작이 시작되는 샷에서 동작이 끝나는 샷으로 이어집니다. 문을 여는 동작, 일어나는 동작, 차에서 내리는 동작, 걷거나 뛰는 동작 모두 적용할 수 있습니다. 단, 샷이 끝날 때의 동작이 다음 샷 시작 때 한 번 더 보여야 하기 때문에 같은 동작을 두 번 촬영해야 합니다. 이것을 오버래핑 액션(Overlapping Action)이라고 합니다.

SECTION 05

촬영과 편집 용어

영상 편집에서 피사체의 크기, 카메라 앵글, 카메라 무빙에 따라 분류된 촬영과 편집 용어를 이해합니다.

화면을 차지하는 피사체의 크기에 따른 분류

화면을 차지하는 피사체의 크기에 따라 분류되는 용어인 익스트림 클로즈업 샷, 클로즈업 샷, 바스트 샷, 웨이스트 샷, 니 샷, 풀 샷, 미디엄 클로즈업 샷, 미디엄 샷, 미디엄 롱 샷, 롱 샷, 익스트림 롱 샷에 대해 알아봅니다.

❶ **익스트림 클로즈업 샷(Extreme Close Up Shot, ECU)** 피사체의 일부분을 극단적으로 가깝게 촬영한 샷으로, 인물의 눈, 입, 귀 등 특정 부위를 찍을 때 주로 쓰입니다. 극적인 장면을 연출하거나 긴장감을 줄 때 주로 사용합니다.

❷ **클로즈업 샷(Close Up Shot, CU)** 피사체와 가깝게 촬영한 샷입니다. 인물을 예로 들면, 물건을 집는 손, 머리부터 어깨까지 등을 화면에 담는 것을 말합니다. 얼굴을 담는 것은 헤드 샷(head shot)이라고도 하는데, 이 경우 얼굴 전체로 화면을 채우기 때문에 인물의 감정을 섬세하게 표현하기에 좋습니다.

❸ **바스트 샷(Bast Shot, BS)** 인물의 머리부터 가슴까지를 화면에 담는 샷입니다. 삼각 구도의 안정된 샷으로, 많은 상황에 사용됩니다. 특히 대사 전달력이 뛰어나기 때문에 인물이 말을 할 때 사용하면 효과적입니다.

❹ **웨이스트 샷(Waist Shot, WS)** 인물의 머리부터 허리까지를 화면에 담는 샷입니다. 웨이스트 샷부터는 인물의 보이는 부분이 많아질수록 주위 공간도 넓어지므로 배경도 고려하면서 촬영해야 합니다.

❺ **니 샷(Knee Shot, KS)** 머리부터 무릎 정도까지 보이는 샷입니다. 세 명 이상의 그룹 샷을 찍을 때 많이 쓰이며, 원 샷일 때는 배경 활용도가 매우 중요합니다.

❻ **풀 샷(Full Shot, FS)** 특정 공간이나 등장인물 전체가 나오도록 촬영한 샷입니다. 몸이 모두 나오기 때문에 여백을 비롯한 공간의 구도와 의미 전달이 중요합니다.

❼ **미디엄 클로즈업 샷(Medium Close Up Shot, MCU)** 클로즈업 샷보다 더 원거리에서 촬영한 샷으로, 인물의 바스트 샷 정도 크기입니다.

❽ **미디엄 샷(Medium Shot, MS)** 클로즈업 샷과 롱 샷의 중간 정도 샷입니다. 인물의 웨이스트 샷과 니 샷의 중간 정도 크기입니다.

⑨ **미디엄 롱 샷(Medium Long Shot, MLS)** 미디엄 샷과 롱 샷의 중간 정도 샷입니다. 인물의 경우 무릎 아래 정도까지 담습니다. 여백의 활용도가 매우 중요합니다.

⑩ **롱 샷(Long Shot, LS)** 원거리 촬영으로 주로 특정 공간의 느낌을 표현할 때 많이 쓰는 샷입니다. 어떤 장소나 인물관계 등에 대한 이해를 돕는 마스터 샷을 촬영할 때 많이 사용합니다.

⑪ **익스트림 롱 샷(Extreme Long Shot, ELS)** 카메라와 피사체의 거리가 아주 먼 경우 인물보다는 공간을 인식시키기 위한 샷으로, 주로 설정 샷으로 쓰입니다.

카메라 앵글에 따른 분류

카메라의 촬영 각도에 따라 장면이나 인물의 분위기와 느낌이 달라집니다. 인물의 경우, 아래쪽에서 위로 카메라를 들어 촬영하면 당당하고 자신감 있어 보입니다. 반대로 카메라 각도가 위쪽에서 아래로 기울수록 인물은 위축되어 보이고, 누군가 감시하는 것 같은 느낌이 듭니다.

① **버즈 아이 뷰 샷(Bird's Eye View Shot, BEV)** 새의 시점으로 아주 높은 곳에서 아래를 관망하듯 촬영한 샷으로, 주로 설정 샷(Establishing Shot)으로 사용합니다.

② **하이 앵글 샷(High Angle Shot, HA)** 피사체를 높은 곳에서 내려다보며 촬영한 샷입니다. 인물이 왜소해 보이게 하고 싶거나 나약한 존재로 표현하고 싶을 때 유용합니다.

③ **아이 레벨 샷(Eye Level Shot, EL)** 사람의 눈높이에서 촬영한 샷으로, 평소에 찍는 평범한 샷이라 하여 표준 앵글(Normal Angle) 샷이라고도 합니다.

④ **로우 앵글 샷(Low Angle Shot, LA)** 아래에서 올려다보며 촬영한 샷으로, 주로 근엄함이나 웅장함 또는 위화감을 표현하고 싶을 때 사용합니다. 광각으로 찍으면 그 느낌이 더 강해집니다.

⑤ **익스트림 로우 앵글 샷(Extreme Low Angle Shot, ELA)** 로우 앵글보다 더 극단적인 각도로 피사체를 올려다보며 촬영한 샷입니다. 각도가 거의 수직에 가깝습니다.

⑥ **버티컬 앵글 샷(Vertical Angle Shot)** 피사체를 위에서 수직 아래로 내려다보며 촬영한 샷입니다. 피사체가 인물인 경우 오버헤드 샷(Overhead Shot)이라고도 합니다.

⑦ **더치 앵글 샷(Dutch Angle Shot)** 카메라 각도를 약간 비틀어 기울어지게 촬영하는 샷으로, 사각 샷이라고도 합니다. 전쟁 장면이나 폭동 또는 재난 상황에서 핸드헬드(Handheld) 촬영과 함께 유용하게 쓰이는 방법입니다. 산을 오르는 인물을 촬영할 때는 카메라 각도를 기울임으로써 더 높은 경사도를 걷는 것처럼 보이게 할 수 있습니다.

⑧ **경사 앵글 샷(Inclinometer Angle Shot)** 더치 앵글 샷과 비슷하나 45도 정도 기울인 각도로 촬영한 샷입니다. 술에 취해 비틀거리며 길을 걷는 모습이나 몽환적인 느낌 등의 극적 감정을 표현하고 싶을 때 많이 쓰입니다.

9 **리버스 앵글 샷(Reverse Angle Shot)** 두 사람이 대화하는 경우 두 대의 카메라로 각자의 등 뒤에서 상대방을 촬영한 샷입니다. 오버 숄더 샷에서 많이 활용됩니다.

10 **오버 숄더 샷(Over Shoulder Shot, OSS)** 사람의 등 혹은 어깨 너머로 다른 피사체를 촬영한 샷입니다. 주로 두 사람이 마주보며 대화하는 상황에서 많이 사용합니다.

카메라 이동에 따른 분류

카메라가 고정되어 있는지 이동하는지, 어떤 방향으로 이동하고 어떤 각도로 움직이는지 등에 따라 샷을 분류합니다. 어떤 샷은 카메라의 움직임에 따른 흔들림을 방지할 수 있는 장치가 있어야 촬영할 수 있습니다. 카메라 이동에 따라 분류한 샷의 종류를 알아봅니다.

1 **픽스 샷(Fix Shot)** 카메라를 한 곳에 고정한 상태로 움직임 없이 촬영한 샷입니다.

2 **패닝 샷(Panning Shot, PAN)** 카메라를 한 곳에 고정한 상태에서 움직이는 피사체를 따라 수평을 유지한 채 옆으로 회전하며 촬영한 샷입니다. 보통 'Panorama'의 줄임말로 Pan이라고 합니다.

3 **틸트 샷(Tilt Shot)** 카메라를 한 곳에 고정한 상태로 수직 방향으로 위에서 아래로 회전하며 촬영한 샷입니다. 아래에서 위로 움직이면 틸트 업(Tilt Up), 위에서 아래로 움직이면 틸트 다운(Tilt Down)이라고 합니다.

4 **페디스털 샷(Pedestal Shot)** 카메라의 수평을 유지한 채 카메라 자체를 수직으로 상하 이동하며 촬영한 샷입니다.

5 **트래블링 샷(Travelling Shot)** 카메라를 한 곳에 고정하지 않고 다양한 방향과 각도로 움직이며 촬영한 샷을 통칭해서 부르는 말입니다.

6 **팔로우 샷(Follow Shot)** 움직이는 피사체를 따라 카메라를 움직이면서 촬영한 샷입니다.

7 **크레인 샷(Crane Shot)** 카메라를 크레인 끝에 놓고 크레인을 상하좌우로 움직이면서 촬영한 샷입니다.

8 **에어리얼 샷(Aerial Shot)** 드론이나 헬리캠 등의 비행 수단을 이용해 촬영한 샷으로, 설정 샷에 많이 쓰입니다.

9 **달리 샷(Dolly Shot)** 레일 위로 움직이는 차나 바퀴가 달린 이동차 위에 카메라를 장착하고 피사체에 가까워지거나 멀어지며 촬영한 샷입니다. 가까워지며 찍으면 달리 인, 멀어지며 찍으면 달리 백(아웃)이라고 합니다. 이동 중에도 흔들림 없이 부드럽게 촬영할 수 있다는 장점이 있습니다.

10 **크랩 달리 샷(Crap Dolly Shot)** 좌우로 움직이며 촬영한 달리 샷입니다. 크랩 달리 샷으로 공간 이동을 빠르게 하면 카메라의 줌 인/아웃을 이용해 촬영한 것보다 긴장감을 줄 수 있습니다. 또한 느리게 촬영하면 관객이 영상에 점차적으로 몰입할 수 있게 이끌어줍니다.

11 **트래킹 샷(Tracking Shot)** 달리 샷과 팔로우 샷을 합친 샷으로, 주로 인물의 움직임을 따라 부드럽게 이동

하며 촬영합니다. 앞으로 가는 인물을 따라가며 촬영하면 트랙 인, 카메라 쪽으로 다가오는 인물을 따르며 촬영하면 트랙 백(아웃)이라고 합니다. 인물을 따라 좌우로 움직이며 촬영할 수도 있습니다.

⑫ **트러킹 샷(Trucking Shot)** 트래킹 샷에서는 피사체의 움직임에 따라 카메라가 움직이지만, 트러킹 샷에서는 피사체는 고정되어 있고 카메라만 좌우로 움직입니다.

⑬ **아크 샷(Arc Shot)** 피사체를 중심에 두고 카메라가 원 모양으로 돌면서 촬영하는 샷입니다. 일반적으로는 반원 범위에서 움직입니다. 오른쪽으로 돌면 '오른쪽으로 아크(Arc Right)', 왼쪽으로 돌면 '왼쪽으로 아크(Arc Left)'라고 합니다.

⑭ **스테디캠(Steady Cam)** 레일이나 바퀴가 달린 이동차를 설치할 수 없을 때를 위해 고안한 장비로, 계단이나 골목, 군중 속 추적 장면 등에서 흔들림을 자체적으로 흡수함으로써 다른 카메라로는 촬영할 수 없는 유연한 움직임을 만들어냅니다.

⑮ **핸드헬드(Handheld)** 아무런 고정 장치 없이 카메라를 손으로 들고 촬영하는 것을 말합니다. 고의적으로 화면에 흔들림을 담음으로써 긴박감을 줄 수 있습니다.

여기서 잠깐!

그 밖의 샷

1. **줌 샷(Zoom Shot)** 카메라의 줌 기능을 이용해 광각부터 망원까지 줌 인(Zoom-In)하거나 망원부터 광각까지 줌 아웃(Zoom-Out)하면서 촬영한 샷입니다.
2. **포인트 오브 뷰 샷(Point Of View Shot, POV)** 카메라가 배우의 시점으로 바라보는 샷입니다. 시점 샷이라고도 하며, 중요한 것을 발견했을 때나 몰래 보는 장면 등을 만들 때 주로 쓰입니다.
3. **마스터 샷(Master Shot)** 한 장면(Scene)에서 공간, 시간, 인물 구성 등 모든 것을 보여주며, 어떤 장소에서 어떤 사람들이 모여서 무엇을 하고 있는지 롱 테이크(Long Take)로 보여주는 샷입니다.
4. **삼중 촬영(Triple Take)** 마스터 샷 하나만으로 장면에 대해 구체적으로 설명하기 어려울 때 카메라를 더 동원해서 클로즈업, 미디엄 등을 동시에 혹은 따로 촬영하는 것을 말합니다.
5. **커버리지 샷(Coverage Shot)** 마스터 샷을 보완하기 위해 촬영한 개별 샷들을 말합니다.
6. **설정 샷(Establishing Shot)** 한 장면이 시작되기 전에, 이야기가 어디에서 일어나는 것인지 그 배경을 알려주기 위한 샷입니다.
7. **원 샷(One Shot)** 화면 안에 단 한 명의 인물만 담은 샷입니다.
8. **투 샷(Two Shot)** 화면 안에 두 명의 인물을 담은 샷입니다.
9. **쓰리 샷(Three Shot)** 화면 안에 세 명의 인물을 담은 샷입니다.
10. **그룹 샷(Group Shot)** 세 명 이상의 인물이 한 화면 안에 모여 있는 샷입니다.
11. **몹 씬(Mob Scene)** 그룹보다 큰 의미로, 많은 인원의 군중을 한꺼번에 담는 샷입니다.

CHAPTER

02

프리미어 프로 CC 시작

어도비 웹 사이트를 통해 월정액으로 제품을 구입하거나 무료 체험판으로 프리미어 프로를 설치할 수 있습니다. 이 CHAPTER에서는 프리미어 프로를 설치하는 방법과 기본 설정 및 구성에 대해 알아봅니다. 설명을 따라 컴퓨터에 프리미어 프로를 설치한 후 프로그램의 기본 설정과 패널의 구성에 대해 파악합니다. 프리미어 프로는 편집에 도움이 되는 다양한 패널로 구성되어 있는데, 모든 패널을 한 화면에 열어놓고 작업하기에는 무리가 있으므로 기본 설정 후 목적에 맞게 인터페이스를 구성하는 방법도 알아봅니다. 또한 영상 편집에 필요한 소스를 불러오는 방법도 배웁니다.

SECTION 01

프리미어 프로 CC 설치

프리미어 프로 CC를 설치하기 위해 필요한 시스템 사양을 알아보고, 무료 체험판을 직접 설치합니다.

프리미어 프로 CC 설치에 필요한 시스템 사양

프리미어 프로 CC를 설치하려면 다음과 같은 시스템 사양이 필요합니다.

Windows	Mac OS
• Multicore 프로세서(64비트 지원) • Microsoft Windows 7 서비스 팩 1, Windows 8.1, Windows 10 • ASIO 프로토콜 또는 Microsoft Windows 드라이버 모델과 호환 가능한 사운드 카드	• Multicore Intel 프로세서(64비트 지원) • mac OS X v10.11, v10.12, v10.13 • Apple Core Audio 호환 사운드 카드
• 8GB RAM(16GB 이상 권장) • 설치를 위한 하드 디스크 여유 공간 8GB, 설치 중 추가 공간 필요 • 1280×800 디스플레이(1920×1080 이상 권장) • 선택 사항: GPU 가속 성능을 위한 Adobe 권장 GPU 카드 • 소프트웨어를 활성화하거나 구독을 확인하고 온라인 서비스를 이용하려면 인터넷 연결 및 등록이 필요합니다.	

프리미어 프로 CC 무료 체험판 설치하기

01 어도비 홈페이지(http://www.adobe.com/kr)에 접속하여 [크리에이티비티 및 디자인]을 클릭한 후 [Premiere Pro]를 클릭합니다.

Tip 어도비 프로그램은 CC 버전 이후 월정액제로 바뀌었습니다. 어도비 홈페이지에서 제품을 구입하거나 무료 체험판을 설치해 사용할 수 있습니다.

02 프리미어 프로 CC의 메인 화면이 나타나면 [무료 체험판] 메뉴를 클릭합니다.

03 어도비 계정 로그인 화면이 열립니다. 어도비 아이디가 있다면 바로 로그인하고, 아직 아이디가 없다면 회원 가입을 한 후 로그인합니다.

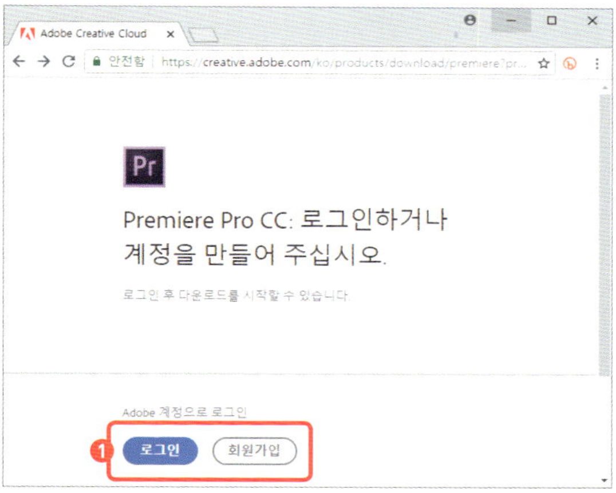

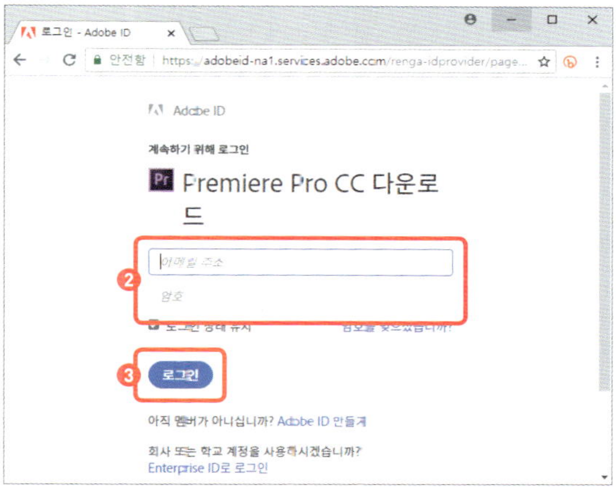

04 브라우저 종류에 따라 각각 다음과 같은 화면이 열립니다. 〈허용〉 또는 〈Creative Cloud(URIHandler) 열기〉 버튼을 클릭합니다.

» 인터넷 익스플로러

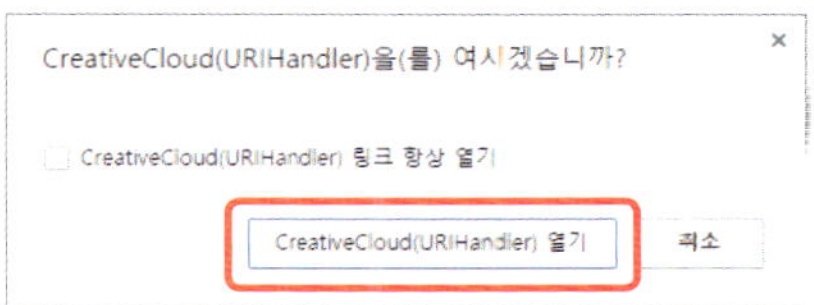

» 크롬

05 어도비 설치 프로그램 진행이 완료되면 바탕화면에 아이콘이 생성되고, 소프트웨어 설치 창이 열립니다.

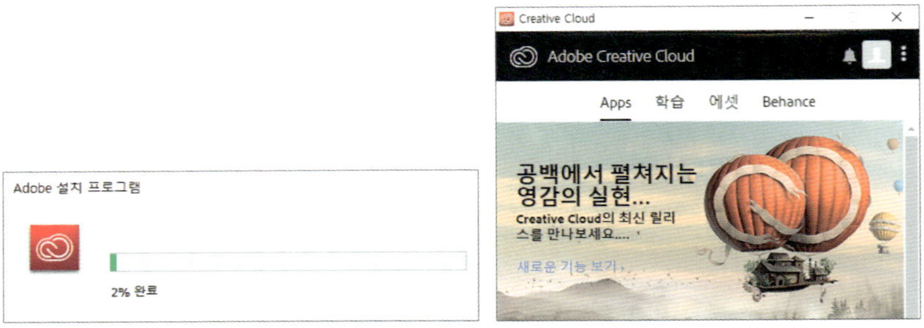

06 제품을 설치하기 전에 화면 오른쪽 위의 설정 버튼(⋮)을 클릭하고 [환경 설정] 메뉴를 선택합니다. 환경 설정 화면이 나타나면 [Creative Cloud]를 클릭하고 앱 언어를 [English (International)]로 변경합니다. 환경 설정을 마쳤으면 왼쪽 위에 있는 돌아가기 버튼(<)을 클릭합니다.

Tip 이 책은 영문 버전을 기준으로 설명합니다.

07 Apps 화면으로 돌아오면 Premiere Pro CC 옆의 〈설치〉 버튼을 클릭합니다. 설치가 완료되면 생성되는 〈열기〉 버튼을 클릭해 프리미어 프로를 실행합니다.

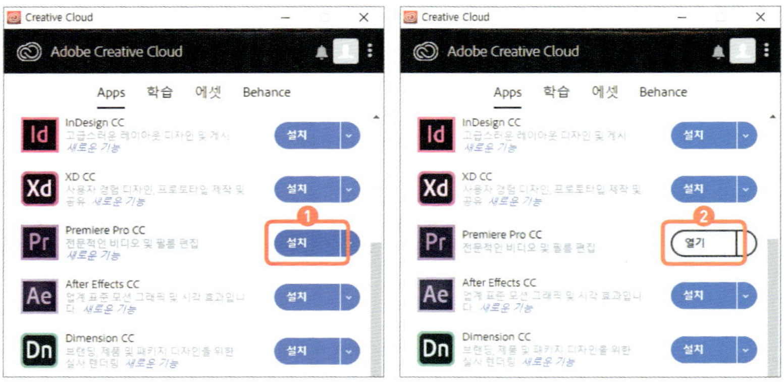

Tip Adobe Creative Cloud를 이용하면 매번 어도비 홈페이지를 방문할 필요 없이 원하는 소프트웨어를 설치하거나 실행할 수 있습니다.

SECTION 02

프리미어 프로 CC 기본 설정

프리미어 프로 CC의 Home 대화상자에 대해 알아보고, 새 프로젝트를 만들고 시퀀스를 설정하는 방법을 학습합니다.

Home 대화상자

프리미어 프로 CC를 실행하면 Home 대화상자가 열립니다.

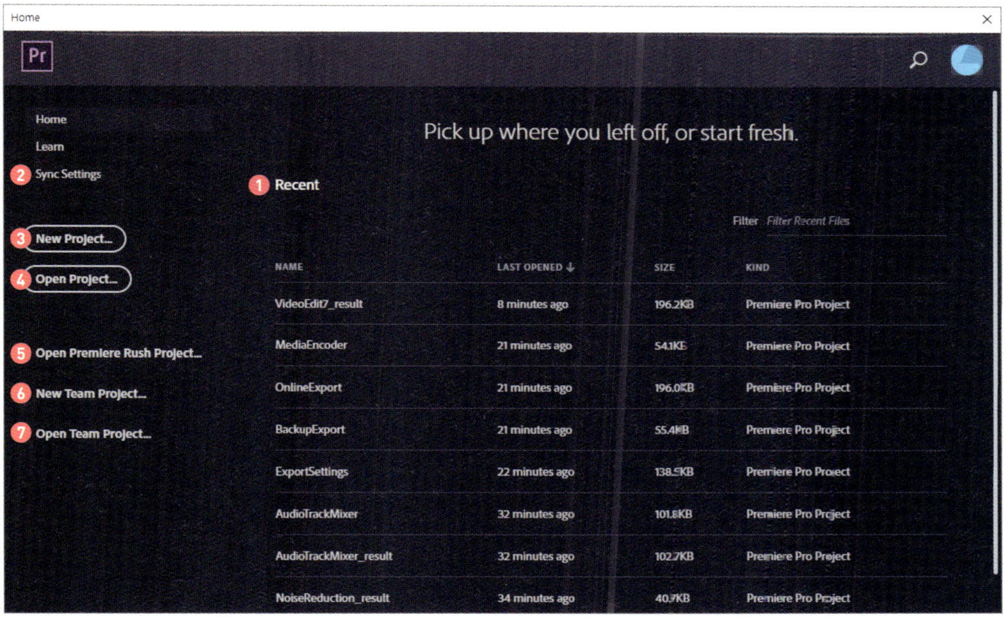

❶ Recent 최근에 작업한 프로젝트 파일을 빠르게 불러옵니다. Name 오른쪽의 LAST OPENED에서 최근 작업 파일을 선택할 수 있습니다.

❷ Sync Settings 프리미어 프로 프로그램을 자신의 편의에 맞게 새로 설정하거나 기존 설정을 동기화하도록 조정합니다. 팀 작업을 위한 계정에 로그인하거나 새로운 계정을 만듭니다.

❸ New Project 새 프로젝트 파일을 만듭니다.

❹ Open Project 기존 프로젝트 파일을 엽니다.

❺ Open Premiere Rush Project 사용자의 Creative Cloud에 저장되어 있는 파일을 불러옵니다. 팀 작업을 할 때 유용합니다.

❻ New Team Project 새로운 팀 프로젝트 파일을 만듭니다. 팀 프로젝트는 편집자와 모션 그래픽 아티스트들이 프리미어 프로 CC, 애프터 이펙트 CC, 미디어 인코더 CC를 이용해 작업할 수 있도록 하는 호스팅된 공동 작업 서비스입니다.

❼ Open Team Project 팀 프로젝트 파일을 엽니다. 팀 프로젝트는 Creative Cloud for enterprise 및 Creative Cloud for teams 멤버에게만 제공됩니다.

여기서 잠깐!

Home 대화상자가 나타나지 않게 하는 방법

프리미어 프로 CC를 실행할 때 열리는 Home 대화상자가 나타나지 않게 하려면 [Edit]–[Preferences]–[General] 메뉴를 선택하고 [At Startup]을 [Open Most Recent]로 바꿉니다.

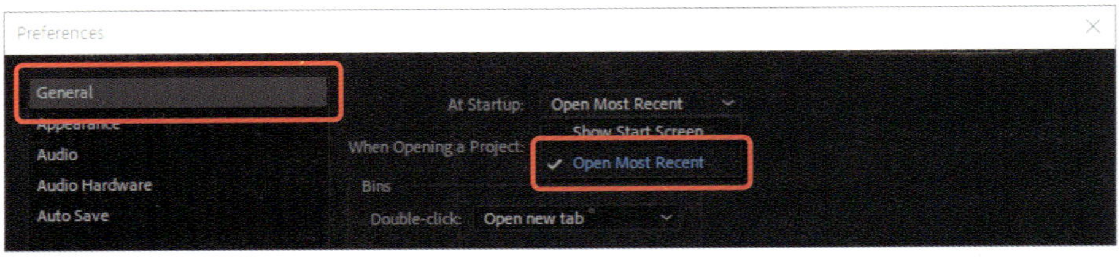

프로젝트 만들기

프리미어 프로 CC로 작업하려면 먼저 프로젝트를 설정합니다. Home 대화상자에서 〈New Project〉 버튼을 클릭하거나 [File]–[New]–[Project] 메뉴를 선택하면 열리는 New Project 대화상자에서 설정할 수 있습니다.

Tip 단축키 Ctrl+Alt+N을 눌러도 New Project 대화상자가 열립니다.

01 새 프로젝트를 만들기 위해 Home 대화상자에서 〈New Project〉 버튼을 클릭합니다.

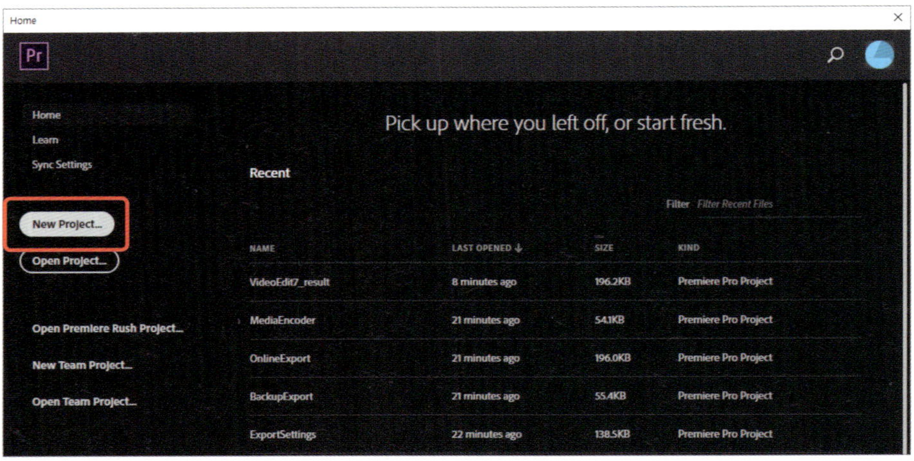

02 New Project 대화상자에서 Name 항목에 '시작하기'라고 입력합니다. 〈Browse〉 버튼을 클릭해 프로젝트 파일을 저장할 위치를 설정하고, 〈OK〉 버튼을 클릭합니다.

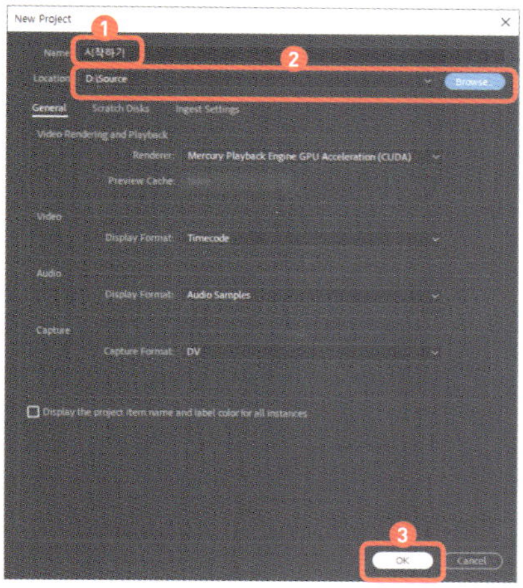

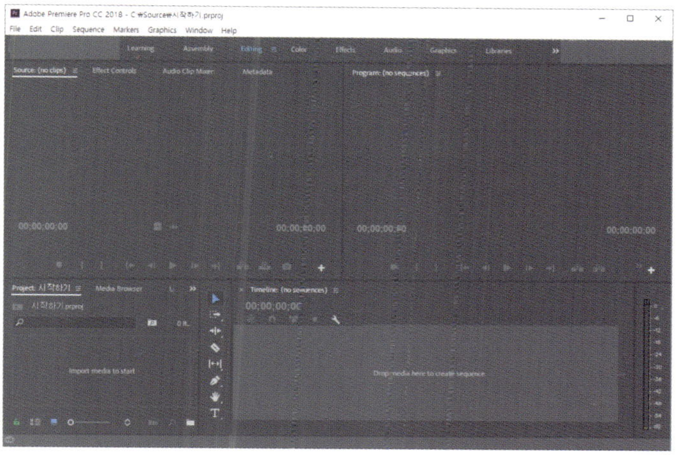

여기서 잠깐! New Project 대화상자 살펴보기

1 General 탭 Video, Audio, Capture에 관련된 기본적인 옵션을 설정합니다.

2 Scratch Disks 탭 비디오와 오디오 캡처, 비디오와 오디오 프리뷰, 오토세이브 파일을 저장할 경로를 지정합니다. 기본 설정은 프로젝트 저장 위치와 같지만 〈Browse〉 버튼을 클릭해 파일 위치를 변경할 수 있습니다.

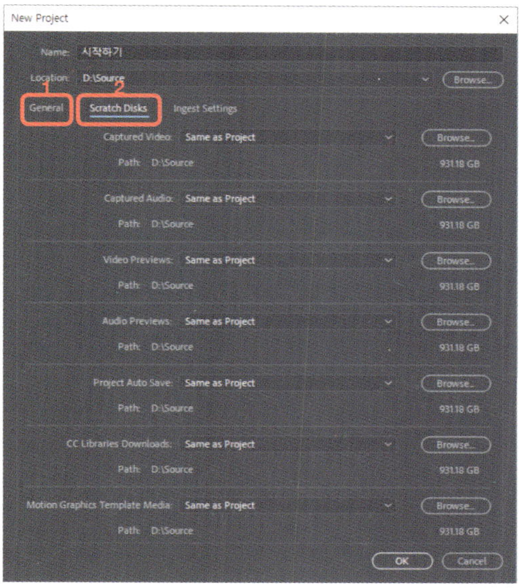

Tip Project Auto Save의 폴더 위치는 New Project 대화상자에서 지정하지만, 자동으로 저장되는 시간은 [Edit]–[Preferences]–[Auto Save] 메뉴를 선택해 변경합니다.

3 Ingest Settings 탭 프리미어 프로 CC에서는 화질이 좋고 용량이 큰 영상 소스를 편집을 위한 포맷으로 변환할 수 있습니다. Ingest Setting 탭에서 Ingest에 체크하고 프로젝트를 생성하면 소스 파일을 불러올 때 자동으로 어도비 미디어 인코더(Adobe Media Encoder)가 실행되어 설정된 프리셋에 맞게 소스 파일이 변환됩니다.

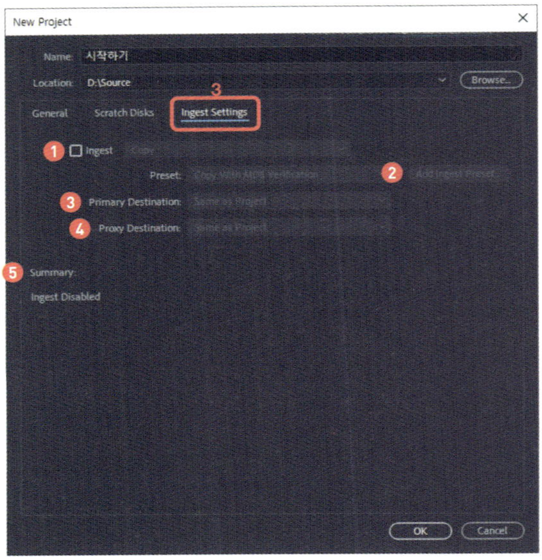

Tip 어도비 미디어 인코더가 설치되어 있지 않다면 경고 창이 나타납니다. 프리미어 프로를 설치한 것과 같은 방법으로 미디어 인코더를 설치합니다.

❶ **Ingest** Ingest 설정에 따라 Preset에서 파일 변환 방식을 지정할 수 있습니다.

- **Copy** 외부 저장 장치 등에 저장되어 있는 미디어 소스를 지정 경로에 그대로 복사합니다. 여기에서 Preset을 Copy Without Verification으로 지정하면 별도의 코딩 과정 없이 파일을 따로 복사할 수 있습니다.
- **Transcode** 미디어 소스를 Preset에서 설정한 인코딩으로 변환하여 지정 경로에 복사합니다.
- **Create Proxies** 미디어 소스를 작업하기 편한 저용량 프록시 파일로 만듭니다.
- **Copy and Create Proxies** 미디어 소스를 복사와 동시에 프록시 파일로 만듭니다.

❷ **Add Ingest Preset** 사용자가 원하는 Ingest의 Preset 옵션을 저장합니다.

❸ **Primary Destination** 복사 또는 인코딩될 파일을 저장할 기본 위치를 설정합니다.

❹ **Proxy Destination** 프록시 파일을 저장할 위치를 설정합니다.

❺ **Summary** 복사 또는 변환할 소스 파일의 요약된 정보를 보여줍니다.

시퀀스 설정하기

시퀀스(Sequence)는 편집할 장면(Scene)들을 모아놓은 단위입니다. 시퀀스 여러 개를 만들어 한 개의 프로젝트로 작업할 수 있습니다. 시퀀스 설정에서는 Editing Mode에서 편집 유형을 지정하는 것이 가장 중요합니다.

설정 값에 따라 해상도가 달라지기 때문입니다. 즉 시퀀스 설정을 통해 해상도를 변경할 수 있고, 편집 작업 후에 그대로 출력하면 사용자가 원하는 해상도의 결과물을 얻을 수 있습니다.

Tip 모든 프로젝트에는 하나 이상의 시퀀스가 포함될 수 있으며, 각 시퀀스마다 설정을 다르게 할 수 있습니다.

01 [File]-[New]-[Sequence] 메뉴를 선택해 새 시퀀스를 만듭니다.

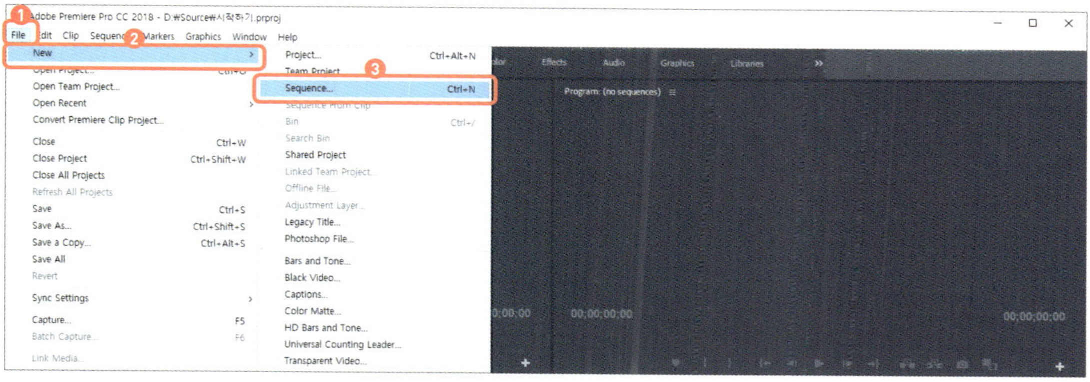

Tip 단축키 Ctrl+N을 눌러도 됩니다.

여기서 잠깐!

Sequence Presets 탭

Sequence Presets 탭에서는 카메라 기종에 맞추어 미리 설정된 포맷을 사용할 수 있습니다. CC 버전부터는 최신 카메라와 스마트폰, 유튜브 업로드용 동영상에 최적화된 프리셋을 제공합니다. 사용 목적에 따라 시퀀스 프리셋을 설정하면 됩니다.

1. **ARRI** ARRI사의 디지털 카메라 Alexa로 촬영한 3K, 3.5K 포맷의 고해상도 프리셋
2. **AVC-Intra** 파나소닉 카메라 프리셋. H.264 또는 MPEG-4, AVC에 맞춰 개발한 고화질, 저용량의 표준 코딩. 준HD급 720p에서 Full HD 1080p 화질의 해상도 구현
3. **AVCHD** 소니와 파나소닉이 공동으로 개발한 방식으로, 1080p 50프레임 및 60프레임 모드 포함. H.264를 사용해 720p에서 Full HD 1080p 화질의 해상도 구현
4. **Canon XF MPEG2** 캐논에서 만든 MPEG2 기반 고화질 방식. 4:2:2 프로세싱, 초당 50MB의 전송률로 선명한 고화질 해상도 구현
5. **Digital SLR** 디지털 싱글렌즈 반사경 카메라로 촬영한 동영상 프리셋. Canon EOS Movie 방식. H.264를 사용해 720p에서 Full HD 1080p 화질의 해상도 구현
6. **DNxHD** Avid사에서 개발한 고화질 영상 포맷. 720p~1080p 해상도 지원
7. **DNxHR** Avid사에서 개발한 고화질 영상 포맷. 2K~4K 해상도 지원

8 **DV-24P** 순차 주사 방식인 디지털 24P, 24PA 모드로 촬영한 영상의 프리셋 방식

9 **DV-NTSC** 스탠다드 NTSC 디지털 캠코더 촬영 영상을 편집할 때 사용. 초당 29.97프레임으로 4:3, 16:9의 화면 비율과 32kHz, 48kHz의 오디오 선택

10 **DV-PAL** 스탠다드 PAL 디지털 캠코더 촬영 영상을 편집할 때 사용

11 **DVCPRO50** 파나소닉 P2 시리즈 카메라로 촬영한 소스를 작업할 때 사용하는 프리셋. DV보다 두 배 향상된 50Mbps의 기록 레이트. 프리미어 프로에서는 MXF 확장자인 파나소닉 P2 코덱의 영상 포맷 지원

12 **DVCPROHD** 1080p와 720p의 고화질 작업용 프리셋

13 **HDV** HDV 캠코더로 촬영한 영상 편집 프리셋. 화면 비율이 16:9인 HDV 1080i와 1080p는 DV에 비해 화질이 약 두 배 정도 뛰어남

14 **Mobile & Devices** 휴대용 디바이스나 스마트폰으로 촬영한 영상의 프리셋. 저용량, 저프레임이 특징

15 **RED R3D** Red one 또는 Epic 카메라로 촬영한 영상을 작업할 수 있는 프리셋. 일반 방송 규격부터 Film 5K 해상도까지 지원. 확장자는 R3D

16 **VR** 위, 아래, 좌, 우를 연결하여 1인칭 시점으로부터 360도 회전하여 볼 수 있는 VR 영상의 프리셋

17 **XDCAM EX** XDCAM은 테이프가 없는 전문 비디오 시스템으로, 소니가 2003년에 도입. XDCAM과 2세대 XDCAM EX는 프로페셔널 디스크(PFD)를 기록 매체로 이용. 3세대 XCDCAM EX는 솔리드 스테이트 SxS 카드를 사용

18 **XDCAM HD422** 소니의 XDCAM HD 카메라로 촬영한 영상을 작업할 때 사용하는 프리셋. 4:2:2 컴포넌트 컬러 프로세싱이 특징이며, 1080i:50i/60i, 1080p:p24/p25/p30을 지원

02 Settings 탭을 클릭하고, Editing Mode에서 Custom을 선택합니다. Timebase를 29.97 frames/second로 설정하고, Video 그룹에서 Frame Size에 1920, horizontal에 1080을 입력합니다.

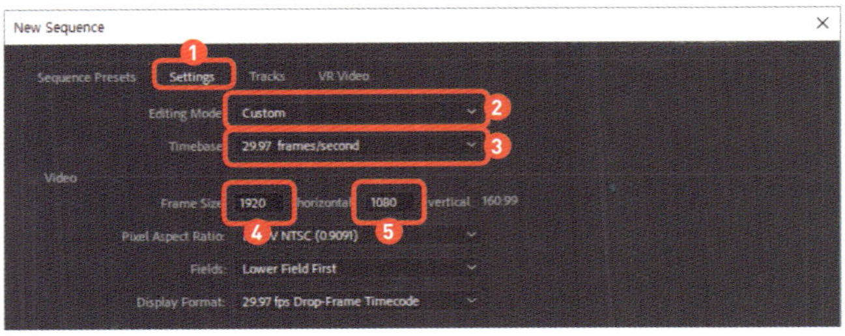

Tip Settings 탭에서는 사용자 설정에 맞추어 비디오와 오디오의 유형을 설정할 수 있습니다.

03 Pixel Aspect Ratio는 화면을 구성하는 픽셀 하나의 비율을 의미합니다. 오늘날은 대부분 디지털로 작업하므로 여기서는 기본 설정 값인 Square Pixels(1.0)로 설정합니다.

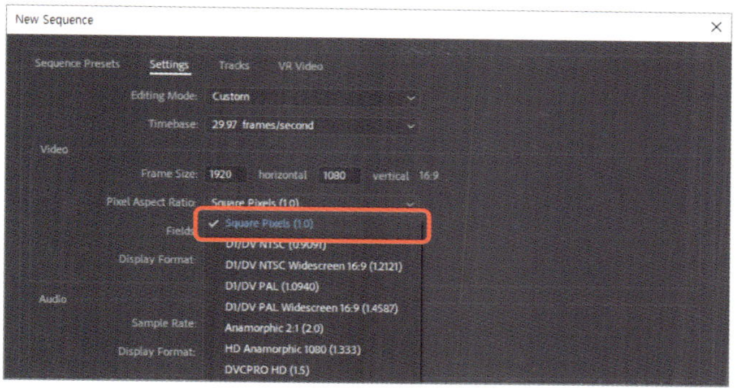

Tip 픽셀 수가 많을수록 영상의 해상도가 좋습니다. 하지만 포맷 방식에 따라 픽셀의 가로/세로의 비율이 같을 수도 있고 다를 수도 있기 때문에 픽셀 수로 화면 비율을 가늠할 수는 없습니다. D1/DV NTSC와 D1/DV NTSC DV Widescreen 포맷 방식은 픽셀 수(720×480)는 같지만, 화면 비율은 각각 4:3, 16:9입니다. Pixel Aspect Ratio는 픽셀의 가로/세로 비율로, D1/DV NTSC의 Pixel Aspect Ratio는 0.9:1, D1/DV NTSC Widescreen의 Pixel Aspect Ratio는 1.21:1입니다. 따라서 픽셀 수가 같아도 Pixel Aspect Ratio에 따라서 화면 비율이 달라집니다.

04 Fields에서는 필드 스캔 방식을 설정할 수 있습니다. 영상 주사 방식에는 위에서 아래로 빠짐없이 차례대로 주사하는 Progressive-Scan(순차 주사)과 한 칸씩 건너서 주사하는 Interlace-Scan(격행 주사) 방식이 있습니다. Interlace-Scan 방식은 홀수일 때 Upper Field First, 짝수일 때 Lower Field First라고 합니다. 과거에는 브라운관에 주사하는 방식에 따라 구분했지만, 오늘날은 기본 설정 값인 No Fields로 지정합니다.

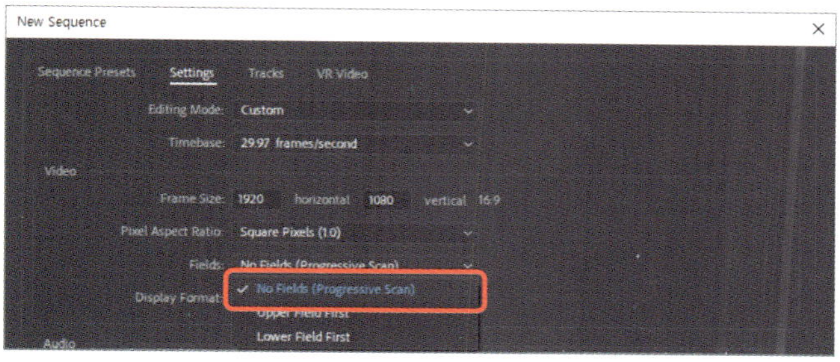

05 Audio 그룹의 Sample Rate에서는 오디오 주파수를 설정하고, Display Format에서는 오디오 표시 형식을 설정합니다. Sample Rate에서는 48000 Hz, Display Format에서는 Audio Samples를 선택합니다.

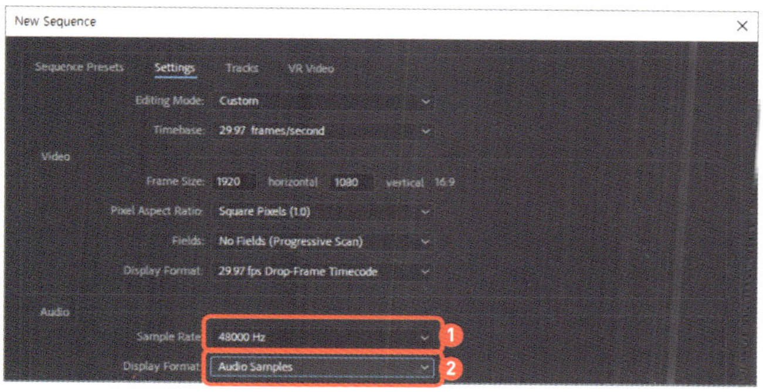

06 작업 중에 미리보기 과정의 렌더링 시간을 단축하기 위해 Video Previews 그룹의 Preview File Format을 저용량 코덱인 I-Frame Only MPEG로 설정합니다. 따라서 현재 영상 시퀀스 설정보다 낮은 해상도만 설정할 수 있습니다.

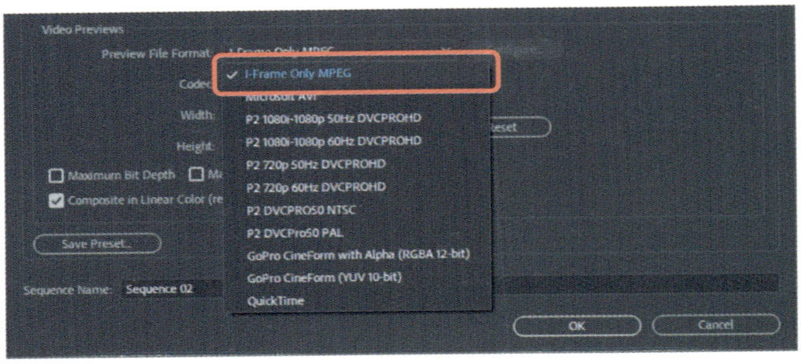

Tip Video Previews에서는 영상을 프리뷰할 때의 해상도와 코덱을 설정하고, Width와 Height에서는 미리보기의 가로와 세로 사이즈를 지정할 수 있습니다.

07 Tracks 탭에서 비디오와 오디오의 트랙 수를 설정할 수 있습니다. Master에서는 트랙 채널의 속성을 설정합니다.

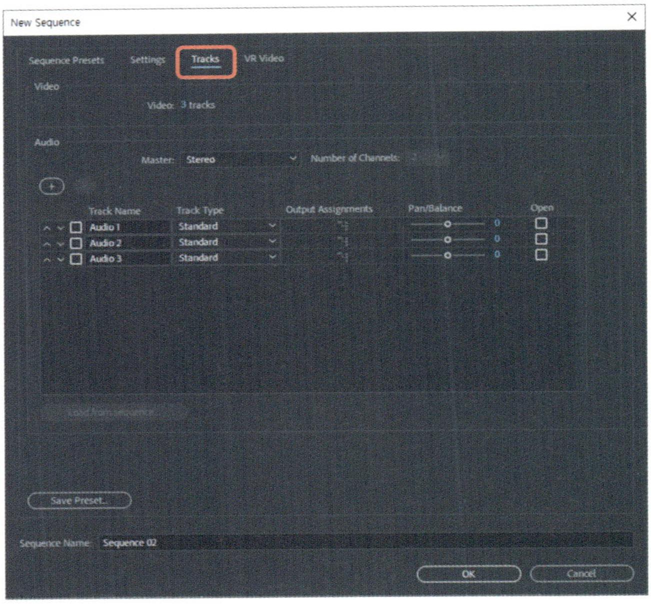

08 VR Video 탭의 VR Properties에서 편집 환경을 설정할 수 있습니다. Projection에서 Equirectangular를 선택합니다.

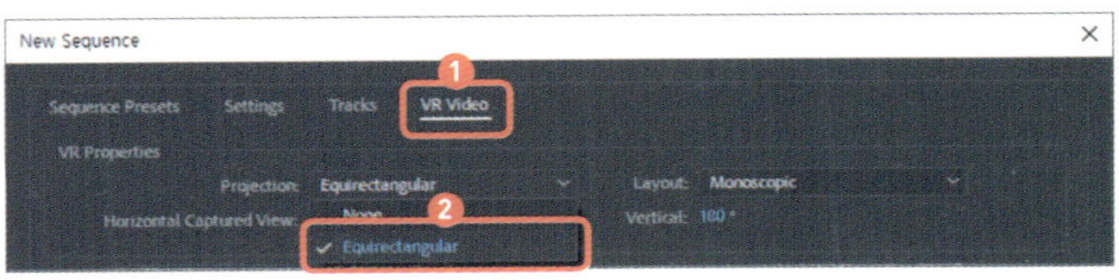

09 VR Video 탭의 Layout에서는 360도 평면 형식인 Monoscopic과 360도 입체 형식인 Stereoscopic 중에서 선택할 수 있습니다. Stereoscopic-Over/Under는 상하 방식이고 Stereoscopic-Slide by Slide는 좌우 방식입니다.

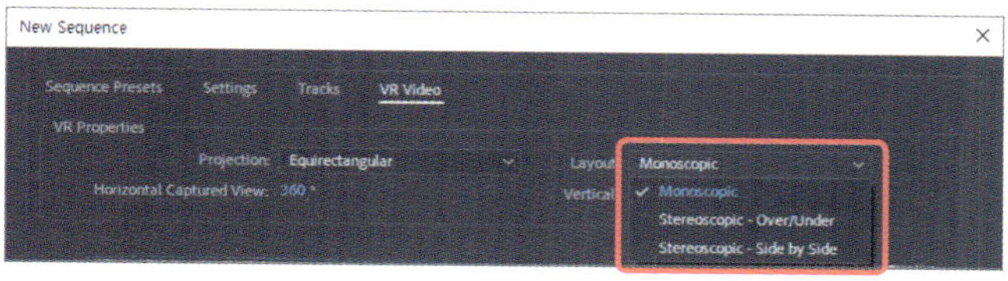

10 설정한 시퀀스 방식을 다음에도 적용하려면 Settings 탭에서 〈Save Preset〉 버튼을 클릭해 프리셋을 저장합니다. 저장한 프리셋은 New Sequence 대화상자의 Sequence Presets 탭에서 확인할 수 있습니다.

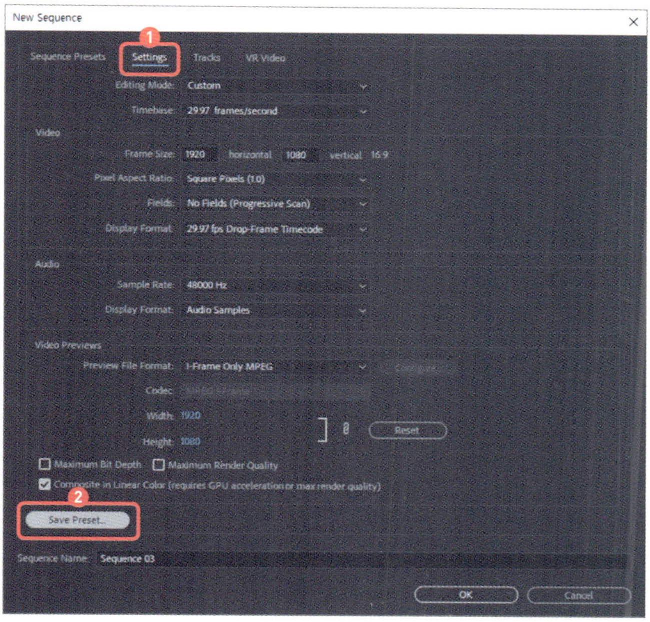

SECTION 03

프리미어 프로 CC 기본 구성

프리미어 프로 CC의 기본 화면 구성을 살펴보고, 소스 모니터 패널 그룹과 프로젝트 패널 그룹에 대해 알아봅니다.

프리미어 프로 CC 기본 화면

프리미어 프로 CC의 기본 화면은 메뉴와 영상 편집에 필요한 다양한 패널로 구성되어 있습니다. 각 패널은 해당 패널을 클릭하면 활성화됩니다. 패널의 종류는 [Window] 메뉴에서 확인할 수 있습니다. 편집, 효과, 오디오, 컬러, 그래픽에 따라 기본 화면이 다르게 구성되고, 사용자가 원하는 대로 인터페이스를 설정할 수도 있습니다.

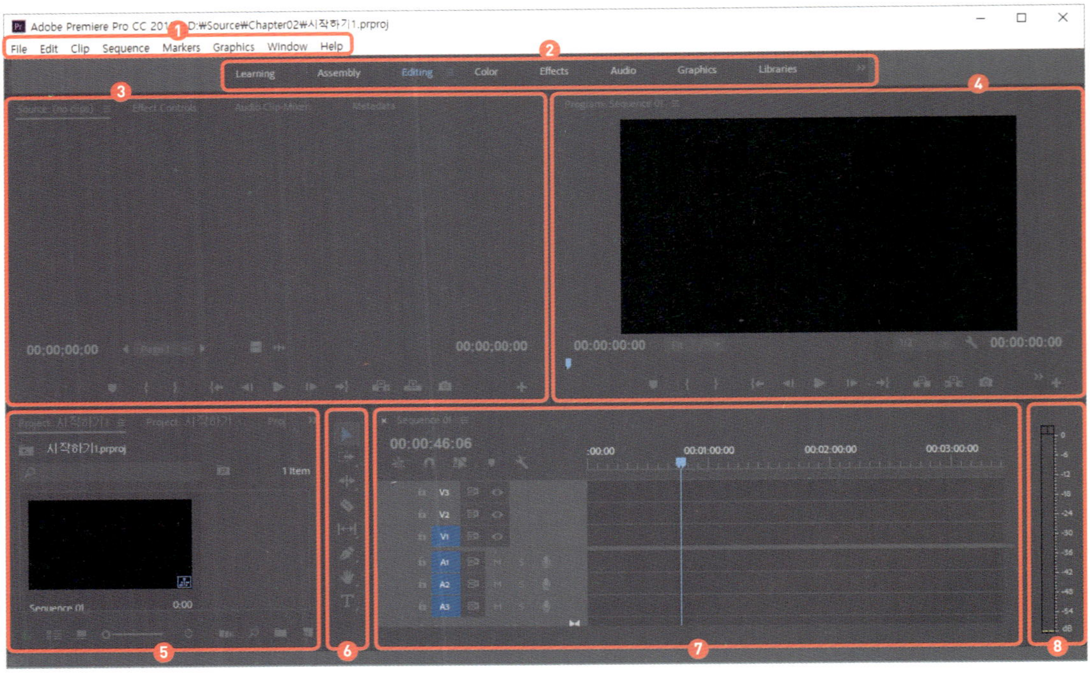

❶ **메뉴 바(Menu Bar)** 프리미어 프로에서 실행할 수 있는 명령어들로 구성되어 있습니다. [File] 메뉴에서는 시퀀스 등 새로운 클립을 만들 수 있고, [Edit] 메뉴에서는 preferences 설정을, [Window] 메뉴에서는 작업 환경을 구성할 수 있습니다.

❷ **워크 스페이스(Work Space)** 작업의 속성에 맞추어 필요한 패널을 최적화된 레이아웃으로 제공합니다.

❸ **소스 모니터(Source Monitor) 패널** Shift+2 소스 영상 원본을 보여주는 패널로, 프로그래밍 모니터 패널과 비교하면서 볼 수 있습니다. 별도의 타임라인이 있어 소스 모니터의 헤더를 이동하도 전체 타임라인에는 영향을 주지 않습니다. 영상 소스의 In, Out을 설정해 타임라인에 필요한 부분단 삽입할 수 있습니다.

❹ **프로그램 모니터(Program Monitor) 패널** Shift+4 편집 과정에서 사용한 이펙트를 모두 적용한 영상을 보여주는 패널입니다. 현재 타임라인에 타임 표시자가 위치해 있는 지점을 보여주며, 타임라인의 시간과 프로그램 모니터의 시간은 같습니다.

❺ **프로젝트(Project) 패널** Shift+1 프리미어 프로에서 작업 중인 프로젝트의 모든 소스를 표시하는 패널입니다. 프로젝트 패널의 소스 영상을 삭제하면 편집 중인 시퀀스에서도 영상이 사라지므로 파일을 삭제하려면 사용 중인 파일인지를 먼저 확인해야 합니다. 파일이 많아지면 관리하기 어려우므로 관련 영상끼리 모아 폴더별로 정리하는 것이 좋습니다.

❻ **툴(Tool) 패널** 타임라인에서 영상 클립을 편집하는 데 필요한 툴이 모여 있는 패널입니다.

❼ **타임라인(Timeline) 패널** Shift+3 영상 편집이 이루어지는 패널입니다. 편집 과정에서 영상 클립을 드래그하여 비디오와 오디오 트랙을 표시합니다. 또한, 타임 표시자를 이용해 영상 소스를 탐색하고 편집점을 찾을 수 있습니다.

❽ **오디오 메터스(Audio Meters) 패널** 재생하는 오디오 클립의 전체 음량(Audio Level)을 표시하는 패널입니다.

프리미어 프로 CC 패널 그룹

소스 모니터 패널과 프로젝트 패널은 세부 탭으로 나누어져 그룹으로 묶여 있습니다.

❶ **소스 모니터 패널 그룹** 이펙트 컨트롤 패널, 오디오 클립 믹서 패널, 메타데이터 패널, 오디오 트랙 믹서 패널로 구성되어 있습니다.

- **이펙트 컨트롤(Effect Control) 패널** Shift+5
  비디오 클립의 모션(Motion), 불투명도(Opacity)를 조절하여 키프레임을 설정할 수 있습니다. 클립의 기본 속성과 클립에 적용한 이펙트의 속성값을 설정하고 조절할 수 있습니다.

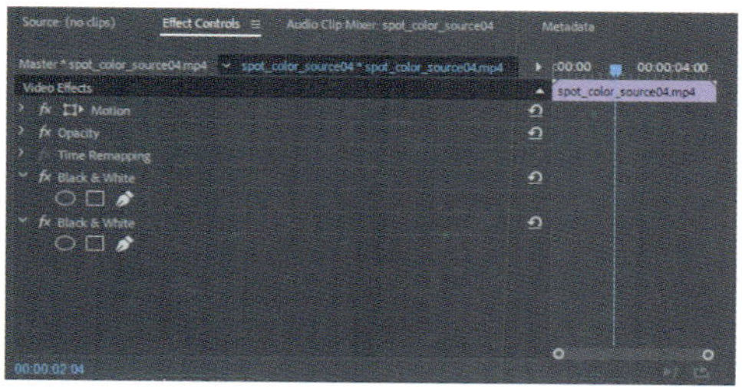

- **오디오 클립 믹서(Audio Clip Mixer) 패널** Shift+9 타임라인에서 선택한 오디오 클립의 레벨이 보입니다. 볼륨, 팬, 밸런스 등의 믹싱을 제어할 수 있습니다.

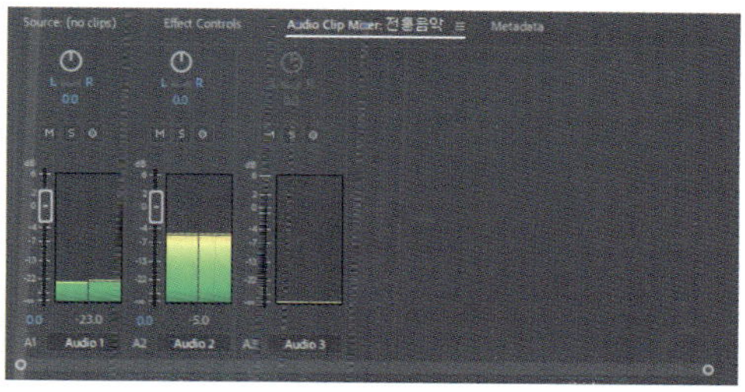

- **메타데이터(Metadata) 패널** 메타데이터는 파일에 대한 일련의 설명 정보입니다. 비디오/오디오 파일에는 날짜, 재생 시간, 파일 유형과 같은 기본 메타데이터 속성이 자동으로 포함됩니다. 속성과 함께 위치, 작성자, 저작권 등의 세부 사항을 추가할 수 있습니다.

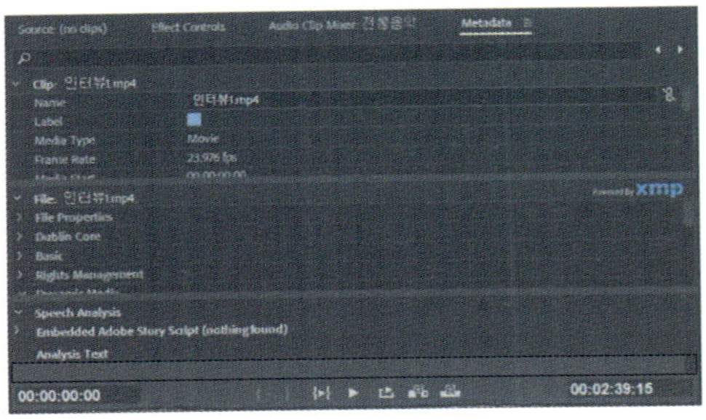

- **오디오 트랙 믹서(Audio Track Mixer) 패널** 오디오를 트랙별로 표시합니다. 시퀀스의 레벨을 나타내며 볼륨, 팬, 밸런스 등의 믹싱을 제어할 수 있습니다.

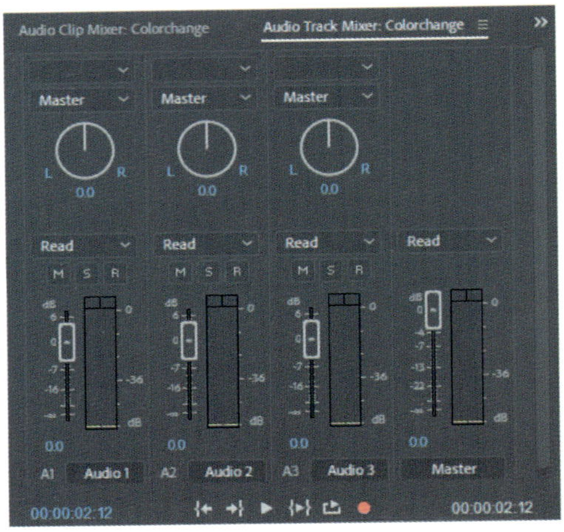

❷ **프로젝트 패널 그룹** 미디어 브라우저 패널, 인포 패널, 이펙트 패널, 히스토리 패널로 구성되어 있습니다.

- **미디어 브라우저(Media Browser) 패널** Shift+8 사용할 파일을 검색해 프로젝트 패널, 타임라인 패널로 바로 가져올 수 있습니다. 또한, P2 카드, SxS 카드, XDCAM 디스크 및 DVD와 같은 비디오 저장소 미디어에서 복사된 클립을 가져올 수 있습니다.

- **인포(Info) 패널** 선택한 시퀀스나 클립의 타입, 사이즈, 프레임 수, 재생 시간 등의 정보를 나타냅니다. 인포 패널은 항상 열어 두고 사용하지는 않지만, 필요할 때 요긴하게 쓰입니다.

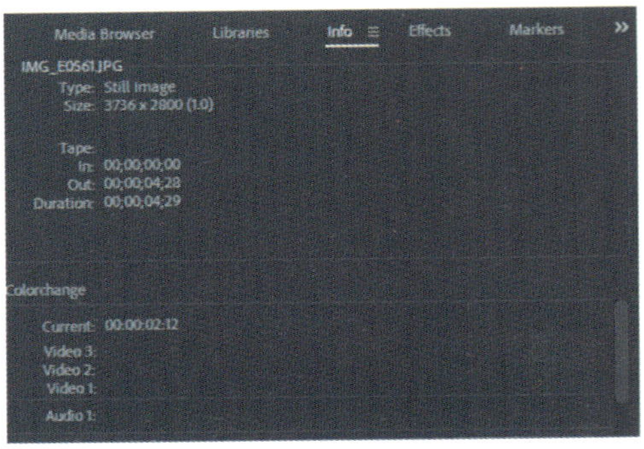

• **이펙트(Effects) 패널** Shift+7 비디오와 오디오 클립에 적용할 수 있는 효과들이 모여 있는 패널입니다. 영상 편집을 위한 다양한 프리셋이 있습니다.

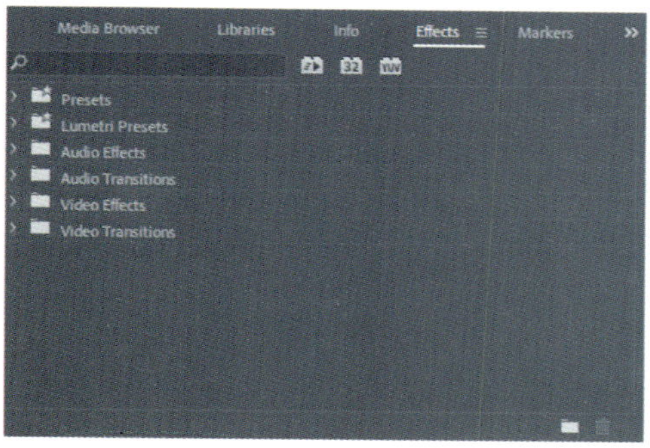

• **히스토리(History) 패널** 작업 내용이 기록되어 표시됩니다. 이전에 실행했던 명령을 선택해 작업 이전으로 돌아갈 수 있습니다.

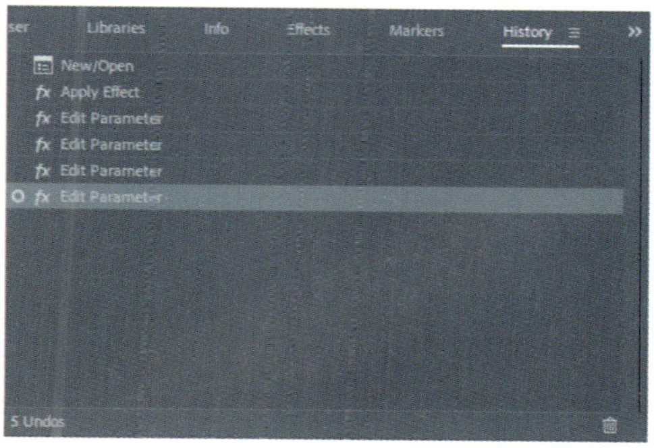

여기서 잠깐! **툴 패널**

각 툴의 자세한 기능을 알아보겠습니다. 일부 기능은 펼치기 속성을 선택해 표시해야 합니다.

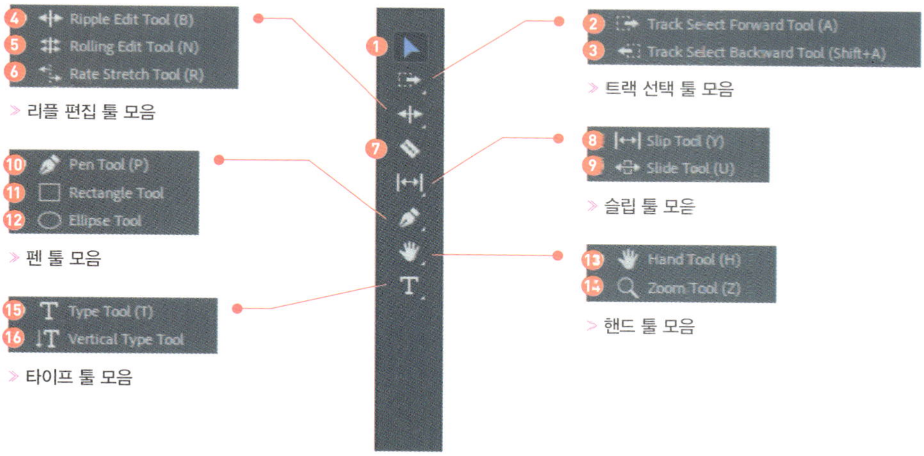

❶ **선택 툴(Selection Tool)** V 타임라인 패널에서 클립을 선택할 때 사용합니다.

❷ **앞으로 트랙 선택 툴(Track Select Forward Tool)** A 선택한 클립을 포함해 맨 뒤 클립까지 선택할 때 사용합니다.

❸ **뒤로 트랙 선택 툴(Track Select Backward Tool)** Shift+A 선택한 클립을 포함해 맨 앞 클립까지 선택할 때 사용합니다.

❹ **리플 편집 툴(Ripple Edit Tool)** B 인접한 클립에 영향을 주지 않으면서 선택한 클립의 길이를 조절합니다. 러닝타임에는 영향을 줍니다.

❺ **롤링 편집 툴(Rolling Edit Tool)** [N] 인접한 클립에 영향을 주면서 선택한 클립의 길이를 조절합니다. 러닝타임에 영향을 주지 않습니다.

❻ **속도 조정 툴(Rate Stretch Tool)** [R] 클립 길이를 늘리면 영상 속도가 느려지고(슬로 모션), 줄이면 영상 속도가 빨라집니다(패스트 모션).

❼ **자르기 툴(Razor Tool)** [C] 클립에서 원하는 부분을 클릭해 자릅니다. [Shift]를 누른 채 클릭하면 해당 위치의 모든 트랙에 있는 클립을 자릅니다.

❽ **슬립 툴(Slip Tool)** [Y] 인접한 클립에 영향을 주지 않고 선택한 클립의 인점(In Point)과 아웃점(Out Point)을 조절합니다. 밀어넣기 툴이라고 합니다.

❾ **슬라이드 툴(Slide Tool)** [U] 인접한 클립에 영향을 주면서 선택한 클립의 인점과 아웃점을 조절합니다. 밀기 툴이라고 합니다.

❿ **펜 툴(Pen Tool)** [P] 프로그램 모니터 패널에서 자유 곡선을 이용하여 수정 가능한 패스가 있는 그래픽 요소를 만듭니다.

⓫ **사각형 툴(Rectangle Tool)** 프로그램 모니터 패널에서 사각형의 그래픽 요소를 만듭니다.

⓬ **타원 툴(Ellipse Tool)** 프로그램 모니터 패널에서 원형의 그래픽 요소를 만듭니다.

⓭ **핸드 툴(Hand Tool)** [H] 타임라인 패널이나 모니터 패널 전체를 스크롤할 때 사용합니다.

⓮ **줌 툴(Zoom Tool)** [Z] 타임라인 패널의 작업 화면을 확대 또는 축소합니다.

⓯ **타이프 툴(Type Tool)** [T] 프로그램 모니터 패널에서 텍스트를 입력할 수 있습니다.

⓰ **세로 타이프 툴(Vertical Type Tool)** 프로그램 모니터 패널에서 세로로 텍스트를 입력할 수 있습니다.

SECTION 04

프리미어 프로 CC 인터페이스 설정

원하는 작업 환경을 만드는 방법을 알아보고, 패널의 위치를 이동하고 인터페이스의 컬러를 설정해 봅니다.

인터페이스 설정 준비하기

사용자의 성향에 맞게 프리미어 프로 CC의 인터페이스 설정을 변경할 수 있습니다. 기본적으로 제공되는 Assembly, Audio, Color, Editing, Effects, Graphics, Learning, Libraries 모드로 설정할 수 있으며, 직접 패널을 이동해 자신의 작업 스타일에 맞게 설정할 수도 있습니다.

인터페이스를 설정하기 전에 먼저 프로젝트를 만들고 시퀀스를 설정해 봅니다.

01 프리미어 프로를 실행하고 Home 대화상자에서 〈New Project〉 버튼을 클릭합니다. New Project 대화상자가 열리면 Name에 '시작하기'를 입력하고 Location은 프로젝트 파일을 저장할 폴더로 지정한 후 〈OK〉 버튼을 클릭해 새 프로젝트를 만듭니다.

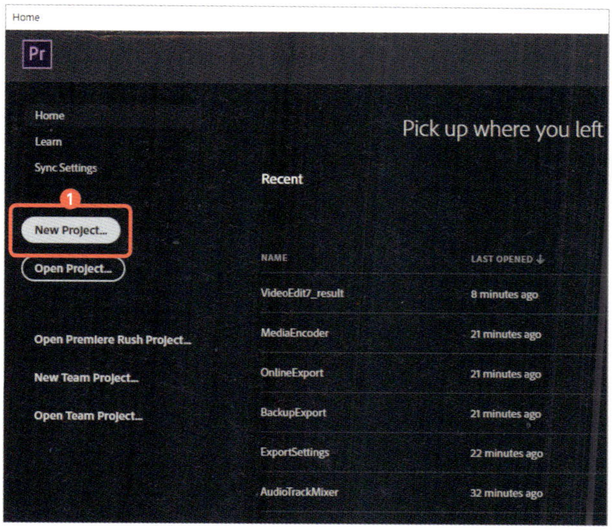

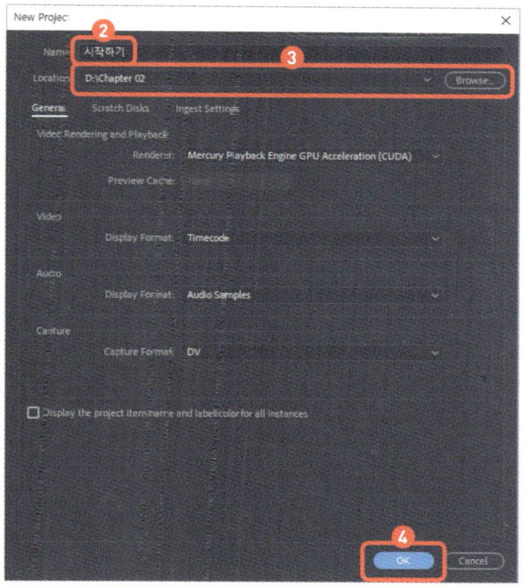

02 [File]–[New]–[Sequence] 메뉴를 선택해 New Sequence 대화상자를 엽니다.

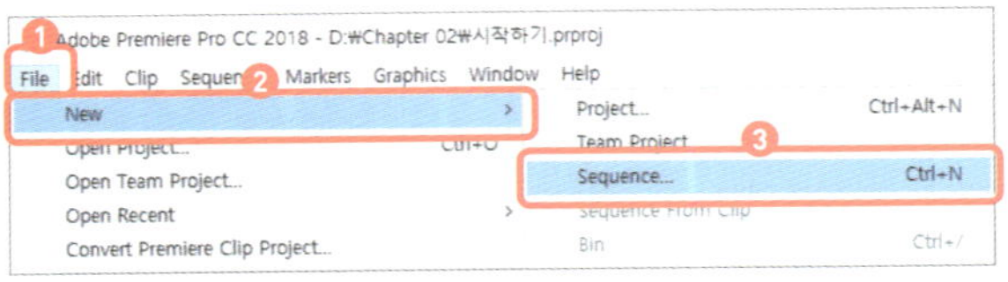

Tip 단축키 Ctrl+N을 눌러도 됩니다.

03 New Sequence 대화상자에서 Settings 탭을 클릭합니다. Editing Mode는 Custom, Timebase(초당 프레임 전송률)는 30.00 frames/second로 설정하고, Frame Size에는 1920, horizontal에는 1080을 입력합니다. 〈OK〉 버튼을 클릭하면 새로운 시퀀스가 생성됩니다.

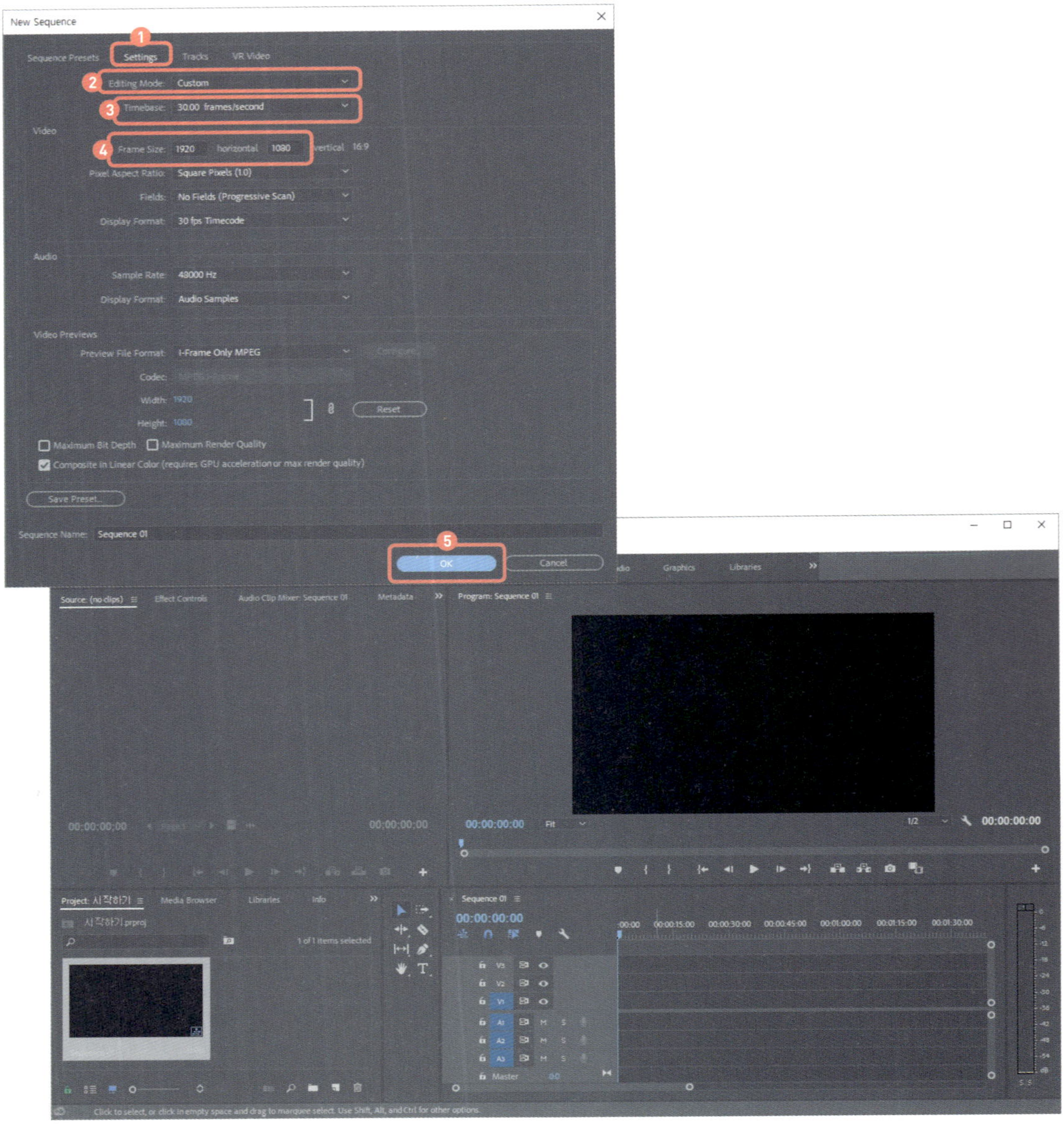

원하는 작업 화면 설정하기

[Window]–[Workspaces] 메뉴를 이용해 다양한 인터페이스를 설정할 수 있습니다. 또는 메뉴 바 하단의 워크 스페이스에서도 설정 가능합니다.

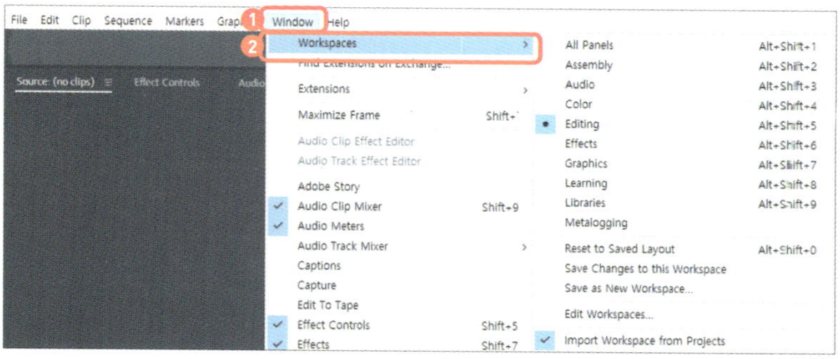

» 메뉴에서 작업 화면 설정하기

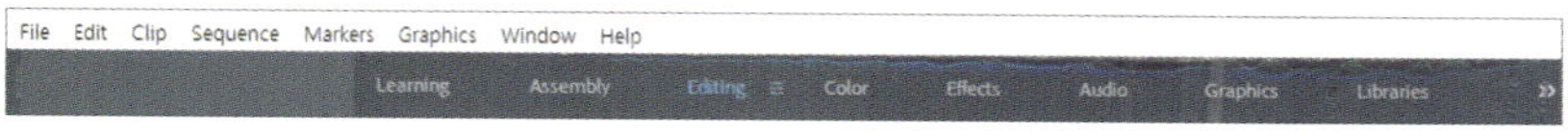

» 워크 스페이스에서 작업 화면 설정하기

❶ Editing 프리미어 프로 CC의 기본 인터페이스입니다.

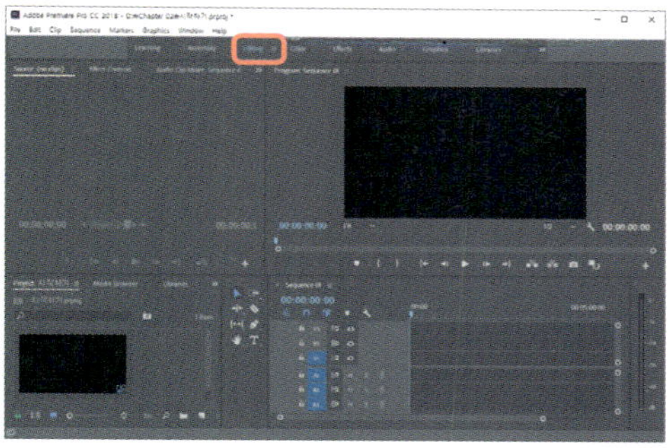

❷ Assembly 편집 순서에 맞게 소스를 탐색할 수 있도록 프로젝트(Project) 패널을 크게 보여줍니다.

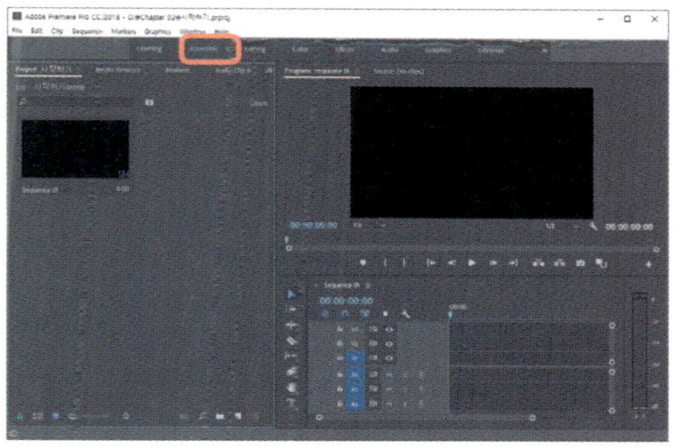

❸ Color 색 보정에 유리하도록 루메트리 컬러(Lumetri Color) 패널과 루메트리 스코프(Lumetri Scopes) 패널을 크게 보여줍니다.

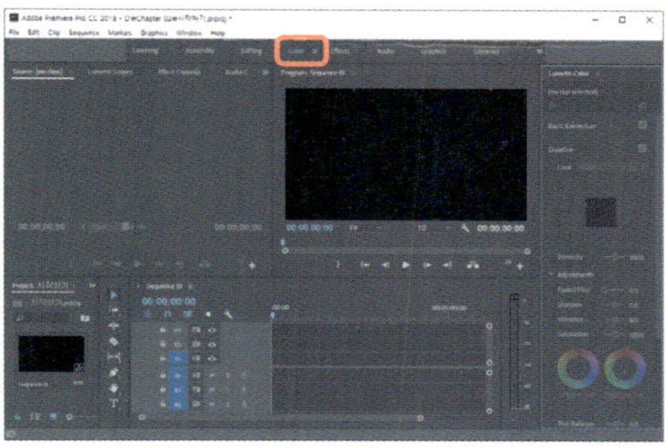

❹ Effects 클립에 효과를 적용하고 조절할 수 있도록 이펙트(Effects) 패널과 이펙트 컨트롤(Effect Control) 패널을 크게 보여줍니다.

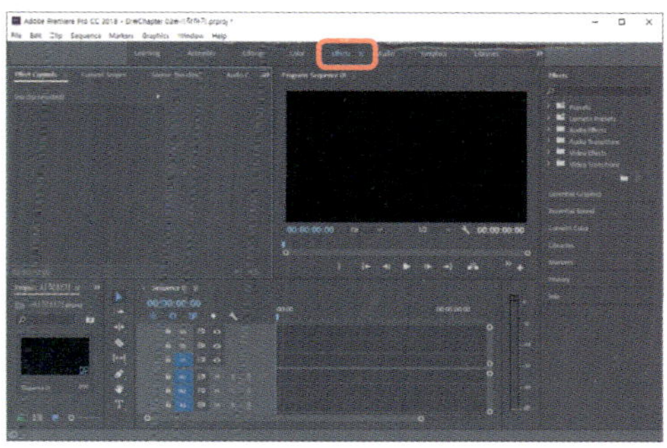

❺ Audio 오디오 편집이 쉽도록 오디오 클립 믹서(Audio Clip Mixer) 패널과 오디오 트랙 믹서(Audio Track Mixer) 패널을 보여줍니다.

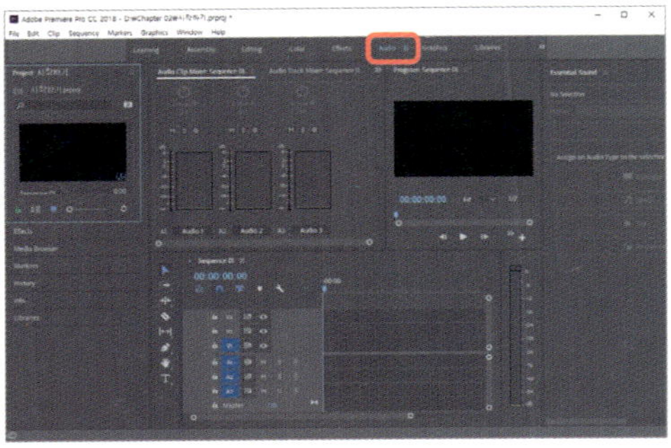

❻ Graphics 자막과 모션그래픽 효과 등을 제공하는 에센셜 그래픽스(Essential Graphics) 패널을 보여줍니다. 파일을 타임라인에 드래그해서 사용할 수 있습니다.

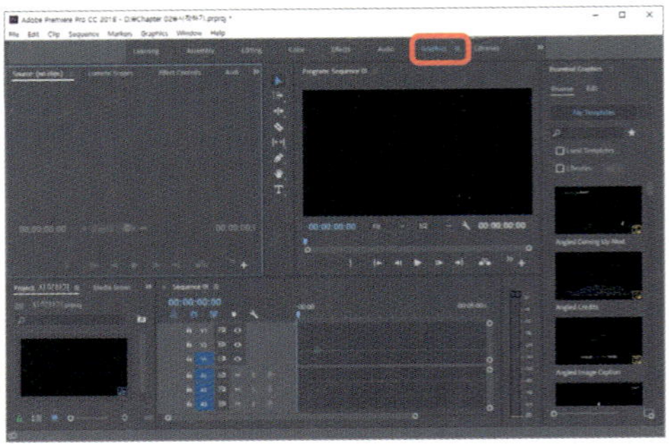

패널 위치 이동하기

01 각 패널에는 고유의 이름이 있습니다. 이름을 클릭하면 패널이 활성화되고, 클릭한 채로 다른 위치로 드래그하면 보라색 가이드 화면이 나타나면서 패널이 움직입니다. 마우스에서 손을 떼면 드래그한 위치로 패널이 이동됩니다. 이동한 후 패널의 크기를 조절할 수 있습니다.

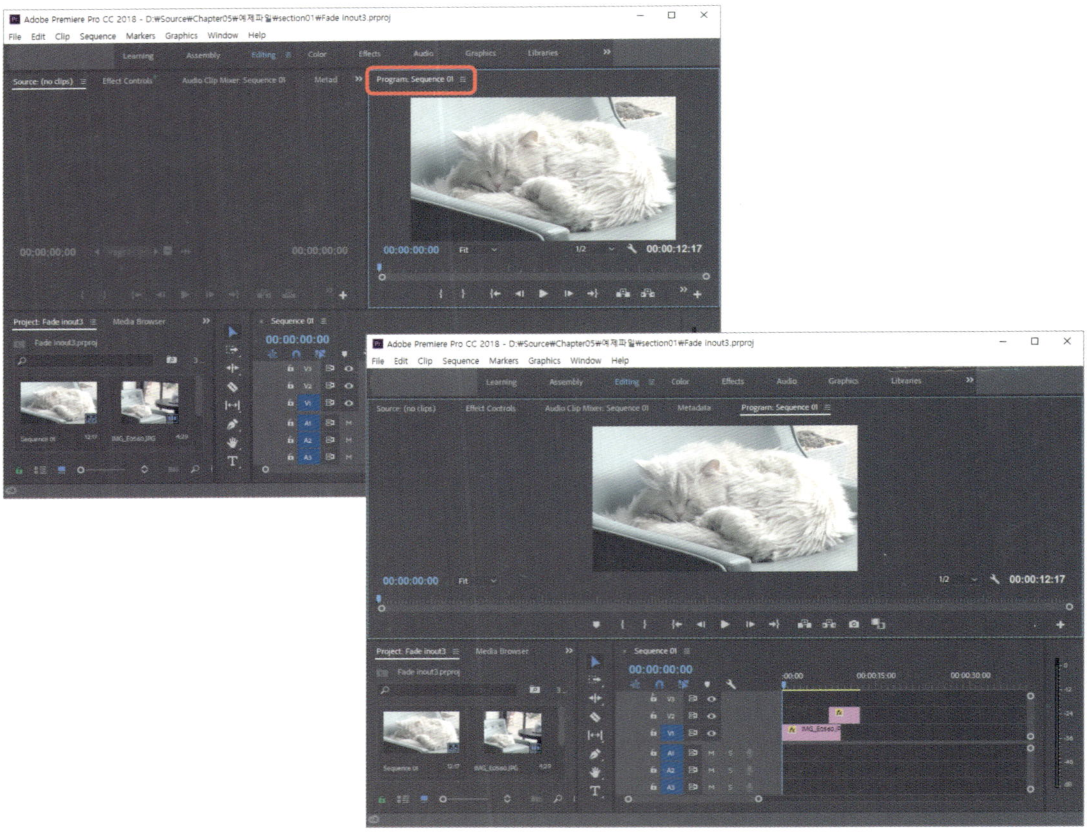

02 패널을 드래그하여 다른 패널의 사이나 테두리로 이동시킬 수도 있습니다.

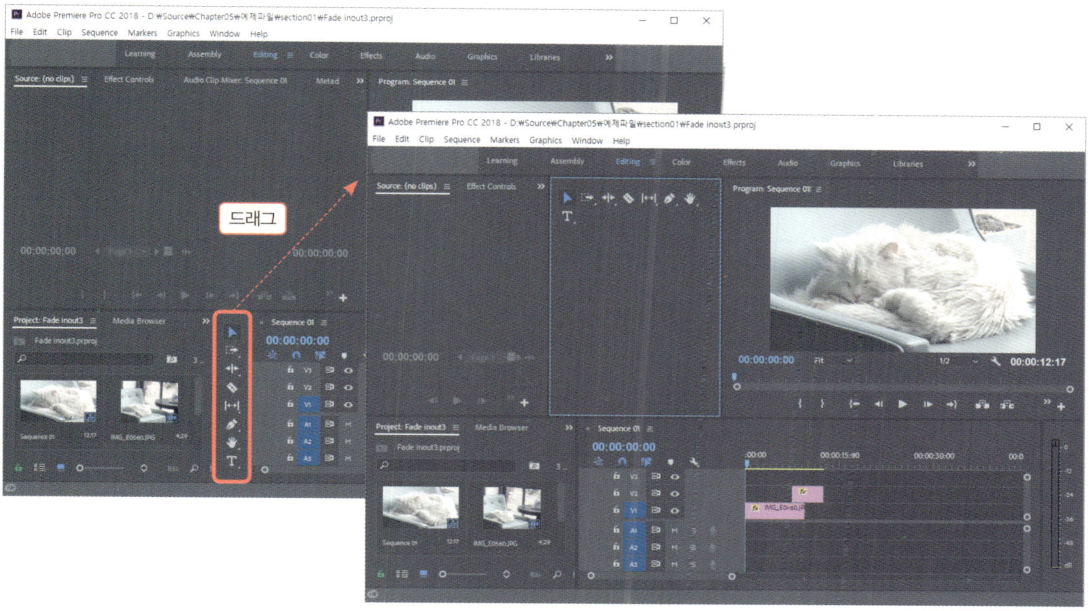

03 마우스를 패널과 패널 사이에 위치시키면 포인터 모양이 바뀌는데, 이때 드래그하여 좌우, 또는 위아래로 패널을 확장하거나 축소시킬 수 있습니다.

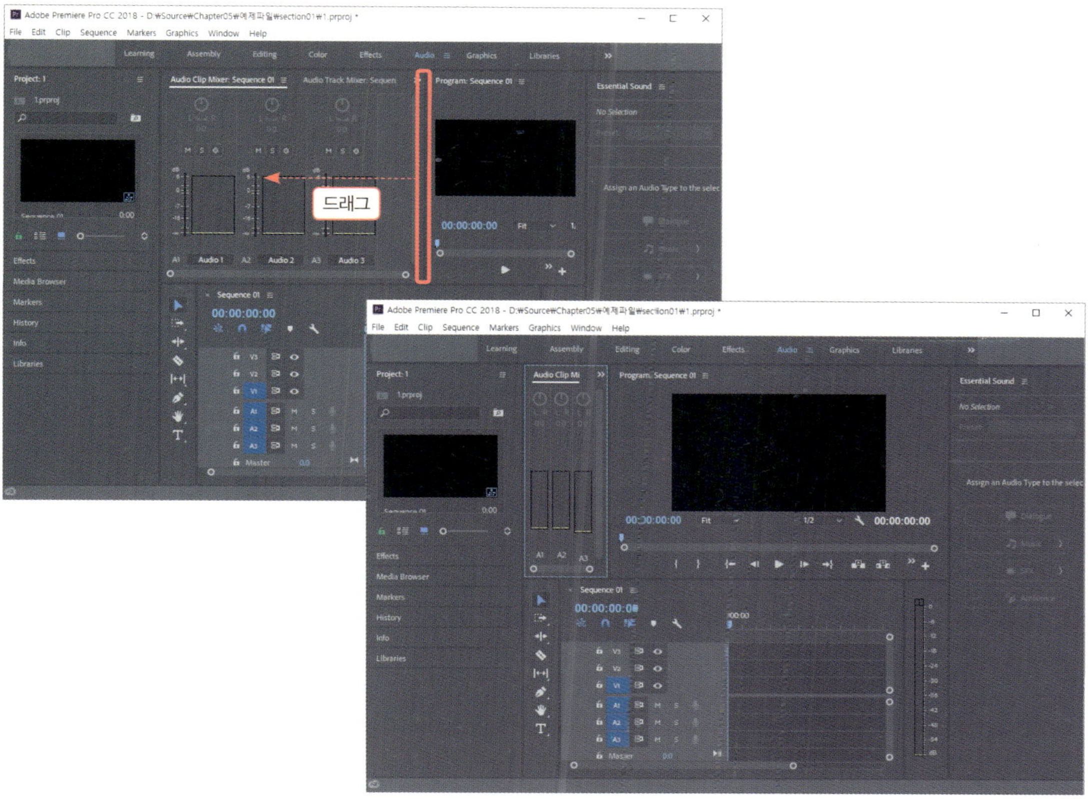

인터페이스 컬러 설정하기

01 [Edit]–[Preferences]–[Appearance] 메뉴를 선택합니다.

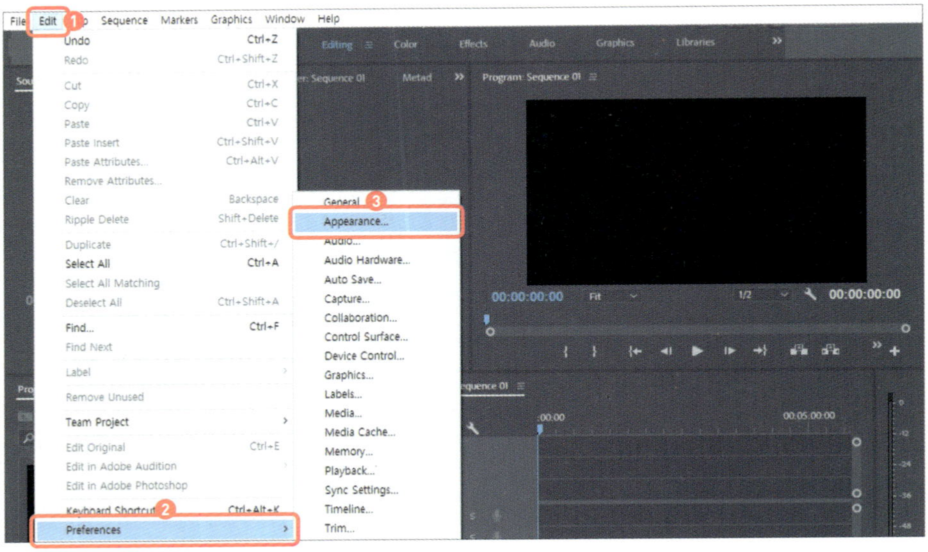

02 Preferences 대화상자의 Appearance 탭이 열립니다. Brightness에서는 밝기를, Interactive Controls에서는 클릭했을 때 활성화되는 텍스트의 색상을, Focus Indicators에서는 클릭했을 때 활성화되는 표시 색상을 조절할 수 있습니다.

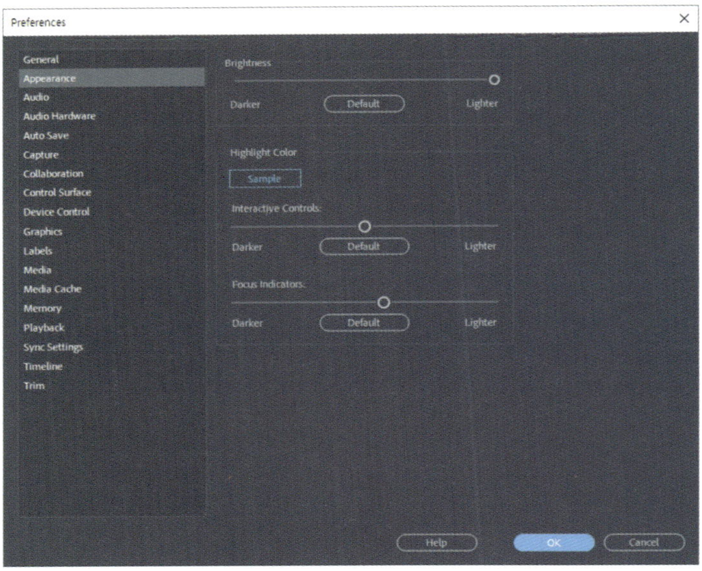

Tip Default를 클릭하면 기본 설정 값으로 되돌아갑니다.

SECTION 05

프로젝트 패널에 소스 불러오기

- **준비파일** start.mp4
- **완성파일** start_result.prproj

프리미어 프로에서는 영상, 이미지, 음악 파일 등을 불러와 편집할 수 있습니다. 영상 소스를 불러오는 방법에 대해 알아봅니다.

새 프로젝트 파일 만들기

01 프리미어 프로를 실행하고 Home 대화상자에서 〈New Project〉 버튼을 클릭합니다. New Project 대화상자의 Name에 '소스 불러오기'를 입력하고, Location에는 프로젝트 파일을 저장할 위치를 설정한 후 〈OK〉 버튼을 클릭합니다.

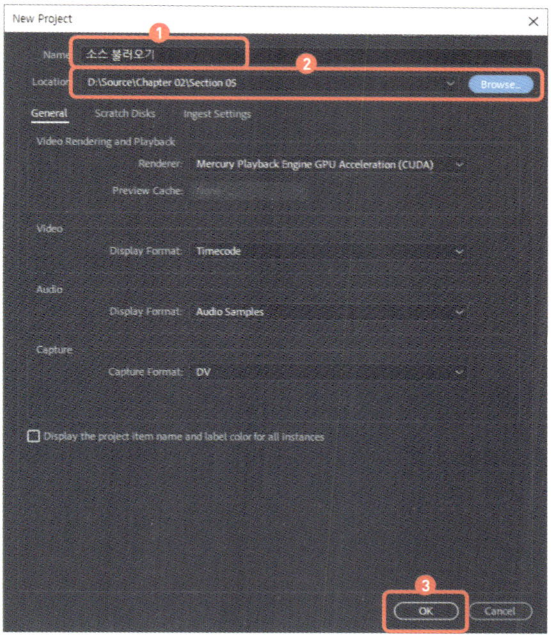

영상 파일 불러오기

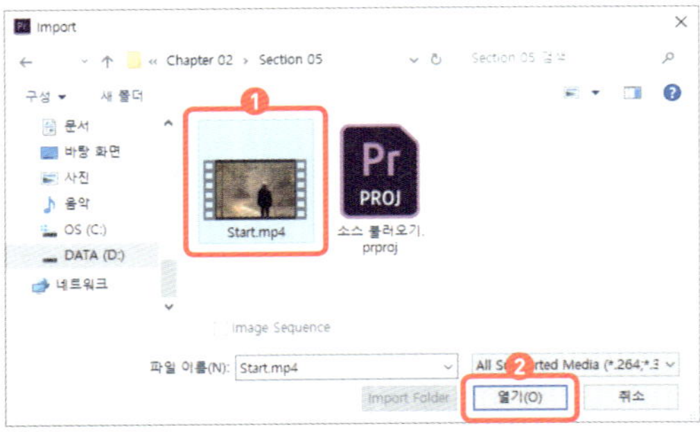

02 시퀀스를 만들지 않은 상태로 단축키 Ctrl + I 를 눌러 import 대화상자가 열리면 영상 파일인 'Start.mp4'를 선택하고 〈열기〉 버튼을 클릭합니다.

여기서 잠깐! **프로젝트 창에 소스 불러오는 방법**

❶ 단축키 Ctrl + I 를 눌러 import 대화상자를 열고 원하는 파일을 선택합니다.

❷ 프로젝트 패널의 아이템 창 빈 곳을 더블클릭해 import 대화상자를 열고 원하는 파일을 선택합니다.

❸ [File]–[Import Recent File] 메뉴에서 최근에 사용한 파일을 선택합니다.

불러온 소스 클립을 타임라인 패널에 넣기

03 프로젝트 패널에 있는 소스 클립을 타임라인 패널로 드래그합니다.

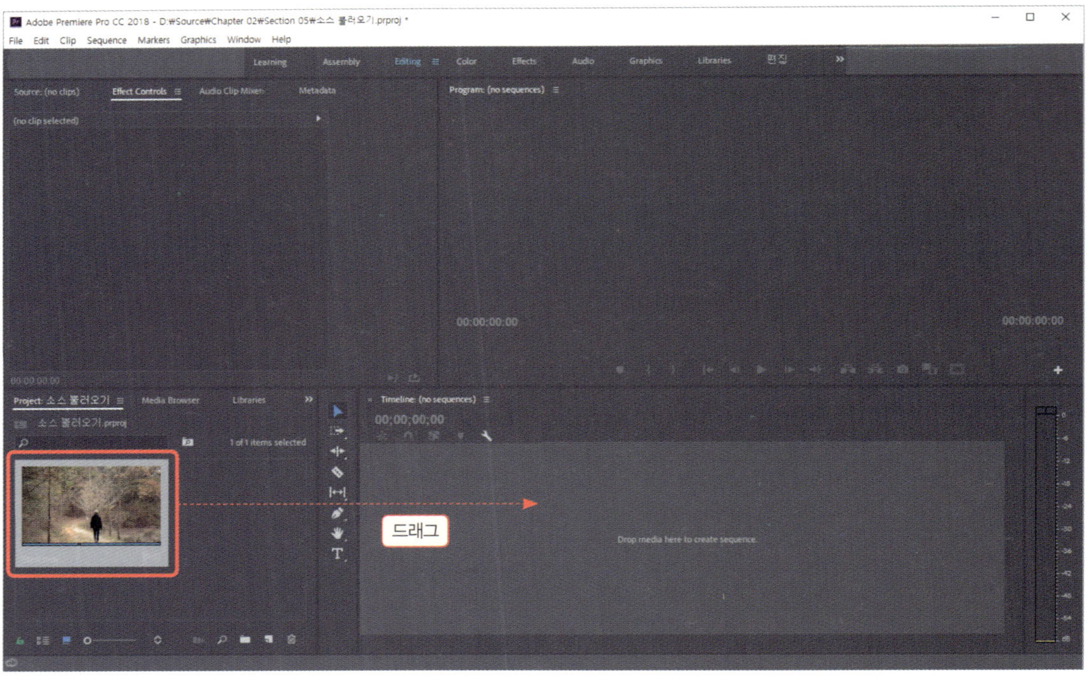

04 소스 영상과 같은 이름의 시퀀스가 생성된 것을 확인합니다. 시퀀스는 소스 영상과 같은 Codec, Time Code, Frame Size, Pixel Aspect Ratio 등의 속성을 갖습니다.

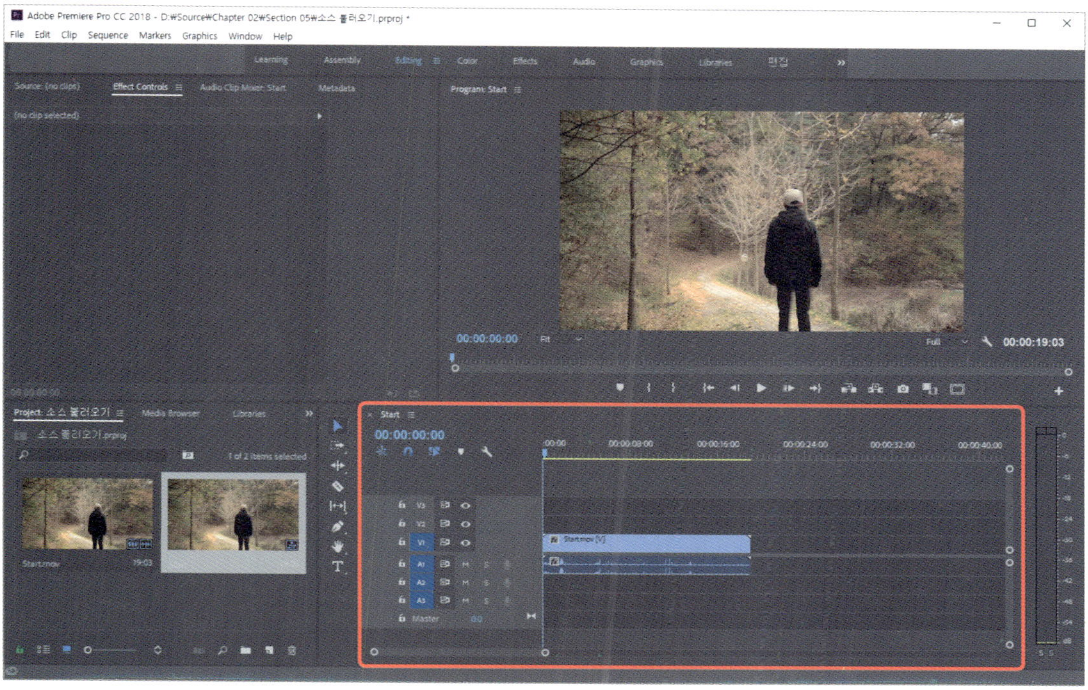

> **여기서 잠깐!** | **코덱(Codec)**
>
> 영상 소스를 불러왔을 때 오류 메시지가 뜨고 영상이 열리지 않는다면 해당 파일을 읽을 수 있게 해 주는 코덱이 설치되어 있지 않기 때문입니다. 코덱은 부호기(Coder)와 복호기(Decoder), 또는 압축(Compressor)과 해제(Decompressor)의 합성어로, 비디오나 오디오 데이터를 압축해서 디지털로 바꾸고, 그 데이터를 컴퓨터 사용자가 알 수 있게 모니터에 본래대로 재생시키는 기능을 합니다. 용량이 큰 동영상 파일을 작게 압축하는 과정을 인코딩(Encoding)이라 하고, 본래대로 재생하는 것을 디코딩(Decoding)이라고 합니다. 즉, 부호기를 통해 인코딩된 영상은 같은 방식으로 디코딩할 복호기가 있어야 재생이 가능하므로 해당 코덱이 컴퓨터에 설치되어 있어야 합니다. 용량이 작으면서도 고압축, 고품질일수록 좋은 코덱입니다. 가장 많이 사용되는 동영상 코덱은 MPEG이며 인텔의 Indeo, DivX, Xvid, H.264, WMV, RM, Cinepak, MOV, ASF, RA, XDM, RLE 등 매우 다양한 종류가 있습니다. 오디오 코덱으로는 가장 잘 알려진 MP3를 비롯하여 AC3, AAC, OGG, WMA, FLAC, DTS 등이 있습니다.

여기서 잠깐!

소스 파일과 일치하는 포맷의 시퀀스 만들기

프로젝트 패널에서 원하는 소스 파일을 선택하고 [File]-[New]-[Sequence From Clip] 메뉴를 선택합니다. 여러 개의 소스 파일을 선택한 후에 Sequence From Clip을 실행하면 처음 선택한 소스 파일의 포맷을 따르는 시퀀스가 생성됩니다. 소스 파일은 사진, 동영상, Bin 등 어떤 종류든 가능합니다. 촬영된 동영상과 일치하는 포맷 방식으로 작업하는 경우가 일반적이므로 소스 파일과 일치하는 시퀀스를 만들 때가 많습니다.

PART

02

영상 편집 기본 작업

CHAPTER

03

프리미어 프로 기본 사용법

이번 장에서는 프로젝트 파일을 다루는 방법에 대해 알아봅니다. 프리미어 프로를 실행하면 열리는 Home 대화상자에서 기존의 프로젝트 파일이나 최근에 작업한 파일을 열 수 있습니다. 그런데 프로젝트 파일은 연결된 소스 파일을 포함하지 않으므로 소스 파일이 삭제되거나 위치가 바뀌면 영상을 재생하거나 출력할 수 없습니다. 프로젝트 파일을 저장할 때 연결된 소스 영상을 함께 저장하는 방법과 위치가 변경된 소스 파일을 다시 연결하는 방법 등에 대해서도 알아봅니다.

파일 열고 저장하기

- **준비파일** FileOpen.prproj
- **완성파일** FileOpen_result.prproj

프리미어 프로를 실행하면 열리는 Home 대화상자에서 새로운 파일을 만들거나 기존의 파일을 열 수 있습니다. 이번에는 메뉴 바에서 파일을 열고 저장하는 방법을 알아봅니다.

파일 열고 확인하기

01 프리미어 프로를 실행하여 Home 대화상자가 열리면 프로젝트 파일을 불러오기 위해 〈Open Project〉 버튼을 클릭합니다.

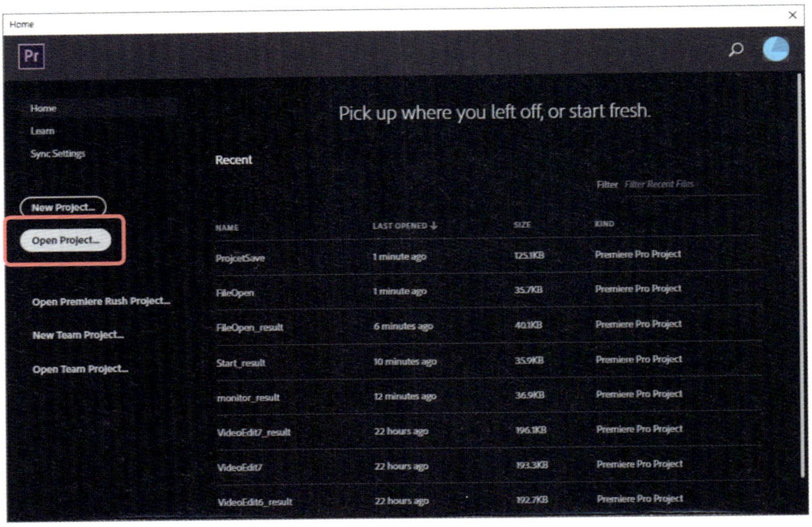

Tip Recent의 Last Opened를 클릭하면 최근에 작업한 프로젝트 파일을 선택해 열 수 있습니다.

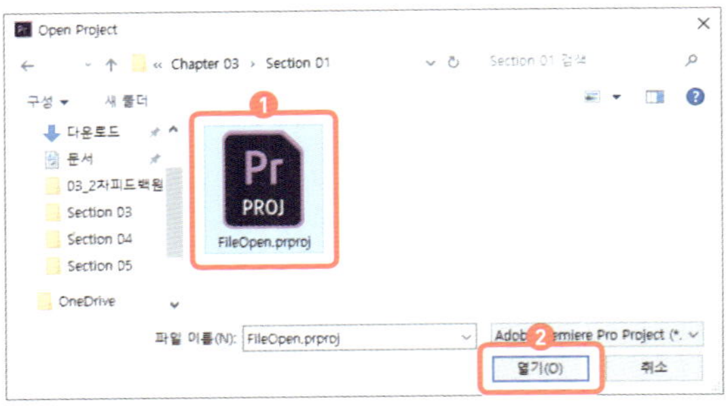

02 Open Project 대화상자가 열리면 준비 파일인 'FileOpen.prproj' 프로젝트 파일을 선택하고 〈열기〉 버튼을 클릭합니다.

Tip 열고자 하는 파일이 설치된 프리미어 프로보다 낮은 버전에서 작성되었다면 이에 대해 설명하는 메시지가 나타납니다. 안내에 따라 파일을 다른 이름으로 저장하고 열면 됩니다.

03 프로그램 모니터 패널에서 재생 버튼(▶)을 클릭하거나 타임 슬라이더를 이동하면서 영상을 확인합니다. 타임라인 패널에서 두 번째 소스 클립인 'IMG_E0561'을 선택하고 Delete 를 눌러 삭제합니다.

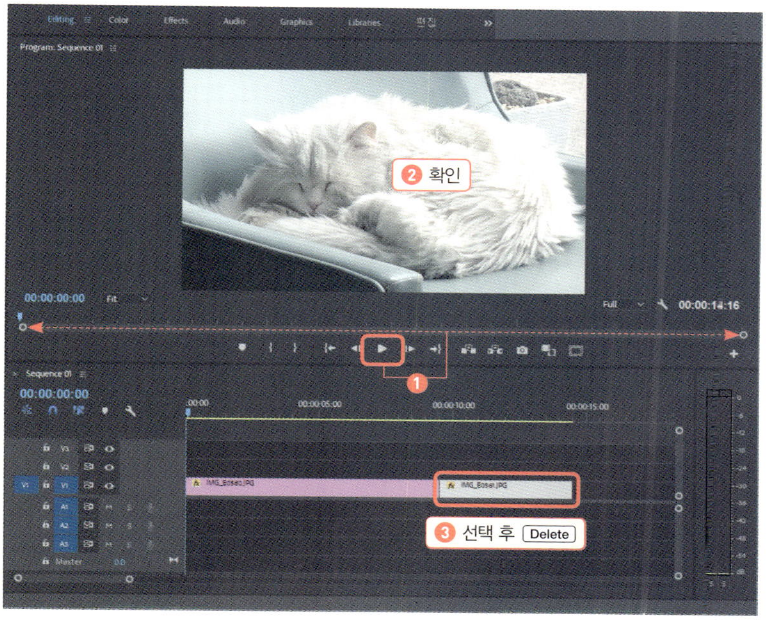

파일 저장하기

04 이번에는 다른 이름으로 저장해 보겠습니다. [File]-[Save As] 메뉴를 선택합니다.

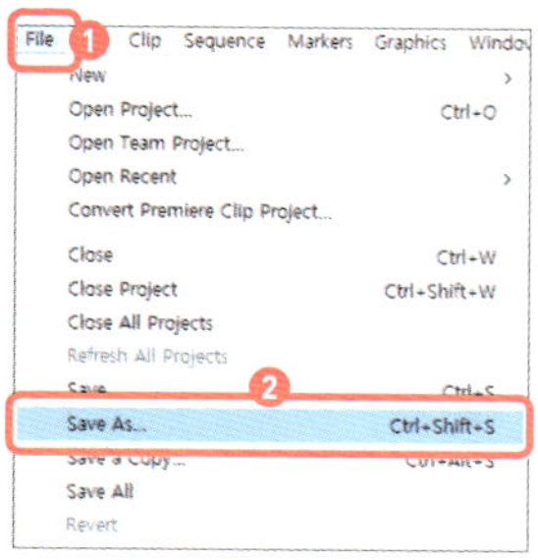

Tip 단축키 Ctrl + Shift + S 를 눌러도 됩니다.

05 Save Project 대화상자가 열리면 파일 이름에 'FileOpen_result'를 입력하고 〈저장〉 버튼을 클릭합니다.

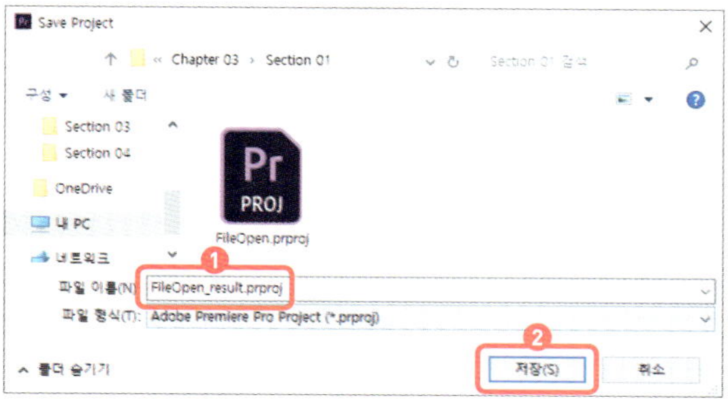

파일 불러오기

06 이번에는 파일을 불러오겠습니다. [File]-[Open Project] 메뉴를 선택합니다.

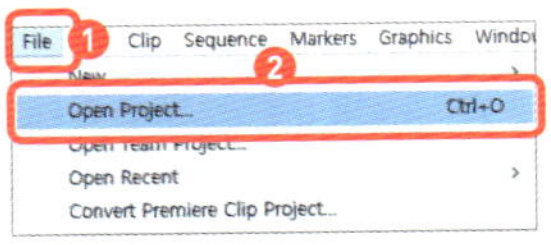

Tip 단축키 Ctrl+O를 눌러도 됩니다.

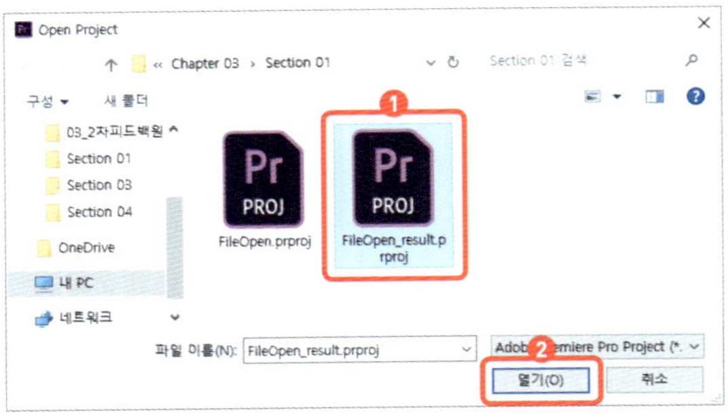

07 Open Project 대화상자에서 'FileOpen_result.prproj' 파일을 선택하고 <열기> 버튼을 클릭합니다.

08 파일이 열리면 프로그램 모니터 패널에서 재생 버튼(▶)을 클릭하거나 타임 슬라이더를 이동하면서 영상을 확인합니다.

여기서 잠깐! **알아두면 편리한 단축키**

- Ctrl+O 프로젝트 파일 열기(Open Project)
- Ctrl+I 소스 파일(영상, 사운드, 사진 등) 불러오기(Import)
- Ctrl+S 처음에 연 파일에 현재 상태의 파일을 덮어 저장하기(Save)
- Ctrl+Shift+S 현재 파일을 다른 이름으로 저장하기(Save As)
- Ctrl+Alt+S 현재 작업한 프로젝트를 복사하여 저장하기(Save a Copy)

SECTION 02

소스 파일 포함한 프로젝트 저장하기

- **준비파일** ProjectSave.prproj
- **완성파일** 없음

프로젝트 파일을 저장할 때 프로젝트 패널에 불러온 소스 파일 중 작업에 사용한 소스 파일만 포함하여 전체 프로젝트를 폴더로 저장할 수 있습니다. 이 작업은 프로젝트 매니저(Project Manager)를 통해 구현합니다.

파일 불러오기

01 프리미어 프로를 실행해 Home 대화상자가 열리면 〈Open Project〉 버튼을 클릭합니다.

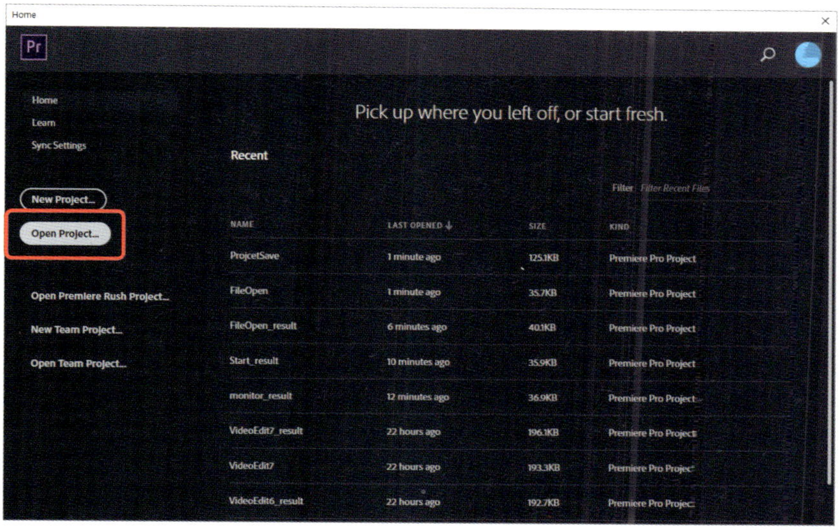

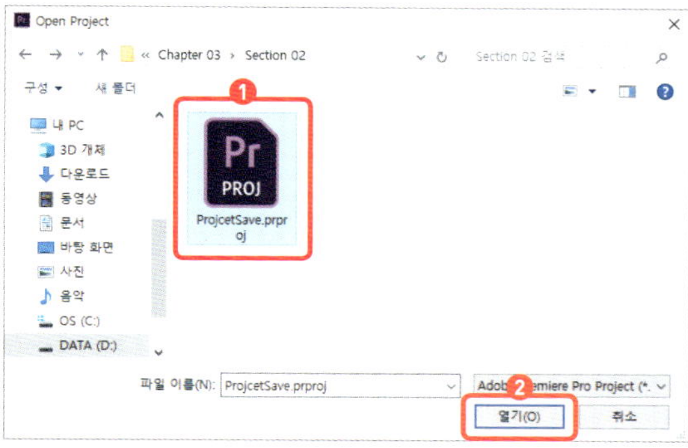

02 Open Project 대화상자에서 'ProjcetSave.prproj' 프로젝트 파일을 선택하고 〈열기〉 버튼을 클릭합니다.

03 프로젝트 파일이 열리면, 프로그램 모니터 패널을 선택하고 Enter 를 누르거나 재생 버튼(▶)을 클릭해 파일을 확인합니다.

프로젝트 매니저를 이용하여 소스 파일 저장하기

04 [File]–[Project Manager] 메뉴를 선택합니다.

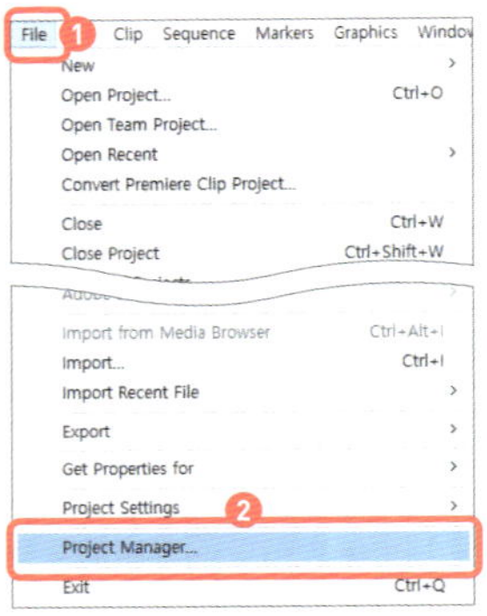

05 Project Manager 대화상자의 Resulting Project 그룹에서 Collect Files and Copy to New Location을 선택하고 Options에서 Exclude Unused Clips, Include Audio Conform Files, Include Preview Files에 체크한 후, 〈Browse〉 버튼을 클릭합니다.

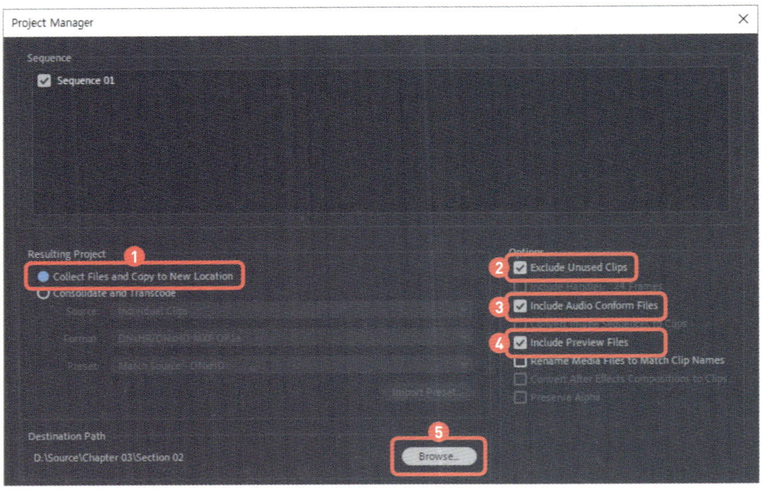

06 탐색 창이 열리면 준비 파일이 있는 'Section 02' 폴더를 선택하고 〈폴더 선택〉 버튼을 클릭합니다. 선택한 폴더 안에 프로젝트 파일과 포함된 소스 파일이 함께 저장됩니다.

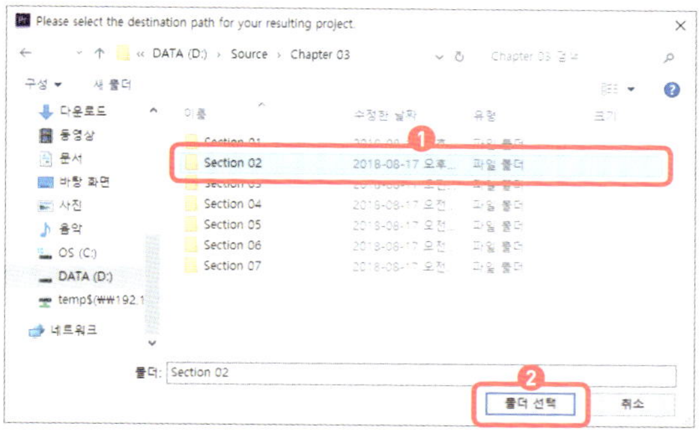

07 Project Manager 대화상자의 Disk Space 그룹에서 〈Calculate〉 버튼을 클릭하면 저장될 파일의 용량이 계산됩니다. 용량을 확인한 후 〈OK〉 버튼을 클릭합니다.

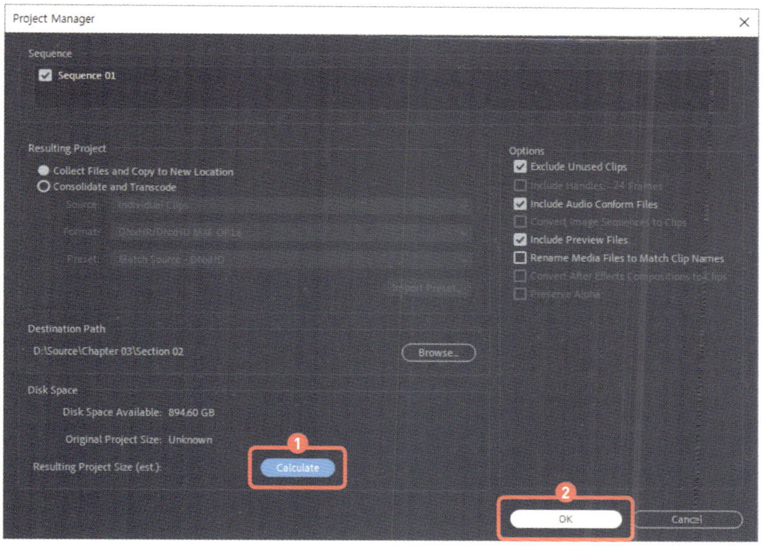

Tip Original Project Size와 Resulting Project Size를 확인하면 Resulting Project Size가 작은 것을 알 수 있습니다. 불러들인 소스 파일을 편집 작업에 모두 사용하지 않았기 때문에 용량이 줄어든 것입니다.

여기서 잠깐! 프로젝트 매니저를 사용하는 이유

편집 작업을 하다 보면 불러온 소스 파일 중에서 필요한 것만 선별해 사용하게 됩니다. 많은 소스 파일을 불러온 후 사용하지 않은 채로 프로젝트 파일과 연결된 파일을 모두 저장하면 저장 공간이 많이 필요합니다. 그러므로 사용한 소스 파일만 묶어 저장해 불필요한 공간 낭비를 줄이기 위해 프로젝트 매니저(Project Manager)를 사용하는 것입니다.

08 파일 탐색기를 실행하여 Project Manager에서 선택한 'Section 02' 폴더를 열어 보면 'Copied_ProjectSave' 폴더가 생성된 것을 확인할 수 있습니다. 'Copied_ProjceSave' 폴더를 더블클릭합니다.

09 'Copied_ProjecSave' 폴더 안에 프리미어 프로젝트 파일과 함께 사용한 소스 파일이 저장되어 있습니다.

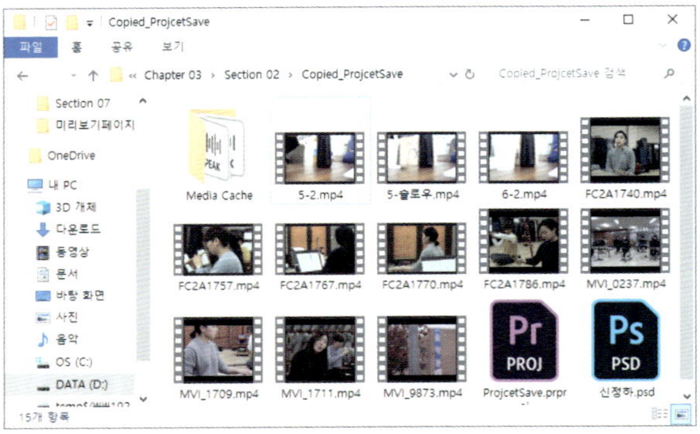

SECTION 03

위치가 변경된 소스 파일 연결하기

- **준비파일** MissingLink.prproj
- **완성파일** MissingLink_result.prproj

앞에서 다룬 것처럼 프로젝트 매니저를 이용해 프로젝트 파일과 소스 파일을 같은 폴더에 저장해두면 연결된 파일을 잃어버리지는 않습니다. 하지만 종종 여러 이유로 프로젝트 파일과 연결된 파일의 위치가 끊어지기도 합니다. 링크 미디어(Link Media)를 이용해 파일의 위치를 찾아 다시 연결하는 방법을 알아봅니다.

파일 불러오기

01 프리미어 프로를 실행하고 Home 대화상자에서 〈Open Project〉 버튼을 클릭합니다.

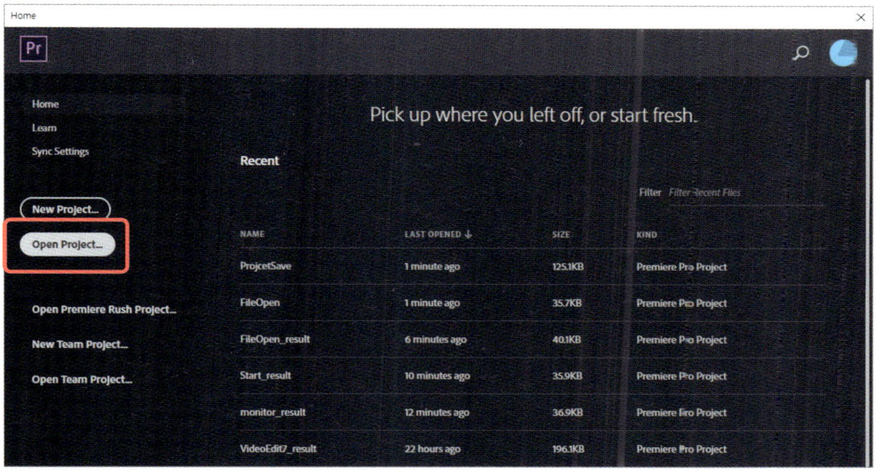

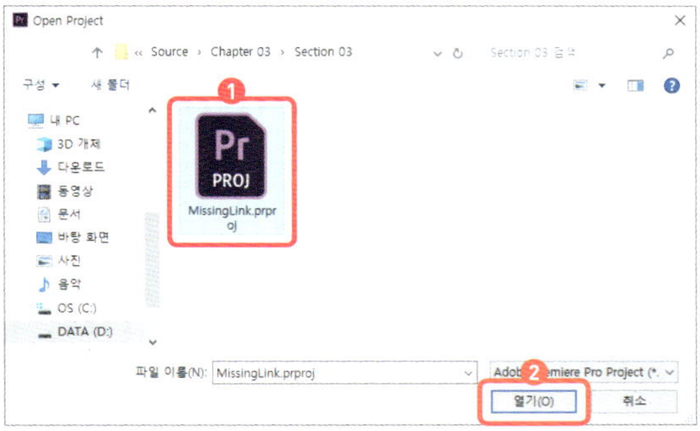

02 Open Project 대화상자에서 'MissingLink.prproj' 프로젝트 파일을 선택하고 〈열기〉 버튼을 클릭합니다.

유실된 파일 찾기

03 프로젝트 파일에 유실된 소스 파일이 있으면 Link Media 대화상자가 열리는데, 여기에서 유실된 소스 파일 목록을 확인할 수 있습니다. 'MVI_0237.mp4' 파일을 선택하고 〈Locate〉 버튼을 클릭합니다.

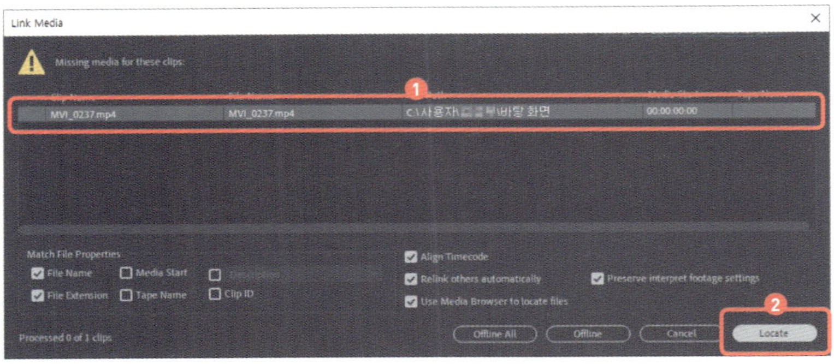

Tip Link Media 대화상자가 자동으로 열리지 않으면 [File]–[Link Media] 메뉴를 선택합니다.

04 새롭게 열린 대화상자에서 이전 경로를 확인하고, 왼쪽의 폴더 선택 창에서 'Source/Chapter 03/Section 02' 폴더를 선택합니다.

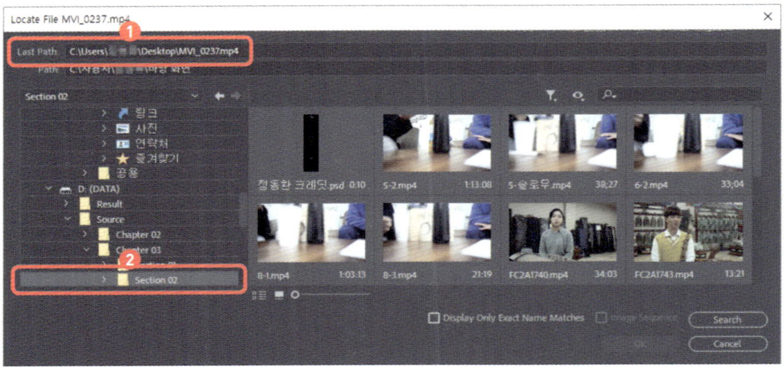

05 여기에서 같은 이름의 소스 클립을 찾아도 되지만, 하단의 Display Only Exact Name Matches에 체크하면 같은 이름의 파일만 보이므로 연결된 소스 클립을 찾기가 수월합니다. 소스 파일을 선택하고 〈OK〉 버튼을 클릭합니다.

06 프로그램 모니터 패널에서 재생 버튼(▶)을 클릭하거나 타임 슬라이더를 이동하면서 소스 클립이 연결된 것을 확인합니다.

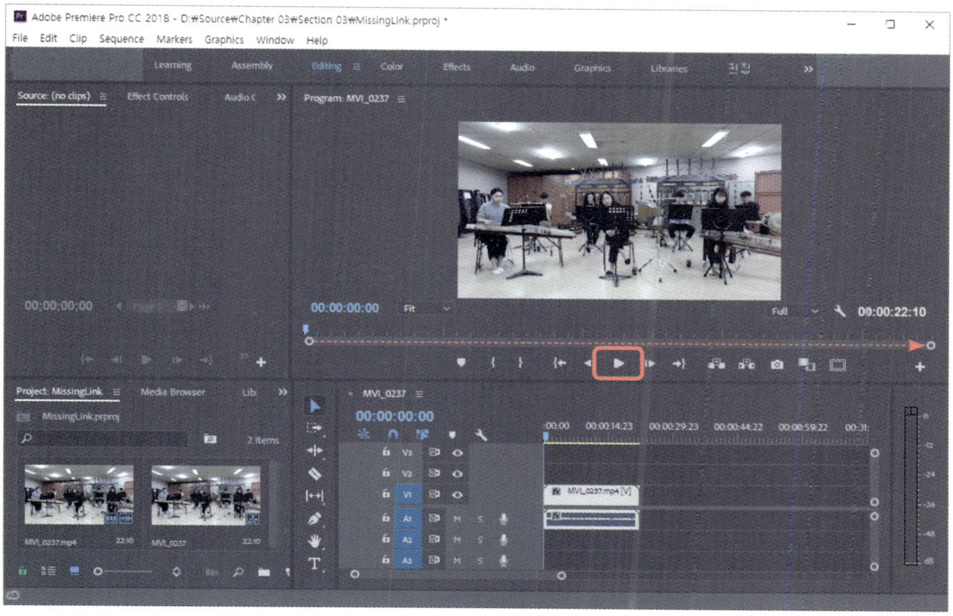

SECTION 04

다른 이름의 소스 파일로 대체하기

- **준비파일** ChangeClip.prproj
- **완성파일** ChangeClip_result.prproj

작업 중인 소스 파일을 다른 파일로 바꿀 수도 있습니다. 프로젝트 패널에서 Replace Footage 메뉴를 이용해 소스 파일을 다른 파일로 대체하는 방법을 알아봅니다. 또 타임라인 패널에서 Replace With Clip 메뉴를 이용해 소스 클립을 교체하는 방법도 알아봅니다.

파일 불러오기

01 프리미어 프로를 실행하고 Home 대화상자에서 〈Open Project〉 버튼을 클릭한 후 〈Open Project〉 대화상자에서 'ChangeClip.prproj' 프로젝트 파일을 불러옵니다.

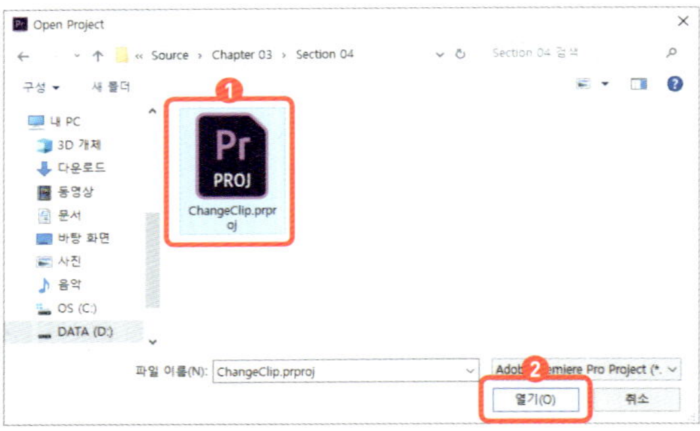

프로젝트 패널에서 소스 파일 대체하기

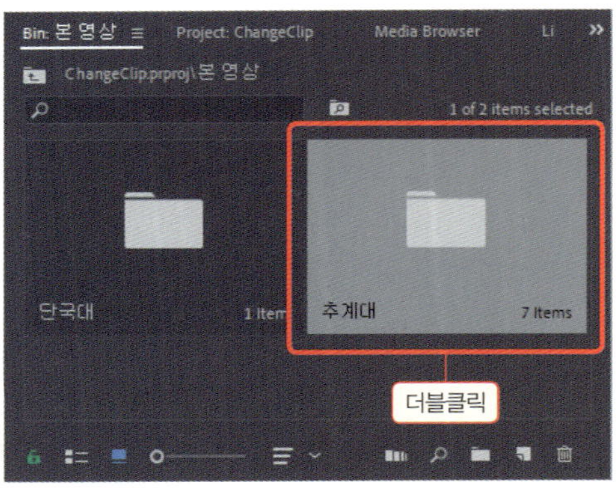

02 프로젝트 패널에서 '추계대' 폴더를 더블클릭합니다.

Tip 프로젝트 패널에서 소스 클립이 목록으로 보이고, 이를 아이콘 보기로 변경하고 싶다면 패널 하단의 '현재 보기를 아이콘 보기로 전환' 버튼(■)을 클릭합니다.

03 프로젝트 패널에서 'FC2A1786.mp4' 파일을 마우스 오른쪽 버튼으로 클릭해 팝업 메뉴가 열리면 [Replace Footage]를 선택합니다. Replace Footage 대화상자에서 'FC2A1757.mov' 파일을 선택하고 〈Select〉 버튼을 클릭합니다.

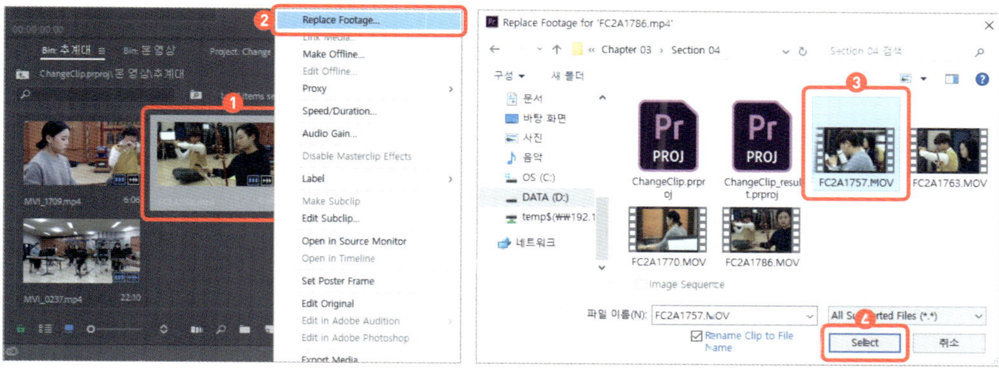

04 프로젝트 패널에서 소스 파일 'FC2A1786.mp4'가 'FC2A1757.mov'로 바뀐 것을 확인할 수 있습니다. 프로그램 모니터 패널에서 타임 슬라이더를 움직이면서 바뀐 영상이 제대로 나오는지 확인합니다.

05 같은 방법으로 'FC2A1757.mov' 파일은 'FC2A1786.mov' 파일로, 'FC2A1770.mov' 파일은 'FC2A1763.mov' 파일로 대체합니다.

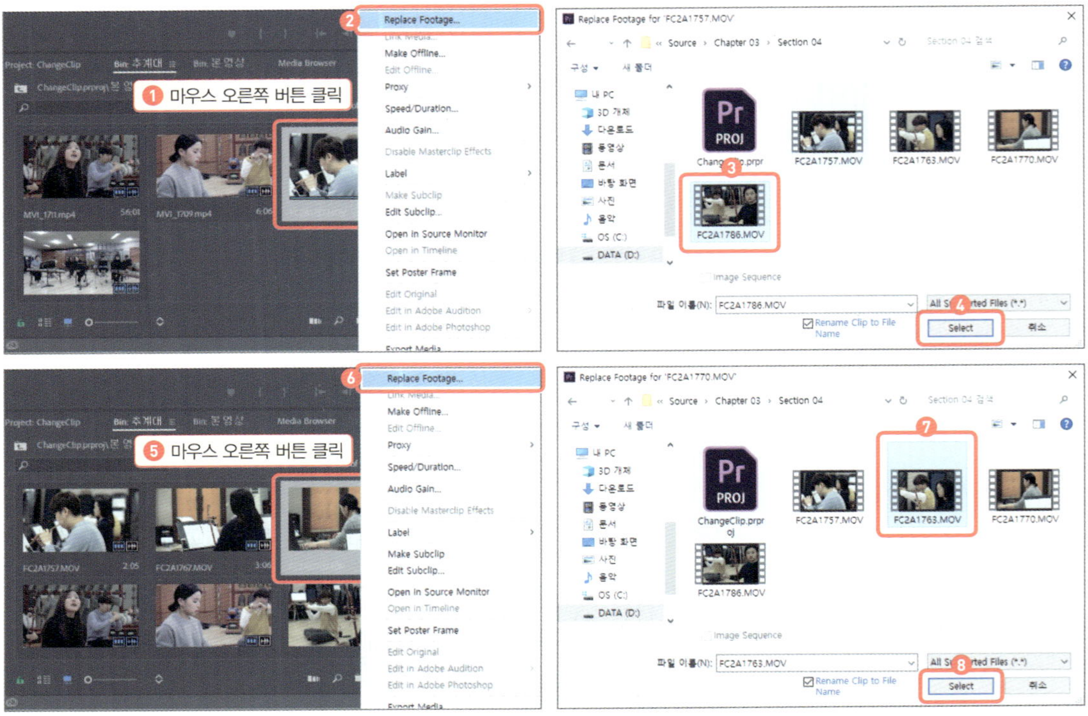

타임라인 패널에서 소스 파일 교체하기

06 소스 파일을 교체하고 확인하면 프로그램 모니터 패널에서 영상이 보이지 않는 경우가 있습니다. 이때 타임라인 패널을 보면 해당 파일이 빗금으로 채워져 있습니다. 바뀐 소스 파일이 제대로 나오도록 하겠습니다.

07 프로젝트 패널에서 'FC2A1763.mov' 파일을 더블클릭하면 소스 모니터 패널에 소스 클립이 재생됩니다.

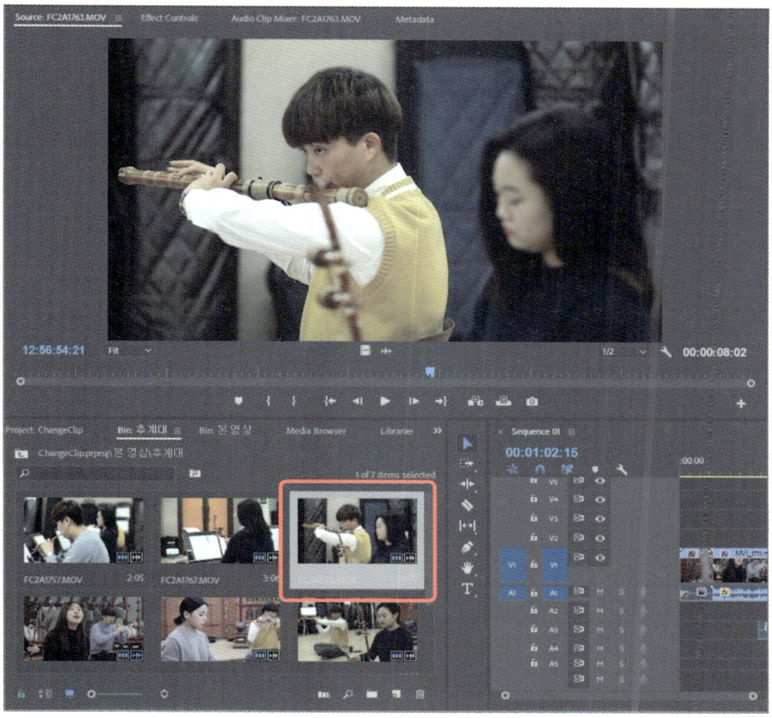

08 타임라인 패널에서 'FC2A1763' 소스 클립을 마우스 오른쪽 버튼으로 클릭해 팝업 메뉴에서 [Replace With Clip]-[From Source Monitor]를 선택하면 타임라인 패널에 소스 클립이 제대로 들어옵니다.

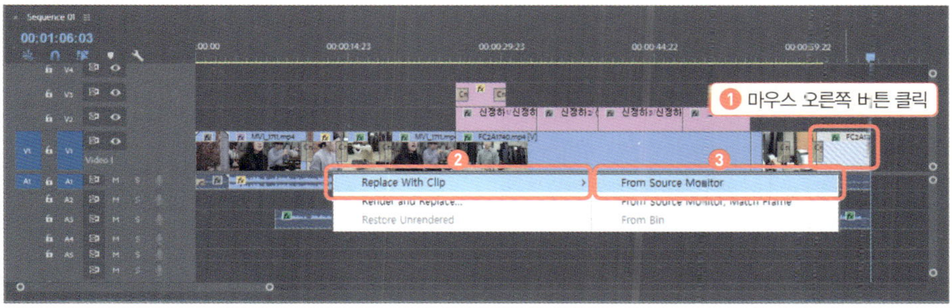

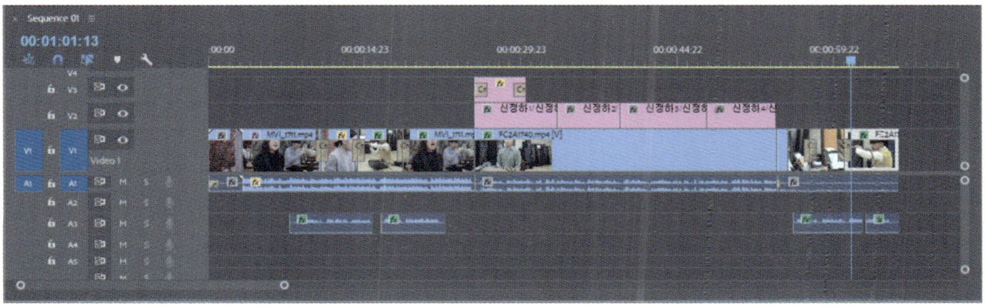

09 같은 방법을 이용해 처음의 소스 파일로 다시 교체하겠습니다. 프로젝트 패널의 빈 공간을 더블클릭해 소스 파일 'FC2A1770.mov'를 불러오고, 프로젝트 패널에서 'FC2A1770.mov' 파일을 더블클릭해 소스 모니터 패널에 나타나게 합니다.

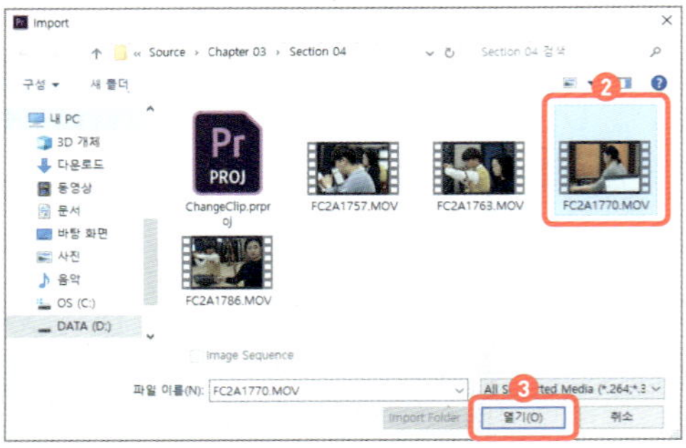

10 타임라인 패널에서 'FC2A1763' 소스 클립을 선택하고 마우스 오른쪽 버튼으로 클릭해 팝업 메뉴에서 [Replace With Clip]-[From Source Monitor]를 선택합니다. 타임라인 패널에서 슬라이드를 움직이면서 처음의 소스 클립으로 교체되었는지 확인합니다.

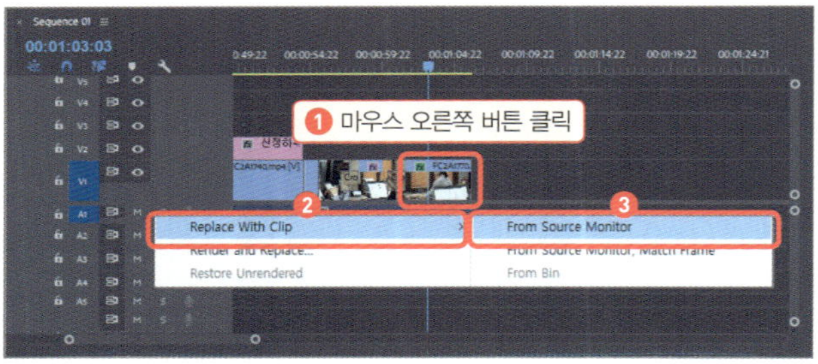

SECTION

05

시퀀스 파일 가져오기

- **준비파일** Friends.prproj, ImportSeq.prproj
- **완성파일** Friends_result.prproj

작업 중에 다른 프로젝트 파일에서 원하는 시퀀스를 선택해 불러올 수 있습니다. 하나의 프로젝트에서 여러 시퀀스 작업을 할 수 있지만, 소스 클립이 너무 많거나 용량이 크다면 프로젝트를 나누어 작업하는 것이 효과적일 수 있습니다. 이 경우에는 최종 작업 단계에서 시퀀스들을 불러와 작업할 수 있습니다. 시퀀스 파일을 가져오는 방법에 대해 알아봅니다.

파일 불러오고 시퀀스 확인하기

01 프리미어 프로를 실행하고 단축키 Ctrl+O를 눌러 'Friends.prproj' 프로젝트 파일을 엽니다.

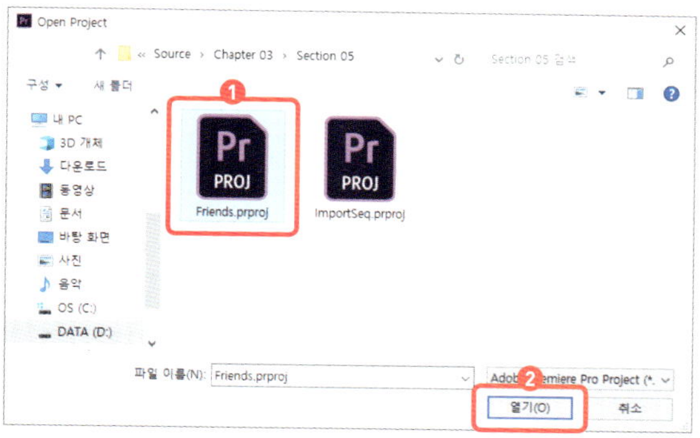

02 프로젝트 패널에 'Friend' 시퀀스가 있는 것을 확인합니다.

다른 프로젝트 파일의 시퀀스 적용하기

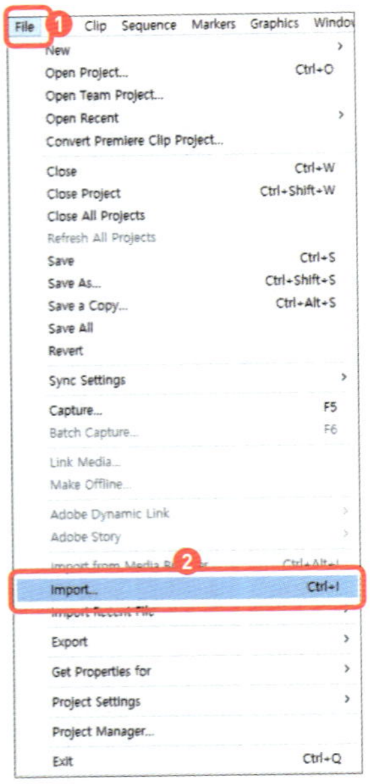

03 [File]−[Import] 메뉴를 선택합니다.

Tip 단축키 Ctrl + I 를 눌러도 됩니다.

04 Import 대화상자에서 'ImportSeq.prproj' 프로젝트 파일을 선택하고 〈열기〉 버튼을 클릭합니다.

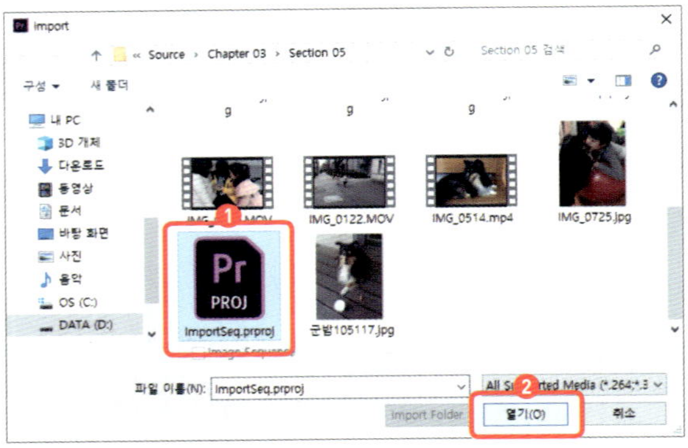

05 Import Project 대화상자가 열리면 선택한 시퀀스만 불러오기 위해 Import Selected Sequences에 체크하고 〈OK〉 버튼을 클릭합니다.

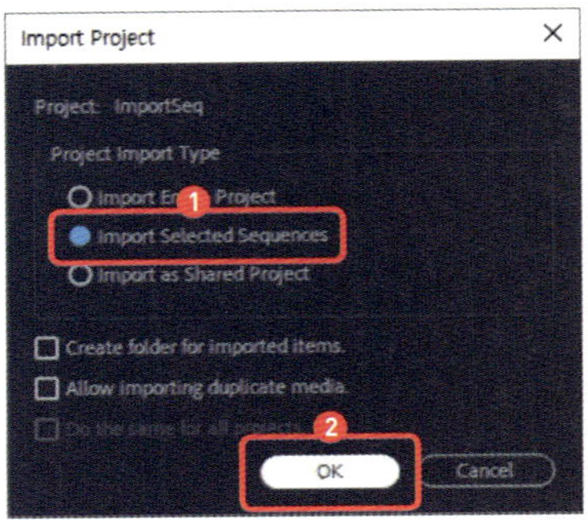

Tip 전체 프로젝트를 불러오려면 Import Entire Project에 체크합니다.

06 Import Premiere Pro Sequence 대화상자에서 '군밤' 시퀀스를 선택하고 〈OK〉 버튼을 클릭합니다. 프로젝트 패널에 시퀀스 한 개와 소스 클립 세 개가 불러와진 것을 확인합니다.

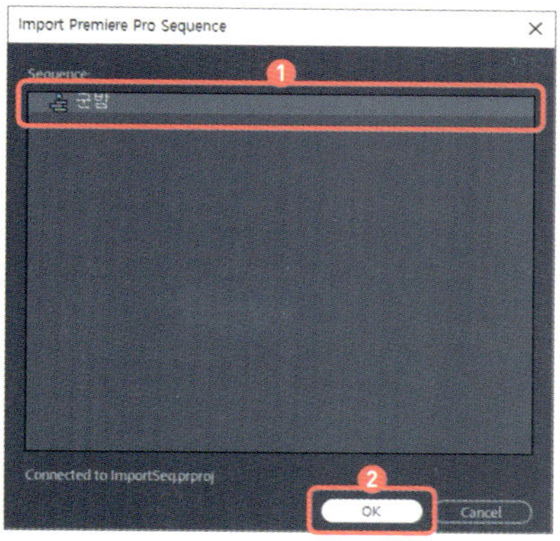

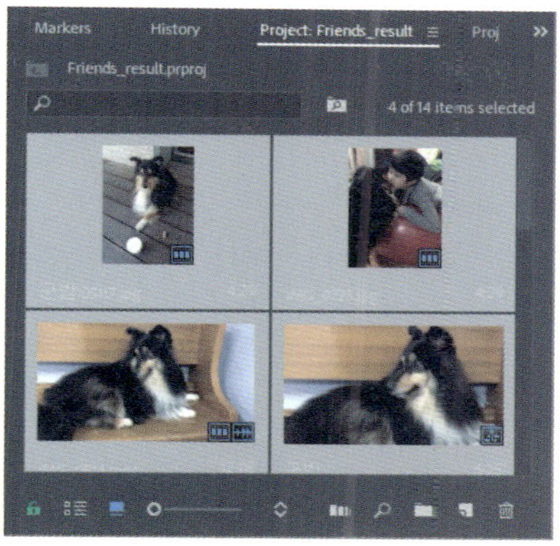

07 프로젝트 패널에서 '군밤' 시퀀스를 더블클릭합니다. 타임라인 패널에 시퀀스 파일이 추가된 것을 확인하고, 프로그램 모니터 패널에서 영상을 확인합니다.

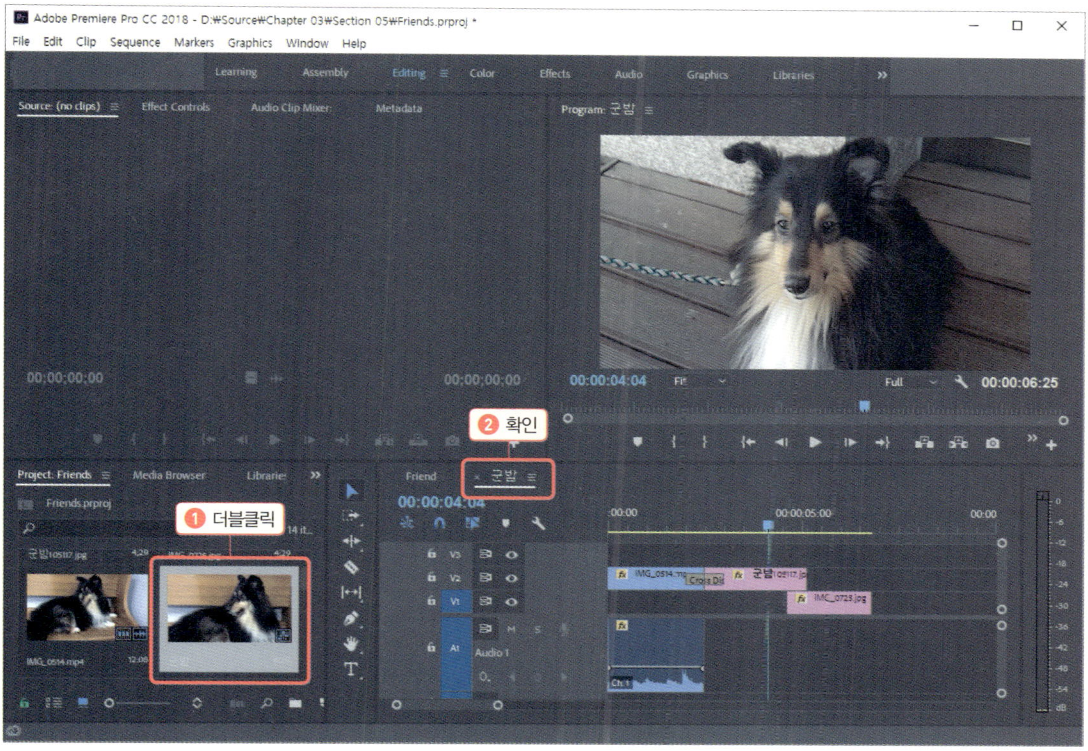

SECTION 06

소스 모니터 패널 사용하기

- **준비파일** monitor.prproj
- **완성파일** monitor_result.prproj

소스 모니터 패널에는 소스 영상 원본을 재생할 수 있고, 마커 설정, 편집, 이미지 출력, 보조 화면 출력 등 제어 가능한 기능들이 있습니다. 소스 모니터 패널에서 제어할 수 있는 기능들에 대해 알아봅니다.

파일 열고 확인하기

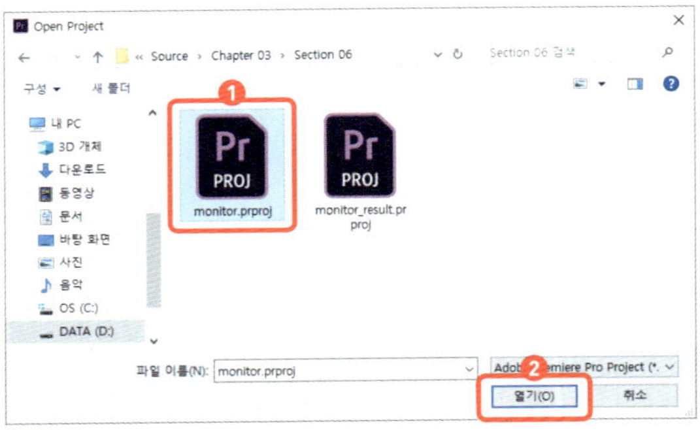

01 프리미어 프로를 실행하고 단축키 Ctrl+O를 눌러 'monitor.prproj' 프로젝트 파일을 엽니다.

02 프로젝트 패널에서 '국화 나들이.mp4' 파일을 더블클릭하면 소스 모니터 패널에 영상이 재생됩니다.

여기서 잠깐! 소스 모니터 패널

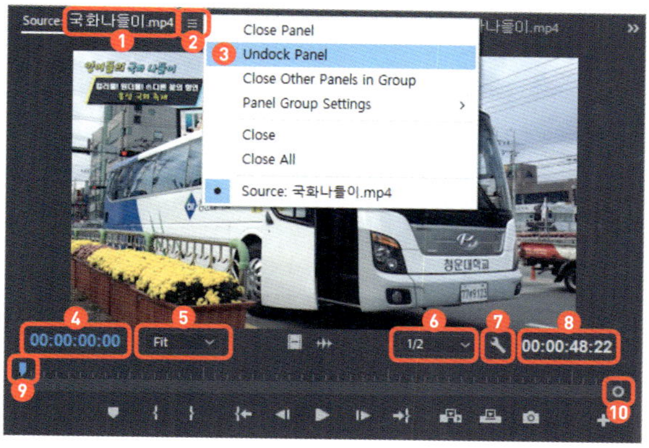

❶ **소스 이름** Source: 옆에 소스 모니터 패널에 보이는 소스 파일의 이름이 표시됩니다.

❷ **옵션 버튼** 소스 파일 이름 옆의 확장 버튼을 클릭해 활성화된 소스를 선택하거나 패널을 닫을 수 있습니다.

❸ **Undock Panel** 모니터 패널을 외부 창으로 추출할 수 있습니다.

❹ **재생 헤드 위치(Playhead Position)** 타임 표시자가 위치한 시간을 보여줍니다.

❺ **확대/축소 레벨 선택(Select Zoom Level)** 화면 크기를 조정합니다. 편집하면서 화면의 특정 부분을 자세히 보고자 할 때 유용합니다.

❻ **재생 해상도 선택(Select Playback Resolution)** 영상을 실시간 재생할 때 화면의 해상도를 나타냅니다.

❼ **설정(Setting)** 모니터 화면에 출력되는 옵션을 설정할 수 있습니다.

❽ **시작/종료 지속 시간(In/Out Duration)** 시퀀스의 총 재생 시간을 나타냅니다.

❾ **타임 표시자(Current Time Indicator)** 현재 영상이 재생되는 위치를 나타냅니다. 타임 표시자를 움직여 영상을 탐색할 수 있습니다. 소스 클립의 현재 타임 표시자 위치를 보여주는 것으로, 타임라인 패널의 타임 표시자와는 연동되지 않습니다.

❿ **Time Area** 타임라인을 확장하거나 이동해 보여줍니다. 세밀하게 편집점을 찾으려면 이곳의 슬라이더를 움직여 타임라인을 확장해서 보면 좋습니다.

마커 추가하기

03 소스 모니터 패널의 타임 표시자(Time Indicator)를 00:00:25:00에 위치시키고, 마커 추가 버튼(, Add Marker)을 클릭해 마커를 만듭니다.

Tip 소스 모니터 패널에서 마커 추가 버튼을 클릭하면 현재 타임 표시자가 위치한 부분에 마커(Marker)를 표시할 수 있습니다.

04 타임라인 패널을 보면 소스 클립의 같은 지점에 마커가 생성된 것을 확인할 수 있습니다.

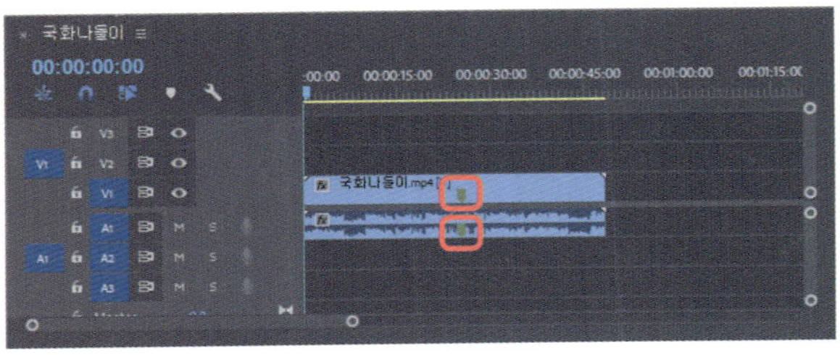

05 마커를 더블클릭해 Marker 대화상자를 열고 정보를 입력합니다. Name에 '떡볶이', Comments에 '영상 후반부로 이동'을 입력하고, Options에서 Marker Color를 빨강으로 선택한 후 〈OK〉 버튼을 클릭합니다.

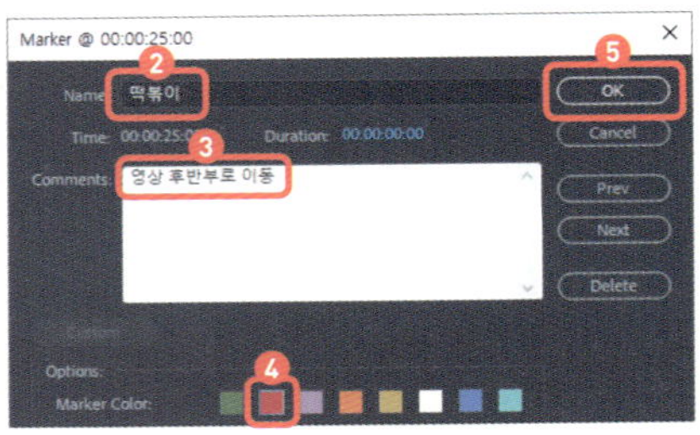

마커를 이용하여 영상 편집하기

06 마커를 선택하면 타임 표시자가 마커가 있는 위치로 이동합니다. 소스 모니터 패널에서 마커를 선택하고 Mark Out 버튼(▮)을 클릭해 편집의 아웃점을 설정합니다.

Tip Mark Out만 실행해 아웃점만 지정하면 인점은 자동으로 영상의 시작 부분인 00:00:00:00이 됩니다.

Tip Mark Out을 실행해 마커가 생긴 지점을 끝점 또는 아웃점이라 하고, Mark In을 실행해 마커가 생긴 지점을 시작점 또는 인점이라고 합니다.

07 인점과 아웃점 사이의 영상 클립을 타임라인에 넣기 위해 비디오 2번(V2) 트랙과 오디오 2번(A2) 트랙을 활성화하겠습니다. 비디오 2번 트랙과 오디오 2번 트랙 앞의 활성화 버튼을 클릭합니다.

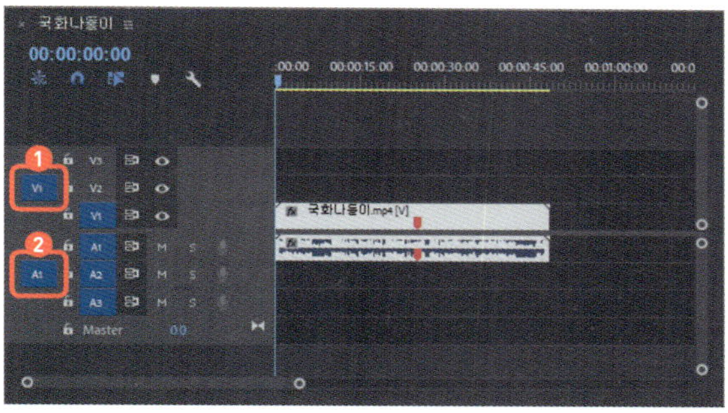

08 소스 모니터 패널에서 끼워넣기 버튼(▣, Insert)을 클릭하면 타임라인 패널의 비디오 2번 트랙과 오디오 2번 트랙의 인점과 아웃점 사이에 영상 클립이 들어갑니다. 타임라인 패널의 타임 표시자가 아웃점 위치로 옮겨지고 기존의 영상 클립은 아웃점 뒤로 밀립니다.

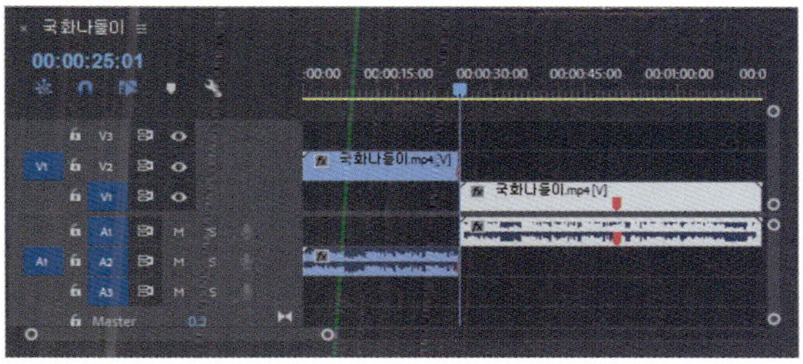

09 단축키 Ctrl + Z를 눌러 타임라인 패널에 클립이 들어가기 이전 상태로 되돌리고, 이번에는 소스 모니터 패널에서 덮어쓰기 버튼(, Overwrite)을 클릭합니다. 끼워넣기 버튼을 클릭했을 때와 달리 기존 타임라인에 있던 영상 클립에 영향을 주지 않고 인점과 아웃점 사이에 영상 클립이 들어옵니다.

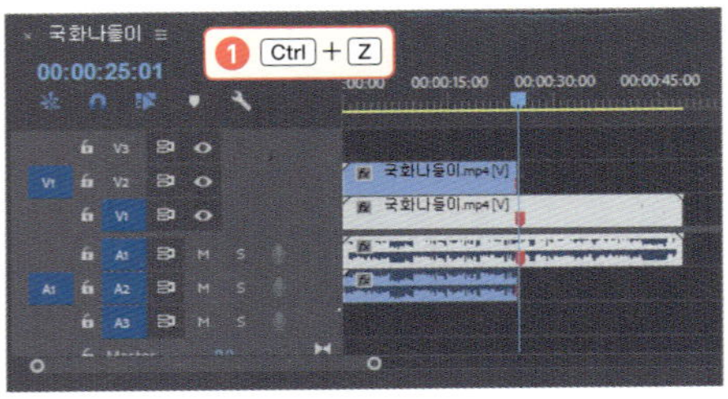

10 소스 모니터 패널에서 타임 표시자를 00:00:26:14로 이동하고, Mark In 버튼()을 클릭해 편집의 시작점을 설정합니다.

Tip Mark Out을 실행해 아웃점을 지정하지 않으면 자동으로 영상 끝부분이 아웃점이 됩니다.

11 소스 모니터 패널에서 덮어쓰기 버튼()을 클릭하고 타임라인 패널에서 소스 클립을 확인합니다.

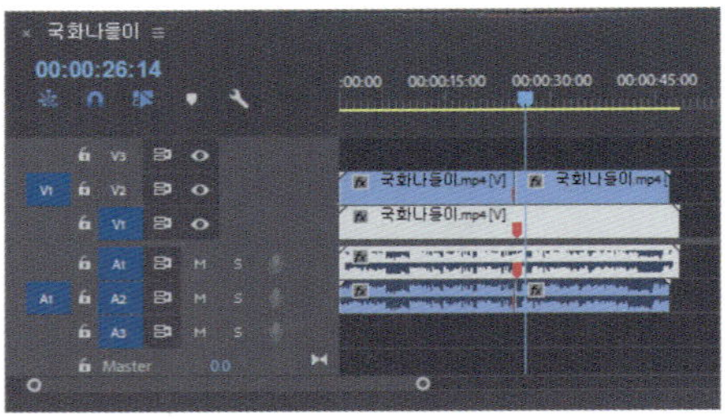

여기서 잠깐! 인점/아웃점 삭제하기

❶ [Marker]–[Clear] 메뉴를 선택합니다.

❷ 단축키를 사용합니다.

- Ctrl + Shift + I 인점 삭제
- Ctrl + Shift + O 아웃점 삭제
- Ctrl + Shift + X 인점/아웃점 모두 삭제

12 Enter 를 눌러 타임라인에 들어간 클립을 재생하면 기존 오디오 1번(A1) 트랙과 사운드가 겹쳐 들립니다. 타임라인 패널에서 오디오 1번(A1) 트랙의 트랙 음소거 버튼(M)을 클릭하고 다시 확인합니다.

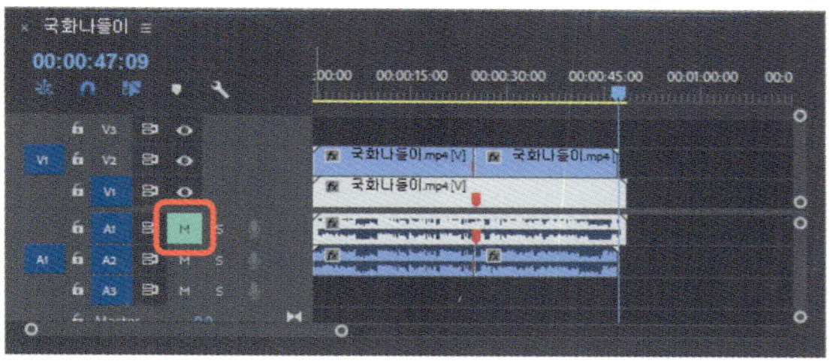

여기서 잠깐! 소스 모니터 패널 제어 버튼

❶ Go to In( ) 타임 표시자를 인점으로 이동시킵니다.

❷ Step Back 1 Frame( ) 한 프레임씩 뒤로 이동해 모니터에 보여줍니다.

❸ Step forward 1 Frame( ) 한 프레임씩 앞으로 이동해 모니터에 보여줍니다.

❹ Go to Out( ) 타임 표시자를 아웃점으로 이동시킵니다.

13 소스 모니터 패널의 타임 표시자를 00:00:30:07로 이동시키고 Export Frame 버튼(📷)을 클릭합니다.

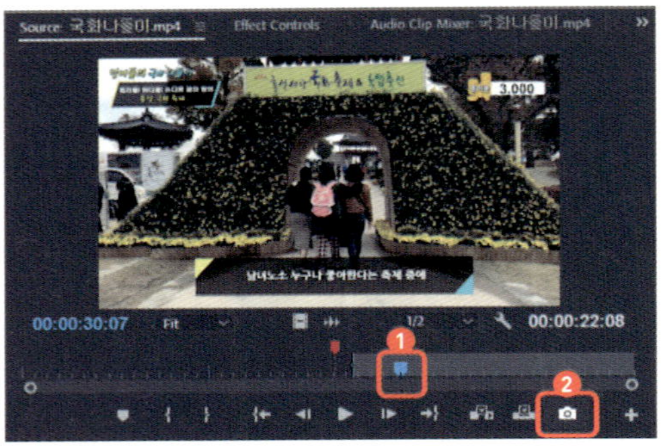

Tip 소스 모니터 패널에서는 스틸 이미지를 출력할 수 있습니다.

14 Export Frame 대화상자에서 Format을 [JPEG]로 선택하고, 〈Browse〉 버튼을 클릭해 경로를 지정합니다. 여기서는 예제 파일과 같은 위치로 설정했습니다. [Import into Project]에 체크하고 〈OK〉 버튼을 클릭합니다.

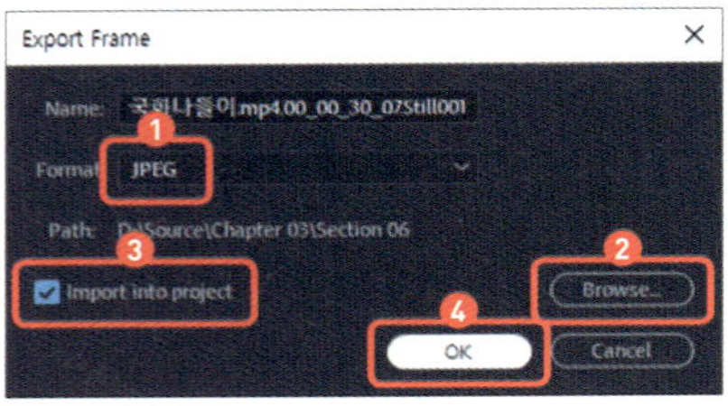

15 프로젝트 패널에서 불러온 스틸 이미지를 확인할 수 있습니다. 소스 클립 간에 디졸브(dissolve)를 하는 경우나 영상 마지막 부분에서 스틸 이미지로 연결하고자 할 때 유용한 기능입니다.

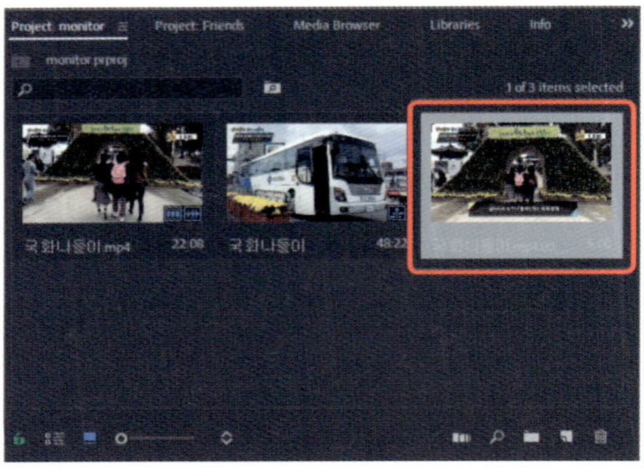

SECTION 07

프로그램 모니터 패널 사용하기

- **준비파일** monitor.prproj
- **완성파일** monitor_result.prproj

프로그램 모니터 패널은 타임라인 패널에서 편집 중인 영상을 재생하거나 탐색 정보를 나타내는 패널로, 타임라인 패널과 함께 편집 과정에서 중요한 역할을 합니다. 프로그램 모니터 패널에는 마커 설정, 편집, 이미지 출력 등 제어 가능한 기능들이 있는데, 이 기능들은 소스 모니터 패널의 제어 기능과 거의 같습니다.

파일 열기

01 프리미어 프로를 실행하고 단축키 Ctrl+O를 눌러 'monitor.prproj' 프로젝트 파일을 엽니다.

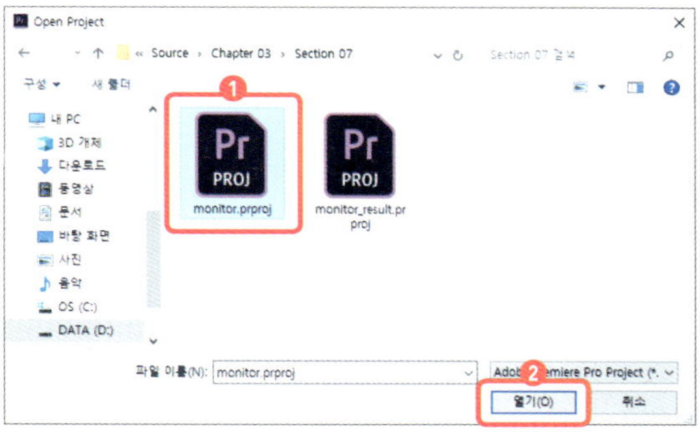

프로그램 모니터 패널 다루기

02 프로그램 모니터 패널의 재생 헤드 위치를 클릭해 '00:00:23:25'를 입력하고 Enter를 누릅니다. 타임 표시자가 입력한 위치로 이동합니다.

03 프로그램 모니터 패널에서 Mark In 버튼({)을 클릭해 편집의 인점을 지정합니다.

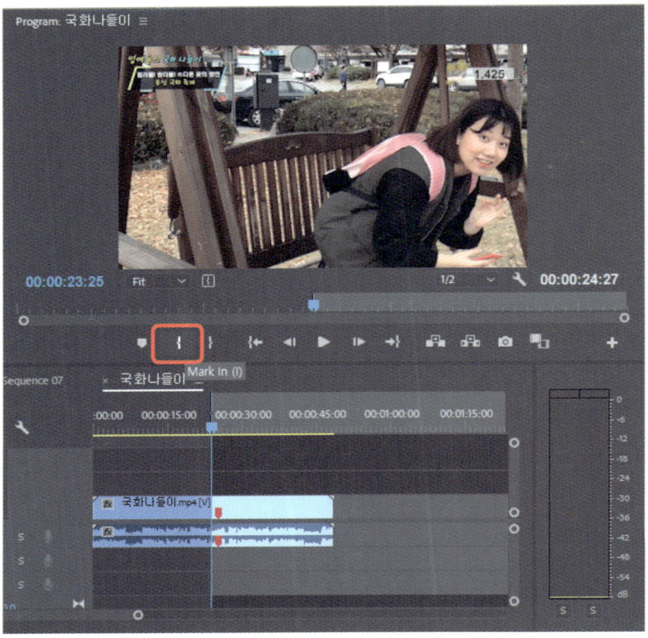

04 프로그램 모니터 패널의 재생 헤드 위치를 클릭해 '00:00:26:14'를 입력하고 Enter 를 누른 후, Mark Out 아이콘(})을 클릭해 편집의 아웃점 위치를 지정합니다.

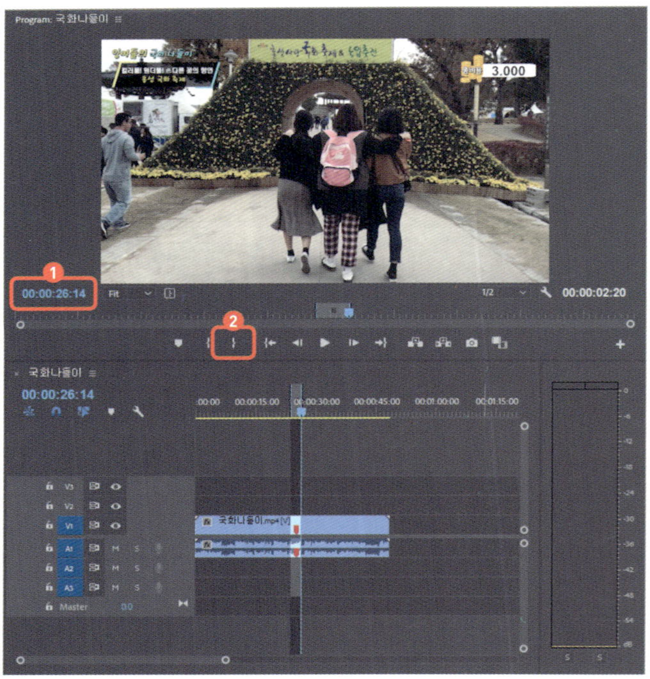

05 프로그램 모니터 패널에서 Lift 버튼( )을 클릭해 편집한 부분을 삭제합니다. 타임라인 패널을 보면 편집한 부분만 삭제되고 소스 클립의 이동은 없는 것을 확인할 수 있습니다.

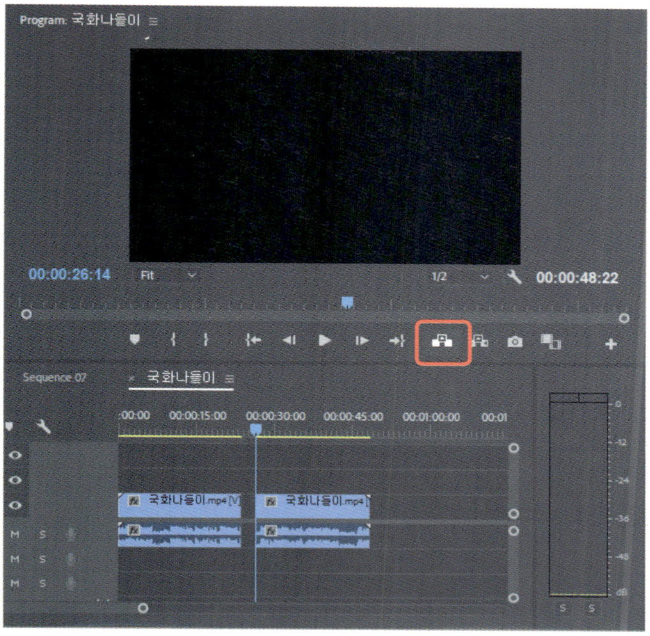

06 단축키 Ctrl+Z를 눌러 이전 상태로 되돌리고, 이번에는 Extract 버튼( )을 클릭합니다. Lift 버튼을 클릭했을 때와 달리 편집한 소스 클립이 삭제되고 뒤의 영상이 빈 공간을 채우면서 앞으로 당겨집니다.

CHAPTER

04

영상 편집의 기초 실습

영상 편집은 소스 클립을 탐색하고 조절하는 타임라인 패널에서 툴 패널의 툴들을 이용해 이루어집니다. 이 CHAPTER에서는 영상 편집에 사용하는 툴을 살펴보고, 타임라인 패널에서 소스 클립을 자르고 조절하는 방법을 알아봅니다. 타임라인의 기능을 잘 이해하고 있어야 빠르고 효율적으로 영상 편집을 할 수 있습니다. 작업 속도와 효율성을 높이기 위해 주요 용어들도 기억해 둡니다.

SECTION 01

타임라인 패널과 소스 클립 다루기

- **준비파일** IMG_2175.mp4, IMG_2232.mp4, IMG_2375.mp4, IMG_2376.mp4
- **완성파일** sourceclip_result.prproj

타임라인 패널의 주요 기능을 살펴보고, 소스 클립을 타임라인 패널의 비디오 트랙과 오디오 트랙으로 옮기고 다루는 방법을 알아봅니다. 타임라인 패널에서는 비디오 트랙과 오디오 트랙을 추가하고, 소스 클립의 비디오와 오디오의 연결을 끊거나(unlink) 합칠 수 있습니다.

프로젝트 패널에서 타임라인 패널로 소스 클립 이동하기

01 프리미어 프로를 실행하고 Home 대화상자에서 〈New Project〉 버튼을 클릭합니다. New Project 대화상자의 Name에 'sourceclip'을 입력하고, Location에는 프로젝트를 저장할 위치를 지정한 후 〈OK〉 버튼을 클릭합니다.

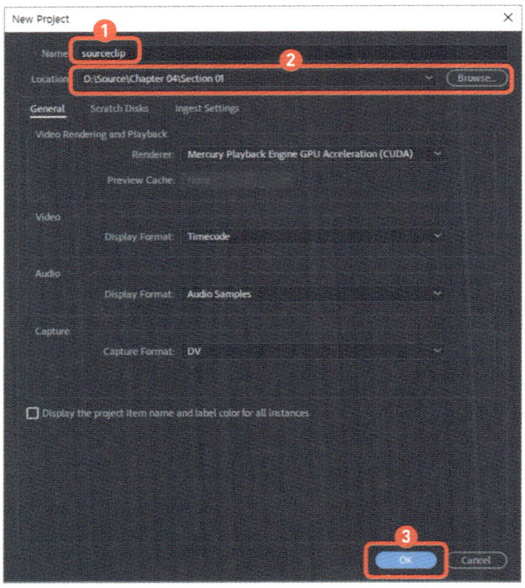

02 프로젝트 패널의 빈 공간을 더블클릭합니다.

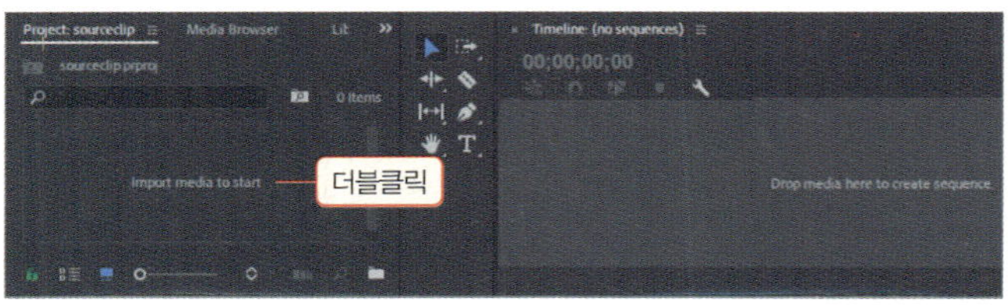

03 import 대화상자에서 'IMG_2175.mp4' 파일을 선택하고 〈열기〉 버튼을 클릭합니다.

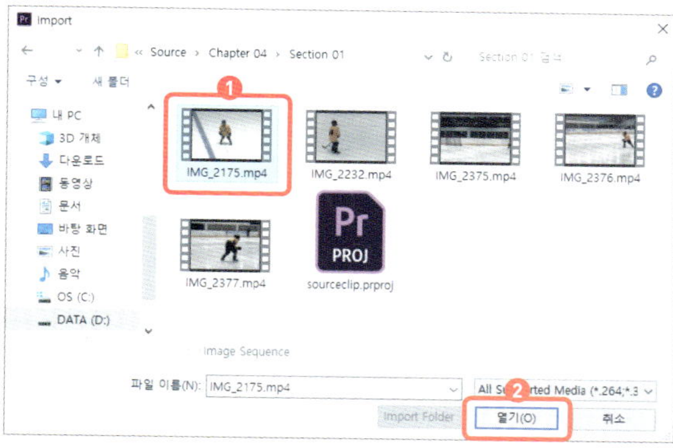

04 프로젝트 패널에 불러온 소스 클립을 타임라인 패널로 드래그합니다.

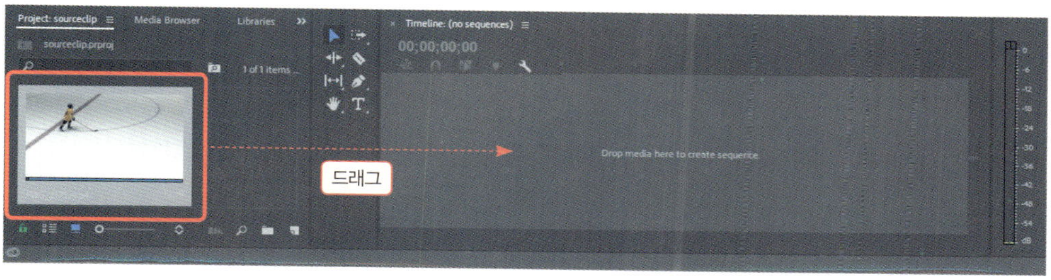

05 타임라인 패널에서 타임 표시자를 좌우로 드래그하면서 영상을 탐색합니다.

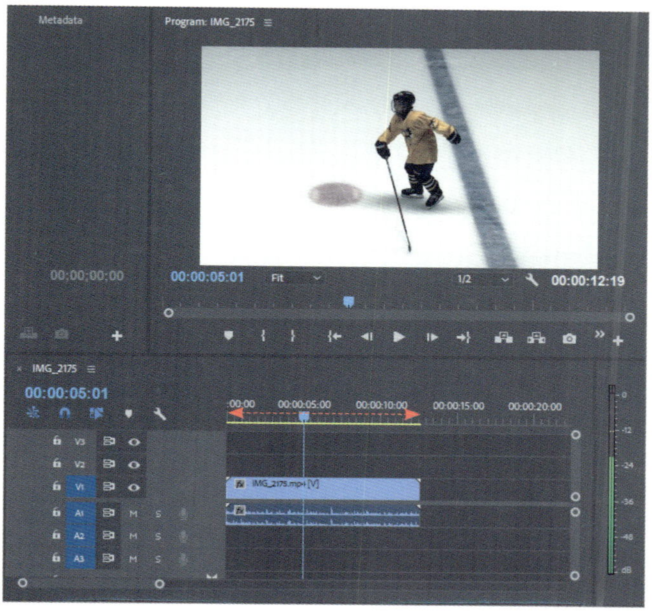

타임라인 패널의 작업 영역 확장하기

06 타임라인 패널 하단에 있는 작업 영역 확장/이동 슬라이더의 오른쪽 탭을 오른쪽으로 드래그해 슬라이더 길이를 늘리면 작업 영역이 축소됩니다. 왼쪽으로 드래그해 슬라이더 길이를 줄이면 작업 영역이 확장됩니다.

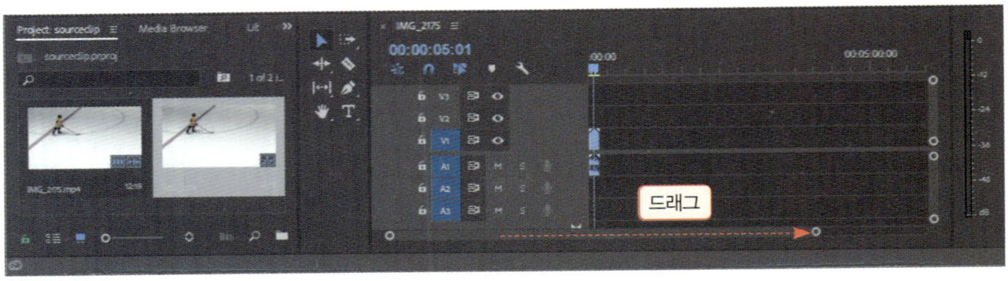

Tip 키보드의 [+]를 누르면 작업 영역이 확장되고 [-]를 누르면 작업 영역이 축소됩니다. [\]를 누르면 타임라인 패널의 모든 소스 클립이 배치된 꽉 찬 작업 영역을 볼 수 있습니다.

07 작업 영역을 원래대로 복구하고, 타임라인 패널에서 비디오 1번(V1) 트랙의 윗면을 위로 드래그하여 비디오 트랙 영역을 확장합니다. 비디오 트랙 영역을 확장하면 타임라인에 소스 클립의 이미지가 표시됩니다.

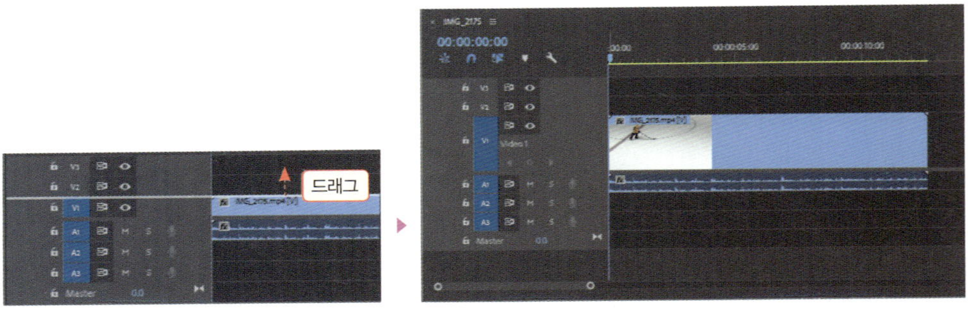

소스 클립 추가하고 지우기

08 비디오 1번(V1) 트랙의 소스 클립을 비디오 3번(V3) 트랙 위의 빈 공간으로 드래그합니다. 비디오 4번(V4) 트랙이 추가되면서 소스 클립이 추가된 트랙으로 이동합니다.

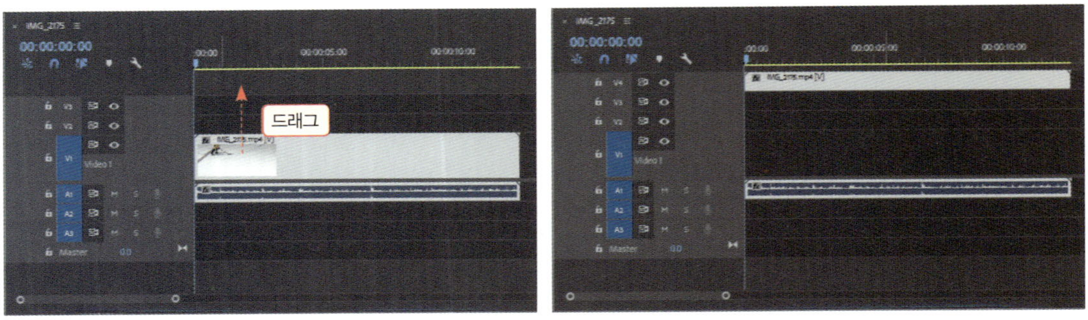

09 다시 비디오 4번(V4) 트랙의 소스 클립을 비디오 1번(V1) 트랙으로 드래그해 이동합니다. 비디오 4번(V4) 트랙 또는 비디오 3번(V3) 트랙의 오른쪽 빈 공간을 마우스 오른쪽 버튼으로 클릭하고 팝업 메뉴에서 [Delete Track]을 선택합니다.

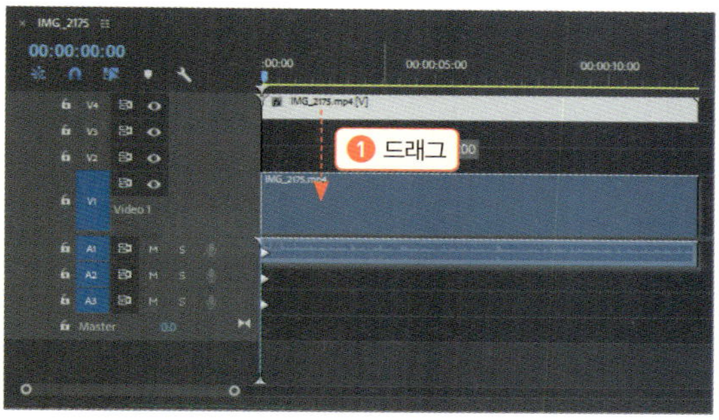

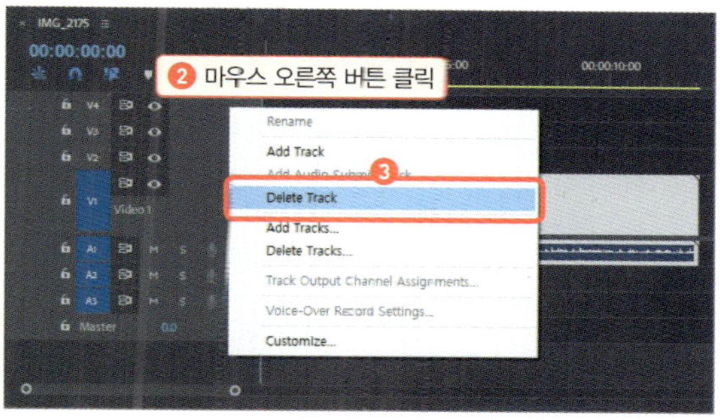

10 비디오 4번(V4) 트랙이 삭제됩니다.

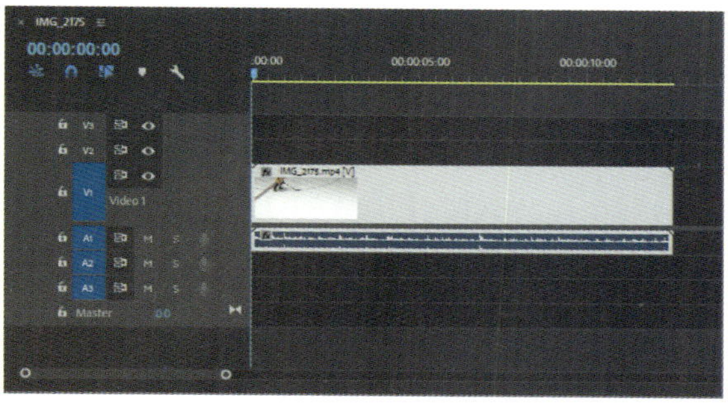

여기서 잠깐! 타임라인 패널에 트랙 추가 및 삭제하기

트랙의 오른쪽 빈 공간을 마우스 오른쪽 버튼으로 클릭하면 열리는 팝업 메뉴에서 트랙을 추가하거나 삭제할 수 있습니다.

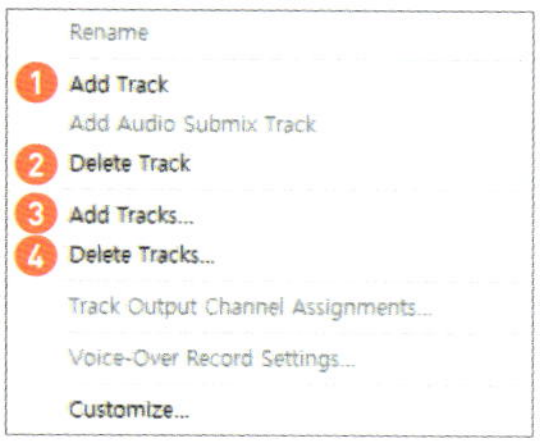

① **Add Track** 트랙을 추가합니다.

② **Delete Track** 트랙을 삭제합니다.

③ **Add Tracks** 대화상자에서 트랙 수를 설정하여 비디오 트랙과 오디오 트랙을 여러 개 추가할 수 있습니다.

④ **Delete Tracks** 대화상자를 이용해 특정 트랙이나 모든 트랙을 삭제할 수 있습니다.

소스 클립에서 불필요한 영상 잘라내기

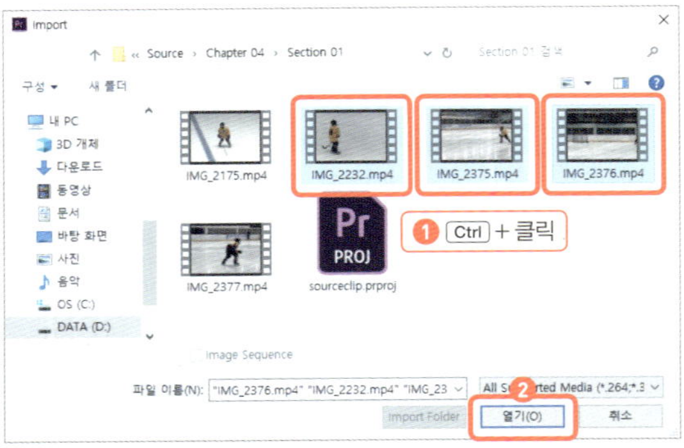

11 프로젝트 패널의 빈 공간을 더블클릭해 import 대화상자가 열리면 'IMG_2232.mp4', 'IMG_ 2375.mp4', 'IMG_2376.mp4' 파일을 선택하고 〈열기〉 버튼을 클릭합니다.

12 프로젝트 패널에 들어온 파일 세 개를 타임라인 패널로 드래그하여 비디오 1번(V1) 트랙의 소스 클립 뒤에 위치시킵니다.

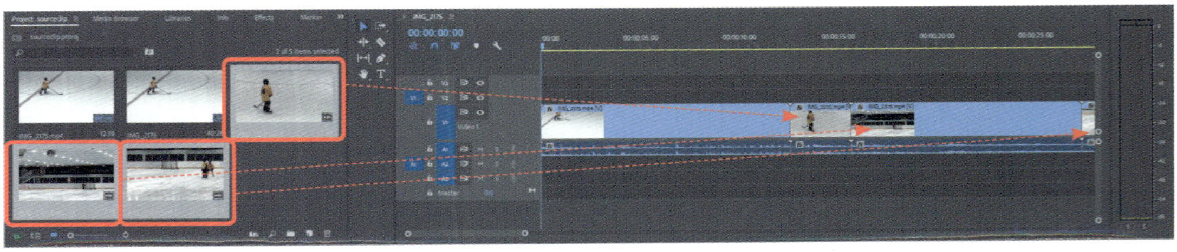

Tip 파일 세 개를 타임라인 패널로 드래그할 때 순서가 맞는지 확인합니다. IMG_2232, IMG_2375, IMG_2376 순입니다.

Tip 스냅( ) 버튼이 눌려 있으면, 소스 클립 뒤에 빈 공간 없이 위치하게 됩니다. 스냅 버튼이 눌려 있지 않으면 클릭한 후 파일을 다시 드래그합니다.

여기서 잠깐! 타임라인 패널의 주요 기능

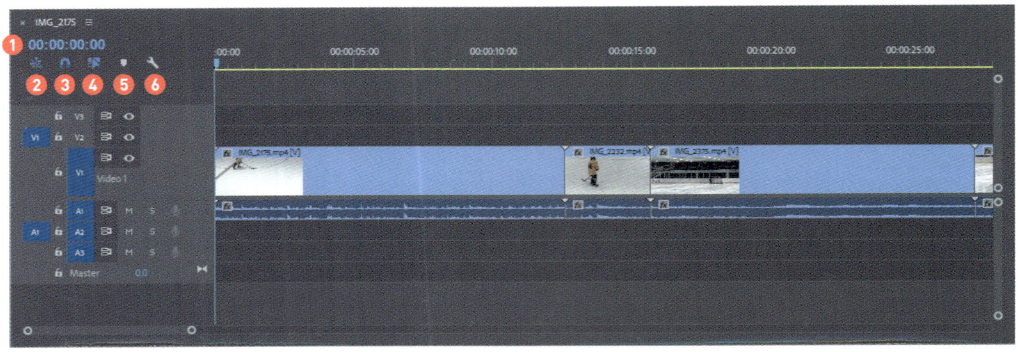

1 **재생 헤드 위치(Playhead Position)** 타임 표시자가 지나가는 시간을 나타냅니다. 마우스 오른쪽 버튼을 클릭해 시간 보기 방식을 변경할 수 있습니다.

❷ **시퀀스 삽입&덮어쓰기** 시퀀스 클립을 타임라인 패널로 드래그할 때, 이 버튼이 활성화되어 있으면 한 개의 시퀀스로 삽입되고, 비활성화되어 있으면 각각의 시퀀스로 삽입됩니다.

❸ **스냅(Snap)** 활성화하고 클립을 이동할 때 타임 표시자나 다른 클립 근처에 가면 자석에 끌리듯이 경계선이 붙습니다.

❹ **링크 선택(Linked Selection)** 비활성화되어 있으면 링크(Link)된 소스 클립도 독립적으로 각각 선택해서 이동할 수 있습니다.

❺ **마커 추가(Add Maker)** 클릭하면 타임 표시자가 위치한 곳에 마커가 삽입됩니다. 마커는 프로그램 모니터 패널에도 동시에 표시됩니다.

❻ **타임라인 표시 설정(Timeline Display Settings)** 타임라인 패널에 표시할 부분들을 설정합니다.

13 프로그램 모니터 패널의 재생 버튼(▶)을 클릭해 영상을 확인합니다. 00:00:29:08부터 00:00:32:10까지 영상이 많이 흔들리는데, 그 부분을 잘라내기 위해 타임 표시자를 00:00:32:10 부분에 위치시킵니다.

Tip 재생 헤드 위치를 클릭하고 00:00:32:10을 입력해도 됩니다.

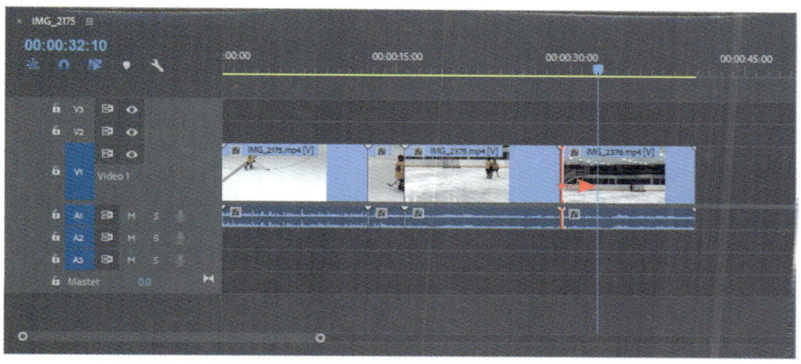

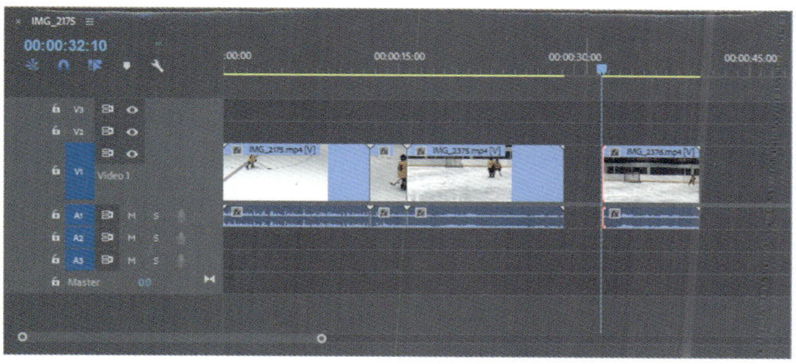

14 타임라인 패널에서 'IMG_2376' 소스 클립의 시작점에 마우스를 가져가면 커서가 바뀌는데, 이때 클릭하면 경계선 부분에 빨간 선이 생깁니다. 'IMG_2376' 소스 클립의 시작점을 클릭한 채 타임 표시자를 00:00:32:10까지 드래그합니다.

15 'IMG_2375'와 'IMG_2376' 소스 클립 사이에 'IMG_2376' 소스 클립에서 제거한 영상만큼 빈 공간이 생깁니다. 이 빈 공간을 마우스 오른쪽 버튼으로 클릭하고 팝업 메뉴에서 [Ripple Delete]를 선택하면 'IMG_2375' 소스 클립 바로 뒤로 'IMG_2376' 소스 클립이 당겨집니다.

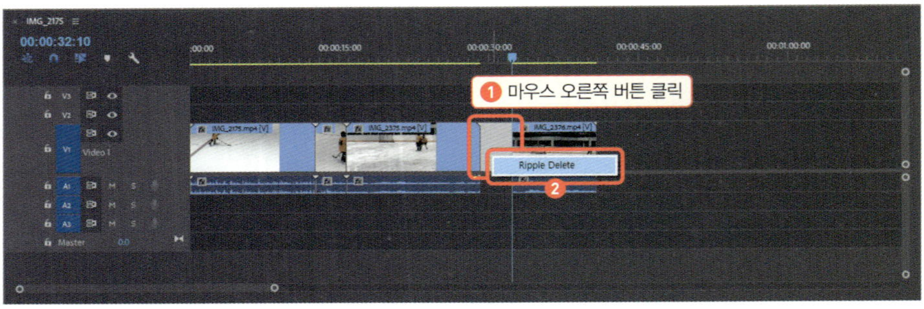

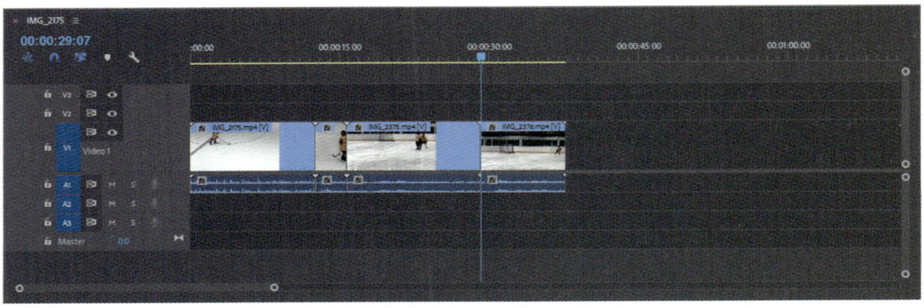

여기서 잠깐! 타임라인 패널에서 소스 클립의 시작점과 끝점 줄이기

타임라인 패널에서 소스 클립의 시작점과 끝점에 마우스를 위치시키면 마우스 커서의 모양이 다음 그림과 같이 바뀝니다. 그대로 클릭한 채로 타임 표시자로 드래그하면 소스의 시작점과 끝점이 이동하고, 그 부분의 영상은 재생되지 않습니다. 반대로 시작점과 끝점을 줄인 영상은 소스 클립의 길이만큼 늘릴 수 있습니다.

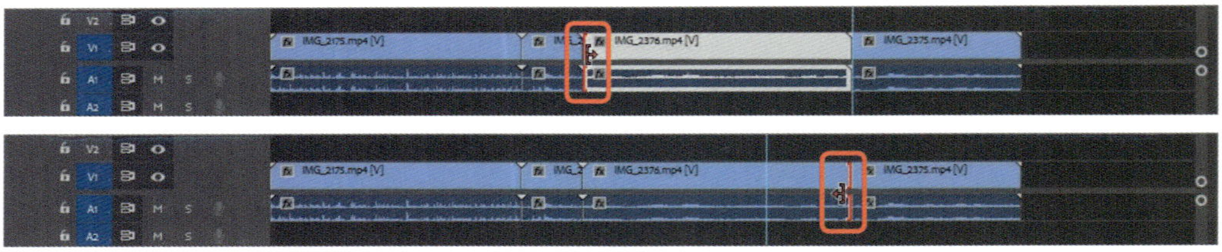

SECTION 02

편집 툴로 영상 편집하기

- **준비파일** EditClip.prproj
- **완성파일** EditClip_result.prproj

영상 편집을 효율적으로 하려면 필요한 툴(Tool)을 기억하고, 단축키를 외우는 것이 좋습니다. 타임라인 패널의 소스 클립에서 필요한 부분의 영상을 남기는 작업을 하려면 다음 과정을 반복합니다.

소스 클립 선택(▶, V) → 잘라낼 부분의 시작점으로 타임 표시자 이동 → 자르기(◆, C) → 잘라낼 부분의 끝점으로 타임 표시자 이동 → 자르기(◆, C) → 잘라낸 부분 선택(▶, V) → Delete → 클립을 잘라내 생긴 빈 공간을 마우스 오른쪽 버튼으로 클릭하고 [Ripple Delete] 선택

영상 편집 실습 준비하기

01 프리미어 프로를 실행하고 Home 대화상자에서 〈Open Project〉 버튼을 클릭해 'EditClip.prproj' 프로젝트 파일을 엽니다.

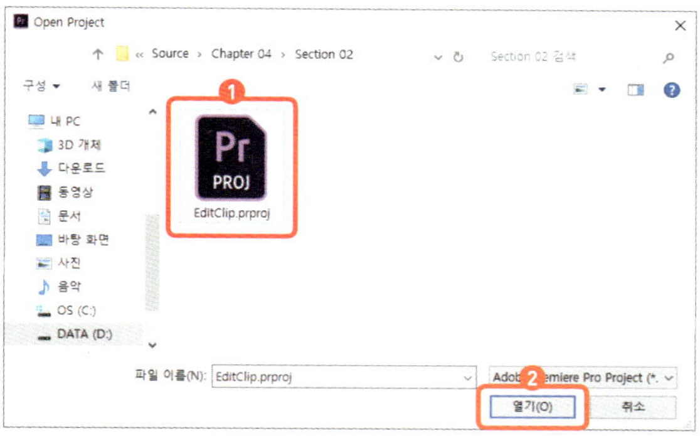

02 프로그램 모니터 패널의 재생 버튼(▶)을 클릭해 영상을 확인하고, 타임 표시자를 00:00:01:02 위치로 이동시킵니다.

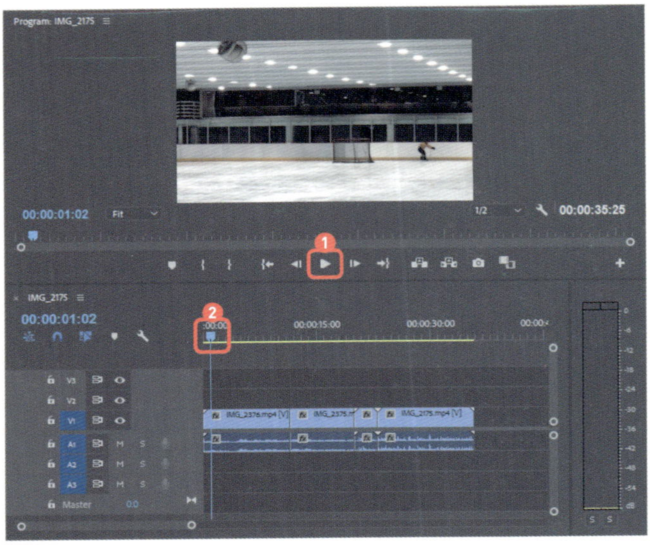

자르기 툴로 소스 클립 나누기

03 키보드의 C를 누르면 커서가 자르기 툴(◆, Razor Tool)로 바뀝니다. 이 상태로 첫 번째 소스 클립의 타임 표시자 지점을 클릭하면 소스 클립이 두 개로 나누어집니다.

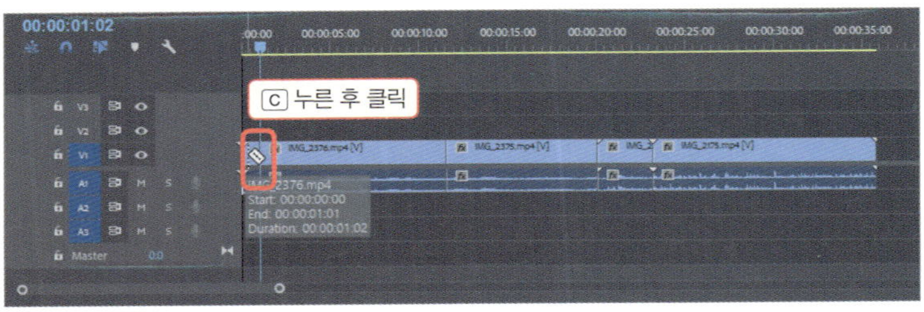

04 타임 표시자를 다음 편집 지점인 00:00:06:28 위치로 이동시킵니다. 그 상태에서 타임 표시자 지점을 클릭하면 첫 번째 소스 클립이 세 개로 나누어집니다.

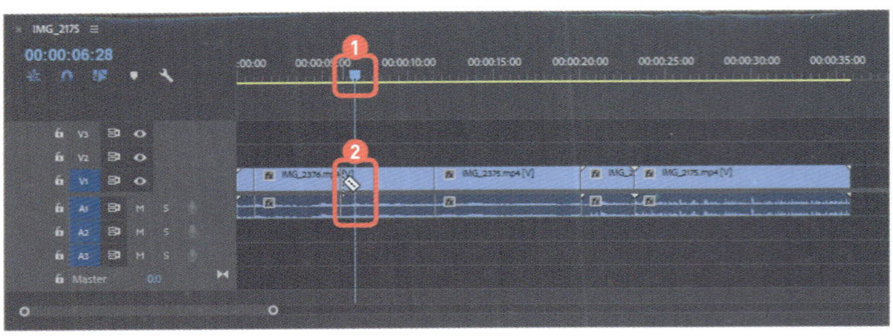

소스 클립 삭제하고 빈 공간 없애기

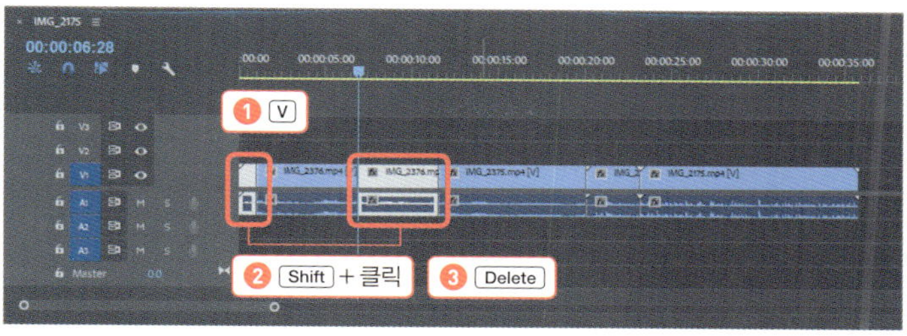

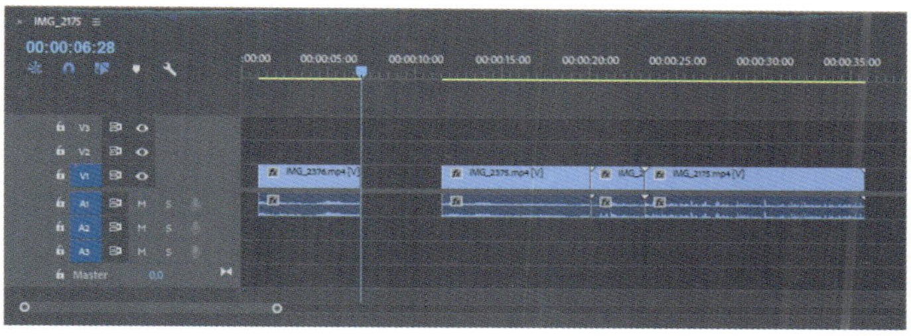

05 키보드의 V를 누르면 커서가 선택 툴(▶)로 바뀝니다. 첫 번째와 세 번째 소스 클립을 Shift를 누른 채로 모두 선택하고 Delete를 눌러 삭제합니다.

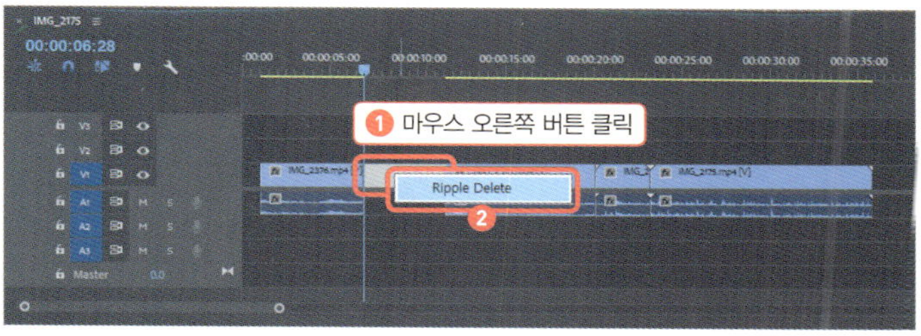

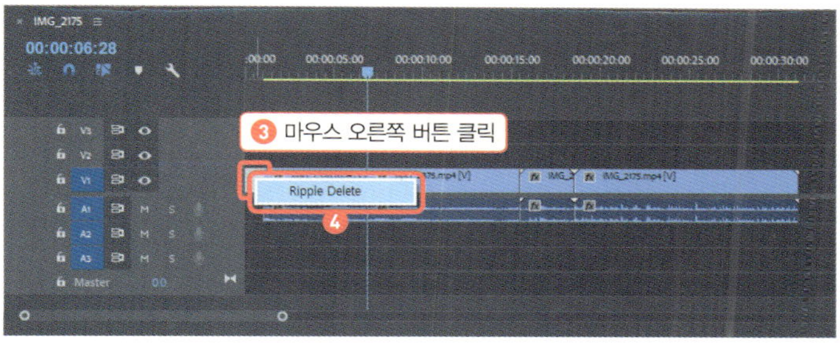

06 타임라인 패널의 빈 공간을 없애겠습니다. 빈 공간을 마우스 오른쪽 버튼으로 클릭해 팝업 메뉴가 열리면 [Ripple Delete]를 선택합니다. 같은 방식으로 소스 클립 앞의 빈 공간도 없앱니다.

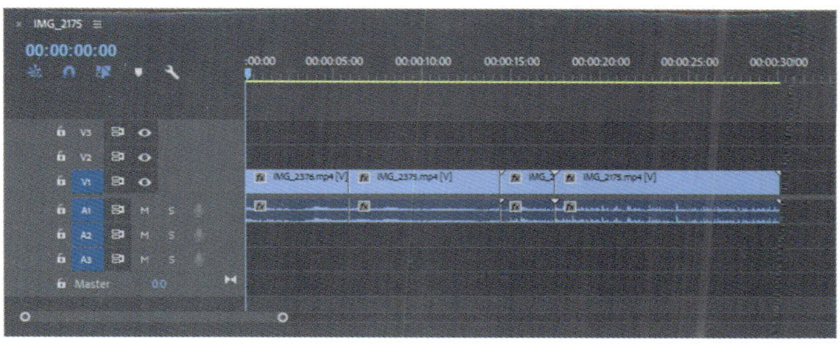

07 타임라인 패널에서 영상의 불필요한 부분이 편집되었습니다. 촬영 분량이 많거나 길이가 긴 영상 소스 클립도 이처럼 단축키 C, V와 Delete만으로 간편하게 편집할 수 있습니다.

SECTION 03

마크 인/아웃으로 영상 편집하기

- **준비파일** MarkInOut.prproj
- **완성파일** MarkInOut_result.prproj

타임라인 패널에서 소스 클립에 마커를 추가하고 소스 모니터 패널에서 마크 인(Mark In)과 마크 아웃(Mark Out)을 설정해 봅니다. 마커 기능을 사용하면 설정한 소스 클립에 설정된 인점(In Point)과 아웃점(Out Point)이 장면의 시작과 끝이 됩니다.

타임라인 패널에서 마커 추가하기

01 프리미어 프로를 실행하고 Home 대화상자에서 〈Open Project〉 버튼을 클릭해 'MarkInOut.prproj' 프로젝트 파일을 엽니다.

02 타임라인 패널에서 첫 번째 소스 클립을 선택하고 타임 표시자를 00:00:01:23에 위치시킨 후 마커 추가 버튼(▼)을 클릭합니다.

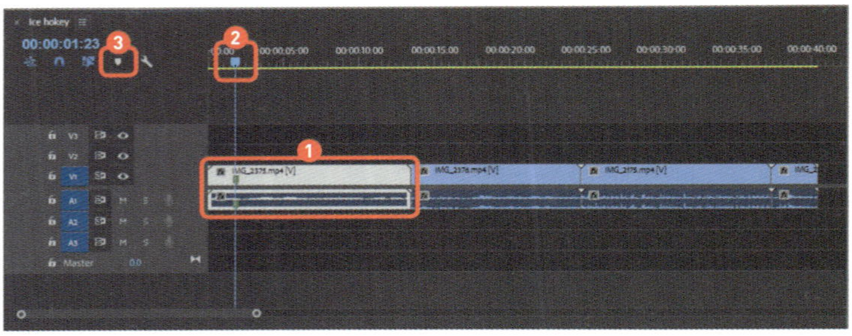

Tip 키보드의 M을 눌러도 됩니다.

03 타임 표시자를 00:00:13:04에 위치시키고 마커 추가 버튼(▼)을 클릭합니다.

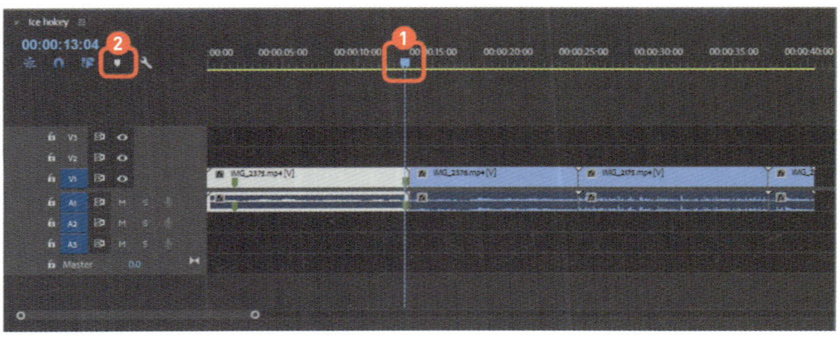

04 마커(Marker)를 더블클릭하면 소스 모니터 패널에서 영상을 볼 수 있습니다. 타임라인 패널에서 지정한 마커 두 개가 소스 모니터 패널에도 표시되어 있습니다.

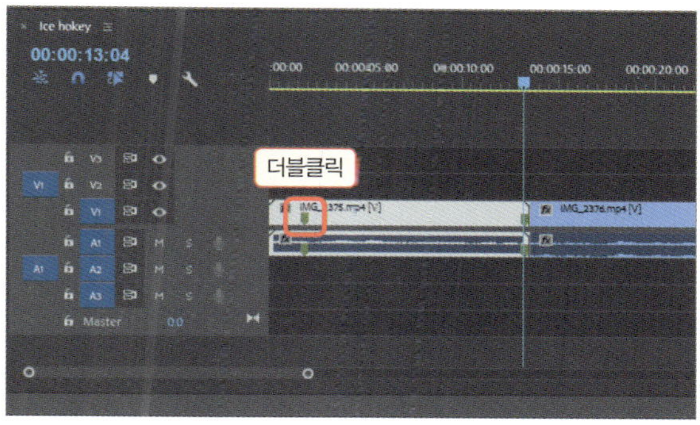

마크 인과 마크 아웃 설정하여 영상 편집하기

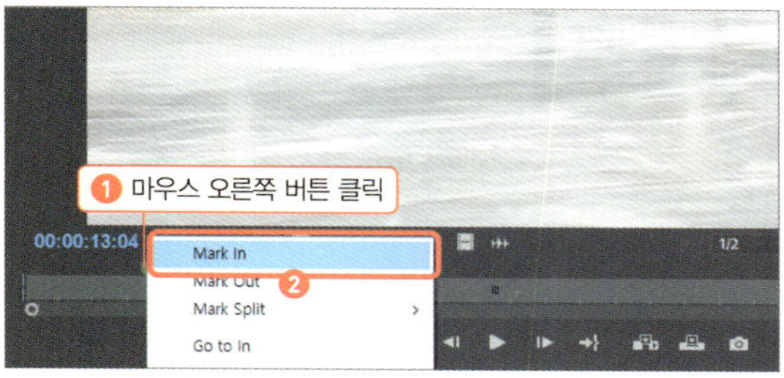

05 소스 모니터 패널에서 첫 번째 마커를 선택한 후 마우스 오른쪽 버튼으로 클릭하고 팝업 메뉴에서 [Mark In]을 선택합니다.

Tip 메뉴 표시줄에서 [Marker]–[Marker In]을 선택해도 됩니다.

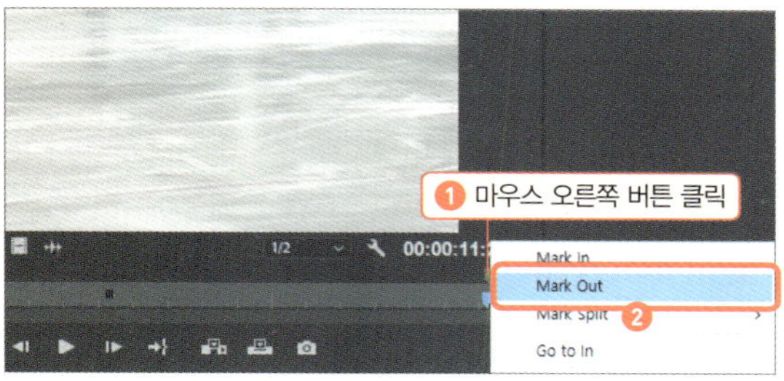

06 소스 모니터 패널에서 두 번째 마커를 선택한 후 마우스 오른쪽 버튼으로 클릭하고 팝업 메뉴에서 [Mark Out]을 선택합니다.

07 타임라인 패널에서 첫 번째 소스 클립이 인점에서 아웃점까지만 남아 있는 것을 확인합니다.

마크 인과 마크 아웃을 이용하여 나머지 소스 클립 편집하기

08 두 번째 소스 클립을 선택하고 타임 표시자를 00:00:16:21에 위치시킨 후 마커 추가 버튼( )을 클릭합니다.

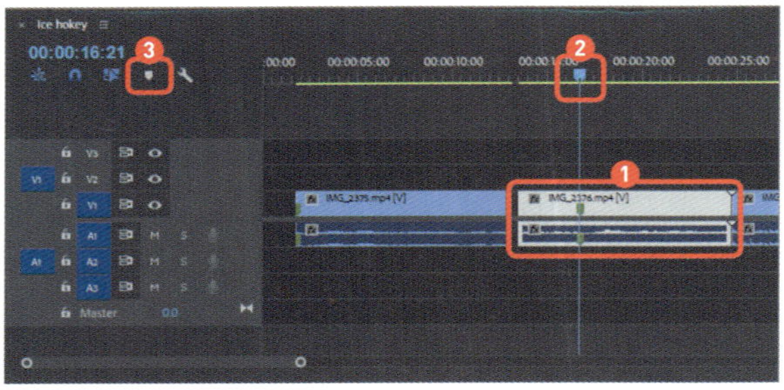

09 타임 표시자를 00:00:24:22에 위치시킨 후 마커 추가 버튼( )을 클릭합니다. 생성된 마커를 더블클릭해 소스 모니터 패널에 재생합니다.

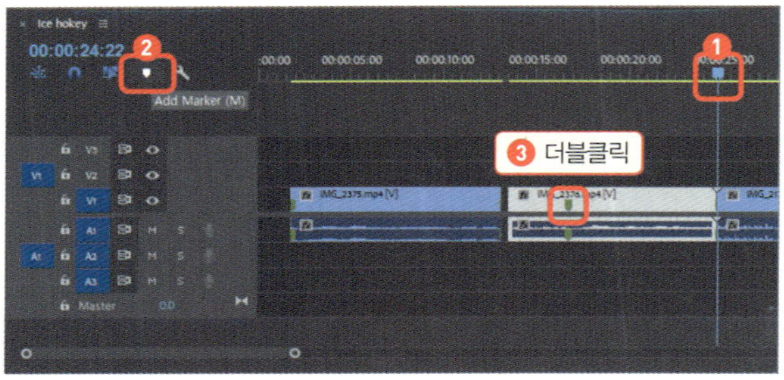

10 소스 모니터 패널에서 첫 번째 마커를 마우스 오른쪽 버튼으로 클릭하고, 팝업 메뉴에서 [Mark In]을 선택합니다.

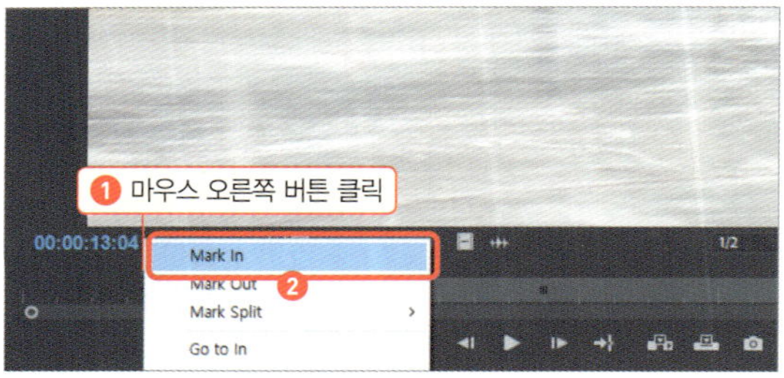

11 소스 모니터 패널에서 두 번째 마커를 마우스 오른쪽 버튼으로 클릭하고 팝업 메뉴에서 [Mark Out]을 선택합니다.

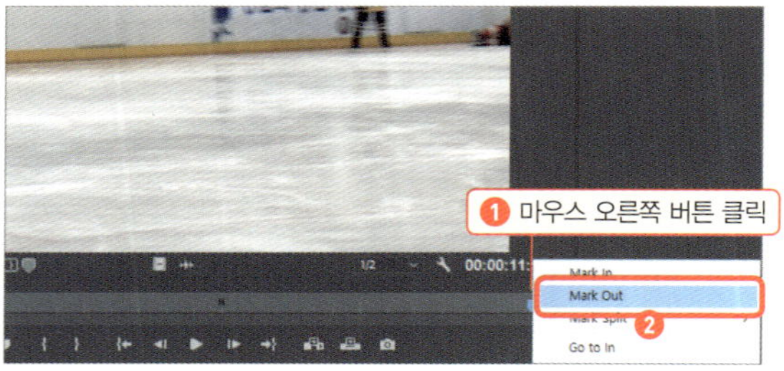

12 타임라인 패널에서 세 번째 소스 클립을 선택하고 타임 표시자를 00.00:32:15에 위치시킨 후 마커 추가 버튼(▼)을 클릭합니다.

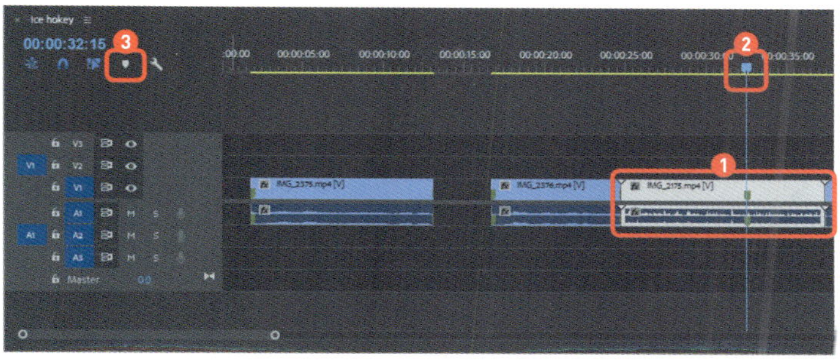

13 타임 표시자를 00:00:35:08에 위치시킨 후 마커 추가 버튼(▼)을 클릭합니다. 생성된 마커를 더블클릭해 소스 모니터 패널에 재생합니다.

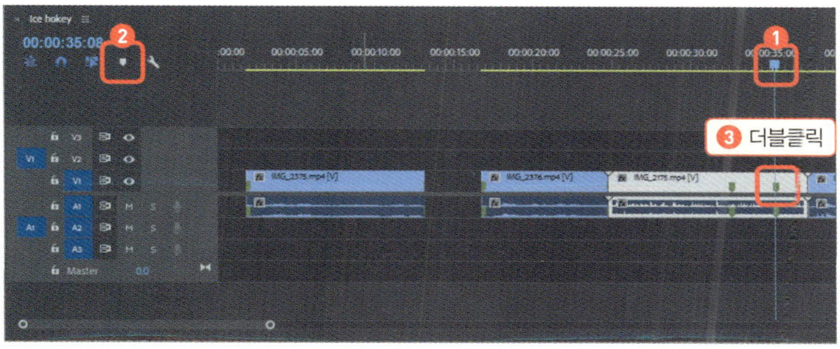

14 소스 모니터 패널의 첫 번째 마커를 마우스 오른쪽 버튼으로 클릭하고 팝업 메뉴에서 [Mark In]을 선택합니다. 다음으로 두 번째 마커를 마우스 오른쪽 버튼으로 클릭하고 팝업 메뉴에서 [Mark Out]을 선택합니다.

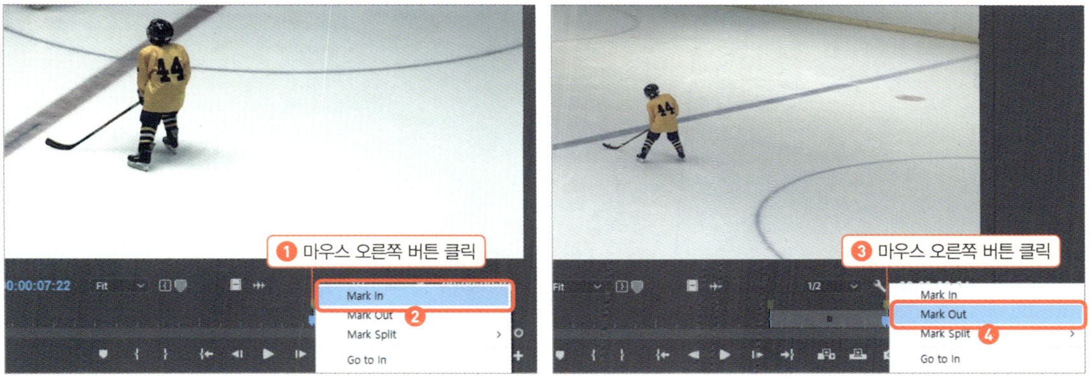

15 타임라인 패널에서 네 번째 소스 클립을 선택하고 타임 표시자를 00:00:39:17에 위치시킨 후 마커 추가 버튼( )을 클릭합니다. 생성된 마커를 더블클릭합니다.

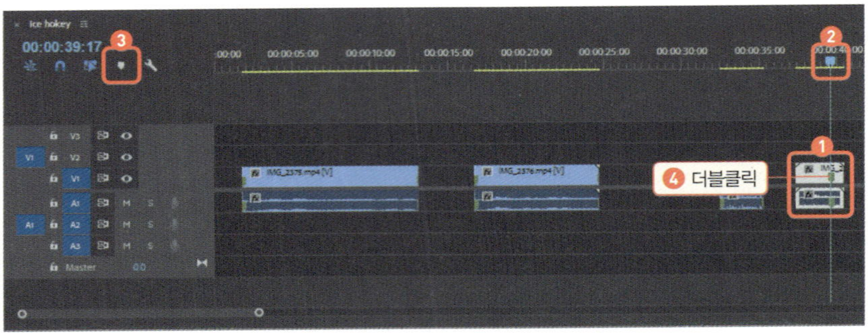

16 소스 모니터 패널에서 마커를 마우스 오른쪽 버튼으로 클릭하고 팝업 메뉴에서 [Mark In]을 선택합니다.

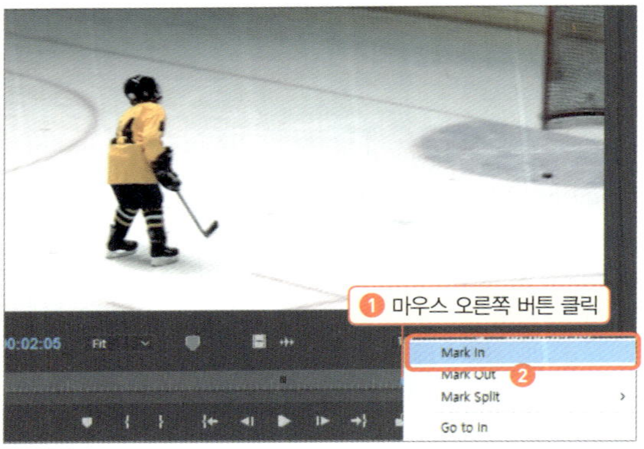

17 타임라인 패널의 소스 클립에서 필요한 부분의 영상만 남았습니다.

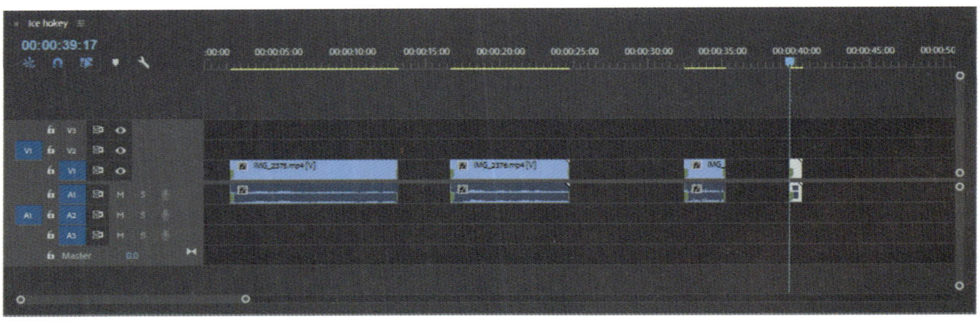

영상 편집한 소스 클립의 빈 공간 채우기

18 타임라인 패널의 비디오 1번(V1) 트랙에서 빈 공간을 없애겠습니다. 빈 공간을 각각 선택하고 마우스 오른쪽 버튼으로 클릭해 팝업 메뉴에서 [Ripple Delete]를 선택합니다.

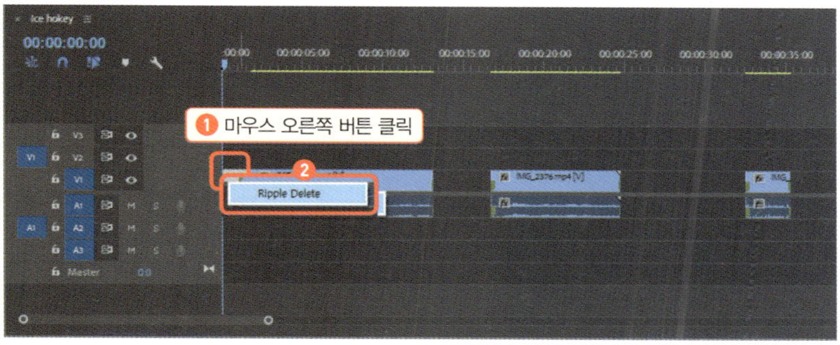

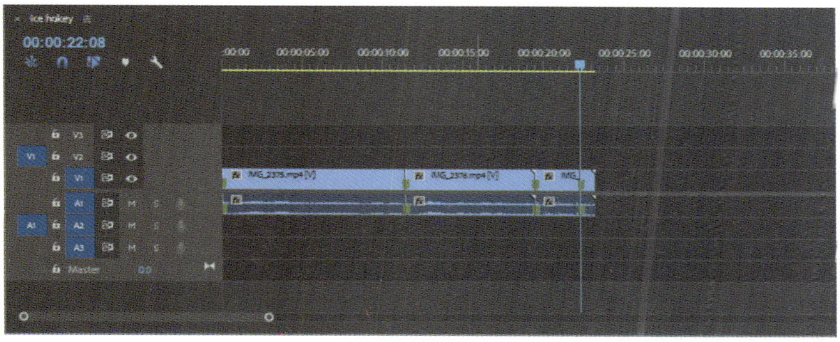

19 프로그램 모니터 패널에서 재생 버튼(▶)을 클릭해 편집이 완성된 영상을 확인합니다.

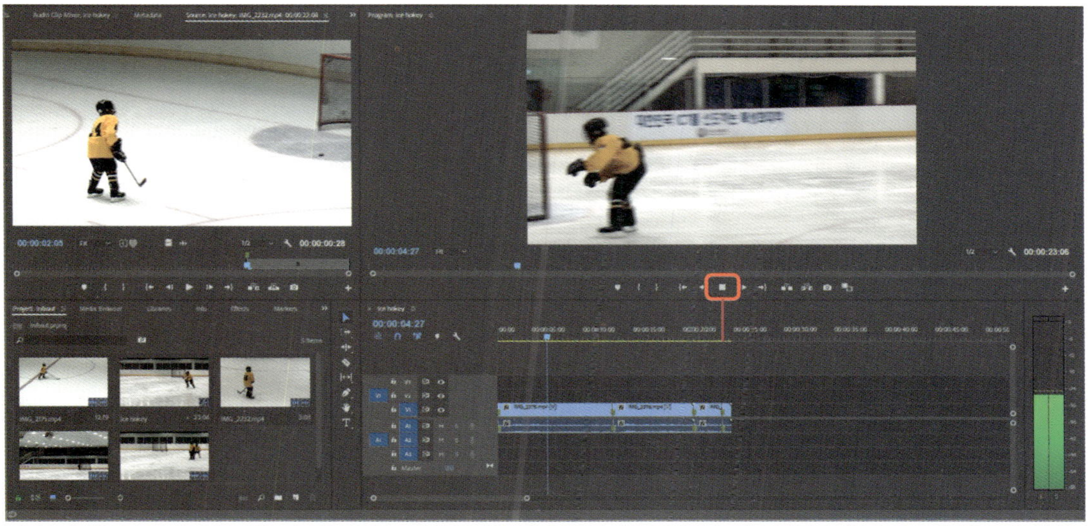

여기서 잠깐!

단축키를 이용해 재생 속도 설정하기

키보드의 단축키를 이용하여 재생의 방향과 속도를 다르게 설정할 수 있습니다.

❶ 정상 속도 재생

- L 정상 속도의 정방향 재생
- J 정상 속도의 역방향 재생(뒤로 감기)
- K 정지하기

❷ 빠른 속도 재생

- L+L 2배속 재생하기
- L+L+L 4배속 재생하기
- L+L+L+L 8배속 재생하기
- J+J 2배속 역재생하기
- J+J+J 4배속 역재생하기
- J+J+J+J 8배속 역재생하기

❸ 느린 속도 재생

- Shift+L 느리게 재생하기
- Shift+J 느리게 역재생하기

SECTION 04

영상 편집에 도움을 주는 Edit 메뉴

- 준비파일 EditMenu.prproj
- 완성파일 EditMenu_result.prproj

Edit 메뉴에는 프리미어의 작업 환경을 설정하는 기능과 함께 타임라인 패널, 프로그램 모니터 패널, 이펙트 컨트롤 패널, 프로젝트 패널의 소스 클립과 아이템의 속성들을 제어할 수 있는 기능이 있습니다. Edit 메뉴 역시 영상을 편집할 때 많이 사용되므로 단축키를 외워두면 편리합니다.

여기서 잠깐! **자주 사용하는 Edit 메뉴 단축키**

1 대부분의 프리미어 프로 사용자가 작업 중에 가장 많이 쓰는 단축키는 명령 취소와 재실행일 것입니다.

❶ Undo [Ctrl]+[Z] 실행한 명령을 한 단계 되돌립니다.

❷ Redo [Ctrl]+[Shift]+[Z] 취소한 명령을 한 단계 다시 실행합니다.

2 소스 클립이나 소스 클립 속성의 오려내기, 복사하기, 붙여넣기도 매우 빈번하게 쓰이는 Edit 메뉴입니다.

❶ Cut [Ctrl]+[X] 클립 또는 클립의 속성을 잘라냅니다.

❷ Copy [Ctrl]+[C] 클립 또는 클립의 속성을 선택해서 복사합니다.

❸ Paste [Ctrl]+[V] 클립 또는 클립의 속성을 선택해서 붙여넣습니다.

❹ Paste Insert [Ctrl]+[Shift]+[V] 클립 또는 클립의 속성을 타임 표시자(Time Indicator) 뒤로 끼워서 붙여넣습니다.

❺ Paste Attributes [Ctrl]+[Alt]+[V] 팝업 창에서 비디오/오디오 속성을 선택해서 붙여넣습니다.

❻ Clear [Backspace] 클립 또는 클립의 속성을 삭제합니다.

❼ Ripple Delete [Shift]+[Delete] 빈 공간을 삭제합니다. 클립을 선택하고 [Ripple Delete] 메뉴를 선택하면 클립 삭제 후에 빈 공간이 남지 않고 뒤의 클립이 삭제한 클립의 시작점으로 붙습니다.

소스 클립 자르고 끼워 넣기

01 프리미어 프로를 실행하고 Home 대화상자에서 〈Open Project〉 버튼을 클릭해 'EditMenu.prproj' 프로젝트 파일을 엽니다.

02 프로젝트 파일을 실행해 프로그램 모니터 패널에서 영상을 확인합니다.

03 두 번째 소스 클립을 선택하고 Ctrl + X 를 눌러 잘라냅니다.

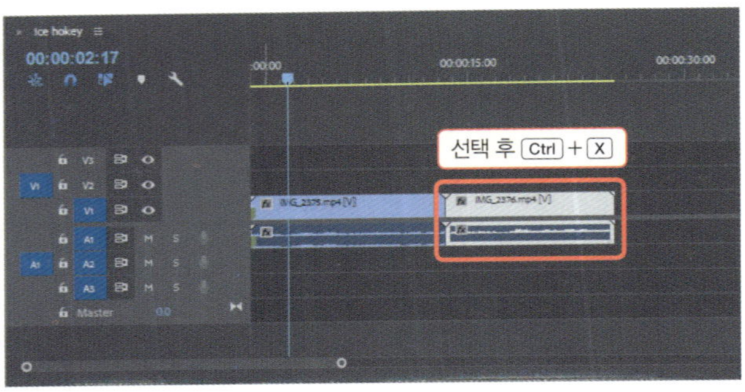

04 타임 표시자를 00:00:07:03에 위치시키고 [Edit]-[Paste Insert] 메뉴를 선택하거나 단축키 Ctrl + Shift + V 를 눌러 잘라낸 클립을 타임 표시자 앞에 끼워 넣습니다. 프로그램 모니터 패널에서 재생해 'IMG_2375' 소스 클립 사이에 붙여넣은 영상을 확인합니다.

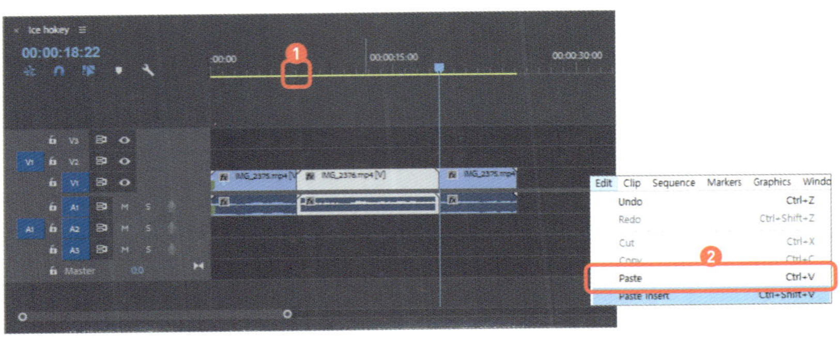

복사한 속성 값 붙여넣기

05 타임라인 패널에서 타임 표시자를 00:00:19:00에 위치시키고 프로젝트 패널에서 'IMG_2377.mp4' 파일을 타임라인 패널의 비디오 2번(V2) 트랙 타임 표시자 뒤로 드래그합니다.

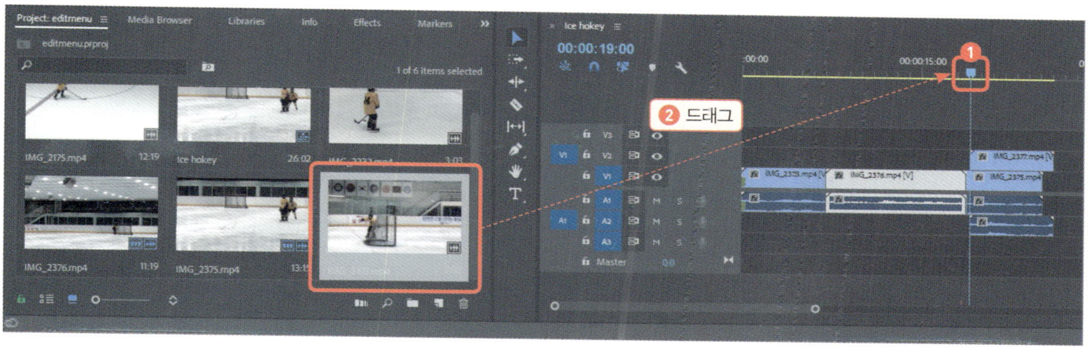

06 비디오 1번(V1) 트랙의 첫 번째 소스 클립을 선택하고 클립의 속성을 복사하기 위해 단축키 Ctrl+C를 누릅니다. 비디오 2번 트랙의 소스 클립을 선택하고 복사한 속성 값을 붙여넣기 위해 [Edit]–[Paste Attributes] 메뉴를 선택하거나 단축키 Ctrl+Alt+V를 누릅니다.

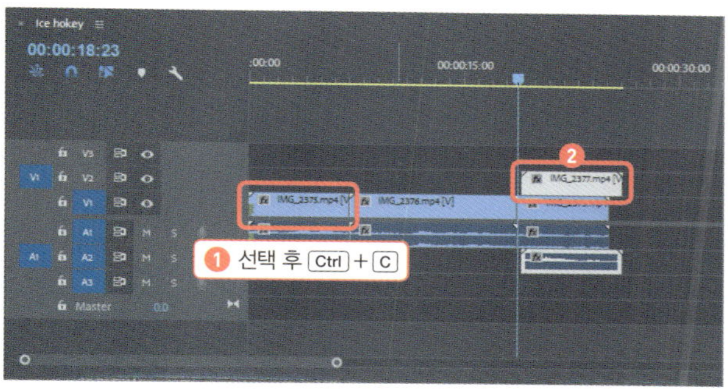

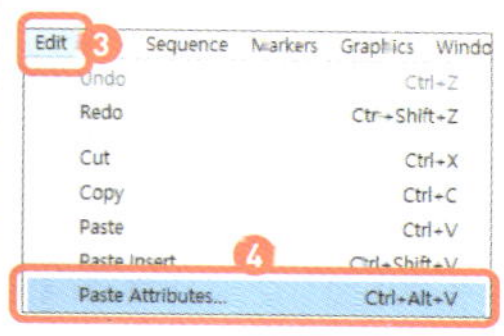

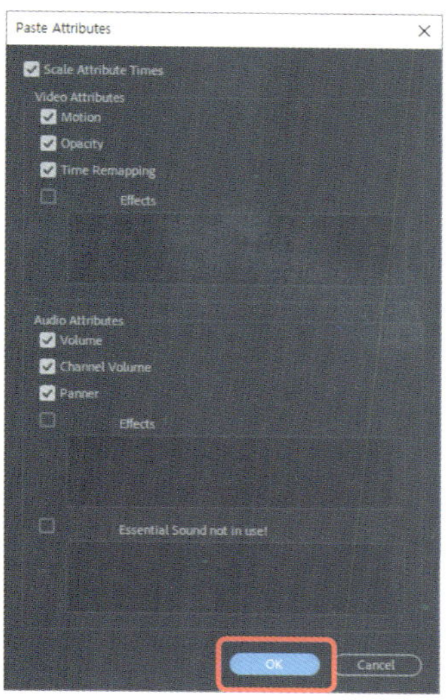

07 Paste Attributes 대화상자에서 비디오 속성 값과 오디오 속성 값이 모두 선택된 것을 확인하고 〈OK〉 버튼을 클릭합니다.

08 프로그램 모니터 패널의 재생 버튼(▶)을 클릭해 달라진 영상 클립을 확인합니다. 비디오 2번(V2) 트랙에 있는 소스 클립의 속성 값이 달라진 것은 이펙트 컨트롤(Effect Controls) 패널에서도 확인할 수 있습니다.

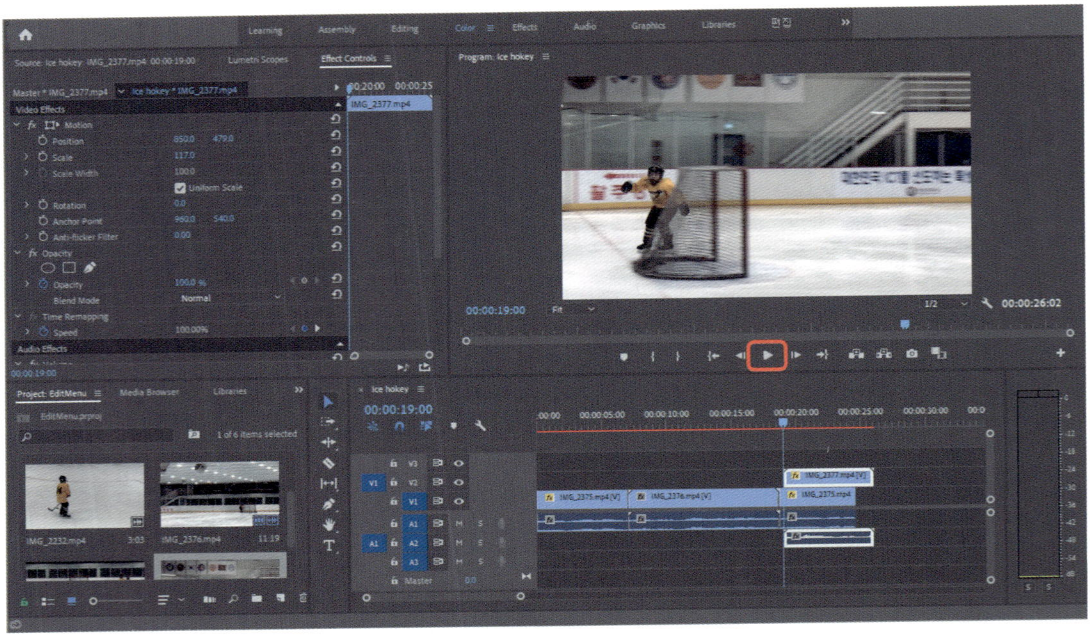

여기서 잠깐! 알아두면 좋은 Edit 메뉴

❶ Duplicate Ctrl+Shift+/ 프로젝트 패널에서 아이템을 복제합니다.

❷ Select All Ctrl+A 클립, 클립의 속성, 아이템을 모두 선택합니다.

❸ Select All Matching 타임라인 패널에서 선택한 클립과 같은 아이템이거나 복제된 모든 클립을 선택합니다.

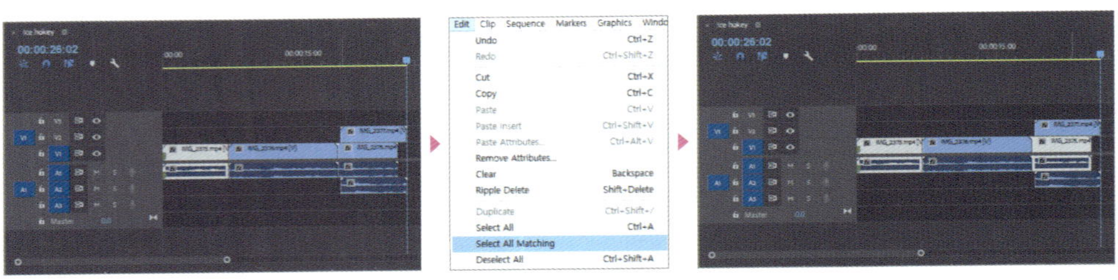

❹ Deselect All Ctrl+Shift+A 클립, 클립의 속성, 아이템의 선택을 모두 해제합니다.

❺ Remove Unused 프로젝트 패널에서 시퀀스에 사용되지 않은 아이템들을 삭제합니다.

SECTION 05

영상의 속도 조절하기

- **준비파일** TimeRemapping.prproj
- **완성파일** TimeRemapping_result.prproj

타임라인 패널에서 소스 클립의 속도를 조절하는 방법을 알아봅니다. 속도 변화에 따른 소스 클립의 길이 변화를 파악하고 그 관계를 이해하는 것이 중요합니다. 또한, 소스 클립에 키프레임을 만들어 감속과 가속을 하는 방법에 대해 알아봅니다.

소스 클립의 속도 조절 준비하기

01 프리미어 프로를 실행하고 Home 대화상자에서 〈Open Project〉 버튼을 클릭해 'TimeRemapping.prproj' 프로젝트 파일을 엽니다.

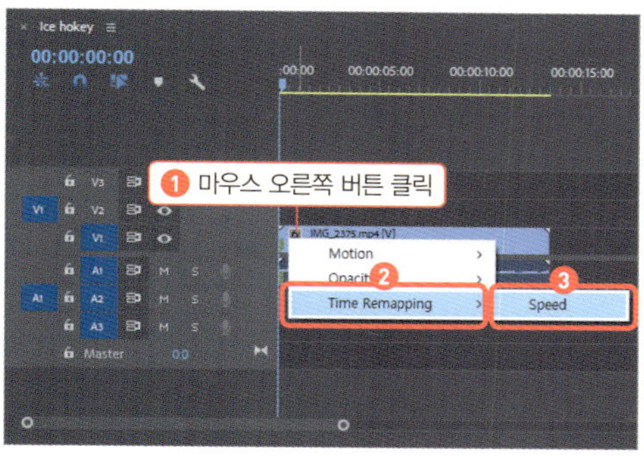

02 비디오 1번(V1) 트랙 소스 클립의 'fx' 아이콘을 마우스 오른쪽 버튼으로 클릭하면 열리는 팝업 메뉴에서 [Time Remapping]−[Speed]를 선택합니다.

Tip Time Remapping은 클립에서 원하는 구간의 재생 시간만 조절할 수 있는 기능입니다.

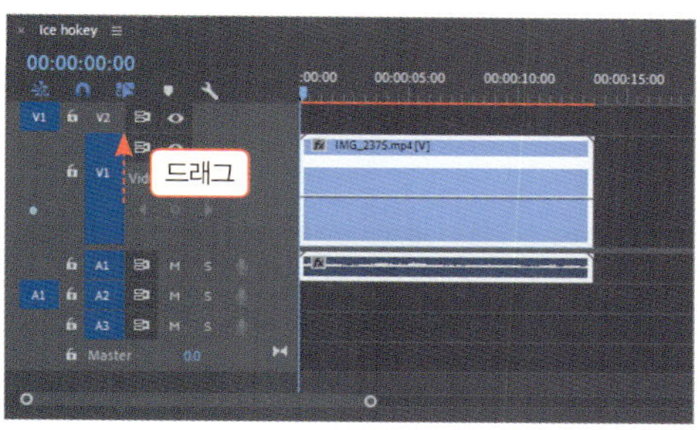

03 비디오 트랙의 높이를 확장해 아이콘과 조절선이 보이게 하겠습니다. 타임라인 패널 V1과 V2 사이의 선을 위로 드래그합니다.

04 프로그램 모니터 패널에서 재생하면서 영상의 속도를 확인합니다.

05 타임 표시자를 00:00:05:15에 위치시키고 Ctrl 을 누른 채로 조절선을 클릭해 키프레임을 만듭니다. 이펙트 컨트롤 패널의 Video Effects ▸ Time Remapping ▸ Speed 항목에서 키프레임을 확인할 수 있습니다.

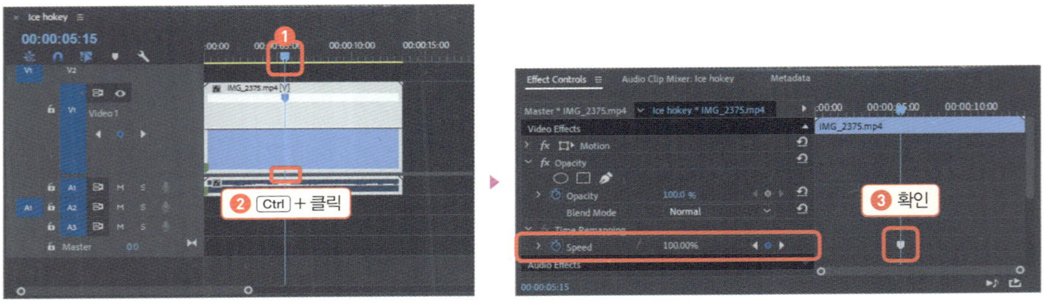

소스 클립에 생성된 키프레임으로 속도 조절하기

06 소스 클립의 오른쪽 부분에서 조절선을 아래로 드래그하면 소스 클립의 길이가 길어집니다. 프로그램 모니터 패널에서 영상을 재생해 속도가 느려진 것을 확인합니다.

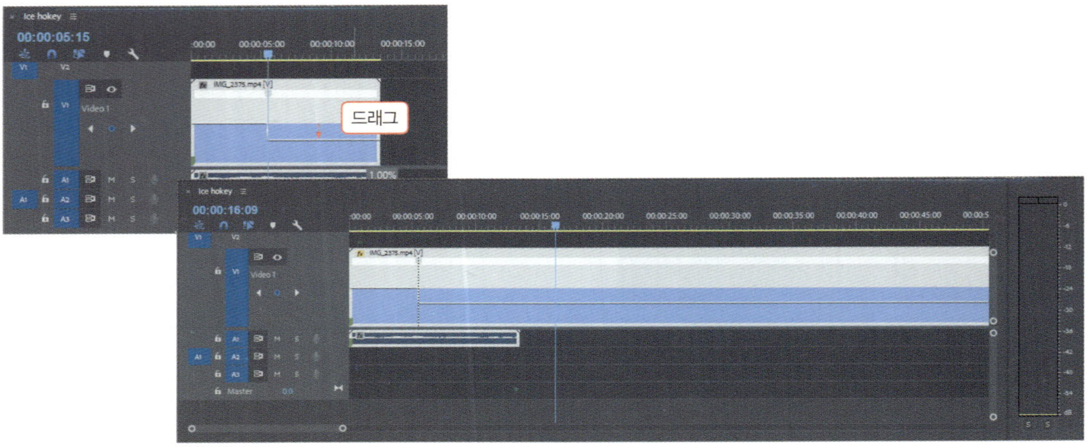

07 타임라인 패널의 소스 클립에 생성된 키프레임을 오른쪽으로 드래그합니다.

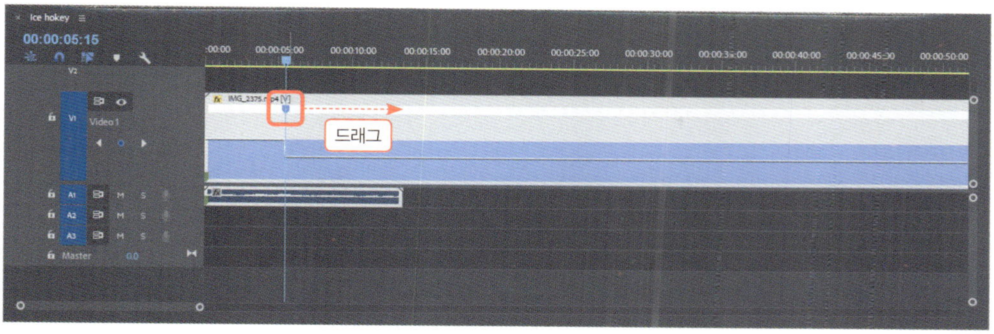

08 이펙트 컨트롤 패널에서도 키프레임 사이에 간격이 생긴 것을 확인할 수 있습니다.

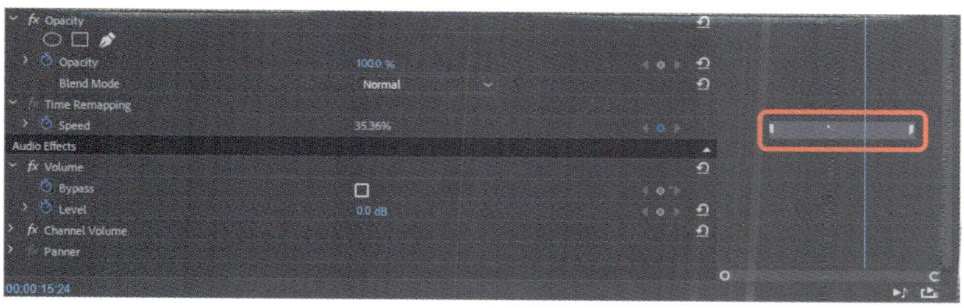

Tip 프로그램 모니터 패널에서 점점 느려지는 영상을 확인합니다.

09 두 개의 키프레임 중 왼쪽 키프레임을 오른쪽으로 드래그하면 두 키프레임 사이의 간격이 좁아집니다. 영상이 감속되는 시간이 줄어듭니다.

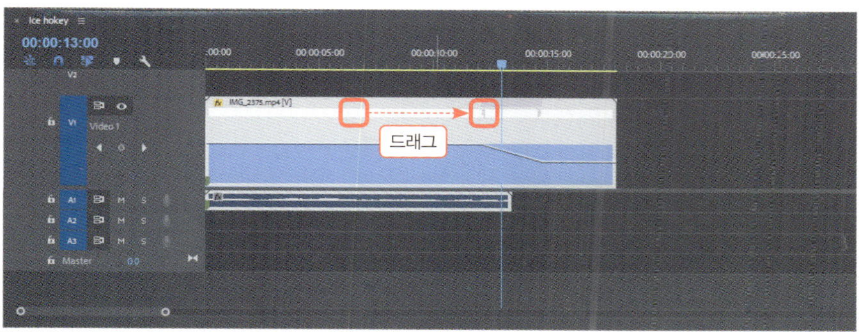

10 왼쪽 키프레임을 왼쪽으로 드래그하면 두 키프레임 사이의 간격이 넓어집니다. 영상이 감속되는 시간이 길어집니다.

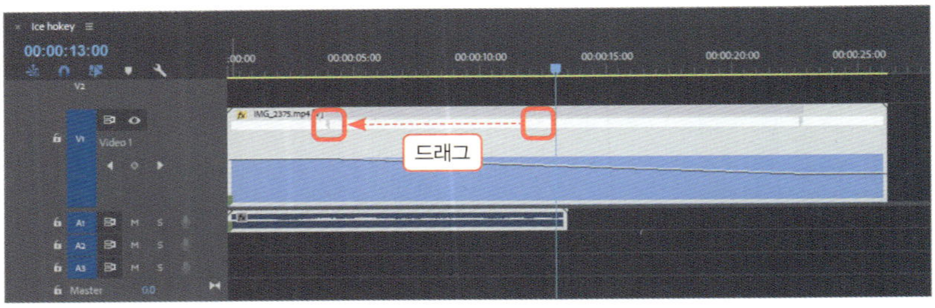

11 소스 클립 끝 부분의 조절선을 클릭해 위로 드래그하면 소스 클립 비디오 부분의 길이가 짧아집니다.

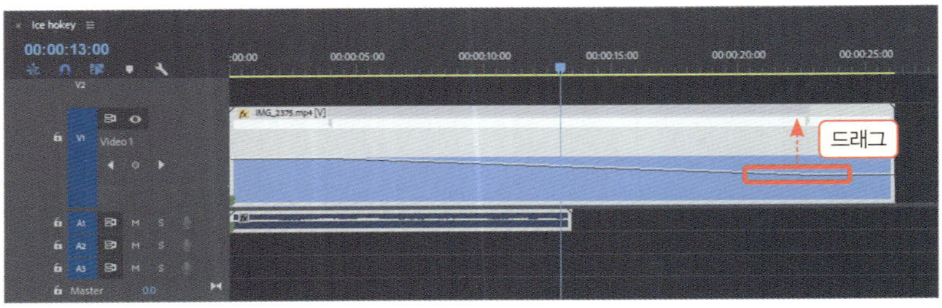

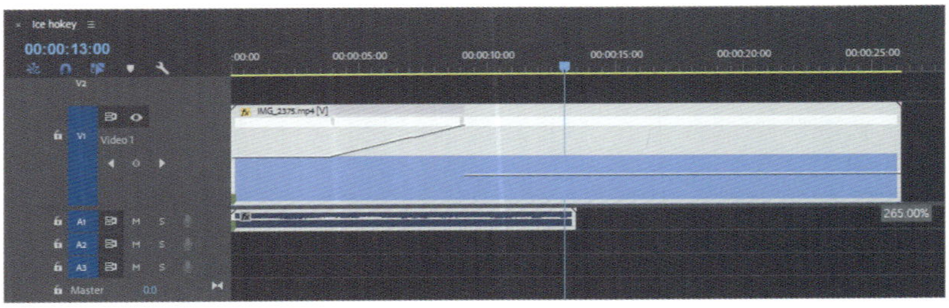

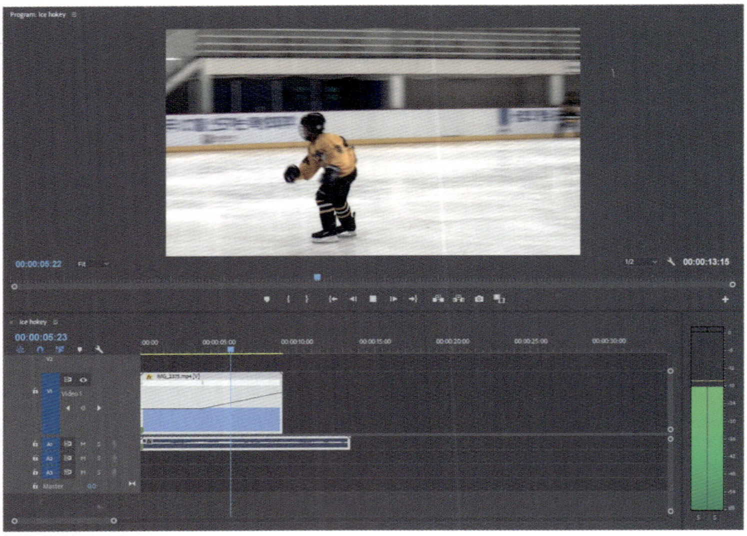

12 프로그램 모니터 패널에서 재생 버튼을 클릭해 보면 영상이 점점 빨라지는 것을 확인할 수 있습니다.

영상이 멈추었다가 다시 재생되도록 만들기

13 타임라인 패널에서 타임 표시자를 00:00:15:00에 위치시키고 소스 클립을 선택한 후 Ctrl+C를 눌러 복사하고 Ctrl+V를 눌러 붙여넣습니다. 소스 클립이 하나 더 생깁니다.

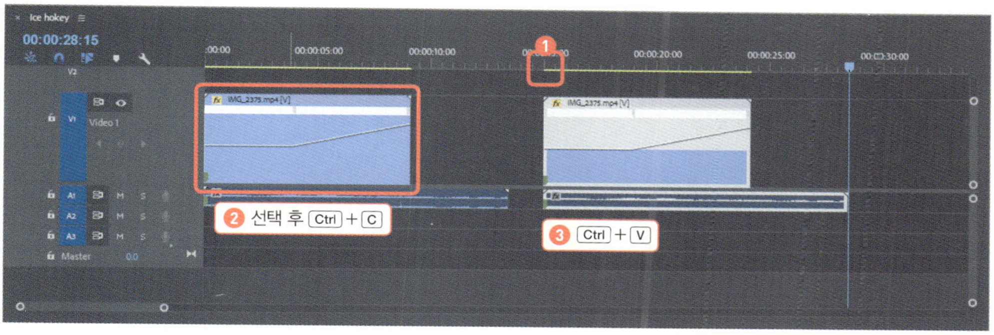

14 속성 값을 지우고 새로운 속도를 지정하겠습니다. [Edit]−[Remove Attributes] 메뉴를 선택해 Remove Attributes 대화상자가 열리면 삭제할 속성인 [Time Remapping]만 체크하고 〈OK〉 버튼을 클릭합니다.

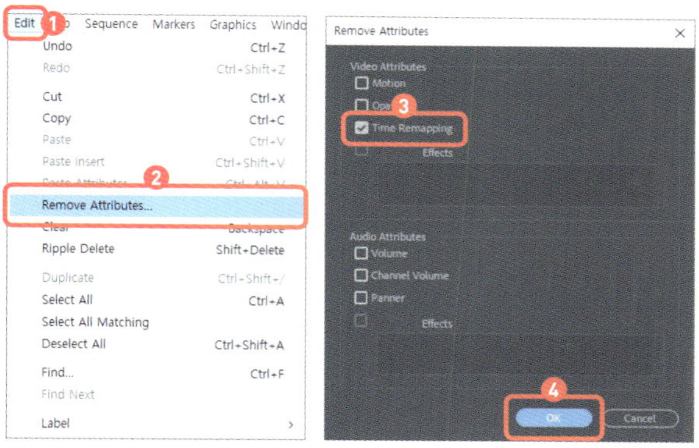

15 소스 클립이 효과가 적용되기 전의 상태가 되었습니다. 타임 표시자를 00:00:16:21로 이동시키고 Ctrl을 누른 채로 조절선을 클릭해 키프레임을 만듭니다.

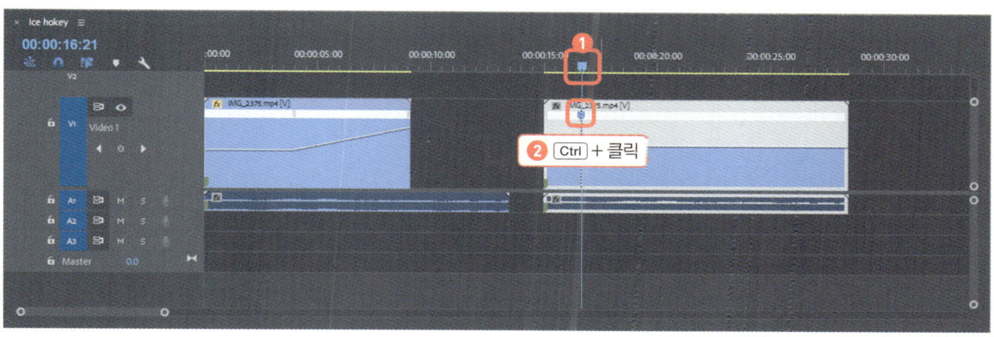

16 생성된 키프레임을 선택하고 Ctrl + Alt 를 누른 채 오른쪽으로 드래그한 후 프로그램 모니터 패널의 재생 버튼(▶)을 클릭합니다. 드래그한 구간만큼 영상이 정지 상태로 멈췄다가 다시 재생됩니다.

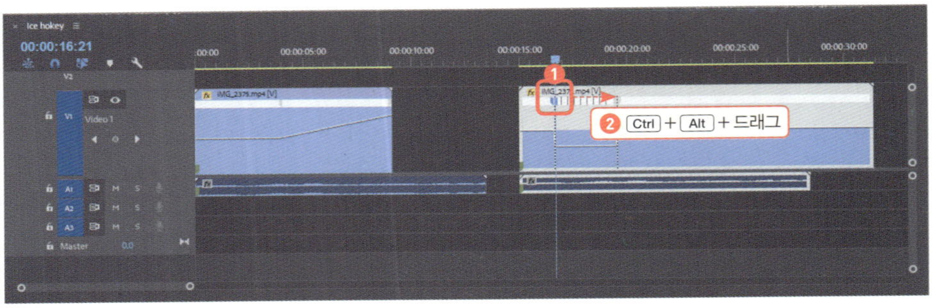

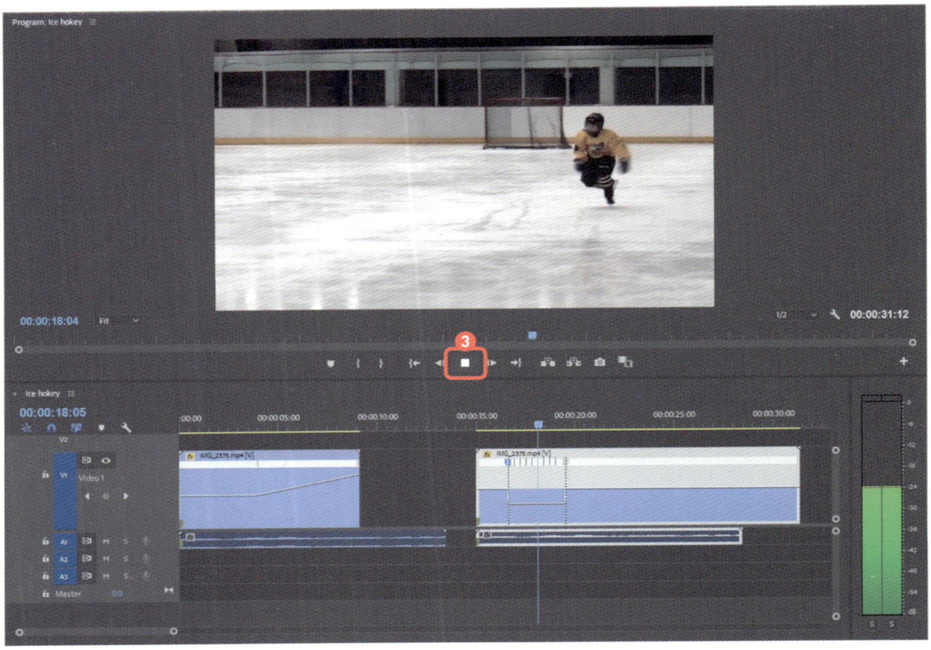

영상이 역방향으로 재생되도록 만들기

17 이번에는 영상이 역방향으로 재생되도록 하겠습니다. 타임 표시자를 00:00:22:10으로 옮기고, Ctrl 을 누른 채로 조절선을 클릭해 키프레임을 만듭니다.

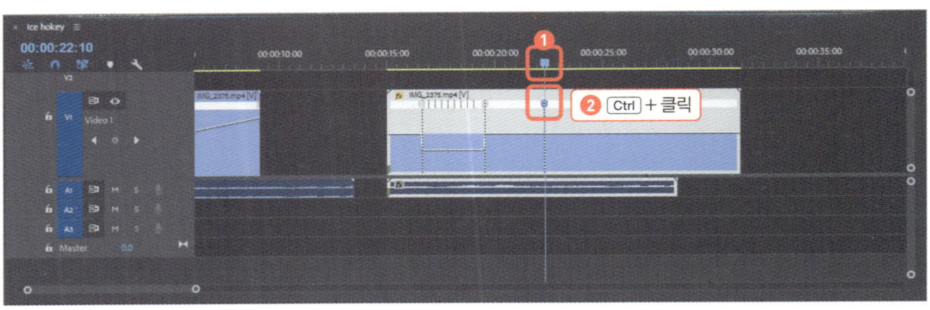

18 생성된 키프레임을 Ctrl 을 누른 채로 오른쪽으로 드래그합니다. 프로그램 모니터 패널의 재생 버튼(▶)을 클릭하면 드래그한 구간만큼 영상이 역방향으로 재생되는 것을 확인할 수 있습니다.

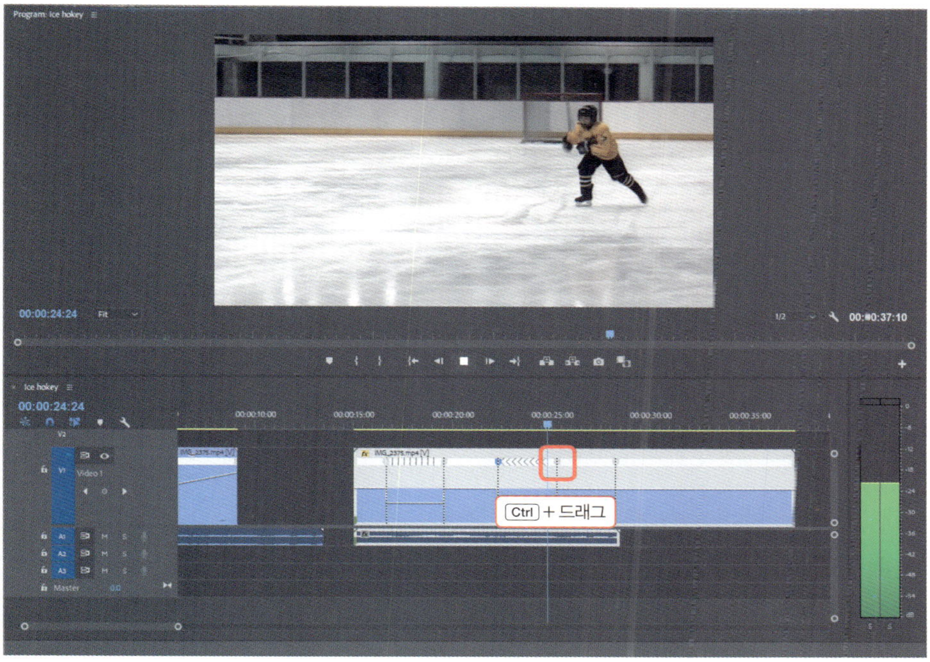

여기서 잠깐!

일정한 속도로 빠르게 또는 느리게 재생하기

키프레임을 만들지 않고 기준선을 클릭해 위 또는 아래로 드래그하면 일정한 속도로 빠르게 또는 느리게 재생되는 영상을 만들 수 있습니다.

SECTION 06

속도 조절과 컷을 이용하여 편집하기

- **준비파일** DSC_4484.mp4, DSC_4487.mp4, DSC_4488.mp4, IMG_3624.mp4, IMG_3626.mp4, 통인시장bgm.mp3
- **완성파일** SpeedDuration_result.prproj

소스 클립의 속도는 [Clip]−[Speed/Duration] 메뉴를 이용해 조절할 수도 있습니다. 툴 패널의 자르기 툴로 소스 클립을 나누고 각각의 속도를 [Speed/Duration]의 기능을 이용해 조절해 봅니다. 이 두 가지 기능만 잘 사용해도 원본과 다른 개성 있는 영상을 만들 수 있습니다.

영상 편집 준비하기

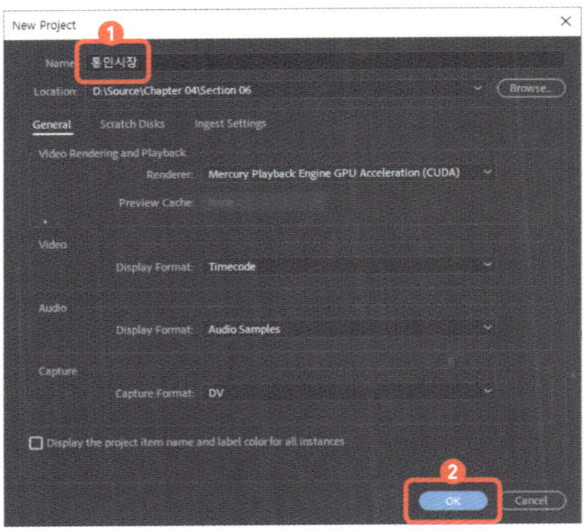

01 프리미어 프로를 실행하고 Home 대화상자에서 〈New Project〉 버튼을 클릭합니다. New Project 대화상자의 Name에 '통인시장'을 입력하고 〈OK〉 버튼을 클릭합니다.

02 프로젝트 패널을 더블클릭해 Import 대화상자가 열리면 영상 파일(mp4) 여덟 개와 음성파일(mp3) 한 개를 선택하고 〈열기〉 버튼을 클릭합니다.

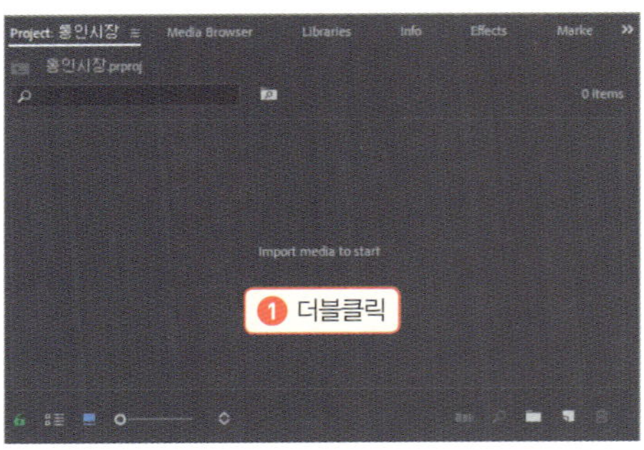

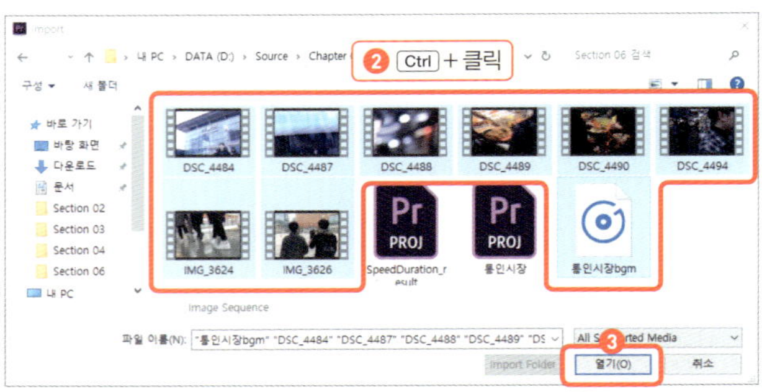

03 프로젝트 패널에서 'IMG_3624.mp4' 파일을 새 항목 버튼(■)으로 드래그하면, 새 시퀀스 'IMG_3624'가 만들어집니다. 새 시퀀스의 이름을 클릭해 '통인시장'으로 변경합니다.

04 타임라인 패널에서 소스 클립을 마우스 오른쪽 버튼으로 클릭하고 팝업 메뉴가 열리면 [Speed/Duration]을 선택합니다. Clip Speed/Duration 대화상자의 Speed에 30을 입력한 후 〈OK〉 버튼을 클릭하고 프로그램 모니터에서 재생하여 속도를 확인합니다.

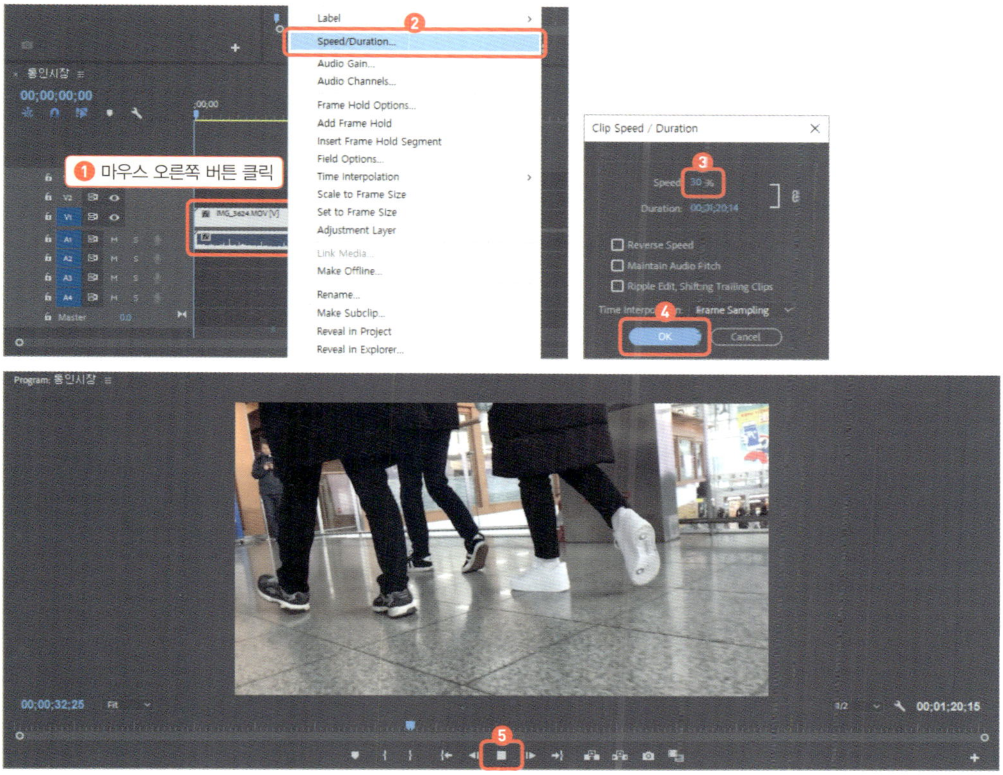

Tip 메뉴 표시줄에서 [Clip]-[Speed/Duration]을 선택해도 됩니다.

컷 작업과 속도 조절을 병행하여 영상 편집하기

05 타임라인 패널에서 타임 표시자를 00:00:11:28에 위치시키고 툴 패널의 자르기 툴(◆)을 선택한 후 타임 표시자를 기준으로 삼아 소스 클립을 클릭합니다. 소스 클립이 두 개로 나누어집니다.

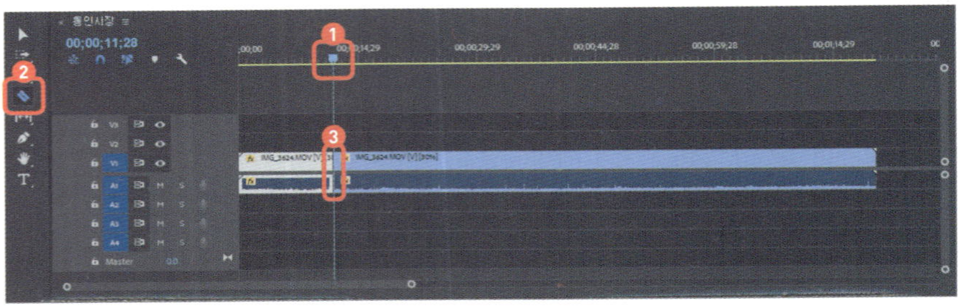

06 툴 패널에서 선택 툴(▶)을 선택하고 앞쪽 소스 클립을 선택한 후 Delete 를 눌러 삭제합니다. 빈 공간을 마우스 오른쪽 버튼으로 클릭해 팝업 메뉴에서 [Ripple Delete]를 선택합니다.

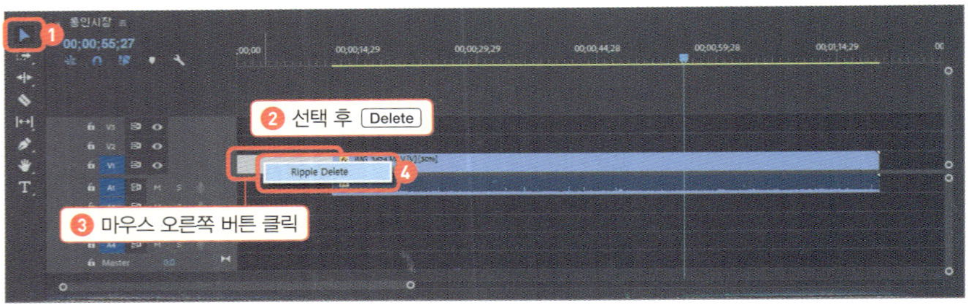

07 타임라인 패널에서 타임 표시자를 00:00:06:16에 위치시키고 툴 패널에서 자르기 툴(◆)을 선택한 후 타임 표시자를 기준으로 삼아 소스 클립을 클릭합니다. 이번에는 뒤에 위치한 소스 클립을 툴 패널의 선택 툴(▶)로 선택하고 Delete 를 눌러 삭제합니다.

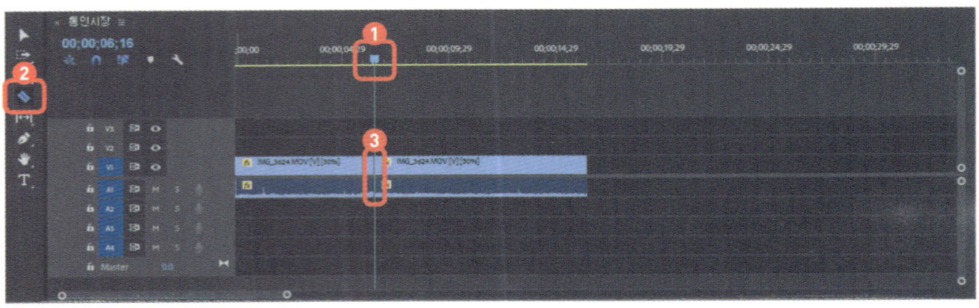

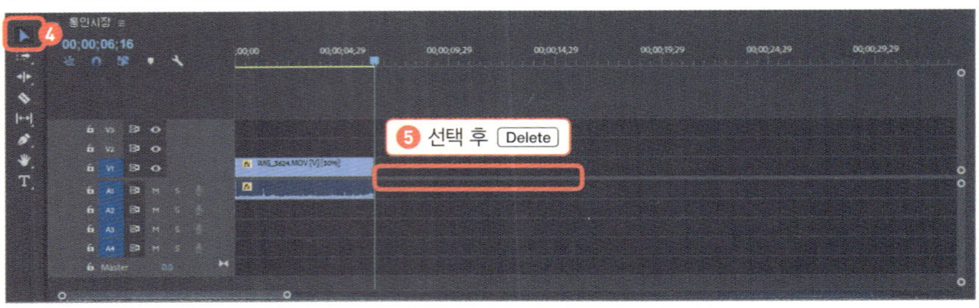

08 프로젝트 패널에서 'IMG_3626.mp4' 파일을 타임라인 패널로 드래그합니다.

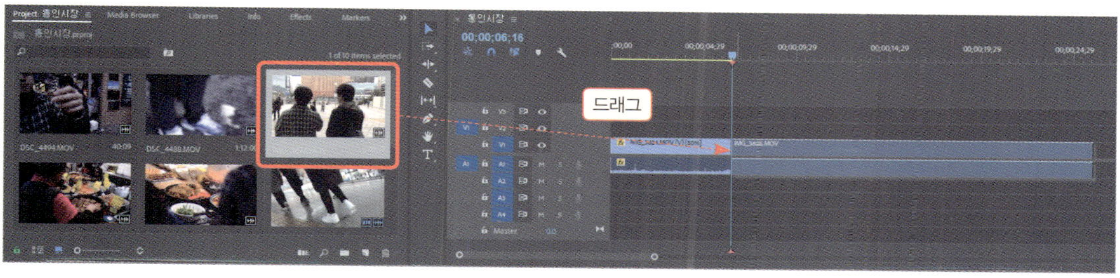

09 타임라인 패널에서 타임 표시자를 00:00:09:29에 위치시키고 자르기 툴( )로 소스 클립의 타임 표시자 위치를 클릭합니다. 가운데에 있는 소스 클립을 선택 툴( )로 선택하고 Delete 를 눌러 삭제합니다. 삭제된 빈 공간을 마우스 오른쪽 버튼으로 클릭하고 [Ripple Delete]를 선택합니다.

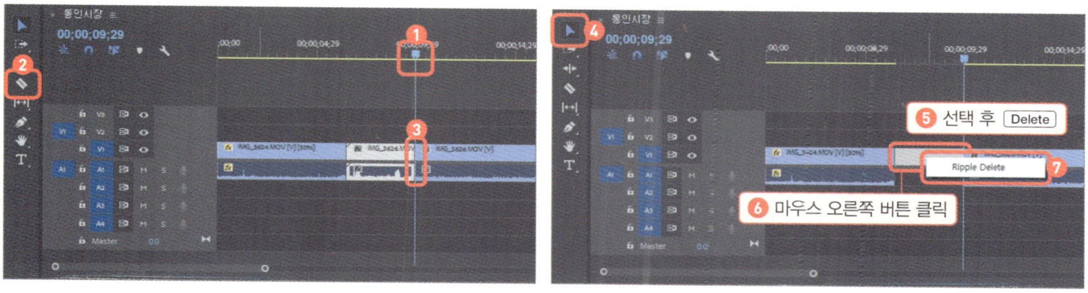

10 뒤에 있는 소스 클립을 마우스 오른쪽 버튼으로 클릭하고 [Speed/Duration]을 선택합니다. Clip Speed/Duration 대화상자에서 Speed에 30을 입력하고 〈OK〉 버튼을 클릭한 후 영상을 확인합니다.

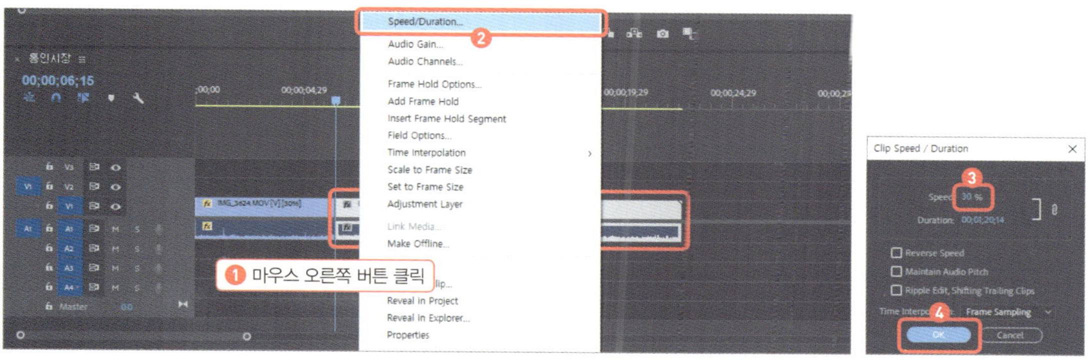

11 타임라인 패널에서 타임 표시자를 00:00:11:18에 위치시키고 자르기 툴(◆)로 소스 클립의 타임 표시자 위치를 클릭합니다. 자른 선의 뒤쪽 클립을 선택 툴(▶)로 선택한 후 마우스 오른쪽 버튼으로 클릭해 [Speed/Duration]을 선택합니다. Clip Speed/Duration 대화상자에서 Speed에 100을 입력하고 〈OK〉 버튼을 클릭하면 본래 속도로 돌아옵니다.

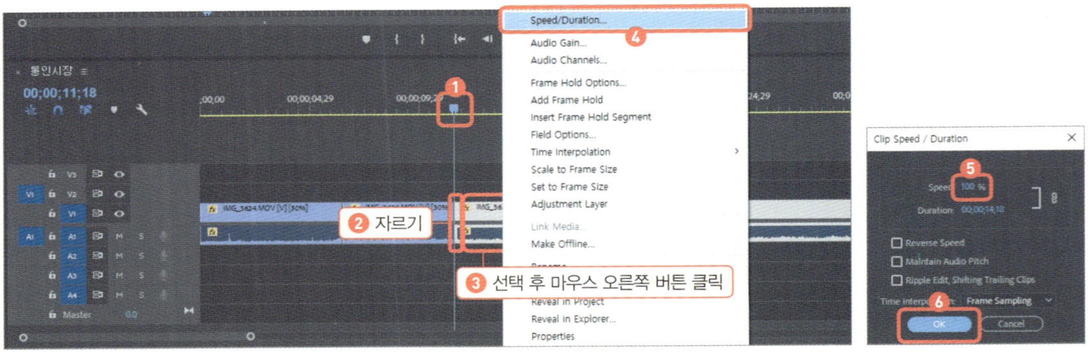

12 타임라인 패널에서 타임 표시자를 00:00:13:27에 위치시키고 자르기 툴(◆)로 소스 클립의 타임 표시자 위치를 클릭합니다. 자른 선의 뒤쪽 클립을 선택 툴(▶)로 선택하고 Delete 를 눌러 삭제합니다.

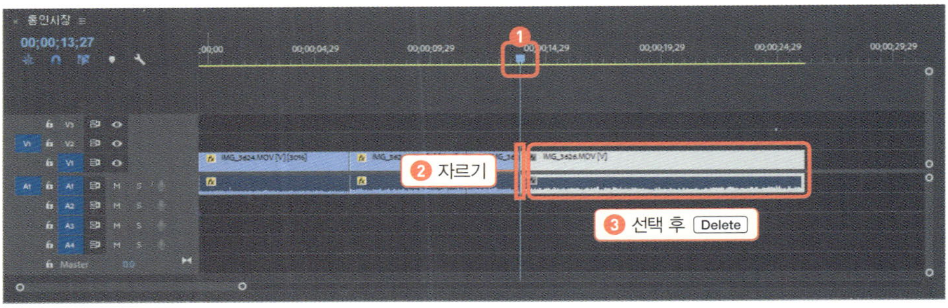

13 프로젝트 패널에서 'DSC_4484.mp4' 파일을 타임라인 패널로 드래그합니다.

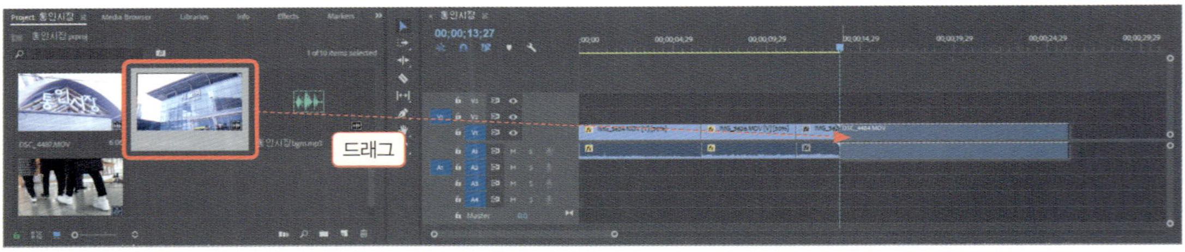

14 타임라인 패널에서 타임 표시자를 00:00:18:11에 위치시키고 자르기 툴(◆)로 소스 클립의 타임 표시자 위치를 클릭합니다. 자른 선의 앞쪽 소스 클립을 선택 툴(▶)로 선택하고 Delete 를 눌러 삭제합니다. 삭제된 빈 공간을 마우스 오른쪽 버튼으로 클릭하고 [Ripple Delete]를 선택합니다.

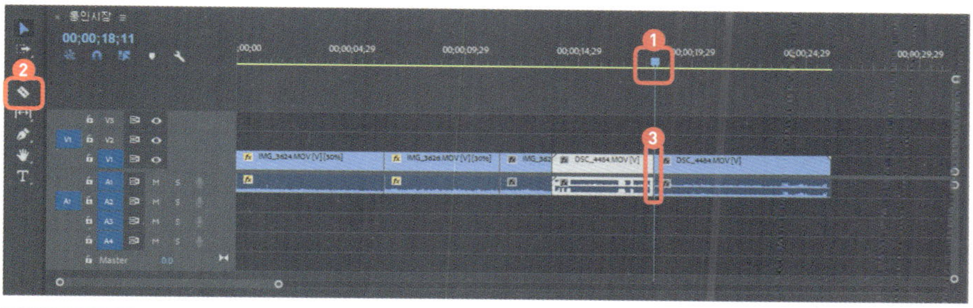

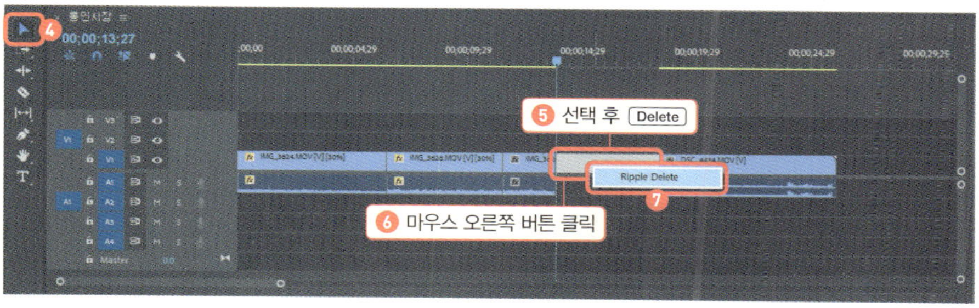

15 타임라인 패널에서 타임 표시자를 00:00:18:08에 위치시키고 자르기 툴(◆)로 소스 클립의 타임 표시자 위치를 클릭합니다. 자른 뒷부분을 선택 툴(▶)로 선택하고 Delete 를 눌러 삭제합니다.

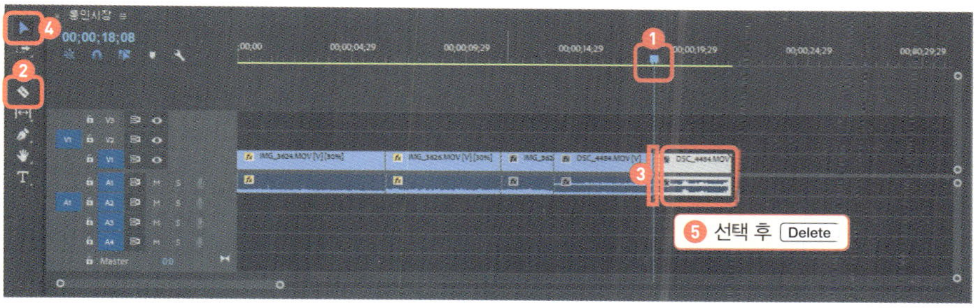

16 프로젝트 패널에서 'DSC_4487.mp4' 파일을 타임라인 패널로 드래그합니다.

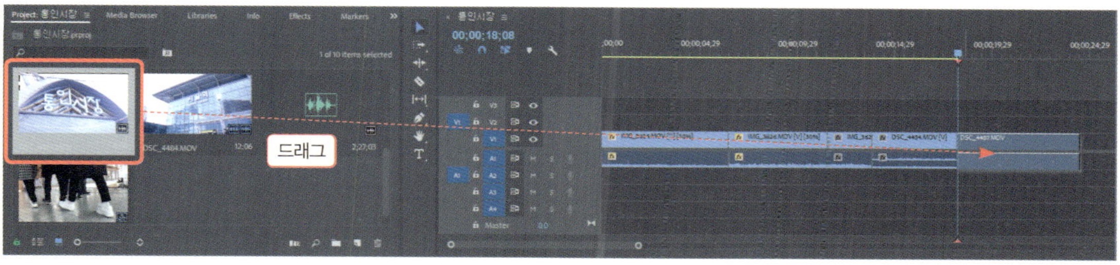

17 타임라인 패널에서 타임 표시자를 00:00:19:02에 위치시키고 자르기 툴( )로 소스 클립의 타임 표시자 위치를 클릭합니다. 자른 부분의 앞쪽 소스 클립을 선택 툴( )로 선택하고 Delete 를 눌러 삭제합니다. 삭제된 빈 공간을 마우스 오른쪽 버튼으로 클릭하고 [Ripple Delete]를 선택합니다.

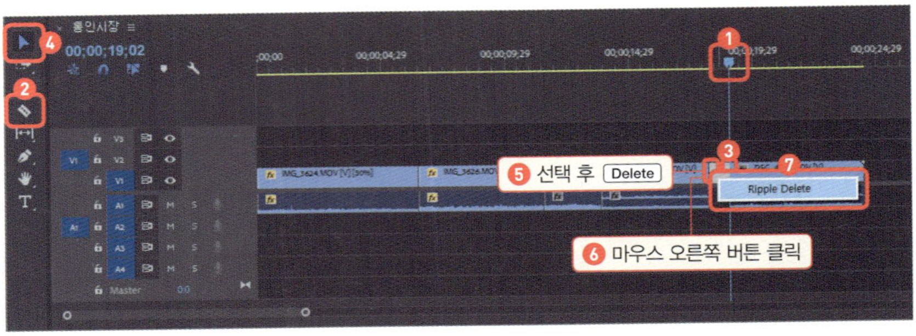

Tip 다음 실습을 위해 타임라인 패널의 비디오 트랙의 높이를 확장합니다. (Chapter 04의 Section 05 참고)

18 타임라인 패널에서 타임 표시자를 00:00:20:02에 위치시키고 자르기 툴( )로 소스 클립의 타임 표시자 위치를 클릭합니다. 같은 방식으로 타임 표시자를 00:00:20:23에 위치시키고 소스 클립을 클릭해 자릅니다. 자른 뒷부분을 선택 툴( )로 선택하고 Delete 를 눌러 삭제합니다.

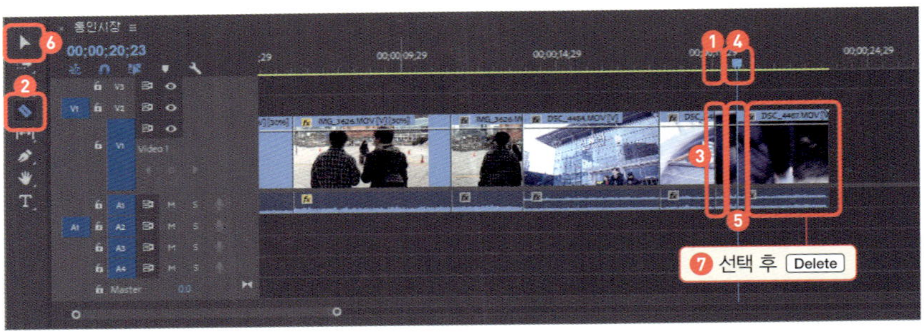

19 타임라인 패널에서 가장 뒤에 있는 소스 클립을 마우스 오른쪽 버튼으로 클릭하고 팝업 메뉴에서 [Speed/Duration]을 선택합니다. Clip Speed/Duration 대화상자에서 Speed에 120을 입력하고 〈OK〉 버튼을 클릭합니다. 속도가 빨라지면서 소스 클립의 길이가 줄어듭니다.

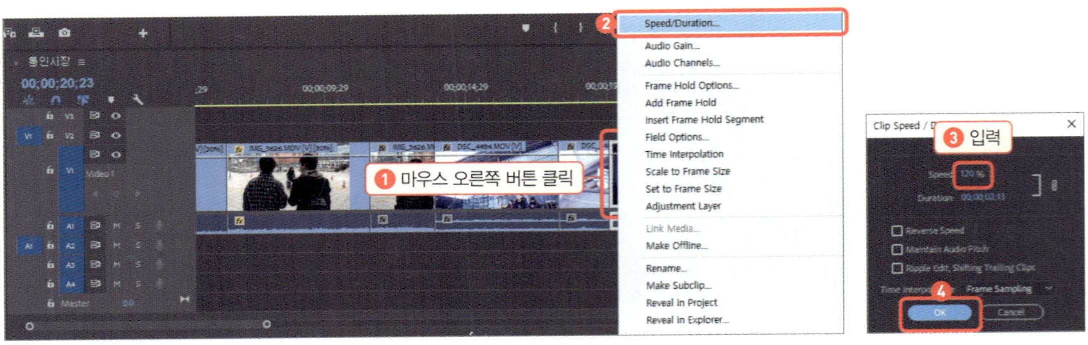

20 프로젝트 패널에서 'DSC_4488.mp4' 파일을 타임라인 패널로 드래그합니다.

21 타임라인 패널에서 타임 표시자를 00:00:24:09, 00:00:25:18, 00:00:27:19, 00:00:28:22, 00:00:30:29, 00:00:33:04, 00:00:40:14, 00:00:53:23, 00:00:55:25에 두고 자르기 툴( )로 각각 타임 표시자가 있는 위치를 클릭해 나눕니다.

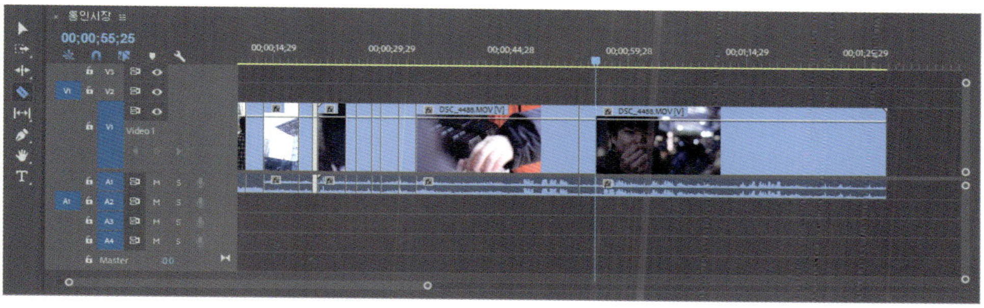

22 선택 툴( )을 이용해 첫 번째, 세 번째, 다섯 번째, 일곱 번째, 아홉 번째 클립을 선택하고 Delete 를 눌러 삭제합니다. 삭제된 빈 공간을 마우스 오른쪽 버튼으로 클릭하고 [Ripple Delete]를 선택합니다.

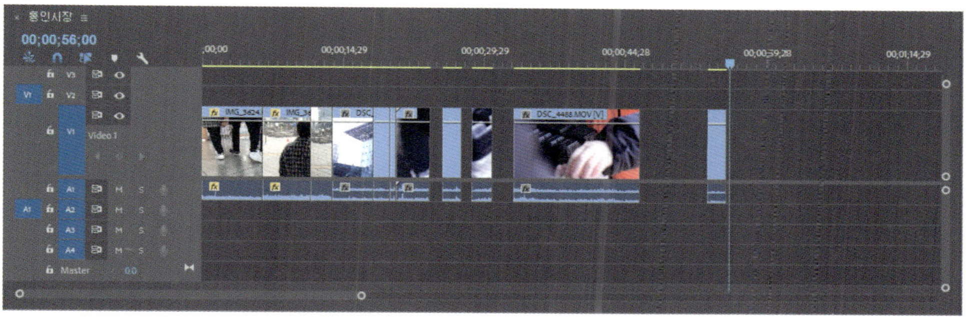

오디오 편집하고 마무리하기

23 타임라인 패널에서 편집한 소스 클립을 확인합니다. 소리가 일정하지 않으므로 오디오 트랙에서 트랙 음소거 버튼(M)을 클릭해 소리가 들리지 않게 합니다.

24 프로젝트 패널에서 '통인시장bgm.mp3' 파일을 타임라인 패널의 오디오 2번(A2) 트랙으로 드래그합니다.

25 프로그램 모니터 패널에서 재생 버튼(▶)을 클릭해 영상과 사운드를 확인합니다.

PART

03

영상 편집 실무 작업

CHAPTER

05

키프레임을 이용한 편집

CHAPTER 04에서는 영상의 속도를 조절하고 컷으로 영상을 편집하는 방법에 대해 알아보았습니다. 영상을 편집할 때는 속도뿐 아니라 원본 영상의 기본 설정 값을 조절해야 할 때도 있고, 이펙트(Effect)를 적용해야 할 때도 많습니다. 기본 속성인 Opacity, Scale, Position, Rotation 값을 조절하고 키프레임을 설정하는 작업은 이펙트 컨트롤(Effect Control) 패널에서 할 수 있습니다. 이 CHAPTER에서는 이펙트 컨트롤 패널에서 수치를 변경하고 키프레임을 설정하는 방법을 알아보겠습니다. 이펙트 컨트롤 패널은 소스 모니터 패널과 같이 프리미어 프로 왼쪽 상단에 있습니다.

SECTION

01

Opacity를 이용한 페이드 인/아웃

- **준비파일** FadeInOut.prproj
- **완성파일** FadeInOut_result.prproj

■ PREVIEW

▶ PLAY

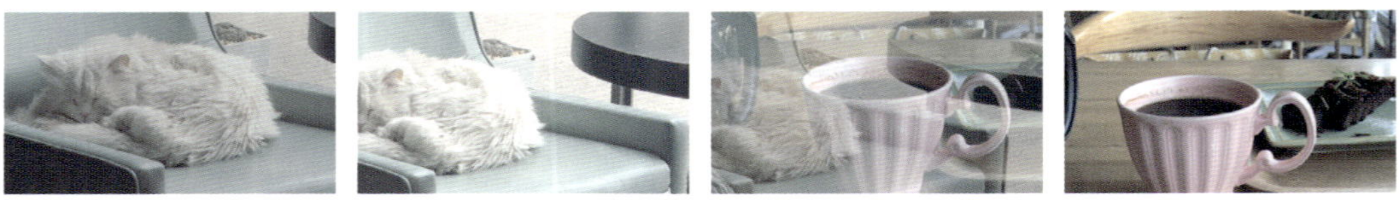

OVERVIEW

점점 밝아지면서 시작되고 어두워지면서 사라지는 영상이나 다른 두 장면이 겹쳐 보이는 영상 등을 본 적이 있을 것입니다. Opacity 값, 즉 불투명도를 조절하면 이런 장면들을 어렵지 않게 연출할 수 있습니다.

페이드 인(Fade In) 효과 주기

01 프리미어 프로를 실행하고 Home 대화상자에서 〈Open Project〉 버튼을 클릭해 'FadeInOut.prproj' 프로젝트 파일을 불러온 후 영상을 확인합니다.

02 타임라인 패널에서 비디오 1번(V1) 트랙의 'IMG_E0560' 소스 클립을 선택하고 이펙트 컨트롤 패널에서 Opacity 속성을 확인합니다.

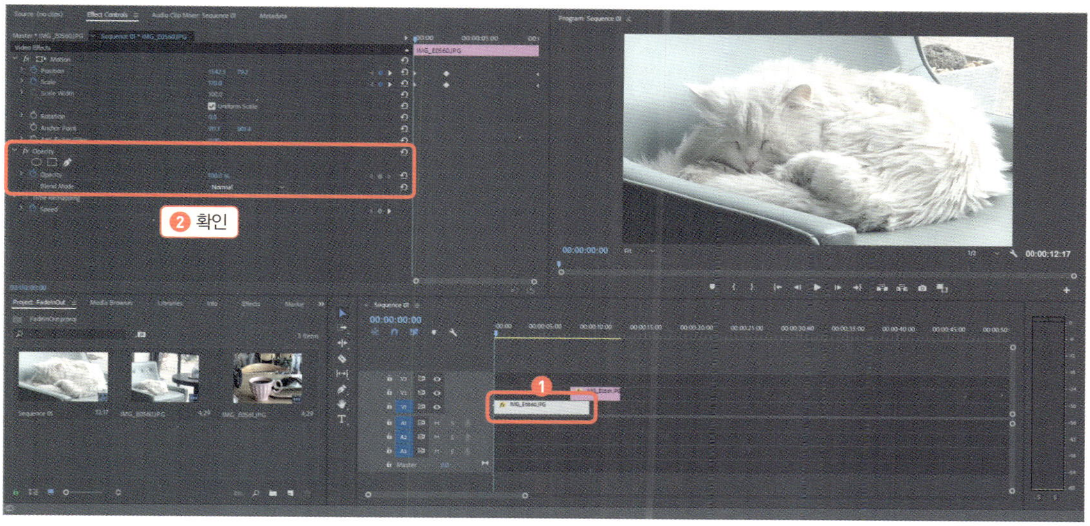

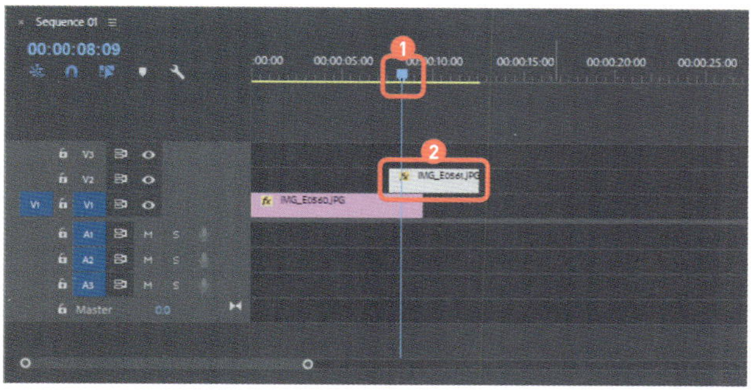

03 타임 표시자를 00:00:08:09에 두고 비디오 2번(V2) 트랙의 'IMG_E0561' 소스 클립을 선택합니다.

04 이펙트 컨트롤 패널에서 Opacity ▸ Opacity 항목의 키프레임 추가/삭제 버튼(◆)을 클릭하면 현재 수치 상태로 키프레임이 생성됩니다. Opacity 값을 100%에서 60%로 수정합니다.

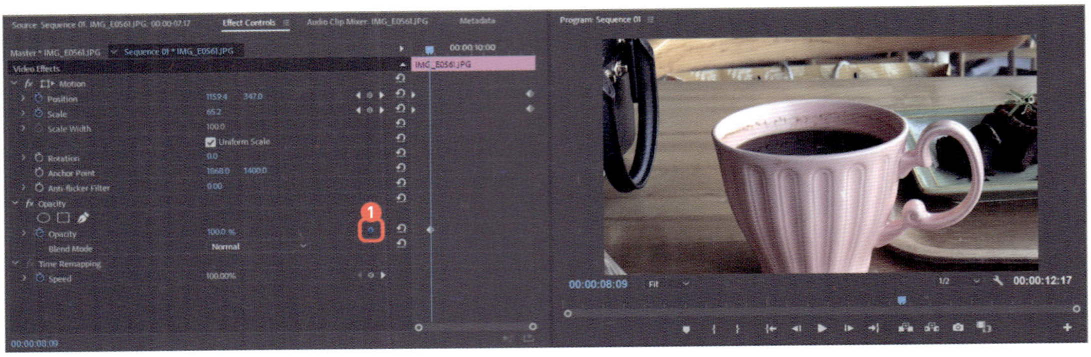

Tip 100%를 클릭한 채로 60%가 될 때까지 왼쪽으로 드래그해도 되고, 100을 클릭한 후 60을 입력해도 됩니다.

05 타임라인 패널에서 타임 표시자를 00:00:09:16으로 옮기고, 이펙트 컨트롤 패널에서 Opacity 값을 60%에서 100%로 수정합니다. 수치가 바뀌었으므로 자동으로 키프레임이 생성된 것을 오른쪽의 미니 타임라인에서 확인할 수 있습니다.

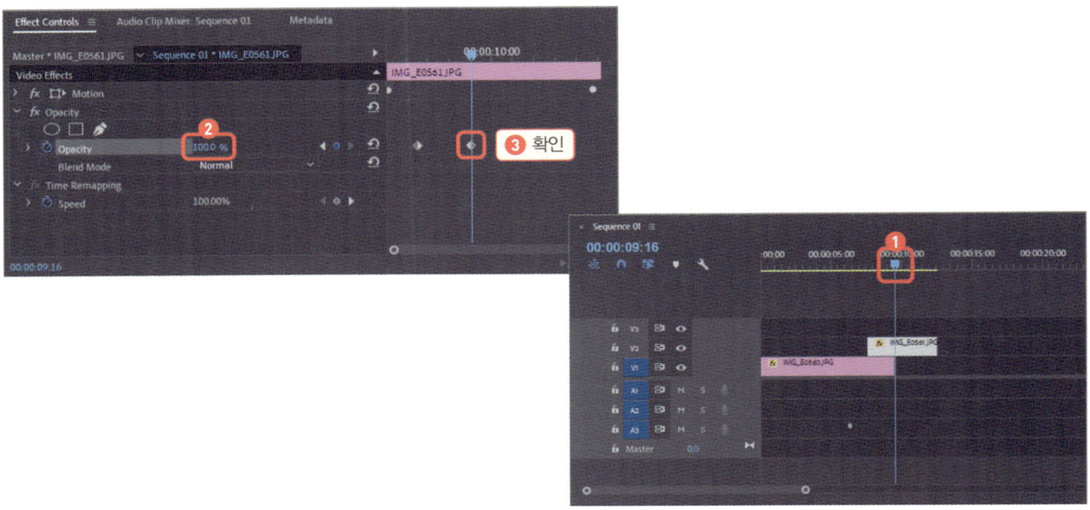

06 타임라인 패널에서 타임 표시자를 00:00:07:17에 위치시키고, 비디오 1번(V1) 트랙의 소스 클립을 선택합니다. 이펙트 컨트롤 패널에서 Opacity ▸ Opacity 항목의 키프레임 추가/삭제 버튼(◉)을 클릭합니다.

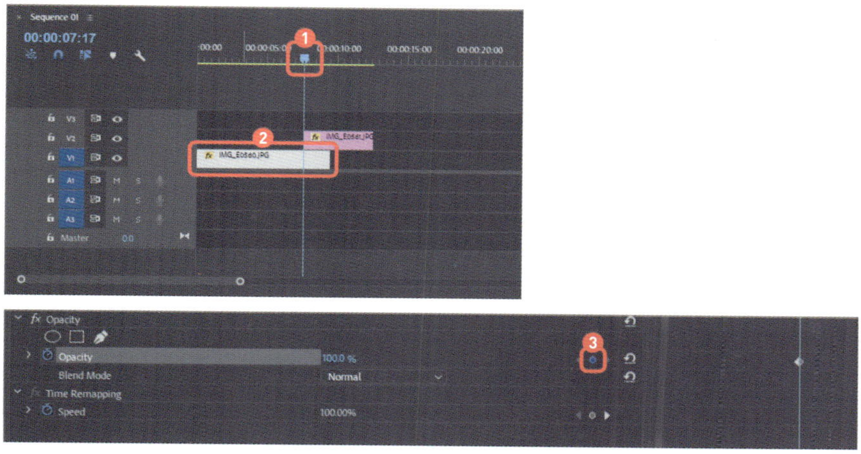

Tip 키프레임 추가/삭제 버튼을 클릭하면 수치 변화 없이 타임 표시자가 있는 곳에 키프레임을 넣거나 삭제할 수 있습니다.

07 타임라인 패널에서 타임 표시자를 00:00:09:16에 위치시키고, 이펙트 컨트롤 패널에서 Opacity ▸ Opacity 값을 0%로 변경합니다. Opacity 값이 바뀌었으므로 키프레임이 생성된 것을 오른쪽의 미니 타임라인에서 확인할 수 있습니다.

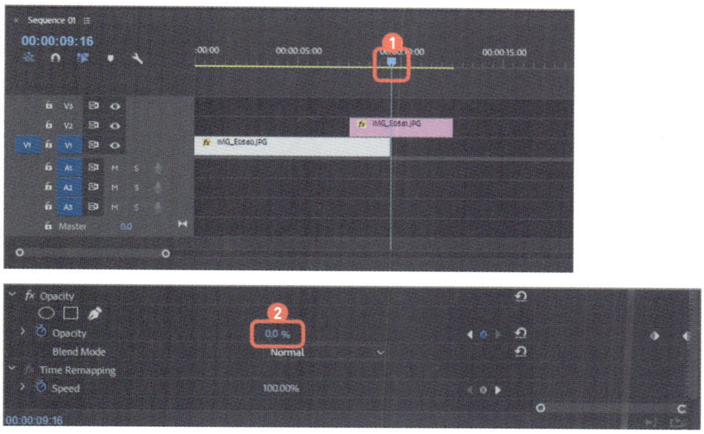

08 타임라인 패널에서 타임 표시자를 00:00:02:20으로 옮기고, 이펙트 컨트롤 패널에서 Opacity ▶ Opacity 항목의 키프레임 추가/삭제 버튼(◉)을 클릭하면 현재의 수치 상태인 Opacity 100%로 키프레임이 생성됩니다.

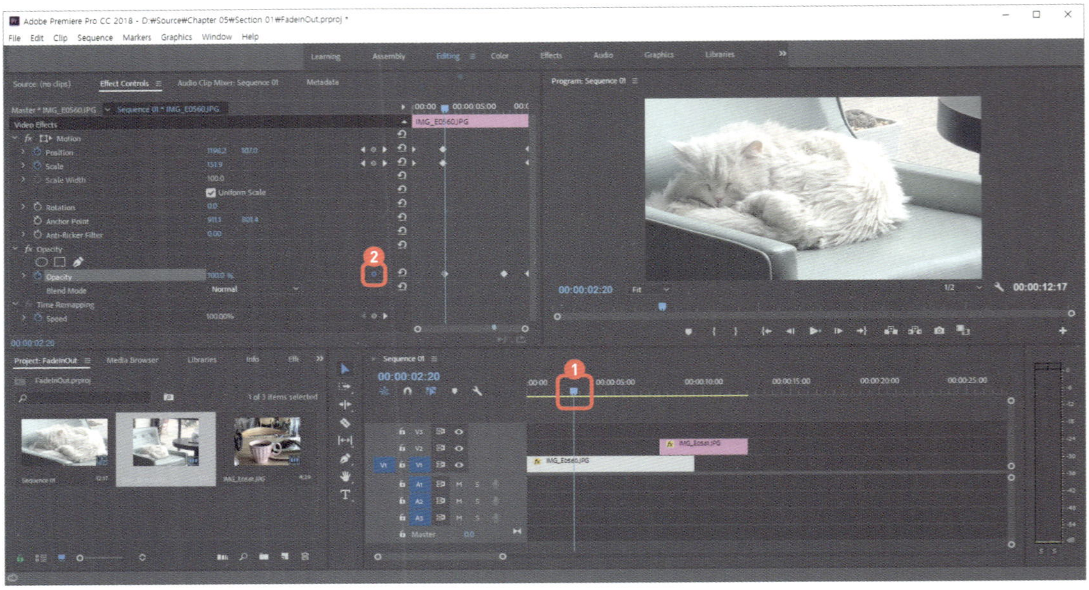

09 타임라인 패널에서 타임 표시자를 시작점에 두고, 이펙트 컨트롤 패널에서 Opacity 값을 100%에서 0%로 변경합니다. Opacity 값이 바뀌었으므로 자동으로 키프레임이 생성됩니다. 비디오 1번(V1) 트랙 소스 클립의 Opacity 키프레임 설정이 완료되었습니다.

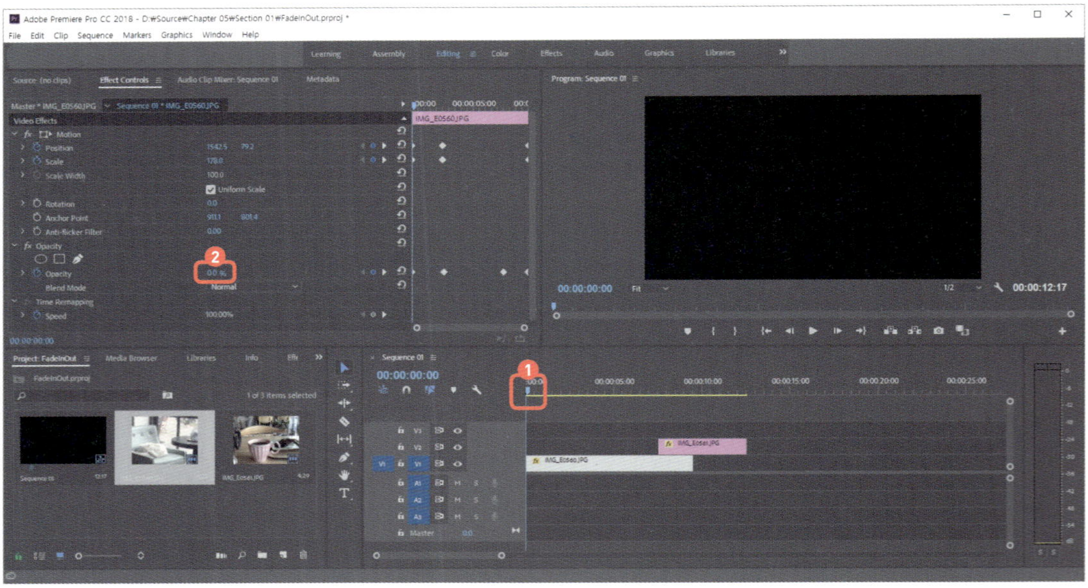

10 프로그램 모니터 패널에서 재생 버튼(▶)을 클릭하면 검은색 화면에 영상이 점점 드러나면서 비디오 1번(V1) 트랙이 시작되고, 비디오 2번(V2) 트랙의 소스 클립과 영상이 겹쳐 보이면서 끝나는 것을 확인할 수 있습니다.

페이드 아웃(Fade Out) 효과 주기

11 타임라인 패널에서 타임 표시자를 00:00:10:25에 두고, 비디오 2번(V2) 트랙의 소스 클립을 선택합니다. 이펙트 컨트롤 패널에서 Opacity ▸ Opacity 항목의 키프레임 추가/삭제 버튼( )을 클릭해 현재 수치의 키프레임을 생성합니다.

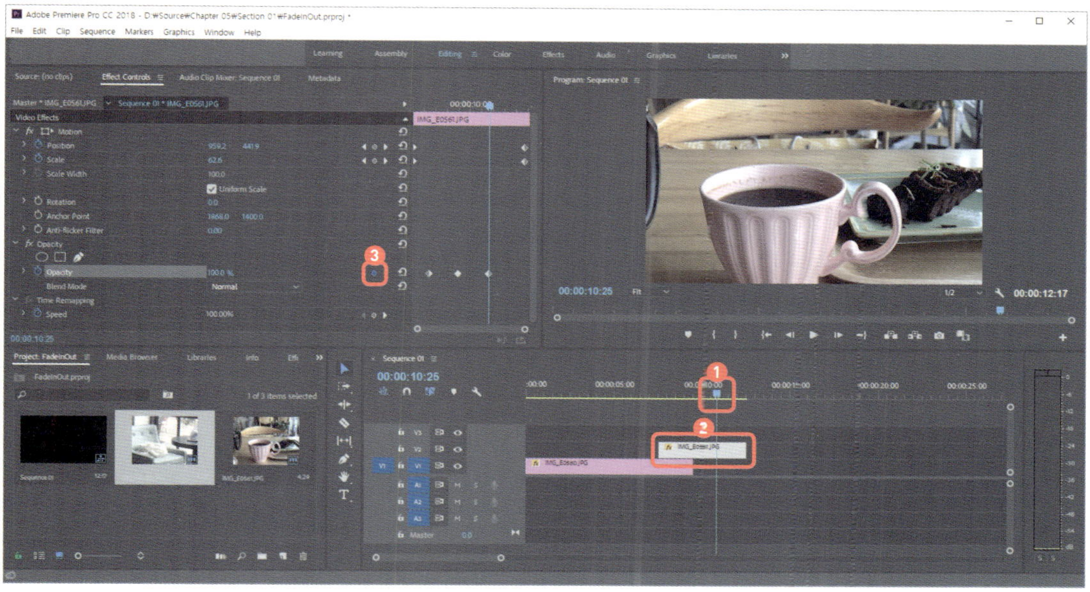

12 타임라인 패널에서 타임 표시자를 소스 클립의 끝으로 옮기고 이펙트 컨트롤 패널에서 Opacity 값을 100%에서 0%로 변경합니다. Opacity 값이 바뀌었으므로 키프레임이 생성됩니다.

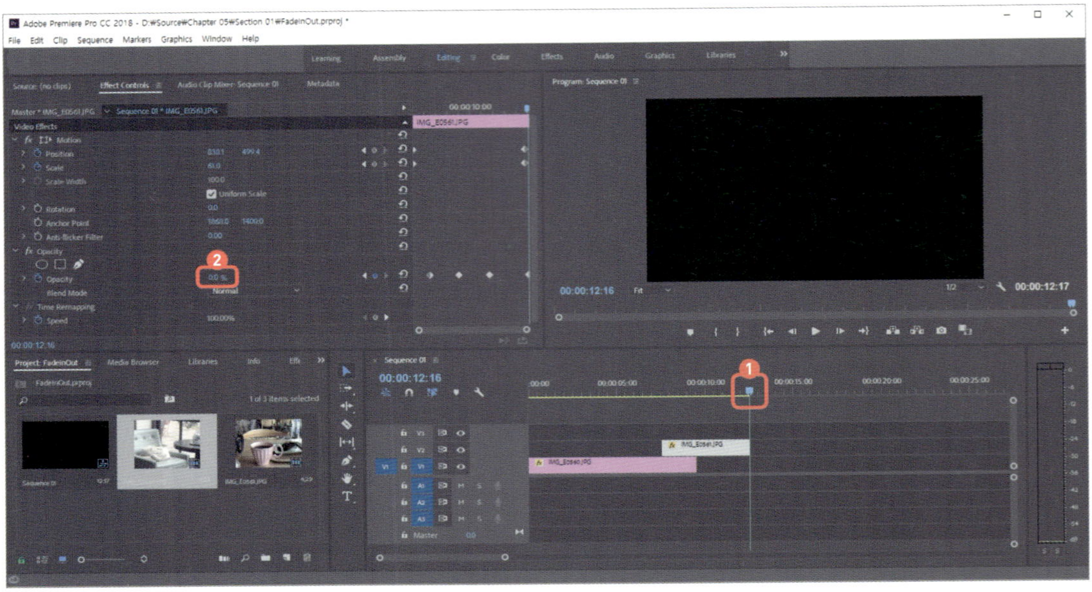

13 프로그램 모니터 패널에서 영상을 재생해 작업 내용을 확인합니다.

SECTION 02

Scale을 이용한 줌 인/아웃

- **준비파일** ZoomInOut.prproj
- **완성파일** ZoomInOut_result.prproj

■ PREVIEW

▶ PLAY

OVERVIEW

이펙트 컨트롤 패널의 Motion 항목에서 Scale의 속성 값을 변경할 수 있습니다. 촬영한 영상의 크기를 확대하면 화면이 피사체에 더 다가가는 줌 인(Zoom In) 효과를 줄 수 있습니다. 하지만 대부분의 촬영 영상은 비트맵 이미지로, 크기 변화에 상관없이 가로 세로 픽셀의 수가 같으므로 Scale을 과도하게 키우면 화질이 나빠집니다.

줌 인(Zoom In) 효과 주기

01 프리미어 프로를 실행하고 Home 대화상자에서 〈Open Project〉 버튼을 클릭해 'ZoomInOut.prproj' 프로젝트 파일을 불러온 후 영상을 확인합니다.

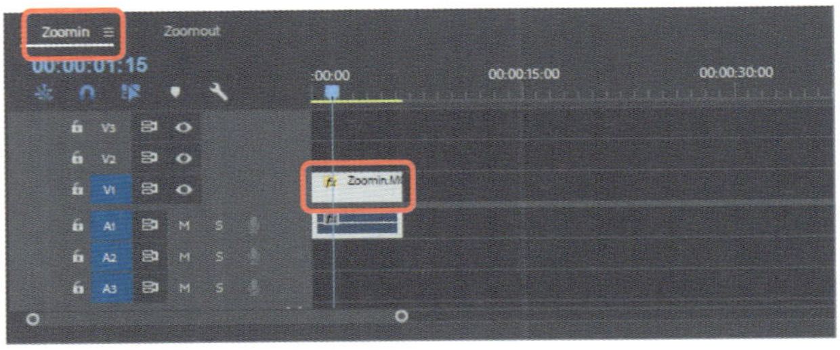

02 타임라인 패널에서 'Zoomin' 시퀀스를 클릭해 활성화하고 비디오 1번(V1) 트랙의 소스 클립을 선택한 후, 이펙트 컨트롤 패널에서 소스 클립의 속성을 살펴봅니다.

03 타임라인 패널의 타임 표시자를 00:00:01:05에 놓은 후 이펙트 컨트롤 패널에서 Motion 항목을 열고 Position 속성 앞의 애니메이션 켜기/끄기 버튼(⏱)을 클릭해 키프레임을 생성합니다.

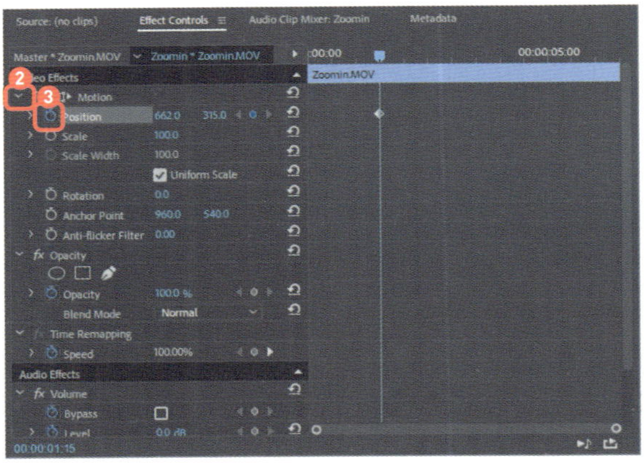

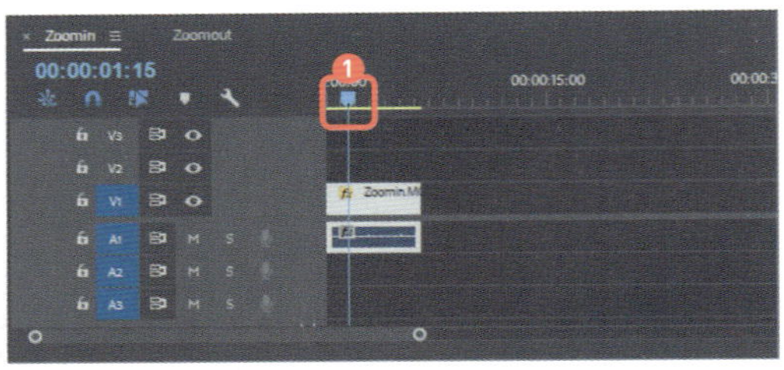

Tip 이펙트 컨트롤 패널에서 하위 항목을 열려면 각 항목의 앞에 있는 탭 버튼(▶)을 클릭해 ▼ 모양이 되도록 합니다.

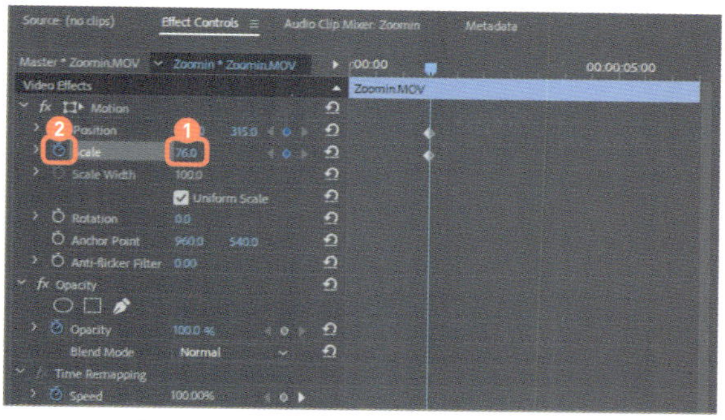

04 이펙트 컨트롤 패널에서 Motion 항목의 Scale 값에 76을 입력하고 Scale의 애니메이션 켜기/끄기 버튼(⏱)을 클릭해 키프레임을 생성합니다.

05 타임라인 패널에서 타임 표시자를 00:00:05:08로 옮기고, 이펙트 컨트롤 패널에서 Motion 항목의 Position 값을 640, 640, Scale 값을 182로 변경합니다.

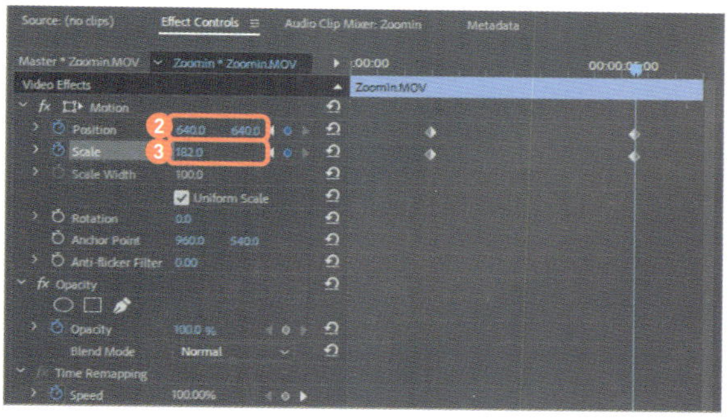

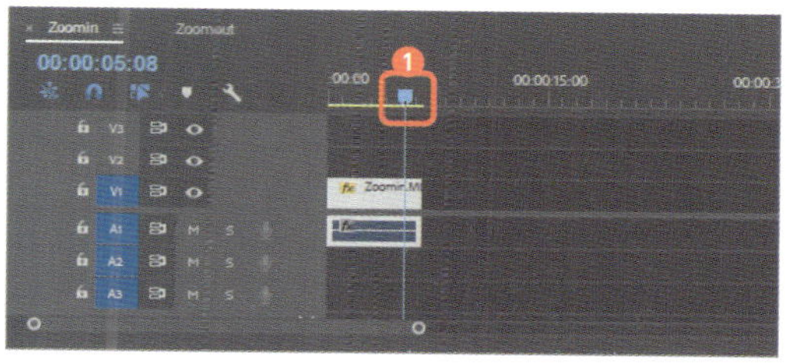

06 프로그램 모니터 패널에서 재생 버튼(▶)을 클릭하면 화면에서 피사체가 가까워지도록 줌 인(Zoom In) 되는 영상을 확인할 수 있습니다.

줌 아웃(Zoom Out) 효과 주기

07 타임라인 패널에서 'Zoomout' 시퀀스를 클릭해 활성화하고 비디오 1번(V1) 트랙의 소스 클립을 선택합니다. 타임 표시자를 00:00:00:18에 두고 이펙트 컨트롤 패널에서 Motion 항목의 Scale 값을 190으로 변경한 후 Scale의 애니메이션 켜기/끄기 버튼( )을 클릭해 키프레임을 생성합니다.

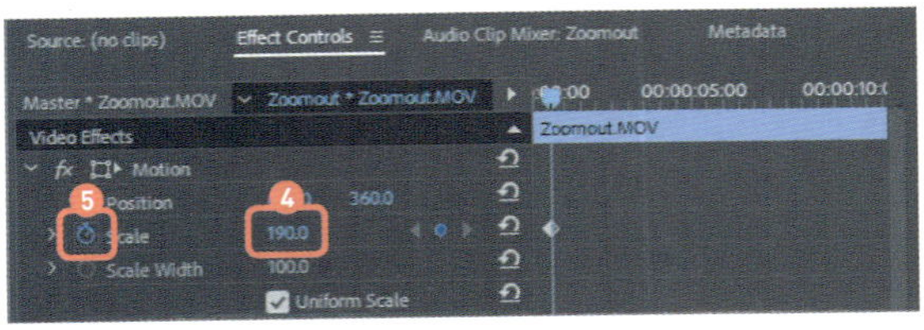

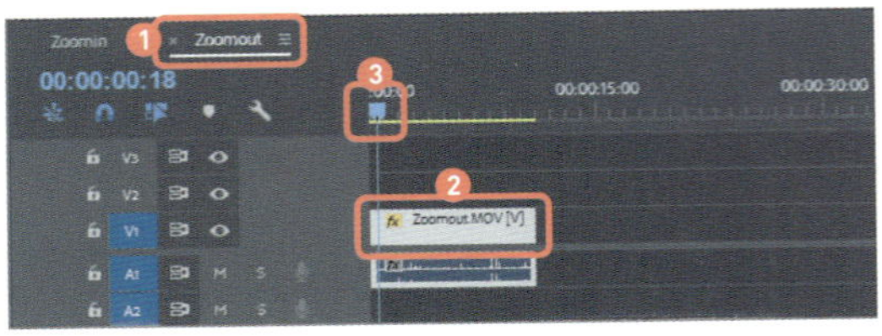

08 타임라인 패널에서 타임 표시자를 00:00:10:18로 옮기고, 이펙트 컨트롤 패널에서 Motion 항목의 Scale 값을 67로 변경합니다. Scale 값이 바뀌었으므로 오른쪽의 미니 타임라인에서 키프레임이 들어간 것을 확인할 수 있습니다.

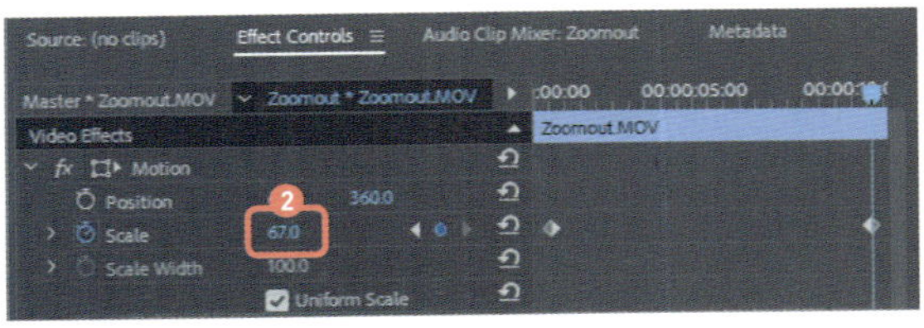

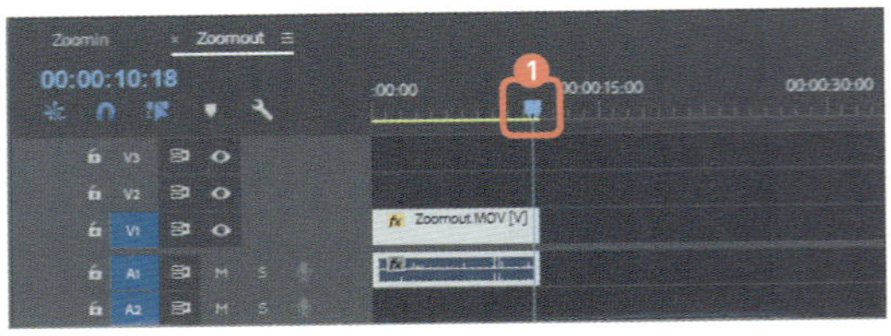

09 프로그램 모니터 패널에서 영상을 재생해 피사체가 멀어지도록 줌 아웃(Zoom Out)되는 효과를 확인합니다.

SECTION 03

Position을 이용해 카메라 이동 효과 만들기

- **준비파일** Position.prproj
- **완성파일** Position_result.prproj

■ PREVIEW

▶ PLAY

OVERVIEW

프로그램 모니터 패널에서 화면을 더블클릭하면 영상 소스를 선택할 수 있으며, 드래그하면 원하는 방향으로 이동시킬 수 있습니다. 영상 소스를 직접 선택해 이동하면서 이펙트 컨트롤 패널에서 Position 값의 변화를 관찰해 봅니다. Position 값은 애니메이션 켜기/끄기 버튼(◙)을 클릭해 키프레임으로 설정할 수 있습니다.

앵커 포인트 다루기

01 프리미어 프로를 실행하고 Home 대화상자에서 〈Open Project〉 버튼을 클릭해 'Position.prproj' 프로젝트 파일을 불러온 후 영상을 확인합니다.

02 프로그램 모니터 패널의 화면을 더블클릭하면 화면 중앙에 앵커 포인트가 나타납니다.

03 타임라인 패널에서 타임 표시자를 시작점에 두고, 프로그램 모니터 패널에서 화면의 아무곳이나 클릭한 채로 왼쪽 하단으로 드래그하여 이동시킵니다.

04 타임라인 패널의 타임 표시자를 드래그하면서 처음 영상과 달라진 점을 확인합니다.

Scale 값 변경하기

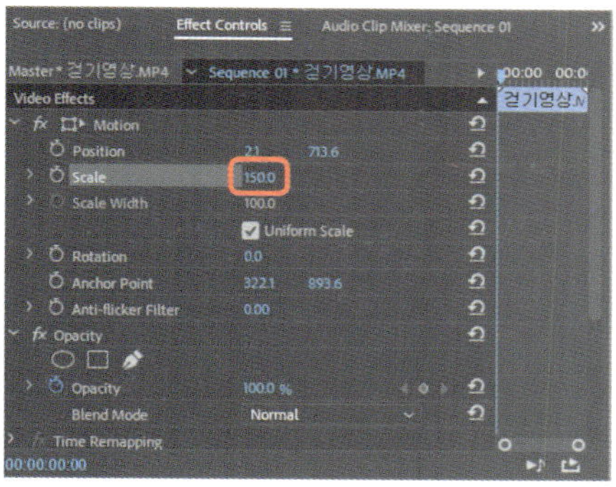

05 걷는 모습이 화면에 잘 보이도록 하기 위해 이펙트 컨트롤 패널에서 Motion 항목의 Scale 값을 150으로 변경합니다.

06 왼쪽 화면 밖에서 걸어 들어오는 것처럼 보이게 하기 위해 화면을 클릭해 왼쪽 하단으로 드래그합니다.

Position 값 변경하기

07 타임라인 패널의 타임 표시자를 00:00:00:00에 두고, 이펙트 컨트롤 패널의 Motion ▸ Position 값을 -152, 624로 변경한 후 Position의 애니메이션 켜기/끄기 버튼(⏱)을 클릭해 키프레임을 생성합니다.

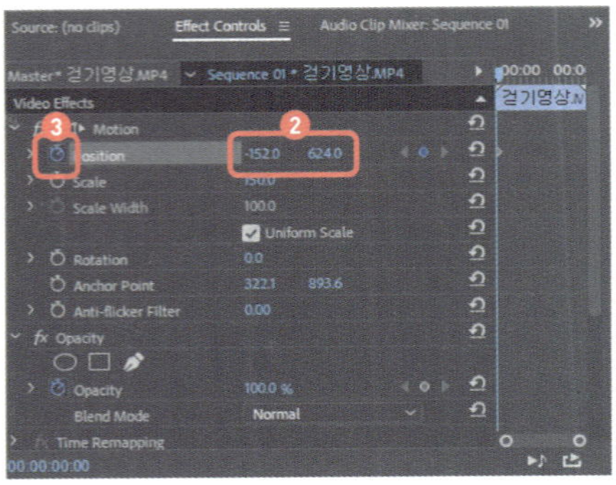

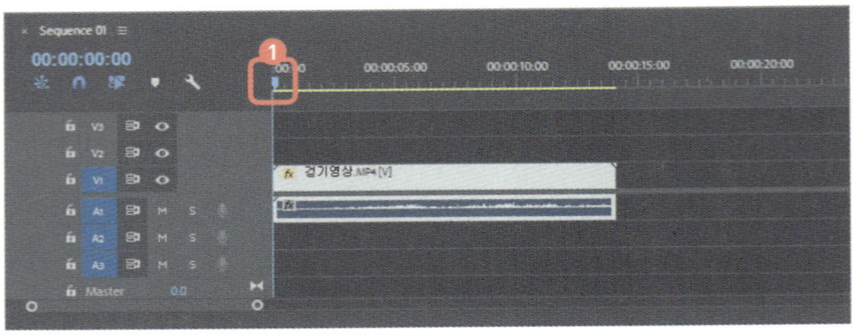

08 타임라인 패널의 타임 표시자를 00:00:12:10으로 옮기고, 이펙트 컨트롤 패널의 Motion ▸ Position 값을 1424, 624로 변경합니다.

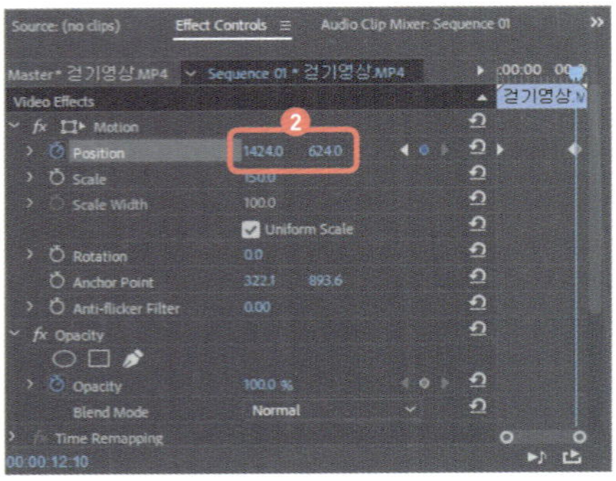

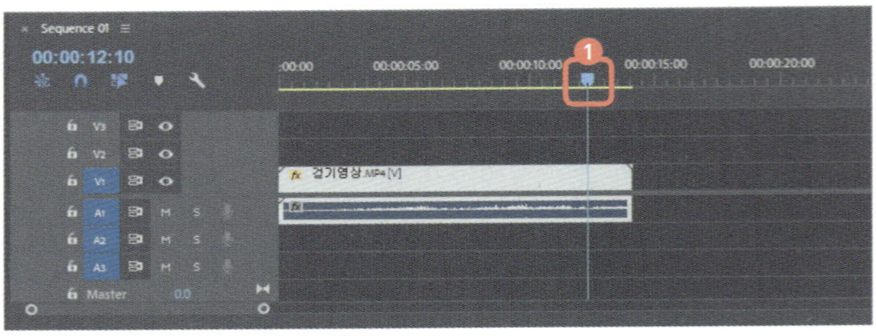

09 프로그램 모니터 패널의 재생 버튼(▶)을 클릭해 인물이 왼쪽 화면 밖에서 걸어 들어와 오른쪽 화면 밖으로 나가는 영상을 확인합니다.

키프레임 이동하기

10 화면에서 오른쪽으로 걸어 나가는 부분인 00:00:09:05로 타임 표시자를 옮기고, 이펙트 컨트롤 패널에 있는 미니 타임라인에서 00:00:12:10에 생성한 키프레임을 클릭해 타임 표시자 위치로 드래그합니다.

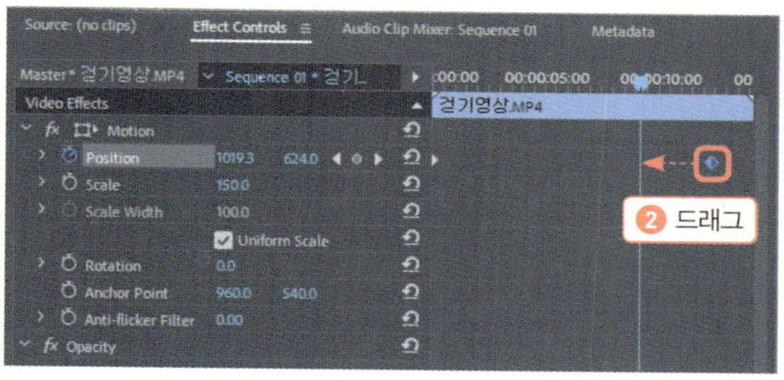

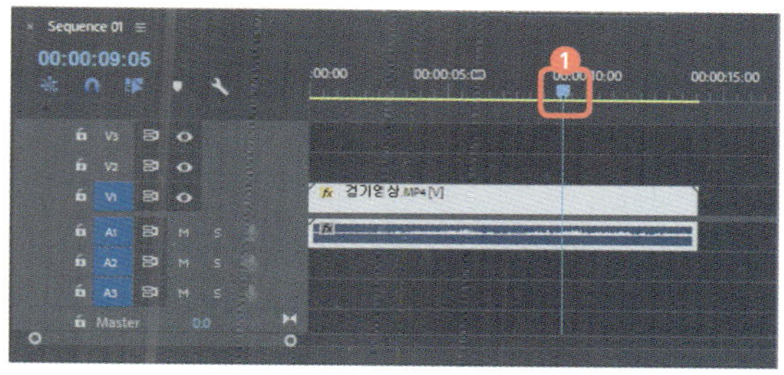
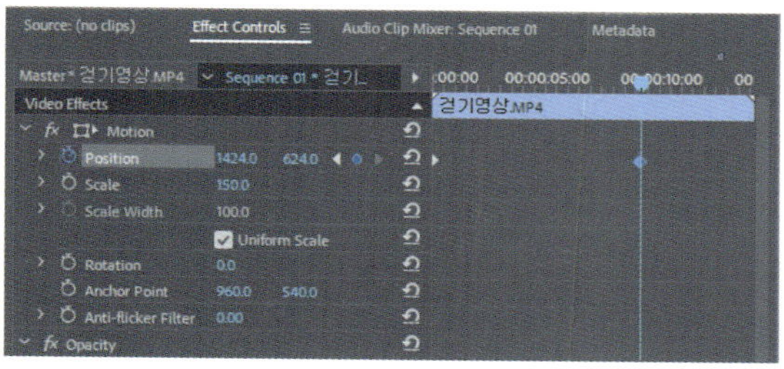

11 왼쪽 화면 밖에서 걸어 들어오는 부분인 00:00:02:19로 타임 표시자를 옮기고, 이펙트 컨트롤 패널에서 시작점에 있는 키프레임을 클릭해 타임 표시자 위치로 드래그합니다.

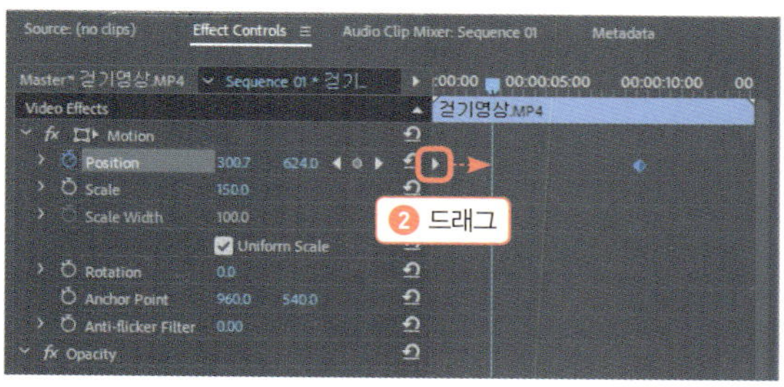

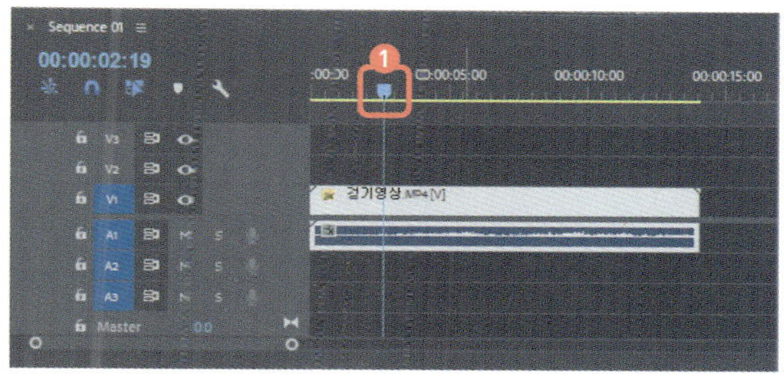
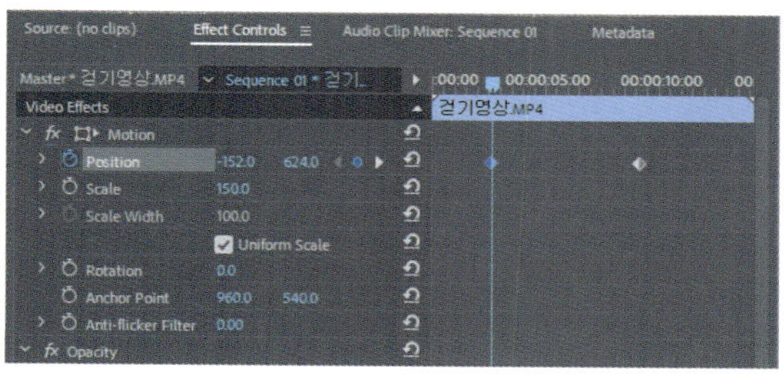

자연스러운 연출을 위해 영상 편집하기

12 화면 왼쪽에서 걸어 들어오는 부분을 자연스럽게 연출하기 위해 영상의 시작 부분을 삭제하겠습니다. 타임라인 패널에서 타임 표시자를 00:00:02:13에 두고 소스 클립의 시작점을 타임 표시자까지 드래그한 후, 빈 공간을 마우스 오른쪽 버튼으로 클릭하고 [Ripple Delete]를 선택합니다.

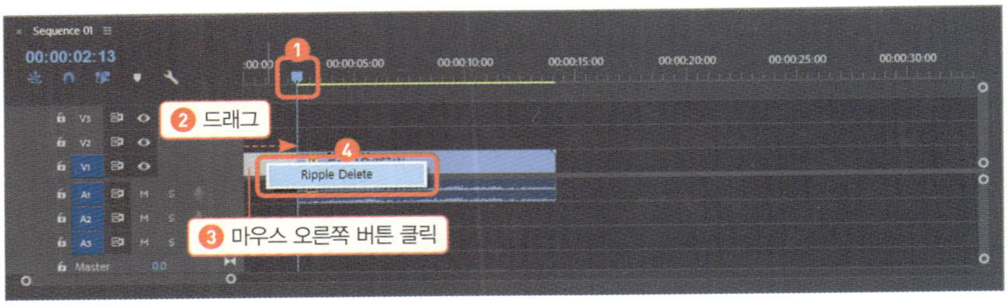

13 화면 오른쪽으로 걸어 나가는 부분을 자연스럽게 연출하기 위해 영상의 끝 부분을 삭제하겠습니다. 타임라인 패널에서 타임 표시자를 00:00:06:22로 옮기고 소스 클립의 끝점을 타임 표시자까지 드래그합니다.

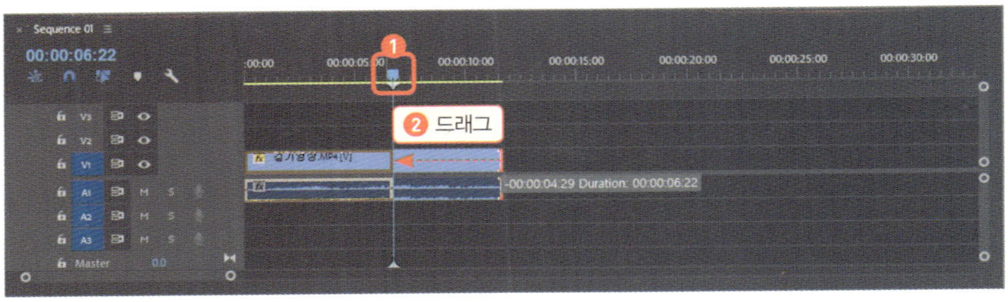

14 프로그램 모니터 패널에서 영상을 재생해 인물이 화면 왼쪽에서 들어와 오른쪽으로 나가는 모습을 확인합니다.

SECTION 04

Rotation을 이용해 장면 전환 효과 만들기

- **준비파일** 통인시장001.mp4~통인시장007.mp4
- **완성파일** Rotation_result.prproj

■ PREVIEW

▶ PLAY

OVERVIEW

이펙트 컨트롤 패널의 Motion 속성 중 Rotation은 앵커 포인트(anchor point)를 기준으로 화면이 회전하는 효과를 줄 수 있는 기능입니다. 프로그램 모니터 패널에서 영상을 더블클릭하거나 이펙트 컨트롤 패널의 Motion을 클릭하면 나타나는 앵커 포인트를 드래그 앤 드롭하여 원하는 위치로 이동시킬 수 있습니다.

영상 편집 실습 준비하기

01 프리미어 프로를 실행하고 Home 대화상자에서 〈New Project〉 버튼을 클릭합니다. New Project 대화상자가 열리면 Name에 'Rotation'을 입력하고 〈Browse〉 버튼을 클릭해 파일 위치를 지정한 후 〈OK〉 버튼을 클릭합니다.

02 프로젝트 패널을 더블클릭해 Import 대화상자가 열리면 '통인시장001.mp4'~'통인시장007.mp4'파일을 모두 선택하고 〈열기〉 버튼을 클릭합니다.

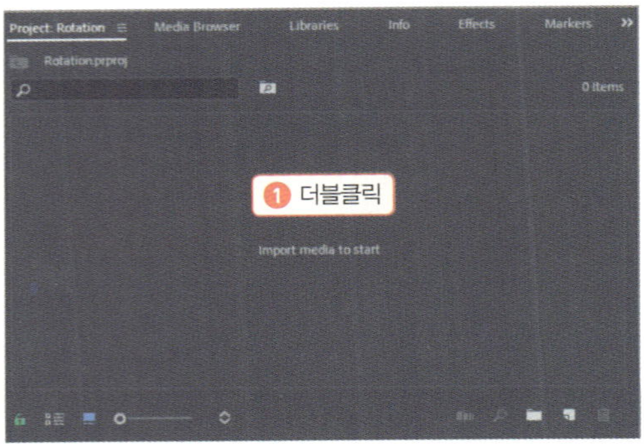

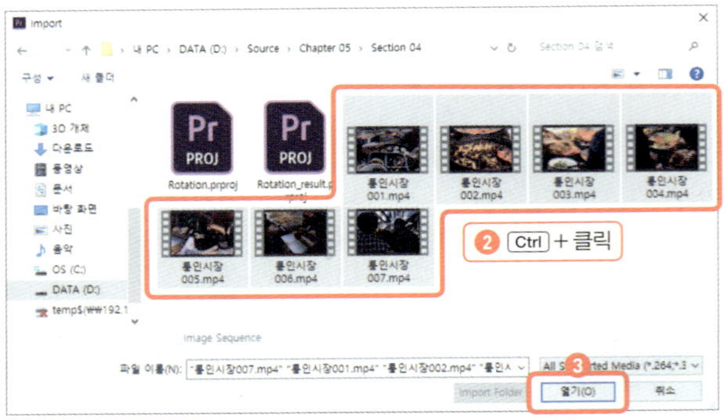

03 프로젝트 패널에서 '통인시장001.mp4' 파일을 새 항목 버튼(■)으로 드래그합니다.

04 타임라인 패널에서 '통인시장001' 시퀀스를 확인하고 타임 표시자를 00:00:03:00으로 옮깁니다.

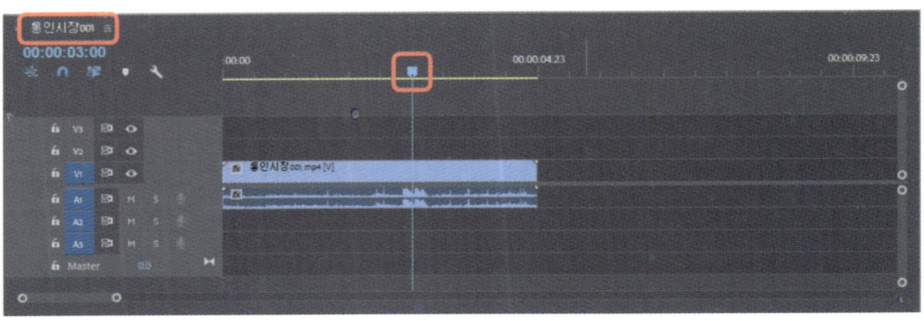

05 프로젝트 패널에서 '통인시장002.mp4' 파일을 타임라인 패널의 비디오 2번(V2) 트랙으로 드래그하고, 이동한 '통인시장002' 소스 클립을 선택합니다.

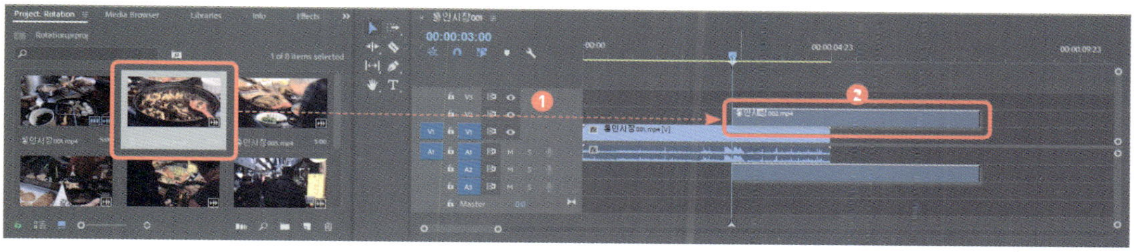

앵커 포인트 다루기

06 이펙트 컨트롤 패널에서 Motion을 클릭하면 프로그램 모니터 패널의 화면에 앵커 포인트와 조절자가 나타납니다.

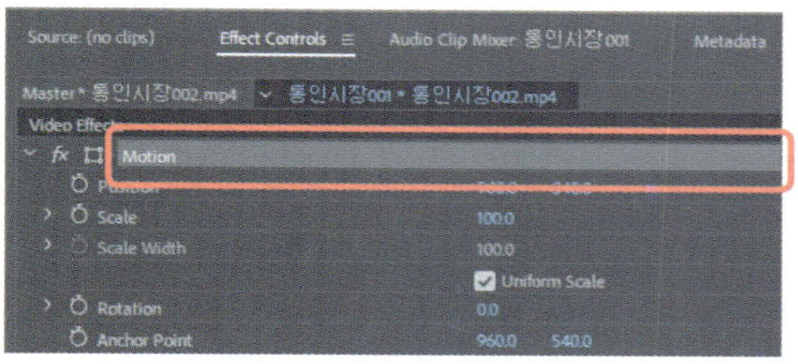

07 '통인시장002' 소스 클립이 오른쪽 하단을 중심으로 크게 회전하면서 화면으로 들어오게 하기 위해 앵커 포인트를 오른쪽 아래 모서리로 드래그합니다.

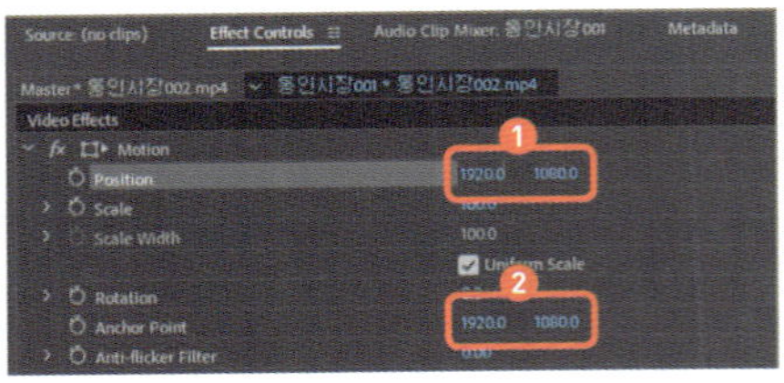

08 앵커 포인트를 화면 오른쪽 아래 모서리에 정확히 위치시키기 위해 이펙트 컨트롤 패널에서 Motion 항목의 Position 값과 Anchor Point 값을 동일하게 1920, 1080으로 변경합니다.

Rotation과 Scale을 이용하여 화면 전환하기

09 이펙트 컨트롤 패널에서 Motion ▸ Rotation의 확장 탭을 열고 Rotation 값으로 90을 입력한 후, 애니메이션 켜기/끄기 버튼( )을 클릭해 키프레임을 생성합니다.

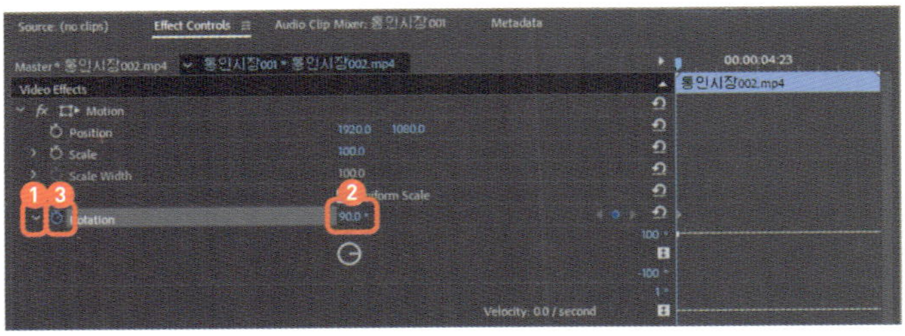

10 타임라인 패널의 타임 표시자를 00:00:03:20으로 옮기고, 이펙트 컨트롤 패널에서 Motion ▸ Rotation 값을 0으로 변경합니다. 이펙트 컨트롤 패널의 미니 타임라인에서 두 개의 키프레임을 확인합니다.

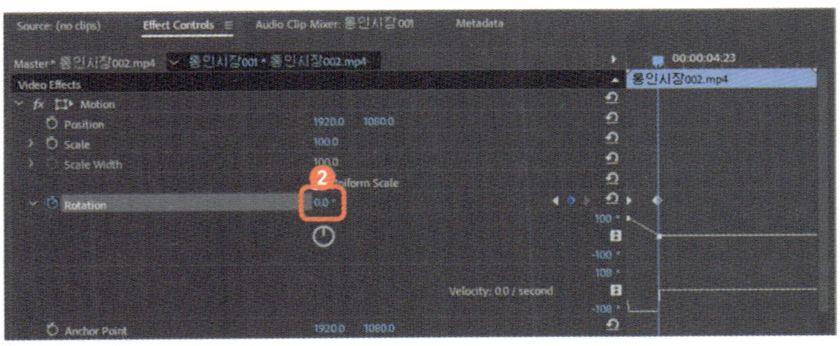

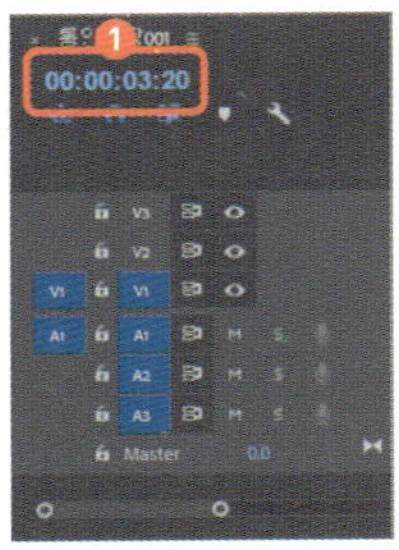

11 프로그램 모니터 패널에서 재생해 장면 전환 부분을 확인하면 '통인시장002' 소스 클립이 들어올 때 모서리 부분이 보입니다. 타임 표시자를 00:00:03:20에 두고, 이펙트 컨트롤 패널에서 Motion ▸ Scale의 애니메이션 켜기/끄기 버튼( )을 클릭해 키프레임을 생성합니다.

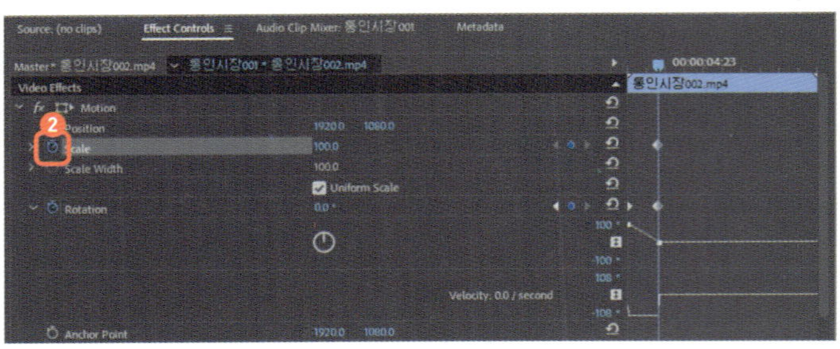

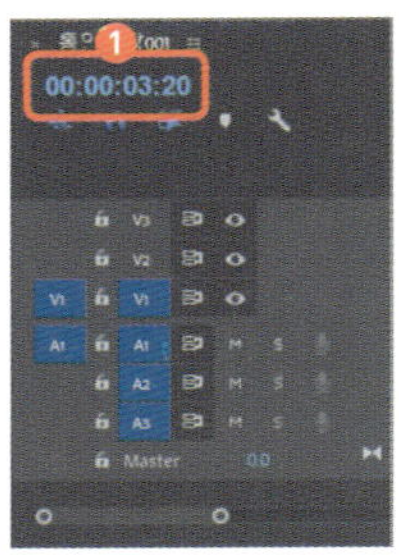

12 '통인시장002' 소스 클립이 회전하면서 들어올 때 모서리 부분이 보이는 현상을 없애기 위해 Scale을 약간 확대하겠습니다. 타임라인 패널의 타임 표시자를 00:00:03:13으로 옮기고 이펙트 컨트롤 패널에서 Motion ▸ Scale 값을 125로 변경합니다.

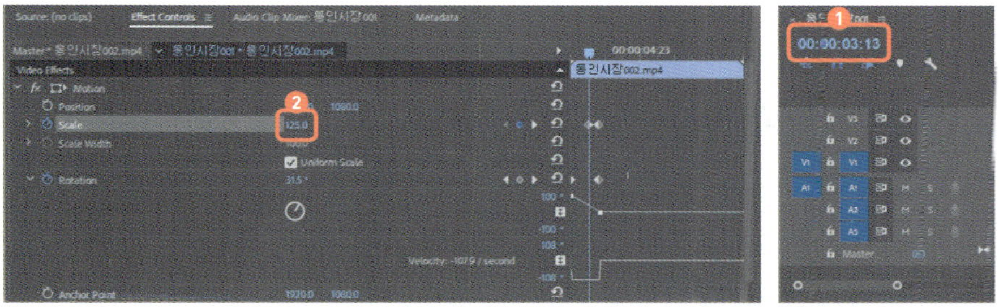

13 프로그램 모니터 패널에서 재생해 장면 전환이 자연스럽게 이루어지는지 다시 확인합니다.

14 타임 표시자를 00:00:06:00으로 옮기고 프로젝트 패널에서 '통인시장003.mp4' 파일을 타임라인 패널의 비디오 3번(V3) 트랙으로 드래그한 후 '통인시장003' 소스 클립을 선택합니다.

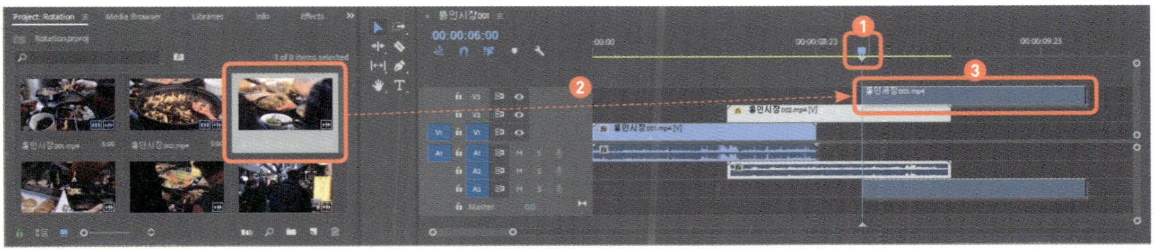

15 이펙트 컨트롤 패널에서 Motion을 클릭한 후 프로그램 모니터 패널의 화면에서 앵커 포인트를 왼쪽 아래 모서리로 드래그합니다.

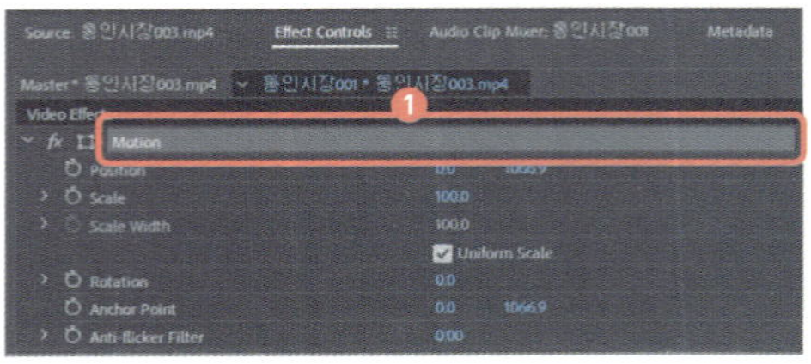

16 타임 표시자를 '통인시장003' 소스 클립이 완전히 화면에 들어오는 00:00:06:20으로 옮기고 이펙트 컨트롤 패널에서 Scale 값을 100, Rotation 값을 0으로 설정한 후 Scale과 Rotation의 애니메이션 켜기/끄기 버튼(■)을 클릭해 키프레임을 생성합니다.

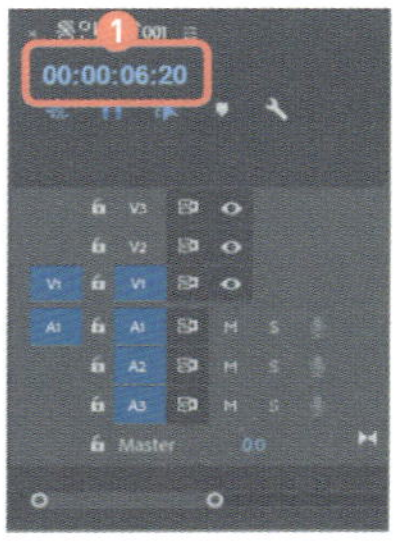

17 타임 표시자를 '통인시장003' 소스 클립이 시작되는 00:00:06:00으로 옮기고 이펙트 컨트롤 패널에서 Rotation 값을 -90으로 변경하면 오른쪽 미니 타임라인에서 키프레임이 생성된 것을 확인할 수 있습니다.

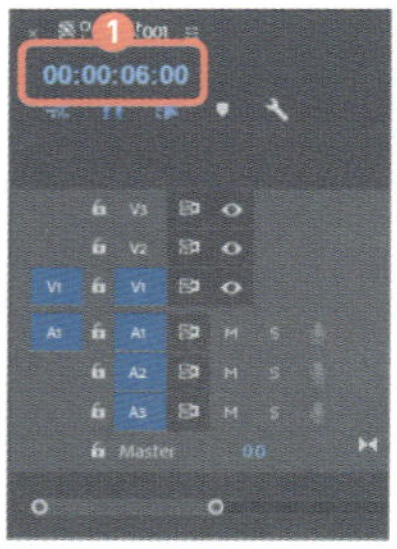

18 타임 표시자를 00:00:06:13으로 옮기고, 이펙트 컨트롤 패널에서 Scale 값을 125로 변경하면 미니 타임라인에서 키프레임이 생성된 것을 확인할 수 있습니다.

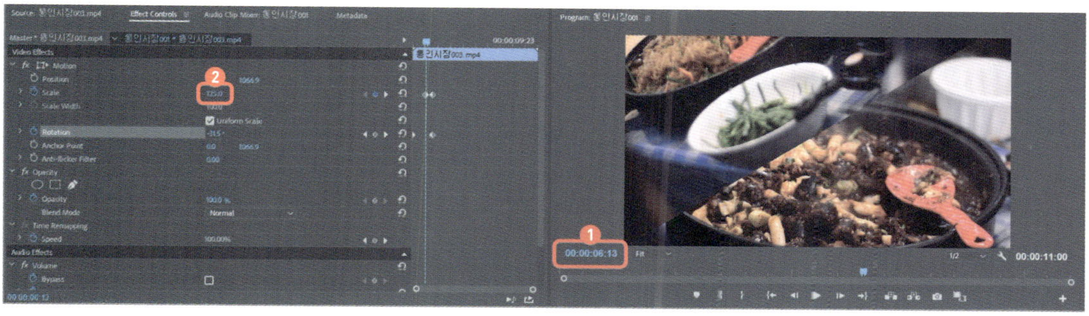

19 타임 표시자를 00:00:09:00으로 옮기고, 이펙트 컨트롤 패널에서 Scale과 Rotation의 키프레임 추가/삭제 버튼(◉)을 클릭해 이전 키프레임과 같은 값의 키프레임을 만듭니다.

20 프로젝트 패널에서 '통인시장004.mp4' 파일을 타임라인 패널의 비디오 2번(V2) 트랙으로 드래그합니다.

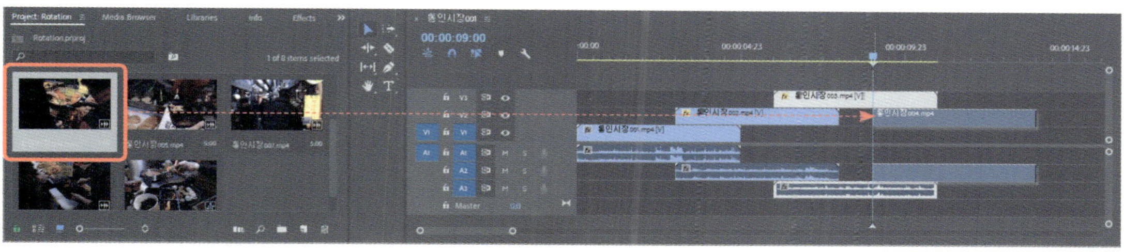

21 비디오 3번(V3) 트랙의 '통인시장003' 소스 클립을 선택하고 타임 표시자를 00:00:09:20으로 옮깁니다. 이펙트 컨트롤 패널에서 Rotation 값을 -90으로 설정하면 오른쪽 미니 타임라인에서 키프레임이 생성된 것을 확인할 수 있습니다.

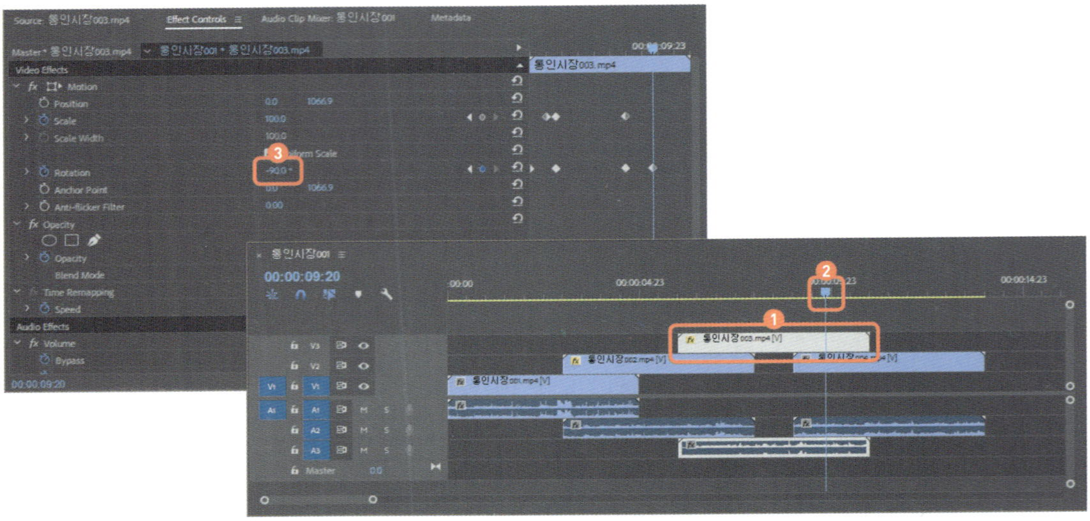

22 타임 표시자를 00:00:09:03으로 옮기고, 장면 전환 시 보이는 화면의 모서리를 감추기 위해 이펙트 컨트롤 패널에서 Scale 값을 125로 설정합니다.

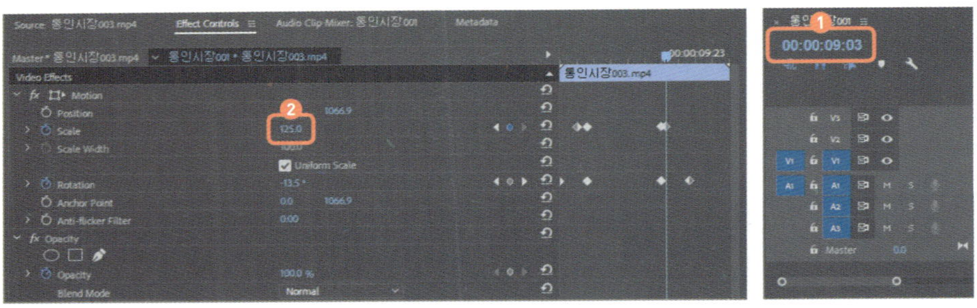

23 프로그램 모니터 패널에서 영상을 재생해 확인합니다.

SECTION 05

키프레임을 이용해 영상 편집하기

- **준비파일** Keyframe.prproj
- **완성파일** Keyframe_result.prproj

■ PREVIEW

▶ PLAY

OVERVIEW

키프레임을 생성하려면 애니메이션 켜기/끄기 버튼( )을 클릭하고 속성 값을 변경하면 됩니다. 속성 값의 변화가 없다면 키프레임 추가/삭제 버튼( )을 클릭해 키프레임을 생성할 수 있습니다. 애니메이션이 반복되는 경우 키프레임을 복사해 붙여넣을 수 있고, 애니메이션 속도에 변화가 있다면 키프레임을 이동함으로써 작업 시간을 줄일 수 있습니다.

키프레임 복사하고 붙여넣기

01 프리미어 프로를 실행하고 Home 대화상자에서 〈Open Project〉 버튼을 클릭해 'Keyframe.prproj' 프로젝트 파일을 불러온 후 영상을 확인합니다.

02 타임라인 패널의 타임 표시자를 00:00:09:00에 두고 비디오 3번(V3) 트랙의 '통인시장003' 소스 클립을 선택합니다.

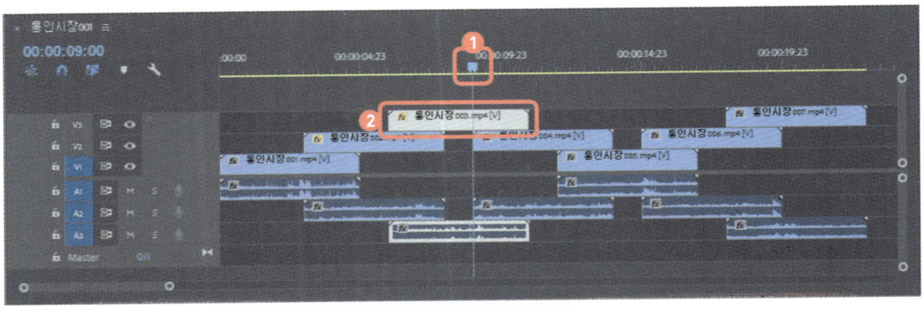

03 이펙트 컨트롤 패널의 미니 타임라인에서 키프레임을 드래그하여 모두 선택합니다. 선택한 키프레임을 복사하기 위해 마우스 오른쪽 버튼을 클릭하고 팝업 메뉴에서 [Copy]를 선택합니다.

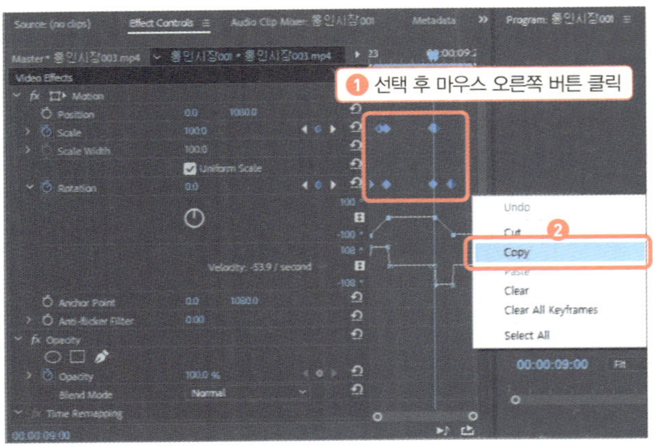

04 타임라인 패널에서 타임 표시자를 00:00:12:00으로 옮기고 비디오 2번(V2) 트랙의 '통인시장004' 소스 클립을 선택합니다. 이펙트 컨트롤 패널의 미니 타임라인에서 마우스 오른쪽 버튼을 클릭하고 팝업 메뉴에서 [Paste]를 선택합니다.

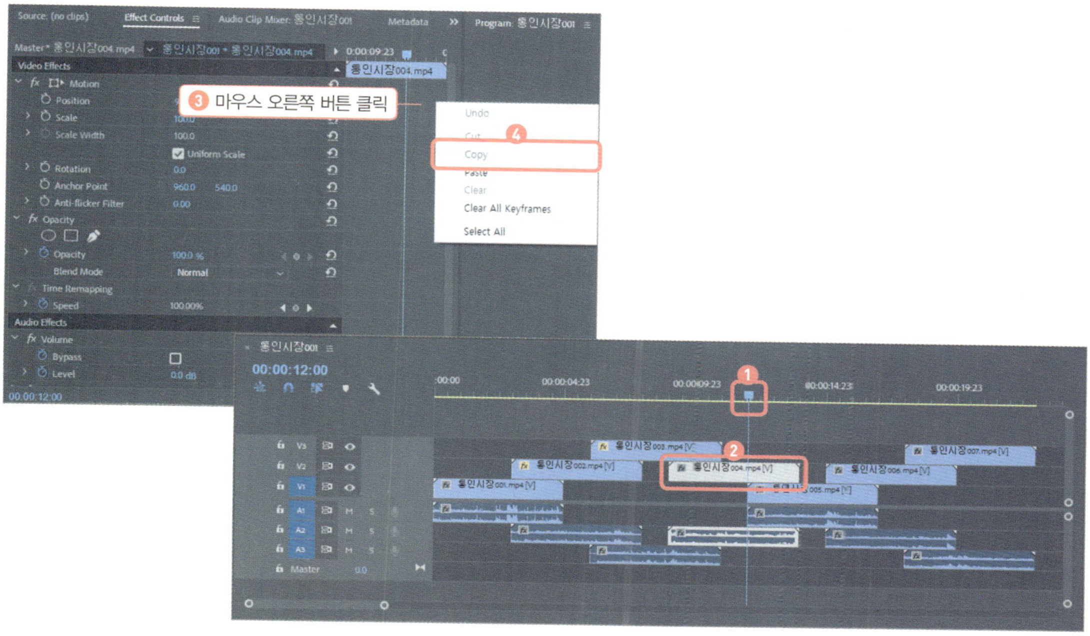

05 '통인시장004' 소스 클립에 키프레임이 들어왔지만, 화면 중앙에 있는 앵커 포인트를 기준으로 회전됩니다. 단축키 Ctrl+Z를 눌러 키프레임을 붙여넣기 이전 상태로 되돌립니다.

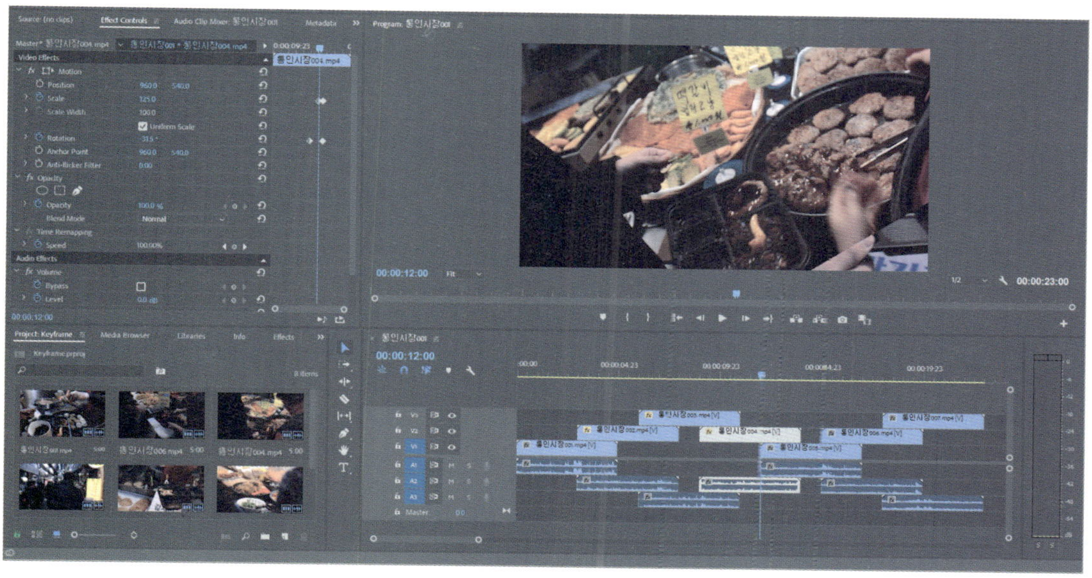

06 타임라인 패널에서 타임 표시자를 00:00:12:00으로 옮기고 이펙트 컨트롤 패널에서 Motion을 클릭한 후 프로그램 모니터 패널에서 화면 중앙에 있는 앵커 포인트를 왼쪽 아래 모서리로 드래그합니다.

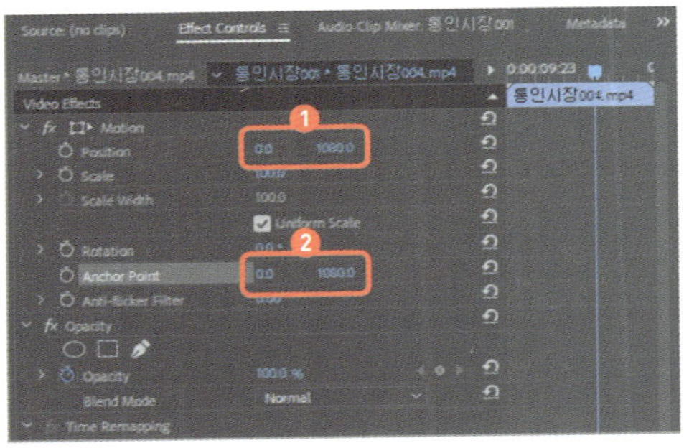

07 앵커 포인트의 위치를 정확히 설정하기 위해 이펙트 컨트롤 패널에서 Position 값과 Anchor Point 값을 동일하게 0, 1080으로 설정합니다.

08 다시 키프레임을 붙여넣기 위해 이펙트 컨트롤 패널의 미니 타임라인에서 마우스 오른쪽 버튼을 클릭하고 팝업 메뉴에서 [Paste]를 선택합니다.

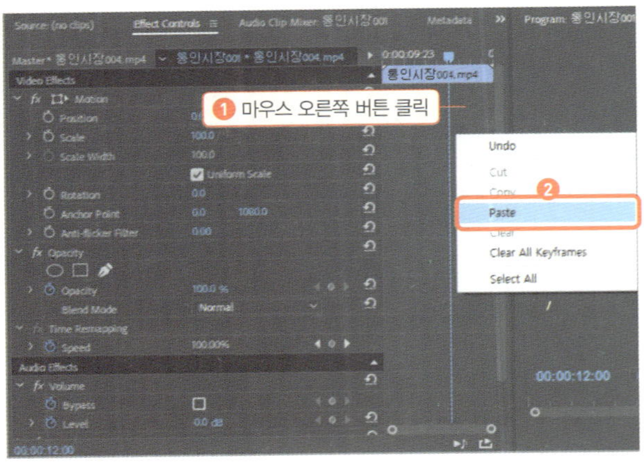

09 타임라인 패널의 타임 표시자를 드래그하면서 영상을 확인합니다. '통인시장003' 소스 클립의 모든 키프레임이 붙여넣어져 '통인시장004' 소스 클립의 시작과 끝이 모두 회전하는 것을 확인할 수 있습니다.

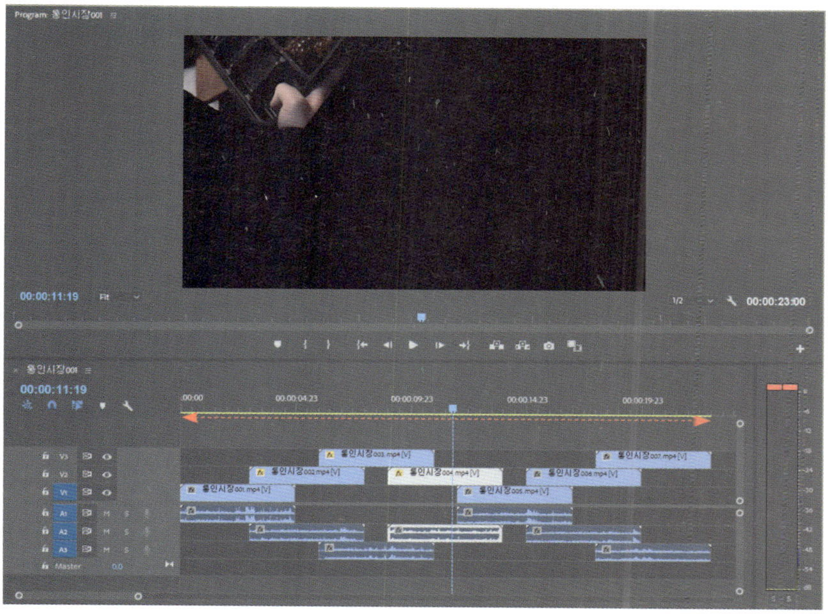

키프레임 이동하기

10 타임라인 패널에서 '통인시장004' 소스 클립을 선택하고 타임 표시자를 00:00:12:01로 옮깁니다. '통인시장004' 소스 클립의 모든 키프레임을 이동시키기 위해 이펙트 컨트롤 패널의 미니 타임라인에서 마우스 오른쪽 버튼을 클릭해 팝업 메뉴에서 [Select All]을 선택합니다.

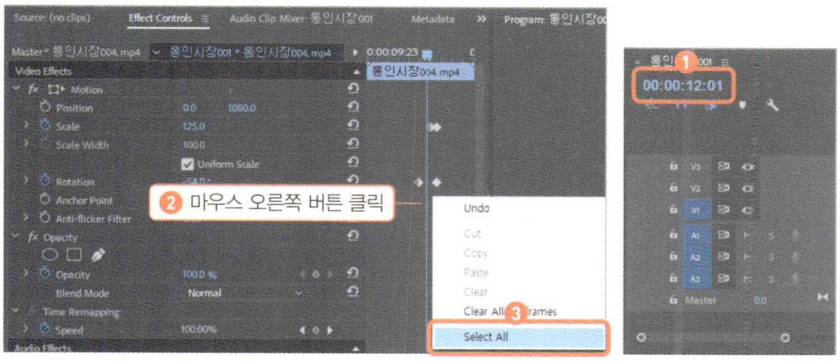

Tip 단축키 Ctrl+A를 눌러도 됩니다.

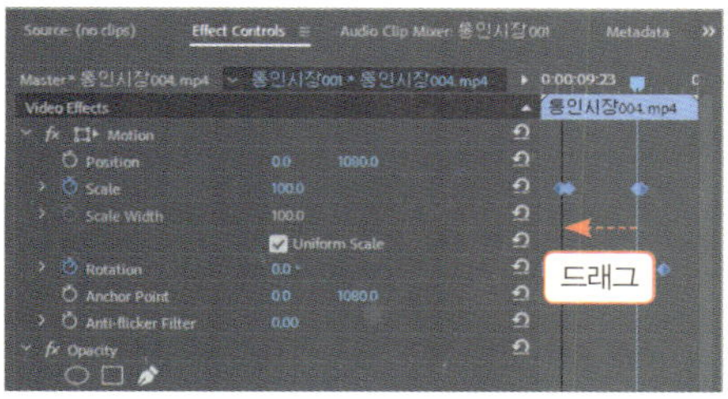

11 선택한 키프레임을 드래그하여 왼쪽으로 이동시키면, 스냅이 활성화되어 있으므로 타임 표시자가 있는 00:00:12:01으로 세 번째 키프레임이 붙습니다.

12 소스 클립 시작점에서는 회전할 필요가 없기 때문에 이펙트 컨트롤 패널 오른쪽의 미니 타임라인에서 방금 생성된 왼쪽 키프레임을 선택하고 Delete 를 눌러 삭제합니다.

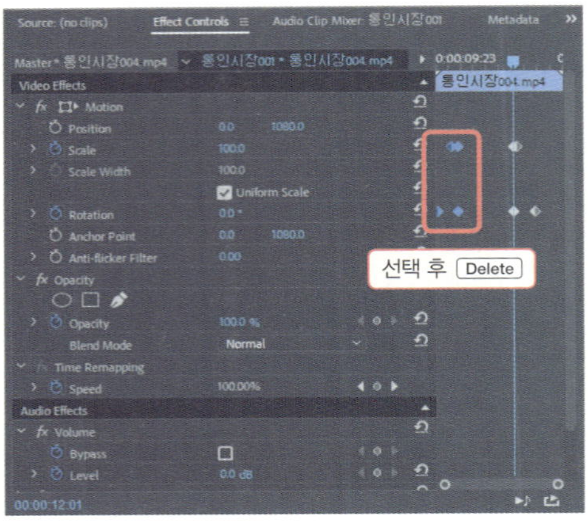

13 프로그램 모니터 패널에서 재생 버튼(▶)을 클릭해 영상을 확인합니다.

소스 클립 속성 복사하고 붙여넣기

14 이번에는 키프레임을 복사하지 않고 소스 클립의 Attribute를 복사하여 붙여넣어 보겠습니다. 타임라인 패널에서 비디오 2번(V2) 트랙 '통인시장002' 소스 클립을 선택하고 단축키 Ctrl + C 를 눌러 복사합니다.

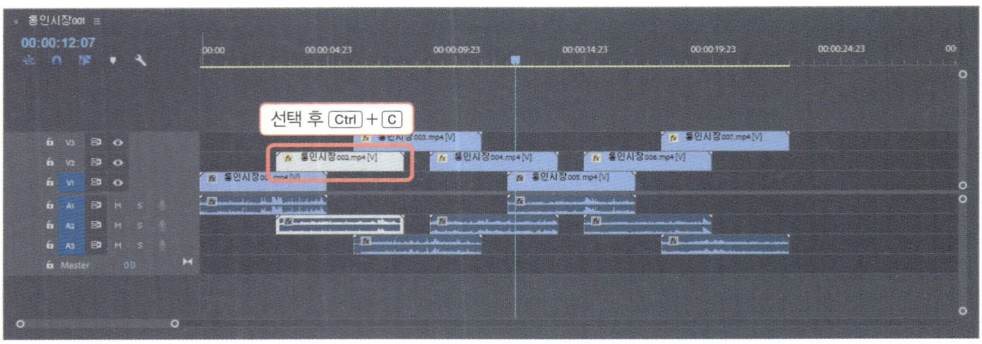

15 타임라인 패널에서 '통인시장006' 소스 클립을 선택하고 단축키 Ctrl+Alt+V를 눌러 복사한 소스 클립의 속성을 붙여넣습니다.

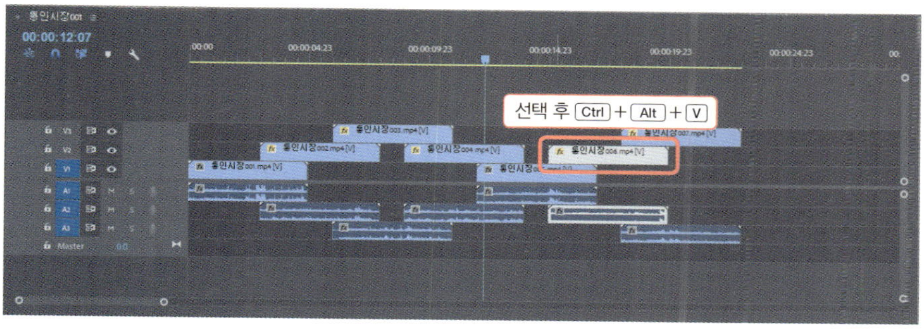

16 Paste Attribute 대화상자에서 Motion에 체크하고 〈OK〉 버튼을 클릭한 후, 이펙트 컨트롤 패널에서 키프레임이 들어간 것을 확인합니다. 소스 클립의 속성을 복사해서 붙여넣으면 속성 값과 함께 키프레임도 붙여넣어지는 것을 알 수 있습니다.

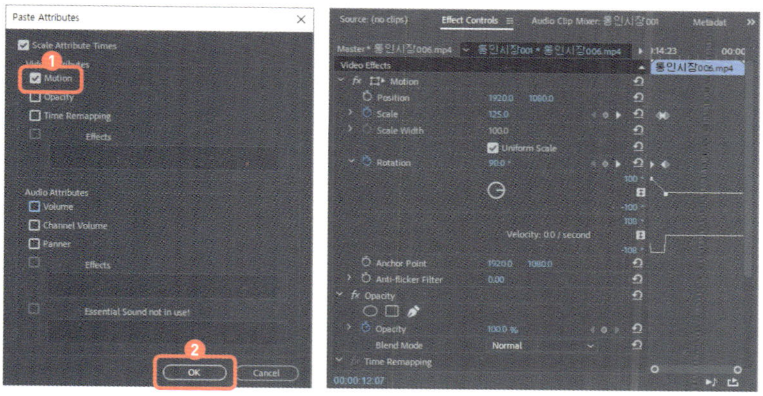

17 타임라인 패널에서 '통인시장006' 소스 클립을 선택하고 단축키 Ctrl+C를 눌러 속성을 복사합니다. '통인시장007' 소스 클립을 선택하고 단축키 Ctrl+Alt+V를 눌러 복사한 소스 클립의 속성을 붙여넣습니다. Paste Attribute 대화상자에서 Motion에 체크하고 〈OK〉 버튼을 클릭합니다.

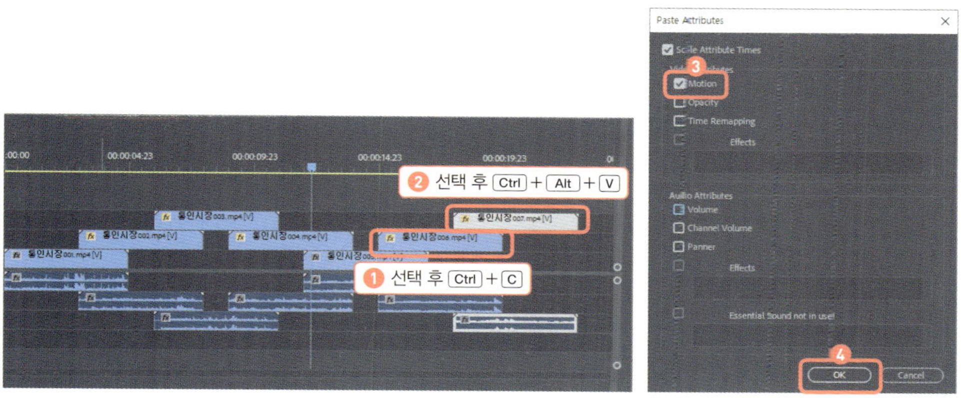

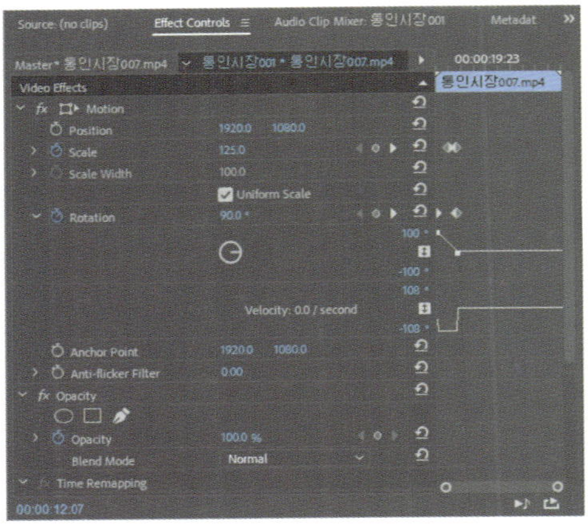

18 이펙트 컨트롤 패널의 미니 타임라인에서 키프레임이 생성된 것을 확인합니다.

19 프로그램 모니터 패널에서 영상을 재생해 작업 영상을 확인합니다.

SECTION 06

키프레임을 이용해 영상에 속도감 주기

- **준비파일** Interpolation1.prproj, Interpolation2.prproj
- **완성파일** Interpolation1_result.prproj, Interpolation2_result.prproj

PREVIEW

PLAY

OVERVIEW

키프레임은 속성 값을 가지는 모든 프레임을 말합니다. 앞에서는 소스 클립의 Opacity, Position, Scale, Rotation의 속성 값을 변경하여 키프레임을 적용하는 방법을 살펴보았습니다. 키프레임은 기본적으로 시작부터 끝점까지 일정한 속도가 유지됩니다. 가속 또는 감속되는 상황을 연출하거나 모션에 속도감을 적용하려고 할 때는 키프레임의 간격을 조절하거나 보간 속성을 변경합니다.

베지어 곡선 확인하기

01 프리미어 프로를 실행하고 Home 대화상자에서 〈Open Project〉 버튼을 클릭해 'Interpolation1.prproj' 프로젝트 파일을 불러온 후 영상을 확인합니다.

02 타임라인 패널에서 비디오 2번(V2) 트랙의 첫 번째 소스 클립을 선택합니다.

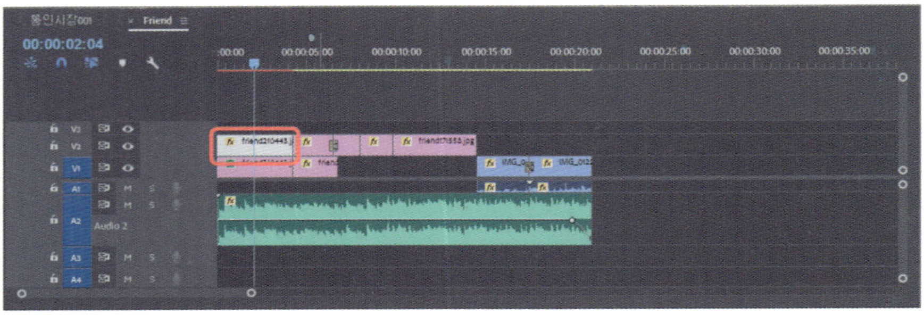

03 이펙트 컨트롤 패널에서 Motion을 클릭하면 프로그램 모니터 패널의 화면에 점선으로 소스 클립의 이동 경로가 표시됩니다. 점선의 간격이 일정한 것은 움직임의 시작 지점부터 끝 지점까지 일정한 속도로 이동한다는 것을 나타냅니다.

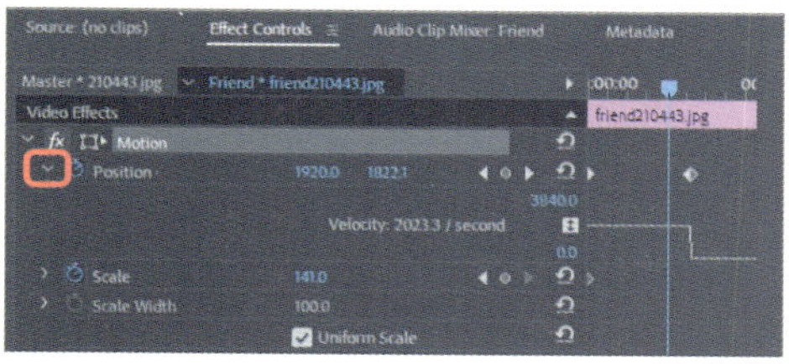

04 Motion ▶ Position 항목의 확장 탭을 클릭해 Position에 들어간 키프레임의 그래프를 확인합니다. 두 프레임 간의 속성 변화 속도가 일정할 때의 그래프입니다.

05 타임라인 패널에서 키프레임 간의 그래프를 확인하려면 소스 클립 왼쪽의 'fx'를 마우스 오른쪽 버튼으로 클릭하고 팝업 메뉴에서 [Motion]-[Position]을 선택합니다.

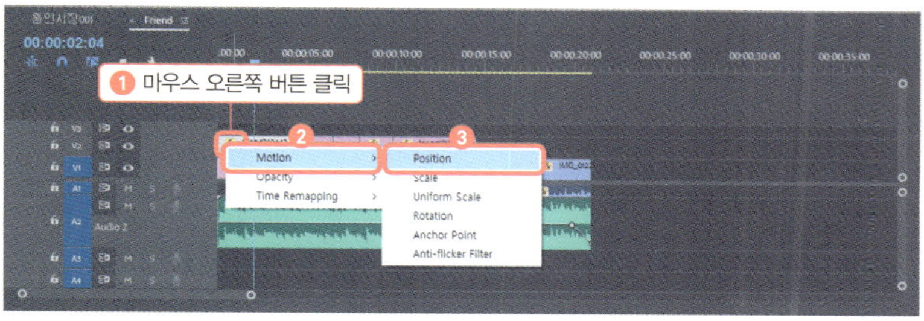

06 타임라인 패널 하단에 있는 확장/이동 슬라이더의 오른쪽 탭을 왼쪽으로 드래그해 슬라이더 길이를 줄이면 작업 영역이 확장됩니다. 비디오 2번(V2) 트랙과 3번(V3) 트랙 사이에 마우스를 놓고 위로 드래그하여 세로로 늘리면 타임라인 패널에서 키프레임 간의 베지어 곡선을 확인할 수 있습니다.

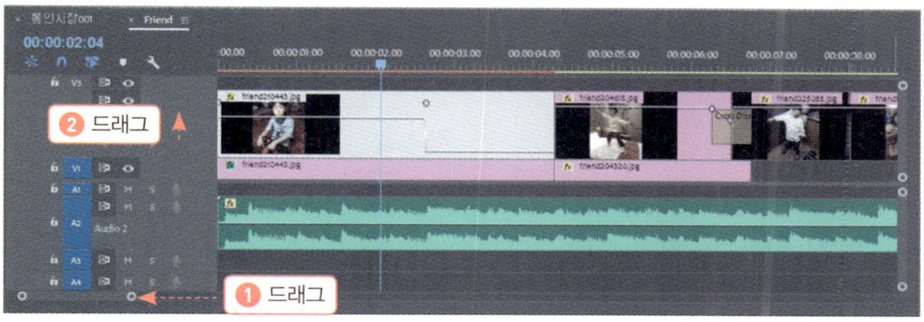

Ease In과 Ease Out 적용하기

07 타임 표시자를 00:00:11:50으로 옮기고 비디오 2번(V2) 트랙의 가장 끝 클립인 'friend71558'을 선택합니다.

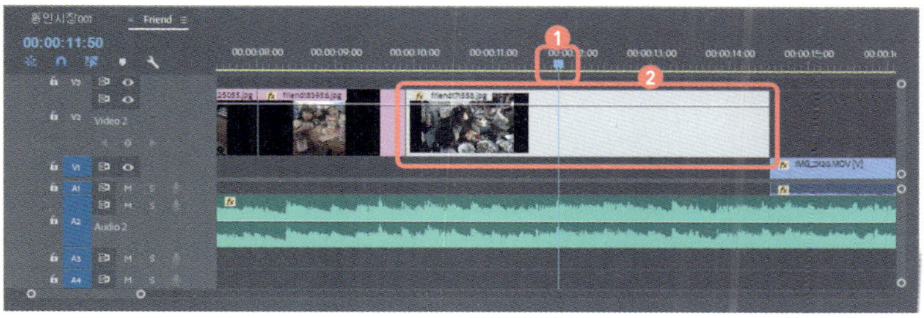

08 이펙트 컨트롤 패널에서 Motion ▸ Position의 키프레임 추가/삭제 버튼(◆)을 클릭해 타임 표시자 위치에 키프레임을 생성합니다.

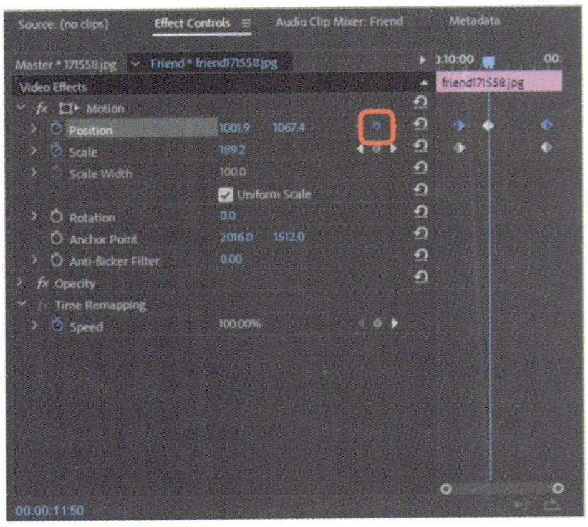

09 타임라인 패널에서 선택한 소스 클립 왼쪽의 fx를 마우스 오른쪽 버튼으로 클릭해 팝업 메뉴에서 [Motion]–[Position]을 선택합니다.

10 이펙트 컨트롤 패널의 미니 타임라인에서 키프레임을 선택해 오른쪽으로 드래그하면 프로그램 모니터에서 점선의 간격이 벌어지는 것을 확인할 수 있습니다.

Tip 이동 경로의 점선을 확인하려면 이펙트 컨트롤 패널에서 Motion이 선택되어 있어야 합니다.

11 프로그램 모니터에서 키프레임 이동 전과 이동 후의 경로를 확인합니다. 재생해 보면 점선의 간격이 넓을수록 빨리 이동하는 것을 알 수 있습니다.

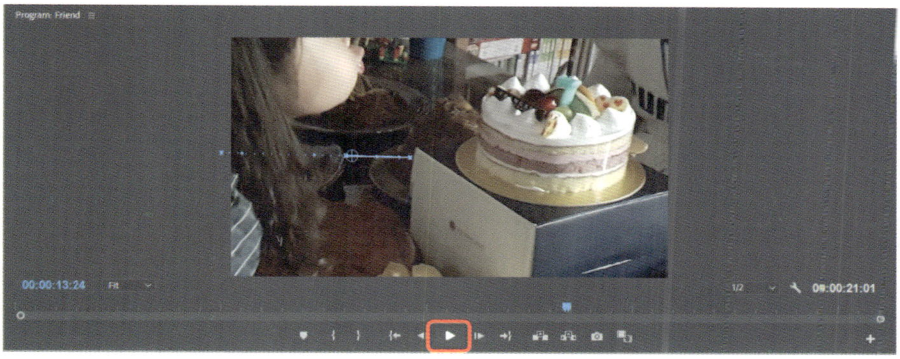

12 이펙트 컨트롤 패널의 미니 타임라인에서 Scale과 Position의 첫 번째 키프레임을 드래그해서 선택하고 마우스 오른쪽 버튼을 클릭해 팝업 메뉴에서 [Temporal Interpolation]-[Ease Out]을 선택합니다.

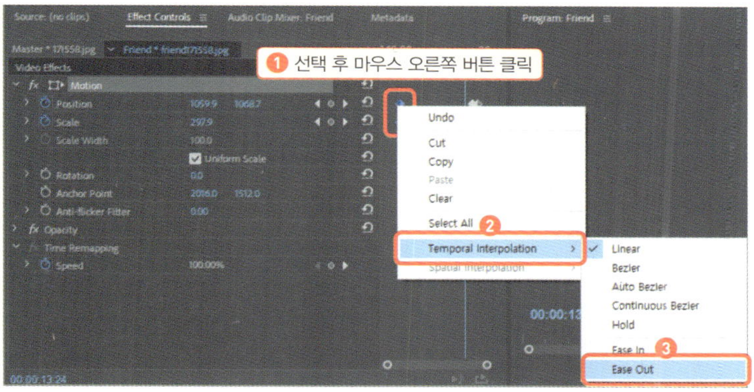

13 키프레임 아이콘 모양이 바뀐 것을 미니 타임라인에서 확인할 수 있습니다. 재성 버튼(▶)을 클릭해 프로그램 모니터에서 속도를 관찰합니다. 움직임이 시작되는 키프레임에서 Ease Out을 하면 움직임이 자연스러워집니다.

14 이펙트 컨트롤 패널의 미니 타임라인에서 Scale과 Position의 마지막 키프레임을 선택하고 마우스 오른쪽 버튼을 클릭해 팝업 메뉴에서 [Temporal Interpolation]–[Ease In]을 선택합니다.

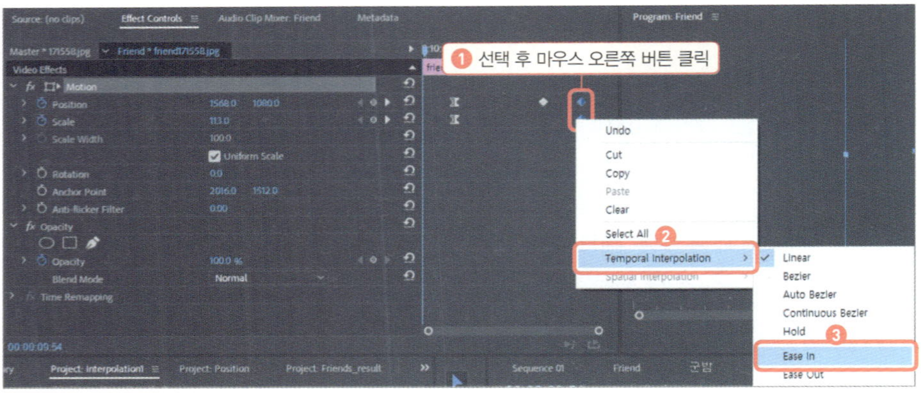

15 프로그램 모니터 패널에서 재생해 속도를 관찰합니다. 움직임이 끝나는 키프레임에 Ease In을 적용하면 기존의 진행 속도에서 서서히 느려지면서 멈춥니다.

16 이펙트 컨트롤 패널에서 Position과 Scale 앞의 확장 탭을 클릭해 키프레임의 그래프를 확인합니다. 일정한 속도로 움직이는 키프레임의 그래프가 직선에서 베지어 곡선으로 바뀌었습니다.

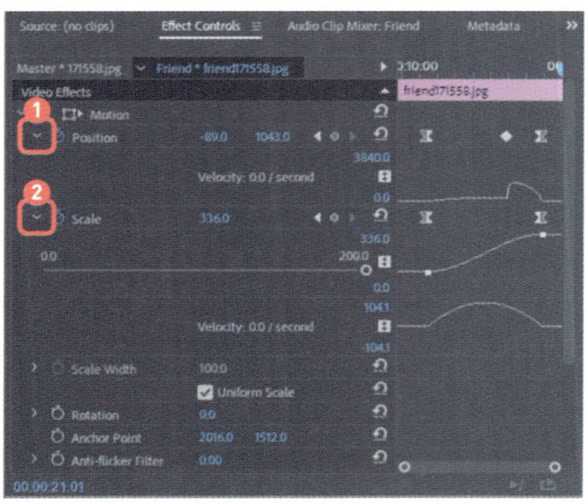

Auto Bezier 적용하기

17 단축키 Ctrl + O 를 누르고 Open Project 대화상자에서 'Interpolation 2.prproj' 프로젝트 파일을 선택해 엽니다.

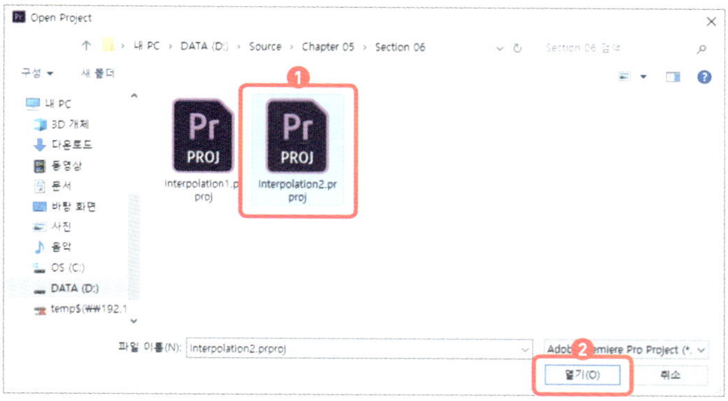

18 타임라인 패널에서 비디오 1번(V1) 트랙의 첫 번째 소스 클립을 선택합니다.

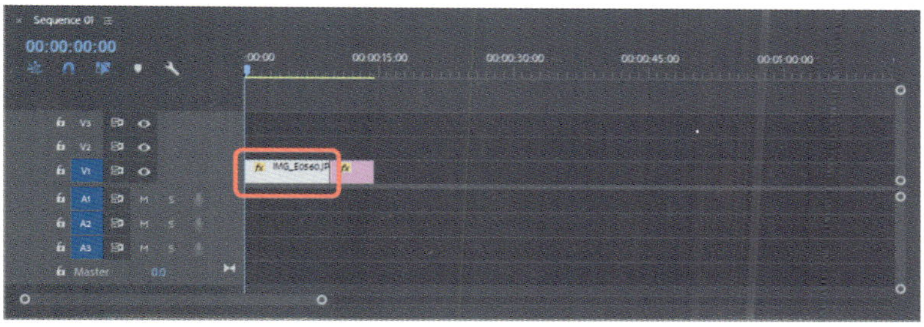

19 이펙트 컨트롤 패널에서 Motion을 클릭하고 미니 타임라인에서 Scale과 Position의 첫 번째 키프레임을 드래그하여 선택한 후, 마우스 오른쪽 버튼을 클릭해 팝업 메뉴에서 [Temporal Interpolation]–[Ease Out]을 선택합니다.

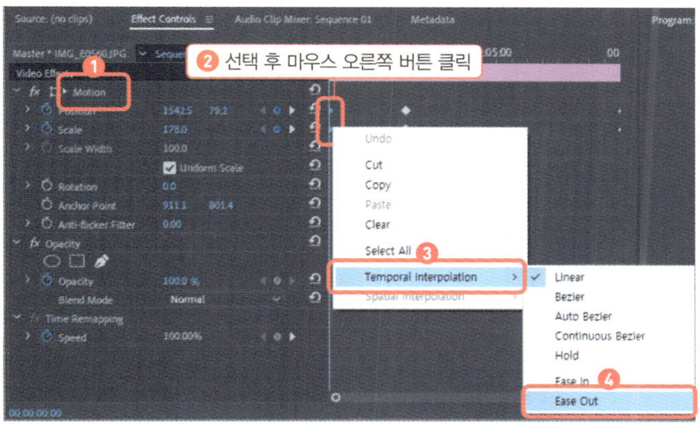

20 이펙트 컨트롤 패널의 미니 타임라인에서 Scale과 Position의 세 번째 키프레임을 드래그하여 선택한 후, 마우스 오른쪽 버튼을 클릭해 팝업 메뉴에서 [Temporal Interpolation]–[Ease In]을 선택합니다.

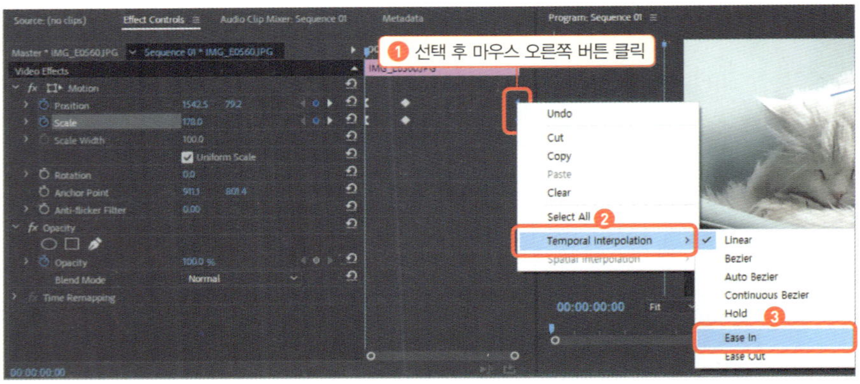

21 이펙트 컨트롤 패널의 미니 타임라인에서 Scale과 Position의 두 번째 키프레임을 드래그하여 선택하고, 마우스 오른쪽 버튼을 클릭해 팝업 메뉴에서 [Temporal Interpolation]–[Auto Bezier]을 선택합니다.

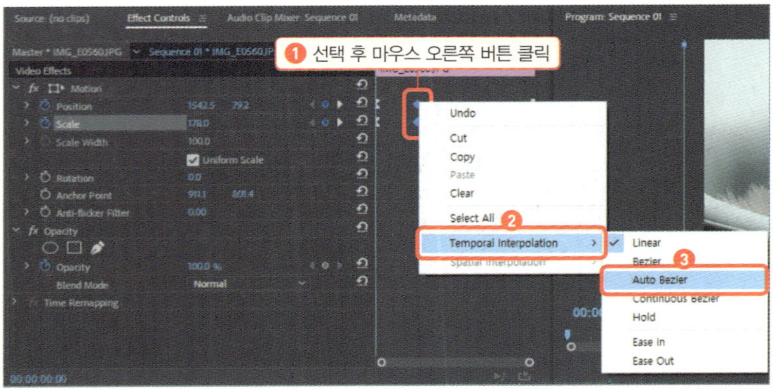

22 프로그램 모니터 패널에서 영상을 재생해 확인합니다.

여기서 잠깐!

보간법(Interpolation)

보간법(Interpolation)은 키프레임과 키프레임을 연결하는 방법을 말합니다. 두 키프레임은 직선, 곡선 등의 궤적을 만들며 연결됩니다.

❶ **직선(Linear)** 두 키프레임이 직선으로 연결됩니다.

❷ **베지어(Bezier) 곡선** 사용자가 임의로 그래프를 조정하여 속도와 값을 설정할 수 있어 많이 사용하는 보간법입니다. 키프레임 아이콘이 모래시계 형태로 바뀌며, 마우스로 핸들을 조정함에 따라 다양한 곡선으로 표시됩니다.

❸ **자동 베지어(Auto Bezier) 곡선** 키프레임 간에 적당한 값이 자동으로 적용되어 부드러운 움직임이 만들어집니다. 키프레임 아이콘은 원형으로 표시됩니다.

❹ **홀드(Hold)** 키프레임이 있는 지점에 적용된 속성으로, 움직임이 정지됩니다. 키프레임 아이콘은 누운 오각형입니다.

❺ **감속 키프레임(Ease In)** 키프레임이 서서히 느려지면서 멈춥니다.

❻ **가속 키프레임(Ease Out)** 움직임이 시작되는 키프레임에 주로 사용하며, 0부터 천천히 움직임을 시작합니다.

CHAPTER

06

멀티 트랙 편집

한 개의 클립으로 영상을 편집하는 것은 매우 드문 일입니다. 대개는 여러 개의 클립을 함께 사용해 영상을 완성합니다. 이 CHAPTER에서는 여러 소스 클립을 트랙에 배치하여 편집하는 방법에 대해 알아보겠습니다. 멀티 트랙 편집을 할 수 있으려면 먼저 포토샵의 레이어와 같은 트랙의 속성을 이해해야 합니다. 영상 소스뿐만 아니라 다양한 그래픽 소스를 프리미어 프로로 불러와 트랙에 배치하고 합성하는 방법에 대해서도 알아봅니다.

Section 01 / Adjustment Layer를 이용해 이펙트 적용하기

Section 02 / Position과 Scale을 이용해 화면 분할하기

Section 03 / 영상에 컬러 필터 효과 적용하기

Section 04 / 포토샵 PSD 파일 불러오기

Section 05 / 시퀀스 파일의 소스 합성하기

SECTION 01

Adjustment Layer를 이용해 이펙트 적용하기

- **준비파일** Tracklayer.prproj
- **완성파일** TrackLayer_result.prproj

■ PREVIEW

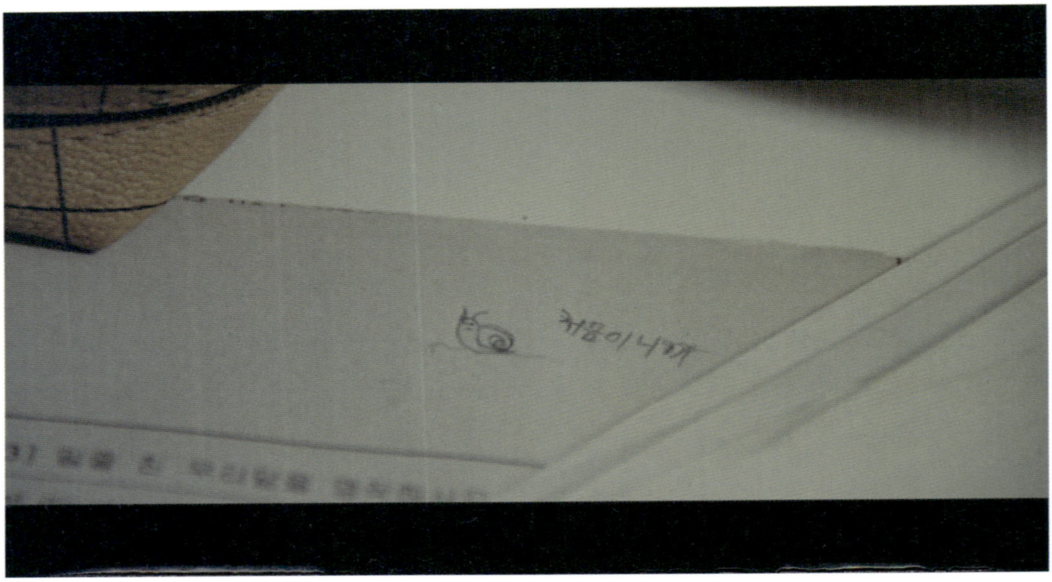

▶ PLAY

OVERVIEW

편집 작업을 하다 보면 여러 곳에 같은 이펙트를 적용해야 하는 경우가 종종 있습니다. 다른 소스 클립에서 속성을 복사해 붙여넣어도 되지만, 동시에 이펙트의 값을 수정하려고 하면 매우 번거로워집니다. 이를 해결하기 위하여 Adjustment Layer를 이용해 서로 다른 여러 소스 클립에 같은 이펙트를 적용하는 방법을 알아봅니다.

Adjustment Layer 생성하기

01 프리미어 프로를 실행하고 Home 대화상자에서 〈Open Project〉 버튼을 클릭해 'TrackLayer.prproj' 프로젝트 파일을 불러온 후 영상을 확인합니다.

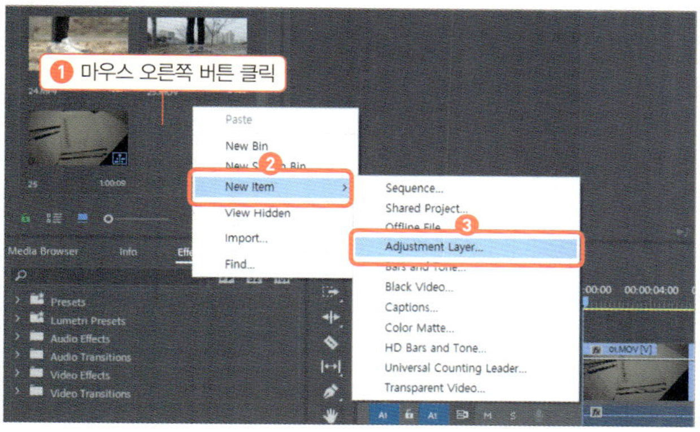

02 프로젝트 패널의 빈 공간을 마우스 오른쪽 버튼으로 클릭하고 팝업 메뉴에서 [New Item]−[Adjustment Layer]를 선택합니다.

03 Adjustment Layer 대화상자가 열립니다. Video Settings가 기본적으로 시퀀스와 동일하게 설정되어 있으므로 그대로 두고 〈OK〉 버튼을 클릭합니다. 프로젝트 패널에 Adjustment Layer가 생성되면 이름 부분을 클릭해 'Gamma Layer'로 수정합니다.

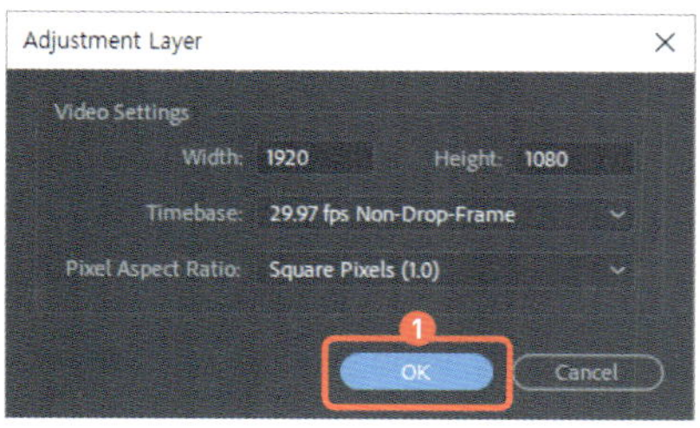

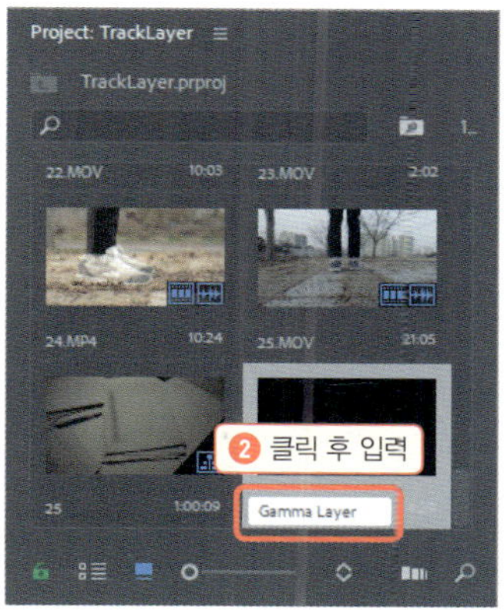

Gamma Correction 적용하기

04 타임라인 패널에서 타임 표시자를 00:00:03:28에 두고, 프로젝트 패널의 'Gamma Layer'를 타임라인의 비디오 2번(V2) 트랙으로 드래그한 후 'Gamma Layer' 소스 클립을 선택합니다.

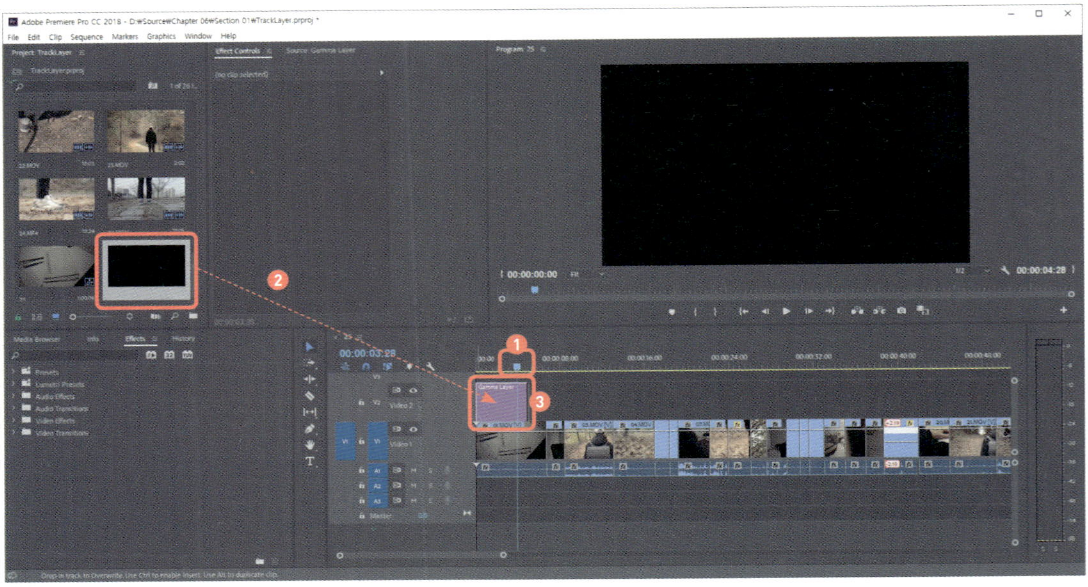

05 이펙트 패널의 검색란에 'Gamma'를 입력하고 검색된 Gamma Correction을 더블클릭합니다. 이펙트 컨트롤 패널의 Video Effects에 Gamma Correction 항목이 추가된 것을 확인하고, Gamma 값을 10에서 6으로 변경합니다.

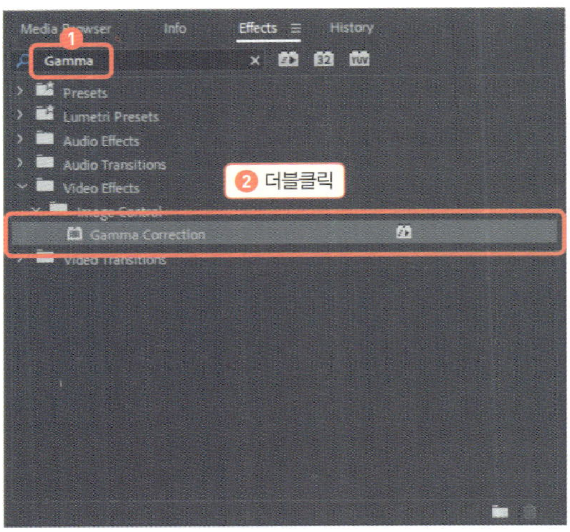

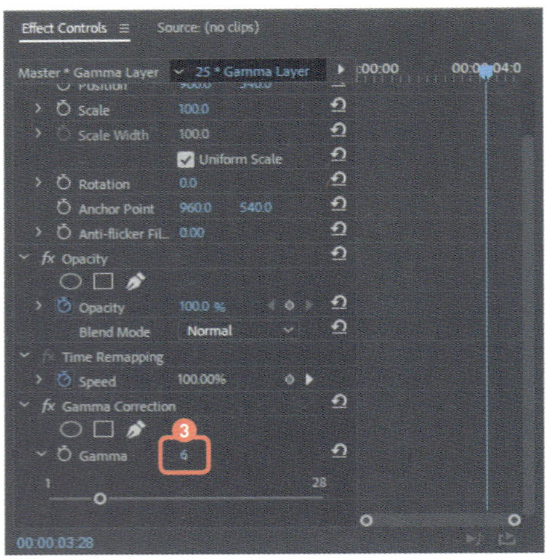

06 타임라인 패널에서 타임 표시자를 옮기면서 Gamma Layer 클립 아래에 겹쳐 있어서 Adjustment Layer의 영향을 받는 부분과 받지 않는 부분의 색감을 프로그램 모니터 패널에서 비교합니다.

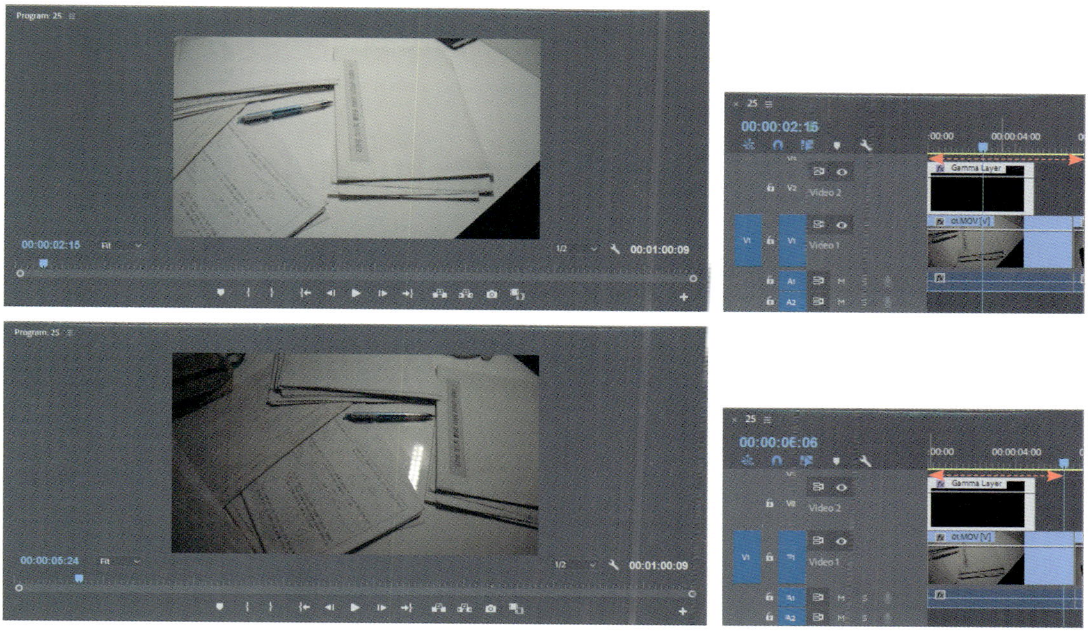

07 타임라인 패널에서 00:00:10:13에 타임 표시자를 두고 'Gamma Layer' 클립의 오른쪽 면을 타임 표시자가 있는 곳까지 드래그하여 길이를 늘립니다.

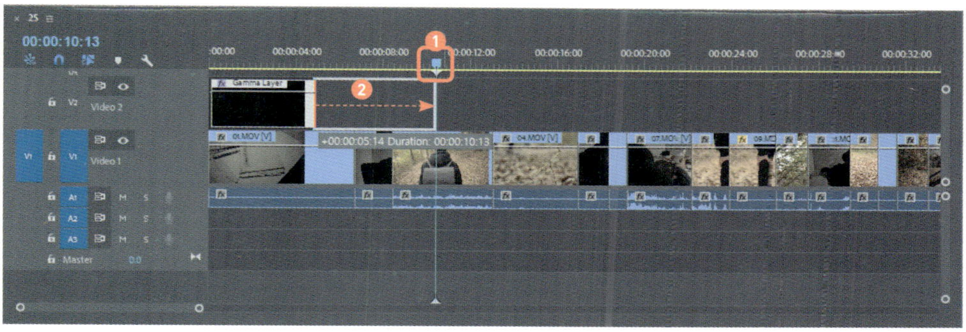

08 타임라인 패널에서 비디오 1번(V1) 트랙의 첫 번째 소스 클립이 끝나는 위치인 00:00:06:21로 타임 표시자를 옮긴 후 Gamma Layer 클립을 선택하고, 이펙트 컨트롤 패널에서 Gamma 항목의 애니메이션 켜기/끄기 버튼(⏱)을 클릭해 키프레임을 생성합니다.

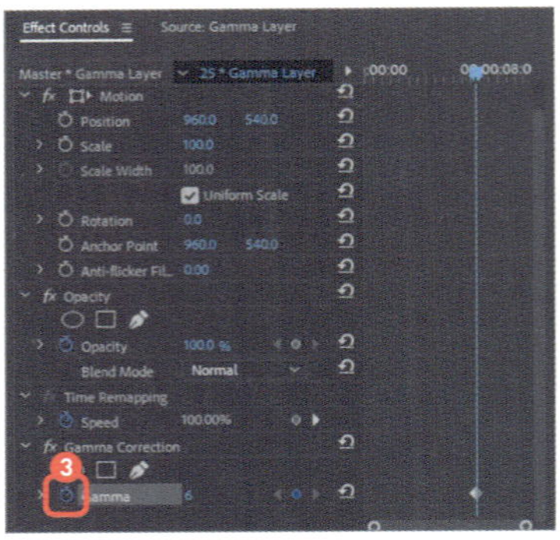

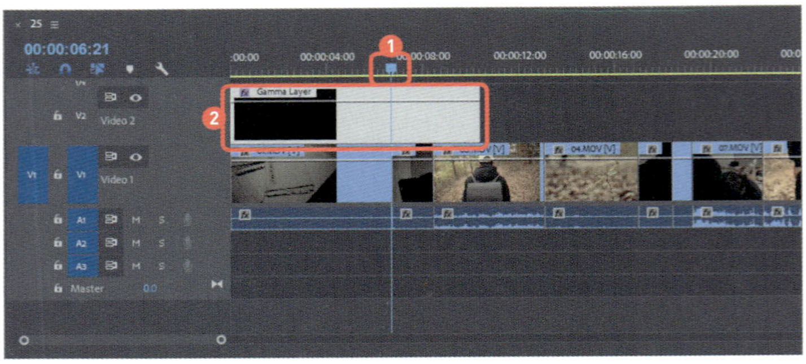

09 두 번째 소스 클립에는 다른 Gamma 값을 적용하겠습니다. 타임라인 패널에서 비디오 1번(V1) 트랙의 두 번째 소스 클립이 시작되는 00:00:06:22에 타임 표시자를 두고 이펙트 컨트롤 패널에서 Gamma 값을 12로 올립니다. 수치가 바뀌었으므로 오른쪽의 미니 타임라인에서 키프레임이 생성된 것을 확인할 수 있습니다.

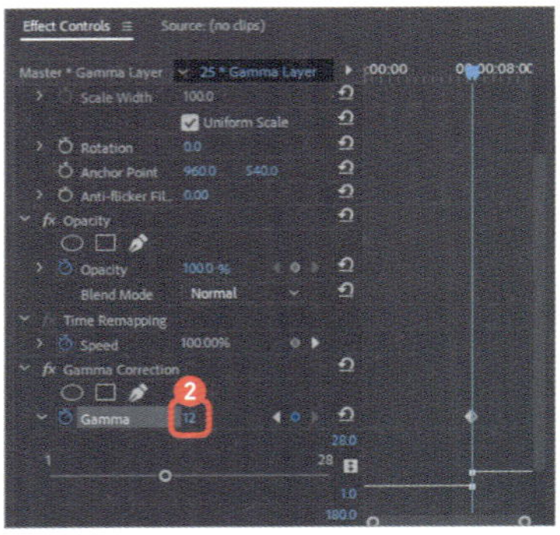

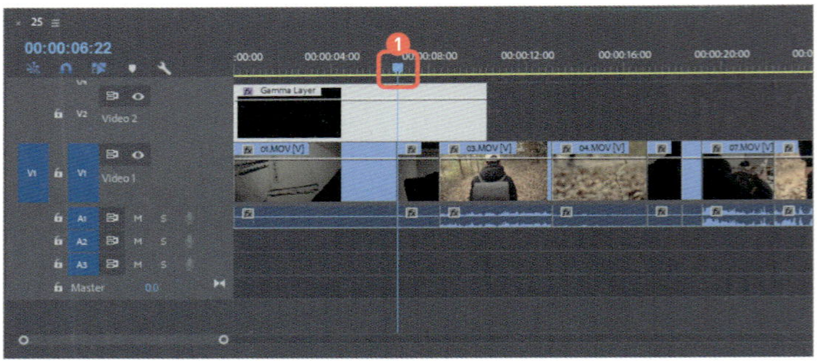

10 타임라인 패널에서 타임 표시자를 비디오 1번(V1) 트랙의 두 번째 소스 클립이 끝나는 00:00:08:13으로 옮기고, 이펙트 컨트롤 패널에서 Gamma 항목의 키프레임 추가/삭제 버튼(◉)을 클릭하면 Gamma 값이 12로 적용됩니다.

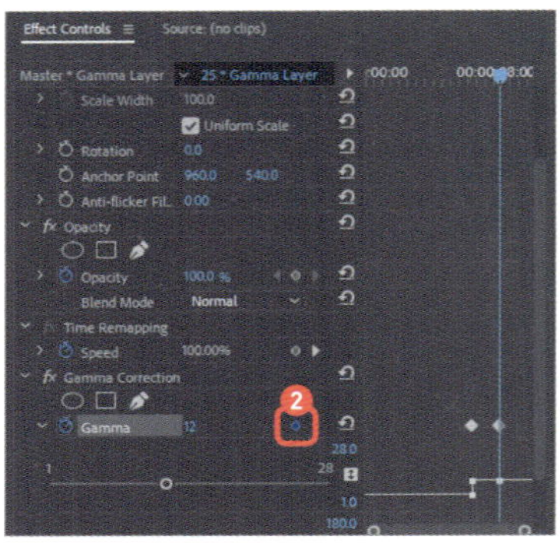

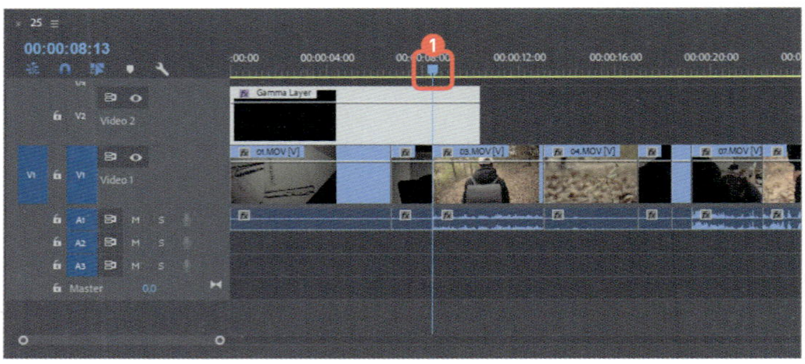

11 타임라인 패널에서 타임 표시자를 비디오 1번(V1) 트랙의 세 번째 소스 클립이 시작되는 00:00:08:14에 두고, 이펙트 컨트롤 패널에서 Gamma 값을 8로 낮춥니다. Gamma의 수치가 바뀌었으므로 자동으로 키프레임이 생성됩니다.

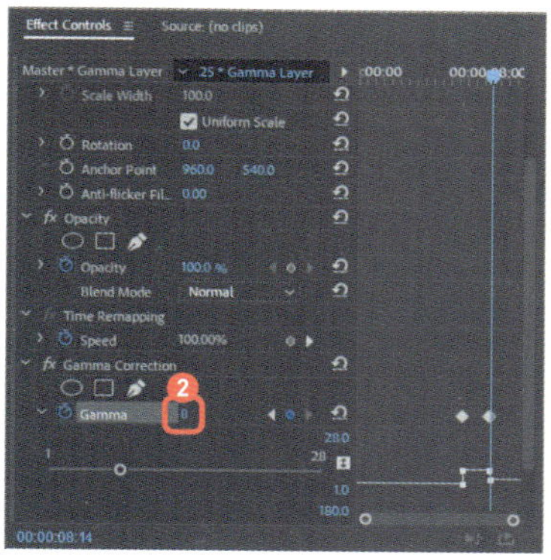

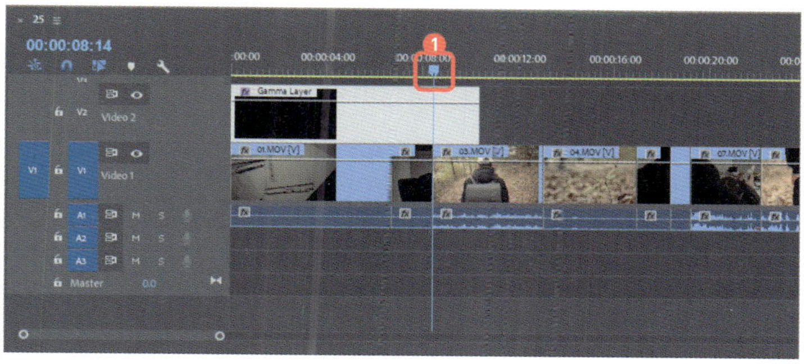

12 타임라인 패널에서 'Gamma Layer' 클립의 오른쪽 면을 비디오 1번(V1) 트랙의 마지막 소스 클립 위치까지 드래그하여 길이를 늘립니다.

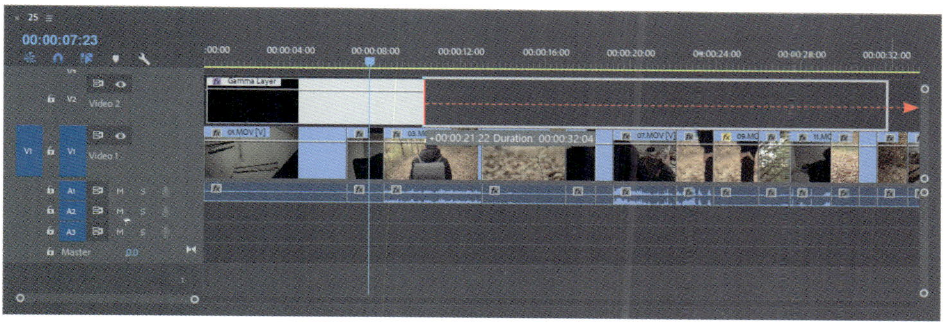

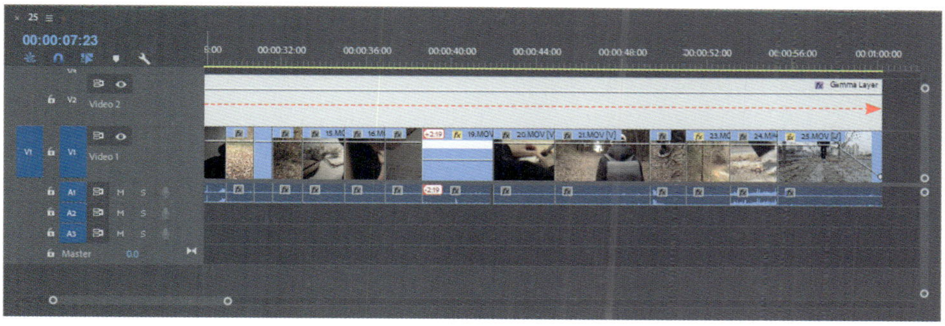

13 타임라인 패널에서 타임 표시자를 00:00:53:03으로 옮기고 이펙트 컨트롤 패널에서 Gamma 항목의 키프레임 추가/삭제 버튼(◉)을 클릭합니다. 비디오 1번(V1) 트랙의 세 번째 소스 클립부터 타임 표시자가 위치한 부분의 소스 클립까지 Gamma 값이 8로 적용됩니다.

14 타임라인 패널에서 타임 표시자를 00:00:53:04에 두고 이펙트 컨트롤 패널에서 Gamma 값을 13으로 높입니다. 값이 바뀌었으므로 자동으로 키프레임이 생성됩니다.

15 Adjustment Layer가 적용된 영상을 프로그램 모니터 패널에서 확인합니다.

Crop 이펙트 적용하기

16 [File]–[New]–[Adjustment Layer] 메뉴를 선택해 새로운 조정 레이어를 만듭니다. 프로젝트 패널에 생성된 Adjustment Layer의 이름을 클릭해 'Crop Layer'로 바꿉니다.

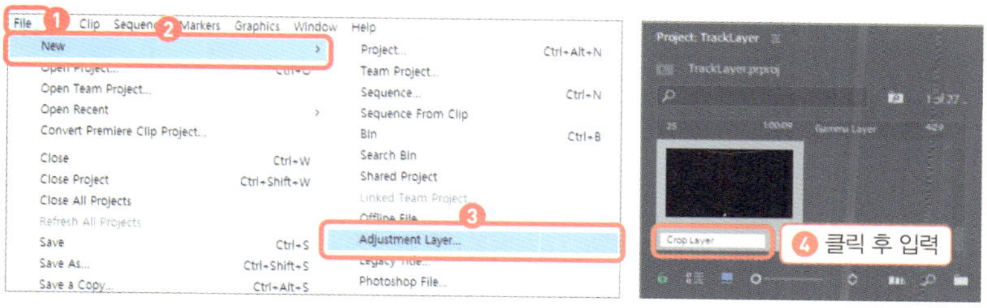

17 프로젝트 패널에서 'Crop Layer'를 타임라인 패널의 비디오 3번(V3) 트랙으로 드래그하고 'Crop Layer' 소스 클립을 선택합니다.

18 이펙트 패널의 검색란에 'Crop'을 입력하고, 검색된 Crop을 더블클릭합니다. 이펙트 컨트롤 패널의 Video Effects에 Crop 항목이 추가된 것을 확인하고 Crop의 Top 값과 Bottom 값을 각각 13으로 변경합니다. 프로그램 모니터 패널에서 영상에 영화 필름처럼 화면 위/아래에 검정 바가 생긴 것을 확인할 수 있습니다.

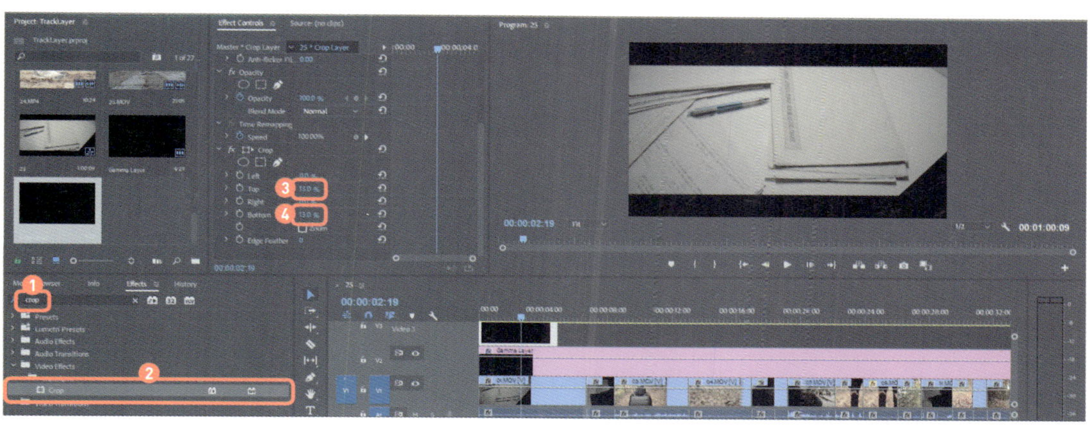

19 비디오 1번(V1) 트랙의 모든 소스 클립에 Crop 이펙트를 적용하겠습니다. 타임라인 패널에서 'Crop Layer' 클립의 오른쪽 면을 비디오 1번(V1) 트랙의 마지막 소스 클립 위치까지 드래그하여 길이를 확장합니다.

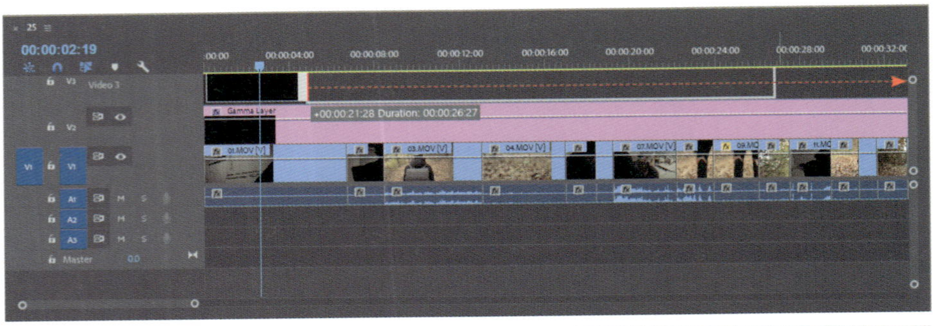

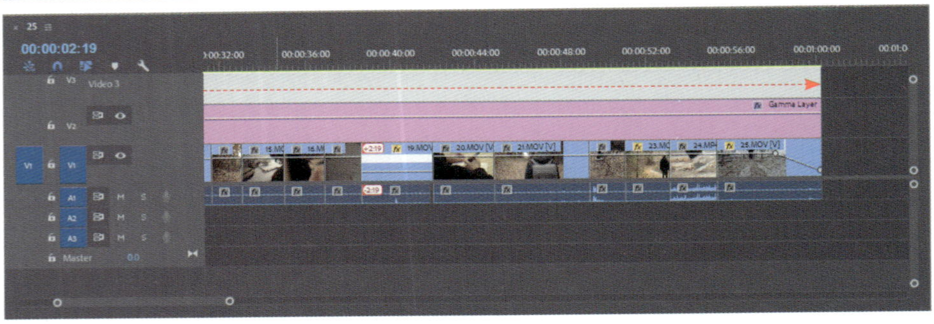

20 프로그램 모니터 패널에서 영상을 재생해 작업 영상을 확인하고 실습을 마무리합니다. 이번 실습에서처럼 Adjustment Layer를 이용하면 한 번에 여러 소스 클립에 동일한 이펙트를 적용할 수 있습니다.

SECTION 02

Position과 Scale을 이용해 화면 분할하기

- **준비파일** SplitScreen.prproj
- **완성파일** SplitScreen_result.prproj

■ PREVIEW

▶ PLAY

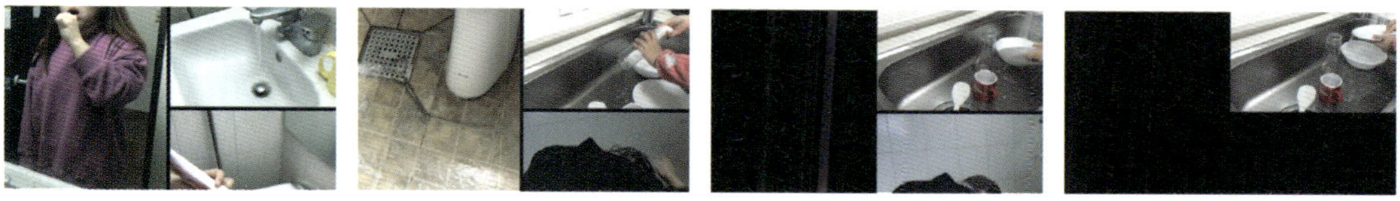

OVERVIEW

화면 분할은 한 화면에서 두 가지 이상의 영상을 재생하는 것을 말하며, 영어로는 SplitScreen이라고 합니다. 이펙트 컨트롤 패널에서 소스 클립의 크기와 위치 값을 조절하여 화면을 분할해 봅니다.

왼쪽 영상의 위치 잡기

01 프리미어 프로를 실행하고 Home 대화상자에서 〈Open Project〉 버튼을 클릭해 'SplitScreen.prproj' 프로젝트 파일을 불러온 후 영상을 확인합니다.

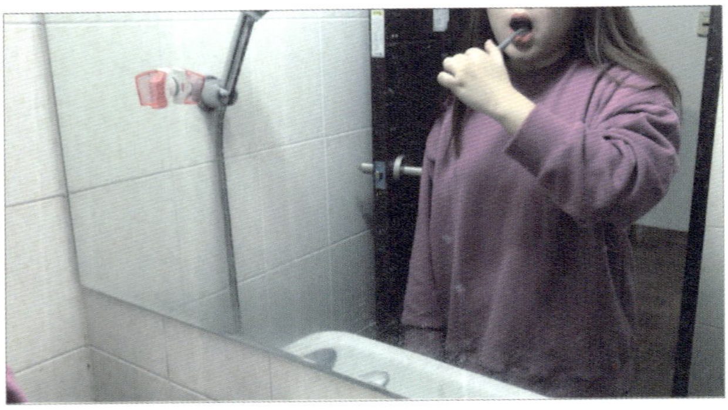

02 타임라인 패널에서 소스 클립을 선택합니다.

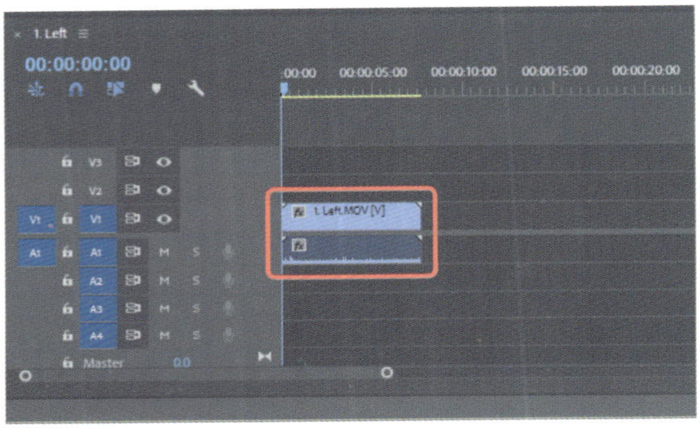

03 이펙트 컨트롤 패널에서 Video Effects의 Motion 항목을 클릭하면 프로그램 모니터 패널의 화면 중앙에 앵커 포인트가 생깁니다. 이 앵커 포인트의 위치를 설정하기 위해 이펙트 컨트롤 패널에서 Anchor Point 값을 1920, 540으로 변경합니다.

04 이펙트 컨트롤 패널에서 Position 값을 940, 540으로 변경하면 프로그램 모니터 패널의 화면이 왼쪽으로 이동합니다.

오른쪽 하단 영상의 위치 잡기

05 프로젝트 패널에서 '1.right_down.mov' 파일을 타임라인 패널의 비디오 2번(V2) 트랙으로 드래그하고, '1.right down' 소스 클립을 선택합니다.

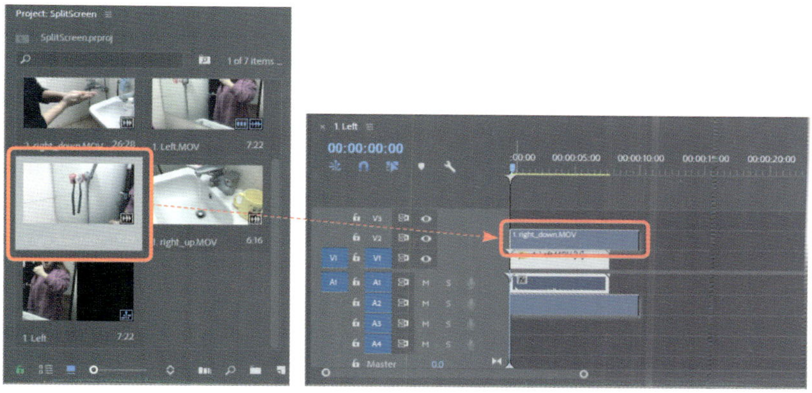

06 프로그램 모니터 패널의 화면을 더블클릭하면 앵커 포인트가 나타납니다. 이 앵커 포인트의 위치를 설정하기 위해 이펙트 컨트롤 패널에서 Anchor Point 값을 0, 0, Position 값은 960, 610으로 변경하고, Scale 값은 68로 변경합니다.

오른쪽 상단 영상의 위치 잡기

07 프로젝트 패널에서 '1.right_up.mov' 파일을 타임라인 패널의 비디오 3번(V3) 트랙으로 드래그하고, '1.right_up' 소스 클립을 선택합니다.

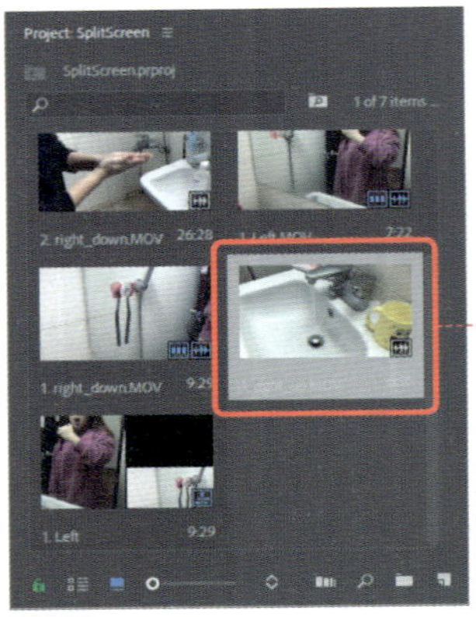

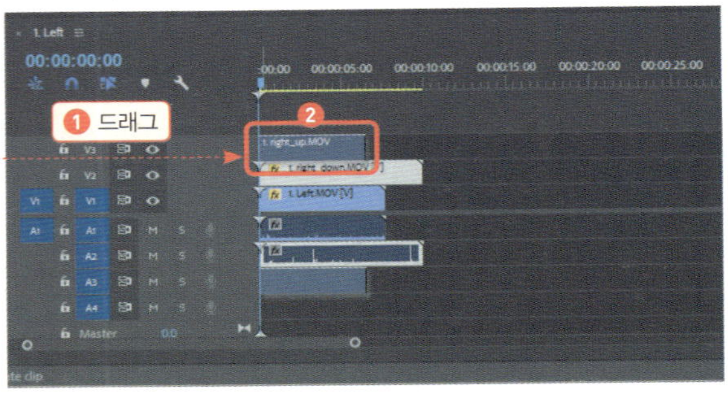

08 프로그램 모니터 패널의 화면을 더블클릭해 앵커 포인트가 나타나게 하고, 이펙트 컨트롤 패널에서 Anchor Point 값은 0, 1080, Position 값은 960, 590으로 변경합니다. 한 화면에 세 개의 영상 소스가 들어옵니다.

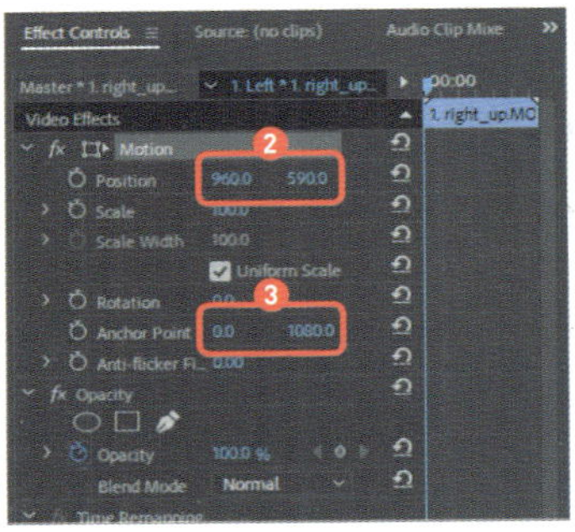

09 각각의 영상을 확인해 봅니다. 화면 오른쪽 상단의 영상이 일부분만 보이므로 크기를 줄이겠습니다. 타임라인 패널에서 비디오 3번(V3) 트랙의 소스 클립을 선택하고 이펙트 컨트롤 패널에서 Scale 값을 60으로 변경합니다.

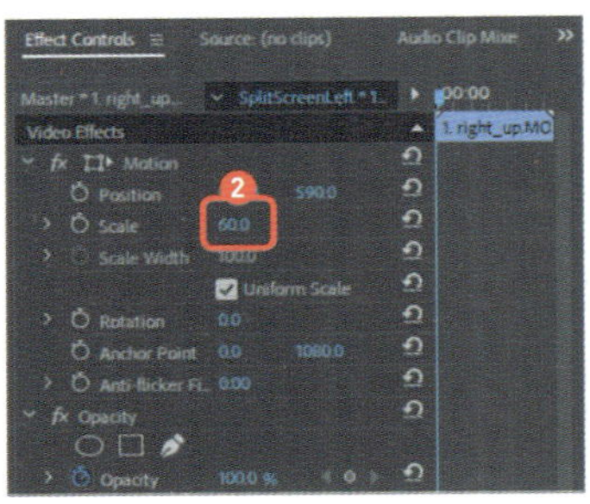

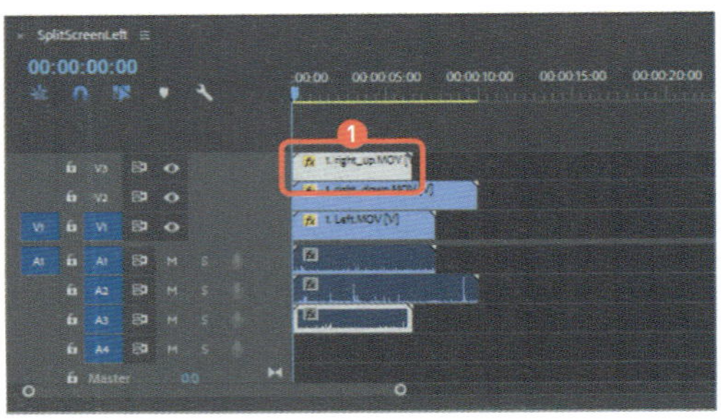

10 프로젝트 패널에서 '1.Left' 시퀀스의 이름 부분을 클릭해 'SplitScreen'으로 변경하고, 프로젝트 패널에 있는 '2.Left.mov' 파일을 타임라인 패널의 비디오 1번(V1) 트랙 '1.Left' 소스 클립 바로 뒤로 드래그하여 붙입니다.

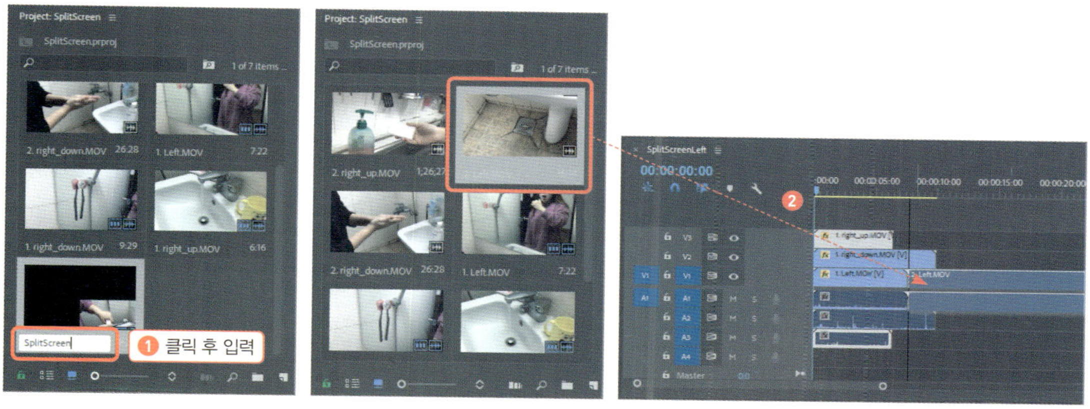

Tip 시퀀스의 이름을 변경하면 타임라인 패널에서도 시퀀스의 이름이 바뀝니다.

11 타임라인 패널의 '1.left' 소스 클립을 선택하고 단축키 Ctrl+C를 눌러 복사한 후, '2.left' 소스 클립을 선택하고 복사한 클립의 속성을 붙여넣기 위해 단축키 Ctrl+Alt+V를 누릅니다. Paste Attributes 대화상자에서 Motion에 체크하고 〈OK〉 버튼을 클릭합니다.

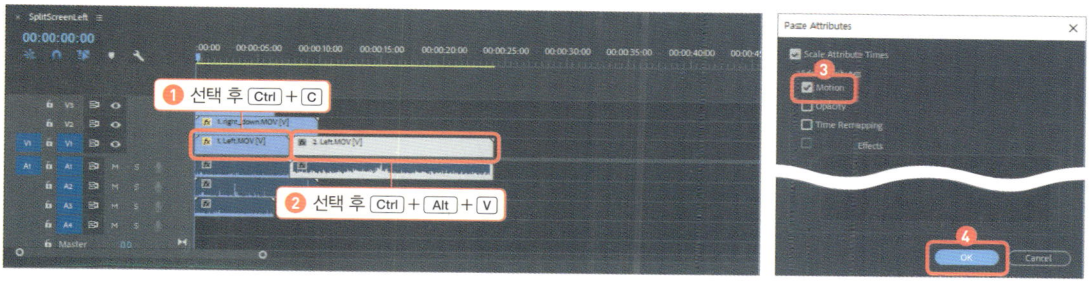

불필요한 영상 편집하기

12 타임라인 패널에서 타임 표시자를 00:00:15:24에 두고, 비디오 1번(V1) 트랙의 두 번째 소스 클립인 '2.left'의 시작면을 타임 표시자 위치까지 드래그해 앞부분을 삭제합니다. 빈 공간을 마우스 오른쪽 버튼으로 클릭하고 팝업 메뉴에서 [Ripple Delete]를 선택해 없앱니다.

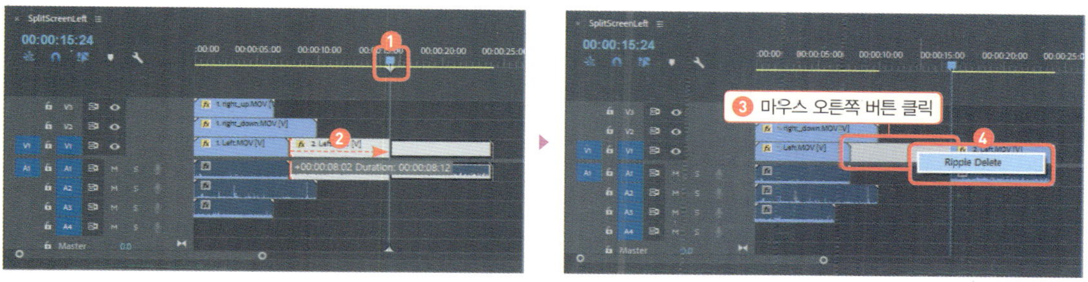

13 프로젝트 패널에서 '2.right_up.mp4' 파일을 드래그하여 타임라인 패널의 비디오 3번(V3) 트랙 '1.Right_up' 소스 클립 바로 뒤에 붙입니다.

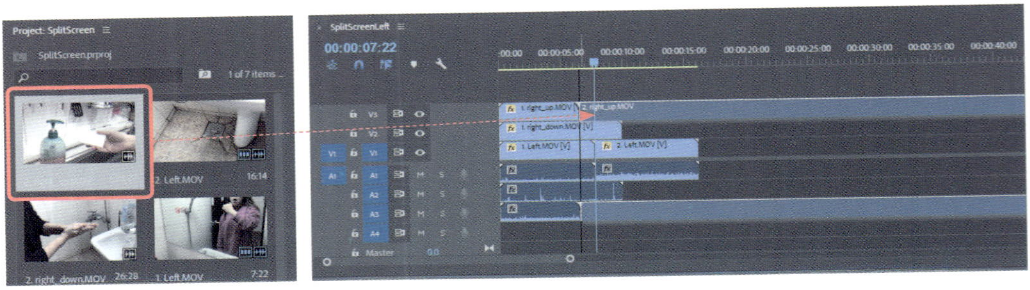

14 타임라인 패널에서 비디오 3번(V3) 트랙의 첫 번째 소스 클립을 선택하고 단축키 Ctrl+C를 눌러 복사한 후, 두 번째 소스 클립을 선택하고 단축키 Ctrl+Alt+V를 눌러 속성을 붙여넣습니다. Paste Attributes 대화상자에서 [Motion]에 체크하고 〈OK〉 버튼을 클릭합니다.

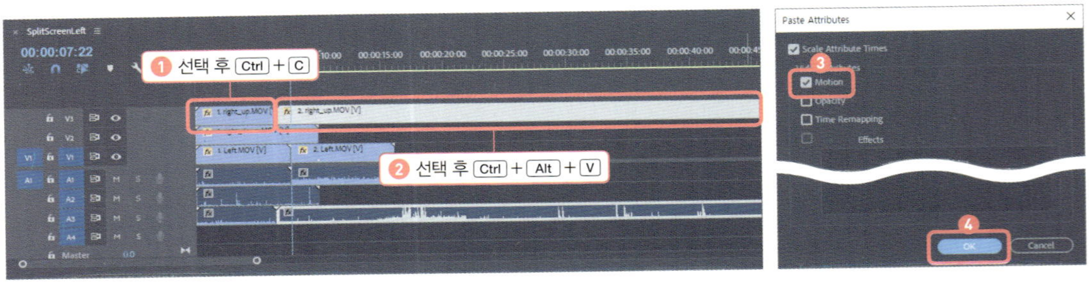

15 타임라인 패널의 타임 표시자를 00:00:51:12에 두고 비디오 3번(V3) 트랙의 두 번째 소스 클립 시작면을 타임 표시자 위치까지 드래그해 앞쪽을 삭제한 후 남은 소스 클립을 첫 번째 소스 클립 뒤로 이동시킵니다.

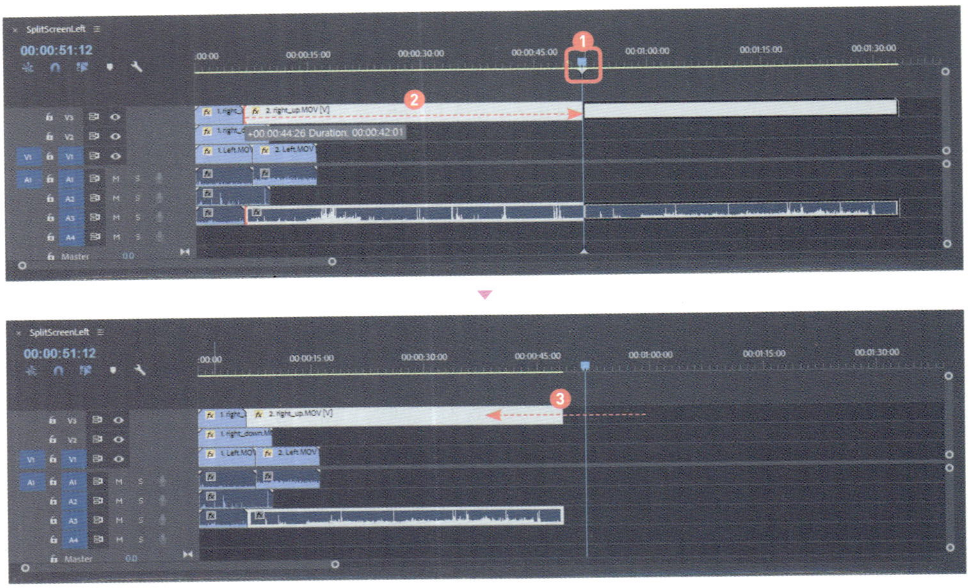

16 타임라인 패널의 타임 표시자를 00:00:21:09로 옮기고 비디오 3번(V3) 트랙의 두 번째 소스 클립 끝면을 타임 표시자 위치까지 드래그합니다.

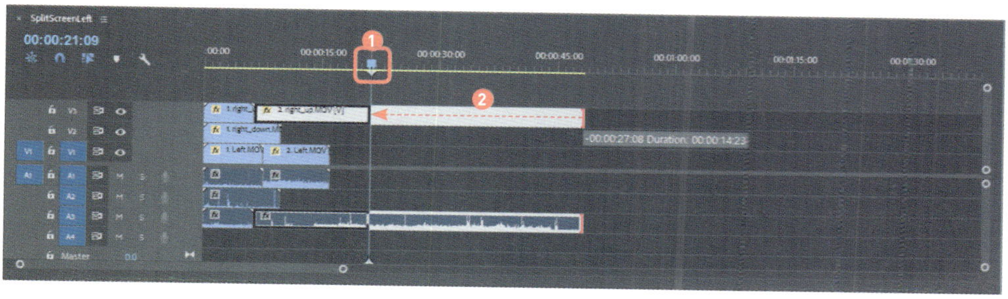

17 프로젝트 패널에서 '2.right_down.mp4' 파일을 드래그하여 타임라인 패널의 비디오 2번(V2) 트랙 첫 번째 소스 클립 바로 뒤에 붙입니다.

18 타임라인 패널에서 비디오 2번(V2) 트랙의 첫 번째 소스 클립을 선택하고 단축키 Ctrl+C를 눌러 복사한 후, 두 번째 소스 클립을 선택하고 단축키 Ctrl+Alt+V를 눌러 속성을 붙여넣습니다. Paste Attributes 대화상자에서 Motion에 체크하고 〈OK〉 버튼을 클릭합니다.

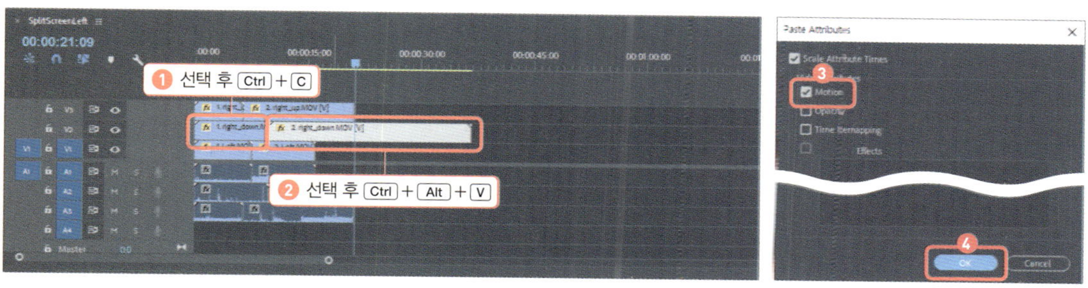

19 타임라인 패널에서 타임 표시자를 00:00:26:18로 옮긴 후 툴 패널에서 자르기 툴( )을 선택하고 비디오 2번(V2) 트랙 두 번째 소스 클립의 타임 표시자 위치를 클릭해 자릅니다.

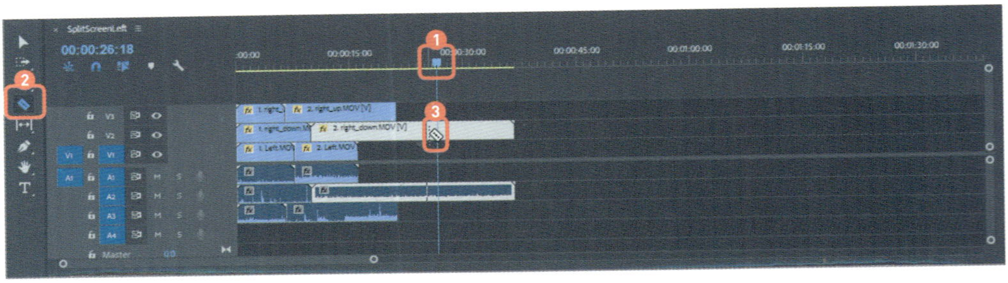

20 자른 소스 클립의 앞부분을 선택 툴( )로 선택하고 Delete 를 눌러 삭제합니다. 두 클립 사이 빈 공간을 마우스 오른쪽 버튼으로 클릭하고 팝업 메뉴에서 [Ripple Delete]를 선택합니다.

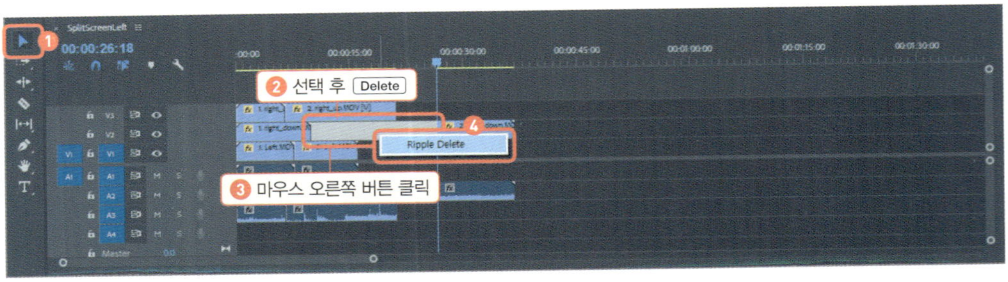

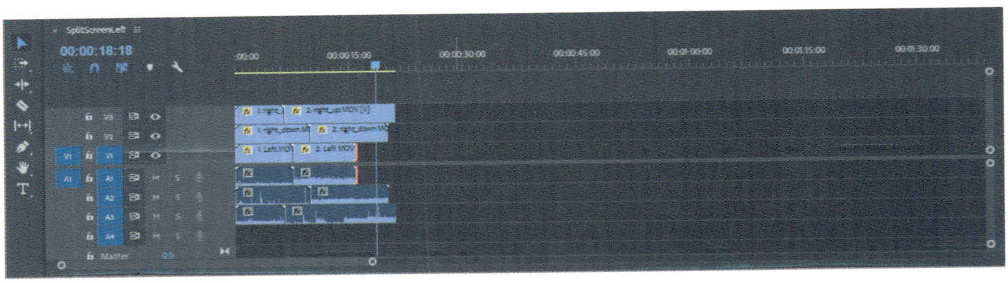

21 비디오 1번(V1), 2번(V2), 3번(V3) 트랙의 영상이 비슷한 시간 차를 두고 끝날 수 있도록 하겠습니다. 타임라인 패널에서 타임 표시자를 00:00:18:18에 두고 비디오 1번(V1) 트랙의 두 번째 소스 클립을 끝점이 타임 표시자에 닿도록 옮깁니다.

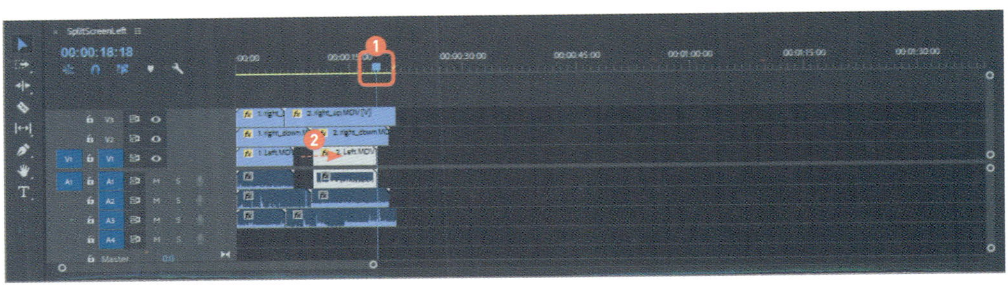

22 비디오 1번(V1) 트랙의 두 번째 소스 클립 시작점을 첫 번째 소스 클립의 끝점까지 드래그해 늘립니다.

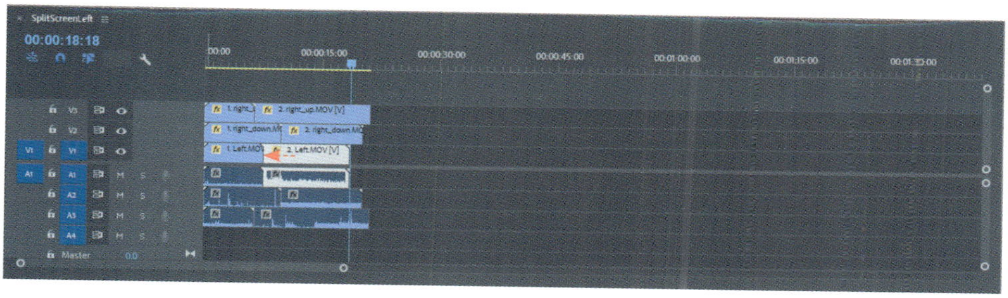

23 프로그램 모니터 패널에서 영상을 재생해 봅니다.

SECTION 03

영상에 컬러 필터 효과 적용하기

- **준비파일** ColorMatte.prproj
- **완성파일** ColorMatte_result.prproj

■ PREVIEW

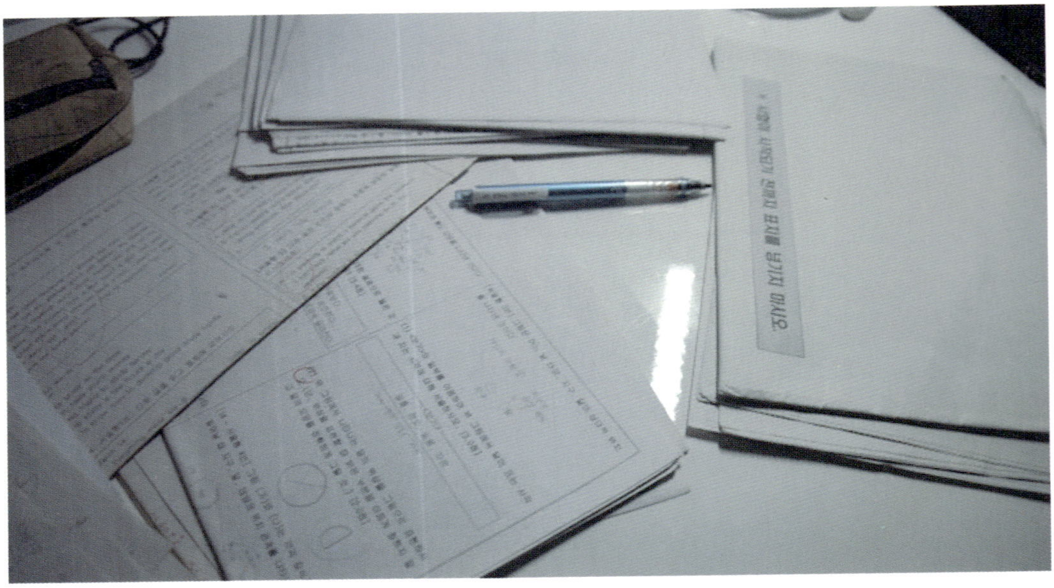

▶ PLAY

OVERVIEW

Adjustment Layer와 함께 편집 작업을 할 때 다양한 방법으로 유용하게 쓰이는 도구로는 Color Matte가 있습니다. Color Matte는 박스 형태로 원하는 크기의 Solid Matte를 만들어 사용할 수 있고, Blend Mode를 적용해 컬러 필터 효과를 낼 수도 있습니다.

Color Matte로 필터 적용하기

01 프리미어 프로를 실행하고 Home 대화상자에서 〈Open Project〉 버튼을 클릭해 'ColorMatte.prproj' 프로젝트 파일을 불러온 후 영상을 확인합니다.

02 프로젝트 패널 하단의 새 항목 버튼(■)을 클릭하고 팝업 메뉴에서 [Color Matte]를 선택하면 New Color Matte 대화상자가 열립니다. 옵션을 바꾸지 않고 〈OK〉 버튼을 클릭합니다.

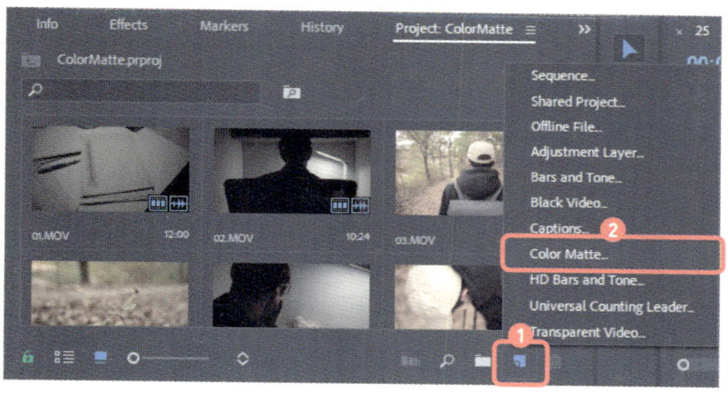

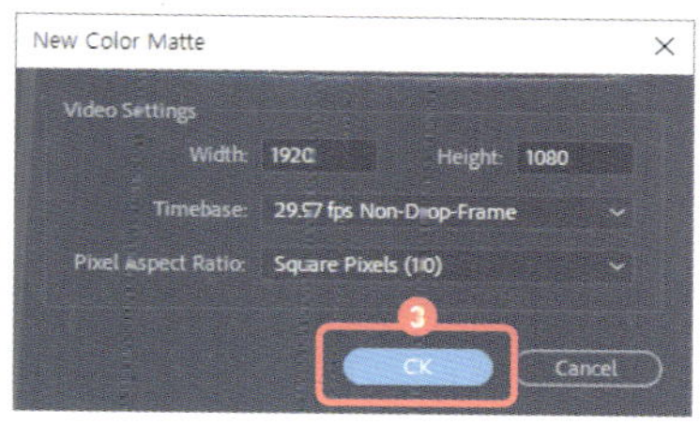

03 Color Picker 대화상자에서 색상값으로 043567을 입력하고 〈OK〉 버튼을 클릭합니다. Chose Name 대화상자가 열리면 'Blue Color Matte'를 입력하고 〈OK〉 버튼을 클릭합니다.

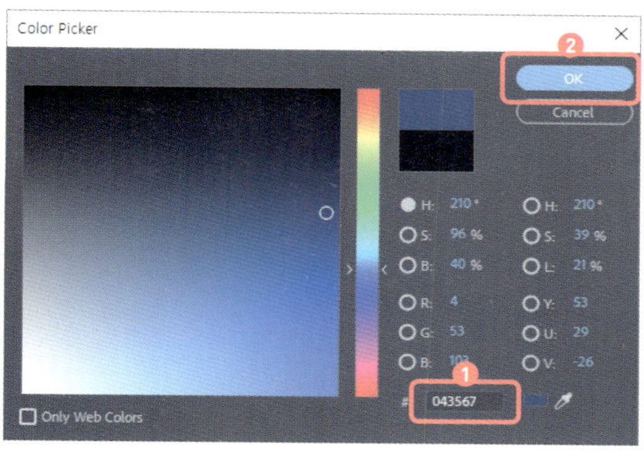

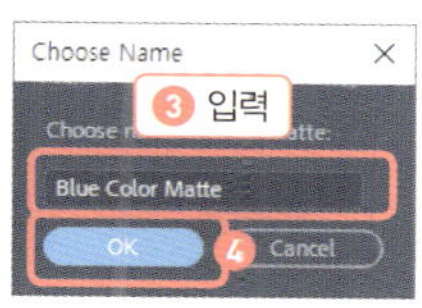

04 프로젝트 패널에 생성된 'Blue Color Matte' 소스 클립을 타임라인 패널의 비디오 3번(V3) 트랙으로 드래그합니다.

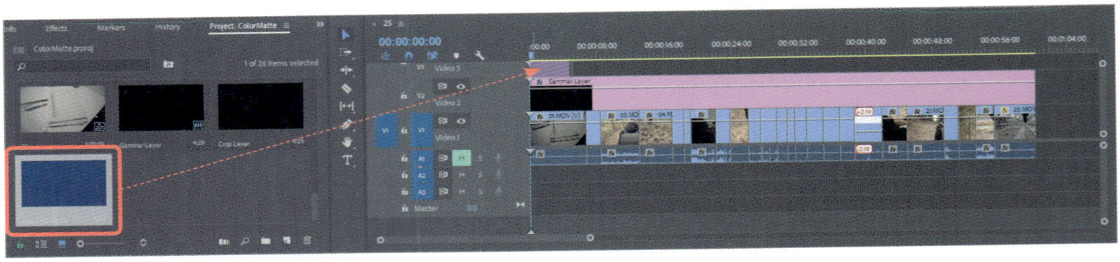

05 타임라인 패널에서 타임 표시자를 비디오 1번(V1) 트랙의 첫 번째 소스 클립이 끝나는 00:00:06:20에 두고, 비디오 3번(V3) 트랙의 'Blue Color Matte' 소스 클립 끝면을 타임 표시자 위치까지 드래그합니다.

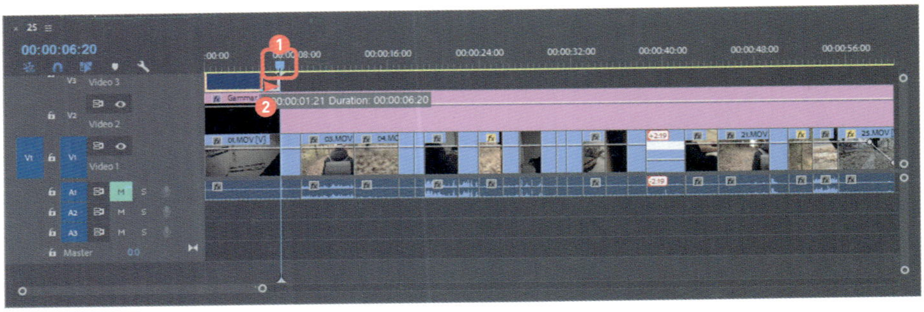

06 비디오 3번(V3) 트랙의 위쪽이 잘려 잘 보이지 않습니다. 트랙의 위아래 공간을 조절해 잘 보이도록 하겠습니다. 비디오 1번(V1) 트랙과 오디오 1번(A1) 트랙 사이에 마우스를 위치시켜 포인터가 ≑ 모양이 되면 아래로 드래그합니다.

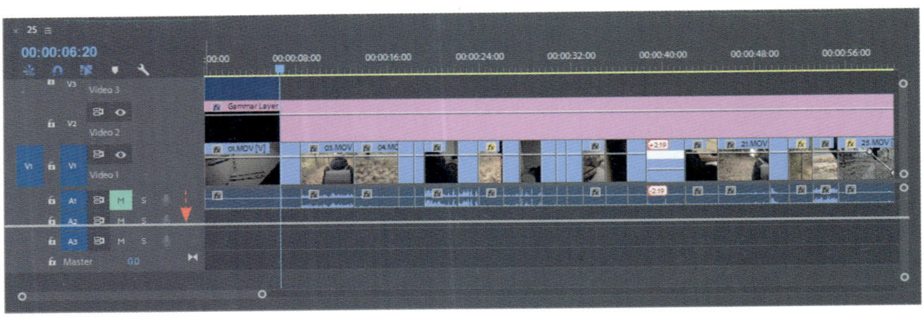

Blend Mode에서 필터 적용하기

07 타임라인 패널에서 'Blue Color Matte' 소스 클립을 선택합니다. 이펙트 컨트롤 패널에서 Opacity 항목의 Opacity 값을 50으로 설정하고 Blend Mode는 Multiply로 변경합니다.

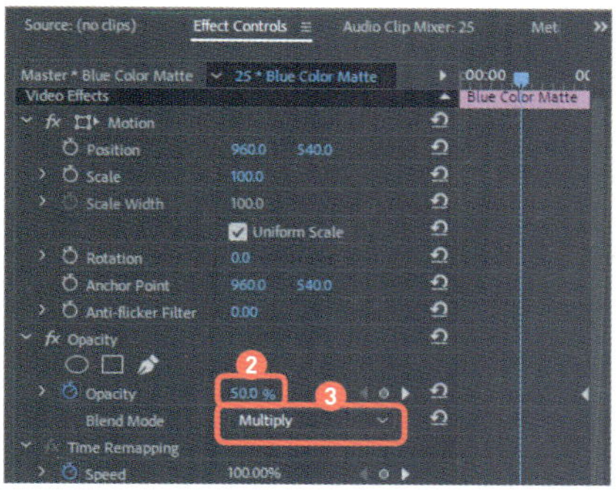

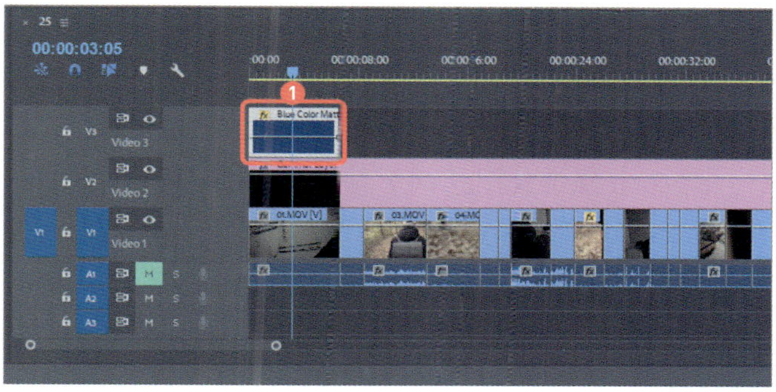

여기서 잠깐!

Blend Mode

Blend Mode는 두 개 이상의 소스 클립을 중첩하여 작업할 때 다양한 시각적 효과를 구현할 수 있는 도구입니다. 상위 비디오 트랙의 Opacity 항목에서 Blend Mode를 설정하고 Opacity 값을 조절하는 방법으로 사용합니다. 카테고리별로 Nomal, Subtractive, Additive, Complex, Difference, HSL로 나눌 수 있습니다. 각 항목의 성격을 모두 외우는 것보다는 작업할 영상의 분위기에 맞게 프로그램 모니터 패널을 보면서 설정을 조절하는 것이 좋습니다. Blend Mode를 하나씩 바꾸면서 차이를 비교해 봅니다.

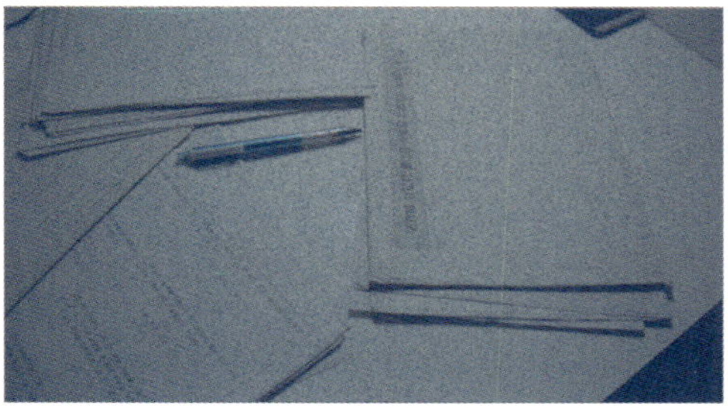

❶ Dissolve 소스 클립의 색상이 그대로 보입니다. Opacity 값이 낮아지면 소스 클립의 일부 픽셀이 불규칙하게 표현됩니다.

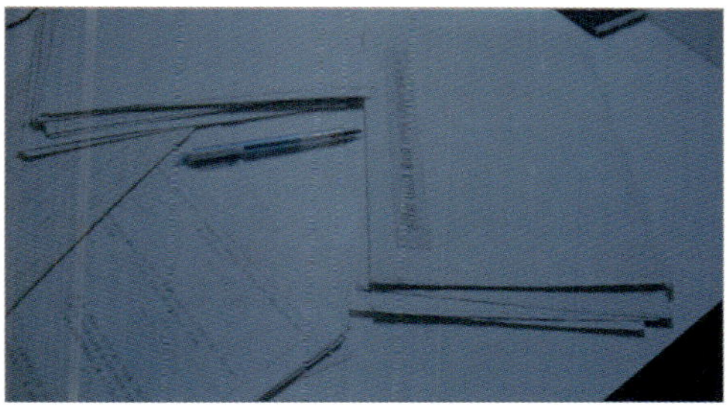

❷ Darken 두 개의 클립 중 어두운 값이 결과 색상으로 나타납니다.

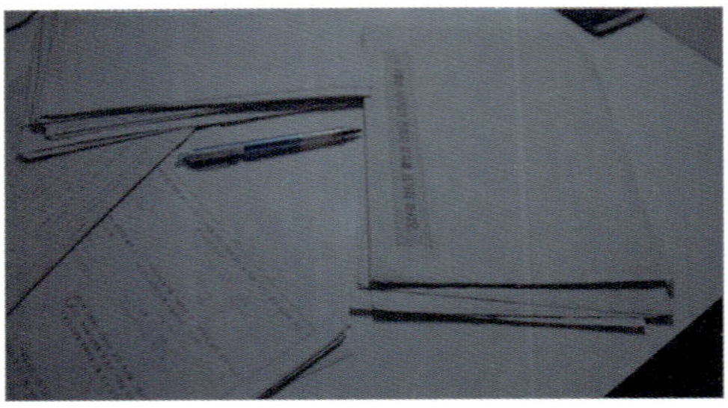

❸ Multiply 두 클립의 색상 채널 값을 곱한 후 픽셀의 최댓값으로 나눈 값의 색상이 표현됩니다. 전체적인 장면의 색상이 어두워집니다.

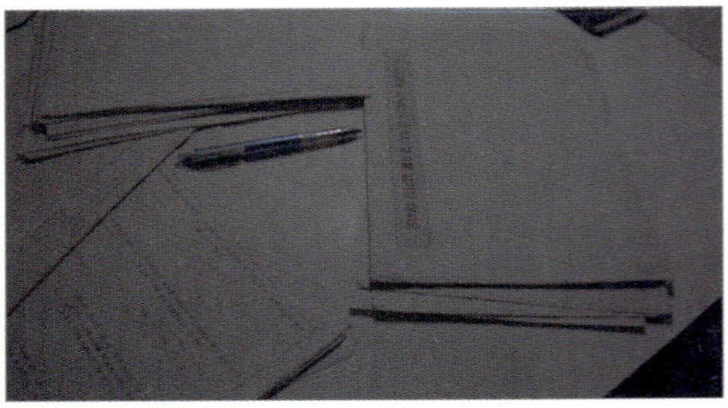

❹ Color Burn 겹치는 클립의 색상과 채도가 강하게 표현되며 흰색은 투명해집니다.

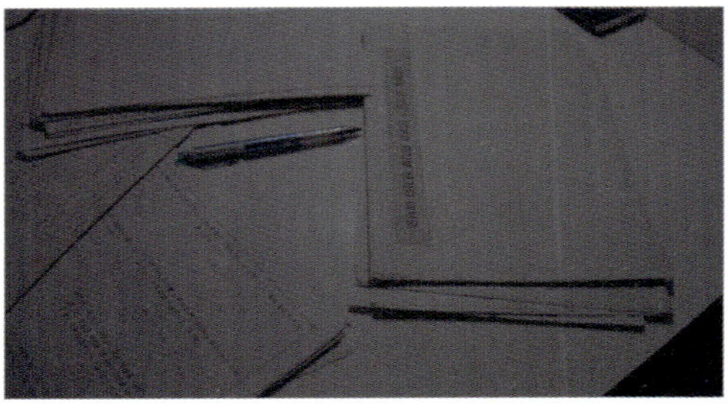

❺ Linear Burn 흰색을 제외한 클립의 모든 색상의 명도가 낮아집니다.

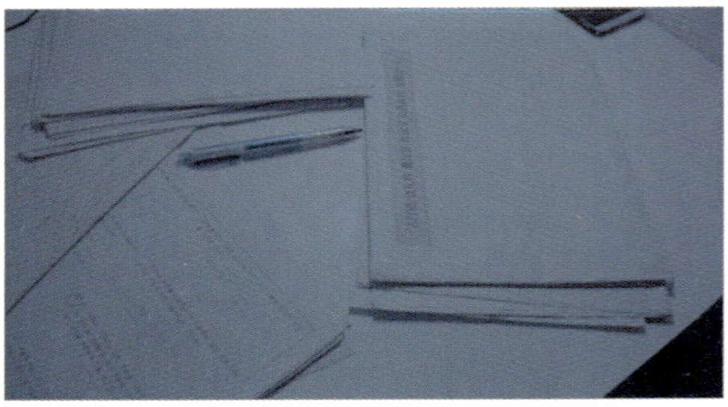

❻ Darker Color 두 클립 중 어두운 색상만 표현됩니다.

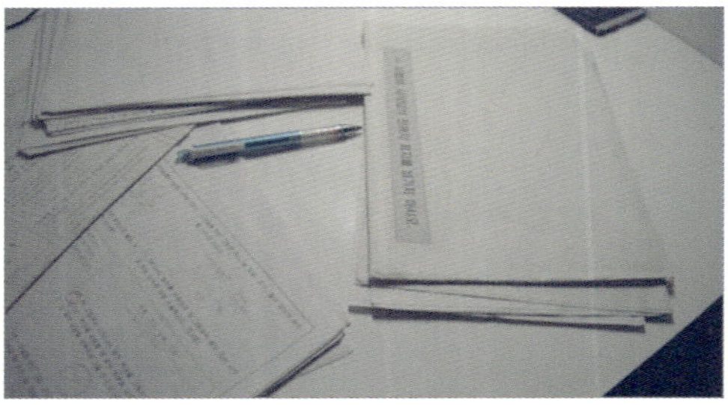

❼ Lighten 밝은 색상의 영역은 중첩되어 섞이고, 어두우면 투명해지며 전체적으로 밝게 표현됩니다.

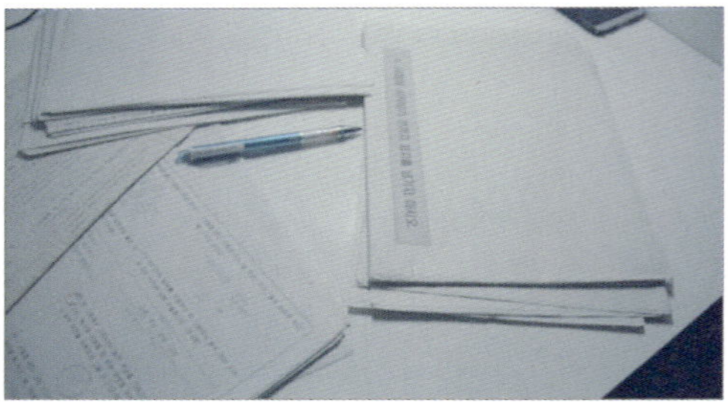

❽ Screen 밝은 색상이 혼합되어 소스 클립의 겹친 부분이 더 밝게 표현됩니다. 검은색은 투명하게 인식되어 중첩되는 색상 그대로 표현됩니다.

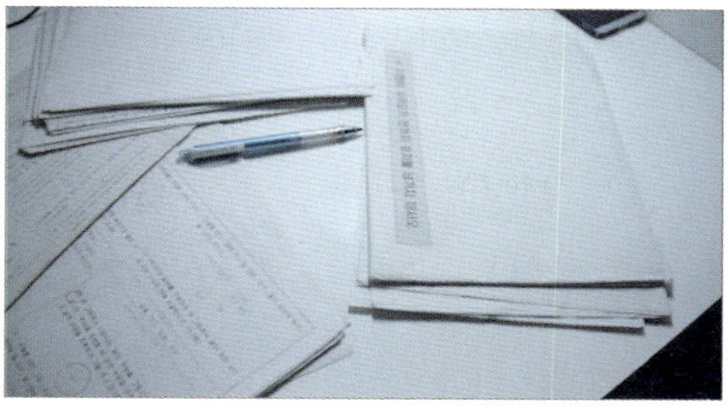

❾ Color Dodge 중첩된 이미지의 색상은 밝게, 채도는 약하게 표현됩니다.

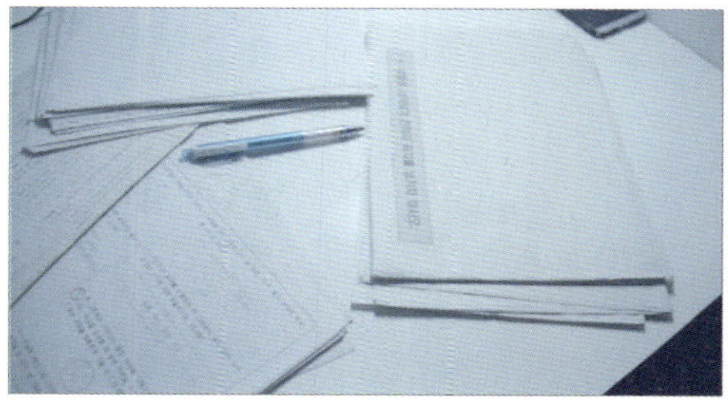

❿ Linear Dodge(Add) 검은색을 제외한 모든 색상의 밝기가 높아집니다.

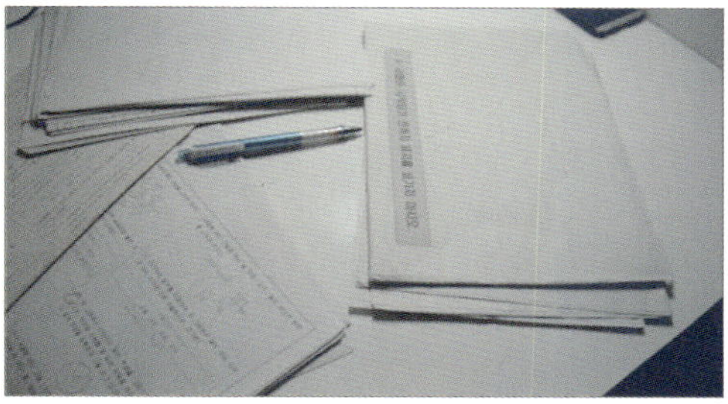

⓫ Lighter Color 두 클립 중 밝은 클립의 색상만 표현됩니다.

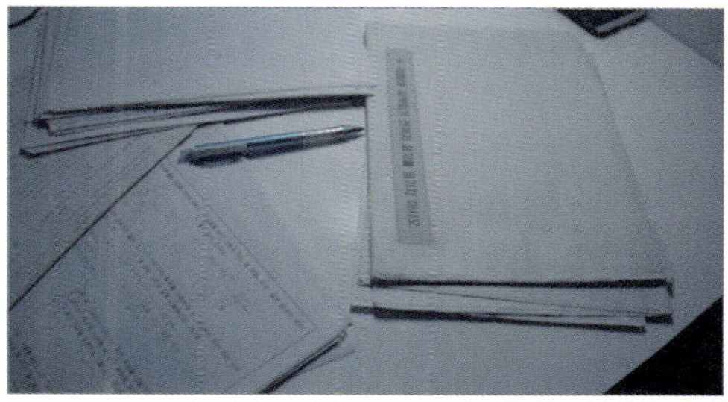

⓬ Overlay 가장 밝은 부분과 가장 어두운 부분의 색상은 거의 나타나지 않고 중간색으로 혼합됩니다.

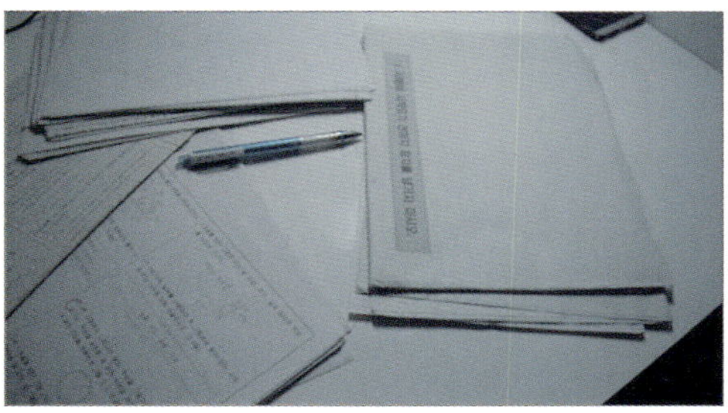

⓭ Soft Light 밝은 부분은 더 밝게, 어두운 부분은 더 어둡게 보이며 색상이 부드럽게 혼합됩니다.

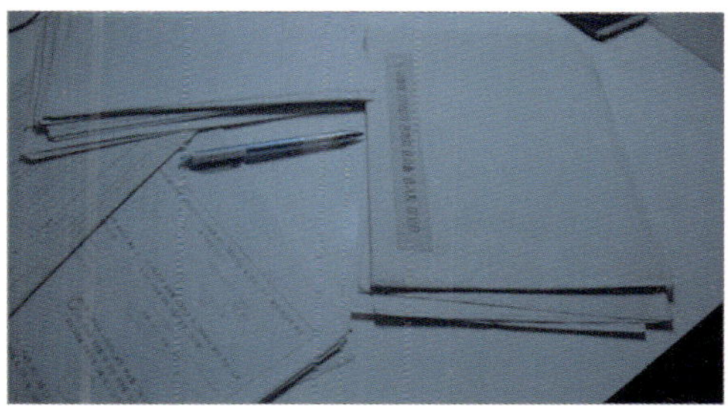

⓮ Hard Light Soft Light와 같은 방식이지만, 강한 조명을 비추는 것처럼 표현됩니다. 검은색과 흰색에는 변화가 없습니다.

⑮ **Vivid Light** 50% Gray보다 밝으면 대비가 감소되어 밝아지고, 50% Gray보다 어두우면 대비가 증가되어 어둡게 표현됩니다. 전체적으로 변색된 느낌입니다.

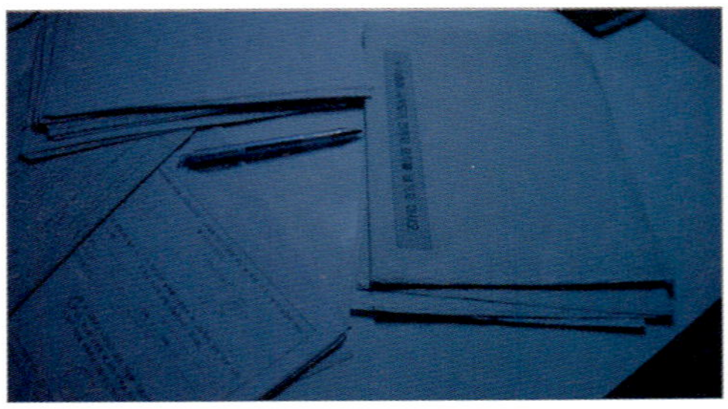

⑯ **Linear Light** 배경색과 상관없이 일률적으로 적용됩니다.

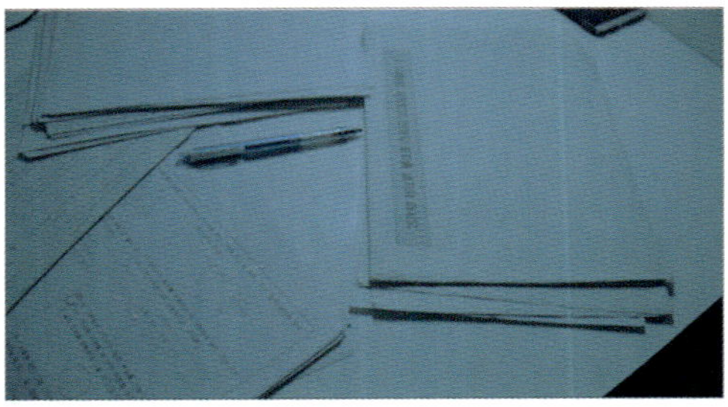

⑰ **Pin Light** Darken과 Lighten 모드가 합쳐진 효과입니다. 밝기 값을 약하게 적용하여 검은색과 흰색에는 변화가 없습니다.

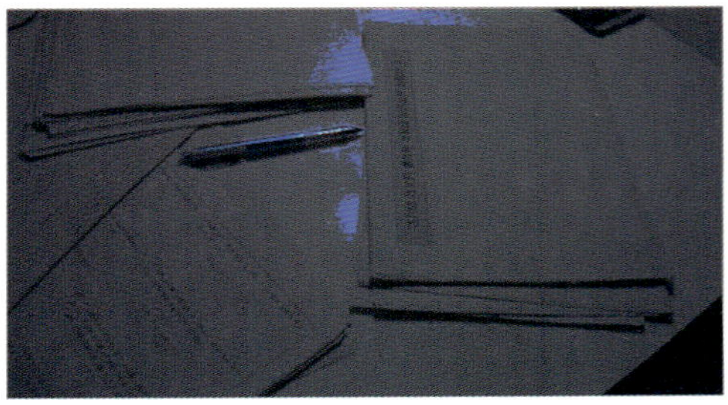

⑱ **Hard Mix** 클립의 색상이 거칠게 혼합되어 색상 대비가 커집니다.

⑲ **Difference** 두 클립의 색상 차이를 이용하여 혼합하는 방식으로, 이미지의 밝은 부분이 강한 보색으로 표현됩니다. 검은색은 변화가 없습니다.

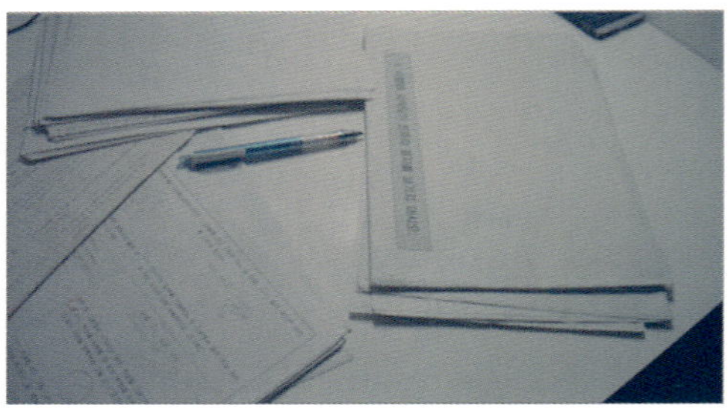

⑳ **Exclusion** Difference 모드와 비슷하지만, 좀 더 부드럽고 약하게 표현됩니다.

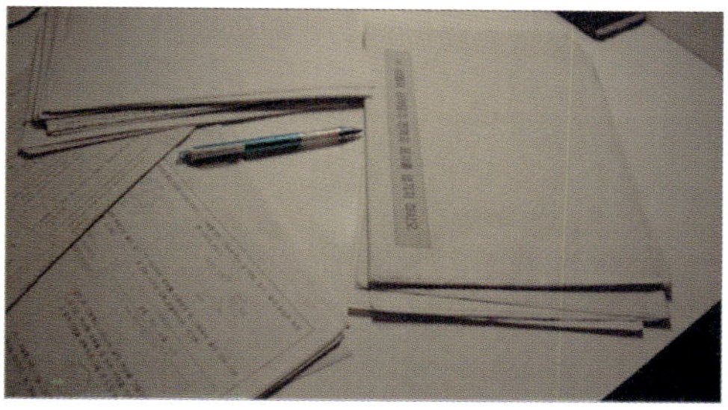

㉑ Subtract 기본 색상에서 혼합 색상이 제외되어 어둡게 표현됩니다.

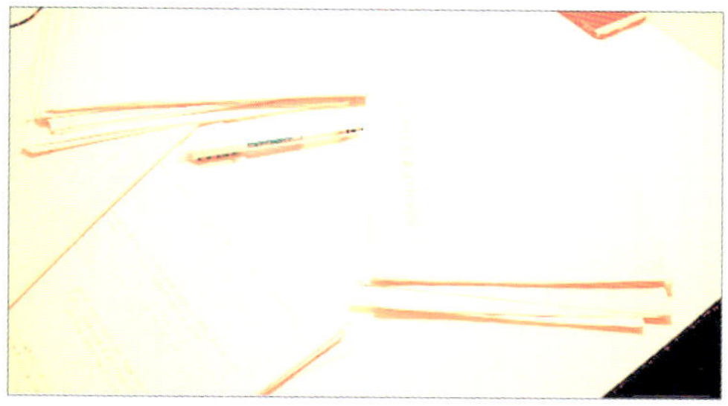

㉒ Divide 기본 색상에서 혼합 색상이 나뉘어 밝게 표현됩니다.

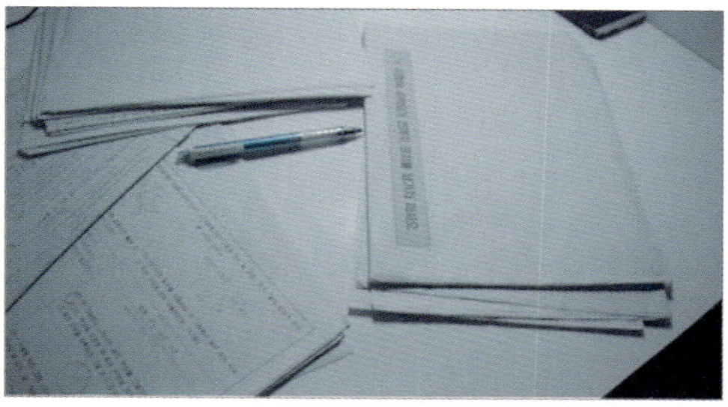

㉓ Hue 하위 클립의 색상을 상위 클립의 색상으로 변경합니다. 채도와 명도는 제외하고 오직 색상만으로 대치하여 적용합니다.

㉔ Saturation 상위 클립의 채도가 하위 클립에 영향을 줍니다. 하위 클립의 명도와 색상이 상위 클립의 채도에 더해집니다.

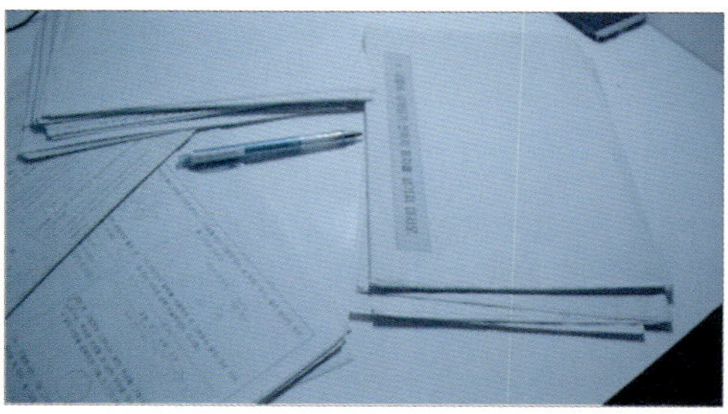

㉕ Color 상위 클립의 채도와 색상이 하위 클립의 명도에 더해져서 표현됩니다.

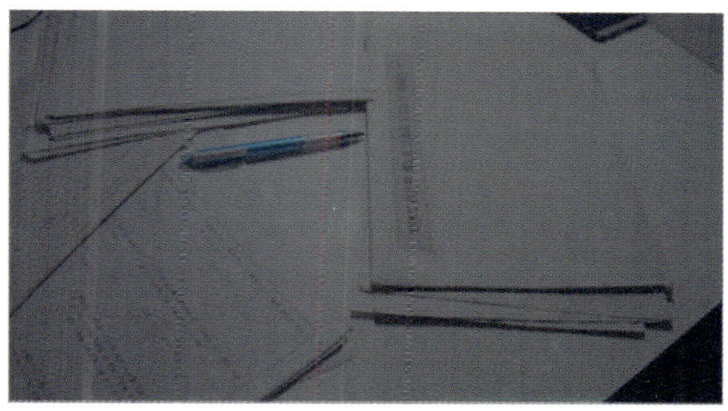

㉖ Luminosity 상위 클립의 명도에 하위 클립의 채도와 색상이 더해져서 표현됩니다.

08 타임라인 패널에서 비디오 3번(V3) 트랙 'Blue Color Matte' 소스 클립의 끝면을 드래그하여 비디오 1번(V1), 2번(V2) 트랙과 같은 길이로 늘립니다.

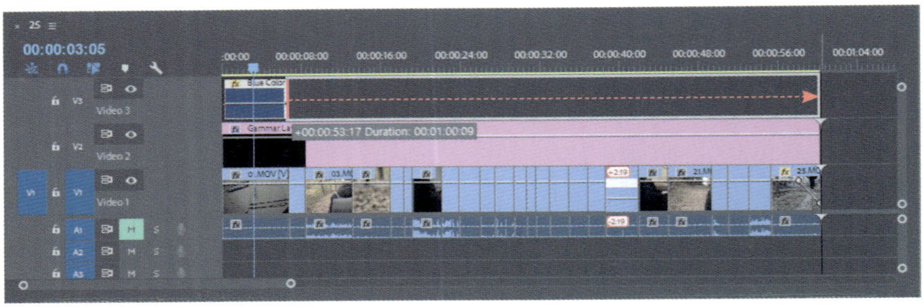

09 타임라인 패널의 타임 표시자를 00:00:10:13에 두고, 이펙트 컨트롤 패널에서 Opacity 항목의 Blend Mode를 Soft Light로 변경합니다.

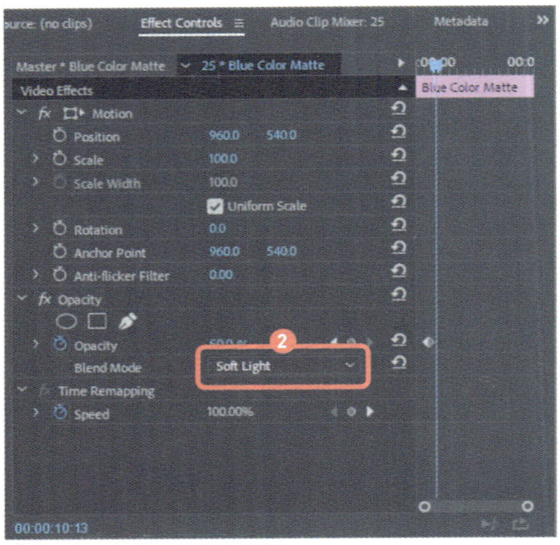

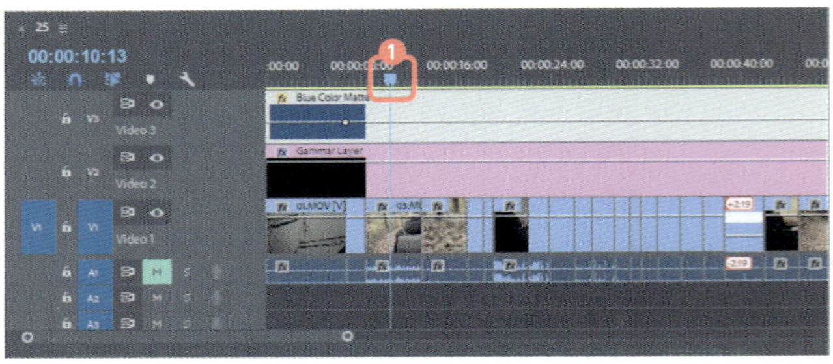

10 프로그램 모니터 패널의 재생 버튼(▶)을 클릭하면, 영상이 점점 푸른색으로 변하면서 끝나는 것을 확인할 수 있습니다.

점점 어두워져서 검정색으로 끝나는 영상 만들기

11 점점 어두워져서 검정색 화면으로 끝나는 영상을 만들기 위해 'Blue Color Matte' 소스 클립의 Opacity 속성을 변경하겠습니다. 타임라인 패널에서 'Blue Color Matte' 소스 클립을 선택하고 타임 표시자를 00:00:58:01로 옮긴 후 이펙트 컨트롤 패널에서 Opacity ▸ Opacity 항목의 키프레임 추가/삭제 버튼(◉)을 클릭합니다.

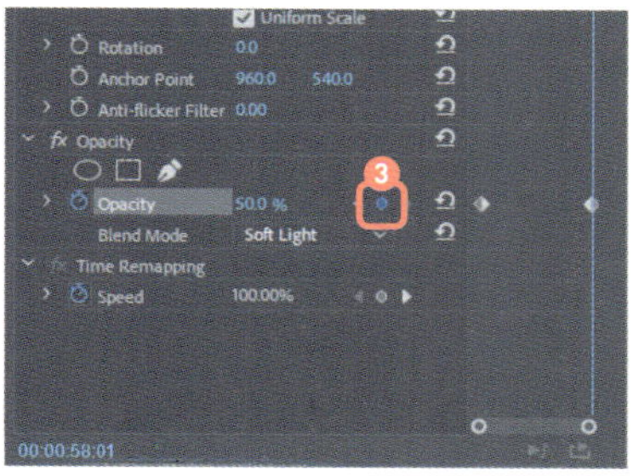

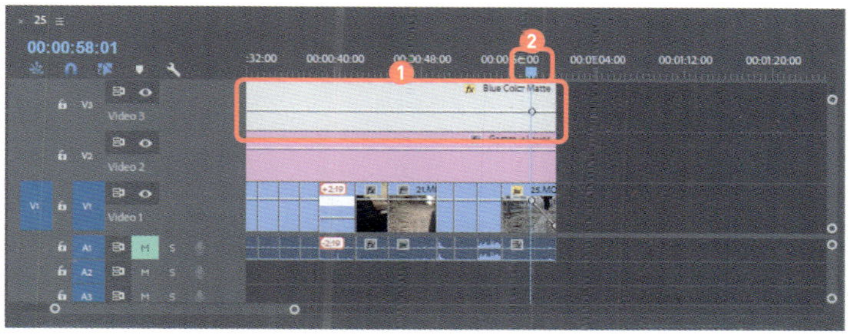

12 타임라인 패널에서 타임 표시자를 00:01:00:09로 옮기고 이펙트 컨트롤 패널에서 Opacity 값을 0으로 설정합니다.

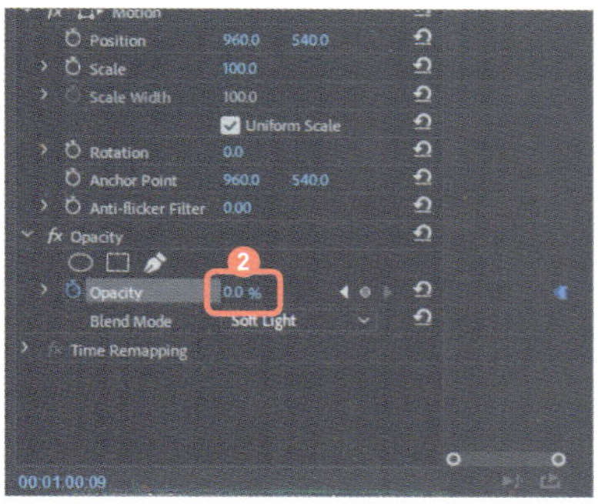

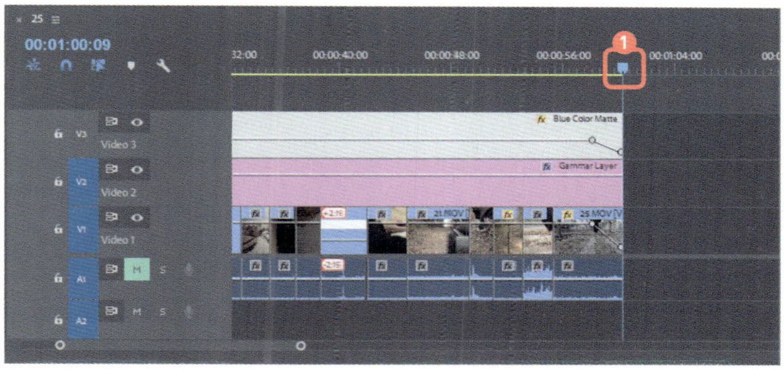

13 프로그램 모니터 패널에서 영상을 재생해 봅니다.

SECTION 04

포토샵 PSD 파일 불러오기

- **준비파일** PSD.prproj
- **완성파일** PSD_result.prproj

■ PREVIEW

▶ PLAY

OVERVIEW

프리미어 프로에서는 다양한 이미지 파일을 불러올 수 있습니다. 그 중에서 포토샵 파일인 PSD 파일에는 레이어가 있기 때문에 여러 가지 옵션 설정을 해야 합니다. 레이어가 포함된 포토샵 파일을 불러오고 옵션을 설정하는 방법에 대해 알아 봅니다.

PSD 자막 파일 불러오기

01 프리미어 프로를 실행하고 Home 대화상자에서 〈Open Project〉 버튼을 클릭해 'PSD.prproj' 프로젝트 파일을 불러온 후 영상을 확인합니다.

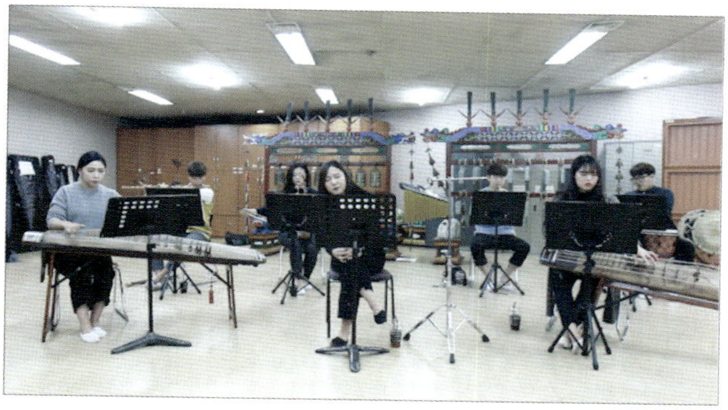

02 전통음악이 연주되다가 인터뷰 영상으로 연결되는데, 인터뷰 영상에 화자의 소개나 자막은 없습니다.

03 프로젝트 패널의 빈 공간을 더블클릭해 '인터뷰1.psd' 파일을 불러옵니다.

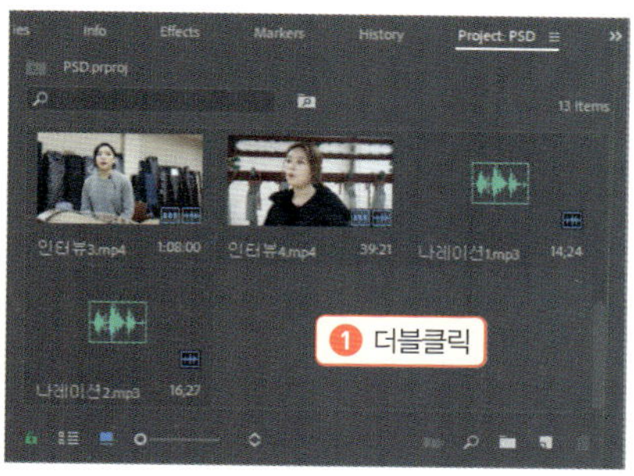

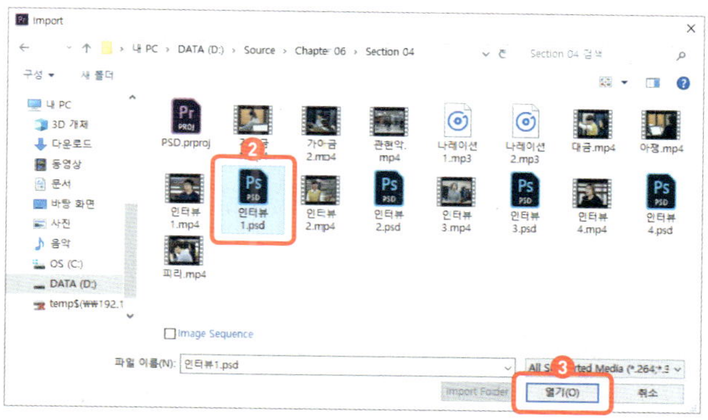

Tip 단축키 Ctrl+I를 눌러도 파일을 불러올 수 있습니다.

04 Import Layered File 대화상자가 열립니다. Import As에서 Individual Layers를, Footage Dimensions에서 Document Size를 선택하고 〈OK〉 버튼을 클릭합니다.

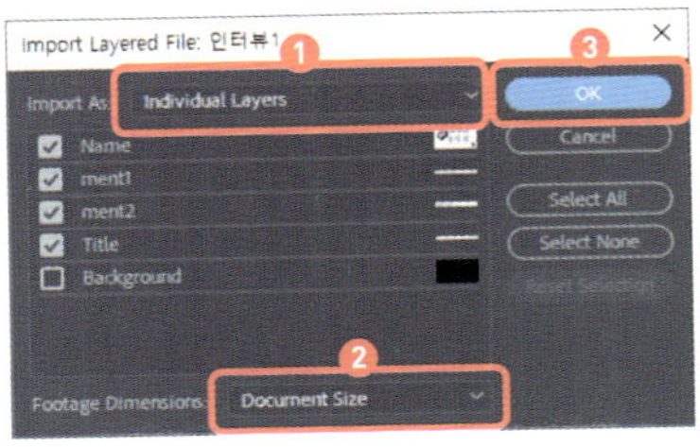

Tip Footage Dimensions에서 Layer Size를 선택하면 각 레이어의 이미지 사이즈에 맞게 이미지가 불러와집니다.

여기서 잠깐! Import As

Import Layered File 대화상자의 Import As에는 Marge All Layers, Marged Layers, Individual Layers, Sequence의 네 가지 옵션이 있습니다.

1. **Marge All Layers** 파일의 모든 레이어를 병합한 이미지를 불러옵니다.
2. **Marged Layers** 불필요한 레이어를 제외하고, 필요한 레이어를 선택해 한 장의 이미지로 불러옵니다.
3. **Individual Layers** 레이어를 선택해 각각의 분리된 이미지로 불러옵니다.
4. **Sequence** 프로젝트 패널에 폴더가 추가되고, 그 안에 시퀀스가 만들어지며 선택한 레이어들이 분리되어 삽입됩니다.

불러온 PSD 자막 파일을 영상에 적용하기

05 프로젝트 패널에 포토샵 파일의 이름과 동일한 '인터뷰1' 폴더가 생성되었습니다. 폴더를 더블클릭해 그 안에 있는 레이어들을 확인합니다.

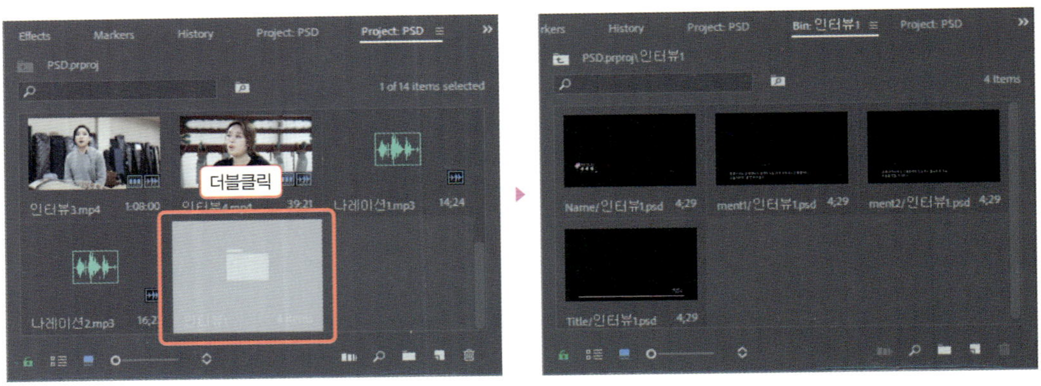

06 타임라인 패널에서 타임 표시자를 00:00:25:02에 두고, 프로젝트 패널에서 'Name/인터뷰1.psd' 레이어 파일을 타임라인 패널의 비디오 2번(V2) 트랙의 타임 표시자 뒤쪽으로 드래그합니다.

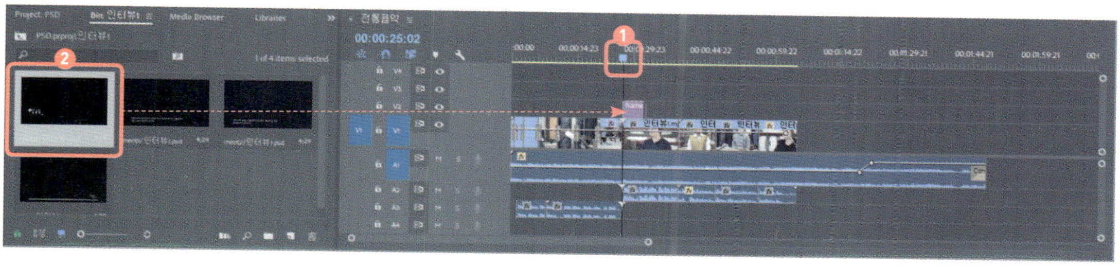

07 이번에는 'ment1/인터뷰1.psd' 레이어 파일을 타임라인 패널의 비디오 3번(V3) 트랙의 타임 표시자 뒤쪽으로 드래그합니다.

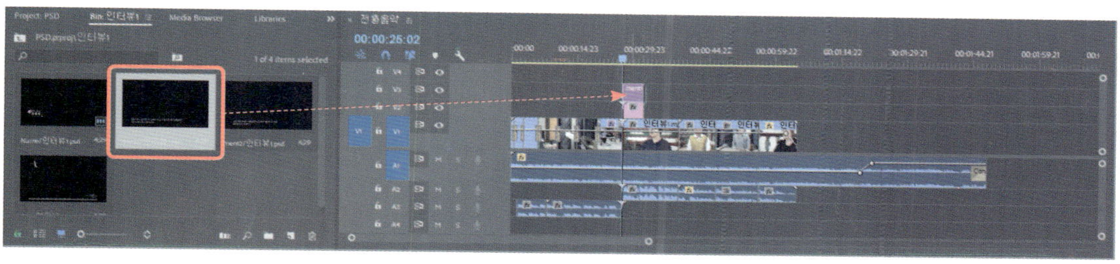

08 프로그램 모니터 패널의 재생 버튼(▶)을 클릭해 영상에 자막이 들어간 것을 확인합니다.

자막과 음성의 싱크 맞추기

09 자막과 인터뷰어의 말이 일치하도록 길이를 조절하겠습니다. 타임라인 패널에서 타임 표시자를 00:00:33:01에 두고 비디오 3번(V3) 트랙에 있는 'ment1' 레이어의 오른쪽 면을 타임 표시자까지 드래그하여 길이를 늘립니다.

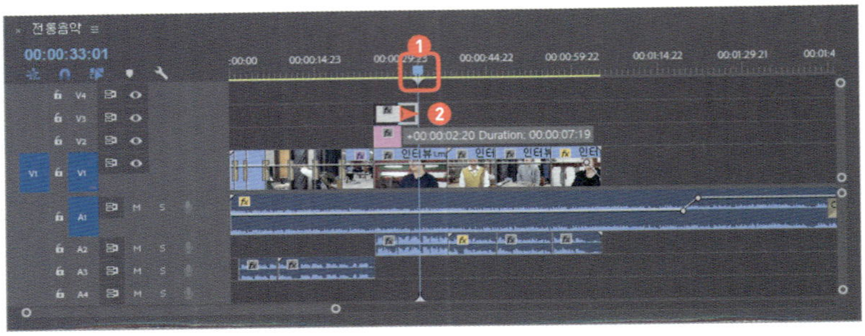

Tip 스틸 이미지는 소스 클립의 끝 부분에 마우스를 가져가 드래그하면 길이를 늘일 수 있습니다.

10 인터뷰어의 말과 일치하도록 추가 자막을 넣겠습니다. 프로젝트 패널에서 'ment2/인터뷰1.psd' 레이어를 타임라인 패널의 비디오 3번(V3) 트랙 'ment1' 레이어 뒤로 드래그합니다.

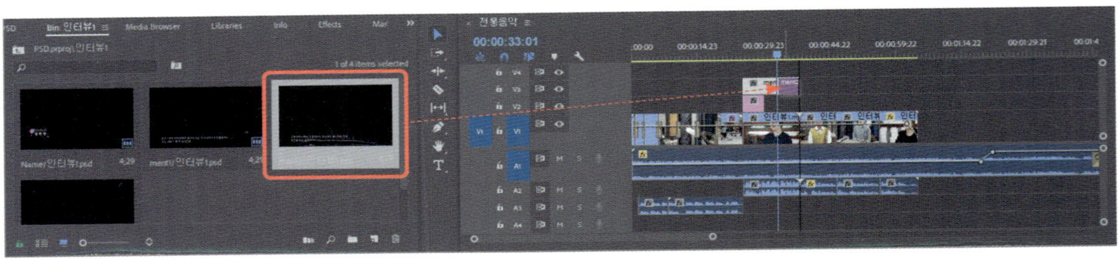

11 프로그램 모니터 패널에서 재생해 보고, 인터뷰의 내용과 자막 이미지의 싱크가 맞는지 확인합니다.

자막의 길이 늘리기

12 인터뷰보다 자막 이미지가 먼저 사라지므로 타임라인 패널의 비디오 3번(V3) 트랙에서 'ment2' 레이어를 비디오 1번(V1) 트랙의 '인터뷰1' 소스 클립의 길이에 맞춰 늘립니다.

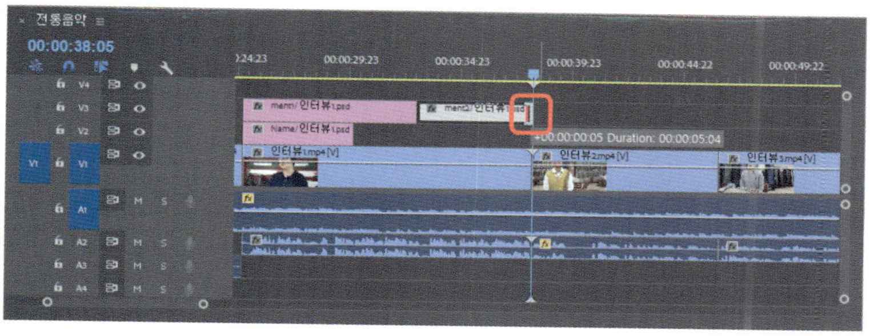

13 프로젝트 패널에서 'Title/인터뷰1.psd' 레이어를 타임라인 패널의 비디오 1번(V1) 트랙 '인터뷰1' 소스 클립과 같은 시작점에 비디오 4번(V4) 트랙으로 드래그합니다.

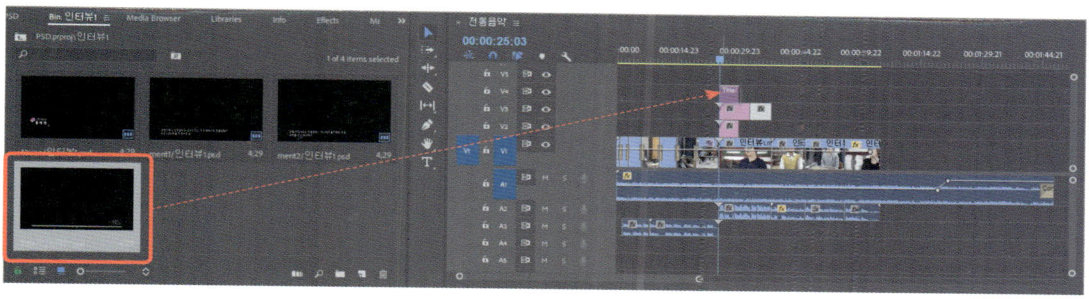

14 'Title' 레이어 소스 클립도 비디오 1번(V1) 트랙의 '인터뷰1' 소스 클립과 같이 끝나도록 길이를 늘립니다.

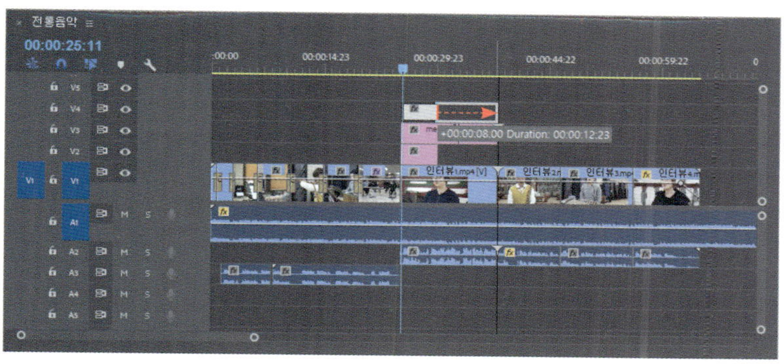

15 프로그램 모니터 패널에서 재생 버튼(▶)을 클릭해 포토샵 파일의 레이어가 추가된 영상을 확인합니다.

이름 자막 서서히 나타났다가 사라지게 하기

16 'Name' 레이어가 서서히 나타났다 사라지게 하기 위해 Opacity 값을 조절하겠습니다. 타임라인 패널에서 타임 표시자를 00:00:25:20에 두고 비디오 2번(V2) 트랙의 'Name' 레이어를 선택한 후, 이펙트 컨트롤 패널에서 Opacity ▸ Opacity 항목의 키프레임 추가/삭제 버튼(◆)을 클릭합니다.

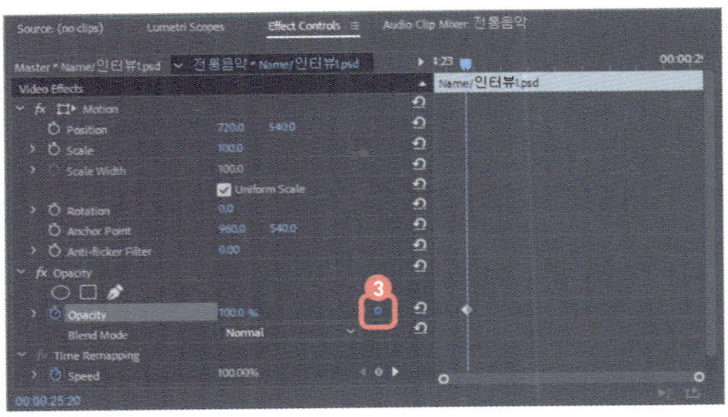

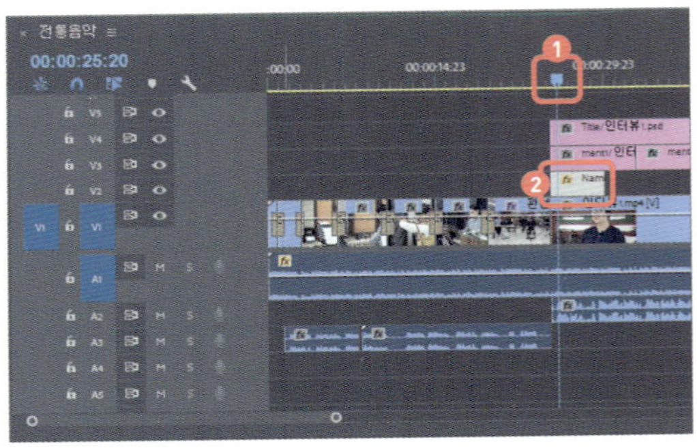

17 타임라인 패널의 타임 표시자를 00:00:27:21로 옮기고 이펙트 컨트롤 패널에서 Opacity ▸ Opacity 항목의 키프레임 추가/삭제 버튼(◆)을 클릭합니다.

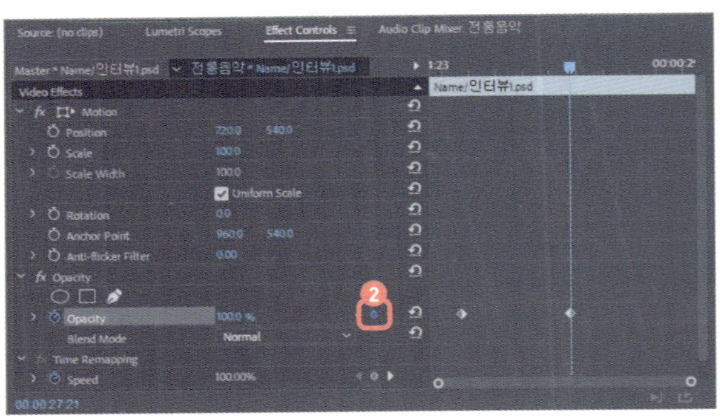

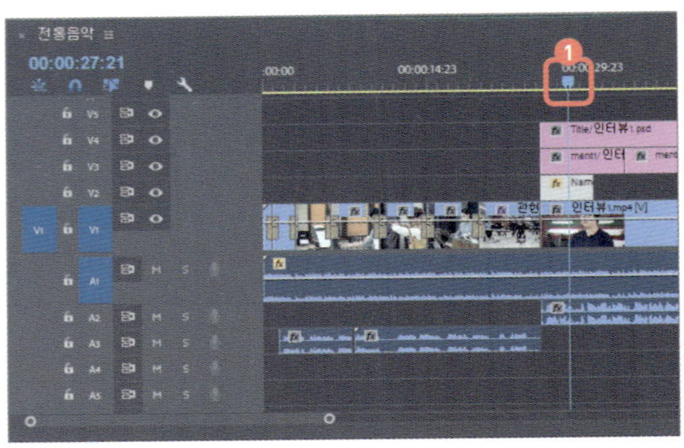

18 타임라인 패널의 타임 표시자를 00:00:28:08로 옮기고 이펙트 컨트롤 패널에서 Opacity 값을 0으로 변경합니다.

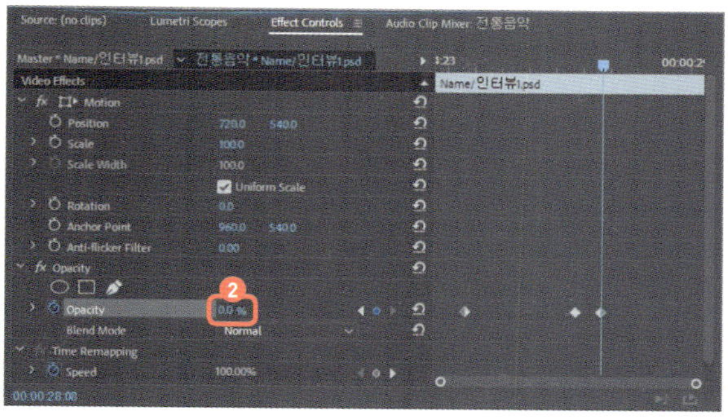

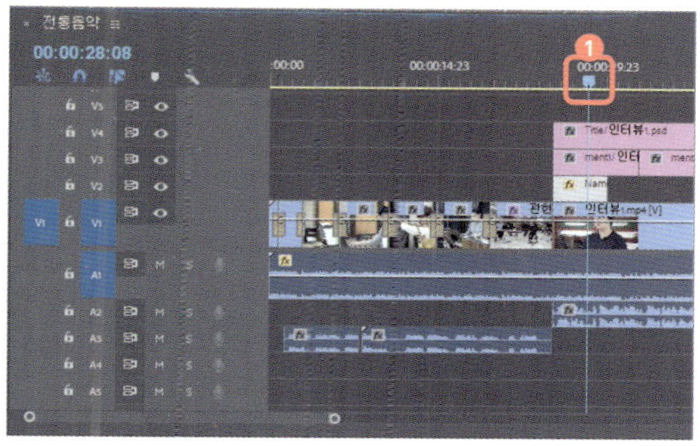

19 타임라인 패널에서 'Name' 소스 클립의 길이를 타임 표시자까지 줄입니다.

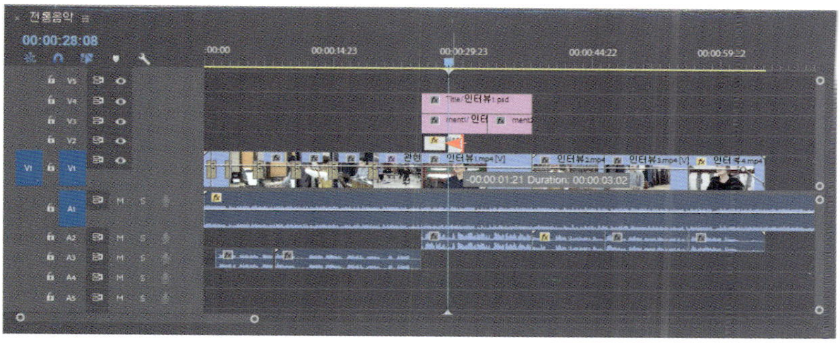

20 타임라인 패널에서 타임 표시자를 00:00:25:07로 옮기고 이펙트 컨트롤 패널에서 Opacity 값을 0으로 변경합니다.

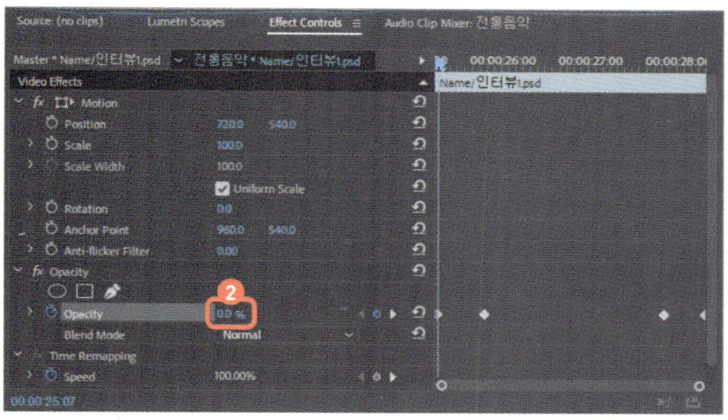

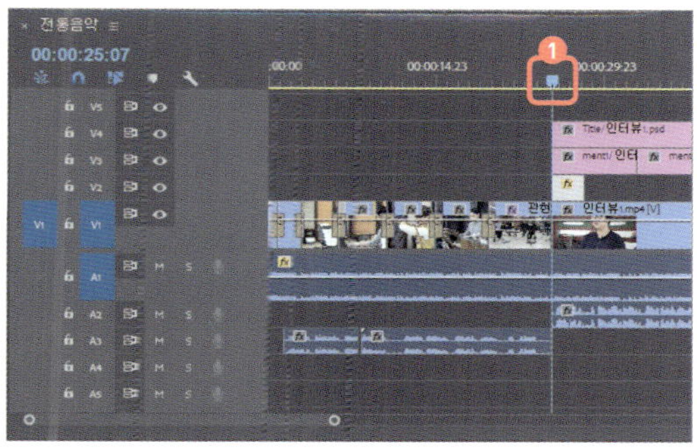

추가 자막 파일 불러와 적용하기

21 단축키 Ctrl+I를 눌러 Import 대화상자가 열리면 '인터뷰2.psd' 파일을 선택하고 〈열기〉 버튼을 클릭합니다. Import Layered File 대화상자에서 Import As는 Individual Layers로, Footage Dimensions은 Document Size로 설정하고 〈OK〉 버튼을 클릭합니다.

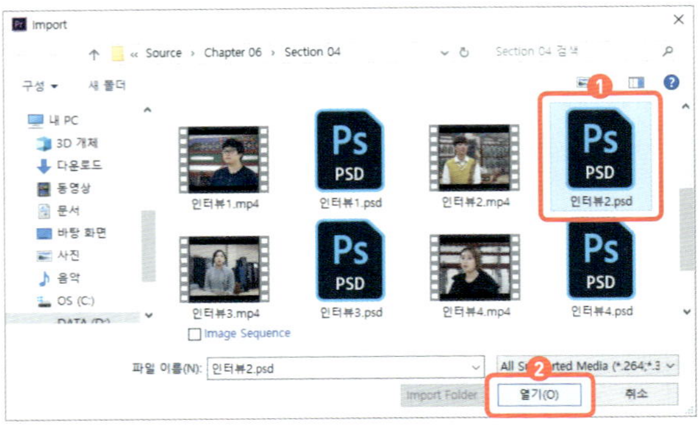

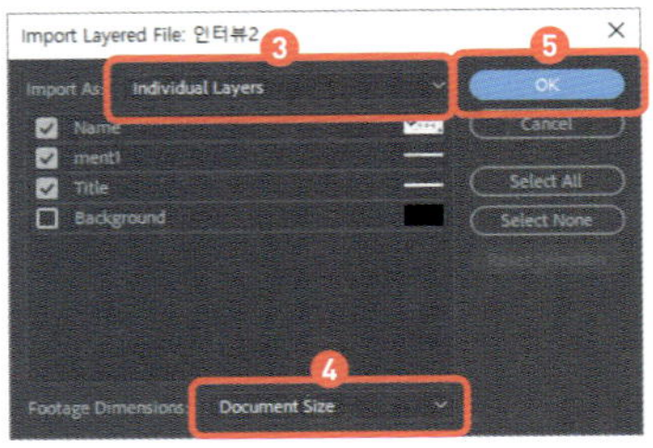

22 타임라인 패널의 타임 표시자를 00:00:38:05에 두고, 프로젝트 패널에서 '인터뷰2' 폴더를 더블클릭해 연 후 'Name/인터뷰2.psd' 레이어를 타임라인 패널의 비디오 2번(V2) 트랙 타임 표시자 위치로 드래그합니다.

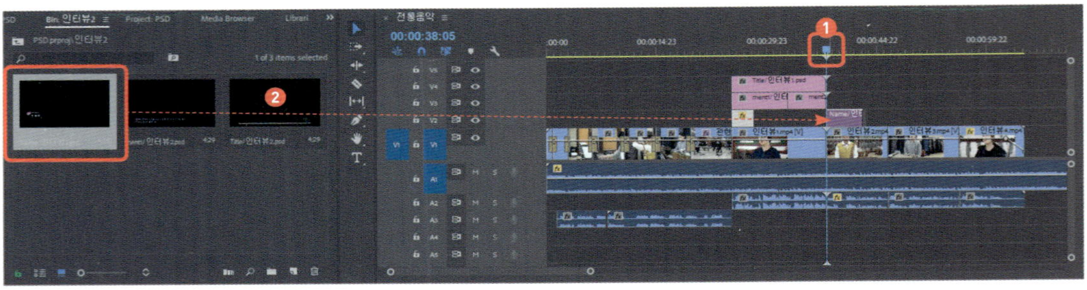

23 'Name/인터뷰1' 레이어의 Opacity 속성 값을 복사하기 위해 비디오 2번(V2) 트랙의 'Name/인터뷰1' 레이어를 선택하고 이펙트 컨트롤 패널에서 Opacity의 키프레임을 모두 드래그하여 선택한 후 단축키 Ctrl+C를 누릅니다.

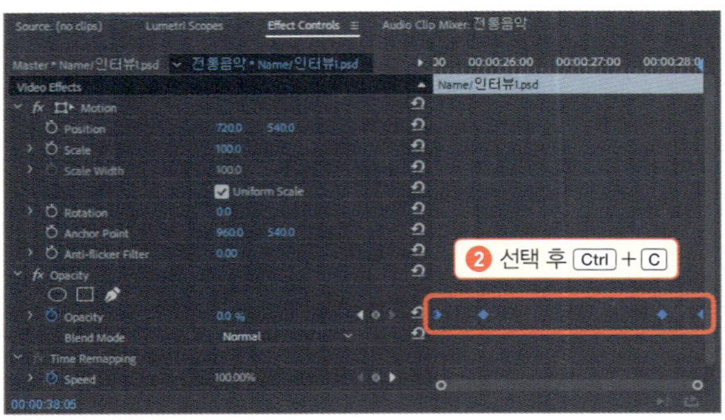

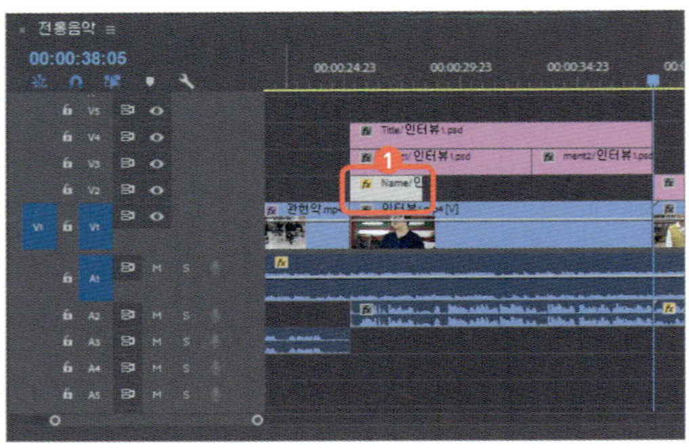

24 복사한 속성 값을 붙여넣기 위해 비디오 2번(V2) 트랙의 'Name/인터뷰2' 레이어를 선택하고, 이펙트 컨트롤 패널에서 Opacity를 선택한 후 단축키 Ctrl+V를 눌러 키프레임을 붙여넣습니다.

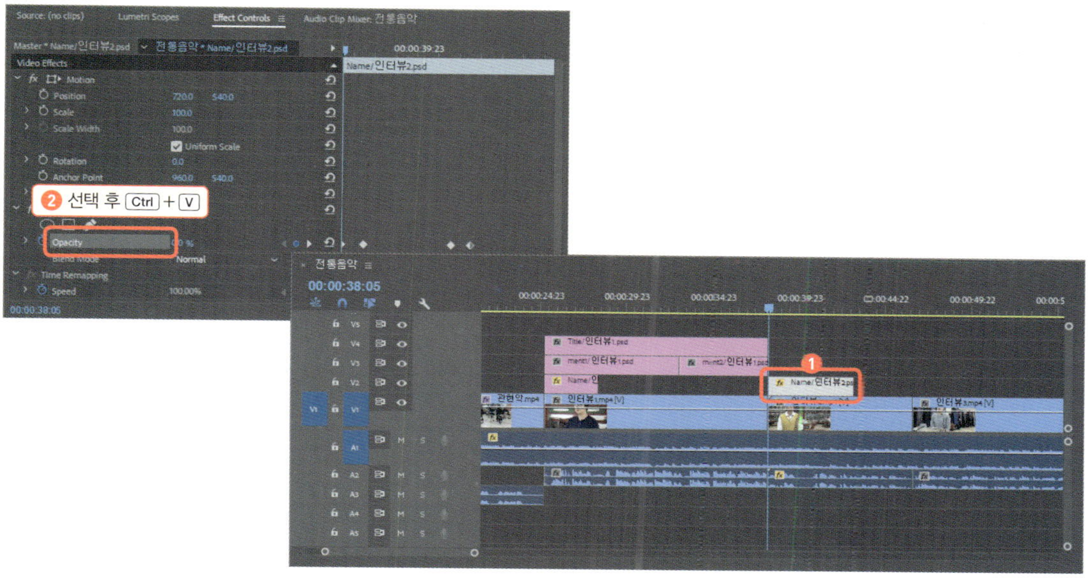

25 타임라인 패널의 타임 표시자를 00:00:41:04에 두고 'Name/인터뷰2' 레이어의 길이를 타임 표시자 위치까지 줄입니다.

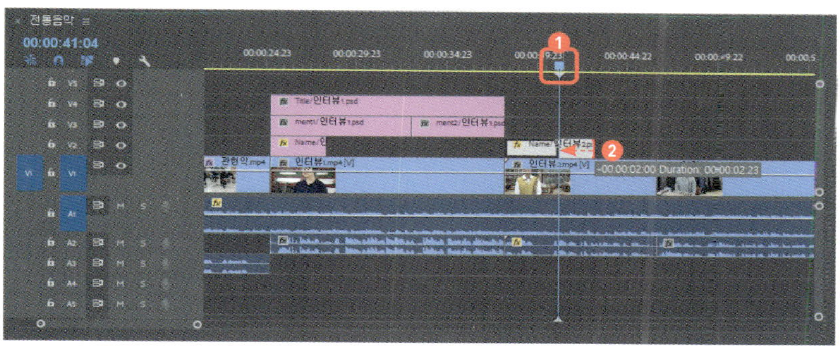

26 타임라인 패널의 타임 표시자를 00:00:38:03으로 옮기고, 프로젝트 패널의 'ment1/인터뷰2.psd' 레이어를 타임라인의 비디오 3번(V3) 트랙으로 드래그합니다.

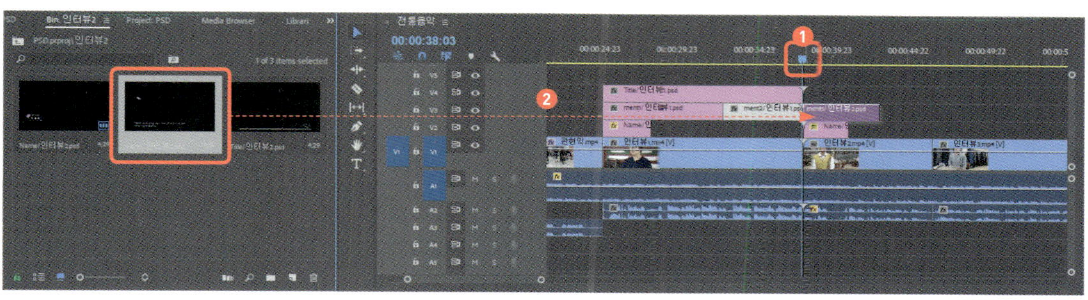

27 타임라인 패널에서 타임 표시자를 '인터뷰2' 소스 클립이 끝나는 00:00:46:15로 옮기고, 비디오 3번(V3) 트랙에 있는 'ment1/인터뷰2.psd'의 길이를 타임 표시자 위치까지 늘립니다.

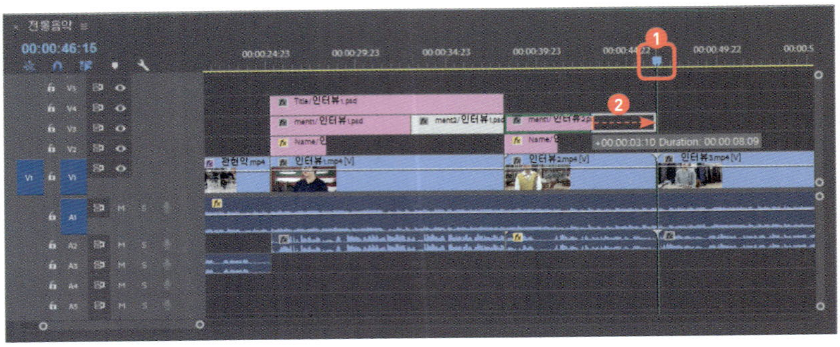

28 프로젝트 패널의 'Title/인터뷰2.psd' 레이어를 타임라인 패널의 비디오 4번(V4) 트랙으로 드래그하고, 끝점을 타임 표시자까지 드래그합니다.

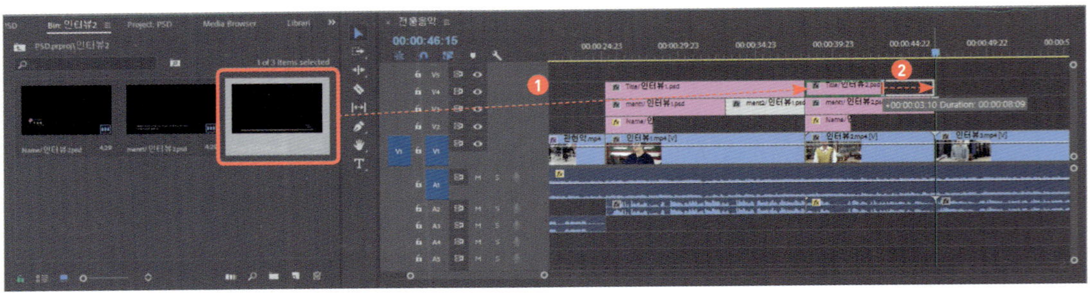

29 프로그램 모니터 패널에서 작업 영상을 재생해 봅니다.

SECTION 05

시퀀스 파일의 소스 합성하기

- **준비파일** Sequence.prproj
- **완성파일** Sequence_result.prproj

■ PREVIEW

▶ PLAY

OVERVIEW

동영상의 각 프레임을 프레임 수만큼 사진으로 표현하는 것을 시퀀스 이미지라고 합니다. 시퀀스는 연속된 번호를 가지고 있으므로 한 장의 사진 이미지를 선택했을 때 연속되는 번호의 시퀀스 이미지를 동영상과 같은 시간으로 불러올 수 있습니다. 이미지 시퀀스의 포맷은 jpg, png, tiff 등으로 사진 파일과 같습니다. 3D 프로그램(Maya, Max 등)에서 오브젝트와 그림자를 따로 png 포맷의 이미지 시퀀스로 렌더링한 소스를 불러오고 시퀀스 이미지를 제어하는 방법을 배웁니다.

연속되는 이미지 시퀀스 파일 합성하기

01 프리미어 프로를 실행하고 Home 대화상자에서 〈Open Project〉 버튼을 클릭해 'Sequence.prproj' 프로젝트 파일을 불러온 후 영상을 확인합니다.

02 시퀀스로 된 소스 클립을 불러오겠습니다. 프로젝트 패널의 빈 공간을 더블클릭해 Import 대화상자가 열리면 'Object' 폴더를 더블클릭해 엽니다.

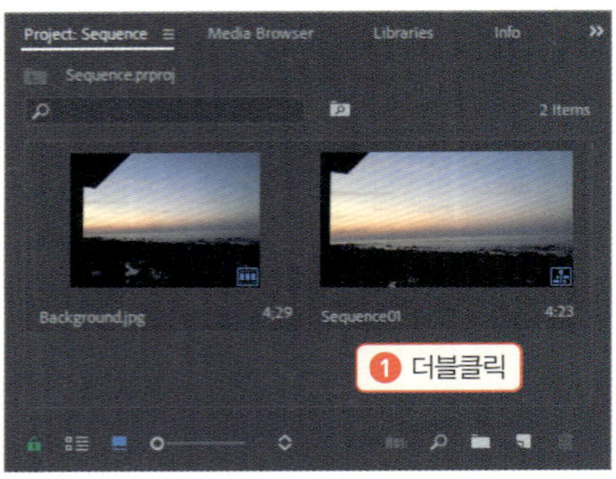

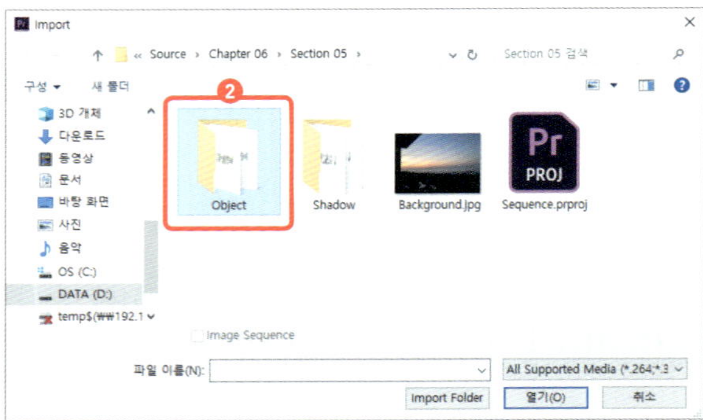

03 'Object' 폴더 안에 있는 파일 중 'Object000.png'를 선택하고 Image Sequence에 체크한 후 〈열기〉 버튼을 클릭합니다.

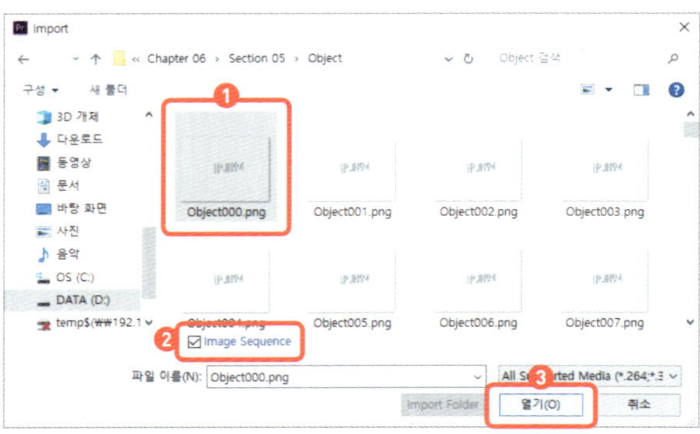

Tip 첫 번째 파일을 선택한 후 Import 대화상자 하단의 Image Sequence에 체크하면 선택된 파일 이후로 연속되는 번호의 끝 번호 파일까지 불러와집니다.

04 프로젝트 패널에서 'Object' 시퀀스 파일을 타임라인 패널 비디오 2번(V2) 트랙으로 드래그합니다.

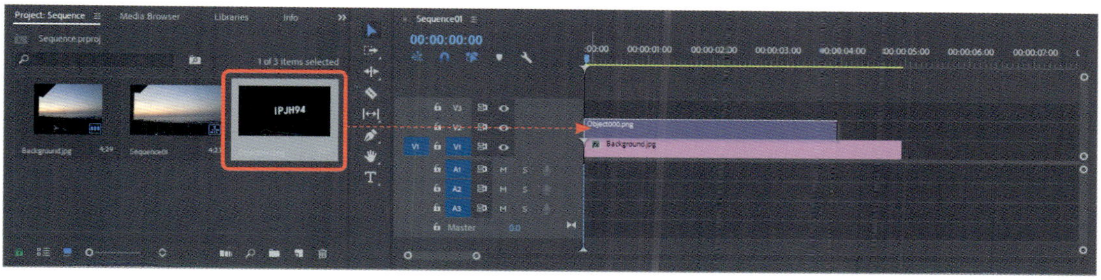

05 프로그램 모니터 패널의 재생 버튼(▶)을 클릭해 시퀀스 파일을 확인합니다.

그림자 시퀀스 파일 합성하기

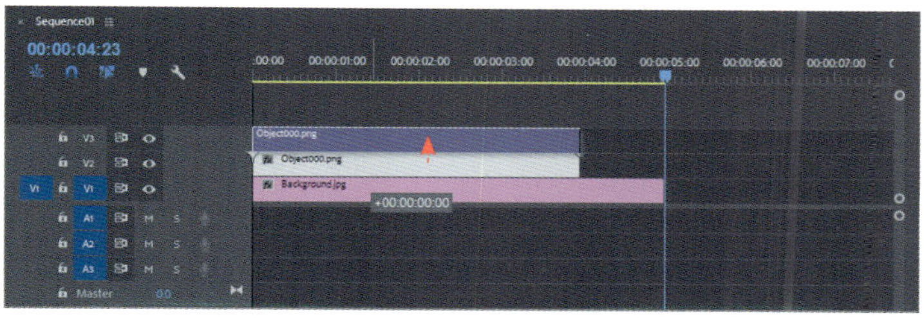

06 그림자 부분의 시퀀스 파일을 불러오기 위해 'Object' 시퀀스 파일을 드래그해 비디오 3번(V3) 트랙으로 이동시킵니다.

07 단축키 Ctrl+I를 눌러 Import 대화상자를 열고 'Shadow' 폴더에 있는 'Shadow000.png' 파일을 선택합니다. Image Sequence에 체크하고 〈열기〉 버튼을 클릭합니다.

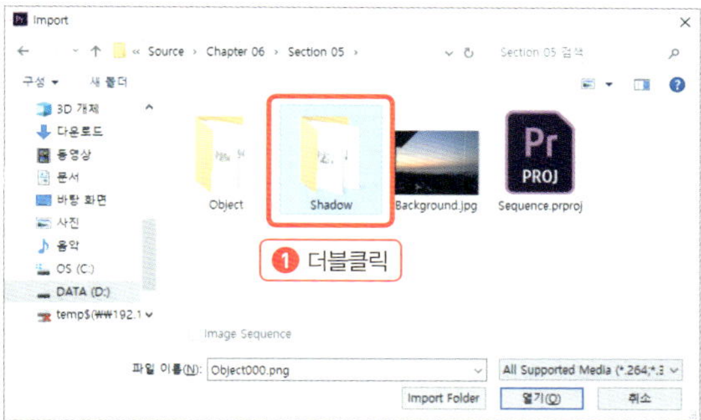

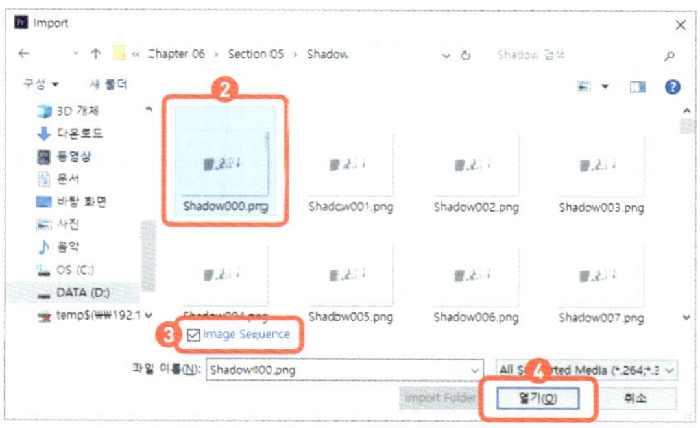

08 프로젝트 패널에서 'Shadow000.png' 시퀀스 파일을 타임라인 패널의 비디오 2번(V2) 트랙으로 드래그합니다.

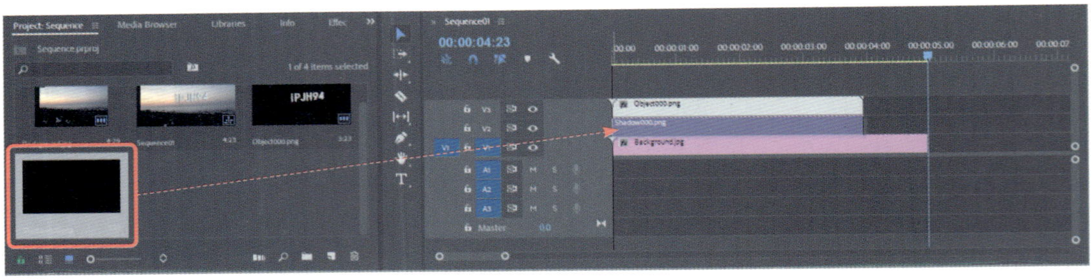

09 프로그램 모니터 패널의 재생 버튼(▶)을 클릭해 시퀀스 파일을 확인합니다.

10 'Shadow' 시퀀스 파일의 모양을 확인하기 위해 타임라인 패널에서 비디오 3번(V3) 트랙의 트랙 출력 켜기/끄기 버튼( )을 클릭해 'Object' 시퀀스가 화면에 보이지 않도록 합니다. 파일을 재생해 확인합니다.

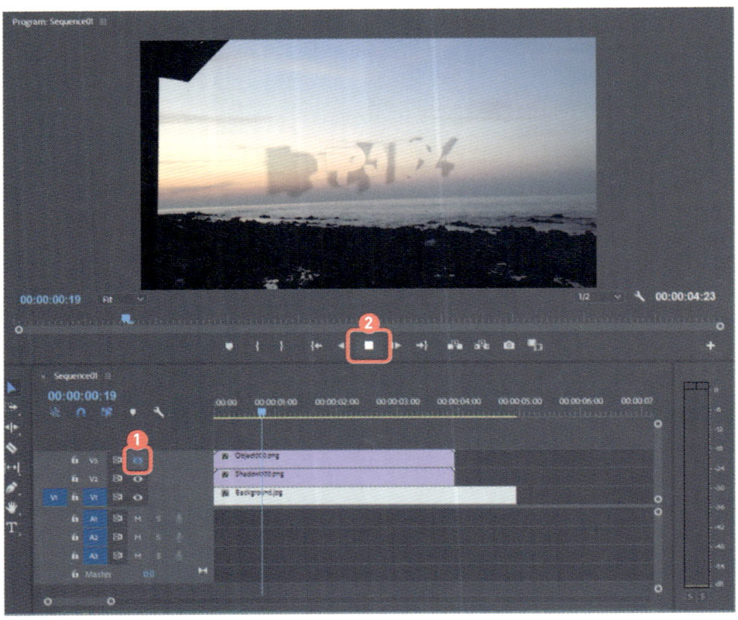

11 타임라인 패널에서 비디오 3번(V3) 트랙의 트랙 출력 켜기/끄기 버튼(👁)을 클릭해 'Object' 시퀀스가 다시 보이게 합니다. 비디오 3번(V3) 트랙의 'Object' 시퀀스를 선택한 후 이펙트 컨트롤 패널에서 Opacity 항목의 Opacity 값을 50으로 변경하고 Blend Mode는 Hard Light로 설정합니다.

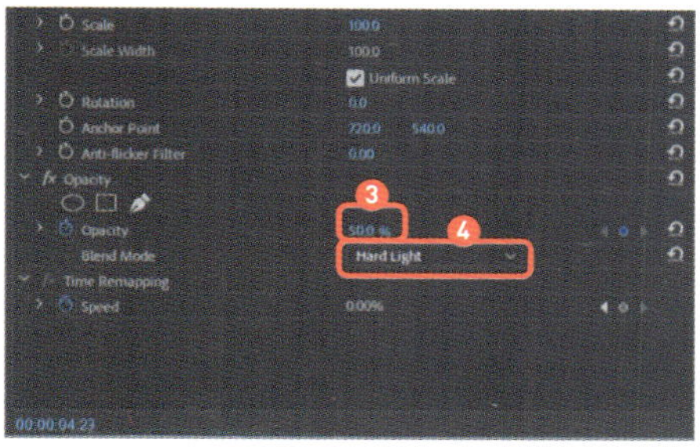

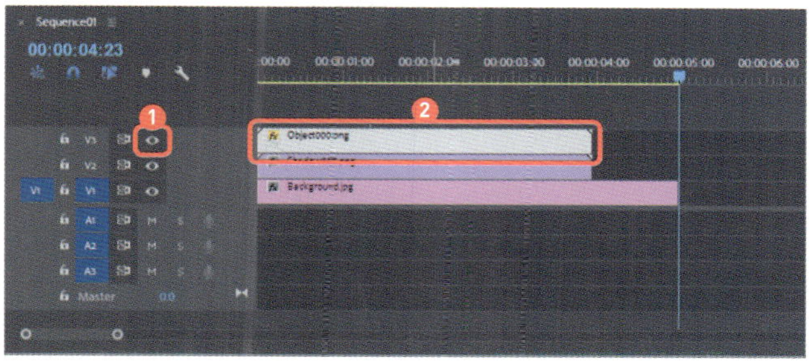

12 프로그램 모니터 패널에서 작업 영상을 재생해 봅니다.

여기서 잠깐!

이미지 시퀀스(Image Sequence)

마야(Maya)나 3D Max 같은 프로그램에서는 3D 오브젝트를 만들어 맵 소스를 입히고 애니메이션 작업과 함께 조명을 생성해 렌더링을 하는 등 여러 단계를 거쳐 최종 이미지를 얻습니다. 뿐만 아니라 렌더링 이후에도 더 좋은 결과물을 얻기 위해 다른 그래픽 프로그램들을 이용하는데, 이 과정에서 파일의 호환성을 높이고 레이어 합성 모드를 이용하기 위해 동영상보다는 이미지 시퀀스로 렌더링을 하는 경우가 많습니다. 어떤 경우에는 오브젝트와 하이라이트, 그림자, 스펙큘러 등을 모두 다른 시퀀스로 렌더링하고 각각의 폴더에 저장하기도 합니다.

CHAPTER

07

자막과 타이틀 제작

프리미어 프로에서는 타이틀을 제작하고 자막 효과를 활용할 수 있습니다. 이 CHAPTER에서는 다양한 자막 효과를 내기 위해 필요한 기능을 알아보고 속성을 제어하는 방법을 배웁니다. 단순히 텍스트를 입력하는 기능만 익히기보다는 편집한 영상과 어울리는 완성도 높은 타이틀을 디자인할 수 있도록 합니다.

SECTION 01

타이프 툴로 자막 만들기

- **준비파일** Subtitle.prproj, 인터뷰1.txt
- **완성파일** Subtitle_result.prproj

■ PREVIEW

▶ PLAY

OVERVIEW

프리미어 프로에서는 간단한 텍스트 내용을 입력할 수 있는 타이프 툴이 있습니다. 툴 패널의 타이프 툴(Type Tool)을 선택하고 프로그램 모니터 패널에서 화면에 직접 입력할 수 있어 매우 편리합니다. 세로 타이프 툴(Vertical Type Tool)을 이용해 세로로 써지는 텍스트를 입력할 수도 있습니다.

타이프 툴을 선택하고 첫 번째 자막 텍스트 붙여넣기

01 프리미어 프로를 실행하고 Home 대화상자에서 〈Open Project〉 버튼을 클릭해 'Subtitle.prproj' 프로젝트 파일을 불러온 후 영상을 확인합니다.

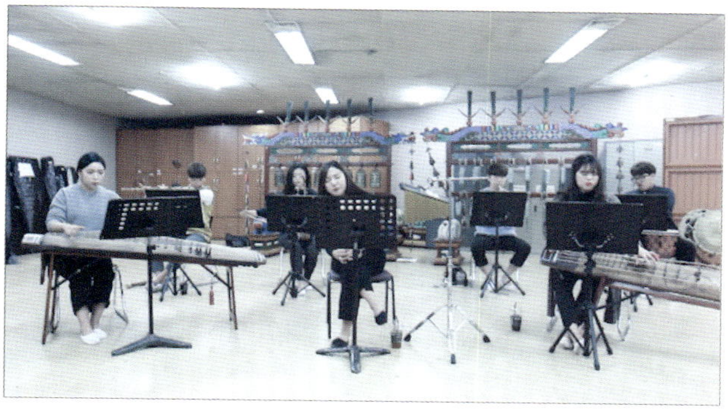

02 타임라인 패널의 타임 표시자를 인터뷰어의 이름이 등장하는 장면인 00:00:26:05에 두고, 툴 패널에서 타이프 툴(T)을 선택해 프로그램 모니터 패널 화면의 자막이 들어갈 위치를 클릭합니다.

03 윈도우에서 파일 탐색기를 열고 소스 파일이 있는 'Chapter 07' ▸ 'Section 01' 폴더에서 '인터뷰1.txt' 텍스트 파일을 엽니다. 메모장에서 첫 번째 단락을 드래그하여 선택하고 단축키 Ctrl + C 를 눌러 복사합니다.

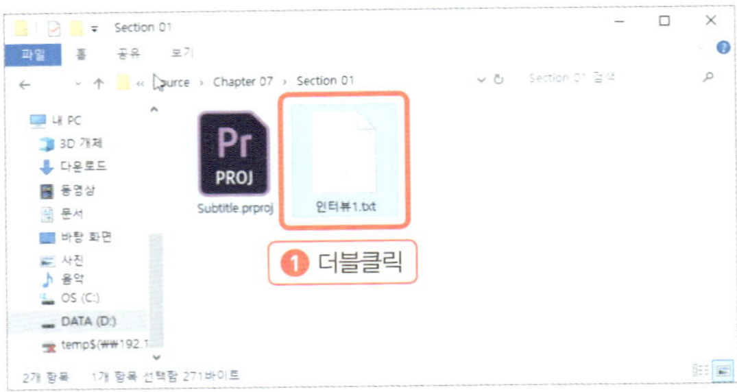

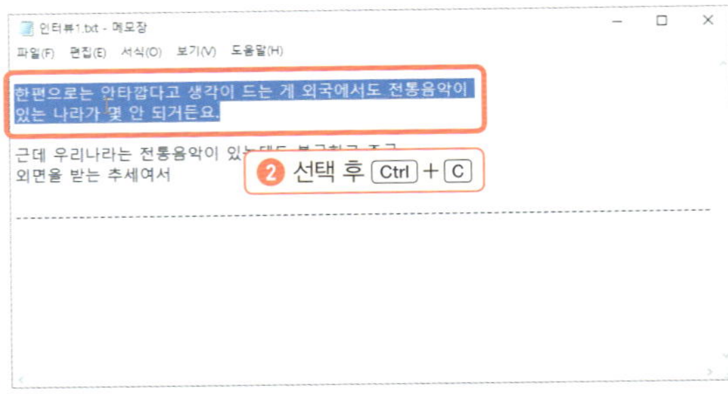

04 프리미어 프로로 돌아와 단축키 Ctrl + V 를 눌러 텍스트를 붙여넣습니다. 타임라인 패널에서 텍스트 소스 클립이 생긴 것을 확인하고, 이펙트 컨트롤 패널에서 조정할 수 있는 속성 값도 살펴봅니다.

붙여넣은 첫 번째 자막 텍스트 편집하기

05 두 번째 줄의 "있는~" 앞을 클릭하고 Backspace 를 눌러 불필요한 줄 간격을 삭제합니다.

06 이펙트 컨트롤 패널의 Text ▸ Source Text 항목에서 텍스트 크기를 60으로 줄이고, 서체를 'Batang(바탕)'으로 바꿉니다.

07 이펙트 컨트롤 패널의 Text ▸ Appearance 항목에서 Shadow에 체크하고, Shadow 속성에서 그림자의 투명도를 70%, 그림자의 거리를 7.0으로 변경합니다. 자막 위치를 조정하기 위해 Transform 항목의 Position 값을 94.5, 945로 조절하여 인터뷰어의 이름 아래에 위치시킵니다.

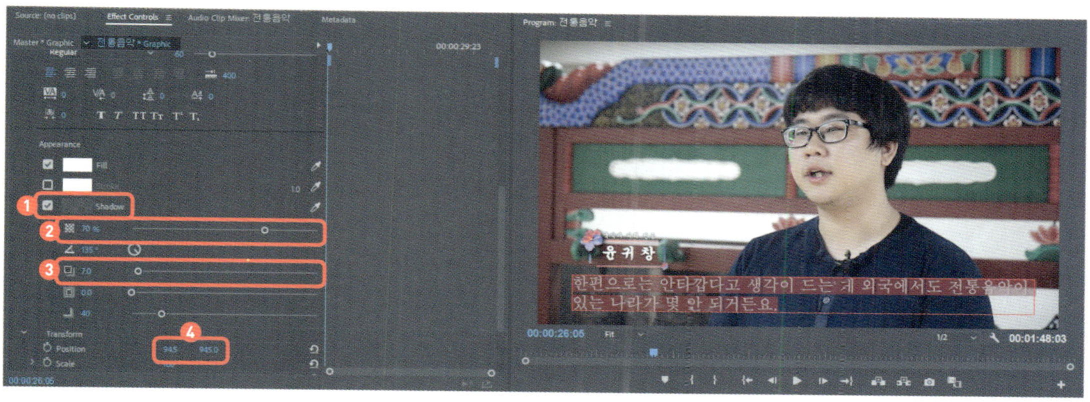

08 멘트와 자막을 맞추기 위해 타임라인 패널에서 타임 조절자를 00:00:33:10에 두고, 비디오 3번(V3) 트랙에 있는 텍스트 소스 클립의 오른쪽 끝점을 타임 조절자까지 드래그합니다.

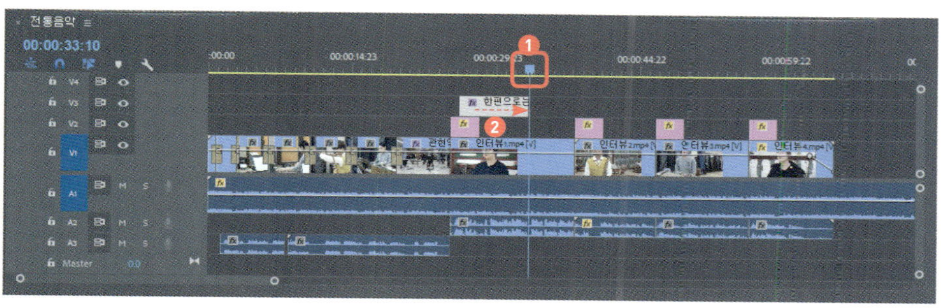

09 텍스트 소스 클립을 인터뷰 영상의 앞부분에 맞추기 위해 타임 조절자를 00:00:25:06으로 옮기고 소스 클립의 왼쪽 시작점을 타임 조절자까지 드래그합니다.

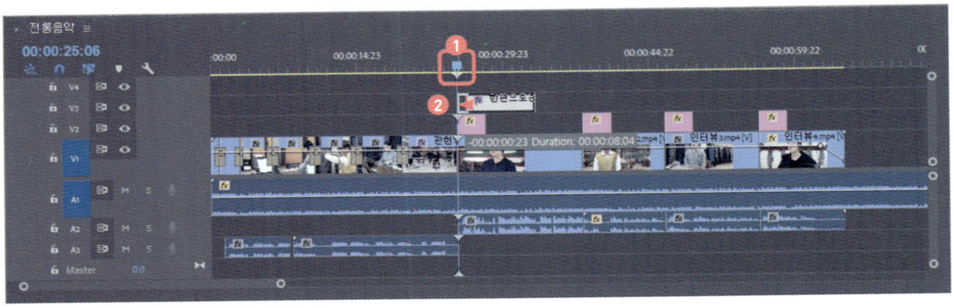

10 타임라인 패널에서 텍스트 소스 클립을 선택하고 Alt 를 누른 채 오른쪽으로 드래그하면 같은 속성 값의 텍스트 소스 클립이 하나 더 복사됩니다.

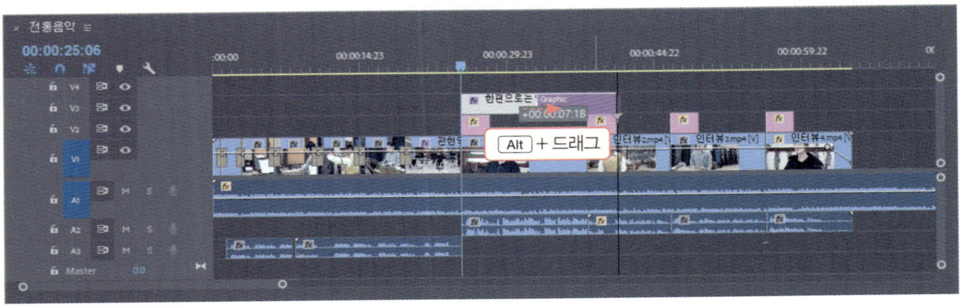

11 복사된 소스 클립의 길이는 첫 번째 인터뷰어의 영상 소스 클립의 길이에 맞춰 줄입니다.

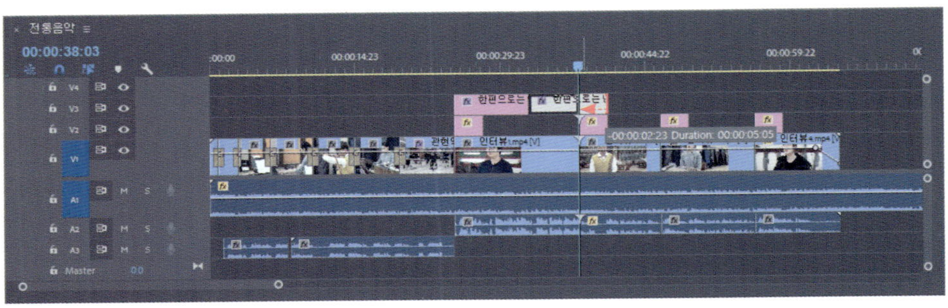

두 번째 자막 텍스트 붙여넣고 편집하기

12 다시 '인터뷰.txt' 텍스트 파일을 열고 두 번째 단락을 선택한 후 단축키 Ctrl + C 를 눌러 복사합니다.

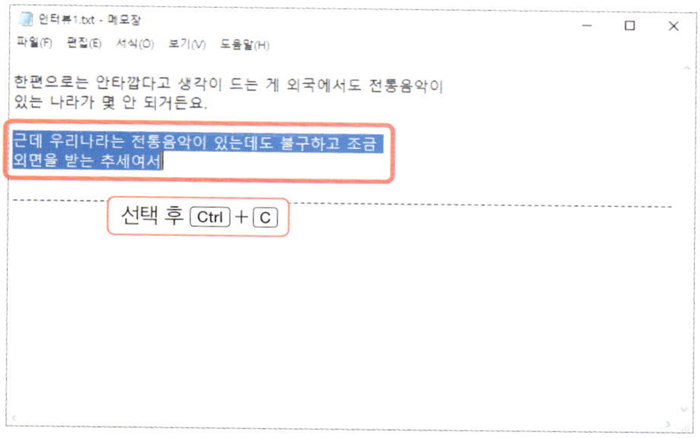

13 프로그램 모니터 패널에서 텍스트를 모두 드래그하여 선택하고 단축키 Ctrl + V 를 눌러 붙여넣습니다. 두 번째 줄의 "외면을~" 앞을 클릭하고 Backspace 를 눌러 불필요한 줄 간격을 삭제합니다.

14 프로그램 모니터 패널에서 작업 영상을 재생해 봅니다.

SECTION

02

스틸 타이틀 만들기

- **준비파일** LegacyTitle.prproj, 인터뷰2.txt
- **완성파일** LegacyTitle_result.prproj

■ PREVIEW

▶ PLAY

OVERVIEW

프리미어 프로에서는 타이프 툴을 이용하여 자막과 도형 효과를 넣을 수 있지만, 이전 CS 버전까지는 자막에 배경을 넣거나 도형을 이용하려면 [File]-[New] 메뉴에 있는 Legacy Title로 작업할 수 있었습니다. 레거시 타이틀(Legacy Title)을 이용해 스틸 자막을 만들어 봅니다. Title 대화상자에서는 여러 종류의 타이틀 제작 환경을 설정할 수 있습니다.

타이틀 디자이너 패널 열기

01 프리미어 프로를 실행하고 Home 대화상자에서 〈Open Project〉 버튼을 클릭해 'LegacyTitle.prproj' 프로젝트 파일을 불러온 후 영상을 확인합니다.

02 [File]–[New]–[Legacy Title] 메뉴를 선택해 New Title 대화상자가 열리면 Name에 '인터뷰2'를 입력하고 〈OK〉 버튼을 클릭합니다.

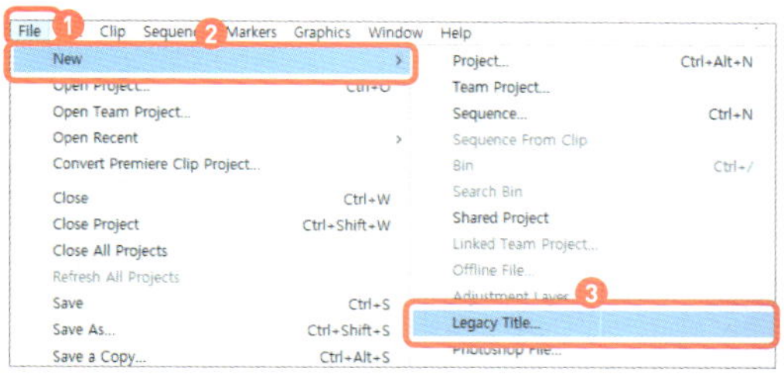

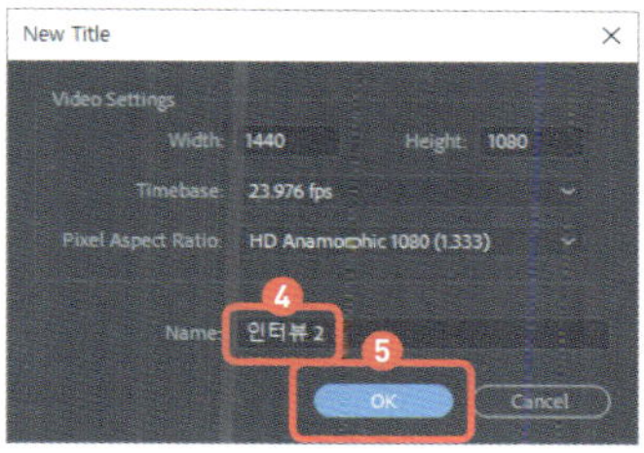

03 'Title: 인터뷰2' 타이틀 디자이너 패널이 열립니다. 인터뷰 자막이 들어갈 위치가 보이도록 타임라인 패널의 타임 표시자를 00:00:38:18로 옮깁니다.

타이틀 디자이너 패널에서 텍스트 편집하기

04 파일 탐색기에서 소스 파일이 있는 폴더를 찾아 '인터뷰2.txt' 텍스트 파일을 엽니다. 메모장에서 첫 번째 단락을 드래그하여 선택하고 단축키 Ctrl+C를 눌러 복사합니다.

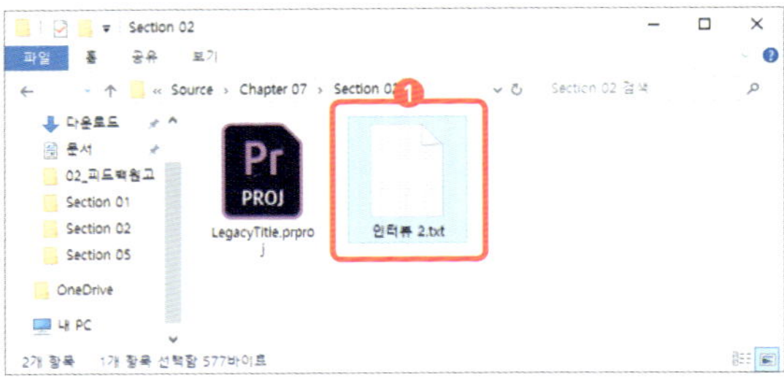

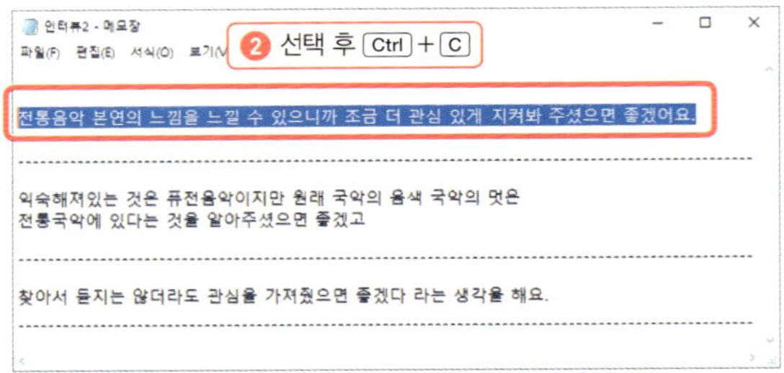

05 'Title: 인터뷰2' 타이틀 디자이너 패널에서 타이프 툴(T)이 눌려 있는 것을 확인한 후 화면 하단을 클릭하고 단축키 Ctrl+V를 눌러 텍스트를 붙여넣습니다. 글꼴이 영문으로 설정되어 있을 경우 글이 제대로 보이지 않을 수 있습니다.

06 레거시 타이틀 속성(Legacy Title Properties) 패널의 Properties 항목에서 Font Family를 '바탕'으로 설정하고, Font Size에는 50, Leading에는 22를 입력합니다. Color의 색상 상자를 클릭하고 Color Picker 대화상자에서 색상 값으로 FFFFFF를 입력한 후 〈OK〉 버튼을 클릭합니다.

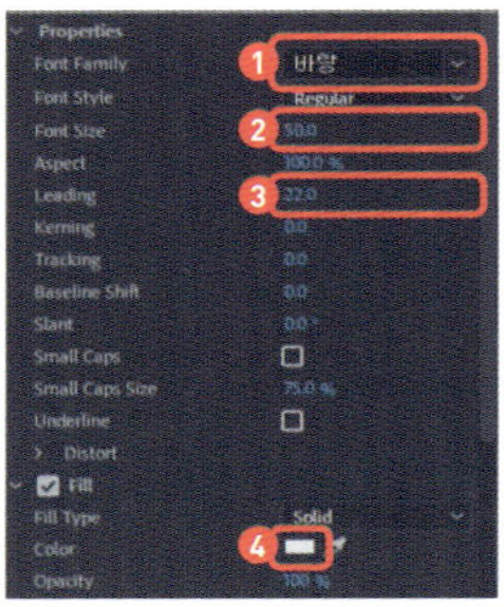

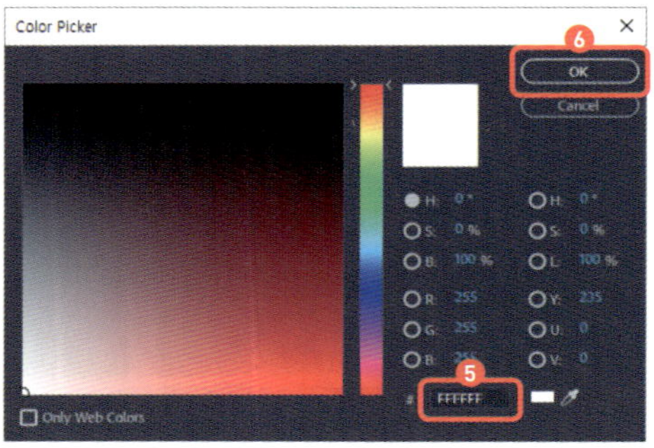

07 레거시 타이틀 속성 패널의 Strokes 항목에서 Outer Strokes의 Add를 클릭하고, Color를 흰색으로 변경합니다. Shadow 항목에 체크하고 Opacity 값을 50%로 설정합니다.

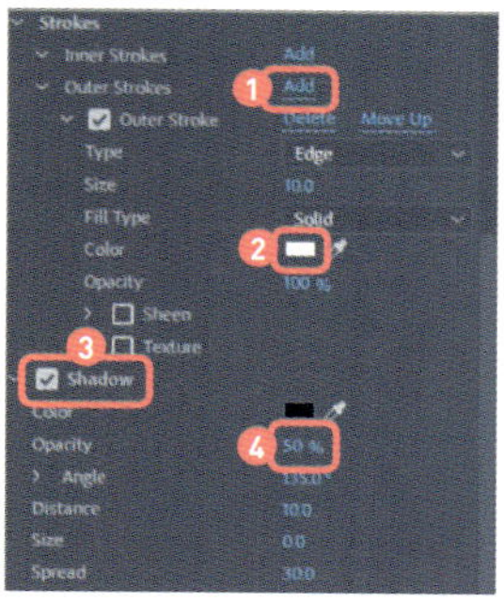

자막 배경 바 만들기

08 자막의 배경으로 사용할 검정색 바를 만들기 위해 사각형 툴(■)을 선택하고 화면에서 자막이 모두 가려지도록 드래그합니다.

09 레거시 타이틀 속성 패널의 Fill 항목에서 Color를 검정색으로 바꾸고 Opacity 값을 60%로 줄인 후, Strokes 항목의 Outer Strokes ▸ Outer Stroke에서 Delete를 클릭해 선을 지웁니다.

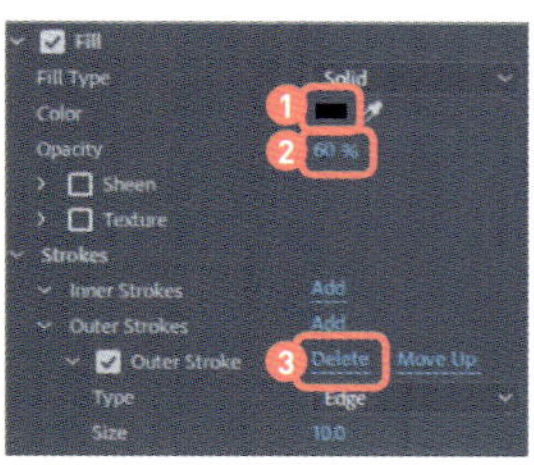

10 검정색 바를 자막 뒤로 보내기 위해 바를 마우스 오른쪽 버튼으로 클릭하고 팝업 메뉴에서 [Arrange]-[Sand Backward]를 선택합니다. 자막 작업을 마쳤으니 'Title: 인터뷰2' 대화상자를 닫습니다.

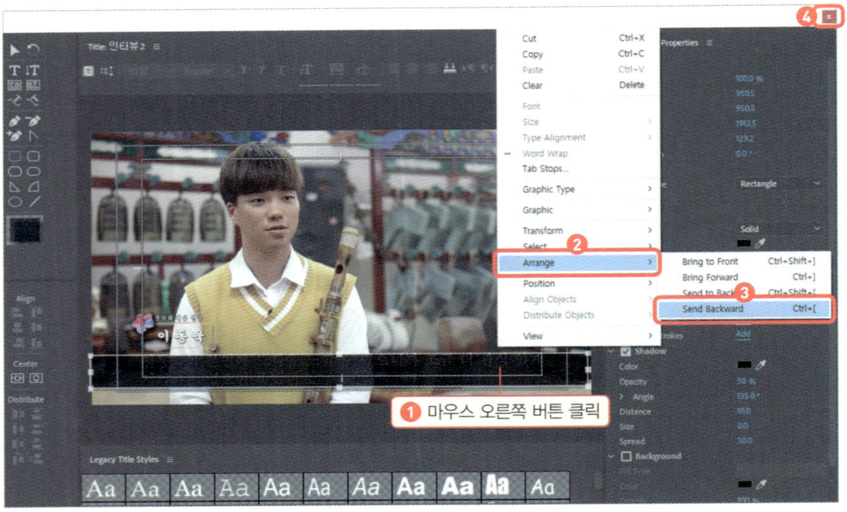

타이틀 소스 클립을 영상에 적용하기

11 프로젝트 패널에 생성된 '인터뷰2' 타이틀 소스 클립을 타임라인 패널의 비디오 3번(V3) 트랙으로 드래그합니다.

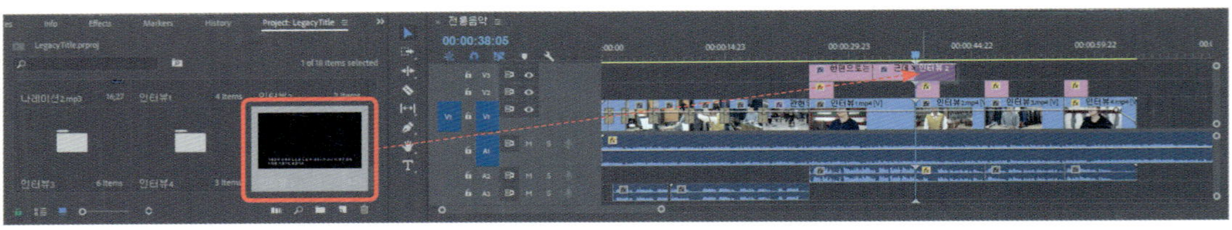

Tip '인터뷰2' 타이틀 소스 클립을 더블클릭하면 Title 대화상자에서 작업을 수정할 수 있습니다.

12 타임라인 패널의 비디오 3번(V3) 트랙 '인터뷰2' 타이틀 소스 클립을 비디오 1번(V1) 트랙의 '인터뷰2' 소스 클립의 길이에 맞춰 확장합니다.

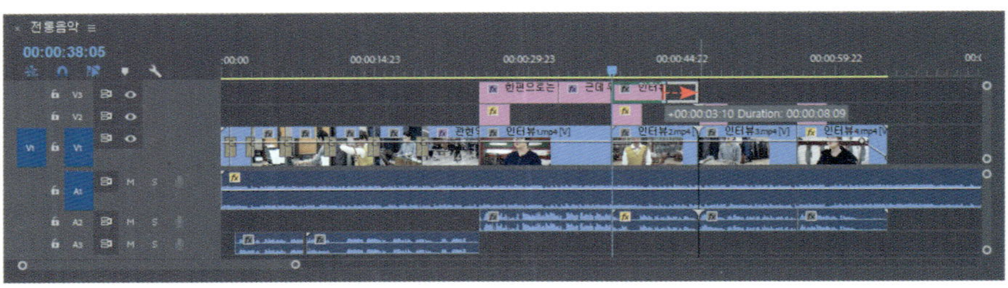

13 프로그램 모니터 패널에서 작업 영상을 확인합니다.

여기서 잠깐!

타이틀 디자이너 패널을 구성하는 하위 패널과 그 기능

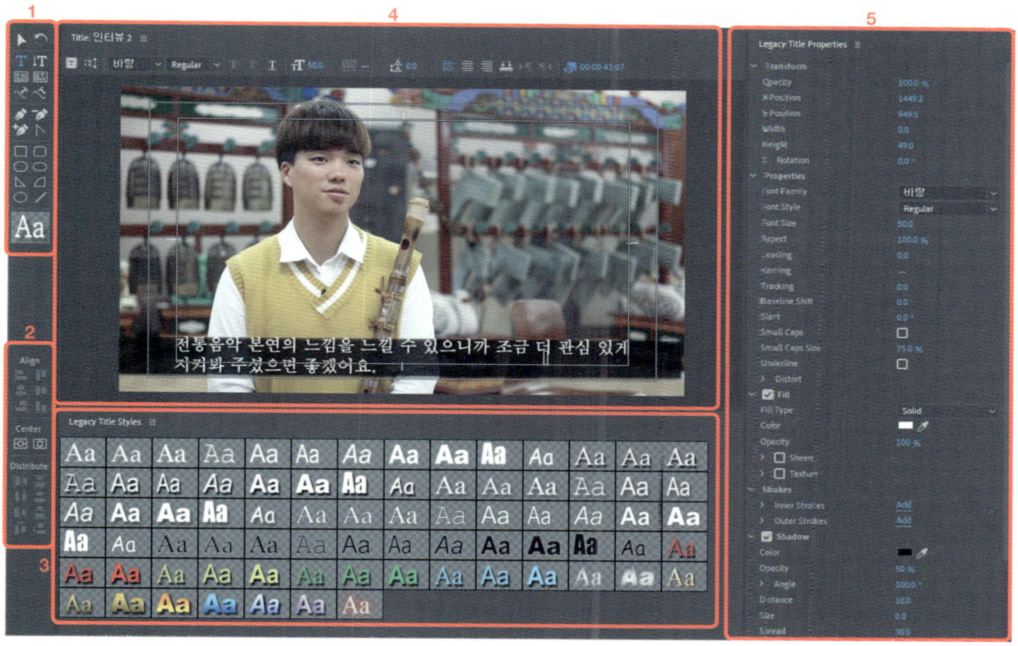

1 타이틀 툴(Title Tool) 패널 타이틀과 도형을 만들고 제어합니다.

- ❶ **선택 툴(, Selection Tool)** 각각의 개체를 선택합니다.
- ❷ **회전 툴(, Rotaion Tool)** 개체를 회전합니다.
- ❸ **타이프 툴(, Type Tool)** 텍스트를 입력합니다.
- ❹ **세로 타이프 툴(, Vertical Type Tool)** 텍스트를 세로로 입력합니다.
- ❺ **영역 타이프 툴(, Area Type Tool)** 텍스트가 입력되는 영역을 지정할 때 사용하며, 지정된 영역을 벗어난 텍스트는 보이지 않습니다.
- ❻ **세로 영역 타이프 툴(, Vertical Area Type Tool)** 텍스트가 세로로 입력되는 영역을 지정합니다.
- ❼ **패스 타이프 툴(, Path Type Tool)** 패스를 따라 텍스트를 입력합니다.

⑧ **세로 패스 타이프 툴(, Vertical Path Type Tool)** 패스를 따라 세로로 텍스트를 입력합니다.

⑨ **펜 툴(, Pen Tool)** 패스를 생성하고 제어합니다.

⑩ **포인트 삭제 툴(, Delete Anchor Point Tool)** 패스에 포인트를 삭제합니다.

⑪ **포인트 추가 툴(, Add Anchor Point Tool)** 패스에 포인트를 추가합니다.

⑫ **포인트 변환 툴(, Convert Anchor Point Tool)** 패스를 곡선화하여 부드럽게 합니다.

⑬ **기타 도형 툴** 여러 가지 도형이나 선을 그릴 때 사용합니다.

⑭ **스타일 뷰어(Style Viewer)** 선택한 개체의 폰트나 스타일을 미리 표시합니다.

2 타이틀 액션(Title Action) 패널

① **Align** 텍스트나 도형, 선을 일렬로 정렬합니다.

② **Center** 개체를 화면 가운데로 배치합니다.

③ **Distribute** 개체 간격을 지정하여 배치합니다.

3 레거시 타이틀 스타일(Legacy Title Style) 패널 자주 사용하는 텍스트나 도형 스타일을 모아 놓은 라이브러리입니다. 임의의 스타일을 저장하여 사용할 수도 있습니다.

4 타이틀 디자인(Title Design) 패널 타이틀 작업이 이루어지는 창입니다. 타이틀의 형식을 지정하거나 정렬하고, 타이틀의 속성을 제어할 수 있습니다.

① **현재 제목 기준 새 제목(New Title Based on Current Title)** 현재 타이틀과 같은 형식의 새로운 타이틀을 만들 때 사용합니다.

② **롤/크롤 옵션(Roll/Crawl Option)** 클릭해 옵션 창에서 Roll/Crawl Title을 선택할 수 있습니다.

- Roll 위로 이동하는 타이틀
- Crawl Left 왼쪽으로 흘러가는 타이틀
- Crawl Right 오른쪽으로 흘러가는 타이틀

❸ **서체(Font Family)** 텍스트의 서체를 지정할 수 있으며 현재 컴퓨터에 있는 글골을 나타냅니다.

❹ **지원되는 스타일(Font Style)** Medium, Regular, Italic, Bold 등 각 글꼴에서 지원되는 스타일을 보여주며 선택할 수 있습니다.

❺ **글꼴 기본 패턴(Font Basic Pattern)** 텍스트의 Bold, Italic, Underline을 지정합니다.

❻ **글꼴 기본 속성(Font Basic Properties)** 텍스트의 크기(Size), 자간(Kerning), 행간(Leading)을 지정합니다.

❼ **정렬(Type Alignment)** 텍스트를 왼쪽(Left), 가운데(Center), 오른쪽(Right)으로 정렬합니다.

❽ **탭 정지(Tap Stops(Ctrl+Shift+T))** 탭 마커를 설정한 다음 Tap을 눌렀을 때 텍스트를 탭 마커까지 이동하도록 설정합니다.

❾ **배경 비디오 표시(Show Background Video)** 아이콘을 활성화하면 타이틀 디자이너 패널에 타임 표시자가 위치한 시간의 이미지가 배경으로 보입니다.

❿ **배경 비디오 타임코드(Background Video Timecode)** 클릭해 배경으로 보일 이미지의 타임코드를 입력할 수 있습니다.

⓫ **주 작업 영역(Main Work Area)** 텍스트와 도형을 만들어 이미지를 확인하고, 모양과 스타일을 디자인하는 영역입니다.

⓬ **패널 메뉴(Panel Menu)** 클릭해 패널 설정을 할 수 있는 팝업 메뉴를 보고 선택할 수 있습니다.

5 **레거시 타이틀 속성(Legacy Title Properties) 패널** 타이틀 또는 개체 전체의 특성을 제어합니다.

❶ Transform 위치(Position), 회전(Rotation), 불투명도(Opacity)를 지정합니다.

❷ Properties 글꼴(Font), 행간(Leading), 자간(Kerning), 기울기(Slant) 등 텍스트의 기본 속성을 설정합니다.

- Font Family 서체
- Font Style 지원되는 스타일
- Font Size 크기
- Aspect 텍스트의 가로 크기
- Leading 행간
- Kerning 자간
- Tracking 텍스트와 텍스트 사이의 간격
- Baseline Shift 기준선에서의 높이 설정
- Slant 기울기
- Small Caps 대문자로 표시
- Small Caps Size 대문자 크기 설정
- Underline 밑줄
- Distort 글자 모양 왜곡

❸ Fill 타이틀이나 도형의 색상(Color)을 지정합니다.

❹ Strokes 테두리 선을 만들고 스타일 및 색상을 지정합니다.

❺ Shadow 그림자를 만들고 색, 불투명도, 기울기 등을 설정합니다.

❻ Background 배경 색상에 관한 옵션을 설정합니다.

SECTION 03

롤 타이틀 만들기

- **준비파일** RollTitle.prproj. Ending Credit.txt
- **완성파일** RollTitle_result.prproj

■ PREVIEW

▶ PLAY

OVERVIEW

영화가 끝나고 제작 참여자들의 이름이 표시되는 엔딩 크레디트는 보통 롤 타이틀(Roll Title)로 구성됩니다. 롤 타이틀은 보통 아래에서 위로 문자가 올라가는 자막 형식을 말하며 이때 읽기에 적당한 속도로 글이 흐르는 것이 좋습니다. 프리미어 프로에서는 영화나 드라마의 엔딩 크레디트에서 자주 볼 수 있는 롤 타이틀을 쉽게 만들 수 있습니다. 타이틀 디자이너 패널에서 롤 타이틀을 제작하는 방법을 알아봅니다.

타이틀 디자이너 패널에서 텍스트 편집하기

01 프리미어 프로를 실행하고 Home 대화상자에서 〈Open Project〉 버튼을 클릭해 'RollTitle.prproj' 프로젝트 파일을 불러온 후 영상을 확인합니다.

02 [File]–[New]–[Legacy Title] 메뉴를 선택하고 New Title 대화상자에서 Name에 'Ending Credit'를 입력한 후 〈OK〉 버튼을 클릭하면 Title: Ending Credit 타이틀 디자이너 패널이 열립니다.

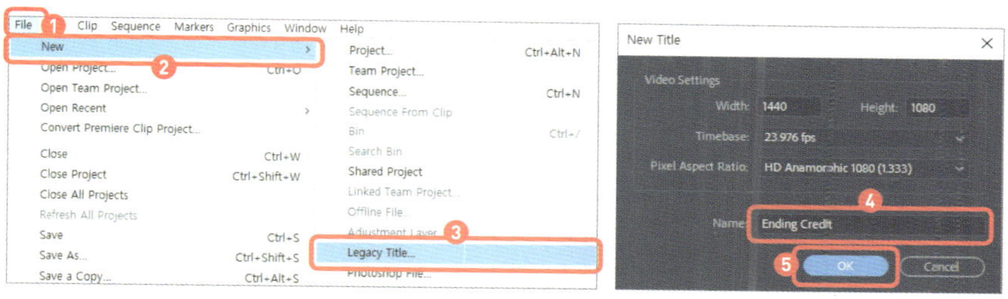

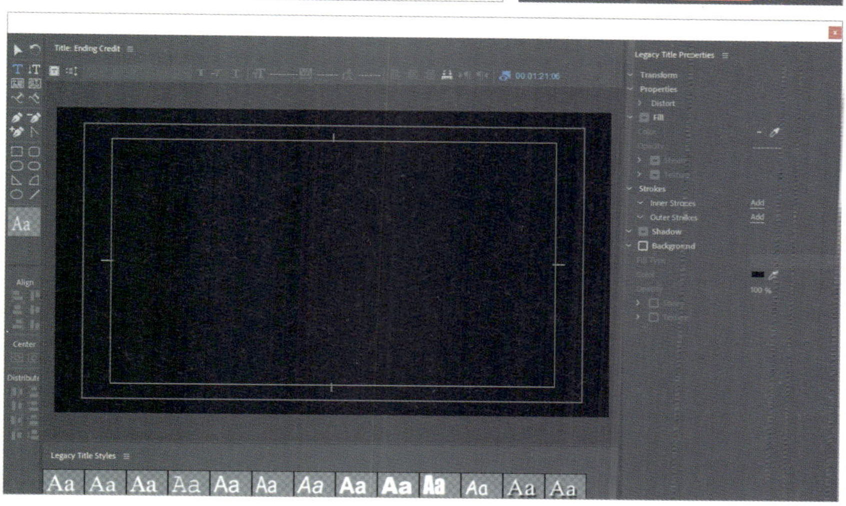

03 파일 탐색기에서 소스 파일이 있는 폴더를 찾아 'Ending Credit.txt' 텍스트 파일을 엽니다. 메모장에서 단축키 Ctrl+A를 눌러 텍스트 전체를 선택하고 Ctrl+C를 눌러 복사합니다.

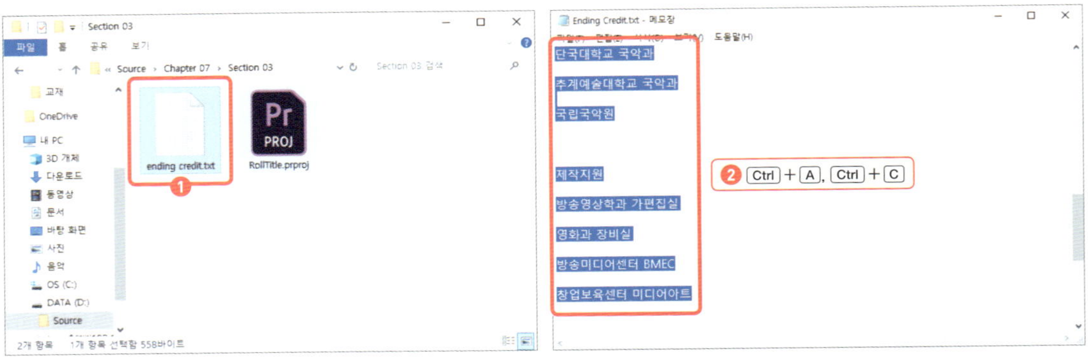

04 'Title: Ending Credit' 타이틀 디자이너 패널의 타이틀 툴 패널에서 타이프 툴(T)을 선택하고 화면 중앙을 클릭한 후 단축키 Ctrl+V를 눌러 복사한 텍스트를 붙여넣습니다. 서체가 영문이기 때문에 텍스트가 제대로 보이지 않습니다.

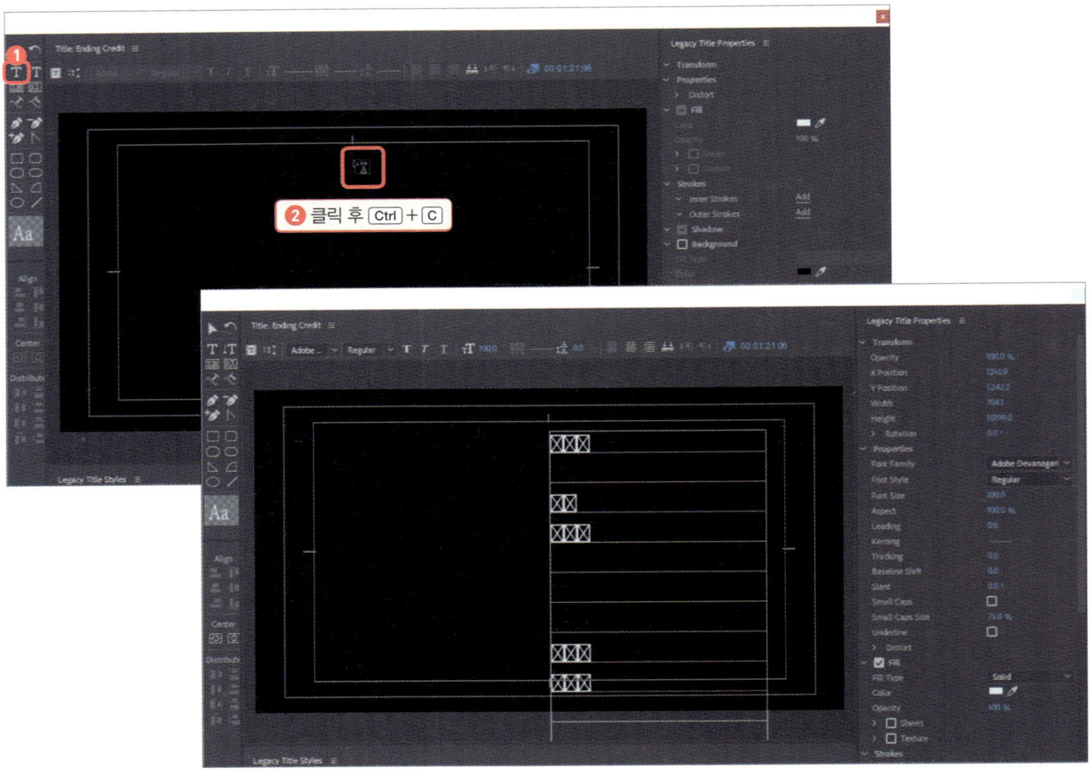

05 레거시 타이틀 속성 패널에서 서체를 '바탕'으로 선택합니다.

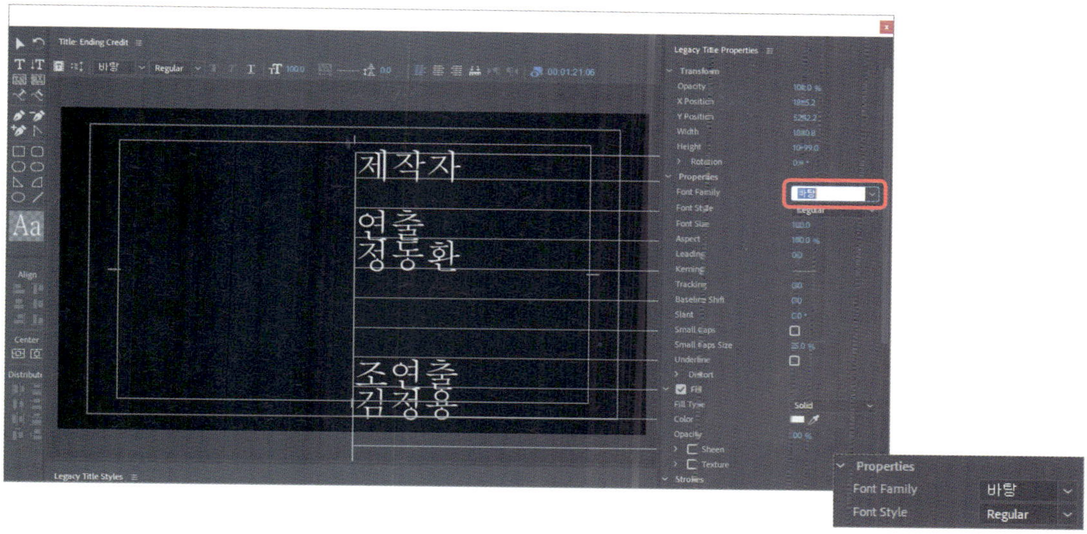

06 'Title: Ending Credit' 타이틀 디자이너 패널의 타이틀 디자인 패널에서 가운데 정렬을 선택합니다. 타이틀 툴 패널에서 선택 툴(▶)을 클릭해 텍스트를 화면 중앙으로 옮기고 Font Size를 52로 설정합니다.

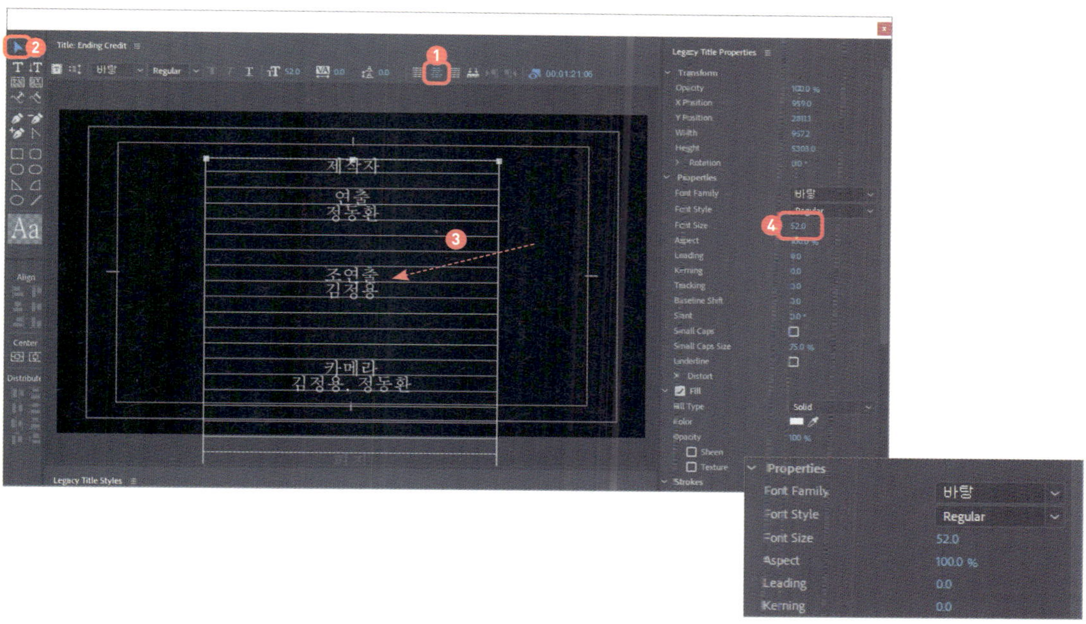

롤 타이틀 만들고 영상에 적용하기

07 타이틀 디자이너 패널에서 롤/크롤 옵션 버튼(□)을 클릭해 Roll/Crawl Option 대화상자가 열리면 Title Type으로 Roll을 선택하고 〈OK〉 버튼을 클릭합니다. 모든 작업을 마쳤으면 타이틀 디자이너 패널을 닫습니다.

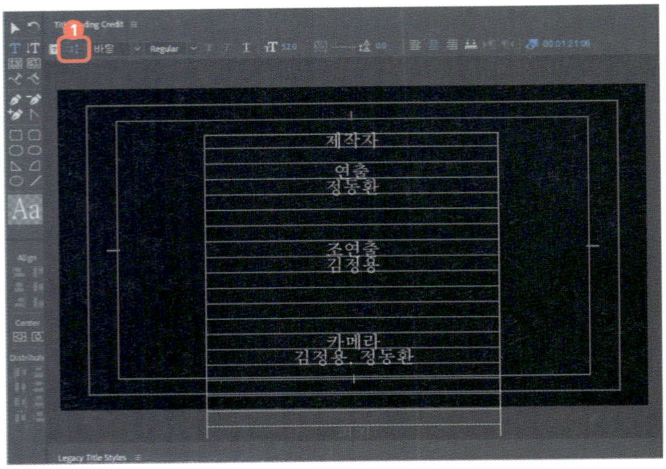

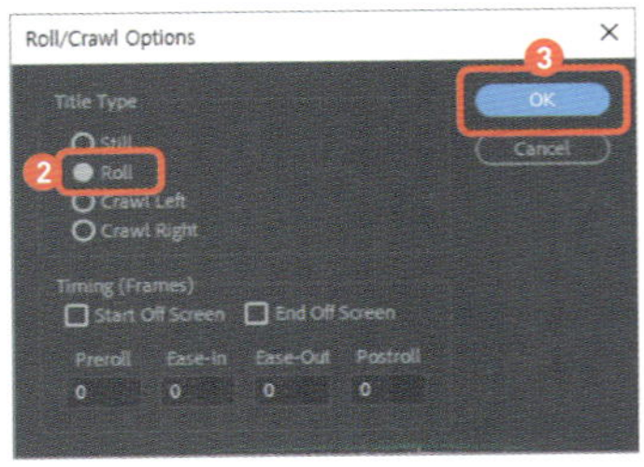

08 타임라인 패널에서 타임 표시자를 00:01:21:06에 두고, 프로젝트 패널에서 'Ending Credit' 소스 클립을 비디오 1번(V1) 트랙의 타임 표시자 뒤로 드래그합니다.

09 타임라인 패널에서 비디오 1번(V1) 트랙의 'Ending Credit' 소스 클립 끝부분을 오디오 1번(A1) 트랙의 길이에 맞춰 늘린 후 프로그램 모니터 패널에서 영상을 확인합니다. 타이틀이 화면 중간부터 시작하는 것이 어색합니다.

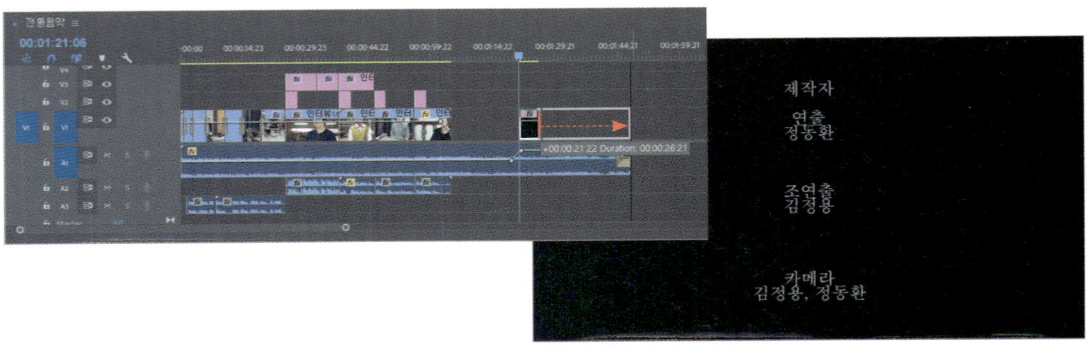

롤 타이틀을 화면 아래에서 나오도록 만들기

10 프로젝트 패널에서 'Ending Credit' 소스 클립을 더블클릭하고, 'Title: Ending Credit' 타이틀 디자이너 패널에서 롤/크롤 옵션 버튼( )을 클릭합니다.

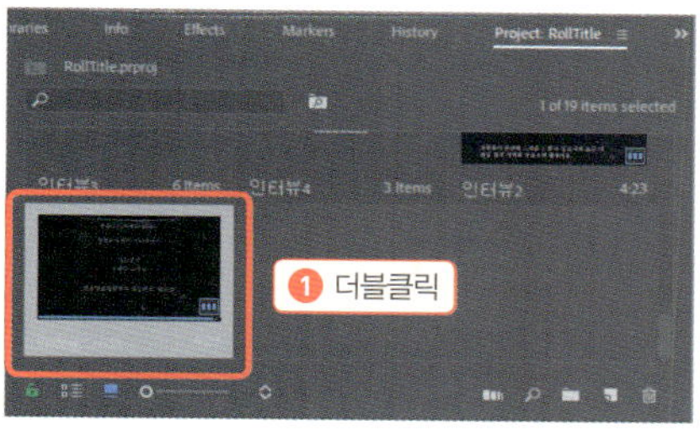

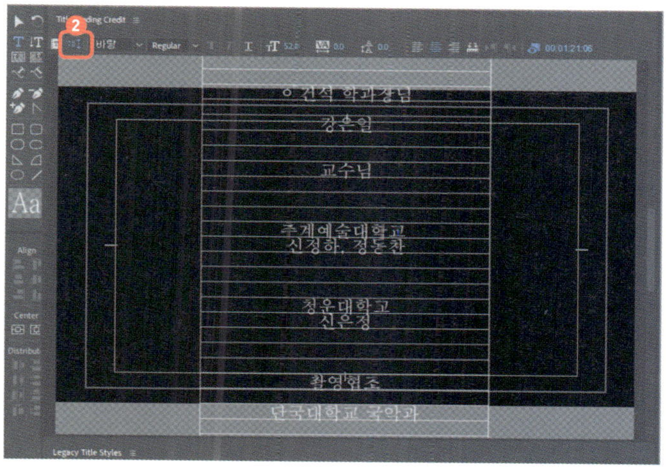

11 Roll/Crawl Option 대화상자에서 Timing(Frames) 그룹의 Start Off Screen과 End Off Screen에 모두 체크하고 〈OK〉 버튼을 클릭합니다.

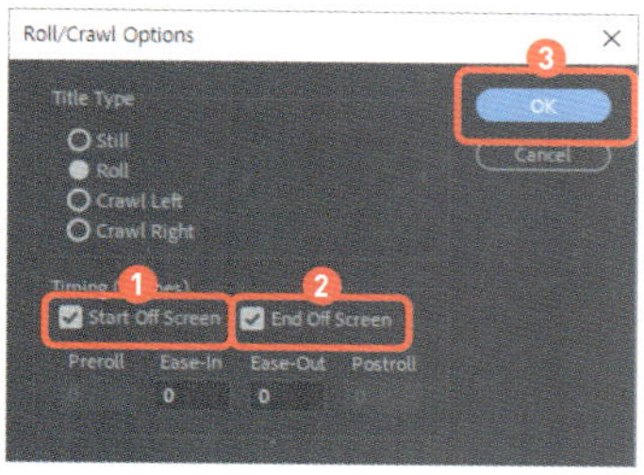

12 프로그램 모니터 패널에서 영상을 재생해 타이틀이 화면 아래부터 올라오는 것을 확인합니다.

SECTION 04

크롤 타이틀 만들기

- **준비파일** CrawlTitle.prproj. 나레이션.txt
- **완성파일** CrawlTitle_result.prproj

■ PREVIEW

▶ PLAY

OVERVIEW

크롤 타이틀(Crawl Title)은 주로 뉴스의 헤드라인이나 내용을 보여줄 때 아나운서 화면이나 사건 영상 등의 하단에서 옆으로 흐르듯 등장하는 자막을 말합니다. 프리미어 프로의 타이틀 디자이너 패널에서 크롤 타이틀을 제작하는 방법을 알아봅니다.

타이틀 디자이너 패널에서 텍스트 편집하기

01 프리미어 프로를 실행하고 Home 대화상자에서 〈Open Project〉 버튼을 클릭해 'CrawlTitle.prproj' 프로젝트 파일을 불러온 후 영상을 확인합니다.

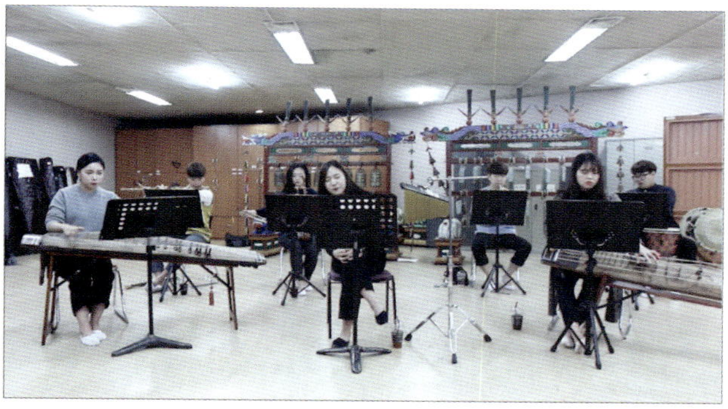

02 [File]–[New]–[Legacy Title] 메뉴를 선택해 New Title 대화상자가 열리면 Name에 'Crawl Title'을 입력하고 〈OK〉 버튼을 클릭해 'Title: Crawl Title' 타이틀 디자이너 패널을 엽니다.

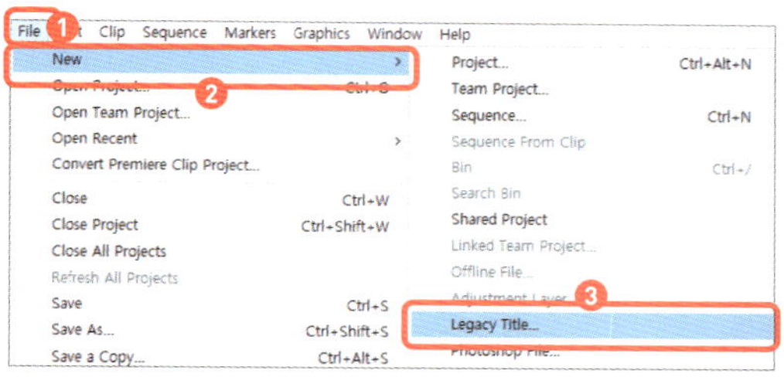

03 파일 탐색기를 열고 소스 파일이 있는 폴더에서 '나레이션.txt' 텍스트 파일을 엽니다. 메모장에서 단축키 Ctrl+A를 눌러 텍스트 전체를 선택하고 Ctrl+C를 눌러 복사합니다.

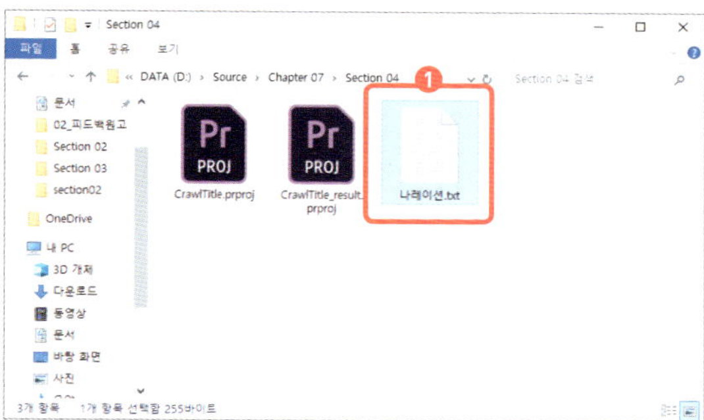

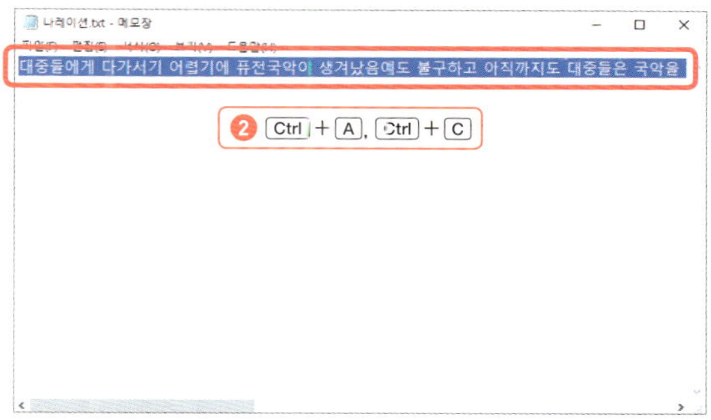

04 'Title: Crawl Title' 타이틀 디자이너 패널의 타이틀 툴 패널에서 타이프 툴(T)을 선택하고 화면 아래 자막이 들어갈 위치를 클릭한 후, 단축키 Ctrl+V를 눌러 텍스트를 붙여넣습니다. 서체가 영문으로 설정되어 있어 텍스트가 제대로 보이지 않습니다.

05 레거시 타이틀 속성 패널에서 Font Family를 '바탕', Font Size는 65로 설정합니다. Fill 항목에 체크하고 Color의 색상표를 클릭해 색상 값을 #FFFFF로 변경한 후, Shadow 항목에도 체크합니다.

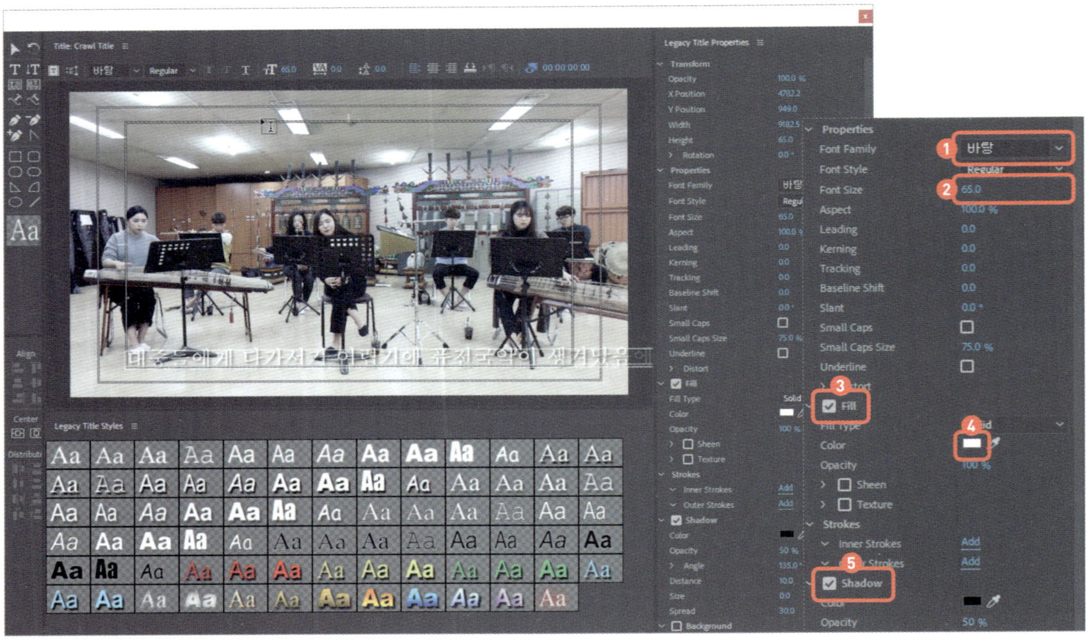

자막 배경 바 만들기

06 자막의 배경으로 사용할 검정색 바를 만들겠습니다. 사각형 툴(■)을 선택하고 자막을 모두 감싸도록 드래그합니다. 도형이 자막을 가리므로 도형을 마우스 오른쪽 버튼으로 클릭하고 팝업 메뉴에서 [Arrange]-[Send Backward]를 선택합니다.

07 레거시 타이틀 속성 패널의 Fill 항목에서 Color의 색상표를 클릭해 검정색으로 바꾸고, Opacity 값을 60%로 줄입니다.

크롤 타이틀 만들고 영상에 적용하기

08 'Title: Crawl Title' 타이틀 디자이너 패널에서 롤/크롤 옵션 버튼( )을 클릭합니다. Roll/Crawl Options 대화상자에서 Title Type은 Crawl Left로 설정하고, Timing에서는 Start Off Screen과 End Off Screen을 모두 체크한 후 〈OK〉 버튼을 클릭합니다. 타이틀 디자이너 패널을 닫습니다.

09 프로젝트 패널에 만들어진 'Crawl Title' 소스 클립을 타임라인 패널의 비디오 2번(V2) 트랙으로 드래그합니다.

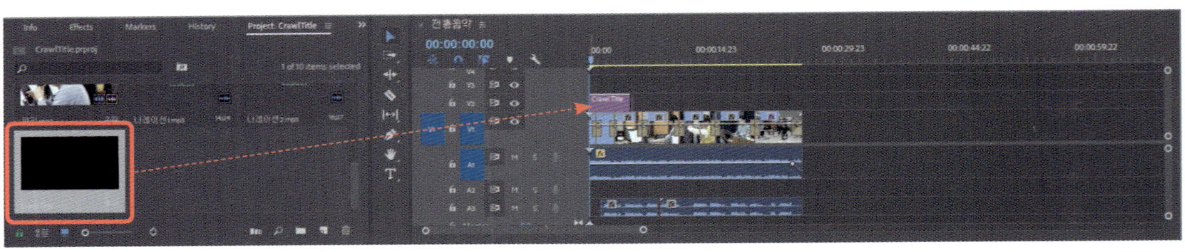

10 타임라인 패널에서 비디오 2번(V2) 트랙의 'Crawl Title' 소스 클립의 끝면을 오른쪽으로 드래그하여 다른 소스 클립들과 같은 길이로 늘립니다.

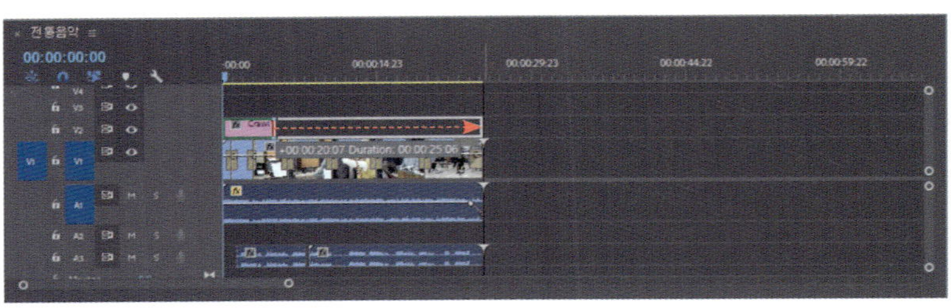

11 타임라인 패널에서 타임 표시자를 드래그하면서 프로그램 모니터 패널의 화면에 보이는 자막을 확인합니다. 텍스트는 그 길이만큼 왼쪽으로 흐르고, 도형은 그린 부분만큼 왼쪽으로 흐르는 것을 볼 수 있습니다.

12 프로젝트 패널에서 'Crawl Title' 소스 클립을 더블클릭해 'Title: Crawl Title' 타이틀 디자이너 패널을 다시 엽니다. 자막 배경에 있는 도형을 선택하고 복사(Ctrl+C)하여 붙여넣기(Ctrl+V)한 후, 도형이 겹치지 않도록 드래그하여 위치를 잡습니다.

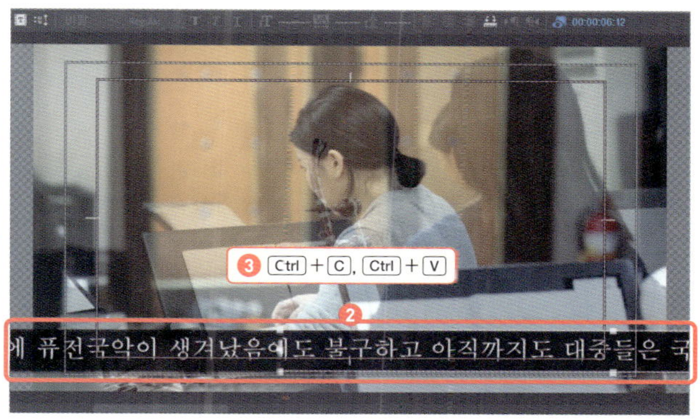

13 프로그램 모니터 패널에서 작업 영상을 확인합니다.

여기서 잠깐!

롤 타이틀과 자막 타이틀 타이밍 조절하기

Roll/Crawl 자막의 타이밍을 조절하는 방법을 알아봅니다.

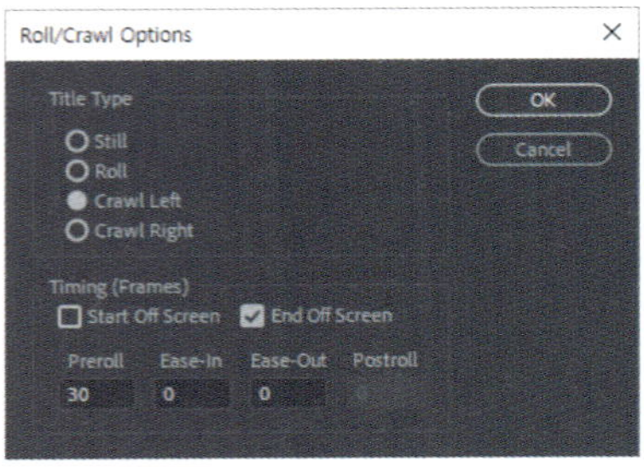

❶ 영상을 재생했을 때 자막이 처음 설정한 위치에서 30프레임 동안 멈췄다가 오른쪽으로 흘러갑니다.

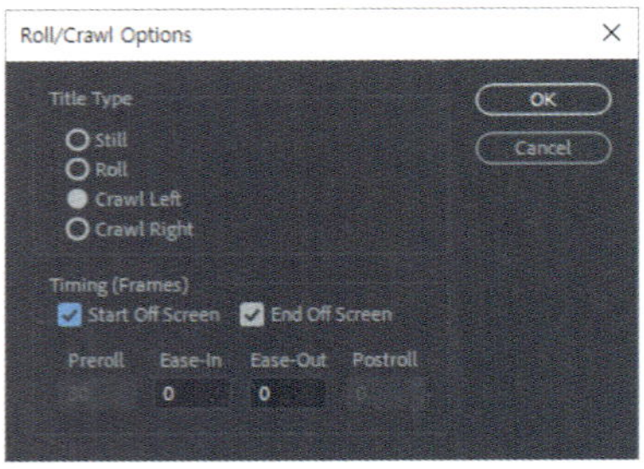

❷ 영상을 재생했을 때 자막이 오른쪽에서 등장하여 왼쪽으로 흘러가다가 자막의 마지막 부분에서 30프레임 동안 정지 상태로 있다가 다시 왼쪽으로 사라집니다.

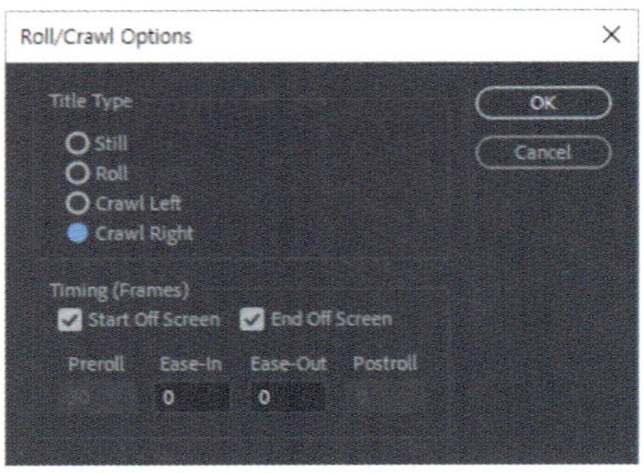

❸ 영상을 재생했을 때 자막이 왼쪽 화면 밖에서 들어와 오른쪽 화면 밖으로 나갑니다.

Tip Ease In은 서서히 가속되도록, Ease Out은 서서히 감속되도록 설정합니다. 수치가 높을수록 가속/감속되는 구간이 넓어집니다.

SECTION 05

마스크 타이틀 만들기

- **준비파일** MaskTitle.prproj, 인터뷰3.txt
- **완성파일** MaskTitle_result.prproj

PREVIEW

▶ PLAY

OVERVIEW

마스크 타이틀(Mask Title)은 말하는 타이밍에 맞추어 글자의 색이 변하는 효과를 내는 자막을 말합니다. 레거시 타이틀 속성(Legacy Title Properties) 패널에서 간단한 조작을 통해 마스크 타이틀을 만들 수 있습니다.

배경 자막 만들기

01 프리미어 프로를 실행하고 Home 대화상자에서 〈Open Project〉 버튼을 클릭해 'MaskTitle.prproj' 프로젝트 파일을 불러온 후 영상을 확인합니다.

02 [File]–[New]–[Legacy Title] 메뉴를 선택해 New Title 대화상자가 열리면 Name에 '인터뷰 3'을 입력하고 〈OK〉 버튼을 클릭합니다. 'Title: 인터뷰3' 타이틀 디자이너 패널이 열립니다.

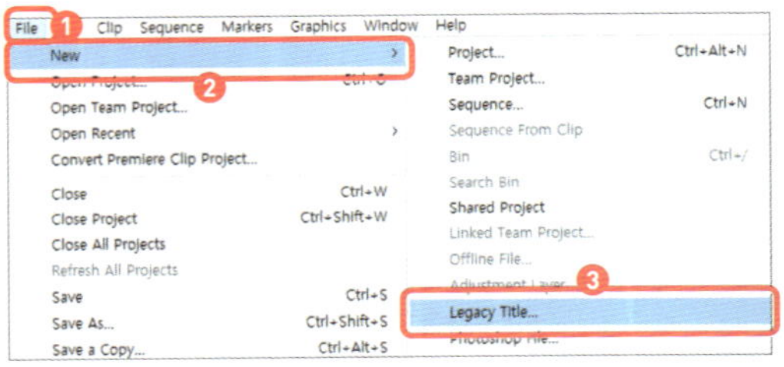

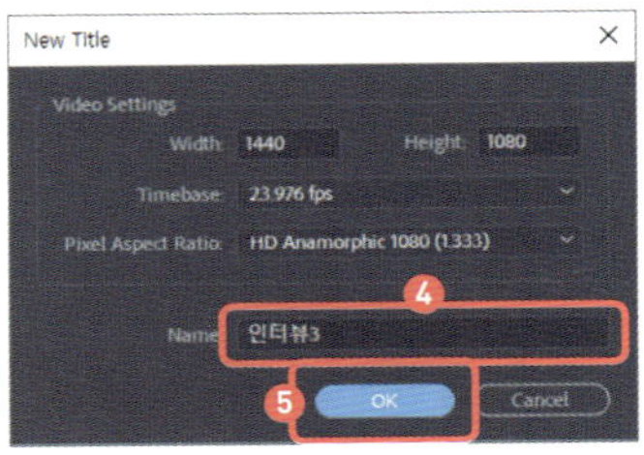

03 파일 탐색기를 열어 소스 파일이 있는 폴더에서 '인터뷰3.txt' 텍스트 파일을 엽니다. 메모장에서 첫 번째 단락을 드래그하여 선택하고 단축키 Ctrl+C를 눌러 복사합니다.

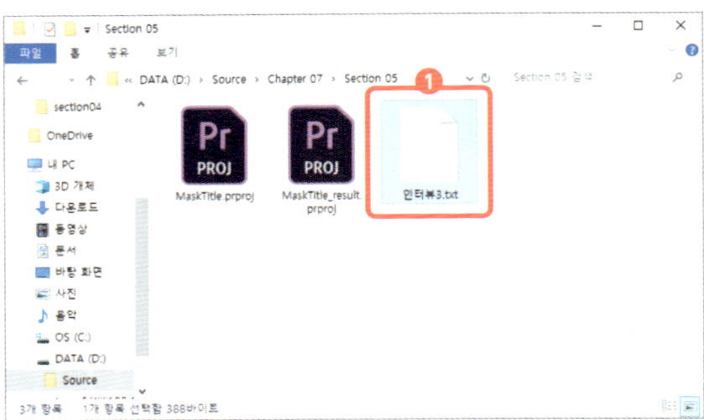

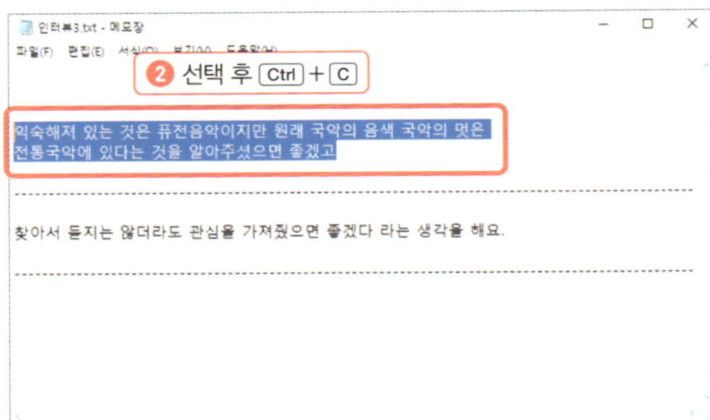

04 'Title: 인터뷰3' 타이틀 디자이너 패널에서 타이프 툴(T)을 선택하고 화면 아래 자막이 들어갈 위치를 클릭한 후 단축키 Ctrl + V를 눌러 텍스트를 붙여넣습니다.

05 선택 툴(▶)로 텍스트를 선택하고, 레거시 타이틀 속성 패널에서 Font Family는 '바탕', Font Size는 50으로 설정합니다. Fill 항목에 체크하고 Color의 색상표를 클릭해 색상값을 #FFFFF로 변경하고 Shadow 항목에 체크한 후 Opacity 값을 50%로 낮춥니다. 타이틀 액션 패널의 Center 항목에서 ⊡를 클릭해 가로를 가운데로 정렬합니다. 작업이 끝나면 타이틀 디자이너 패널을 닫습니다.

06 프로젝트 패널에 만들어진 '인터뷰3' 텍스트 소스 클립을 타임라인 패널의 비디오 3번(V3) 트랙으로 드래그합니다.

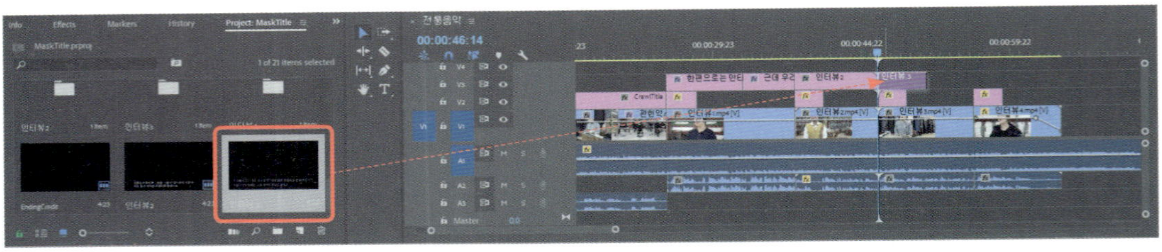

07 타임라인 패널에서 비디오 3번(V3) 트랙의 '인터뷰3' 텍스트 소스 클립을 비디오 1번(V1) 트랙의 '인터뷰3' 영상 소스 클립과 같은 길이로 늘립니다.

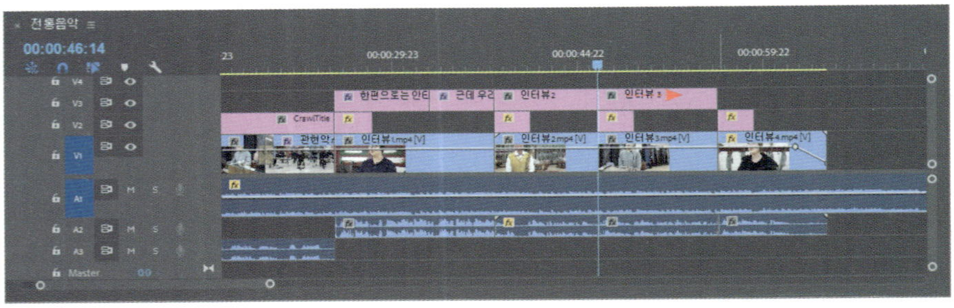

08 타임라인 패널의 타임 표시자를 드래그하면서 영상에 들어간 자막을 확인합니다.

마스크 타이틀 만들고 적용하기

09 프로젝트 패널에서 '인터뷰3' 텍스트 소스 클립을 더블클릭해 'Title: 인터뷰3' 타이틀 디자이너 패널이 열리면 현재 타이틀과 같은 형식의 새로운 타이틀을 만들기 위해 '현재 제목 기준 새 제목' 버튼(▣)을 클릭합니다. New Title 대화상자에서 Name에 '인터뷰3Mask'를 입력하고 〈OK〉 버튼을 클릭합니다.

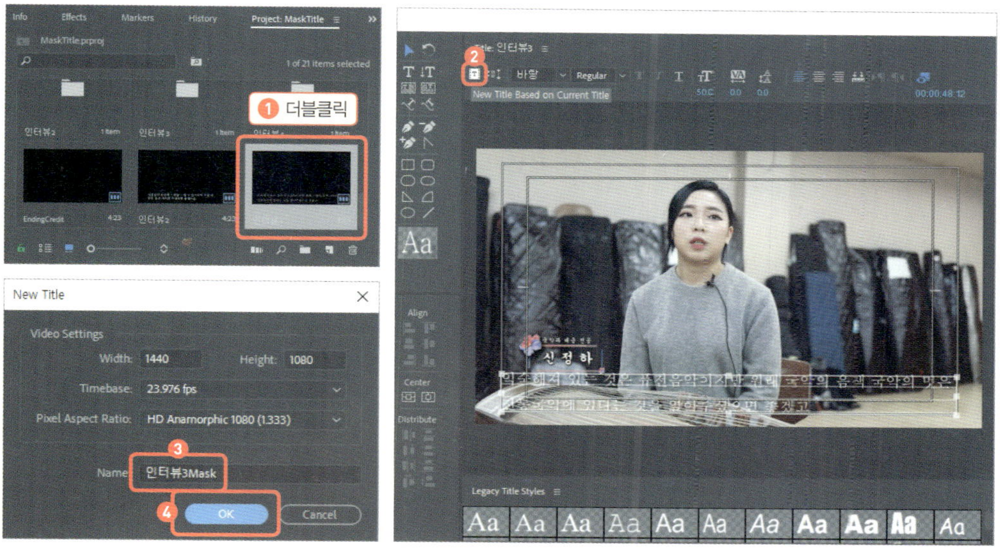

10 선택 툴(▶)로 텍스트를 선택합니다. 레거시 타이틀 속성 패널에서 Fill 항목에 체크하고 Color를 색상값 #68FFFD로 바꾼 후 Shadow 항목의 체크를 해제합니다. 작업이 끝나면 타이틀 디자이너 패널을 닫습니다.

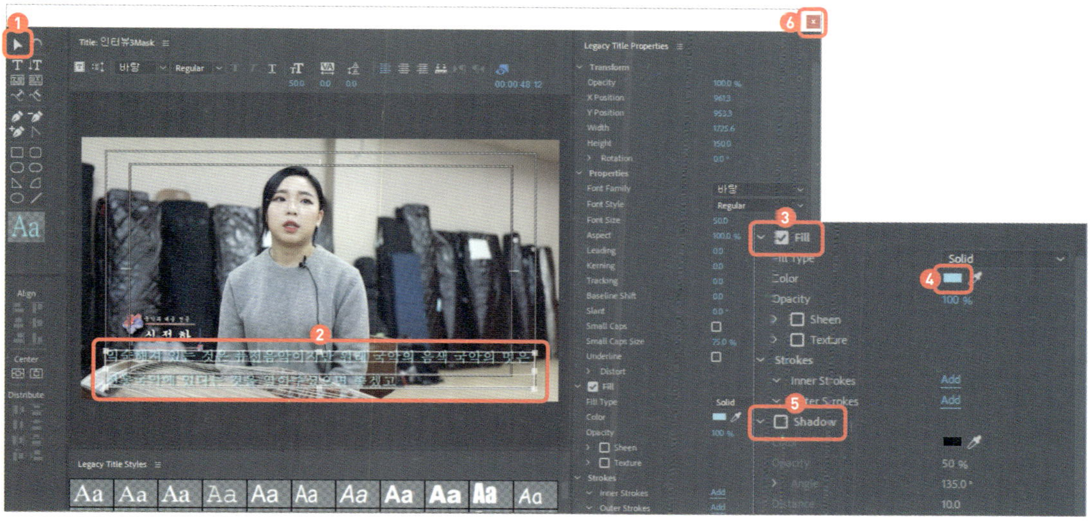

11 프로젝트 패널에서 '인터뷰3Mask' 텍스트 소스 클립을 선택해 타임라인 패널의 비디오 4번(V4) 트랙으로 드래그합니다.

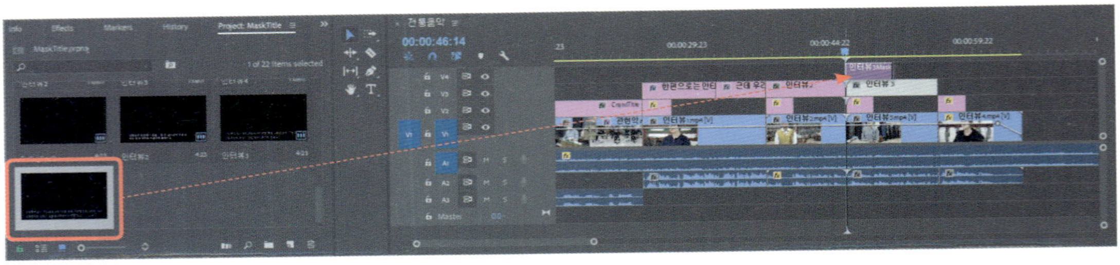

12 타임라인 패널에서 '인터뷰3Mask' 소스 클립의 길이를 비디오 3번(V3) 트랙의 '인터뷰3' 소스 클립만큼 늘립니다.

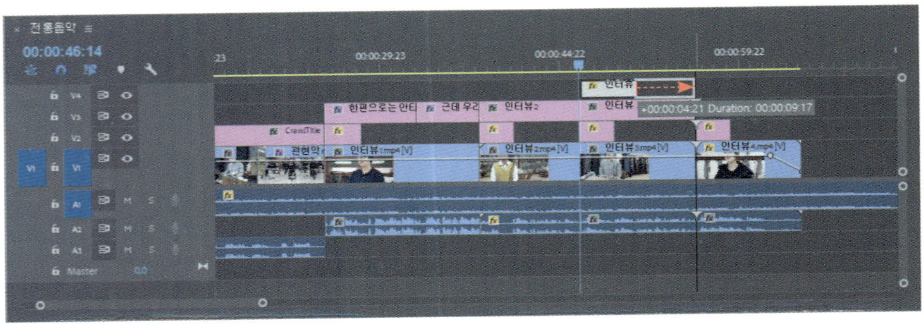

마스크 패스로 색상이 바뀌는 자막 만들기

13 타임라인 패널에서 비디오 4번(V4) 트랙의 '인터뷰3Mask' 텍스트 소스 클립을 선택합니다. 이펙트 컨트롤 패널에서 Opacity 항목의 사각형 마스크(□)를 클릭하면 프로그램 모니터 패널의 화면에 사각형 마스크(Rectangle Mask)가 생성됩니다. 이 사각형 마스크 전체를 감싸도록 드래그하여 마스크를 선택합니다.

14 사각형 마스크를 자막이 있는 곳에 위치시키면, 화면에서 마스크가 있는 부분만 보입니다. 따라서 인터뷰어가 말할 때 자막의 색이 바뀌도록 하려면 말의 내용에 맞춰 '인터뷰3Mask' 소스 클립이 보이도록 마스크 패스(Mask Path)를 확대해 키프레임을 설정하면 됩니다.

15 사각형 마스크의 상단 두 점만 포함되도록 드래그해 선택하고, 선택한 두 점을 자막 바로 위 지점으로 드래그하여 사각형 마스크의 높이를 자막의 첫 번째 줄에 맞춥니다.

16 사각형 마스크의 오른쪽 두 점만 포함되도록 드래그해 선택하고, 선택한 두 점을 드래그하여 자막의 왼쪽 밖으로 이동시킵니다. 이렇게 하는 이유는 인터뷰어의 말이 시작되기 전 지점에 키프레임을 넣기 위해서입니다.

17 타임라인 패널에서 타임 표시자를 00:00:46:14 지점에 두고, 이펙트 컨트롤 패널에서 Opacity ▸ Mask(1) ▸ Mask Path 항목의 애니메이션 켜기/끄기 버튼(⏱)을 클릭해 키프레임을 생성합니다.

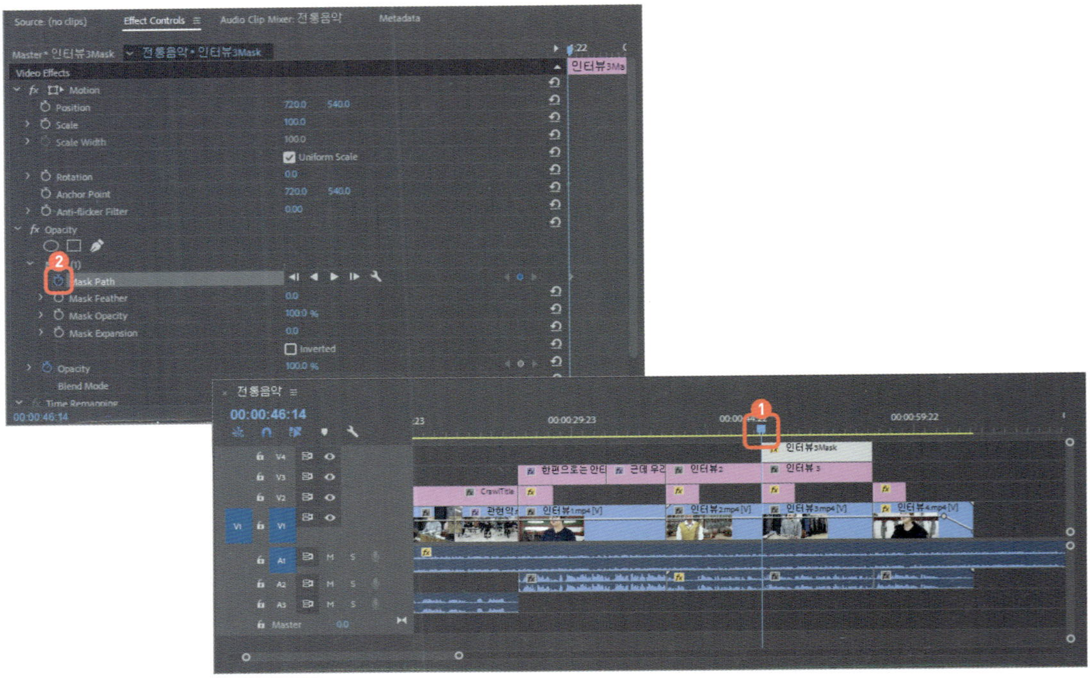

18 프로그램 모니터 패널의 재생 버튼(▶)을 클릭해 "익숙해져 있는 것은"까지 말이 끝나면 정지시킵니다(00:00:47:23). 화면에 마스크가 보이도록 이펙트 컨트롤 패널에서 Mask(1)을 클릭하고, 선택된 사각형 마스크의 오른쪽 두 점을 오른쪽으로 드래그해 "~것은"까지 보이게 설정합니다. 애니메이션 켜기/끄기 버튼(⏱)이 눌려 있으므로 Mask Path가 바뀌면 자동으로 00:00:47:23 지점에 두 번째 키프레임이 생성됩니다.

19 프로그램 모니터 패널의 재생 버튼(▶)을 클릭해 "~이지만 원"까지 말이 끝나면 정지시킵니다(00:00:49:11). 선택된 사각형 마스크 오른쪽의 두 점을 오른쪽으로 이동시켜 "~이지만 원"까지 푸른색 자막이 보이게 설정하면 00:00:49:11 지점에 세 번째 키프레임이 생성됩니다.

20 프로그램 모니터 패널의 재생 버튼(▶)을 클릭해 "~국악의 멋은"까지 말이 끝나면 정지시킵니다(00:00:52:09). 선택된 사각형 마스크 오른쪽의 두 점을 오른쪽으로 이동시켜 "~국악의 멋은"까지 푸른색 자막이 보이게 설정하면 00:00:52:09 지점에 네 번째 키프레임이 생성됩니다.

21 자막의 두 번째 줄에 마스크를 적용하려면 사각형 마스크가 하나 더 필요합니다. 타임라인 패널에서 '인터뷰3Mask' 소스 클립을 선택한 채로 이펙트 컨트롤 패널에서 Opacity 항목의 사각형 마스크(□)를 클릭하면 Mask(2)가 생성됩니다.

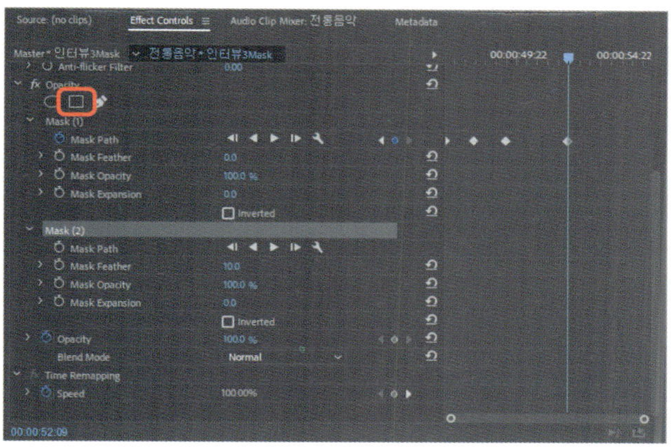

22 프로그램 모니터 패널의 화면에 생성된 사각형 마스크를 앞과 같은 방식으로 두 번째 줄 자막 밖 왼쪽으로 이동시킵니다.

23 타임라인 패널의 타임 표시자는 00:00:52:09 지점에 그대로 두고, 이펙트 컨트롤 패널에서 Mask(2) ▸ Mask Path 항목의 애니메이션 켜기/끄기 버튼(⏱)을 클릭하면 Mask(2)의 첫 번째 키프레임이 생성됩니다.

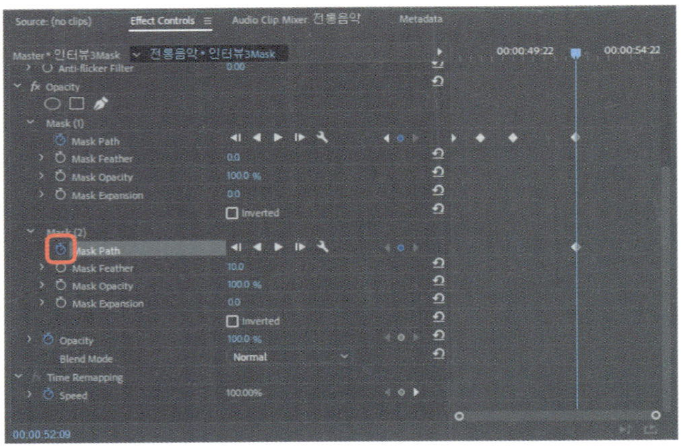

24 타임 표시자를 00:00:54:04 지점으로 옮기고, 선택된 사각형 마스크 오른쪽 두 점을 오른쪽으로 이동시켜 "~있다는 것을"까지 푸른색 자막이 보이게 설정하면 00:00:54:04 지점에 두 번째 키프레임이 생성됩니다.

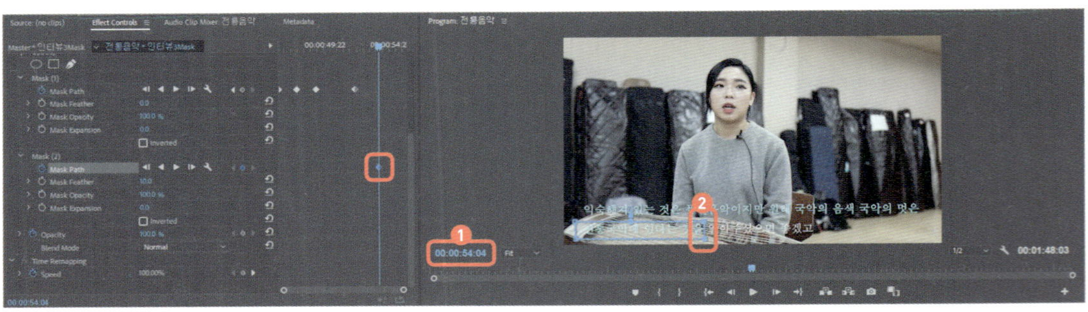

25 타임 표시자를 00:00:56:04 지점으로 옮기고, 선택된 사각형 마스크 오른쪽 두 점을 오른쪽으로 이동시켜 "~좋겠고"까지 푸른색 자막이 보이게 설정하면 00:00:56:04 지점에 세 번째 키프레임이 생성됩니다.

26 프로그램 모니터 패널의 재생 버튼(▶)을 클릭해 인터뷰어의 말에 맞추어 자막에 마스크가 적용되는지 확인합니다.

'인터뷰4' 소스 클립에 한 번 더 작업하기

27 타임라인 패널에서 타임 표시자를 00:00:56:07에 두고 프로젝트 패널에서 'Title: 인터뷰3' 소스 클립을 더블클릭해 'Title: 인터뷰3' 타이틀 디자이너 패널을 엽니다. 현재 타이틀과 같은 형식의 새로운 타이틀을 만들기 위해 '현재 제목 기준 새 제목' 버튼(▣)을 클릭합니다.

28 New Title 대화상자의 Name에 '인터뷰4'를 입력하고 〈OK〉 버튼을 클릭합니다. 앞에서 열어놓은 '인터뷰3.txt' 파일에서 두 번째 단락의 텍스트를 드래그하여 선택하고 단축키 Ctrl+C를 눌러 복사합니다.

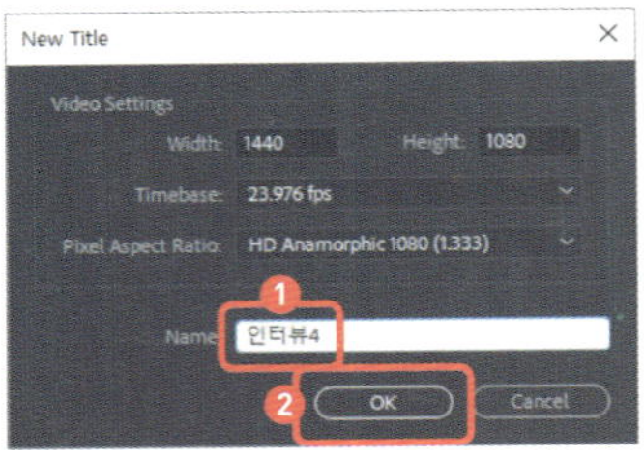

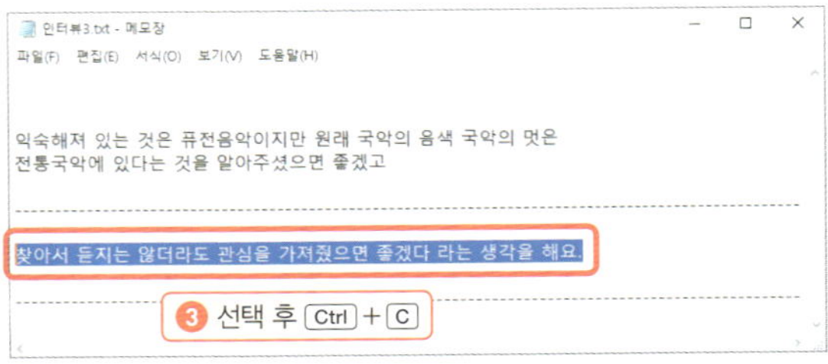

29 'Title: 인터뷰4' 타이틀 디자이너 패널에서 타이프 툴(T)을 선택하고 기존 자막을 드래그하여 모두 선택한 후, 단축키 Ctrl+V를 눌러 텍스트를 붙여넣습니다. 선택 툴(▶)로 텍스트를 선택하고 타이틀 액션 패널의 Center 항목에서 ⊡를 클릭해 가로를 가운데로 정렬합니다.

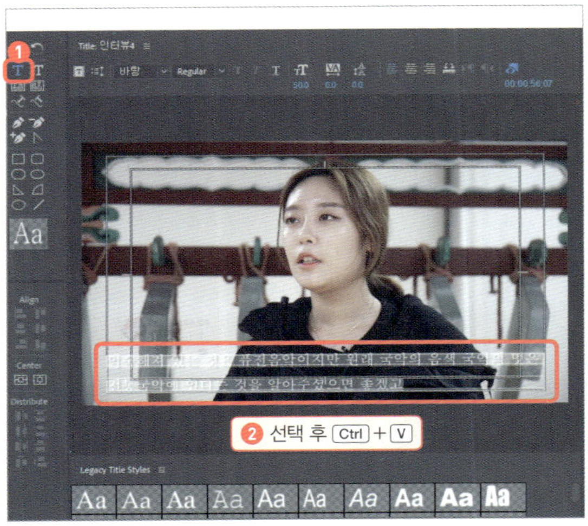

30 프로젝트 패널에 만들어진 'Title: 인터뷰4' 소스 클립을 타임라인 패널의 비디오 3번(V3) 트랙으로 드래그합니다.

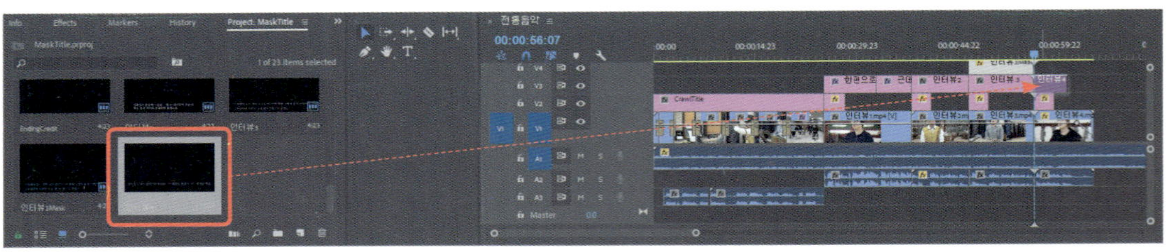

31 비디오 3번(V3) 트랙의 '인터뷰4' 소스 클립의 길이를 인터뷰어의 말이 끝나는 00:01:02:13 지점까지 늘립니다.

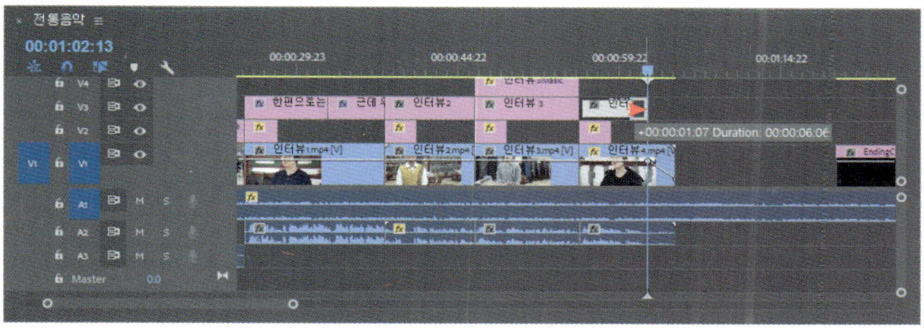

32 비디오 3번(V3) 트랙의 '인터뷰4' 소스 클립을 더블클릭해 'Title: 인터뷰4' 타이틀 디자이너 패널을 열고, '현재 제목 기준 새 제목' 버튼( )을 클릭합니다.

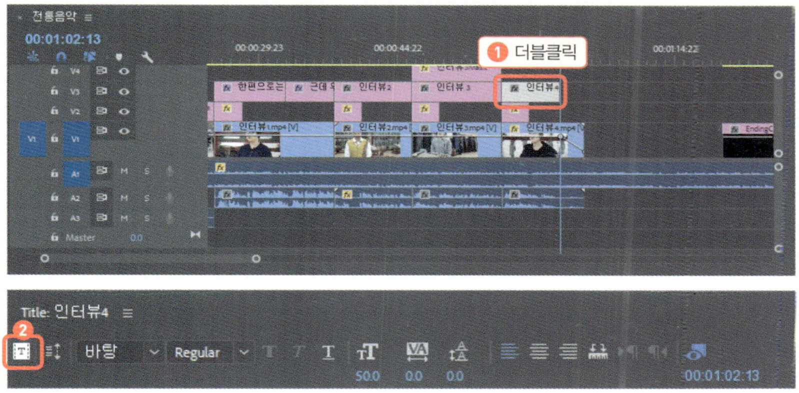

33 New Title 대화상자에서 Name에 '인터뷰4Mask'를 입력하고 〈OK〉 버튼을 클릭합니다. 레거시 타이틀 속성 패널의 Fill 항목에서 Color를 #68FFFD으로 변경하고 Shadow 항목의 체크를 해제합니다. 작업이 끝나면 타이틀 디자이너 패널을 닫습니다.

34 프로젝트 패널에 생성된 '인터뷰4Mask' 소스 클립을 타임라인 패널의 비디오 4번(V4) 트랙으로 드래그합니다.

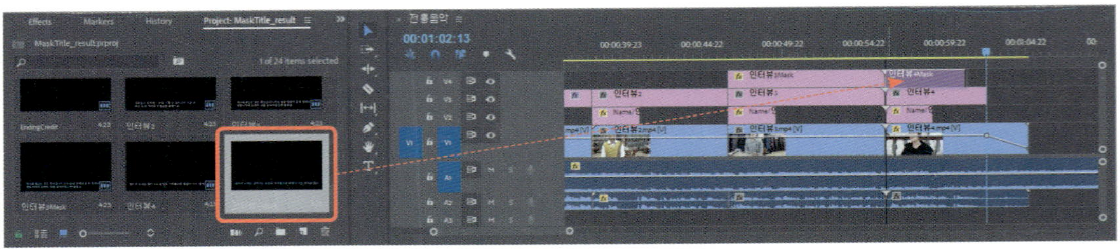

35 타임라인 패널의 비디오 4번(V4) 트랙의 '인터뷰4Mask' 소스 클립의 길이를 비디오 3번(V3) 트랙의 '인터뷰4' 소스 클립의 길이에 맞춰 늘립니다.

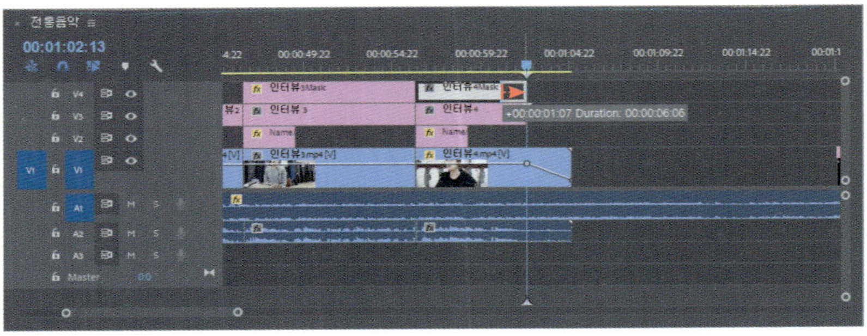

36 타임라인 패널에서 '인터뷰4Mask' 소스 클립을 선택하고 이펙트 컨트롤 패널에서 Opacity 항목의 사각형 마스크(■)를 클릭하면 Mask(1)이 생성됩니다.

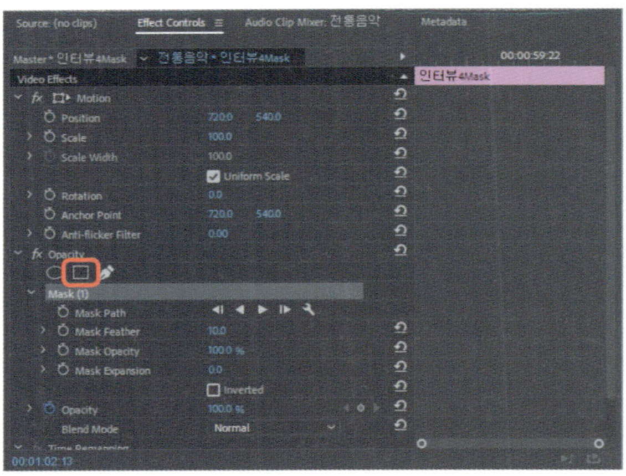

37 앞의 13~16 과정과 같은 방법으로 사각형 마스크의 크기를 자막에 맞추어 줄이고 자막 밖에 위치시킵니다.

38 타임라인 패널에서 타임 표시자를 00:00:56:09에 두고, 이펙트 컨트롤 패널에서 Mask(1) ▸ Mask Path 항목의 애니메이션 켜기/끄기 버튼(⏱)을 클릭하면 Mask(1)의 첫 번째 키프레임이 생성됩니다.

39 타임 표시자를 00:00:57:02로 옮기고, 선택된 사각형 마스크 오른쪽 두 점을 오른쪽으로 이동시켜 "찾아서"까지 푸른색 자막이 보이도록 설정하면 Mask(1)의 두 번째 키프레임이 생성됩니다.

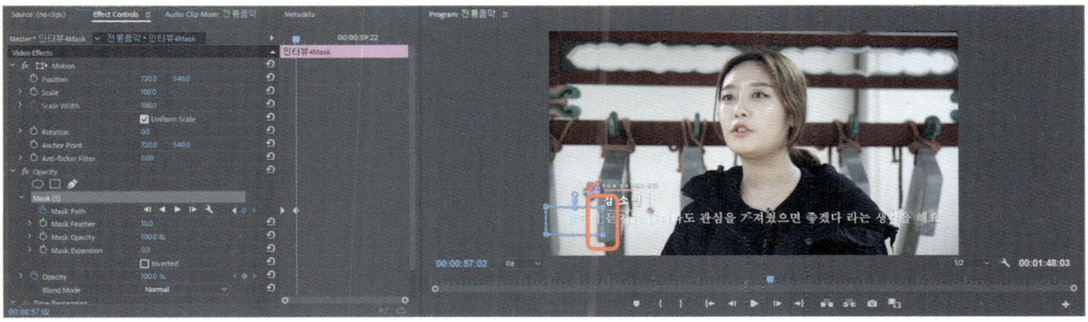

Tip 화면에서 마스크를 보려면 이펙트 컨트롤 패널에서 Mask(1)을 클릭합니다.

40 타임 표시자를 00:00:58:03으로 옮기고, 선택된 사각형 마스크 오른쪽 두 점을 오른쪽으로 이동시켜 "~않더라도"까지 푸른색 자막이 보이게 설정하면 Mask(1)의 세 번째 키프레임이 생성됩니다.

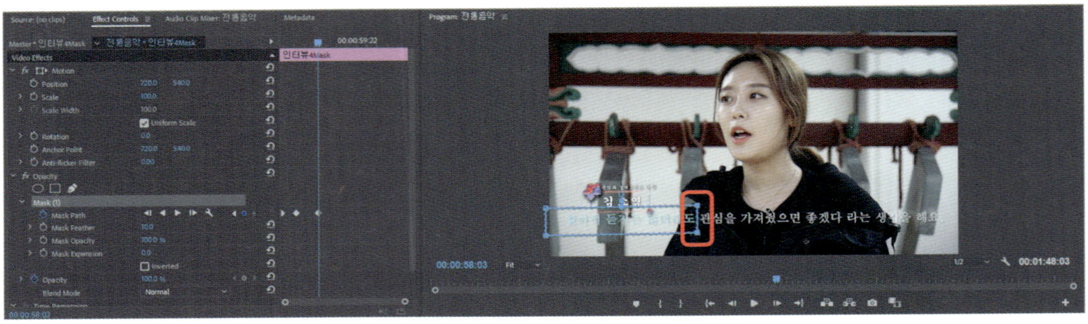

41 타임 표시자를 00:01:00:21로 옮기고, 선택된 사각형 마스크 오른쪽 두 점을 오른쪽으로 이동시켜 "~좋겠다"까지 푸른색 자막이 보이게 설정하면 Mask(1)의 네 번째 키프레임이 생성됩니다.

42 타임 표시자를 00:01:02:21로 옮기고, 선택된 사각형 마스크 오른쪽 두 점을 오른쪽으로 이동시켜 "~생각을 해요."까지 푸른색 자막이 보이게 설정하면 Mask(1)의 다섯 번째 키프레임이 생성됩니다.

43 프로그램 모니터 패널에서 영상을 재생해 인터뷰어의 말에 맞추어 자막에 마스크가 적용되는지 확인합니다.

SECTION 06

타이틀 애니메이션 제작하기

- **준비파일** TitleAnimation.prproj
- **완성파일** TitleAnimation_result.prproj

■ PREVIEW

▶ PLAY

OVERVIEW

프리미어 프로에서는 툴 패널의 타이프 툴이나 타이틀 디자이너 패널의 타이틀 툴 패널을 이용해 자막과 타이틀을 만들 수 있습니다. 문자 도구와 레거시 타이틀의 도형에 키프레임을 설정해 타이틀 애니메이션(Title Animation)을 제작하겠습니다.

보호 여백 설정하기

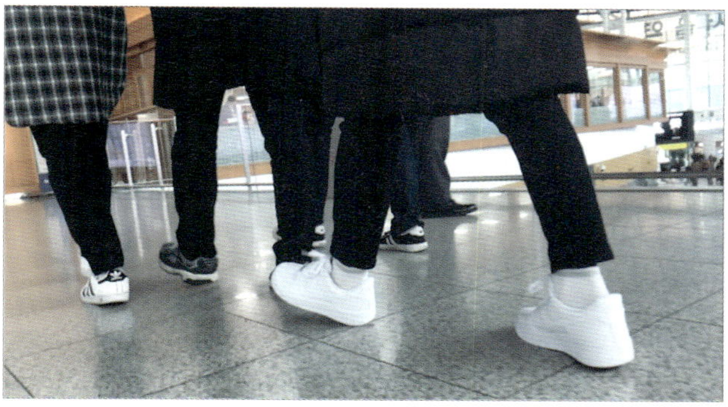

01 프리미어 프로를 실행하고 Home 대화상자에서 〈Open Project〉 버튼을 클릭해 'TitleAnimation.prproj' 프로젝트 파일을 불러온 후 영상을 확인합니다.

02 프로젝트 파일이 열리면 프로그램 모니터 패널 오른쪽 하단에 있는 단추 편집기 버튼(+)을 클릭합니다.

03 Button Editor 창에서 보호 여백 버튼(Safe Margins, □)을 선택해 버튼 패널로 드래그하고 〈OK〉 버튼을 클릭합니다. 버튼 패널에 생긴 보호 여백 버튼(□)을 클릭하면 프로그램 모니터 화면에 안전 존이 표시됩니다.

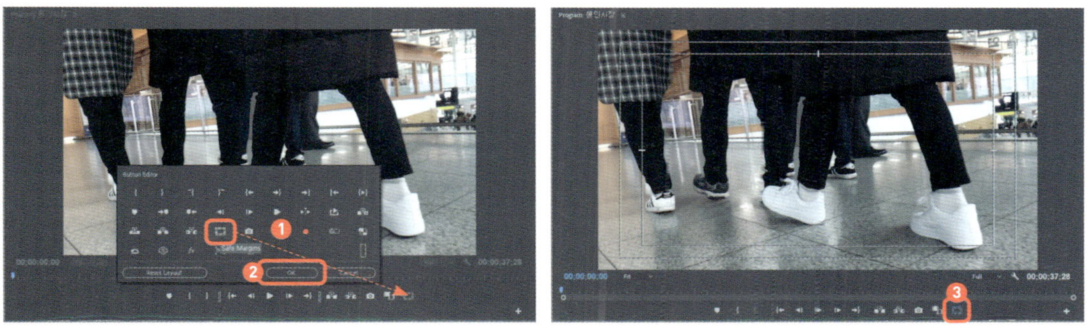

영상에 타이틀 넣기

04 툴 패널에서 타이프 툴(T)을 선택하고 프로그램 모니터 패널의 화면에서 자막이 들어갈 위치를 클릭하고, 'TRIP OF SEOUL'이라고 입력한 후 텍스트를 드래그해 선택합니다.

05 이펙트 컨트롤 패널의 Text ▸ Source Text 항목에서 Font Family는 Arial, Font Size는 122, 문단 정렬은 Center로 수정합니다. 타임라인 패널에서 비디오 2번(V2) 트랙에 있는 텍스트 레이어를 Alt 를 누른 채 비디오 3번(V3) 트랙 위로 드래그합니다.

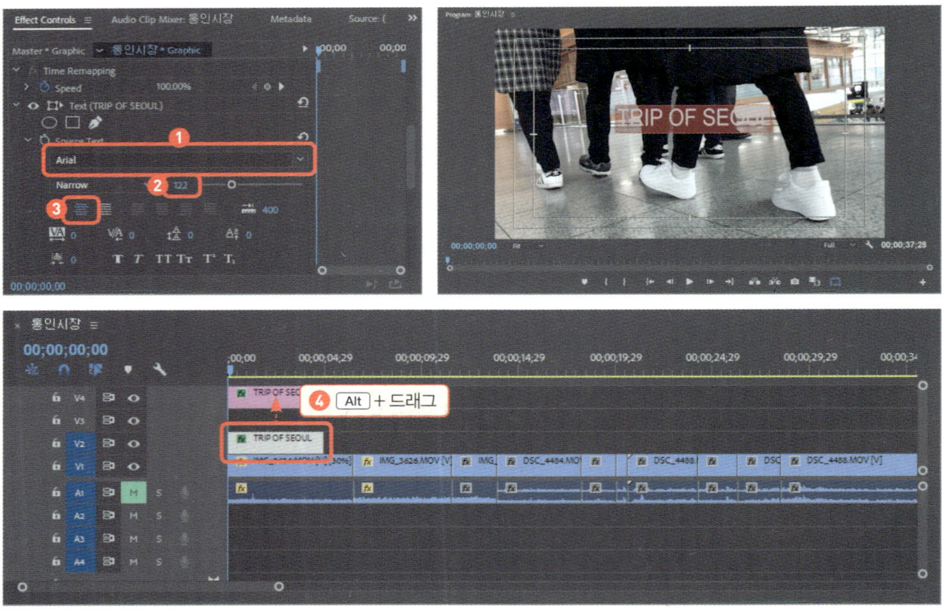

06 프로그램 모니터 패널에서 텍스트를 드래그해 선택하고 이펙트 컨트롤 패널에서 Font Family를 돋움(Dotum)으로 설정한 후 Appearance 항목의 Stroke에 체크하고 값을 2로 변경합니다. 프로그램 모니터 패널의 텍스트를 '통 . 인 . 시 . 장'으로 변경하고 'TRIP OF SEOUL' 아래로 내립니다.

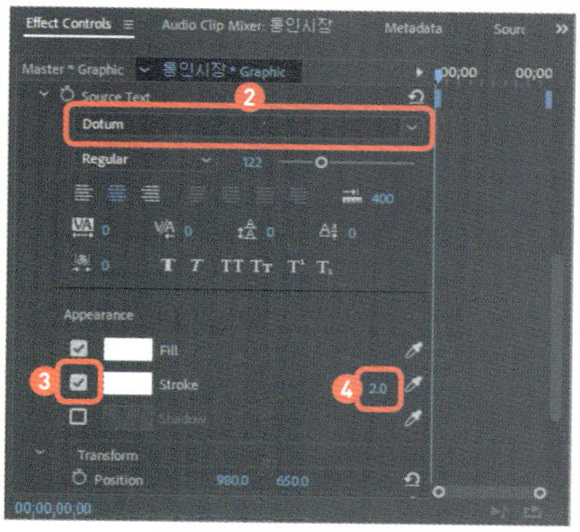

07 [File]–[New]–[Legacy Title] 메뉴를 선택해 New Title 대화상자가 열리면 Width는 1440, Height는 1080, Timebase는 23.976fps, Pixel Aspect Ratio는 HD Anamorphic 1080(1.333), Name은 'Bar'로 변경한 후 〈OK〉 버튼을 클릭합니다.

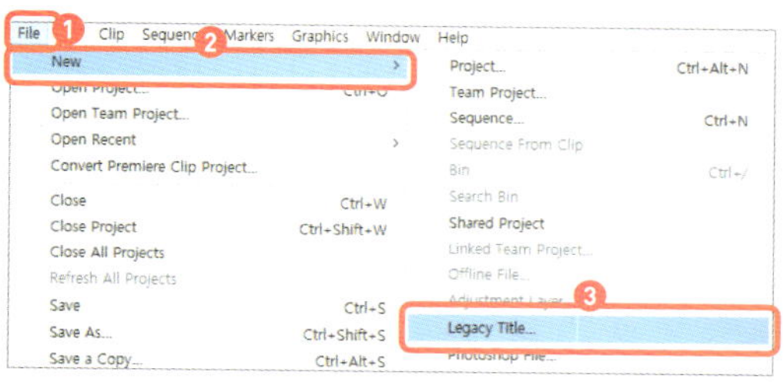

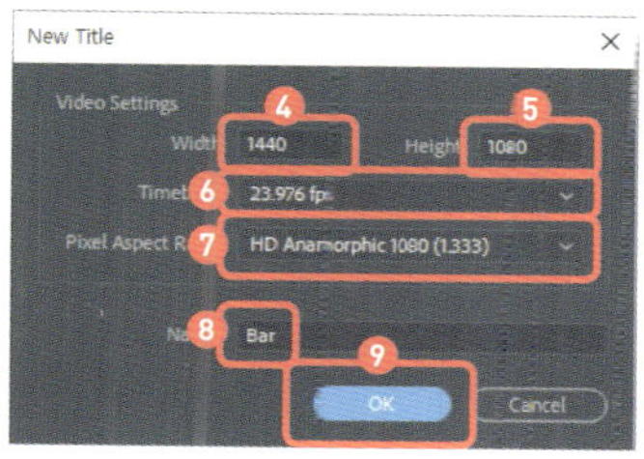

08 'Title: Bar' 타이틀 디자이너 패널이 열리면 사각형 툴(▢)을 선택하고 두 텍스트 사이에 긴 사각형을 그립니다. 레거시 타이틀 속성 패널의 Fill 항목에서 Color를 흰색으로 변경하고 타이틀 디자이너 패널을 닫습니다.

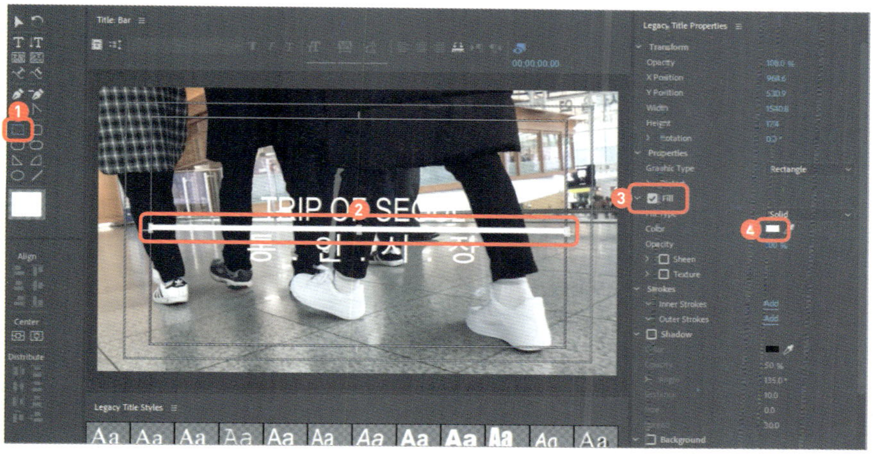

09 프로젝트 패널에 생성된 'Bar' 타이틀을 타임라인 패널의 비디오 3번(V3) 트랙으로 드래그합니다.

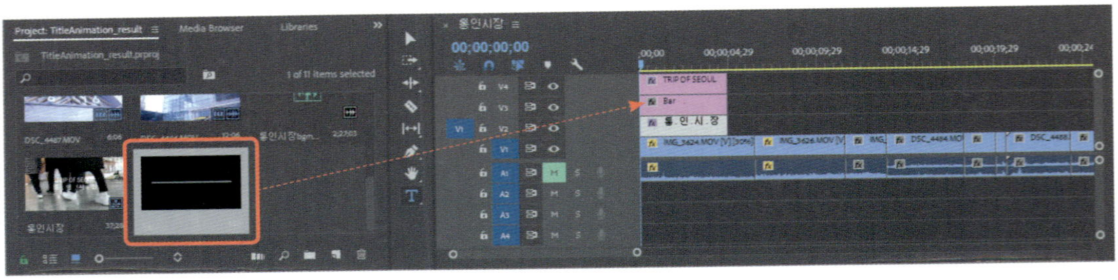

10 완성된 타이틀을 프로그램 모니터 패널에서 확인합니다.

첫 번째 텍스트의 모션 설정하기

11 타임라인 패널에서 'TRIP OF SEOUL' 소스 클립을 선택하고 타임 표시자를 00:00:01:00에 둔 후, 이펙트 컨트롤 패널에서 Transform ▸ Position 항목의 애니메이션 켜기/끄기 버튼(⏱)을 클릭합니다.

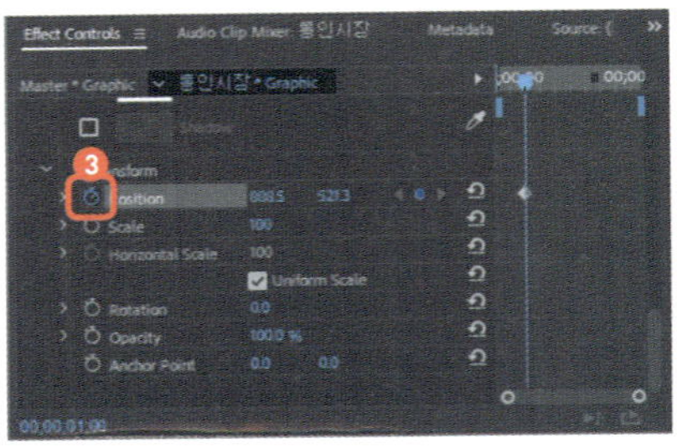

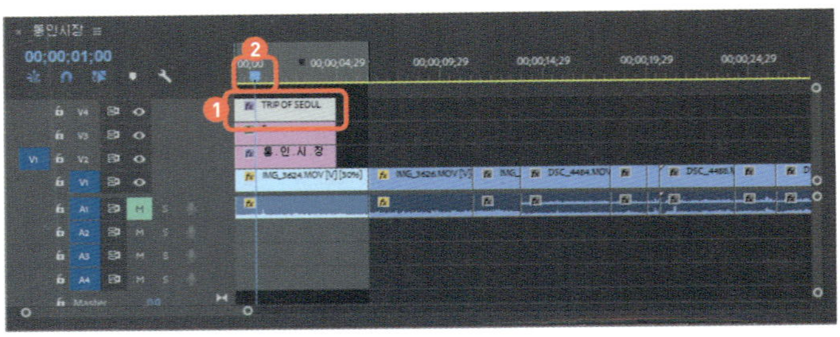

12 타임라인 패널에서 타임 표시자를 00:00:01:20으로 옮기고, 이펙트 컨트롤 패널에서 Transform ▸ Position 항목의 Y 좌표를 662로 변경하여 'TRIP OF SEOUL'을 '통 . 인 . 시 . 장' 위치로 내립니다.

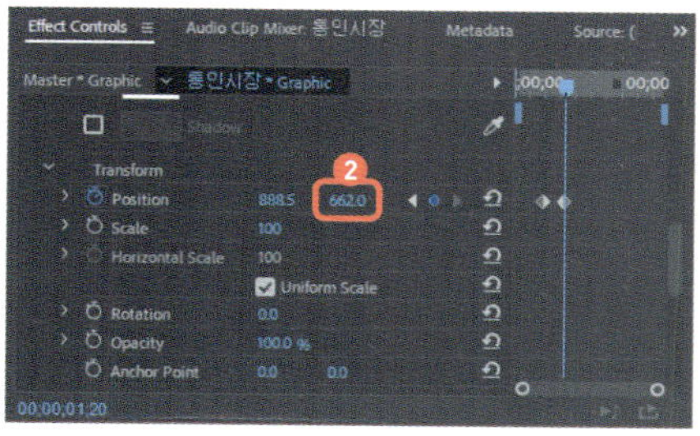

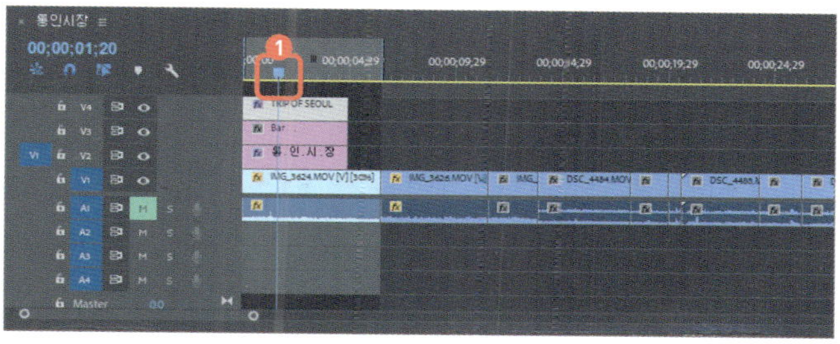

13 타임라인 패널에서 타임 표시자를 00:00:04:20으로 옮기고 이펙트 컨트롤 패널에서 Transform ▸ Position 항목의 키프레임 추가/삭제 버튼(◆)을 클릭하면 'TRIP OF SEOUL'은 1초 20부터 4초 20까지 3초간 같은 위치에 있게 됩니다.

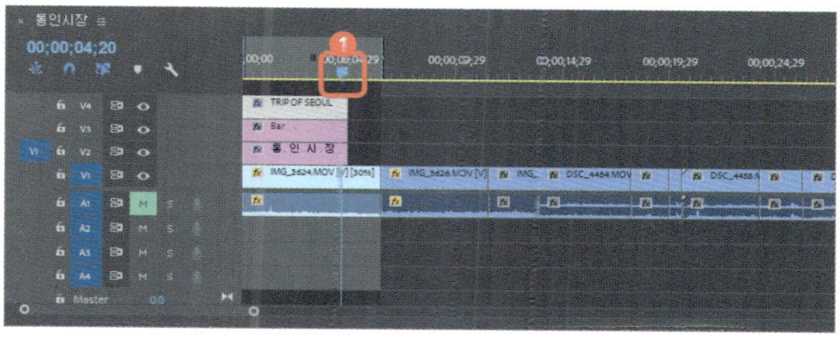

14 타임라인 패널에서 'TRIP OF SEOUL', 'Bar', '통 . 인 . 시 . 장' 세 개의 소스 클립을 모두 선택하고 비디오 1번(V1) 트랙의 첫 번째 소스 클립 길이만큼 늘립니다.

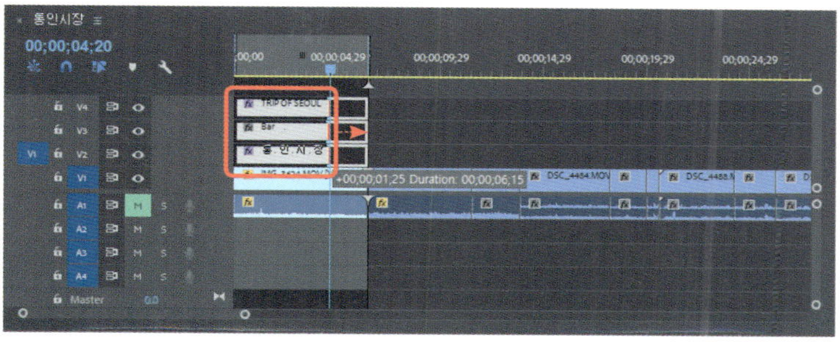

15 타임라인 패널에서 'TRIP OF SEOUL' 소스 클립을 선택하고 타임 표시자를 00:00:05:08로 옮깁니다. 이펙트 컨트롤 패널에서 Transform ▸ Position 항목의 첫 번째 키프레임을 선택한 후 단축키 Ctrl + C를 눌러 복사하고 Ctrl + V를 눌러 붙여넣습니다.

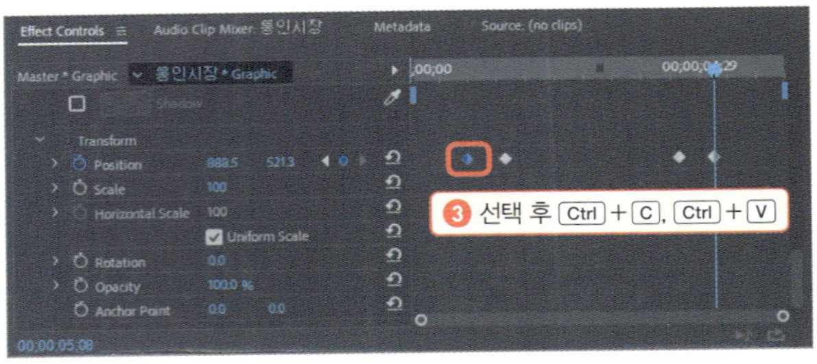

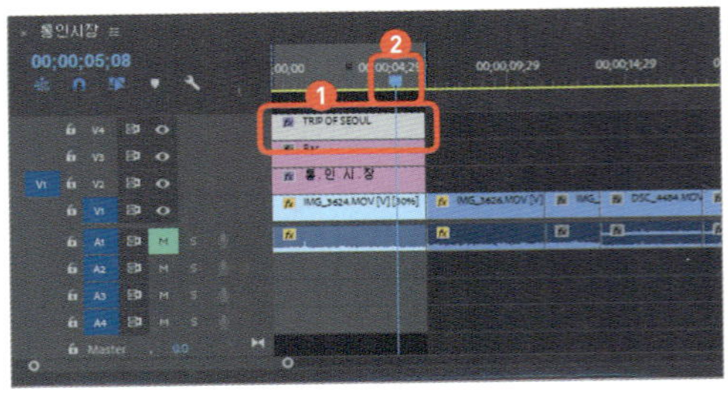

16 프로그램 모니터 패널에서 영상을 재생해 'TRIP OF SEOUL'의 움직임을 확인합니다.

두 번째 텍스트의 모션 설정하기

17 두 번째 텍스트인 '통 . 인 . 시 . 장'은 반대로 움직이도록 설정하겠습니다. 타임라인 패널에서 '통 . 인 . 시 . 장' 소스 클립을 선택하고, 타임 표시자를 00:00:01:00에 둡니다.

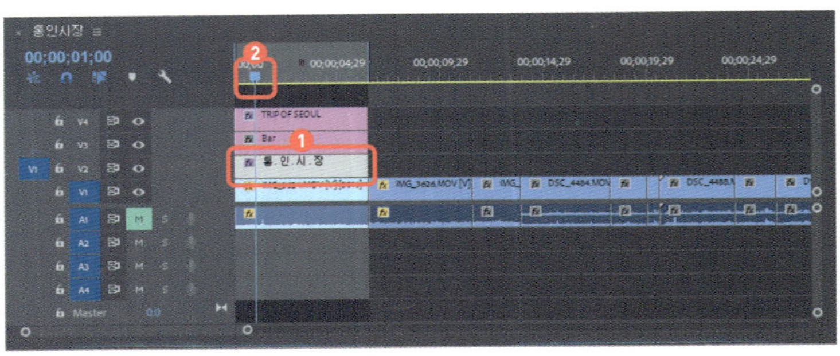

18 이펙트 컨트롤 패널에서 Transform ▸ Position 항목의 애니메이션 켜기/끄기 버튼(⏱)을 클릭해 키프레임을 생성합니다.

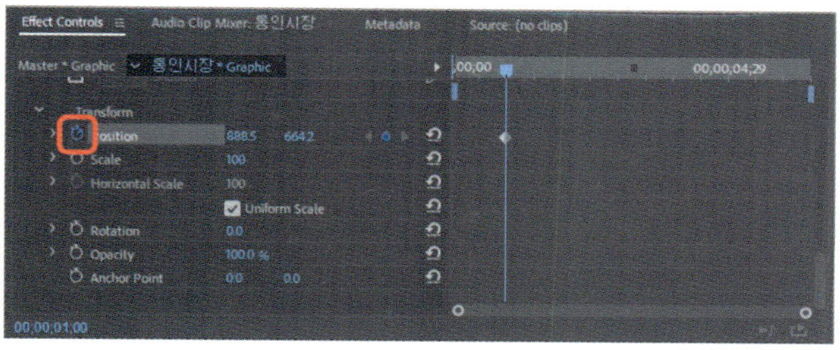

19 타임라인 패널에서 타임 표시자를 00:00:01:20으로 옮기고, 이펙트 컨트롤 패널에서 Transform ▸ Position 항목의 Y 좌표를 518로 변경하여 '통 . 인 . 시 . 장'을 바 위로 올립니다.

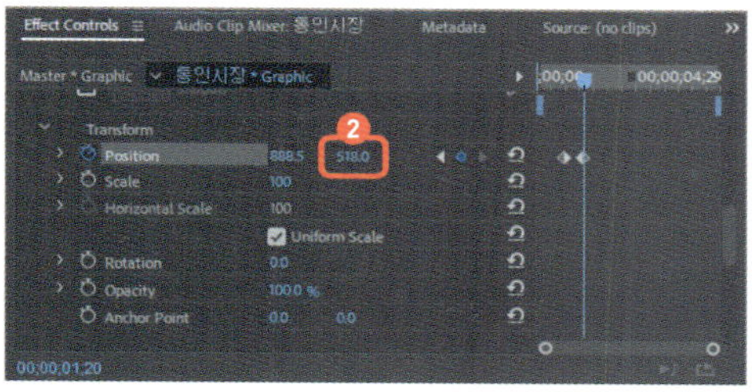

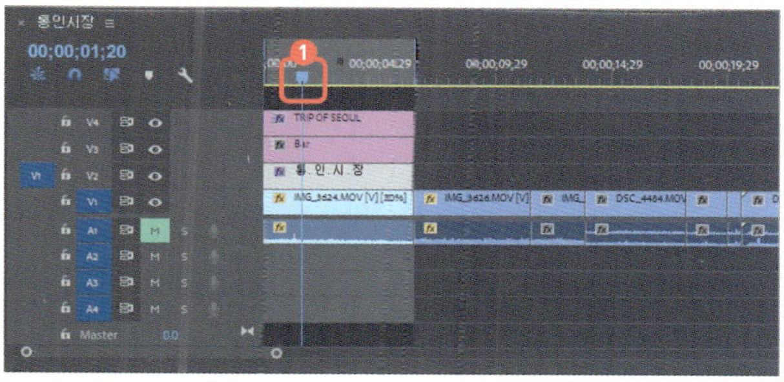

20 타임라인 패널에서 타임 표시자를 00:00:04:20으로 옮기고 이펙트 컨트롤 패널에서 Transform ▸ Position 항목의 키프레임 추가/삭제 버튼(◆)을 클릭합니다.

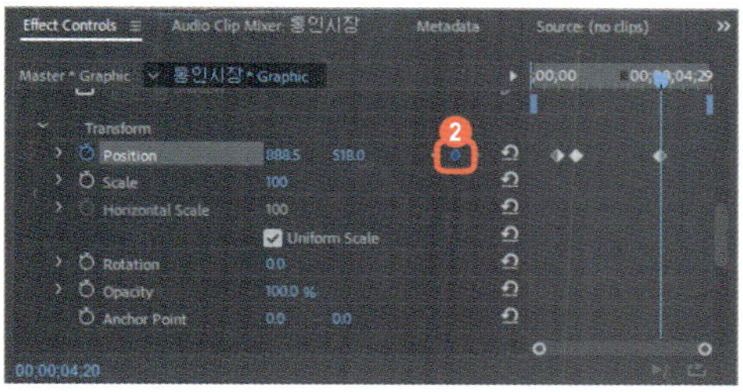

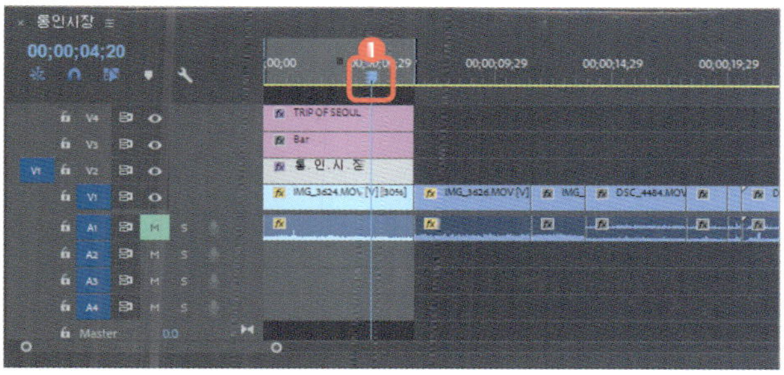

21 타임라인 패널에서 타임 표시자를 00:00:05:08로 옮기고, 이펙트 컨트롤 패널에서 Transform ▸ Position 항목의 첫 번째 키프레임을 선택한 후 단축키 Ctrl+C를 눌러 복사하고 Ctrl+V를 눌러 붙여넣습니다.

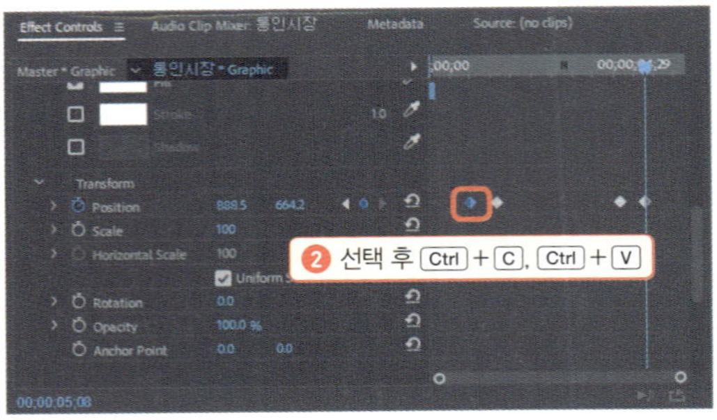

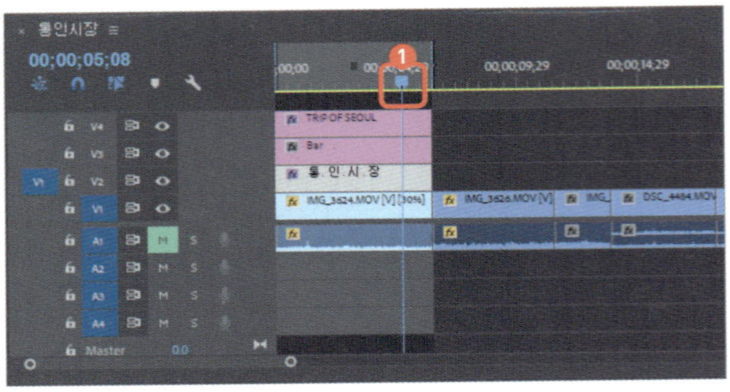

텍스트가 바에서 나오도록 설정하기

22 '통 . 인 . 시 . 장'은 바 위에 있을 때만, 'TRIP OF SEOUL'은 바 아래에 있을 때만 보이도록 소스 클립에 마스크를 설정하겠습니다. 타임라인 패널에서 '통 . 인 . 시 . 장' 소스 클립을 선택하고 이펙트 컨트롤 패널에서 Opacity 항목의 사각형 마스크(▢)를 클릭하면 프로그램 모니터 화면에 마스크가 나타납니다.

23 프로그램 모니터 패널에서 마스크의 꼭짓점을 클릭하고 드래그하여 'Bar' 소스 클립의 윗부분만 보이도록 합니다.

24 타임라인 패널에서 'TRIP OF SEOUL' 소스 클립을 선택합니다. 이펙트 컨트롤 패널에서 Opacity 항목의 사각형 마스크(■)를 클릭한 후 프로그램 모니터 패널에서 마스크의 꼭짓점을 클릭하고 드래그하여 'Bar' 소스 클립의 아랫부분만 보이도록 만듭니다.

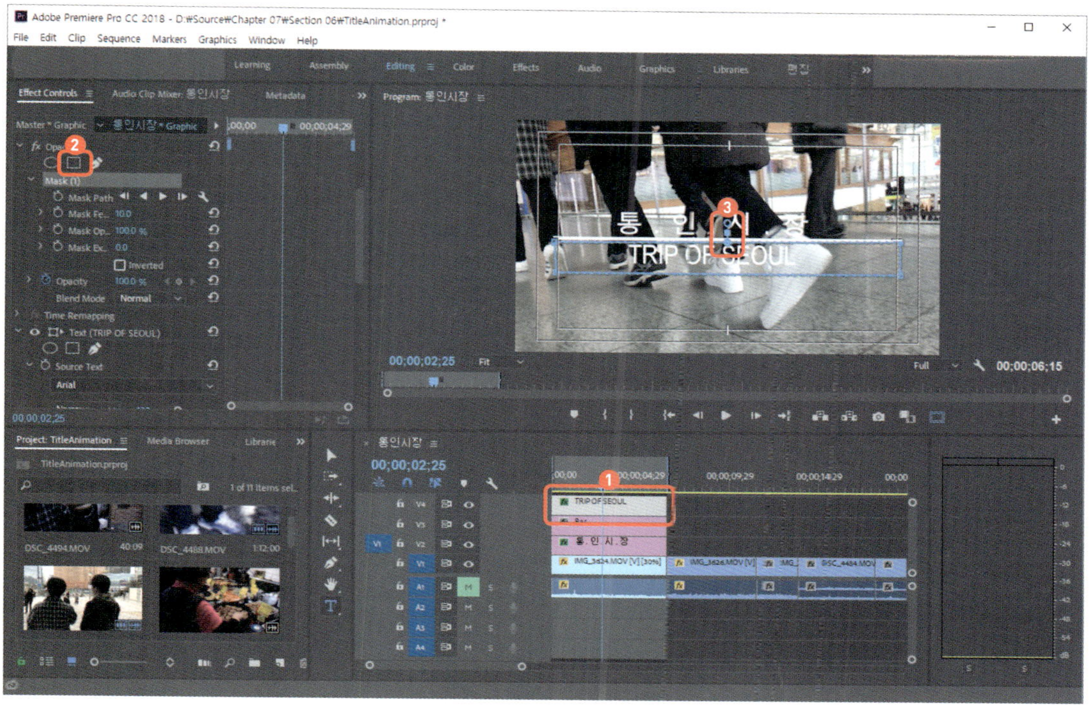

25 프로그램 모니터 패널에서 영상을 확인합니다.

바가 나타났다가 사라지도록 설정하기

26 'Bar'가 없는 상태에서 나타났다가 사라지도록 설정하겠습니다. 타임라인 패널에서 'Bar' 소스 클립을 선택하고, 이펙트 컨트롤 패널의 Motion ▸ Scale Width 항목에서 Uniform Scale의 체크를 해제하여 가로 스케일만 조정하도록 합니다.

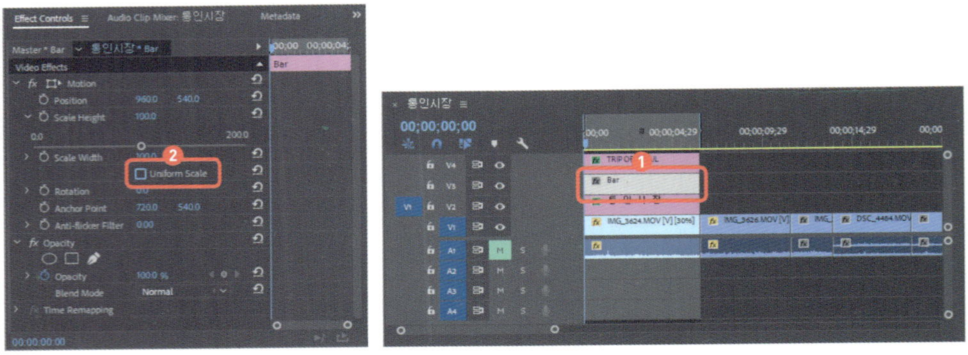

27 타임라인 패널에서 타임 표시자를 00:00:01:14에 두고, 이펙트 컨트롤 패널에서 Scale Width 항목의 애니메이션 켜기/끄기 버튼(⏱)을 클릭해 키프레임을 생성합니다.

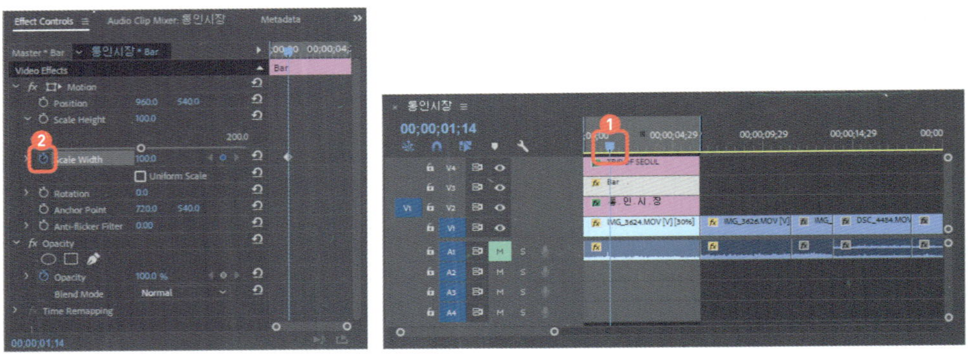

28 타임라인 패널에서 타임 표시자를 00:00:00:20으로 옮기고, 이펙트 컨트롤 패널에서 Scale Width 값에 0을 입력합니다.

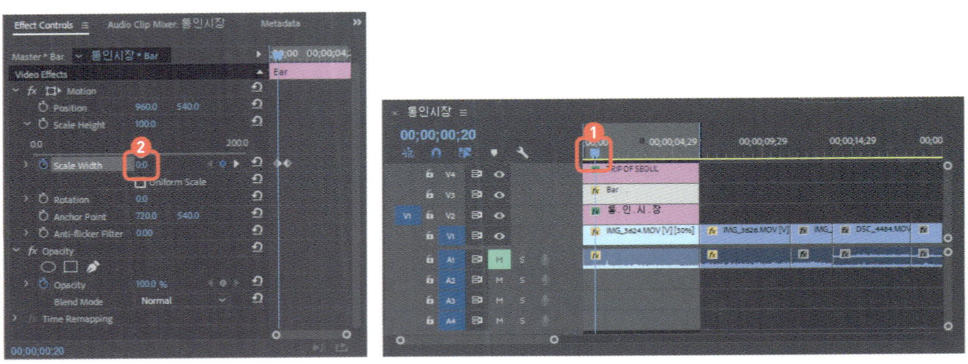

29 타임라인 패널에서 타임 표시자를 00:00:04:21로 옮기고, 이펙트 컨트롤 패널에서 Scale Width 항목의 키프레임 추가/삭제 버튼(◎)을 클릭합니다.

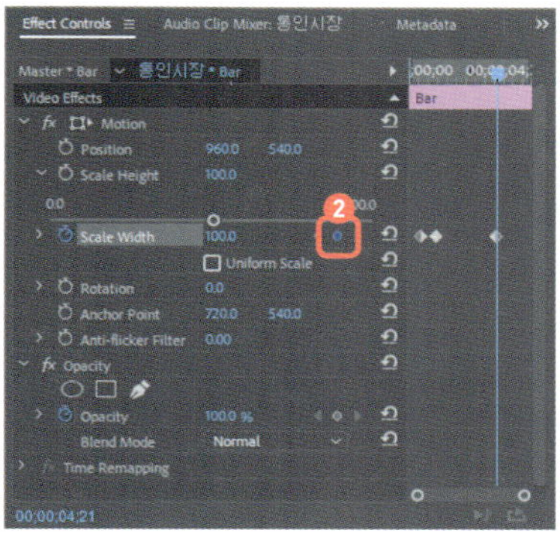

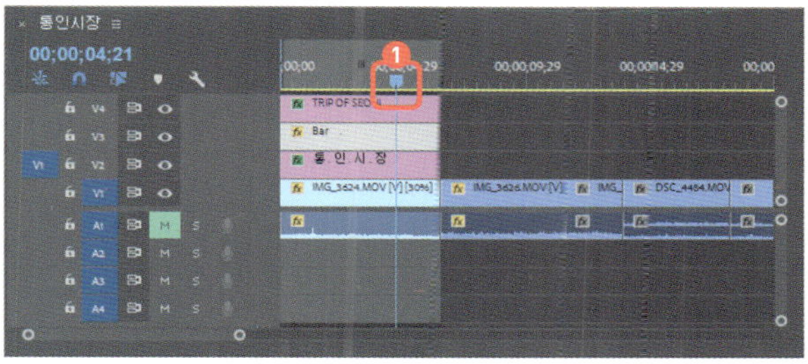

Tip 1초 14부터 4초 21까지 글자가 선 위아래로 등장하는 동안 'Bar'의 길이가 유지되도록 키프레임을 설정한 것입니다.

30 타임라인 패널에서 타임 표시자를 00:00:05:17로 옮기고 이펙트 컨트롤 패널에서 Scale Width 값에 0을 입력합니다.

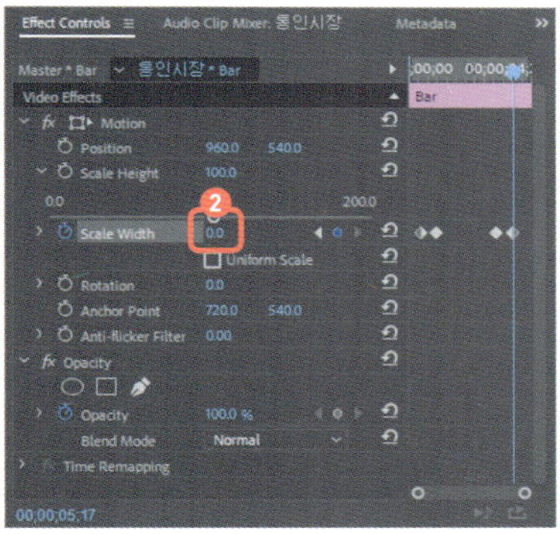

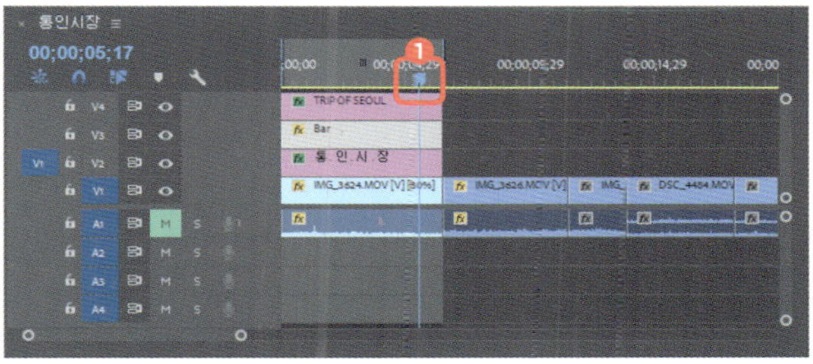

31 프로그램 모니터 패널에서 영상을 재생해 작업 결과를 확인합니다.

CHAPTER

08

영상 화질 개선과 색상 보정

촬영을 하면 의도했던 것과는 달리 만족스럽지 못한 영상 소스를 얻게 되는 일이 종종 있습니다. 실수를 했을 수도 있고, 날씨나 외부 조명 등 예상하지 못한 환경의 영향 때문일 수도 있습니다. 이런 경우 좀 더 나은 결과를 원한다면 보정 작업을 해야 합니다. 이 CHAPTER에서는 흔들림과 톤 보정 등 이펙트(Effects) 패널에 포함된 보정 효과들을 사용하는 방법에 대해 알아보겠습니다.

SECTION

01

카메라 흔들림 보정하기

- **준비파일** 흔들림.mp4
- **완성파일** WarpStabilizer_result.prproj

■ PREVIEW

▶ PLAY

OVERVIEW

촬영을 할 때는 주로 삼각대를 설치하거나 흔들림 방지 장치를 사용해 영상의 흔들림을 방지합니다. 하지만 부득이하게 안정적으로 촬영을 할 수 없는 상황이었다면 흔들리게 촬영된 소스 영상으로 편집을 해야 합니다. 이런 경우 Warp Stabilizer 기능을 이용하면 화면을 어느 정도 안정화할 수 있습니다. 심하게 흔들렸거나 카메라가 빠르게 이동했다면 완벽한 보정이 힘들지만, 흔들린 정도가 약하다면 만족스러운 결과를 얻을 수 있습니다.

소스 클립 열고 타임라인 패널에 적용하기

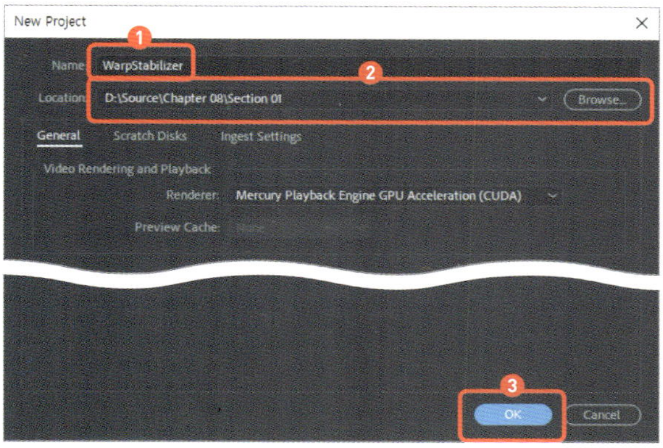

01 프리미어 프로를 실행하고 Home 대화상자에서 〈New Project〉 버튼을 클릭합니다. New Project 대화상자가 열리면 Name에 'Warp Stabilizer'라고 입력하고 〈Browse〉 버튼을 클릭해 파일 위치를 지정한 후 〈OK〉 버튼을 클릭합니다.

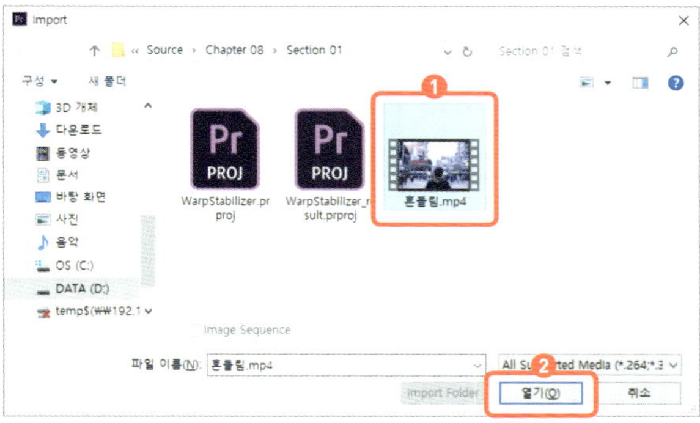

02 단축키 Ctrl+I를 눌러 Import 대화상자가 열리면 '흔들림.mp4' 파일을 선택해 불러옵니다.

03 프로젝트 패널에서 '흔들림.mp4' 파일을 타임라인 패널로 드래그한 후, 프로그램 모니터 패널의 재생 버튼(▶)을 클릭해 영상을 확인합니다. 걸어가는 인물을 뒤에서 따라가면서 촬영했기 때문에 영상이 많이 흔들립니다.

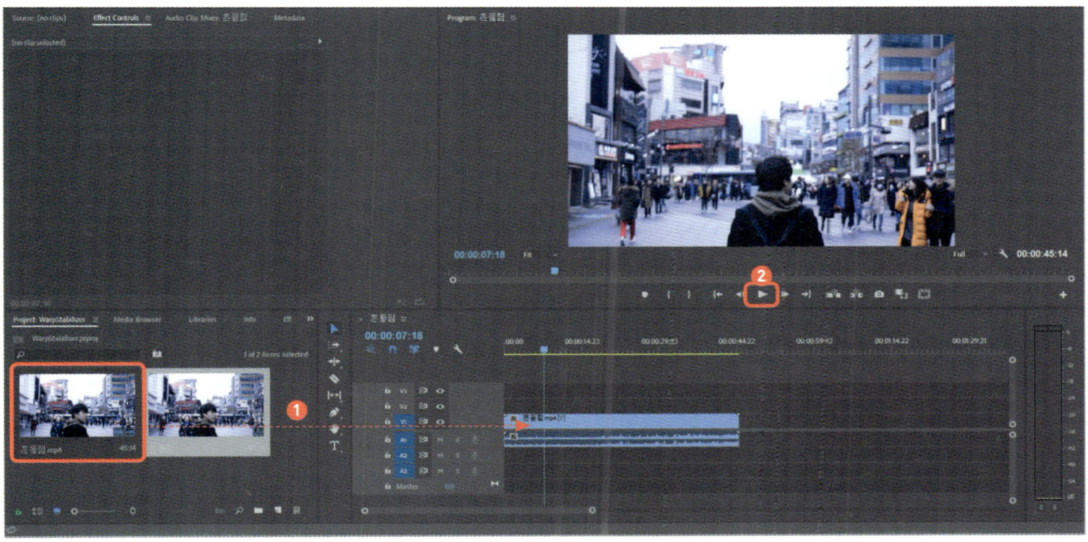

Warp Stabilizer 적용하기

04 타임라인 패널에서 소스 클립을 선택하고 이펙트 패널의 검색란에 'Warp'를 입력해 검색한 후 Warp Stabilizer를 더블클릭하면 소스 클립에 Warp Stabilizer가 적용됩니다. 이펙트 컨트롤 패널 아래 부분에서 Warp Stabilizer 속성을 확인할 수 있습니다.

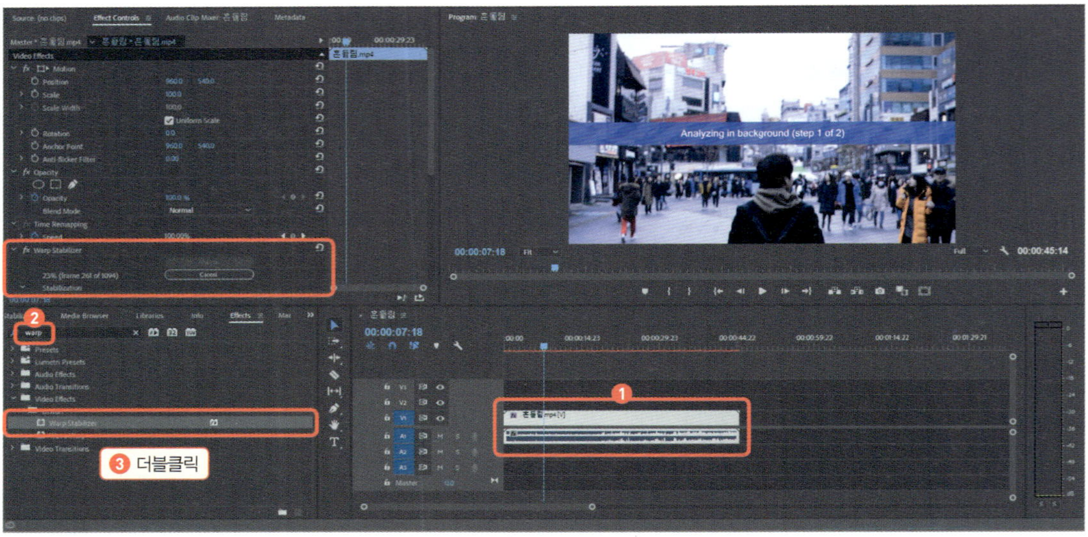

Tip Warp Stabilizer의 분석(Analyzing)이 끝나면 안정화(Stabilizing)가 진행됩니다.

05 프로젝트 패널에서 '흔들림.mp4' 파일을 더블클릭해 소스 모니터 패널에 원본 영상을 재생하고, Warp Stabilizer가 적용된 프로그램 모니터 패널의 영상과 비교해 봅니다.

SECTION 02

노이즈와 그레인 보정하기

- **준비파일** NoiseGrain1.mp4
- **완성파일** HidingNoise_result.prproj

■ PREVIEW

▶ PLAY

OVERVIEW

촬영된 영상에 노이즈(Noise)와 그레인(Grain)이 있다면 블러(Blur) 효과와 블렌드 모드(Blend Mode)를 이용하여 좀 더 좋은 상태로 개선할 수 있습니다.

소스 클립 열고 타임라인 패널에 적용하기

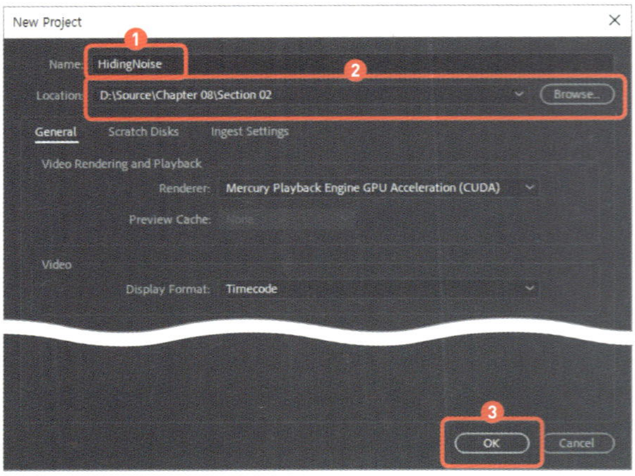

01 프리미어 프로를 실행하고 Home 대화상자에서 〈New Project〉 버튼을 클릭합니다. New Project 대화상자가 열리면 Name에 'Hiding Noise'를 입력하고 〈Browse〉 버튼을 클릭해 파일 위치를 지정한 후 〈OK〉 버튼을 클릭합니다.

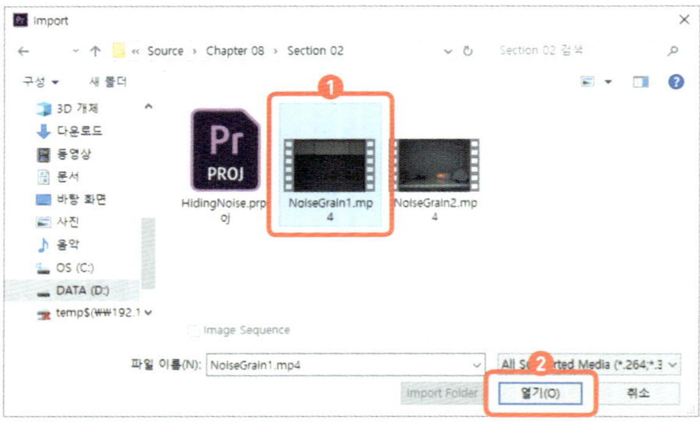

02 단축키 Ctrl+I를 눌러 Import 대화상자가 열리면 'NoiseGrain1.mp4' 파일을 선택해 불러옵니다.

03 프로젝트 패널에서 'NoiseGrain1.mp4' 파일을 타임라인 패널로 드래그하고 프로그램 모니터 패널의 재생 버튼(▶)을 클릭해 영상을 확인합니다.

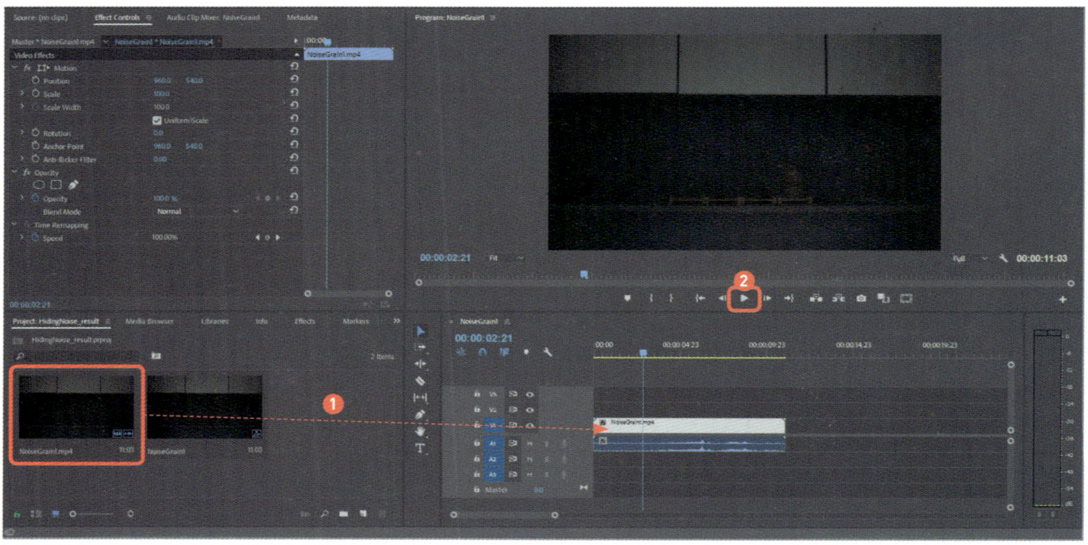

소스 클립의 링크를 해제하고 복사하기

04 영상과 사운드의 링크를 해제하기 위해 타임라인 패널에서 소스 클립을 마우스 오른쪽 버튼으로 클릭하고 팝업 메뉴에서 [Unlink]를 선택합니다.

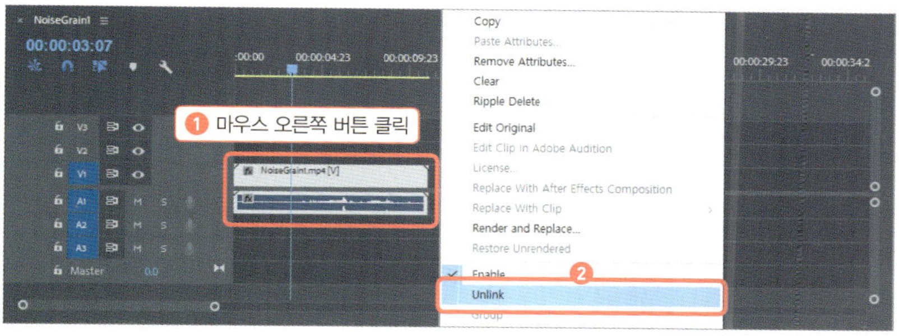

05 타임라인 패널에서 비디오 1번(V1) 트랙의 소스 클립을 선택하고 Alt 를 누른 채 비디오 2번(V2) 트랙으로 드래그하면 분리된 소스 클립이 복사됩니다.

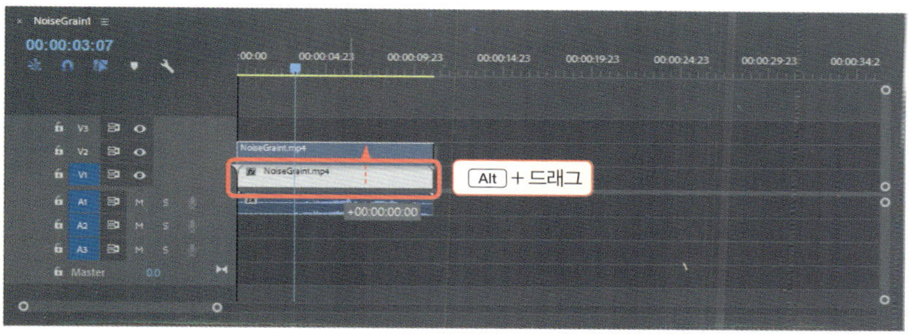

Gaussian Blur 적용하기

06 비디오 2번(V2) 트랙의 복사된 소스 클립을 선택하고, 이펙트 패널의 검색란에 'Blur'를 입력해 찾은 Gaussian Blur를 비디오 2번(V2) 트랙의 소스 클립으로 드래그합니다.

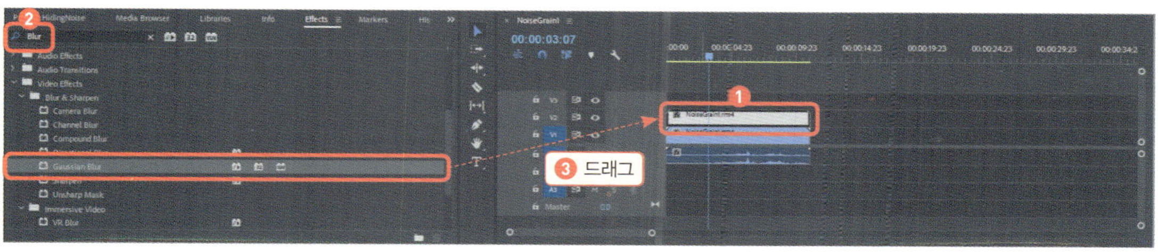

07 이펙트 컨트롤 패널에서 Gaussian Blur 항목의 Blurriness 값을 20으로 설정하고, Opacity 항목의 Blend Mode는 Screen, Opacity 값은 50으로 설정합니다.

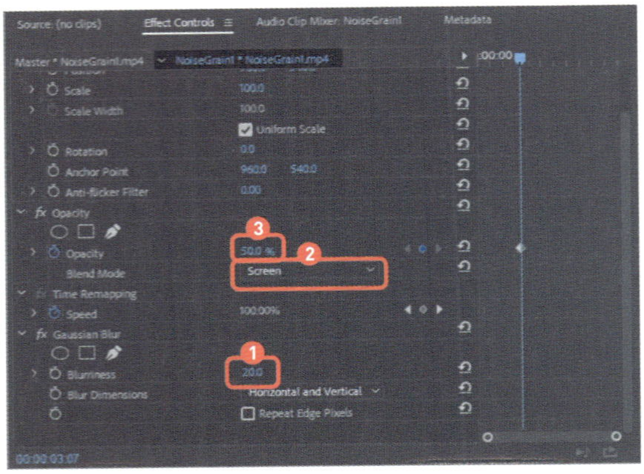

08 프로젝트 패널에서 'NoiseGrain1.mp4' 파일을 더블클릭해 소스 모니터 패널에 재생하고, 소스 모니터 패널의 원본 영상과 프로그램 모니터 패널의 보정된 영상을 비교해 봅니다.

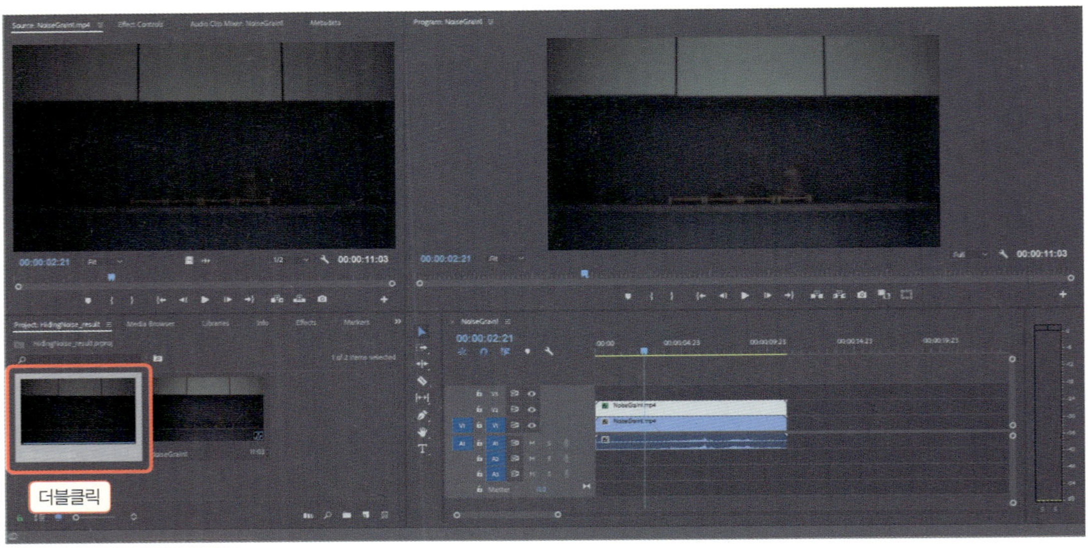

Tip 'NoiseGrain2.mp4' 파일로 한 번 더 실습해 봅니다.

SECTION 03

인물의 피부 톤 보정하기

- **준비파일** Face.mp4
- **완성파일** Face_result.prproj

■ PREVIEW

▶ PLAY

OVERVIEW

인터뷰 장면이나 인물을 클로즈업해서 촬영한 장면을 작업할 경우 인물의 피부 톤을 보정해야 할 때가 많습니다. 블러(Blur) 효과, 블렌드 모드(Blend Mode), 마스크 패스(Mask Path)를 이용해 인물의 피부 톤을 효과적으로 보정하는 방법을 알아봅니다.

소스 클립 열고 타임라인 패널에 적용하기

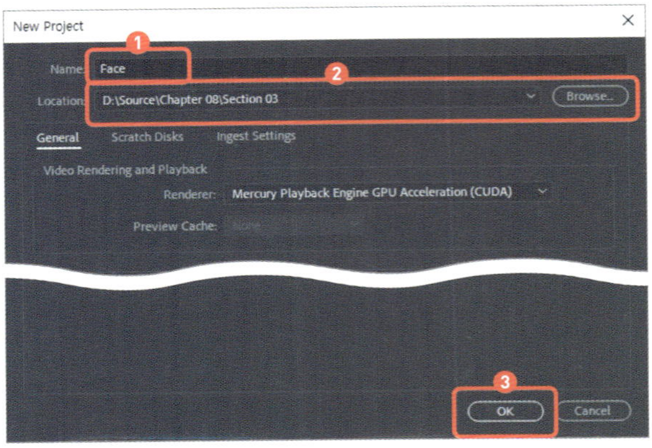

01 프리미어 프로를 실행하고 Home 대화상자에서 〈New Project〉 버튼을 클릭합니다. New Project 대화상자가 열리면 Name에 'Face'라고 입력하고 〈Browse〉 버튼을 클릭해 파일 위치를 지정한 후 〈OK〉 버튼을 클릭합니다.

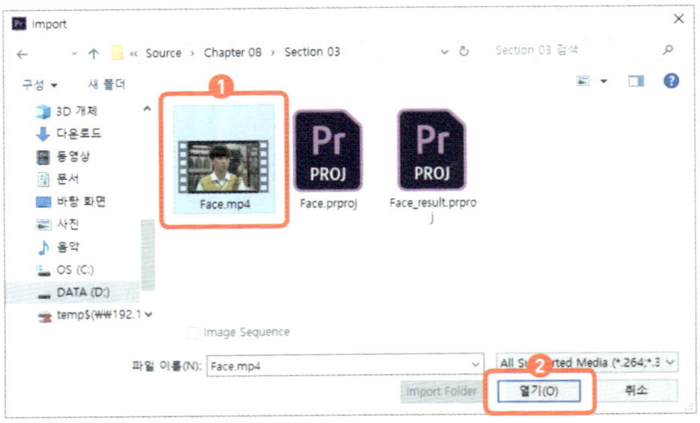

02 단축키 Ctrl+I를 눌러 Import 대화상자가 열리면 'Face.mp4' 파일을 선택해 불러옵니다.

03 프로젝트 패널에서 'Face.mp4' 파일을 타임라인 패널로 드래그한 후 프로그램 모니터 패널의 재생 버튼(▶)을 클릭해 영상을 확인합니다.

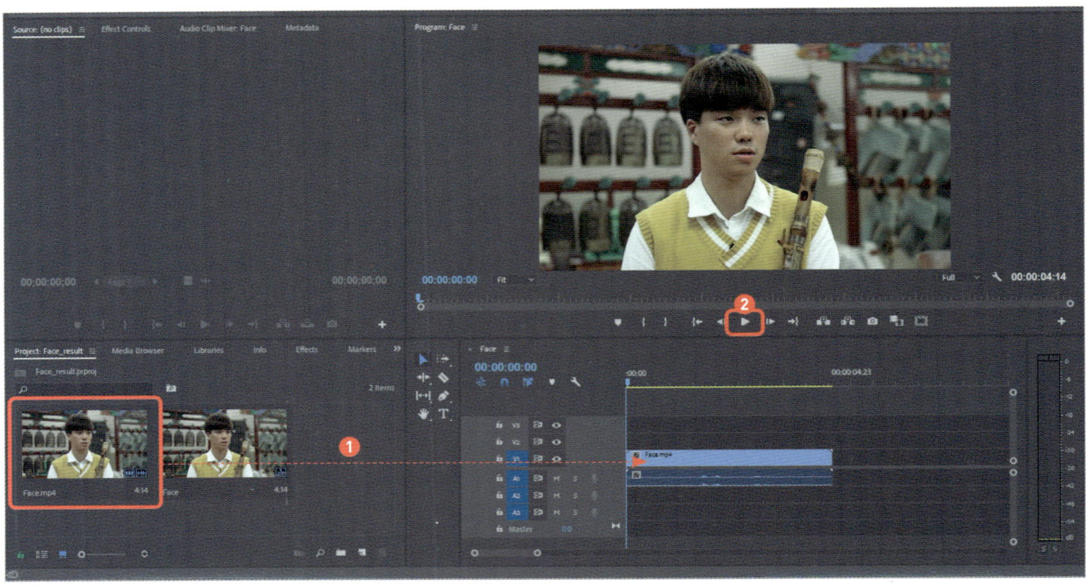

소스 클립의 링크를 해제하고 복사하기

04 영상과 사운드의 링크를 해제하기 위해 타임라인 패널에서 소스 클립을 마우스 오른쪽 버튼으로 클릭하고 팝업 메뉴에서 [Unlink]를 선택합니다.

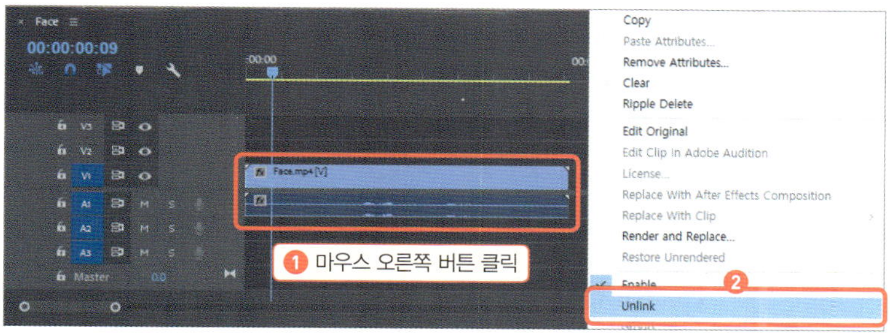

05 타임라인 패널에서 비디오 1번(V1) 트랙의 소스 클립을 선택하고 Alt 를 누른 채 비디오 2번(V2) 트랙으로 드래그하면 분리된 영상 소스가 복사됩니다.

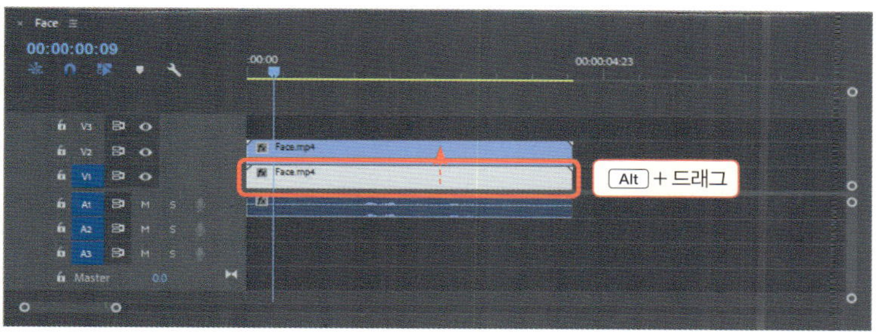

Gaussian Blur 적용하기

06 비디오 2번(V2) 트랙의 복사된 소스 클립을 선택한 후, 이펙트 패널의 검색란에 'Blur'를 입력해 찾은 Gaussian Blur를 비디오 2번(V2) 트랙의 소스 클립으로 드래그해 적용합니다.

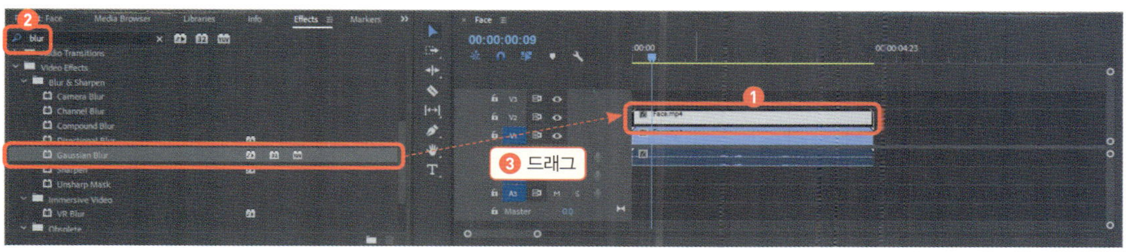

07 이펙트 컨트롤 패널에서 Gaussian Blur 항목의 Blurriness 값을 15로 설정하고, Opacity 항목의 Blend Mode는 Screen, Opacity 값은 57로 변경합니다.

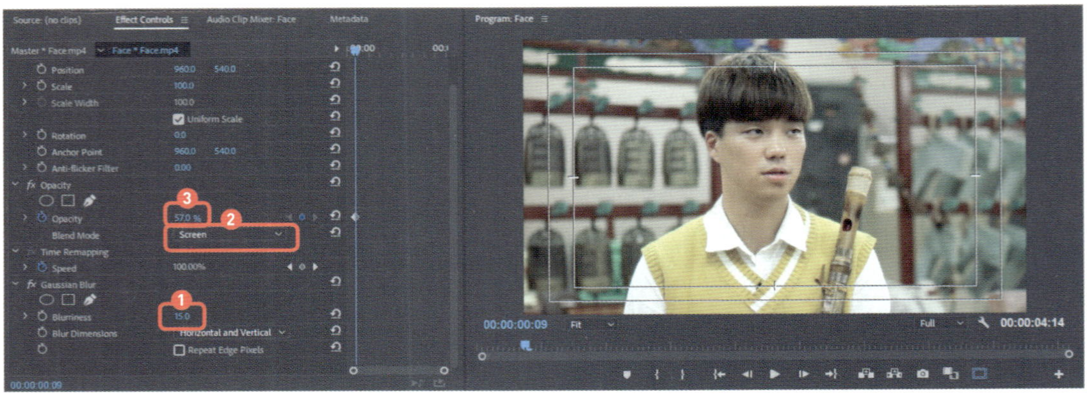

마스크 패스를 이용하여 얼굴 부분만 마스크 적용하기

08 인물의 피부 톤뿐만 아니라 배경까지 밝게 보정되었는데, 배경과 인물의 얼굴에 다른 값을 적용하기 위해 얼굴 부분에 마스크를 적용하겠습니다. 이펙트 컨트롤 패널의 Gaussian Blur 항목에서 사각형 마스크(□)를 클릭합니다.

09 프로그램 모니터 패널의 화면에서 사각형 마스크의 꼭짓점을 클릭하면 이동시킬 수 있고, 선을 클릭하면 점을 추가할 수 있습니다. 프로그램 모니터 패널의 마스크를 조정하면서 얼굴 패스에 맞춥니다.

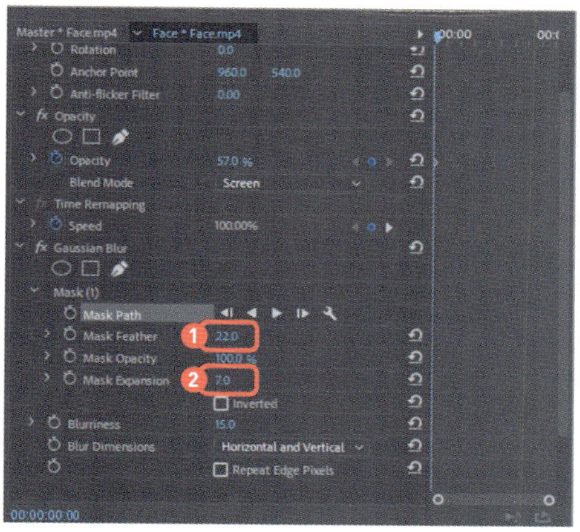

10 이펙트 컨트롤 패널의 Gaussian Blur ▸ Mask(1) 항목에서 Mask Feather 값은 22, Mask Expansion 값은 7로 수정합니다.

11 마스크 패스가 얼굴 움직임을 따라가도록 키프레임을 설정하겠습니다. 타임 표시자를 00:00:02:00에 두고, 이펙트 컨트롤 패널의 Gaussian Blur ▸ Mask(1) ▸ Mask Path 항목의 애니메이션 켜기/끄기 버튼(⏱)을 클릭하면 첫 번째 키프레임이 생성됩니다.

12 타임 표시자를 00:00:04:09로 옮기고, 이펙트 컨트롤 패널의 Gaussian Blur ▸ Mask(1) 항목에서 Mask Path를 클릭한 후 프로그램 모니터 패널에서 마스크 패스의 오른쪽 부분을 드래그하여 점들을 선택합니다.

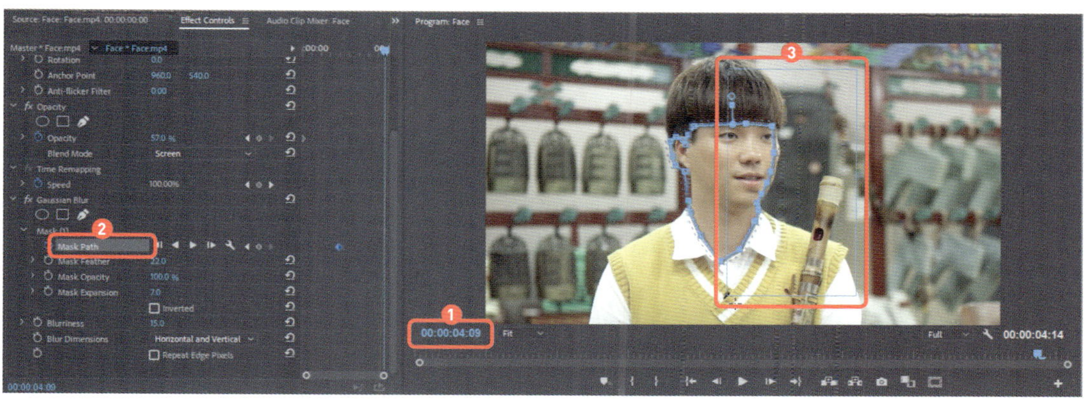

13 선택한 점들을 얼굴에 맞춰 세밀하게 옮깁니다. 패스에 변화가 생겼으므로 두 번째 키프레임이 생성됩니다.

14 프로젝트 패널에서 'Face.mp4' 파일을 더블클릭해 소스 모니터 패널에 재생하고, 소스 모니터 패널의 원본 영상과 프로그램 모니터 패널의 보정된 영상을 비교해 봅니다.

SECTION 04

노출 부족 샷 보정하기

- **준비파일** LowExposure.mp4
- **완성파일** LowExposure_result.prproj

■ PREVIEW

▶ PLAY

OVERVIEW

노출 부족이란 빛을 충분히 받지 못한 상태로 촬영되는 것을 말하며, 보통 어둡고 흐릿한 샷이 만들어집니다. 밤에 촬영한 것처럼 영상을 표현하기 위해 낮에 의도적으로 조명을 부족하게 사용해 노출 부족 샷을 찍기도 합니다. 여기서는 블렌드 모드(Blend Mode)와 Fast Color Corrector를 이용해 노출 부족 샷을 보정해 봅니다.

소스 클립 열고 타임라인 패널에 적용하기

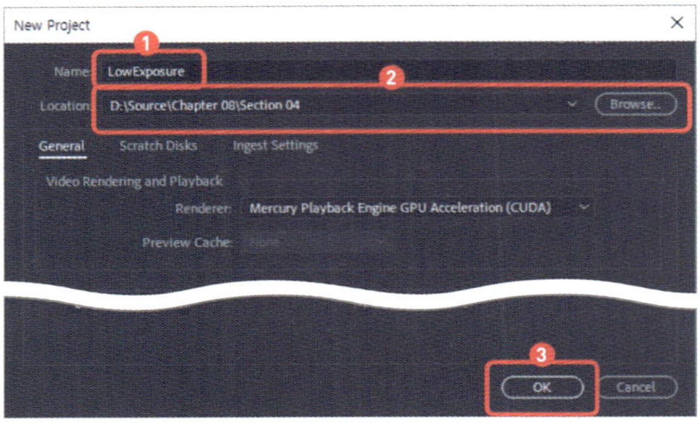

01 프리미어 프로를 실행하고 Home 대화상자에서 〈New Project〉 버튼을 클릭합니다. New Project 대화상자가 열리면 Name에 'Low Exposure'를 입력하고 〈Browse〉 버튼을 클릭해 파일 위치를 지정한 후 〈OK〉 버튼을 클릭합니다.

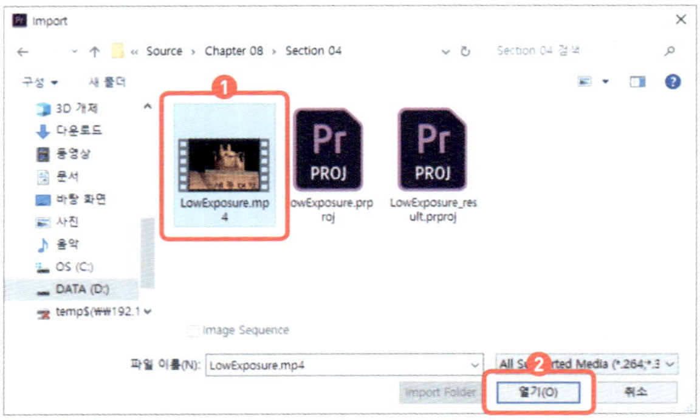

02 단축키 Ctrl+I를 눌러 Import 대화상자가 열리면 'LowExposure.mp4' 파일을 선택해 불러옵니다.

03 프로젝트 패널에서 'LowExposure.mp4' 파일을 타임라인 패널로 드래그한 후, 프로그램 모니터 패널의 재생 버튼(▶)을 클릭해 영상을 확인합니다.

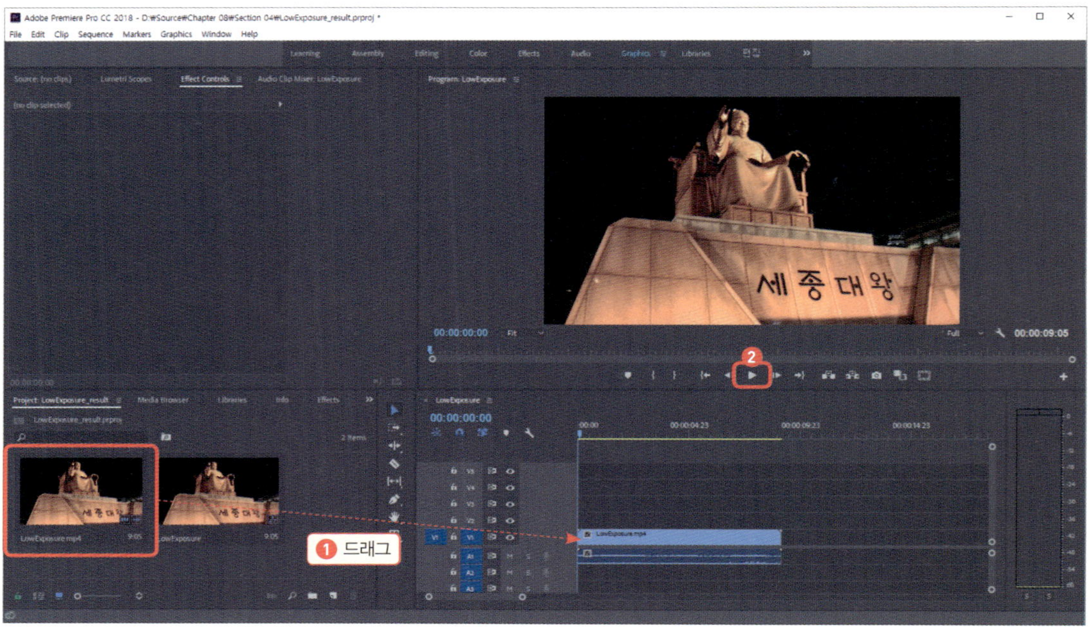

소스 클립의 링크를 해제하고 복사하기

04 영상과 사운드의 링크를 해제하기 위해 타임라인 패널의 소스 클립을 마우스 오른쪽 버튼으로 클릭하고 팝업 메뉴에서 [Unlink]를 선택합니다.

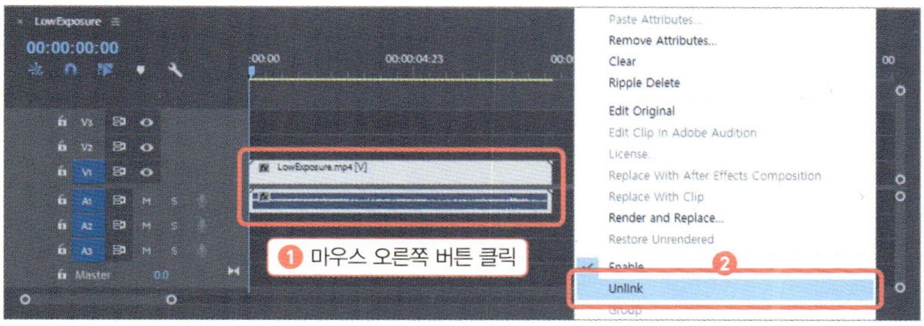

05 타임라인 패널에서 비디오 1번(V1) 트랙의 소스 클립을 Alt 를 누른 채 클릭해 비디오 2번(V2) 트랙으로 드래그하면 분리된 영상 소스가 복사됩니다.

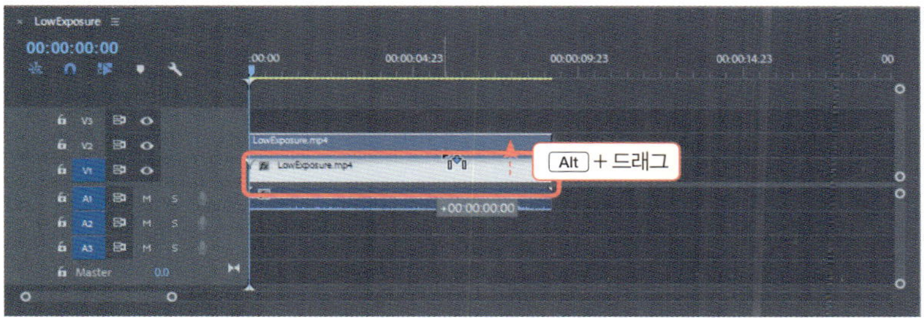

블렌드 모드로 보정하고 원본 영상과 비교하기

06 타임라인 패널에서 비디오 2번(V2) 트랙의 복사된 소스 클립을 선택하고 이펙트 컨트롤 패널의 Opacity 항목에서 Blend Mode는 Screen, Opacity 값은 60으로 변경합니다.

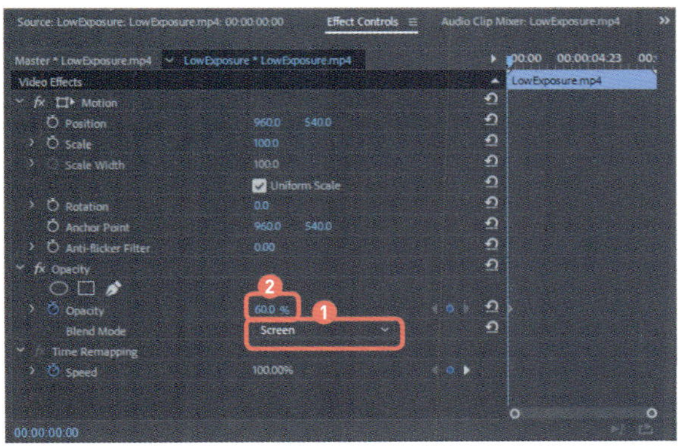

07 타임라인 패널에서 비디오 2번(V2) 트랙의 트랙 출력 켜기/끄기 버튼(👁)을 클릭해 원본 영상과 비교합니다.

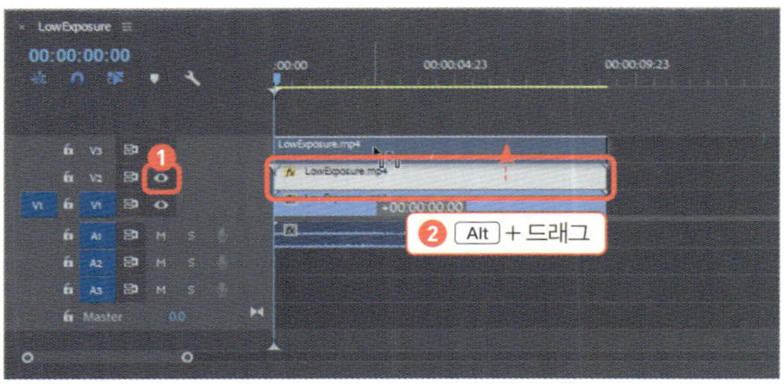

08 비디오 2번(V2) 트랙의 트랙 출력 켜기/끄기 버튼(👁)을 한 번 더 클릭해 복사한 소스 클립을 보여주고, Alt를 누른 채 비디오 3번(V3) 트랙으로 드래그해 한 번 더 복사합니다.

09 비디오 3번(V3) 트랙의 트랙 출력 켜기/끄기 버튼(👁)을 눌러 보면서 소스 클립 복사 전과 후를 비교해 봅니다.

› 트랙 출력 켜기 상태

› 트랙 출력 끄기 상태

Adjustment Layer 적용하기

10 비디오 3번(V3) 트랙의 소스 클립을 Alt 를 누른 채 비디오 4번(V4) 트랙으로 드래그해 복사합니다.

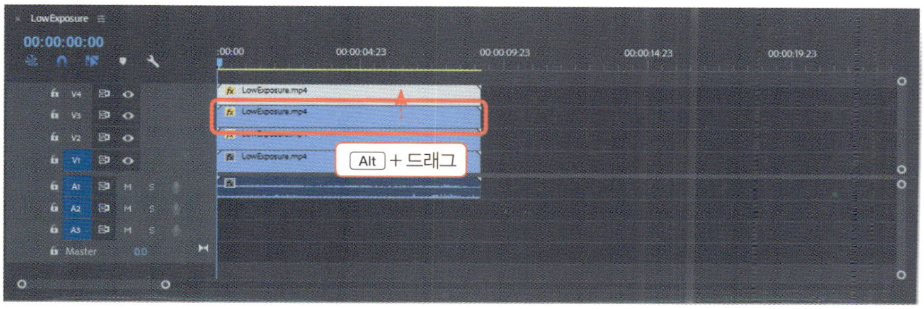

11 프로젝트 패널 하단의 새 항목 버튼(■)을 클릭해 팝업 메뉴에서 [Adjustment Layer]를 선택하고, Adjustment Layer 대화상자에서 설정을 그대로 둔 채 〈OK〉 버튼을 클릭합니다.

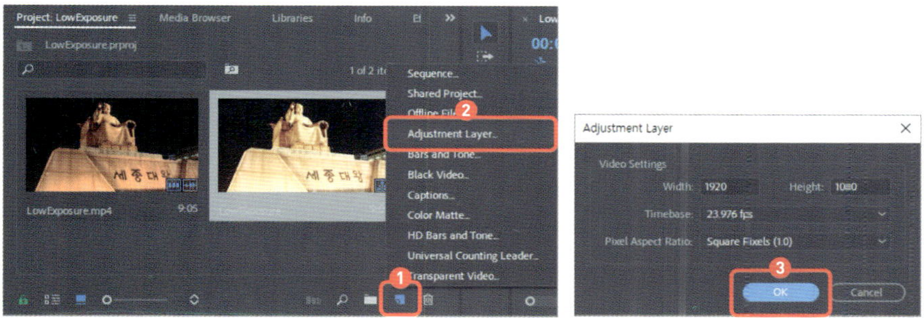

12 프로젝트 패널에 생성된 'Adjustment Layer' 소스 클립을 타임라인 패널의 비디오 4번(V4) 트랙 위 빈 공간으로 드래그합니다.

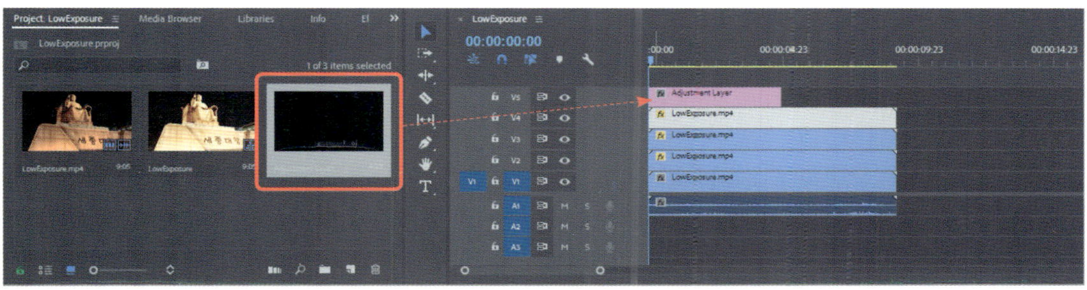

13 'Adjustment Layer'의 오른쪽 면을 드래그해 다른 소스 클립의 길이와 맞춥니다.

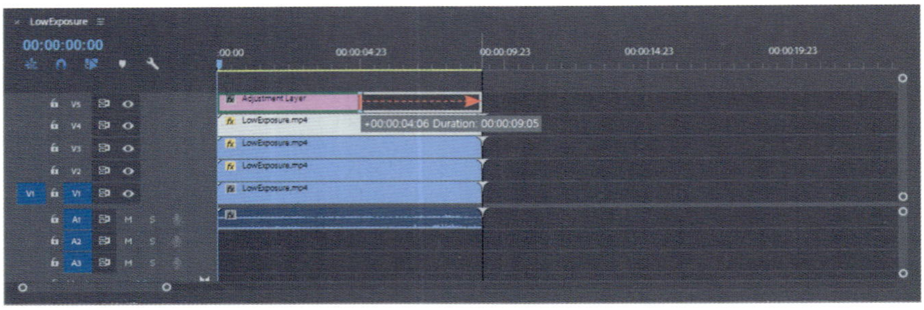

Fast Color Corrector 적용하기

14 이펙트 패널의 검색란에 'Fast Color'를 입력해 검색된 Fast Color Corrector를 더블클릭해 Adjustment Layer에 적용합니다. 이펙트 컨트롤 패널에서 적용된 이펙트를 확인할 수 있습니다. Fast Color Corrector 항목에서 White Balance의 스포이트 툴(![스포이트 툴])을 클릭합니다.

15 프로그램 모니터 패널 화면에서 흰색에 가까운 기준점이 될 부분을 클릭합니다.

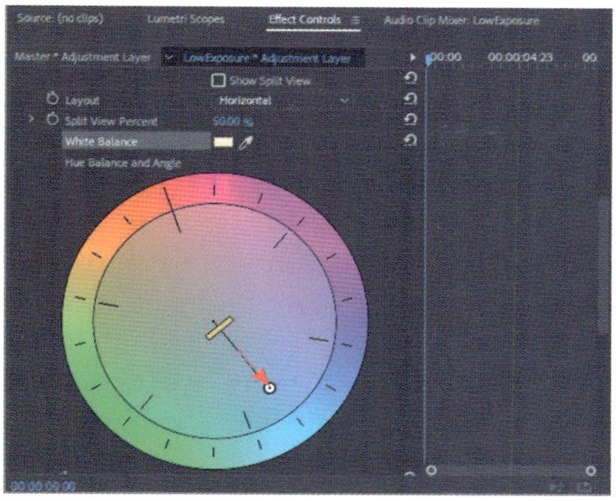

16 이펙트 컨트롤 패널에서 Hue Balance and Angle의 흰색 원을 드래그하여 파란색 방향으로 길이를 늘립니다. 프로그램 모니터 패널의 화면을 보면 빨간색(Red)과 노란색(Yellow)이 줄고, 파란색(Blue) 계열의 컬러가 느는 것을 확인할 수 있습니다.

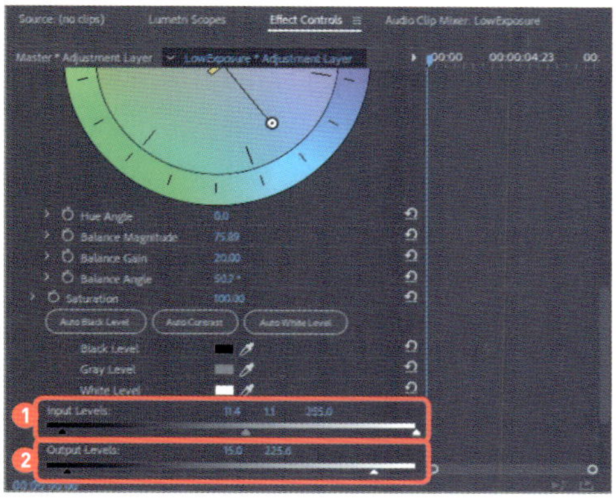

17 이펙트 컨트롤 패널의 Fast Color Corrector ▸ Saturation 항목에서 Input Levels 값은 11.4, 1.1, 255, Output Levels 값은 15, 225.6으로 변경합니다.

18 이펙트 컨트롤 패널의 Opacity 항목에서 Blend Mode는 Lighten, Opacity 값은 65로 변경합니다.

19 프로젝트 패널에서 'LowExposure.mp4' 파일을 더블클릭해 소스 모니터 패널에 재생하고, 소스 모니터 패널의 원본 영상과 프로그램 모니터 패널의 보정된 영상을 비교해 봅니다.

SECTION 05

노출 과다 샷 보정하기

- **준비파일** OverExposure.mp4
- **완성파일** OverExposure_result.prproj

■ PREVIEW

▶ PLAY

OVERVIEW

빛에 과다하게 노출된 상태로 촬영할 경우 화면이 너무 밝아 선명하게 보이지 않습니다. 간혹 꿈 속 장면을 표현하거나 환상적인 효과를 내기 위해 의도적으로 노출 과다를 사용하기도 합니다. 여기서는 블렌드 모드(Blend Mode)와 Three-Way Color Corrector를 이용하여 노출 과다 샷을 보정해 봅니다.

소스 클립 열고 타임라인 패널에 적용하기

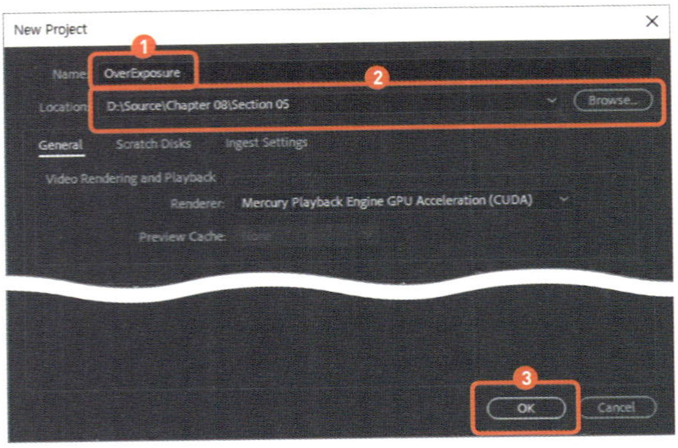

01 프리미어 프로를 실행하고 Home 대화상자에서 〈New Project〉 버튼을 클릭합니다. New Project 대화상자가 열리면 Name에 'Over Exposure'를 입력하고 〈Browse〉 버튼을 클릭해 파일 위치를 지정한 후 〈OK〉 버튼을 클릭합니다.

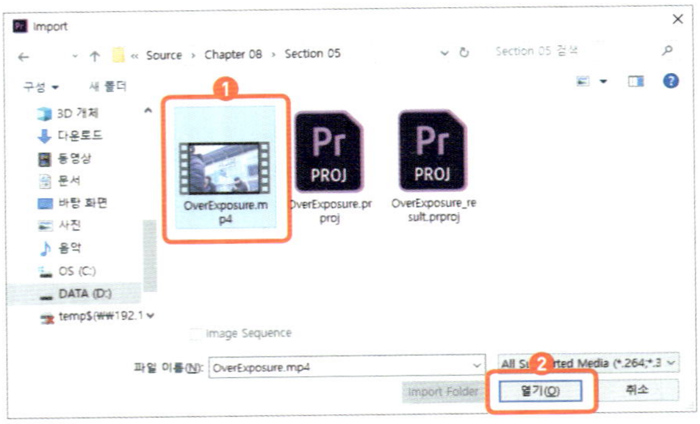

02 단축키 Ctrl+I를 눌러 Import 대화상자가 열리면 'OverExposure.mp4' 파일을 선택해 불러옵니다.

03 프로젝트 패널에서 'OverExposure.mp4' 파일을 타임라인 패널로 드래그한 후, 프로그램 모니터 패널의 재생 버튼(▶)을 클릭해 영상을 확인합니다.

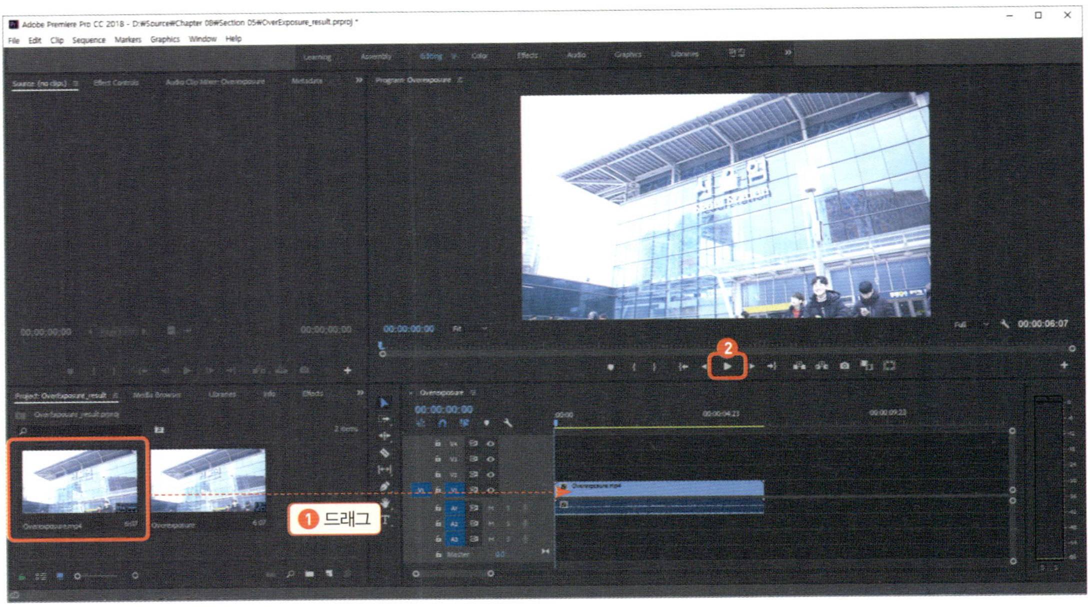

04 영상과 사운드의 링크를 해제하기 위해 타임라인 패널에서 소스 클립을 마우스 오른쪽 버튼으로 클릭하고 팝업 메뉴에서 [Unlink]를 선택합니다.

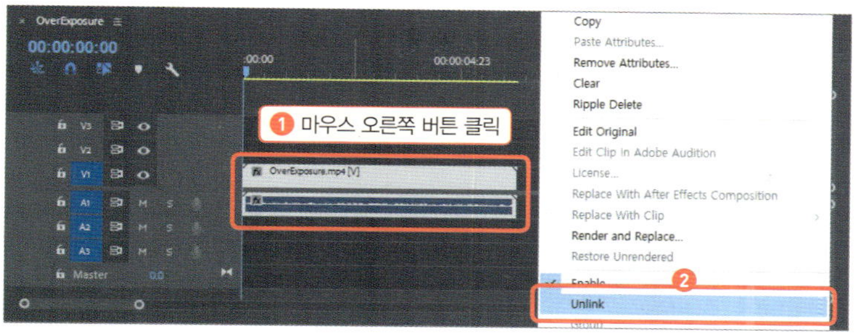

05 타임라인 패널에서 비디오 1번(V1) 트랙의 소스 클립을 클릭하고 Alt 를 누른 채 비디오 2번(V2) 트랙으로 드래그하면 분리된 영상 소스가 복사됩니다.

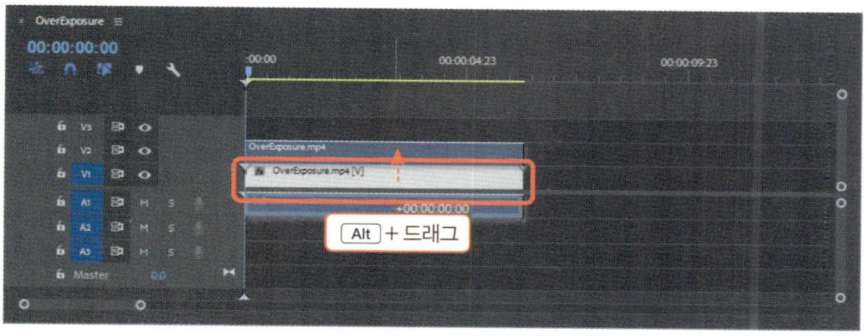

06 프로그램 모니터 패널의 화면에서 다소 흐릿한 영상을 확인합니다.

블렌드 모드로 보정하기

07 타임라인 패널에서 비디오 2번(V2) 트랙의 소스 클립을 선택하고, 이펙트 컨트롤 패널의 Opacity 항목에서 Blend Mode는 Multiply, Opacity 값은 55%로 변경합니다.

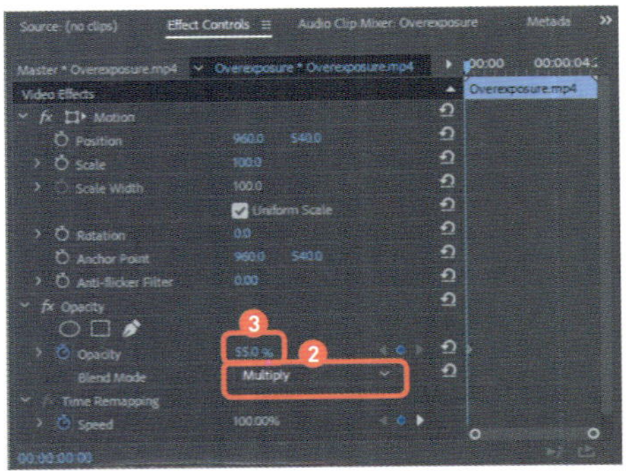

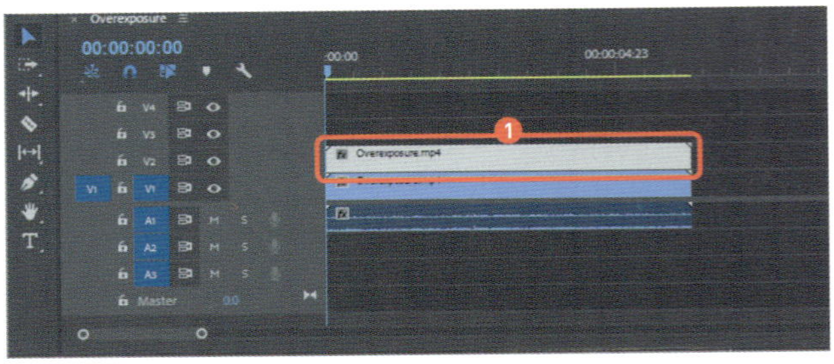

Crop 이펙트 적용하기

08 타임라인 패널에서 비디오 2번(V2) 트랙의 소스 클립을 Alt 를 누른 채 비디오 3번(V3) 트랙으로 드래그합니다.

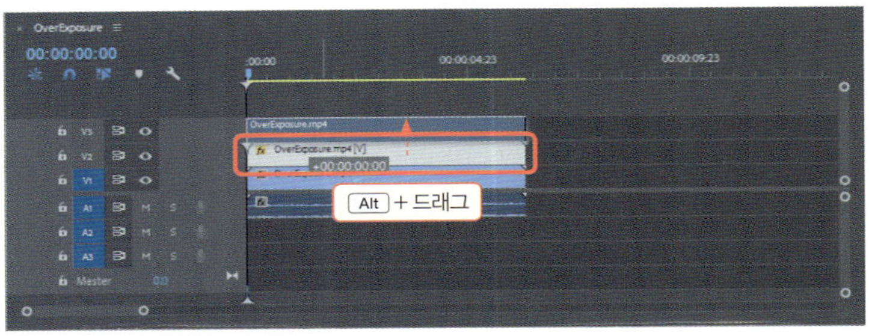

09 복사된 소스 클립을 선택하고, 이펙트 패널의 검색란에 'Crop'을 입력해 찾은 Crop을 더블클릭해 소스 클립에 적용합니다.

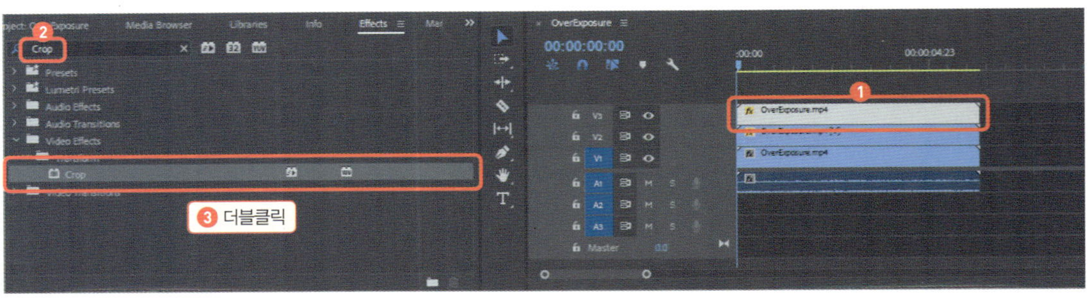

10 이펙트 컨트롤 패널에서 Crop 항목의 Top 값을 75%로 변경합니다.

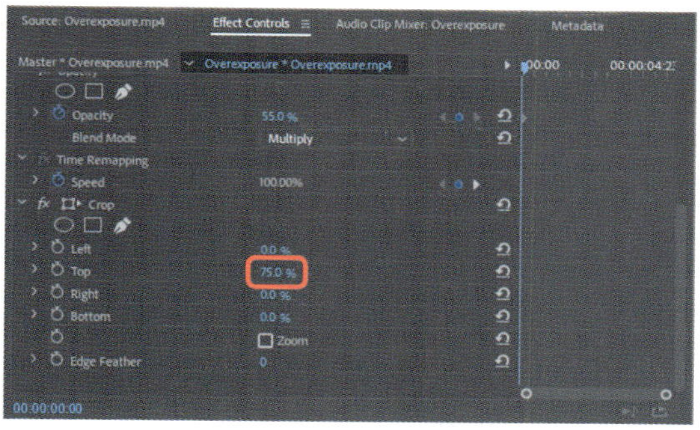

Adjustment Layer 적용하기

11 프로젝트 패널 하단에서 새 항목 버튼(◼)을 클릭하고 팝업 메뉴에서 [Adjustment Layer]를 선택합니다. Adjustment Layer 대화상자가 열리면 설정을 그대로 두고 〈OK〉 버튼을 클릭합니다.

12 프로젝트 패널에 생성된 'Adjustment Layer'를 비디오 3번(V3) 트랙 위의 빈 공간으로 드래그하면 비디오 4번(V4) 트랙이 생성됩니다.

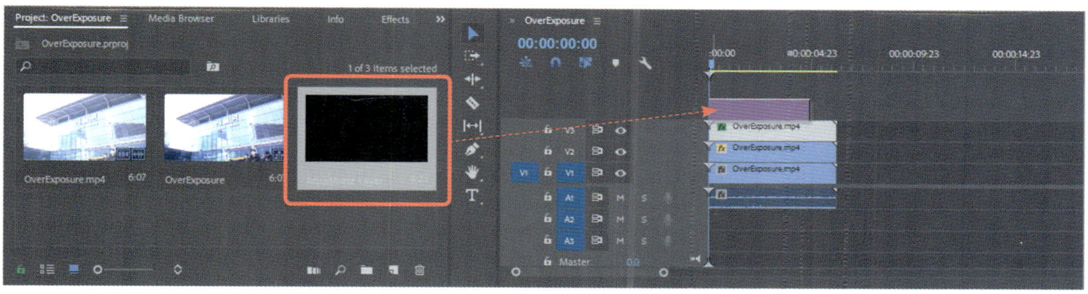

13 'Adjustment Layer'의 길이를 다른 소스 클립과 맞추기 위해 오른쪽 면을 드래그해 늘립니다.

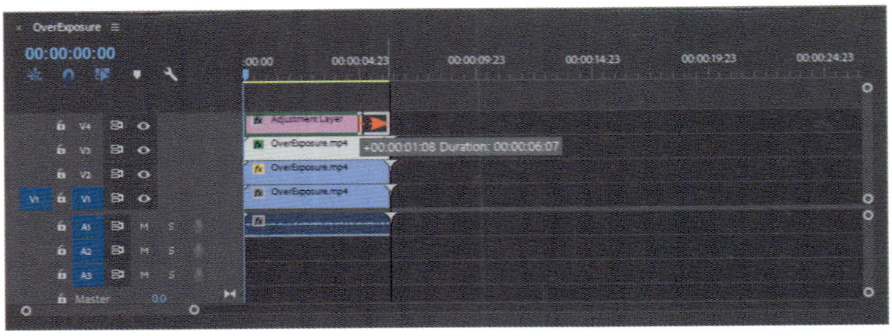

Three-Way Color Corrector 적용하기

14 이펙트 패널에서 검색란에 'Three'를 입력해 검색된 Three-Way Color Corrector를 'Adjustment Layer' 소스 클립으로 드래그합니다.

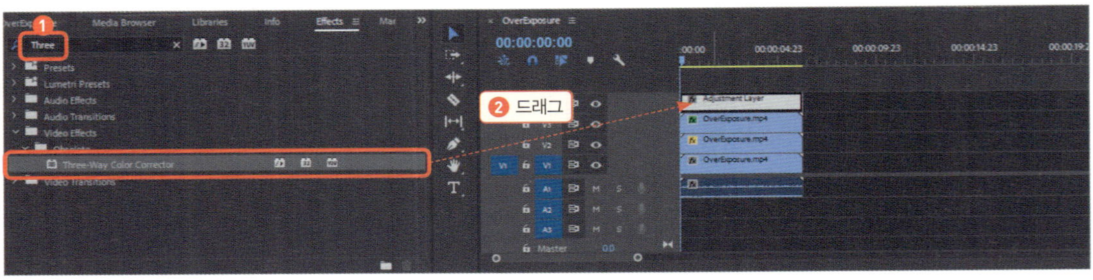

15 이펙트 컨트롤 패널에 생성된 Three-Way Color Corrector 항목에서 Shadows, Midtones, Highlights 속성을 각각 그림과 같이 설정하고, Input Levels의 가운데 삼각형을 왼쪽으로 약간 이동하여 값을 0, 0.9, 255로 설정합니다.

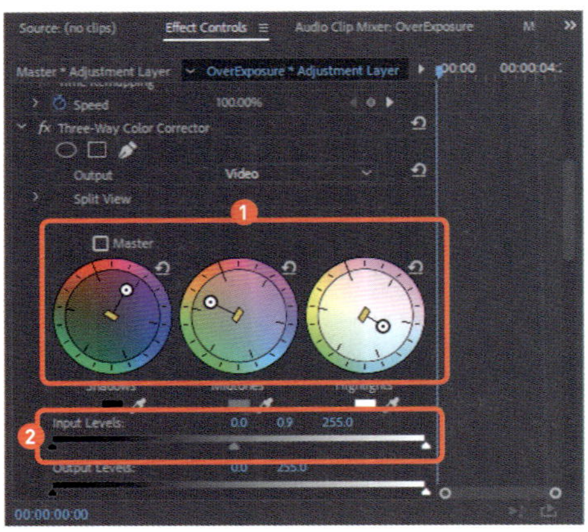

16 'OverExposure' 소스 클립을 첫 번째로 복사한 비디오 2번(V2) 트랙의 소스 클립을 선택하고, 이펙트 컨트롤 패널에서 Opacity 항목의 Opacity 값을 30으로 변경합니다.

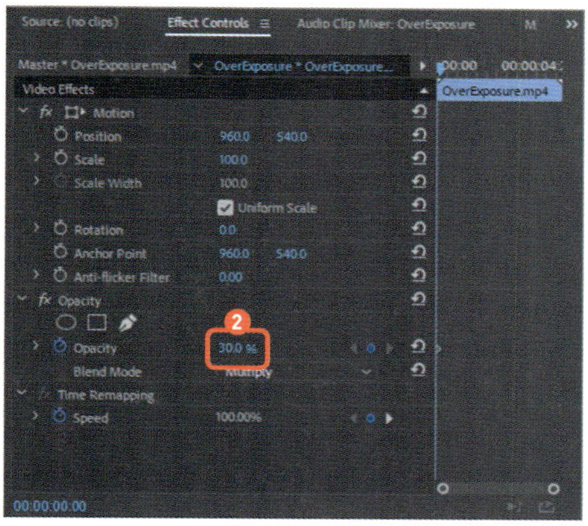

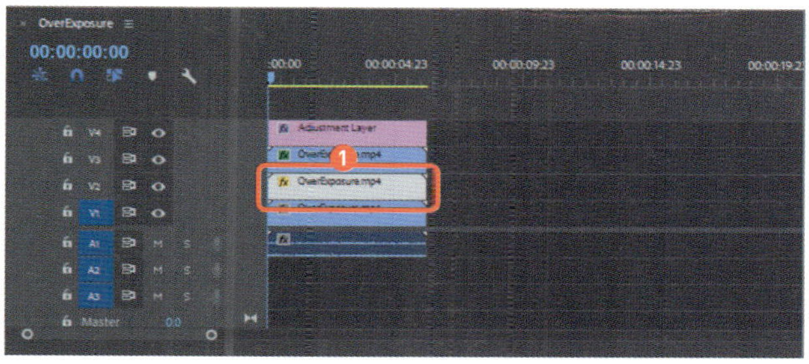

17 프로젝트 패널에서 'OverExposure.mp4' 파일을 더블클릭해 소스 모니터 패널에 재생합니다. 소스 모니터 패널의 원본 영상과 프로그램 모니터 패널의 보정 영상을 비교해 봅니다.

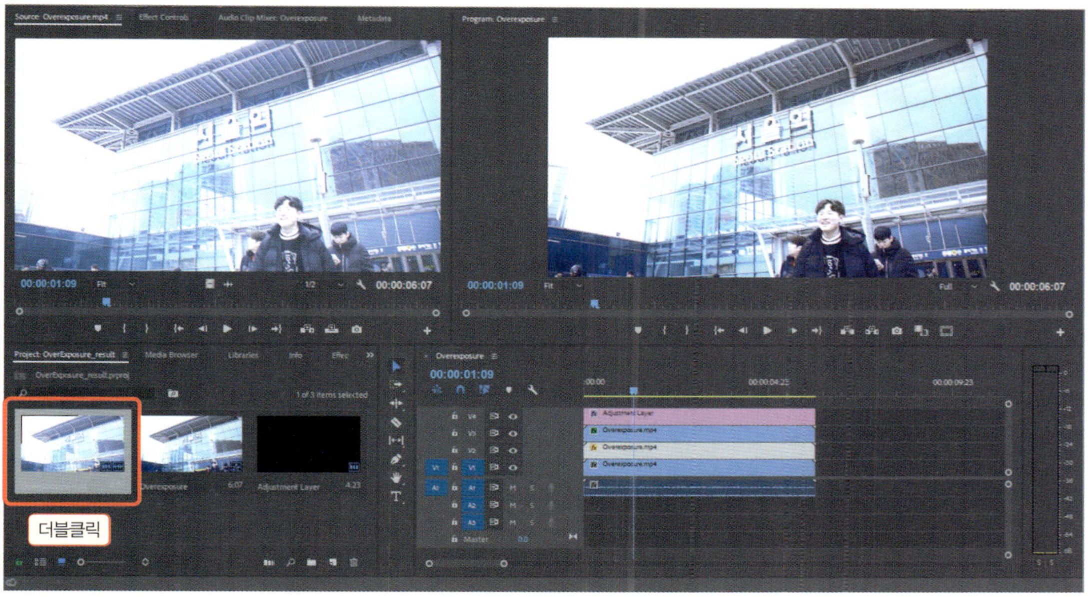

SECTION 06

영상의 밝기 조절하기

- **준비파일** Brightness.mp4
- **완성파일** Brightness_result.prproj

■ PREVIEW

▶ PLAY

OVERVIEW

프리미어 프로에서 영상의 밝기를 조절하는 방법은 Brightness&Contrast를 사용하는 것 외에도 다양합니다. 다양한 색상 조정 이펙트 중에 어떤 것을 선택할 것인지는 직접 사용해 보고 결정하는 것이 좋습니다. 색상을 조절할 때 가장 중요한 점은 자연스럽게 보이도록 하는 것입니다. 레이어의 특성과 RGB 커브(Curves)를 이용해 영상의 밝기를 조절하는 방법을 알아봅니다.

밝기 조절 실습 준비하기

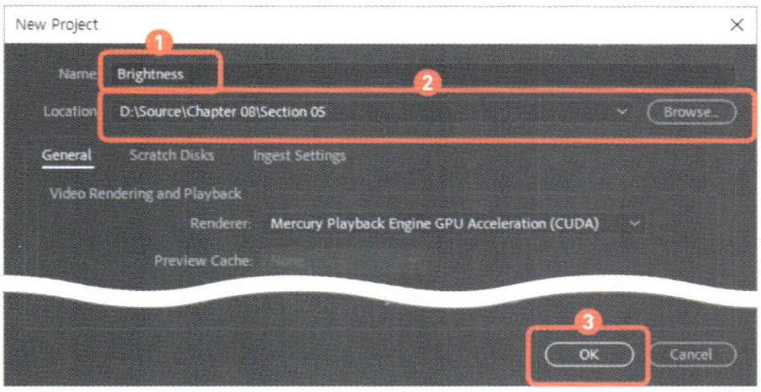

01 프리미어 프로를 실행하고 Home 대화상자에서 〈New Project〉 버튼을 클릭합니다. New Project 대화상자가 열리면 Name에 'Brightness'를 입력하고 〈Browse〉 버튼을 클릭해 파일 위치를 지정한 후 〈OK〉 버튼을 클릭합니다.

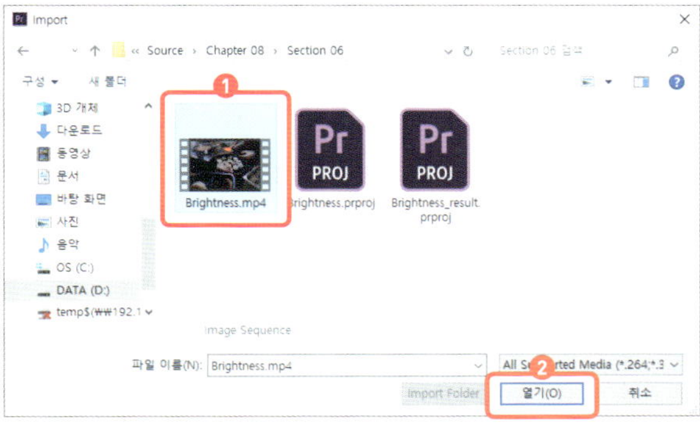

02 단축키 Ctrl-I를 눌러 Import 대화상자가 열리면 'Brightness.mp4' 파일을 불러옵니다.

03 프로젝트 패널에서 'Brightness.mp4' 파일을 타임라인 패널로 드래그한 후, 프로그램 모니터 패널에서 영상을 확인합니다. 화면이 많이 어두워서 인물의 얼굴이 잘 보이지 않습니다.

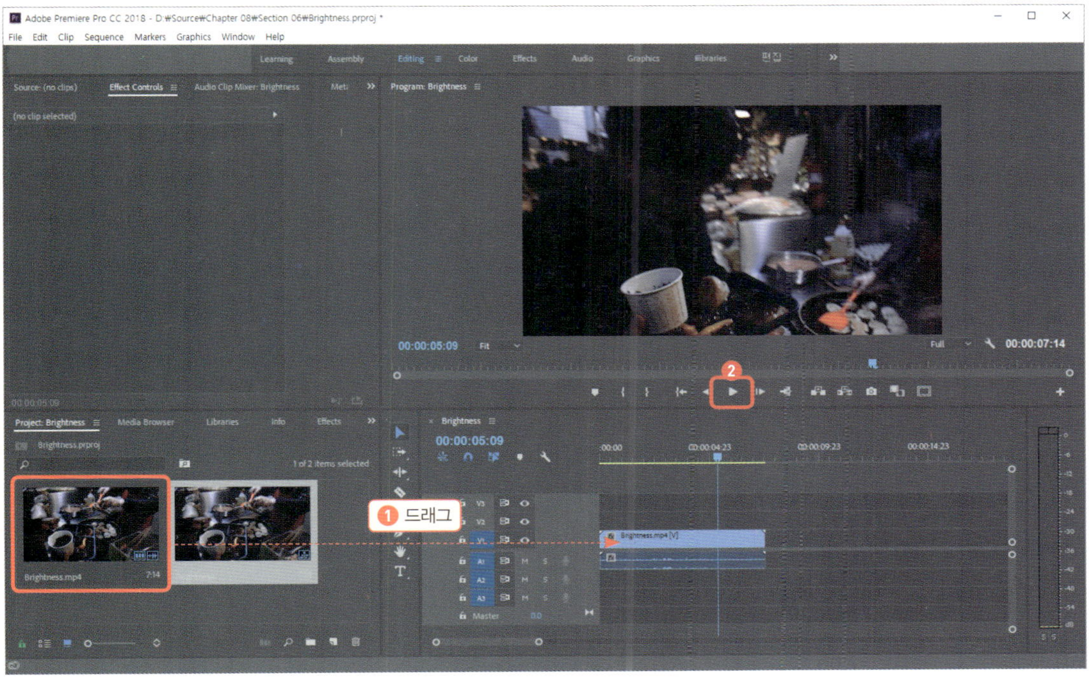

04 영상과 사운드의 링크를 해제하기 위해 타임라인 패널에서 소스 클립을 마우스 오른쪽 버튼으로 클릭하고 팝업 메뉴에서 [Unlink]를 선택합니다.

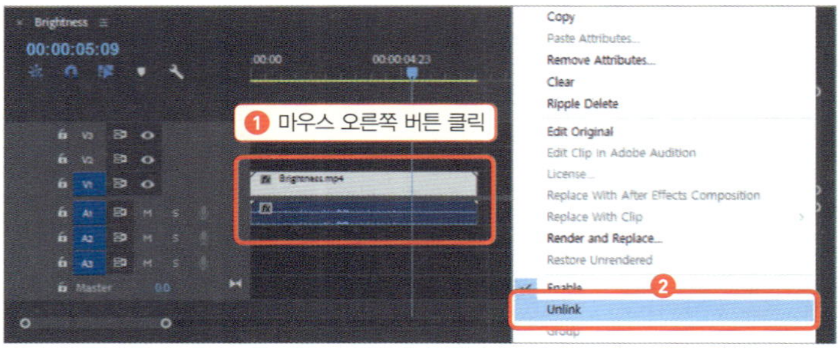

05 타임라인 패널에서 비디오 1번(V1) 트랙의 소스 클립을 Alt 를 누른 채 비디오 2번(V2) 트랙으로 드래그하면 분리된 영상 소스가 복사됩니다.

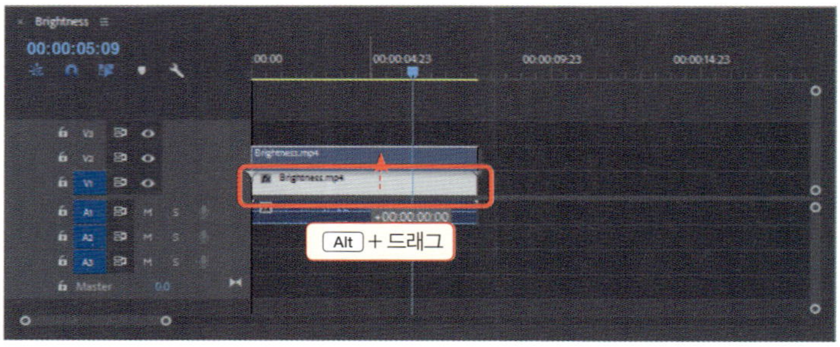

Brightness & Contrast로 밝기 조절하기

06 타임라인 패널에서 비디오 2번(V2) 트랙의 소스 클립을 선택하고, 이펙트 패널의 검색란에 'Brightness'를 입력해 찾은 Brightness & Contrast를 비디오 2번(V2) 트랙의 소스 클립으로 드래그합니다.

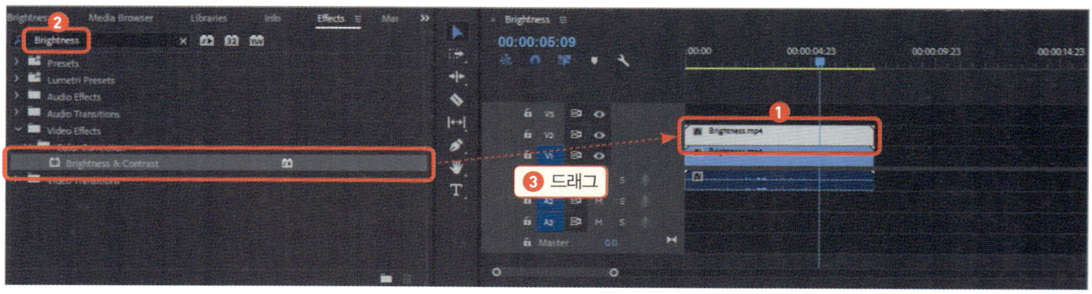

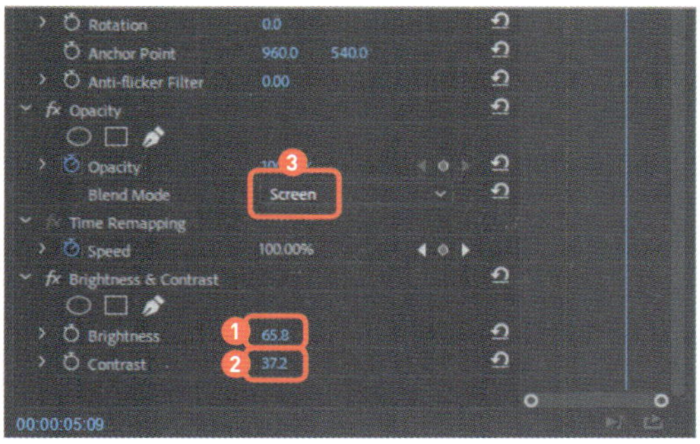

07 이펙트 컨트롤 패널에 새로 생성된 Brightness & Contrast 항목에서 Brightness 값은 65.8, Contrast 값은 37.2로 변경하고, Opacity 항목의 Blend Mode는 Screen으로 설정합니다.

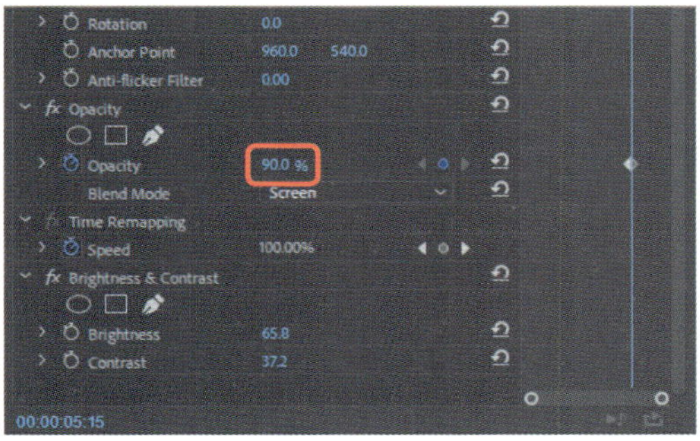

08 타임라인 패널에서 타임 표시자를 00:00:05:15에 두고 Opacity 값을 90으로 변경합니다. Opacity의 애니메이션 켜기/끄기 버튼( )이 활성화되어 있기 때문에 키프레임이 적용됩니다.

09 타임라인 패널에서 타임 표시자를 00:00:03:11로 옮기고 Opacity 항목의 Opacity 값을 30으로 변경하면 키프레임이 생성됩니다. 두 키프레임 사이로 타임 표시자를 드래그하면서 프로그램 모니터 패널의 화면 변화를 관찰합니다.

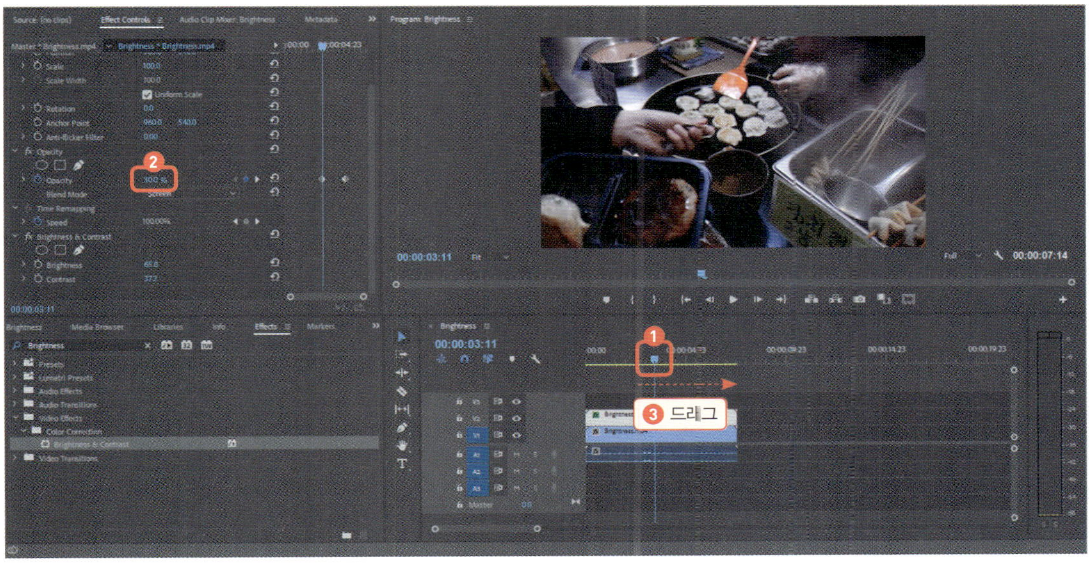

10 타임라인 패널에서 비디오 2번(V2) 트랙의 소스 클립을 Alt를 누른 채 비디오 3번(V3) 트랙으로 드래그해 한 번 더 영상 소스를 복사합니다.

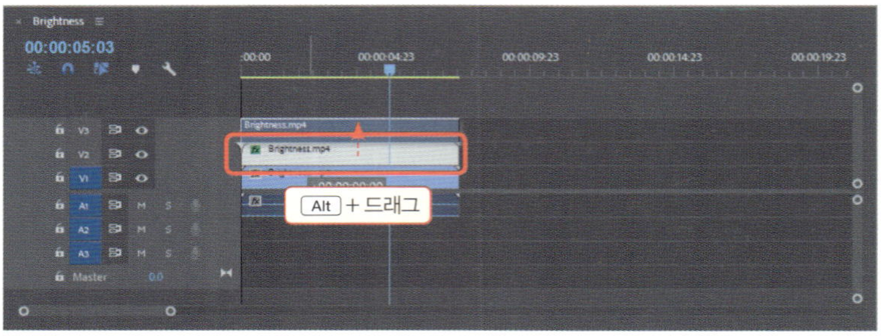

11 타임라인 패널에서 비디오 3번(V3) 트랙의 복사한 소스 클립을 선택합니다. 이펙트 컨트롤 패널의 Brightness & Contrast 항목에서 Brightness 값은 55.1, Contrast 값은 77로 변경합니다.

12 이펙트 컨트롤 패널에서 Opacity ▸ Opacity 항목의 '이전 프레임으로 이동' 버튼(◀)을 클릭해 이전 키프레임으로 이동하고(타임 표시자를 00:00:03:11에 위치시켜도 됨) Opacity 값을 0으로 변경합니다.

Adjustment Layer 적용하기

13 프로젝트 패널에서 하단의 새 항목 버튼(■)을 클릭해 팝업 메뉴에서 [Adjustment Layer]를 선택하고, Adjustment Layer 대화상자가 열리면 설정은 그대로 두고 〈OK〉 버튼을 클릭합니다.

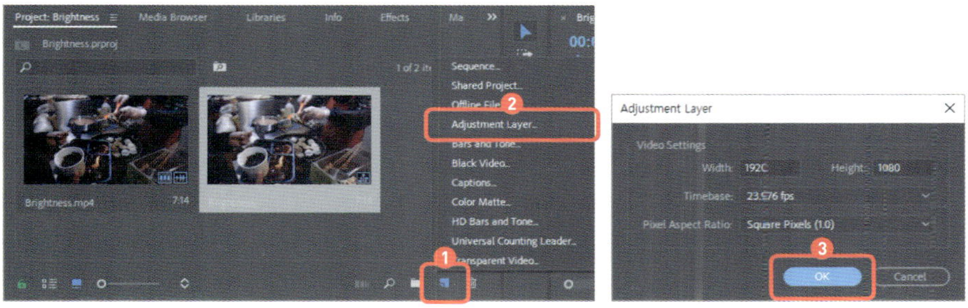

14 프로젝트 패널에 생성된 'Adjustment Layer'를 타임라인 패널의 비디오 3번(V3) 트랙 위 빈 공간으로 드래그합니다.

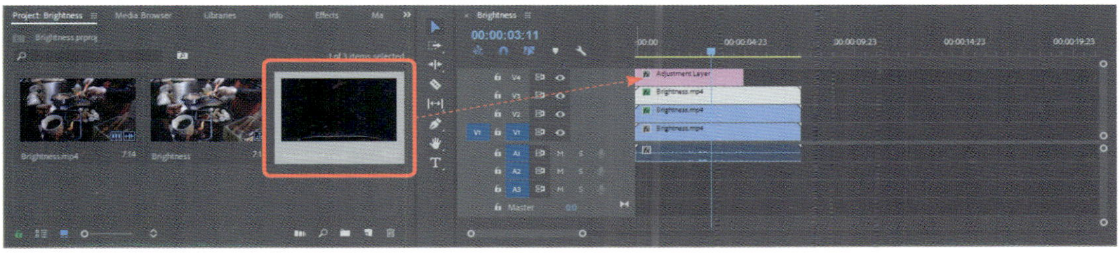

15 타임라인 패널에서 'Adjustment Layer' 소스 클립의 길이가 다른 트랙의 소스 클립과 같아지도록 오른쪽 면을 드래그합니다.

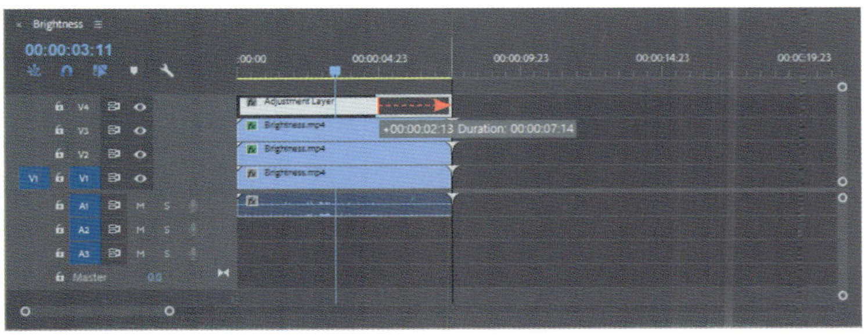

RGB 커브로 밝기 조절하기

16 이펙트 패널의 검색란에 'RGB'를 입력해 찾은 RGB Curves를 비디오 4번(V4) 트랙의 'Adjustment Layer' 소스 클립으로 드래그합니다.

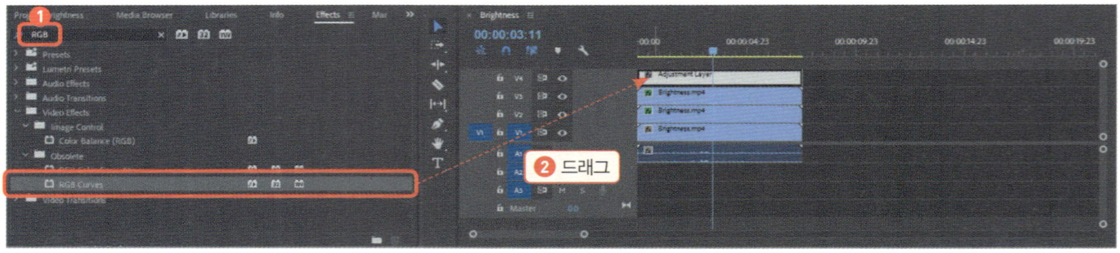

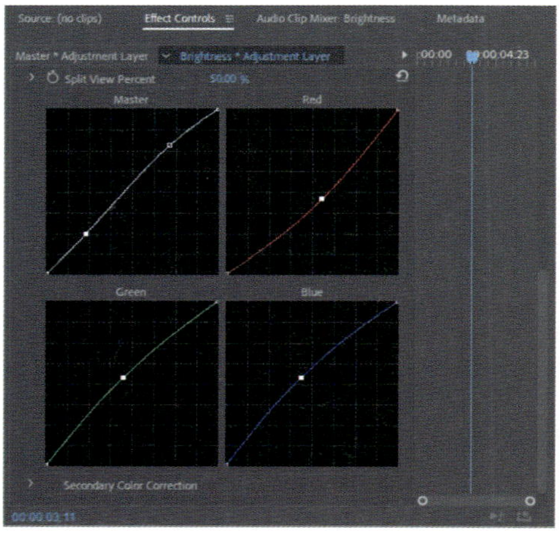

17 이펙트 컨트롤 패널에서 RGB Curves의 Master 커브를 그림과 같이 조절합니다.

여기서 잠깐!

RGB 커브 사용 방법

RGB 커브(RGB Curves)는 밝기를 조절할 수 있는 Master 커브와 빨강, 초록, 파랑 색상의 값과 밝기를 조절할 수 있는 RGB 커브로 이루어져 있습니다. 커브를 클릭하면 생기는 포인트를 이동해 Master 커브에서는 밝기를, RGB 커브에서는 각각의 색상을 조절할 수 있으며 커브에는 최대 16개의 포인트를 만들 수 있습니다.

1 **Master 커브** 커브를 클릭하면 포인트가 생기는데, 이 포인트를 드래그하면 이동할 수 있습니다. 포인트를 위로 올리면 밝아지고 아래로 내리면 어두워집니다. 즉, 밝은 부분을 위로 드래그하면 더 밝아지고 어두운 부분을 아래로 드래그하면 더 어두워집니다. 이것은 대비(Contrast)가 높아진다는 의미입니다. S자가 뚜렷하게 나타나는 커브일수록 대비가 높습니다.

2 **Red 커브** 포인트를 위로 올리면 빨간색(Red) 부분이 더 많아지고, 아래로 내리면 빨간색 부분이 줄어듭니다. 빨간색 부분이 많을수록 색 온도가 높습니다.

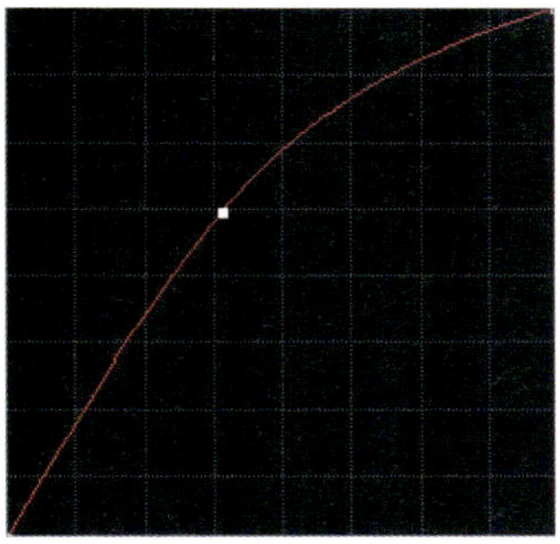

3 **Green 커브** 포인트를 위로 올리면 녹색(Green) 부분이 더 많아지고, 아래로 내리면 녹색 부분이 줄어듭니다.

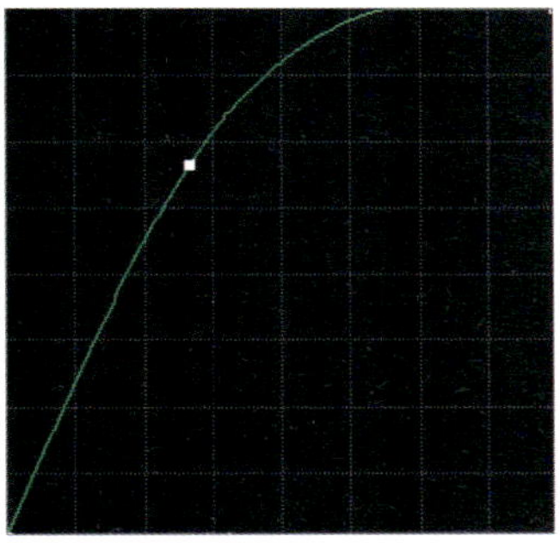

4 **Blue 커브** 포인트를 위로 올리면 파란색(Blue) 부분이 더 많아지고, 아래로 내리면 파란색 부분이 줄어듭니다. 파란색 부분이 많을수록 색 온도가 낮습니다.

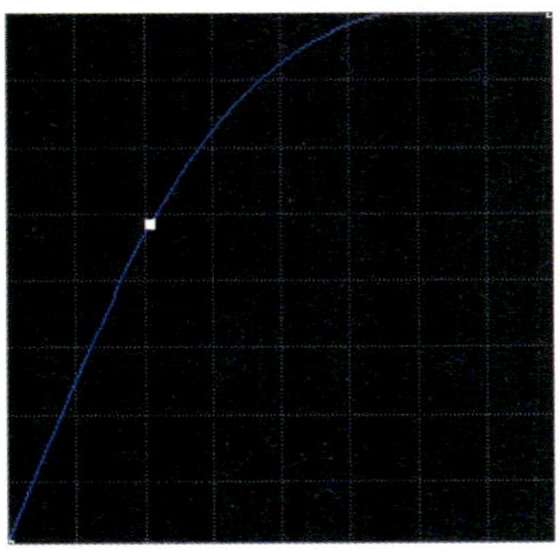

밝기 조절 마무리하기

18 이펙트 컨트롤 패널의 Opacity 항목에서 Blend Mode는 Lighten, Opacity 값은 50으로 변경합니다. Opacity 항목의 애니메이션 켜기/끄기 버튼(⏱)이 활성화되어 있기 때문에 키프레임이 생성됩니다.

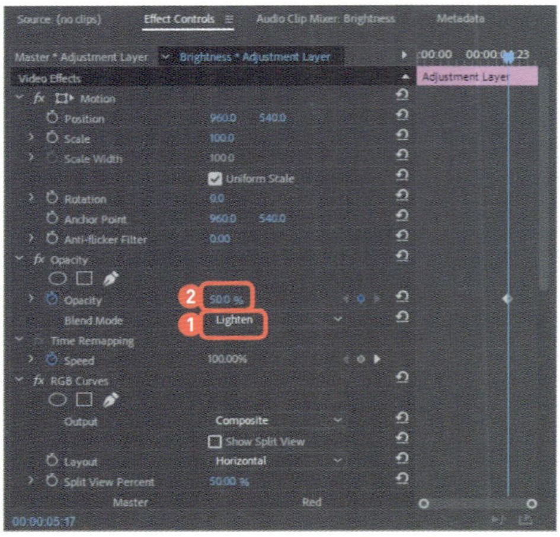

19 타임라인 패널의 타임 표시자를 00:00:03:11에 두고 Opacity 값을 0으로 변경합니다.

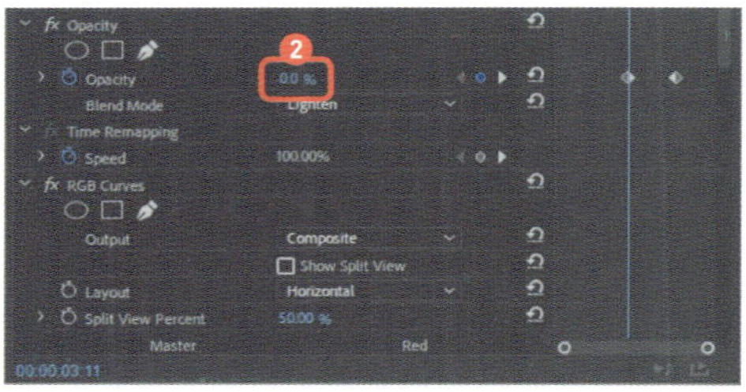

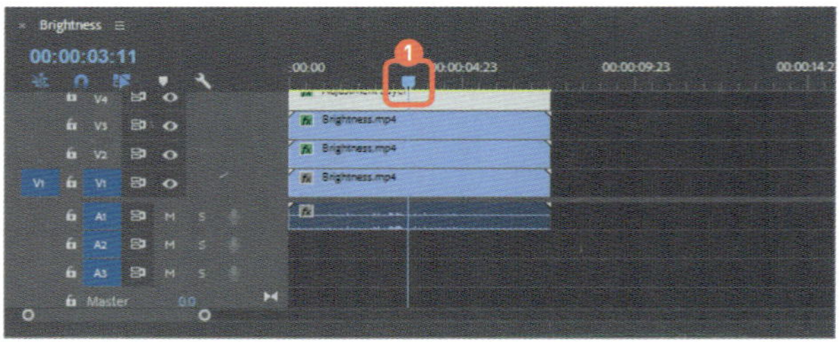

20 타임라인 패널의 타임 표시자를 00:00:06:16으로 이동하고 Opacity 값을 80으로 변경합니다.

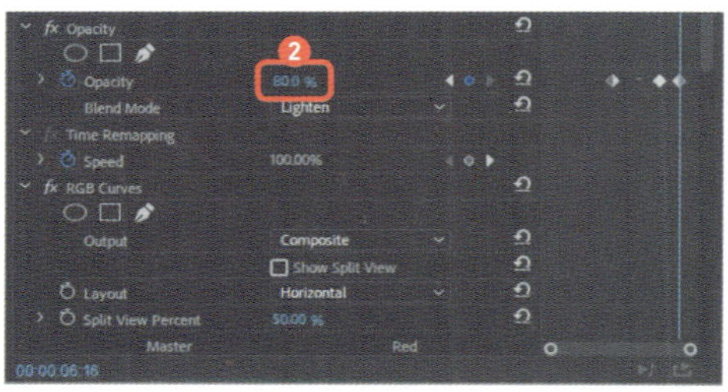

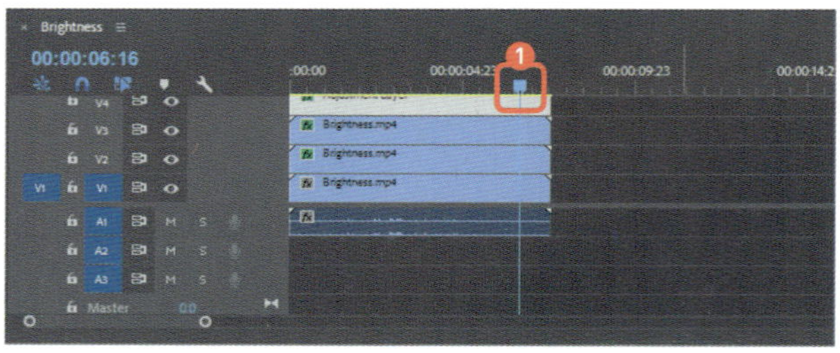

21 프로젝트 패널에서 'Brightness.mp4' 파일을 더블클릭해 소스 모니터 패널에 재생합니다. 소스 모니터 패널의 원본 영상과 프로그램 모니터 패널의 과다 노출 보정 영상을 비교해 봅니다.

SECTION 07

영상의 색상 조절하기

- 준비파일 ColorRecover.mp4
- 완성파일 ColorRecover_result.prproj

■ PREVIEW

▶ PLAY

OVERVIEW

프리미어 프로에는 여러 종류의 색상 조절 이펙트(Effect)가 있습니다. 여기서는 기본적으로 사용되는 색상 조절 이펙트인 Color Balance(HLS)와 Change Color를 사용하겠습니다.

색상 조절 실습 준비하기

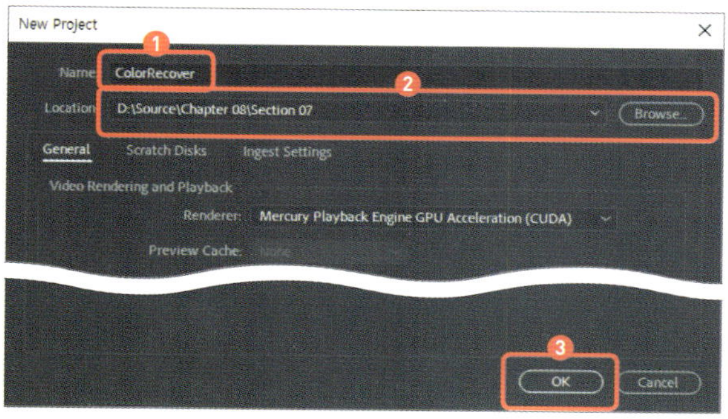

01 프리미어 프로를 실행하고 Home 대화상자에서 〈New Project〉 버튼을 클릭합니다. New Project 대화상자가 열리면 Name에 'Color Recover'를 입력하고 〈Browse〉 버튼을 클릭해 파일 위치를 지정한 후 〈OK〉 버튼을 클릭합니다.

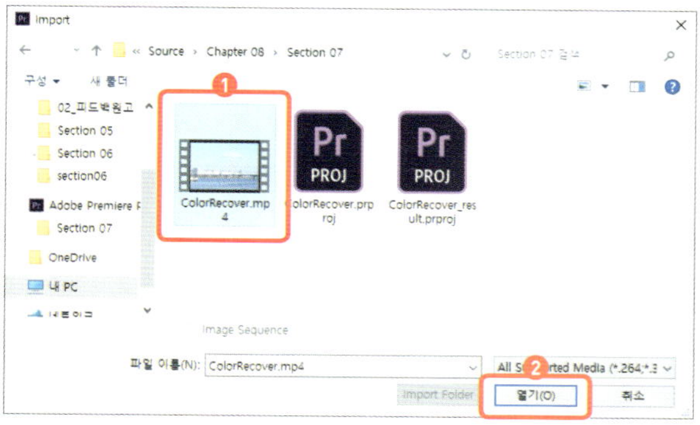

02 단축키 Ctrl + I 를 눌러 Import 대화상자가 열리면 'ColorRecover.mp4' 파일을 선택해 불러옵니다.

03 프로젝트 패널에서 'ColorRecover.mp4' 파일을 타임라인 패널로 드래그한 후, 프로그램 모니터 패널의 재생 버튼(▶)을 클릭해 영상을 확인합니다.

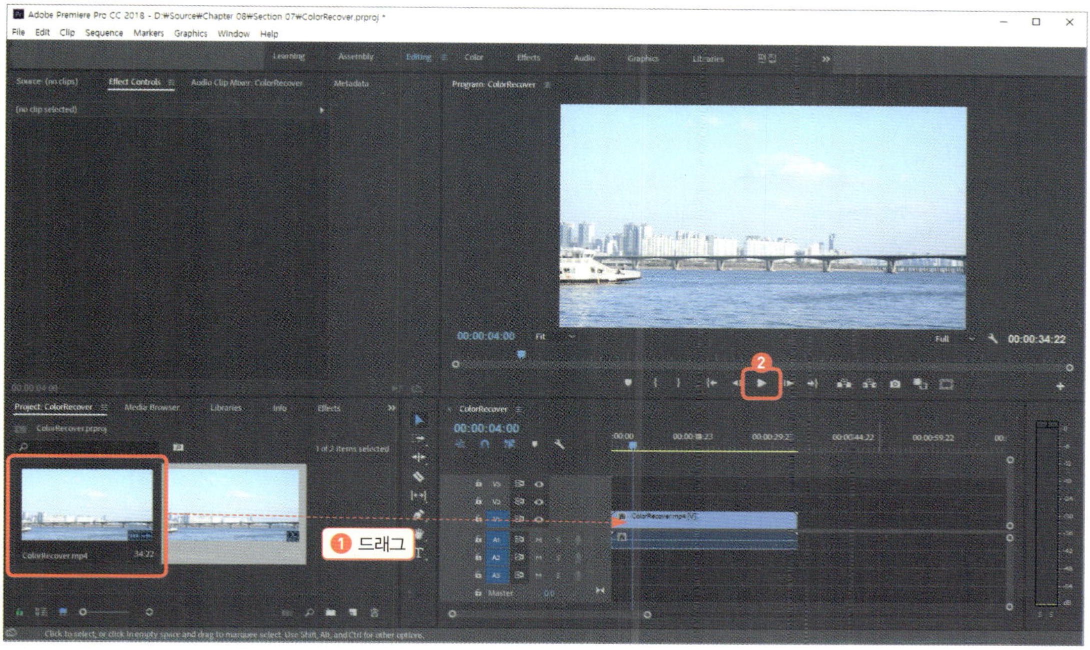

04 영상과 사운드의 링크를 해제하기 위해 타임라인 패널에서 소스 클립을 마우스 오른쪽 버튼으로 클릭하고 팝업 메뉴에서 [Unlink]를 선택합니다.

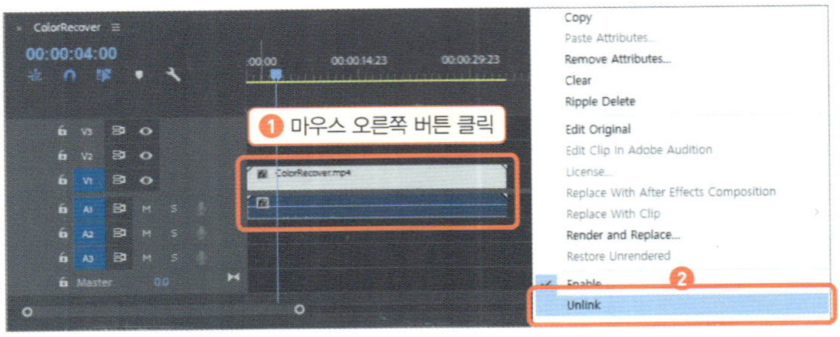

05 타임라인 패널에서 비디오 1번(V1) 트랙의 소스 클립을 Alt 를 누른 채 비디오 2번(V2) 트랙으로 드래그하면 분리된 영상 소스가 복사됩니다.

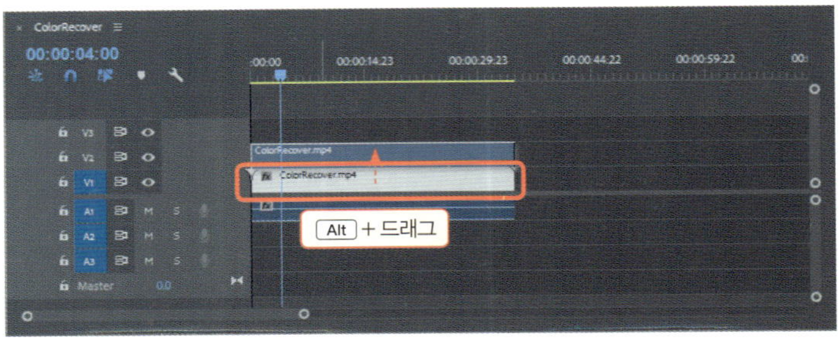

Color Balance로 색상 조절하기

06 비디오 2번(V2) 트랙의 복사된 소스 클립을 선택하고 이펙트 패널의 검색 창에 'Color Balance'를 입력한 후 검색된 Color Balance(HLS)를 V2 트랙의 소스 클립으로 드래그합니다. 이펙트 컨트롤 패널에서 Color Balance(HLS) 효과가 적용된 것을 확인할 수 있습니다.

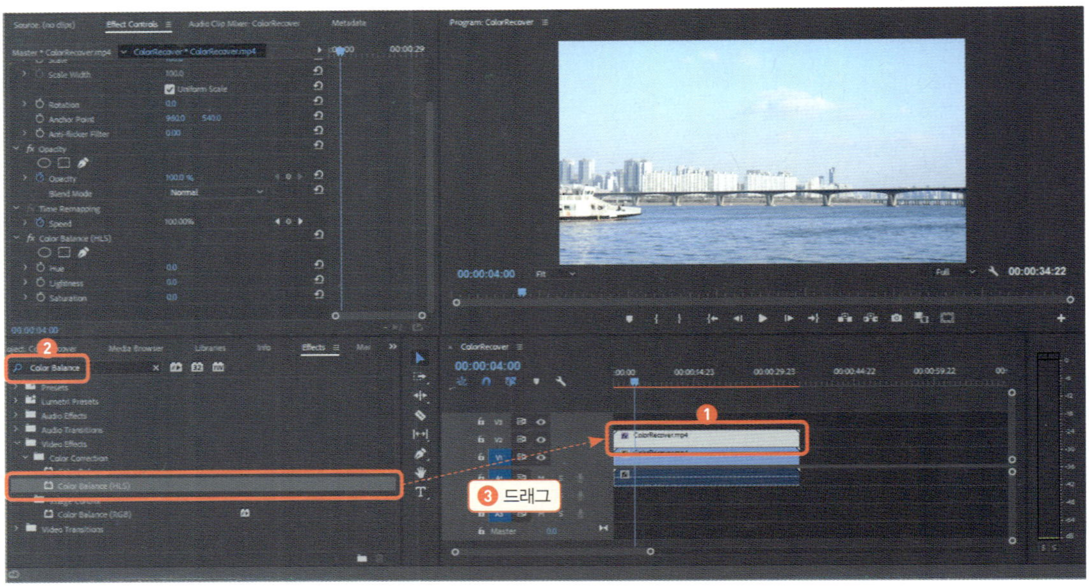

07 이펙트 컨트롤 패널의 Color Balance(HLS) 항목에서 Hue, Lightness, Saturation 속성을 제어할 수 있도록 앞의 확장 탭을 각각 열고, Hue 값은 -26, Lightness 값은 5.2, Saturation 값은 5로 변경합니다. 프로그램 모니터 패널의 화면에서 색상 변화를 확인합니다.

08 이펙트 패널의 검색란에 'Crop'을 입력해 찾은 'Crop'을 타임라인 패널에 있는 비디오 2번(V2) 트랙의 소스 클립으로 드래그합니다.

09 이펙트 컨트롤 패널의 Crop 항목에서 Top 값으로 65를 입력하면 프로그램 모니터 패널의 화면에 Color Balance(HLS) 효과가 아래에서 35% 정도 적용되어 보입니다.

10 프로그램 모니터 패널 화면에서 부자연스러운 경계를 없애기 위해 이펙트 컨트롤 패널의 Crop 항목에서 Edge Feather 값을 145로 늘립니다.

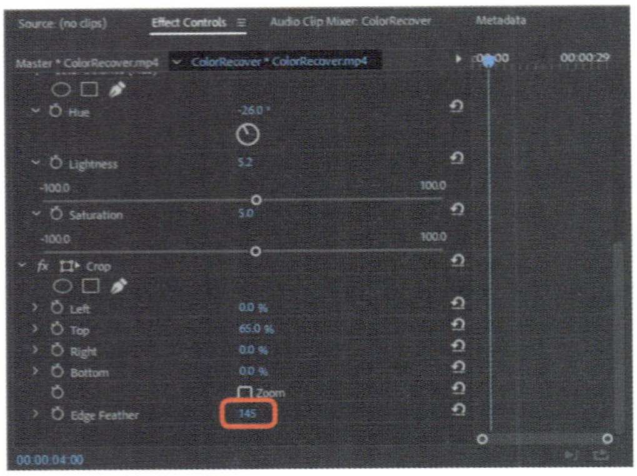

11 타임라인 패널에서 비디오 2번(V2) 트랙의 트랙 출력 켜기/끄기 버튼(◉)을 껐다가 켜서 원본 소스 클립과 Color Balance(HLS) 효과가 적용된 소스 클립을 비교합니다.

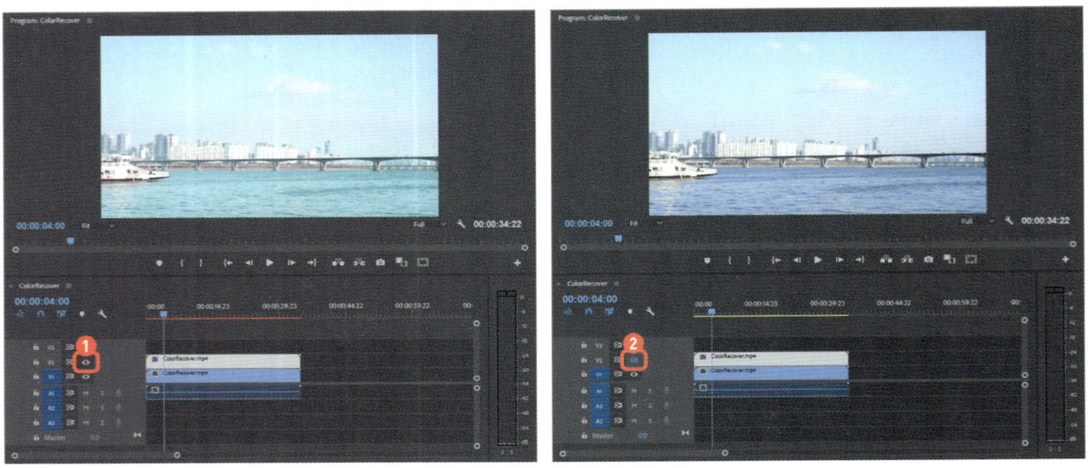

Change Color로 색상 조절하기

12 타임라인 패널에서 비디오 1번(V1) 트랙의 원본 소스 클립을 Alt를 누른 채 오른쪽으로 드래그해 복사합니다.

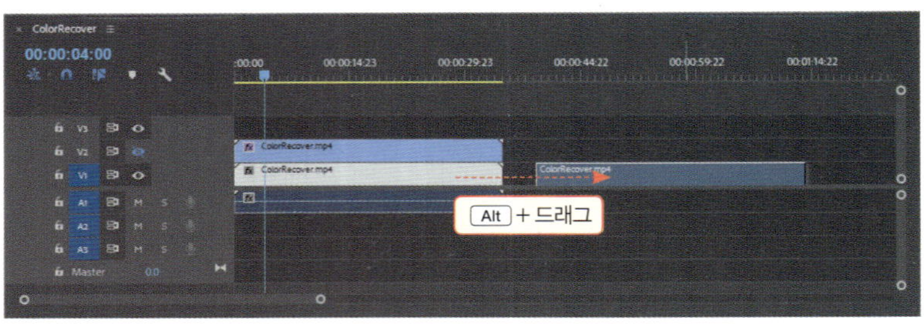

13 타임라인 패널 하단의 확장/이동 슬라이더를 클릭해 오른쪽으로 조금 이동시킵니다. 이렇게 하면 타임라인 패널에 보이는 소스 클립의 위치가 전체적으로 오른쪽으로 옮겨집니다.

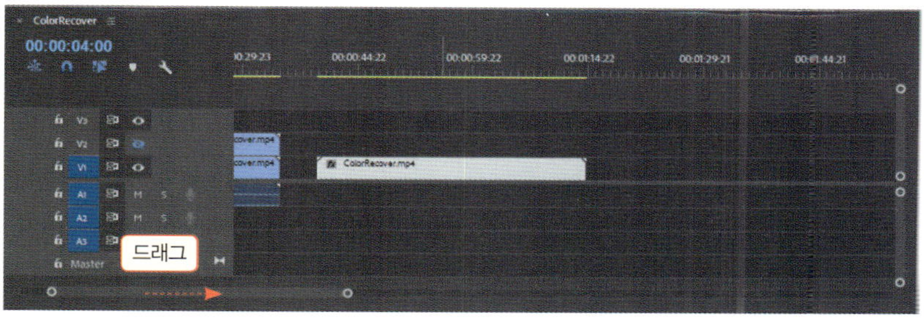

14 복사한 비디오 1번(V1) 트랙의 소스 클립을 Alt 를 누른 채 비디오 2번(V2) 트랙으로 드래그해 영상 소스 클립을 복사합니다.

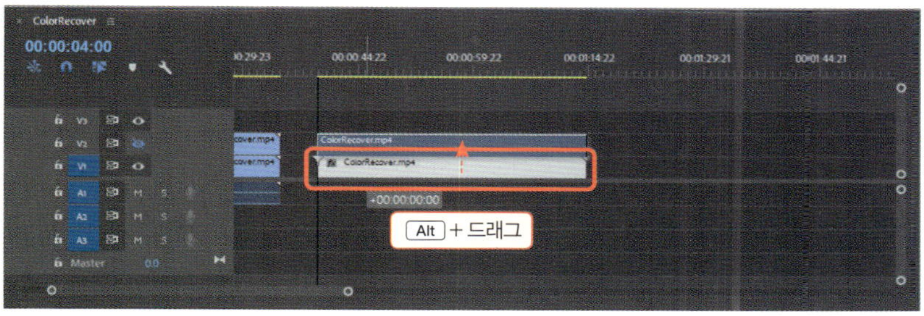

15 이펙트 패널의 검색란에 'Change'를 입력해 찾은 Change Color를 비디오 2번(V2) 트랙의 소스 클립으로 드래그합니다. 이펙트 컨트롤 패널에 Change Color 항목이 추가된 것을 확인합니다.

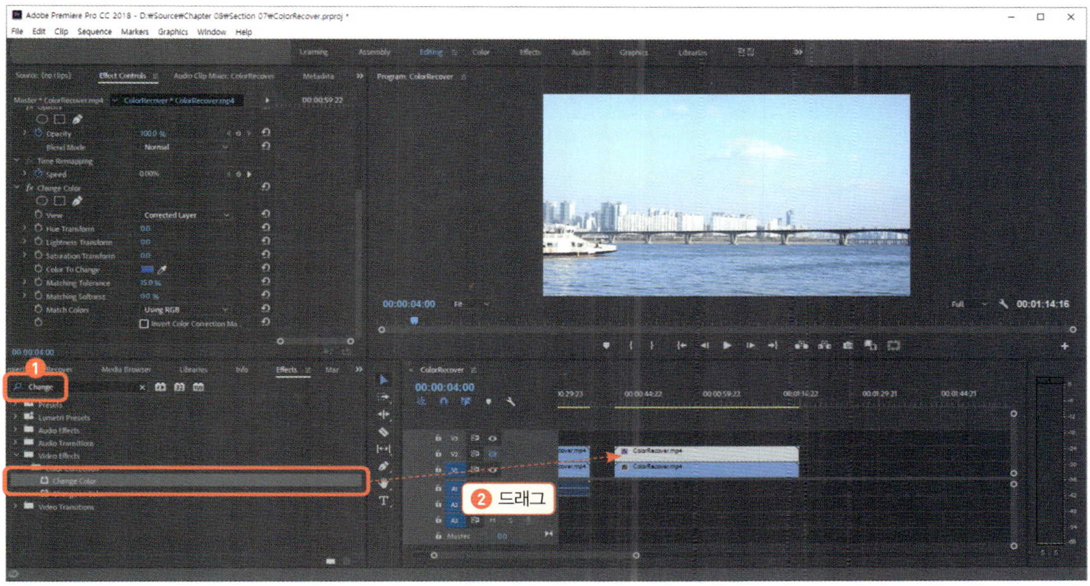

16 이펙트 컨트롤 패널의 Change Color 항목에서 Color to Change의 스포이트 툴(✎)을 클릭하고 프로그램 모니터 패널의 화면에서 배 뒷부분의 주황색을 클릭합니다. Matching Tolerance 값을 15, Hue Transform 값을 -34.8로 변경하면 배 뒷부분의 주황색이 마젠타 색상으로 바뀝니다.

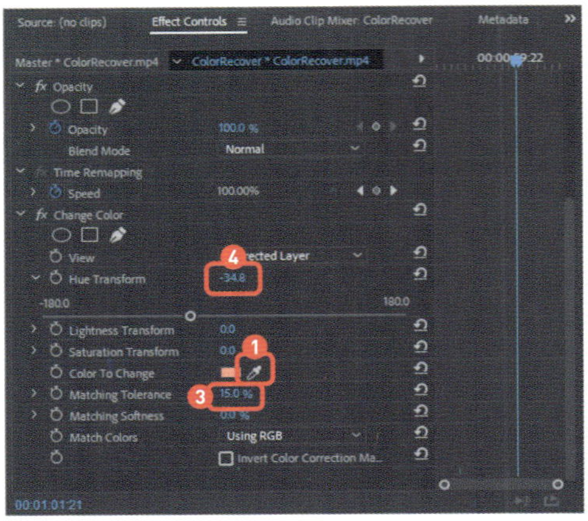

17 이펙트 컨트롤 패널의 Color Change 항목에서 Color to Change의 스포이트 툴(✎)을 클릭하고 프로그램 모니터 패널의 화면에서 강물의 하늘색 부분을 클릭합니다. 강물의 하늘색이 에메랄드 색으로 바뀝니다.

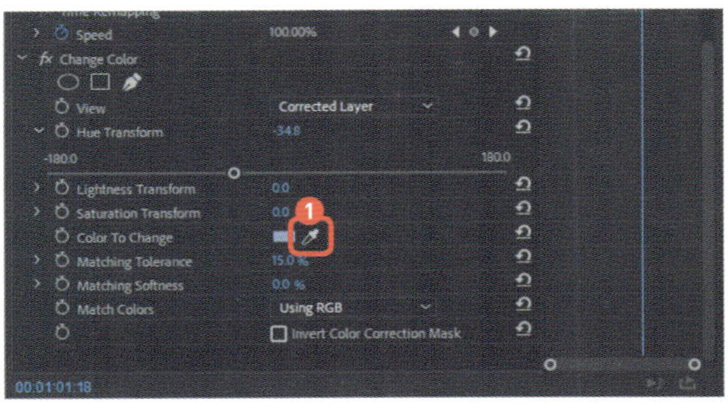

18 이펙트 컨트롤 패널의 Change Color 항목에서 Hue Transform 값은 -180, Lightness Transform 값은 -23.6, Saturation Transform 값은 -17.9로 변경합니다. 밝기는 어두워지고 대비는 낮아집니다. 색상 변화가 자연스러워지도록 Matching Tolerance 값을 19%로 변경합니다.

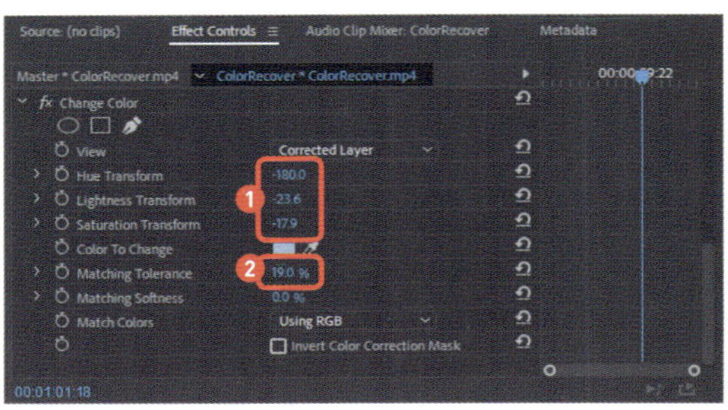

19 타임라인 패널에서 비디오 2번(V2) 트랙의 트랙 출력 켜기/끄기 버튼()을 껐다가 켜서 원본 소스 클립과 Color Balance(HLS) 효과가 적용된 소스 클립을 비교합니다.

CHAPTER

09

스폿 컬러 효과를 이용한 영상 제작

스폿 컬러(Spot Color)는 영화나 광고 영상에서 특정 부분의 색상을 강조할 때 많이 사용하는 효과로, 포인트 컬러를 제외한 부분은 흑백으로 표현하는 것이 일반적입니다. 스폿 컬러를 사용할 때 가장 중요한 점은 연출 의도에 맞게 특정 부분이 강조되면서도 영상이 전체적으로 자연스러워야 한다는 것입니다. 이 CHAPTER에서는 비디오 이펙트(Video Effect) 기능을 이용해 정교하게 색을 추출하는 방법을 알아보고, 마스크 트래킹(Mask Tracking) 기능을 이용해 움직이는 물체의 색을 추출해 보겠습니다.

SECTION 01

포인트 컬러만 남기고 흑백 영상 만들기

- **준비파일** SpotColor1.prproj
- **완성파일** SpotColor1_result.prproj

PREVIEW

PLAY

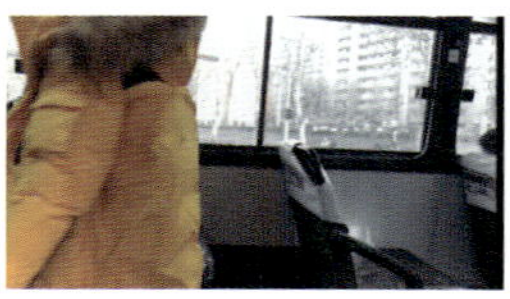

OVERVIEW

Leave Color 이펙트를 이용해 원하는 컬러를 추출하고 그 외의 색은 모두 흑백으로 남길 수 있습니다. 추출한 컬러가 남아 있는 부분 중에 흑백으로 바꾸고 싶은 부분이 있다면 ProcAmp 이펙트를 같이 사용할 수 있습니다. ProcAmp 이펙트는 소스 클립에서 마스크로 지정한 부분의 명도, 대비, 색조, 채도와 분할 백분율을 조정할 수 있습니다.

Leave Color 이펙트 적용하기

01 프리미어 프로를 실행하고 Home 대화상자에서 〈Open Project〉 버튼을 클릭하여 'SpotColor1.prproj' 프로젝트 파일을 불러온 후 영상을 확인합니다.

02 포인트 컬러만 남기고 흑백 영상을 만들어 보겠습니다. 타임라인 패널에서 비디오 1번(V1) 트랙의 소스 클립을 선택한 후 이펙트 패널에서 검색란에 'Leave Color'를 입력해 찾은 Leave Color를 비디오 1번(V1) 트랙의 소스 클립으로 드래그합니다.

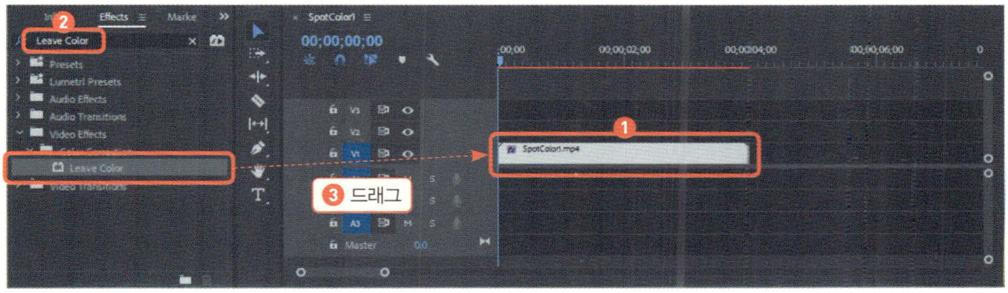

03 이펙트 컨트롤 패널의 Leave Color 항목에서 Color To Leave의 스포이트 버튼(✎)을 클릭하고 프로그램 모니터 패널에서 남길 포인트 컬러인 점퍼의 노란색을 클릭합니다.

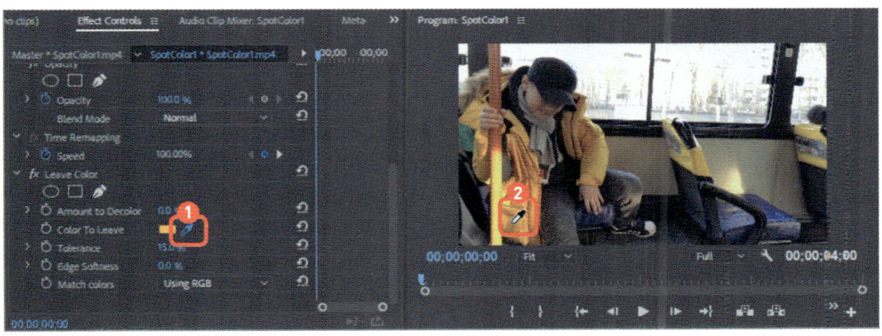

04 이펙트 컨트롤 패널의 Leave Color 항목에서 Amount to Decolor 값은 100%, Tolerance 값은 22%로 변경합니다. 추출하려는 컬러 부분과 흑백이 되는 부분의 경계를 부드럽게 하기 위해 Edge Softness를 2.5%로 설정합니다. Match Colors는 Using Hue로 변경합니다.

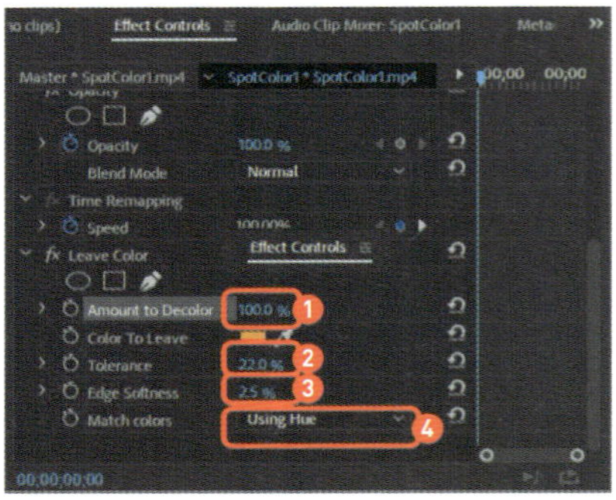

Tip Match Colors가 Using RGB일 때보다 Using Hue일 때 지정한 색상이 좀 더 정확하게 추출됩니다.

ProcAmp 이펙트 적용하기

05 의자 등받이도 선택한 색상과 같은 노란색이므로 ProcAmp 이펙트를 사용해 흑백으로 만들겠습니다. 이펙트 패널에서 'ProcAmp'를 검색해 타임라인 패널의 비디오 1번(V1) 트랙 소스 클립으로 드래그합니다.

06 이펙트 컨트롤 패널의 ProcAmp 항목에서 사각형 마스크 툴(□)을 클릭하고, 프로그램 모니터 패널에 생성된 마스크의 포인트를 이동해 의자 부분을 가립니다.

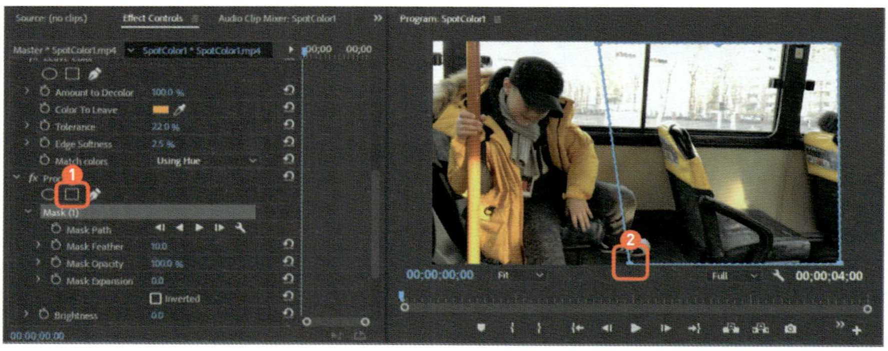

07 이펙트 컨트롤 패널의 ProcAmp 항목에서 Saturation 값을 0으로 설정합니다. ProcAmp ▸ Mask(1) 항목에서 Mask Feather 값은 10, Mask Expansion 값은 10으로 설정한 후 Mask Path의 애니메이션 켜기/끄기 버튼(⏱)을 클릭해 키프레임을 적용합니다.

08 영상을 재생해 확인해 보면 소스 클립의 노란색 점퍼 부분이 마스크에 가려지는 것을 알 수 있습니다. 타임 표시자를 00:00:00:28에 두고 이펙트 컨트롤 패널의 ProcAmp ▸ Mask(1) 항목에서 Mask Path를 클릭한 후 프로그램 모니터 패널에서 옷 부분에 닿지 않게 마스크의 포인트를 조절합니다. 자동으로 키프레임이 생성됩니다.

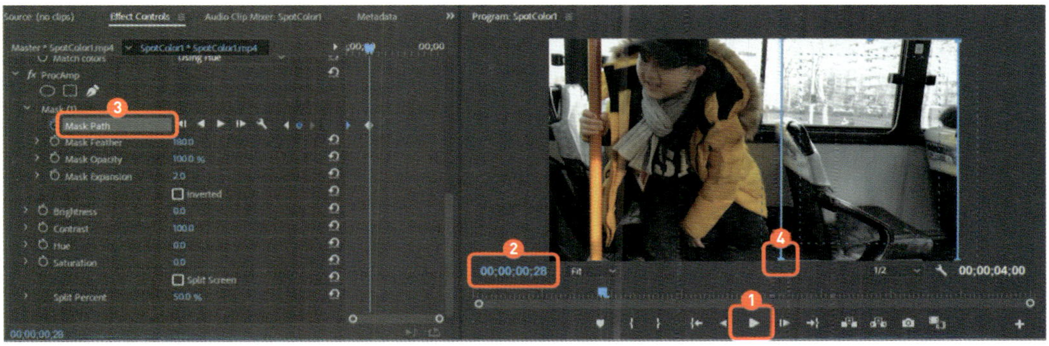

여기서 잠깐! | **키프레임 적용하기**

프리미어 프로 CC의 이펙트 컨트롤 패널의 각 이펙트 속성 앞에는 애니메이션 켜기/끄기 버튼(⏱)이 있어서 프레임마다 수치 값을 다르게 입력하면 자연스러운 애니메이션 구현이 가능합니다. 키프레임을 적용하는 방법은 'Chapter 05. 키프레임을 이용한 편집'에서 자세하게 다룹니다.

09 프로그램 모니터 패널에서 영상을 재생해 작업 내용을 확인합니다.

SECTION 02

마스크 레이어를 이용해 스폿 컬러 남기기

- 준비파일 SpotColor2.prproj
- 완성파일 SpotColor2_result.prproj

■ PREVIEW

▶ PLAY

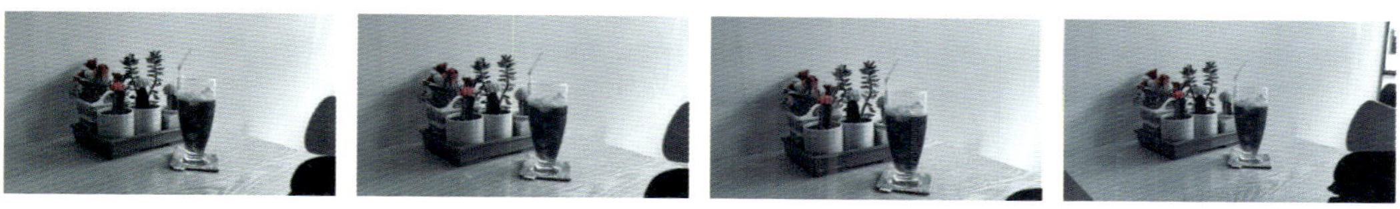

OVERVIEW

앞에서 사용한 Leave Color 이펙트는 작업이 쉽고 작업 시간이 매우 짧다는 장점이 있지만, 강조하고 싶은 컬러가 흩어져 있을 경우 흑백으로 바꾸기 까다롭다는 단점이 있습니다. 또한, 하나의 수치 값으로 컬러를 조절하기 때문에 원하는 부분의 컬러만 남기기 어렵습니다. 여기에서는 이런 점을 보완하도록 마스크 레이어를 이용해 원하는 컬러만 편집하는 방법을 알아보겠습니다.

Black & White 이펙트 적용하기

01 프리미어 프로를 실행하고 Home 대화상자에서 〈Open Project〉 버튼을 클릭해 'SpotColor2.prproj' 프로젝트 파일을 불러온 후 영상을 확인합니다.

02 타임라인 패널에서 비디오 1번(V1) 트랙의 소스 클립을 Alt 를 누른 채 비디오 2번(V2) 트랙으로 드래그해 복사합니다.

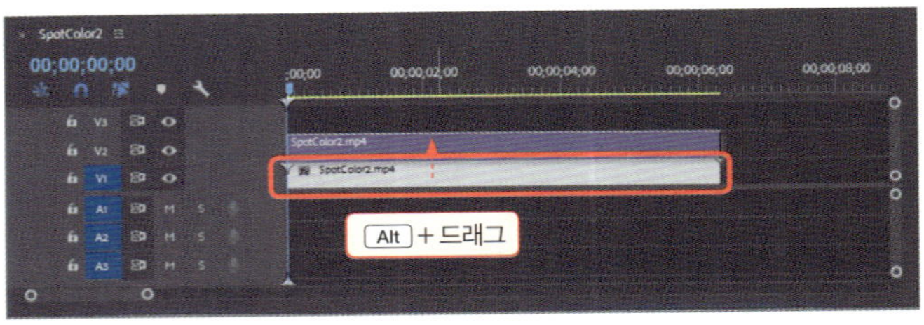

03 이펙트 패널의 검색란에 'White'를 입력해 찾은 Black & White를 타임라인 패널에 있는 비디오 1번(V1) 트랙의 소스 클립으로 드래그해 Black & White 이펙트를 적용합니다.

04 타임라인 패널에 있는 비디오 2번(V2) 트랙의 트랙 출력 켜기/끄기 버튼(👁)을 꺼 이펙트가 잘 적용되었는지 확인한 후, 다시 트랙 출력 켜기/끄기 버튼을 켭니다.

마스크 패스로 원하는 부분만 컬러 적용하기

05 타임라인 패널에서 비디오 2번(V2) 트랙의 소스 클립을 선택하고 타임 표시자를 시작점에 위치시킵니다. 이펙트 컨트롤 패널의 Opacity 항목에서 마스크 펜 툴(✒)을 클릭하고 프로그램 모니터 패널의 영상을 보면서 컬러를 남길 부분에 마스크를 그립니다. 마스크 패스를 시작한 점을 마지막으로 클릭해 패스를 닫습니다.

여기서 잠깐! **마스크 패스를 시작점에서 그리는 이유**

카메라의 움직임에 따라 마스크 패스를 키프레임마다 그리지 않고 자동으로 트래킹하기 위해 마스크 패스는 시작점(00:00:00:00)에 그려 시작하는 것이 좋습니다.

06 마스크 패스가 카메라 움직임에 따라 이동하도록 하기 위해 이펙트 컨트롤 패널에서 Opacity ▶ Mask(1) 항목의 Mask Path 옆에 있는 '선택한 마스크 앞으로 추적' 버튼(▶)을 클릭하면 트래킹(Tracking)이 진행됩니다. 트래킹이 완료되면 Mask Path에 키프레임이 생성된 것을 확인할 수 있습니다.

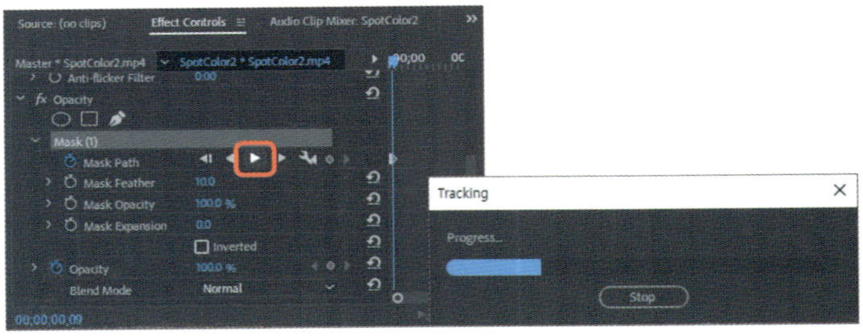

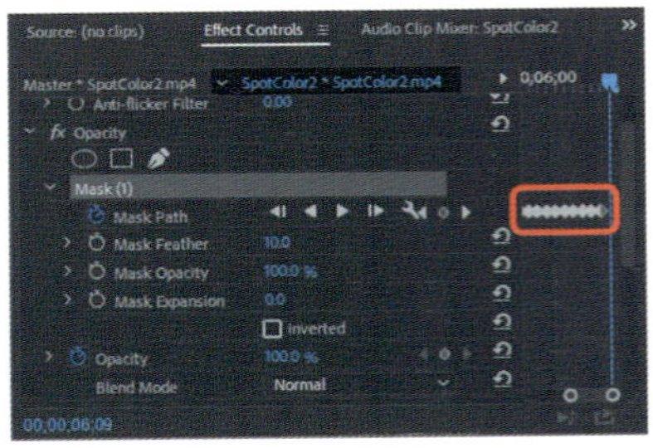

07 프로그램 모니터 패널의 재생 버튼(▶)을 클릭해 화면을 재생해 보면서 마스크 패스가 선인장을 벗어나지 않는지 확인합니다.

Adjustment Layer를 이용하여 스폿 컬러 추출하기

08 프로젝트 패널 하단의 새 항목 버튼(■)을 클릭하여 팝업 메뉴에서 [Adjustment Layer]를 선택합니다. Adjustment Layer 대화상자에서 설정을 변경하지 않고 〈OK〉 버튼을 클릭합니다.

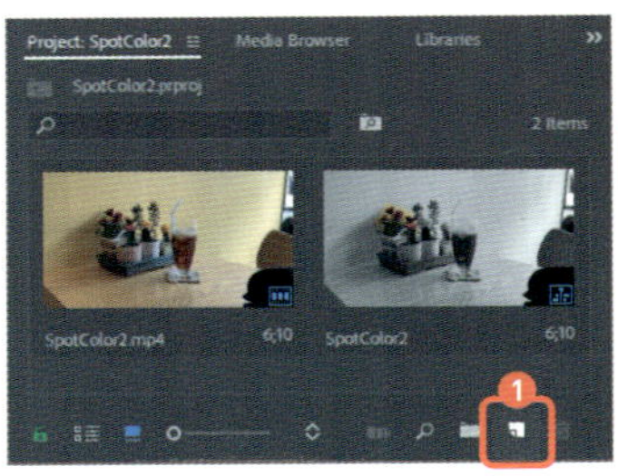

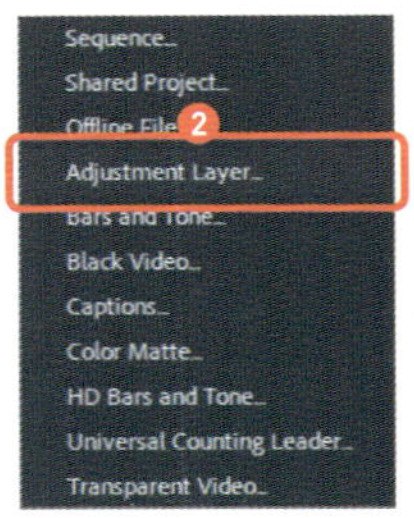

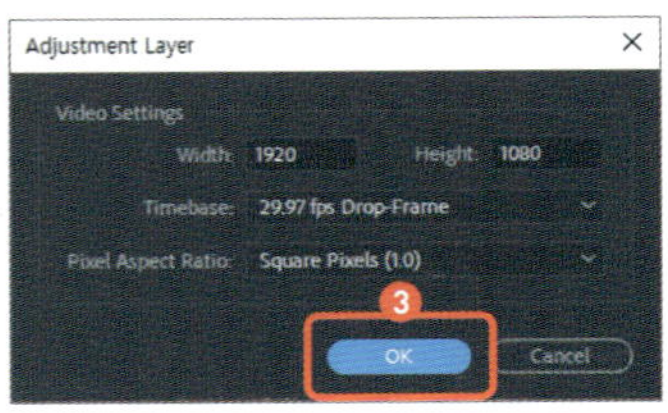

09 프로젝트 패널에 생성된 'Adjustment Layer'를 타임라인 패널의 비디오 3번(V3) 트랙으로 드래그합니다.

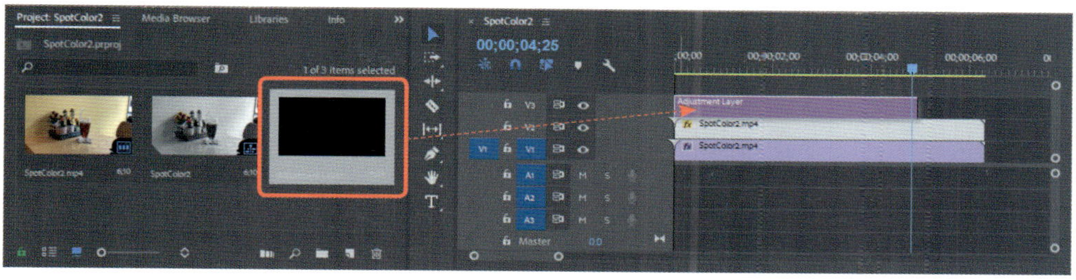

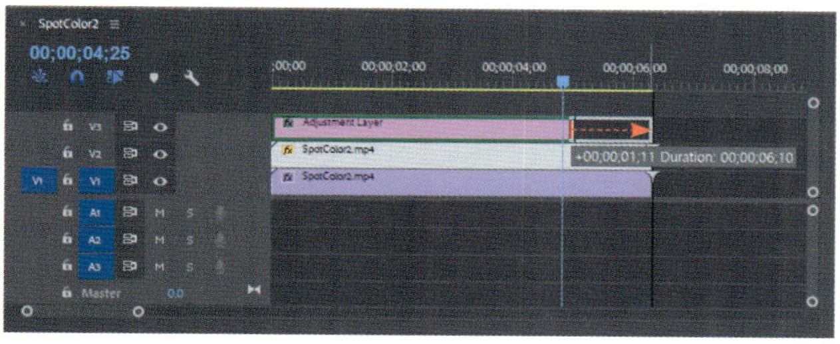

10 타임라인 패널에서 비디오 3번(V3) 트랙의 'Adjustment Layer' 오른쪽 면을 드래그해 다른 트랙의 소스 클립 길이만큼 늘립니다.

11 이펙트 패널의 검색란에 'Leave Color'를 입력해 찾은 Leave Color를 타임라인 패널에 있는 비디오 3번(V3) 트랙의 'Adjustment Layer'로 드래그합니다.

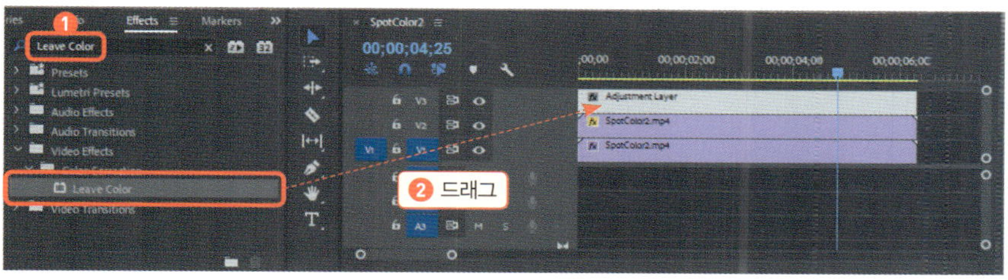

12 이펙트 컨트롤 패널의 Leave Color 항목에서 Color To Leave 옆의 스포이트 툴( )을 클릭하고 프로그램 모니터 패널에서 선인장의 빨간색을 선택합니다.

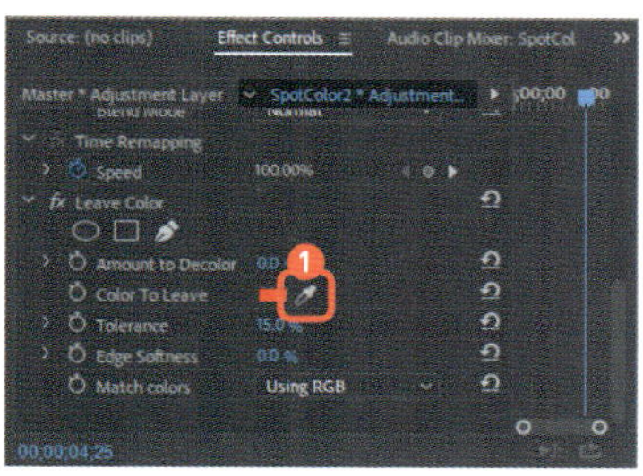

13 이펙트 컨트롤 패널에서 Leave Color 항목의 Amount to Decolor 값은 100%, Tolerance 값은 17%, Edge Softness 값은 0%, Match colors는 Using Hue로 변경합니다.

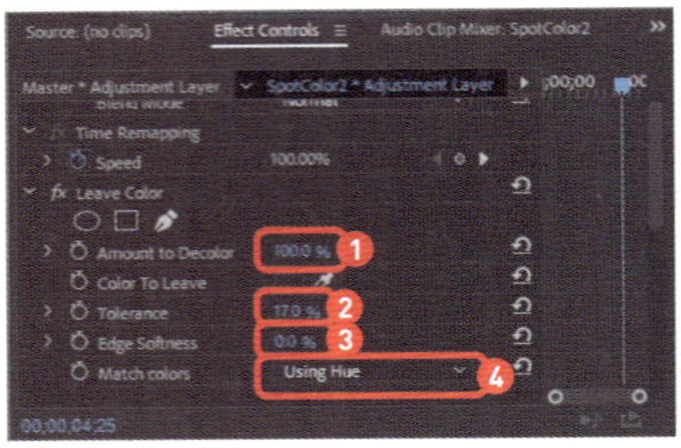

14 프로그램 모니터 패널에서 영상을 재생해 스폿 컬러가 제대로 추출되었는지 확인합니다.

SECTION

03 애프터 이펙트에서 컬러 추출하기

- **준비파일** SpotColor3.prproj
- **완성파일** SpotColor3_result.prproj

■ PREVIEW

▶ PLAY

OVERVIEW

어도비 CS6 버전부터는 프리미어 프로와 애프터 이펙트가 연동됩니다. 영상 작업을 하다 보면 그리미어 프로와 애프터 이펙트에서 쉽게 처리할 수 있는 작업이 다르기 때문에 두 프로그램을 연동해서 사용하는 것이 편리합니다. 이 경우 유의해야 할 점은 프리미어 프로와 애프터 이펙트에서 작업을 한 후 각각 꼭 저장을 해야 같은 이펙트가 연동된다는 것입니다. 여기에서는 애프터 이펙트에서 Black & White와 Mask Tracker를 이용하여 스폿 컬러를 추출하는 방법을 알아봅니다.

프리미어 프로에서 애프터 이펙트에 연결하기

01 프리미어 프로를 실행하고 Home 대화상자에서 〈Open Project〉 버튼을 클릭해 'SpotColor3.prproj' 프로젝트 파일을 불러온 후 영상을 확인합니다.

02 타임라인 패널의 비디오 1번(V1) 트랙에 있는 'SpotColor3' 소스 클립을 마우스 오른쪽 버튼으로 클릭해 팝업 메뉴에서 [Replace With After Effect Composition]을 선택합니다.

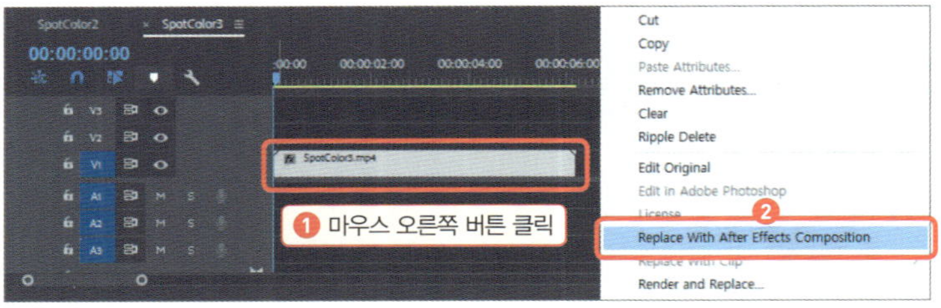

Tip 애프터 이펙트 CC가 설치되어 있지 않으면 [Replace With After Effect Composition] 메뉴가 활성화되지 않습니다. 이 실습을 진행하려면 애프터 이펙트를 설치해야 합니다.

03 애프터 이펙트 CC가 실행되면서 [Save As] 대화상자가 열립니다. 저장할 이름을 'SpotColor3'으로 입력하고 프리미어 프로 파일과 같은 폴더에 저장합니다.

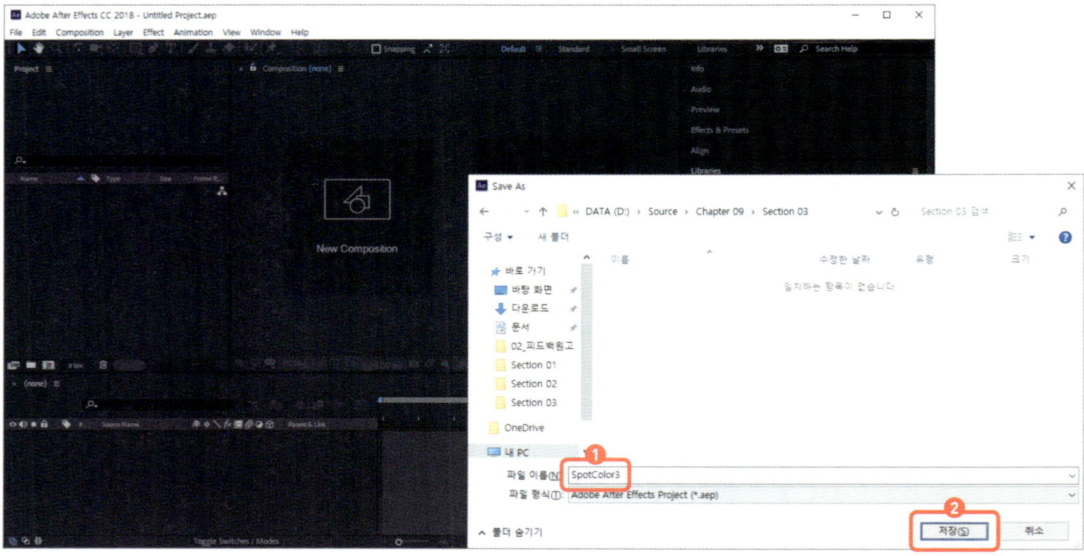

애프터 이펙트에서 소스 클립 편집하기

04 애프터 이펙트의 컴포지션 안에 있는 'SpotColor3' 소스 클립을 확인할 수 있습니다.

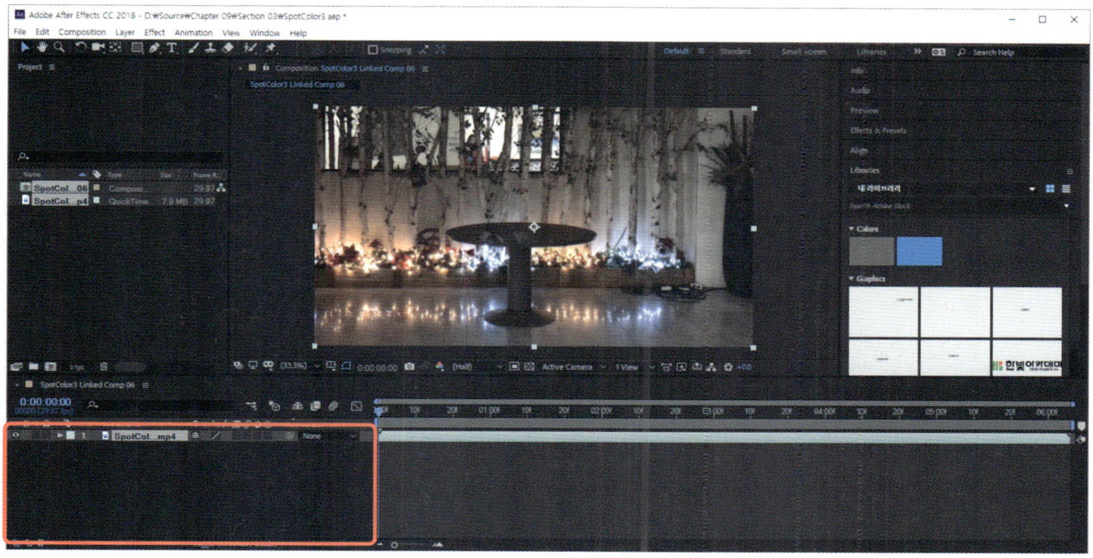

여기서 잠깐! **애프터 이펙트 연동 후 파일 반드시 저장하기**

영상 편집 작업 후에는 최종 프리미어 프로 파일과 애프터 이펙트 파일을 같은 폴더 안에 저장하는 것이 좋습니다. 두 파일의 속성이 연결되어 각각 저장할 때마다 업데이트되기 때문입니다. 애프터 이펙트 파일이 소실되면 프리미어 프로에서 소스의 내용을 읽을 수 없어 파일이 열리지 않습니다.

05 애프터 이펙트의 컴포지션 내부에 있는 레이어 빈 공간을 마우스 오른쪽 버튼으로 클릭해 팝업 메뉴에서 [New]–[Adjustment Layer]를 선택합니다.

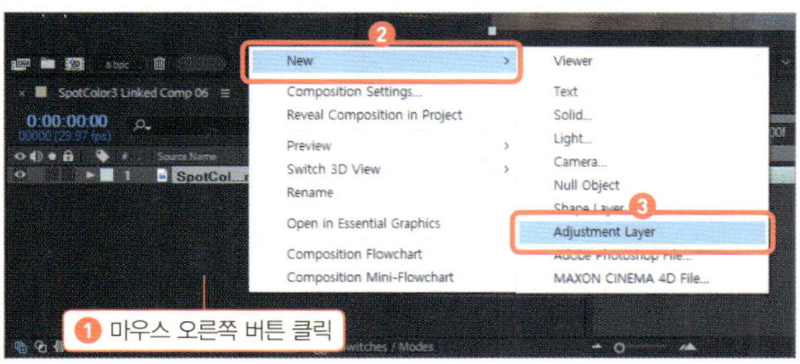

06 'Adjustment Layer' 위에 마우스를 놓고 Enter 를 눌러 레이어 이름을 'Black&White'로 변경합니다.

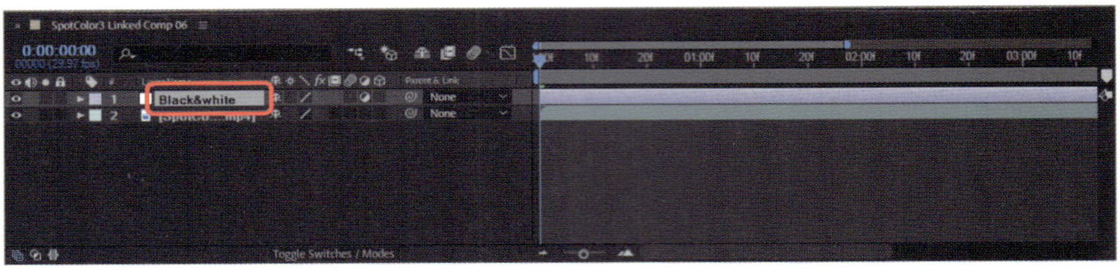

07 애프터 이펙트 오른쪽 위에서 Effect & Preset 패널을 찾아 클릭하고 검색란에 'Black'을 입력해 Black & White 이펙트를 찾습니다.

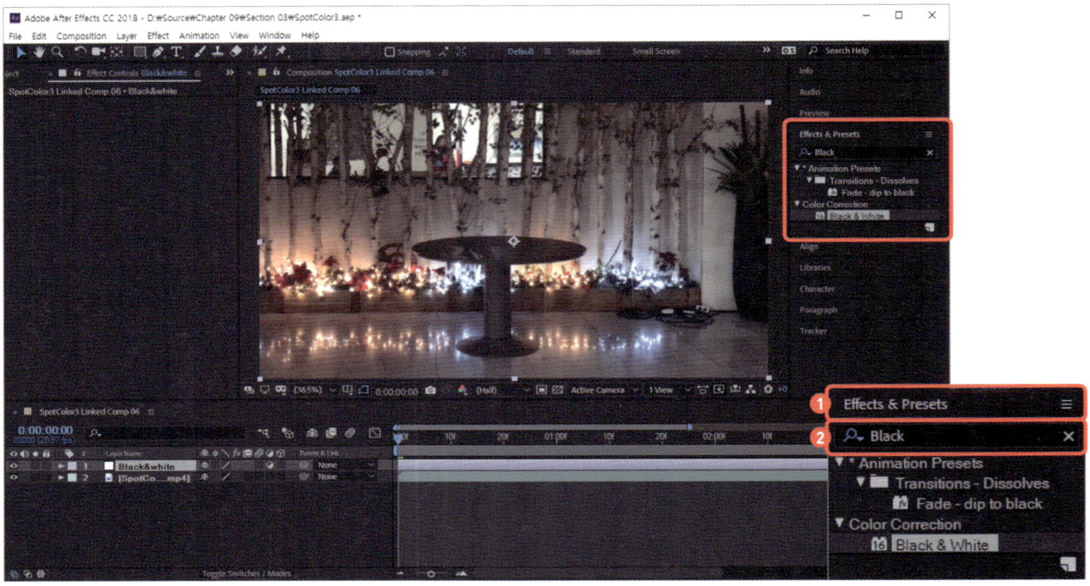

Tip Effect & Preset 패널이 보이지 않으면 메뉴 바의 [Window]에서 찾아 클릭해 엽니다.

08 Black & White 이펙트를 화면으로 드래그합니다.

09 애프터 이펙트 왼쪽 위의 Effect Controls 패널을 열어 속성 값을 확인합니다.

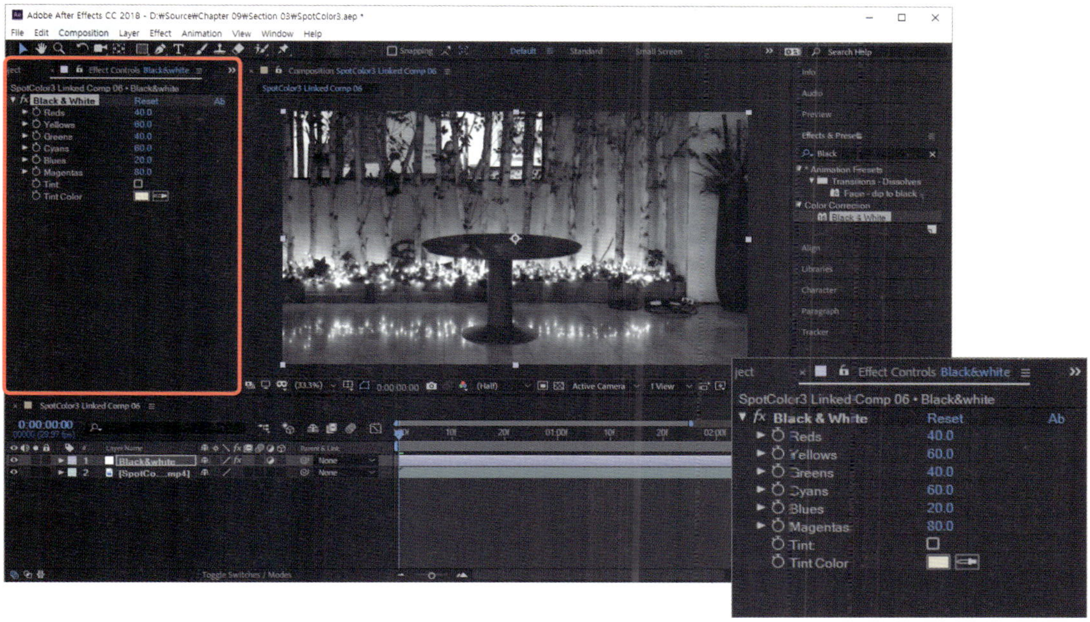

10 타임 표시자를 0:00:01:26으로 옮기고, 'Black&White' 레이어를 마우스 오른쪽 버튼으로 클릭해 팝업 메뉴에서 Blending Mode를 Lighten으로 바꿉니다. Effect Controls 패널의 속성값을 다음과 같이 설정합니다.

Reds: 97, Yellows: 127, Greens: 71, Cyans: 0, Blues: 18, Magentas: 300

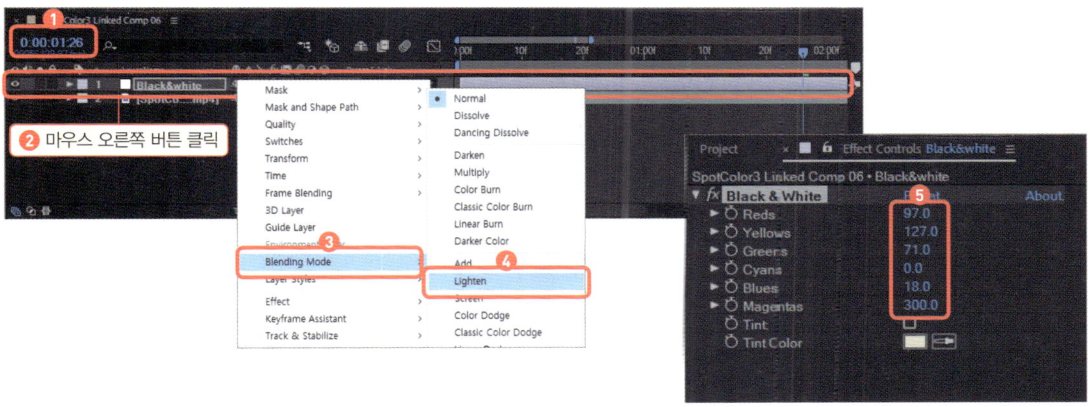

프리미어 프로에서 영상 확인하기

11 파일을 저장한 후 애프터 이펙트 CC를 종료하고 프리미어 프로로 돌아와서 프로그램 모니터 패널에서 영상을 재생해 작업 내용을 확인합니다.

여기서 잠깐! 애프터 이펙트의 Black & White 이펙트

애프터 이펙트의 Black & White 이펙트는 속성값을 조절할 수 없는 프리미어 프로의 Black & White 이펙트와 달리 Reds, Yellows, Greens, Cyans, Blues, Magentas 수치를 조절할 수 있기 때문에 특정 컬러 부분을 남기기가 쉽습니다.

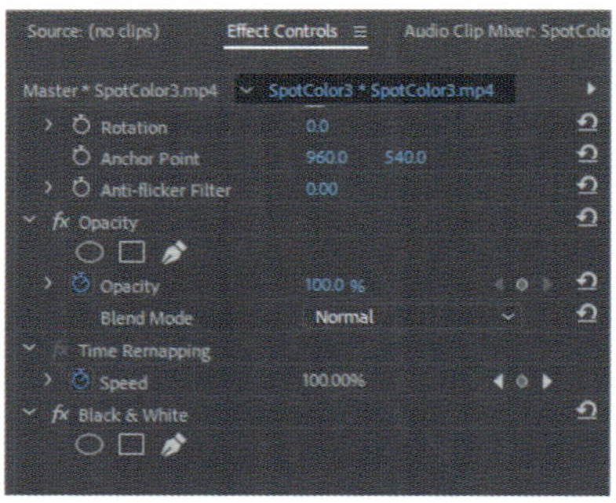

> 프리미어 프로의 Black & White 이펙트

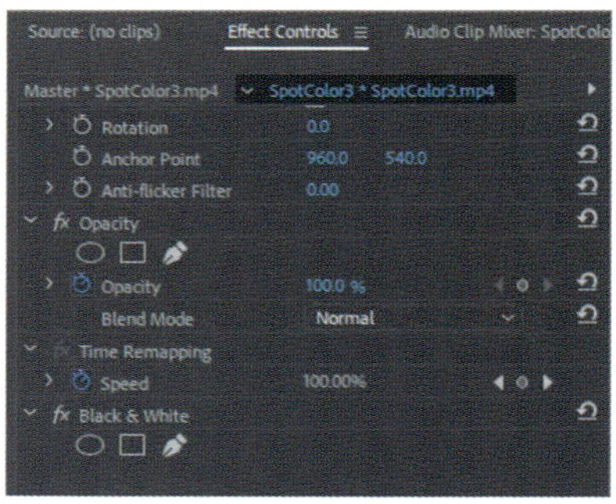

> 애프터 이펙트의 Black & White 이펙트

SECTION 04

흑백에서 컬러로 바뀌는 영상 만들기

- **준비파일** SpotColor4.prproj
- **완성파일** SpotColor4_result.prproj

■ PREVIEW

▶ PLAY

OVERVIEW

영상에서 특정 컬러를 효과적으로 추출하려면 촬영할 때부터 계획을 세우는 것이 좋습니다. 앞에서 사용한 Leave Color나 Black & White 이펙트는 같은 컬러가 남기 때문에 마스크(Mask) 기능을 사용하지 않고, 빠르고 쉽게 작업하려면 남기고 싶은 부분의 컬러가 배경에 들어가지 않게 촬영하는 것이 중요합니다. 여기에서는 계획대로 촬영이 이루어지지 않았을 때 Track Matte를 사용해 특정 컬러를 남기고 흑백에서 컬러로 바꾸는 영상을 만들겠습니다.

Color Matte 이펙트 적용하기

01 프리미어 프로를 실행하고 Home 대화상자에서 〈Open Project〉 버튼을 클릭해 'SpotColor4.prproj' 프로젝트 파일을 불러온 후 영상을 확인합니다.

02 타임라인 패널에서 비디오 1번(V1) 트랙의 소스 클립을 Alt를 누른 채 비디오 2번(V2) 트랙으로 드래그해 복사합니다.

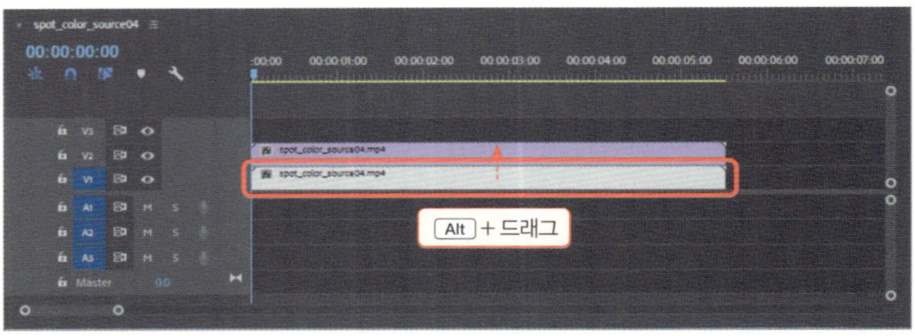

03 프로젝트 패널 하단의 새 항목 버튼(■)을 클릭해 팝업 메뉴에서 [Color Matte]를 선택합니다. Color Matte 대화상자에서 설정을 변경하지 않고 〈OK〉 버튼을 클릭합니다.

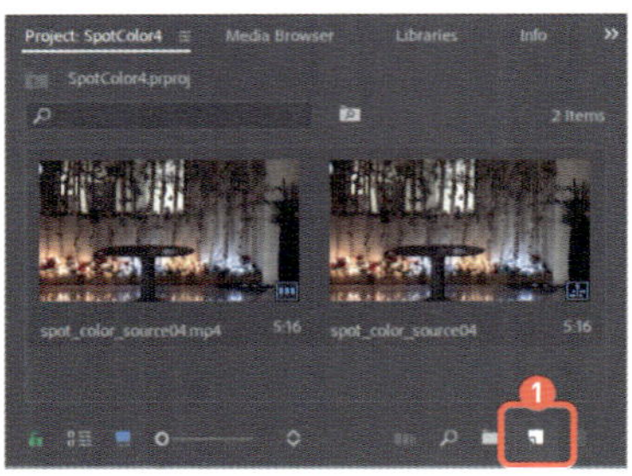

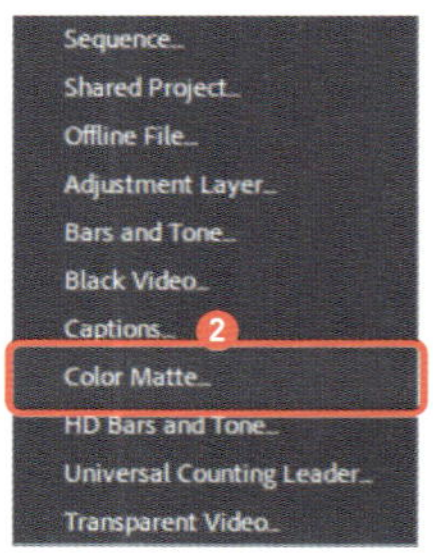

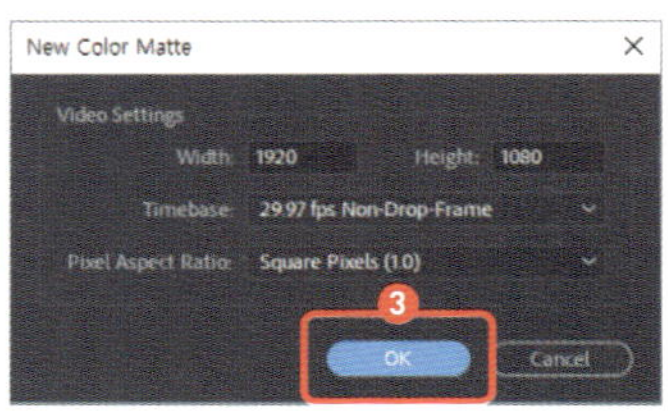

04 Color Matte의 컬러를 지정할 수 있는 Color Picker 대화상자에서 빨간색(Red)이 잘 보이도록 색상값을 #FF0000으로 설정하고 〈OK〉 버튼을 클릭한 후 Choose Name 대화상자에서 이름을 'Red Color Matte'로 지정합니다.

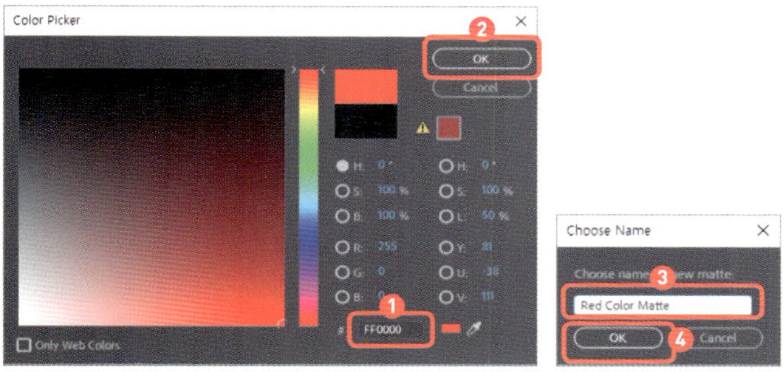

05 프로젝트 패널에 생성된 'Red Color Matte' 레이어를 타임라인 패널의 비디오 3번(V3) 트랙으로 드래그합니다.

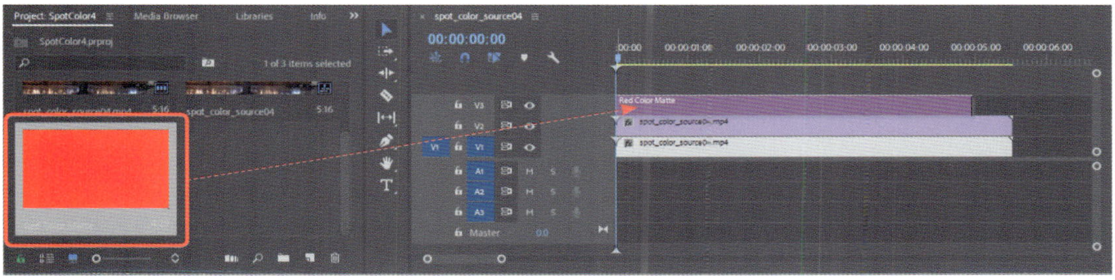

06 타임라인 패널에서 비디오 3번(V3) 트랙의 'Red Color Matte' 레이어 오른쪽 면을 드래그해 다른 트랙 길이만큼 늘립니다.

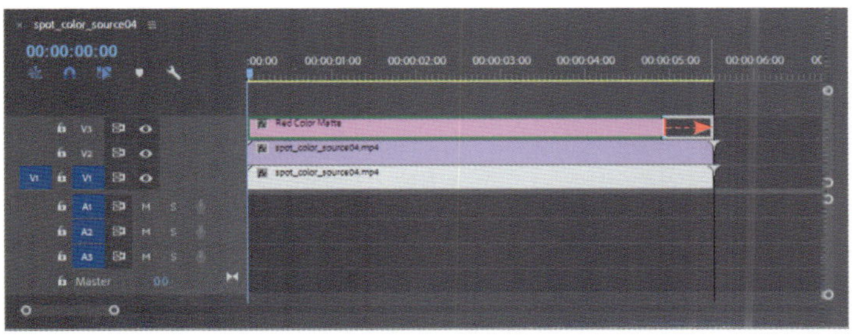

마스크 펜 툴로 마스크 패스 그리기

07 'Red Color Matte' 레이어를 선택하고 이펙트 컨트롤 패널에서 Opacity 항목의 Opacity 값을 8%로 조절한 후 마스크 펜 툴(✎)을 클릭합니다.

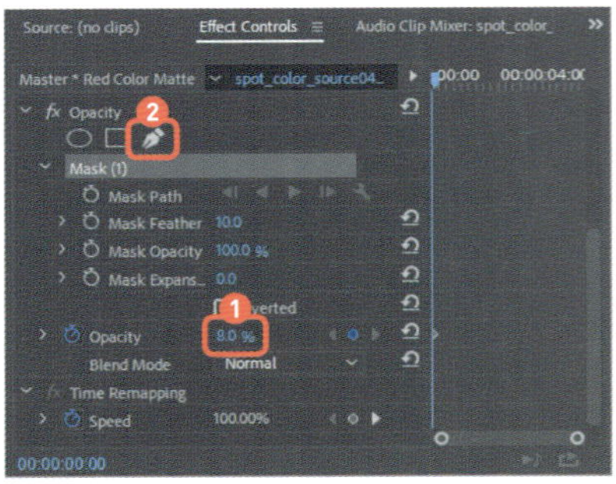

08 타임라인 패널의 타임 표시자를 00:00:00:28에 두고, 프로그램 모니터 패널에서 마스크 펜 툴을 클릭하면서 마스크 패스를 연결합니다. 사람의 모양을 따라 그리다가 등 부분은 화면에 맞추어 패스를 그리고, 마지막 포인트는 시작점과 겹치게 클릭하여 패스를 닫습니다.

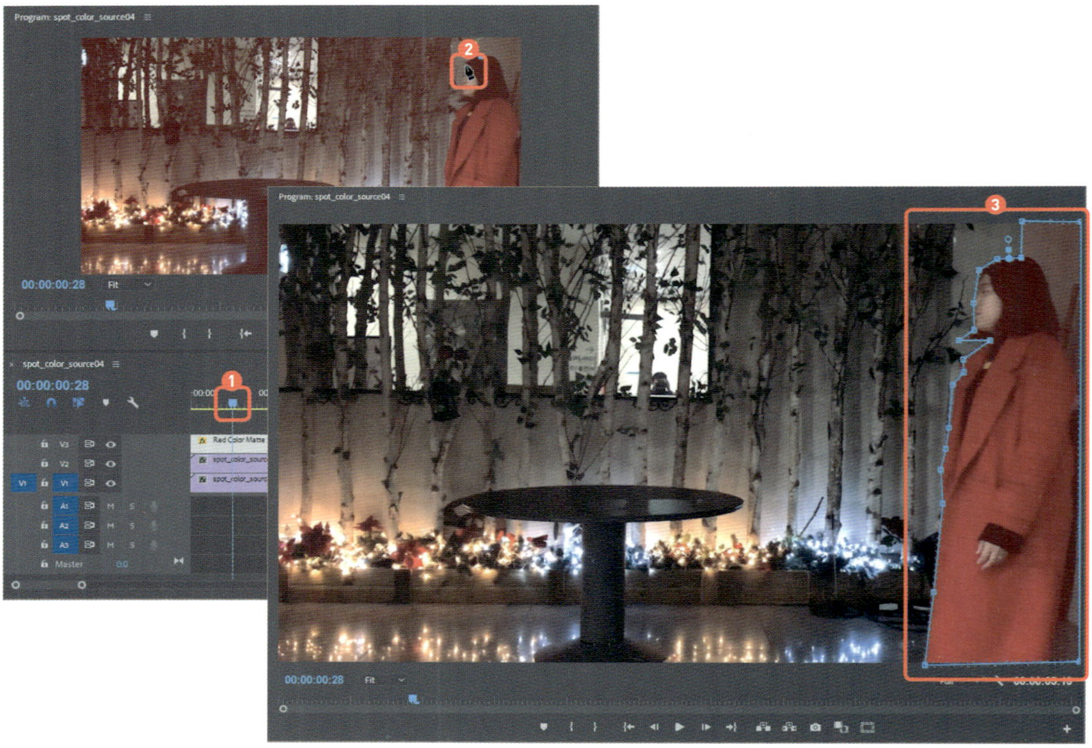

Tip 마스크 펜 툴을 드래그하면 베지어 곡선으로 바뀌어 수정이 까다롭기 때문에 계속 클릭하면서 연결합니다. 포인트의 간격이 좁으면 잘 그려지지 않으므로 일단 멀리 클릭한 후 포인트를 선택하여 이동하는 방법으로 수정하는 것이 좋습니다.

이동 경로에 따라 마스크 패스 맞추기

09 이펙트 컨트롤 패널의 Opacity ▸ Mask(1) 항목에서 Mask Path를 선택하고 애니메이션 켜기/끄기 버튼(⏱)을 클릭해 Mask Path에 키프레임을 삽입합니다.

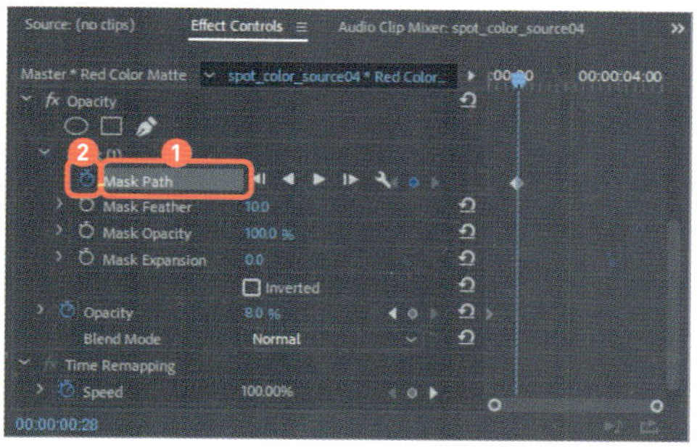

10 프로그램 모니터 패널에서 타임 표시자를 00:00:04:01에 맞춘 후 화면을 드래그하여 마스크 패스의 앞부분을 선택하고 사람을 따라 이동시킵니다.

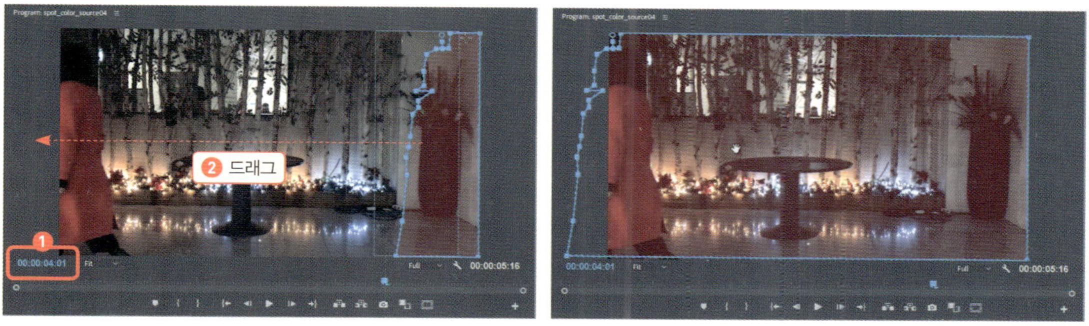

11 Space Bar를 눌러 마스크 패스가 사람을 따라 잘 이동하는지 확인하고, 프로그램 모니터 패널에서 타임 표시자 위치를 00:00:02:06에 맞춘 후 마스크 패스의 포인트를 이동하면 이펙트 컨트롤 패널의 Mask Path에 자동으로 키 프레임이 생성되는 것을 확인할 수 있습니다.

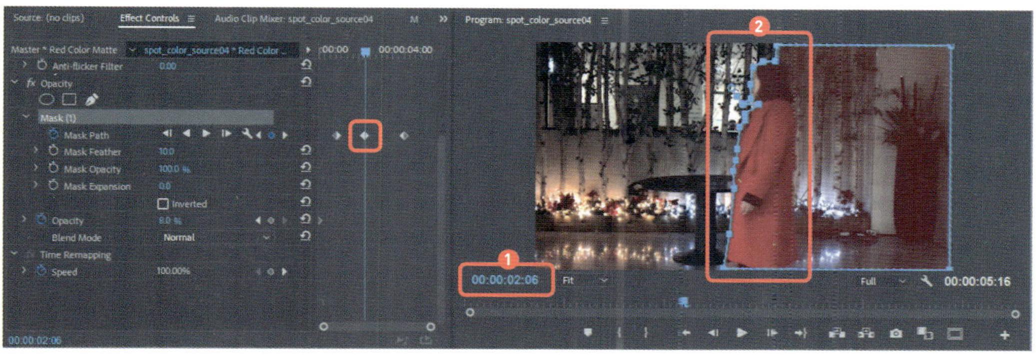

12 타임라인 패널에서 타임 표시자를 이동시키면서 마스크 패스의 포인트를 사람에 맞추어 조절합니다.

Tip 마스크의 경계를 더 부드럽게 하려면 Feather와 Expansion 값을 높입니다.

13 타임라인 패널에서 비디오 1번(V1) 트랙의 트랙 출력 켜기/끄기 버튼(👁)을 클릭하여 끄고 이펙트 패널의 검색란에 'Track'을 입력해 찾은 Track Matte Key를 비디오 2번(V2) 트랙으로 드래그합니다.

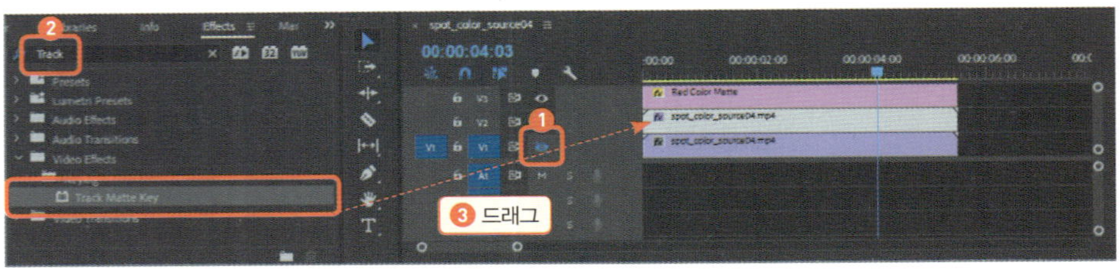

Tip 이팩트 패널을 열려면 Shift+7을 누릅니다.

14 이펙트 컨트롤 패널에서 Track Matte Key 항목의 Matte를 Video 3으로 설정합니다.

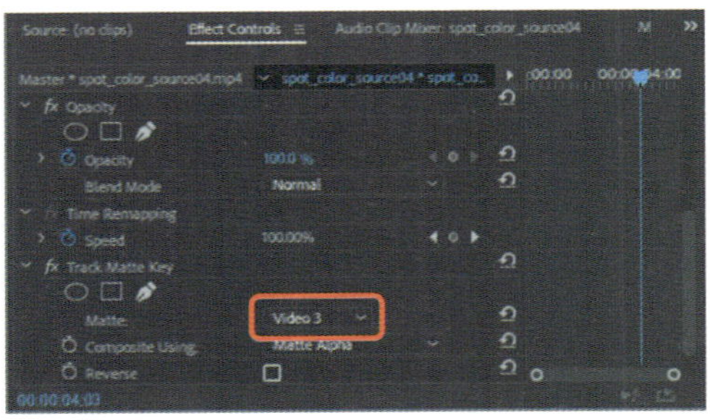

15 타임라인 패널에서 비디오 3번(V3) 트랙의 'Red Color Matte'를 선택하고 이펙트 컨트롤 패널에서 Opacity 값을 100%로 변경한 후 애니메이션 켜기/끄기 버튼( )을 클릭해 키프레임을 없앱니다.

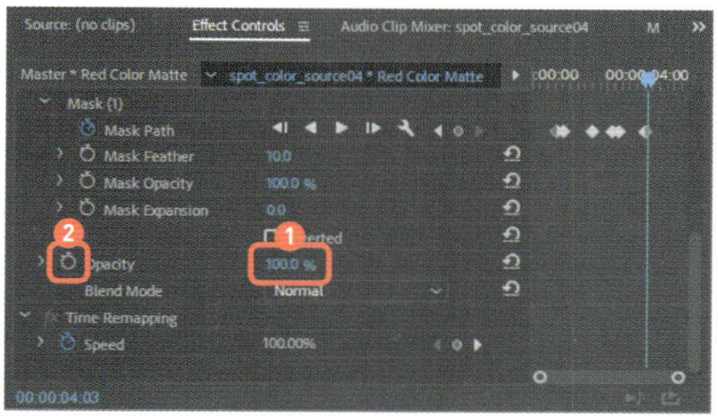

Black & White 이펙트 적용하기

16 타임라인 패널에서 비디오 1번(V1) 트랙의 트랙 출력 켜기/끄기 버튼( )을 클릭해 소스 클립이 보이게 하고, 이펙트 패널의 검색란에 'White'를 입력해 찾은 Black & White를 비디오 1번(V1) 트랙의 소스 클립으로 드래그합니다.

17 프로그램 모니터 패널에서 영상을 재생해 작업 내용을 확인합니다.

CHAPTER

10

루메트리 컬러를 이용한 색상 보정

프리미어 프로는 2017년부터 루메트리 컬러 패널을 추가하여 보다 더 강력한 색상 보정 능력을 갖게 되었습니다. 이제는 색상을 보정하기 위해 플러그인이나 다른 프로그램을 병행해서 사용하지 않아도 될 만큼 고품질의 효과를 낼 수 있습니다. 루메트리 컬러 패널을 사용하여 White Balance, Color Grade, Color Change, Creative Vignetting 등 색상을 정교하고 빠르게 조정하는 방법을 알아봅니다.

Section 01 / 루메트리 컬러 패널 소개
Section 02 / 화이트 밸런스로 색상 보정하기
Section 03 / 컬러 그레이딩 작업하기
Section 04 / HSL Secondary로 특정 색상 변경하기
Section 05 / 루메트리 스코프 패널에서 색상 정보 파악하기
Section 06 / 비네팅 효과 적용하기
Section 07 / Lumetri Presets 효과 적용하기

SECTION 01

루메트리 컬러 패널 소개

영상의 색상을 교정하고 조율하는 루메트리 컬러 패널의 속성에 대해 알아봅니다.

루메트리 컬러(Lumetri Color) 패널은 소스 클립의 색상을 교정하고 조율하는 패널입니다. 워크 스페이스에서 Color를 클릭하면 루메트리 컬러 패널과 루메트리 스코프(Lumetri Scopes) 패널 등 색상 보정에 편리한 패널들로 화면이 구성됩니다. 소스 모니터 패널의 원본 영상과 프로그램 모니터 패널의 색상 교정 영상을 비교하면서 작업하면 변화된 화면을 바로 볼 수 있어서 편리합니다.

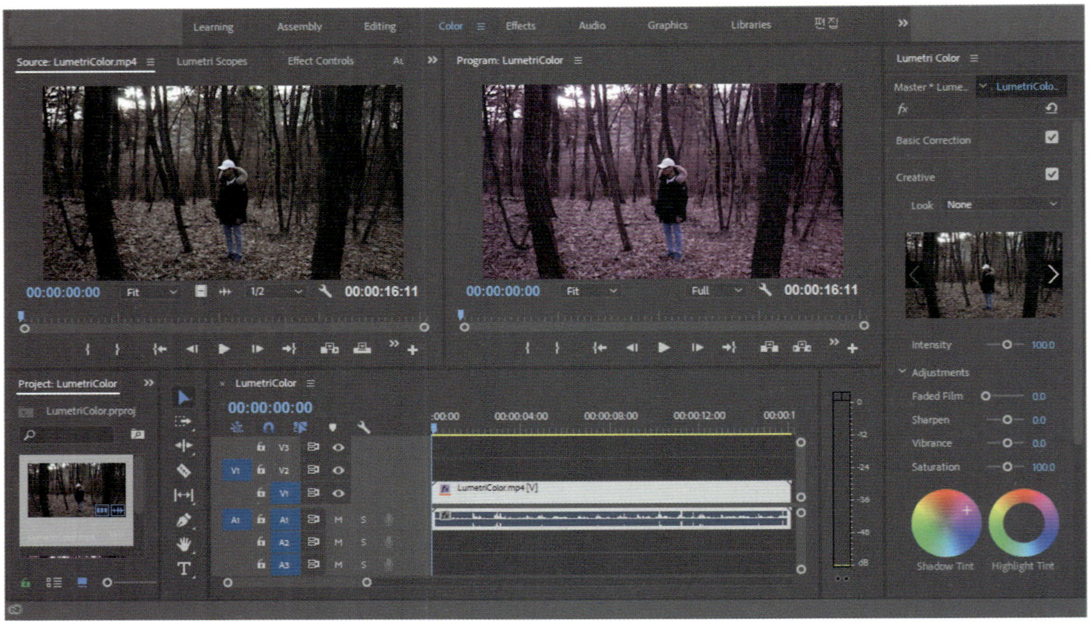

» 루메트리 컬러 패널 활성화

Tip [Window]–[Workspaces]–[Color] 메뉴를 선택하거나 단축키 Alt+Shift+4를 눌러도 루메트리 컬러 패널을 활성화할 수 있습니다.

루메트리 컬러 패널에서 조율할 수 있는 속성에 대해 알아보겠습니다. 루메트리 컬러 패널은 Basic Correction, Creative, Curves, Color Wheels & Match, HSL Secondarty, Vignette로 구성되어 있습니다.

Basic Correction

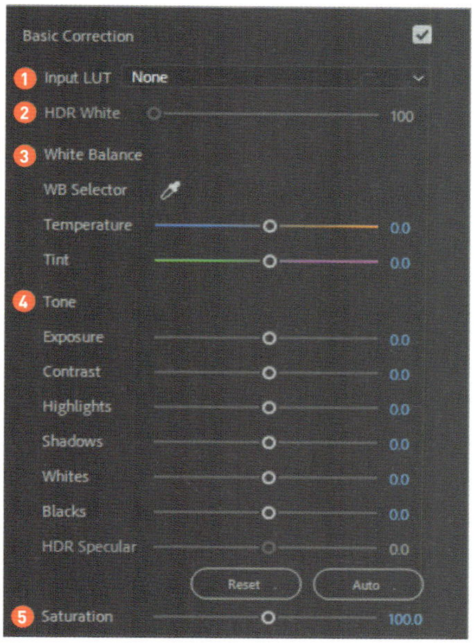

가장 기본적인 색상 교정 속성입니다. 소스 클립의 색상, 대비, 조명을 새롭고 혁신적인 방법으로 조정할 수 있으며, 직관적인 슬라이더와 컨트롤을 사용해 간단한 색상 교정을 할 수 있습니다. 컨트롤을 조정하려면 원하는 결과를 얻을 때까지 슬라이더를 드래그하거나 슬라이더 옆에 있는 숫자에 특정 값을 설정합니다.

❶ **Input LUT** 프리미어 프로는 Footage에 적용할 수 있는 여러 LUT(Look Up Table)가 사전에 설정되어 있습니다. Custom을 선택하면 사용자 정의 LUT를 저장할 수 있고, Browse를 클릭해 저장된 LUT를 선택할 수도 있습니다.

Tip LUT는 프리미어 프로, 애프터 이펙트, 프토샵, 파이널 컷 프로 등에서 사용할 수 있습니다.

❷ **HDR White** 밝은 영역의 범위가 HDR과 호환되도록 100 이상의 수치로 설정합니다. HDR 데이터는 일반 영상보다 어두운 영역과 밝은 영역의 세부 정보를 다양하게 활용하는데, 루메트리 컬러 패널에서 모드를 HDR(High Dynamic Range)로 설정하면 1~1000으로 범위가 확대됩니다.

❸ **White Balance** 영상 소스 클립의 화이트 밸런스(White Balance)는 촬영 환경에서 조명 조건을 나타냅니다. 따라서 화이트 밸런스를 교정하면 영상 주변의 색상을 본래의 색에 가깝게 효과적으로 개선할 수 있습니다. 소스 클립의 화이트 밸런스를 조정하려면 WB Selector의 스포이트 툴( )을 클릭하고 프로그램 모니터 패널의 화면에서 흰색 계열을 클릭합니다. 세부 조정을 하려면 Temperature와 Tint 속성의 값을 슬라이더 컨트롤을 사용하여 설정합니다.

» White Balance 적용

❹ **Tone** 다양한 톤 컨트롤을 사용하여 소스 클립의 색상을 조정합니다.

- **Exposure** 노출을 조정합니다. 0보다 낮게 설정하면 색조 값이 증가하고 밝은 영역이 확장되며, 0보다 높게 설정하면 색조 값이 감소하고 어두운 영역이 확장됩니다.

- **Contrast** 대비 값을 조정합니다. 0보다 낮게 설정하면 중간부터 어두운 영역까지가 더 어두워지고, 0보다 높게 설정하면 중간에서 밝은 영역까지가 더 밝아집니다.
- **Highlights** 밝은 영역을 조정합니다. 0보다 낮게 설정하면 밝은 영역이 어두워지고, 0보다 높게 설정하면 클리핑이 최소화되면서 밝은 영역이 밝아집니다.
- **Shadows** 어두운 영역을 조정합니다. 0보다 낮게 설정하면 클리핑이 최소화되면서 어두운 영역이 어두워지고, 0보다 높게 설정하면 어두운 영역이 밝아지면서 세부 묘사가 복구됩니다.
- **Whites** 흰색 영역을 조정합니다. 0보다 낮게 설정하면 밝은 영역이 줄어들고, 0보다 높게 설정하면 밝은 영역이 늘어납니다.
- **Blacks** 검은색 영역을 조정합니다. 0보다 낮게 설정하면 검은색 영역이 늘어나 어두운 영역이 검은색에 더 가까워지고, 0보다 높게 설정하면 검은색 영역이 줄어 어두운 영역이 회색에 더 가까워집니다.
- **HDR Specular** HDR 데이터에서 반사 값을 조절합니다.
- **Reset** 모든 설정을 초기화합니다.
- **Auto** 색조 비율을 최대화하고 밝은 영역과 어두운 영역의 클리핑을 최소화하여 자동으로 색상을 조정합니다.

5 **Saturation** 영상에 표현된 모든 색상의 채도를 균일하게 조정합니다. 0보다 낮게 설정하면 전체 영역 채도가 낮아지고, 0보다 높게 설정하면 전체 영역 채도가 높아집니다.

Creative

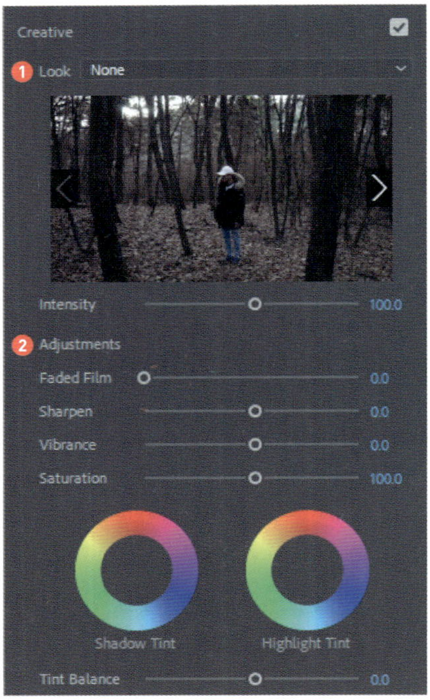

Creative는 소스 클립의 색상을 직접 조정하는 속성입니다. 직관적인 슬라이더와 컨트롤을 사용하여 복잡한 Lumetri Look을 손쉽게 적용하고 Vibrance와 Saturation 등을 조정할 수 있습니다.

1 **Look** 영상을 전문가가 촬영한 것처럼 보이게 할 수 있습니다. 적용 후의 색상을 확인하고 마음에 들면 적용할 수 있도록 미리보기 화면이 제공됩니다. Look만 사용해도 되고, Look을 지정하기 전이나 후에 속성들을 조절해도 됩니다. Intensity에서 적용된 Look의 강도를 조정할 수 있습니다.

2 **Adjustments**
- **Faded Film** 색이 바랜 정도를 조정합니다.
- **Sharpen** 선명도를 조정합니다.
- **Vibrance** 채도가 낮은 색상의 채도를 조정합니다.
- **Saturation** 전체적인 채도를 조정합니다.
- **Tint Balance** 색조 균형을 조정합니다.

Curves

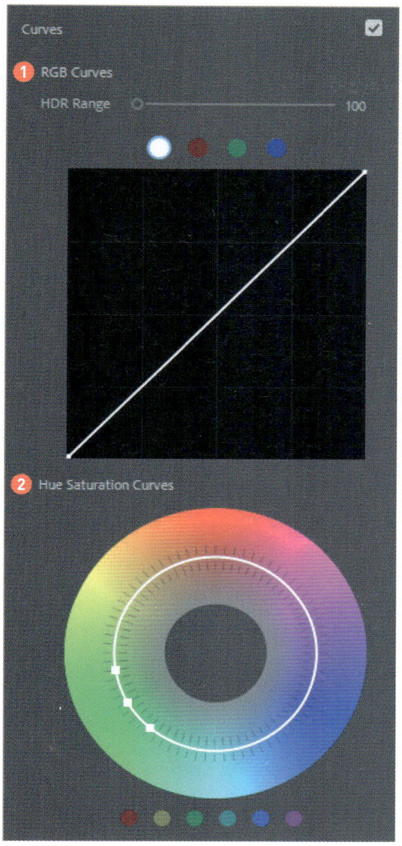

Curves는 곡선을 이용하여 소스 클립의 밝기, 대비, 색상을 조율하는 속성입니다.

❶ **RGB Curves** 곡선을 조정하여 소스 클립의 루마(Luma), 빨간색(Red), 녹색(Green), 파란색(Blue)을 조율합니다. 마스터 곡선은 흰색 대각선으로 Luma를 제어합니다. 대각선의 오른쪽 위는 밝은 영역을, 왼쪽 아래는 어두운 영역을 나타냅니다.

조정하려는 영역의 대각선을 직접 클릭한 후 조절점을 드래그하면서 조정합니다. 조절점을 위아래로 드래그하면 조정하는 영역이 밝아지거나 어두워지고, 좌우로 드래그하면 대비가 증가하거나 감소합니다. Ctrl을 누른 상태로 조절점을 클릭하면 삭제됩니다.

❷ **Hue Saturation Curves** 채도를 조정하는 원형 곡선으로, 특정 채도를 줄이거나 늘릴 수 있습니다. 가운데 흰 원을 바깥쪽으로 드래그하면 채도가 높아지고, 안쪽으로 드래그하면 채도가 낮아집니다. 원을 클릭해 조절점을 추가하거나 원형 차트 아래에 있는 색상 중 하나를 선택하면 해당 색 영역에 조절점 세 개가 추가됩니다.

Color Wheels & Match

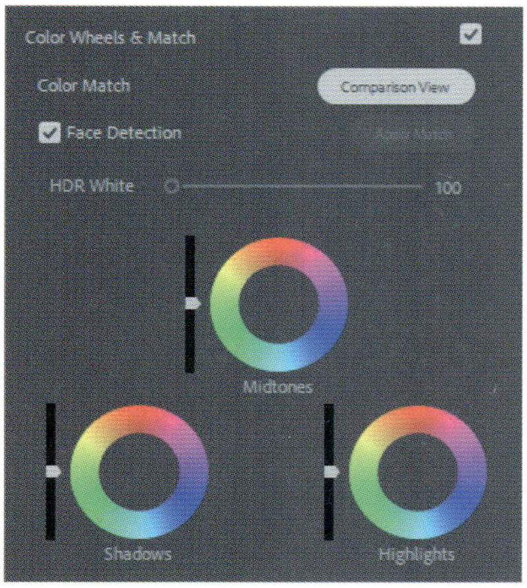

Color Wheels & Match는 컬러 원형 차트를 이용해 어두운 영역, 중간 영역, 밝은 영역을 조정하는 속성입니다. 슬라이더 컨트롤을 사용해 조정할 경우 위로 드래그하면 밝아지고 아래로 드래그하면 어두워집니다. 소스 클립의 전체 영역을 조정하려면 Midtones를 조절합니다. 원형 차트 가운데를 클릭해 원하는 색조 영역으로 드래그하면 그 색이 강조되고 영역이 넓어집니다.

HSL Secondary

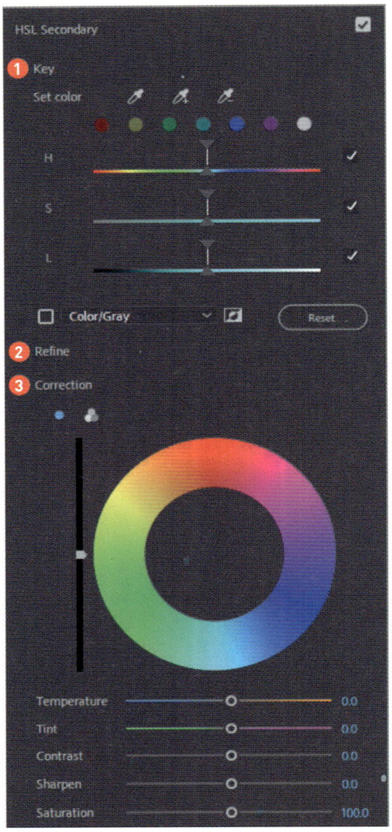

❶ **Key** Set Color에서 스포이트 툴()로 색상을 추가하여 색조와 루마 키(Luma Key)를 분리하고 2차 색상 교정을 합니다. 1차 색상 교정 후 HSL Secondary를 사용하는 것이 일반적입니다. 전체 이미지가 아니라 특정 색상을 정밀하게 조절하는 것으로, 단일 색상을 조절합니다. 특정 색을 배경에서 두드러지게 하거나 특정 광도 범위를 입력하여 개선하기에 편리합니다. Color/Gray 앞의 박스에 체크하고 Key에서 스포이트 툴()을 클릭해 프로그램 모니터 패널의 화면에서 특정 색상을 선택하면 마스크 상태로 색상을 선택할 수 있습니다. 추가 스포이트 툴()을 클릭해 영역을 추가할 수 있습니다.

❷ **Refine** Denoise와 Blur의 수치를 높이면 매끄러워지고 마스크의 경계가 부드러워집니다.

❸ **Correction** 키(Key)를 설정한 후 Color Wheel을 이용하여 분리된 키의 색상을 교정합니다. 중간 톤의 색상 원반이 기본으로 표시되며 원형 차트 위에 있는 아이콘을 클릭하면 기존의 세 가지 Color Wheel로 전환할 수 있습니다. 온도, 색조, 대비, 선명 효과와 채도를 위한 슬라이더는 Color Wheels 아래에 있으며 슬라이더를 드래그하여 정밀하게 제어할 수 있습니다.

Vignette

Vignette는 소스 클립에 비네팅(Vignetting)을 적용합니다. 비네팅을 적용하면 가운데는 밝아지고 가장자리는 페이드 아웃(Fade Out)됩니다. 슬라이드 컨트롤을 사용하면 Edge의 크기, 모양, 밝기나 어둡기를 제어할 수 있습니다.

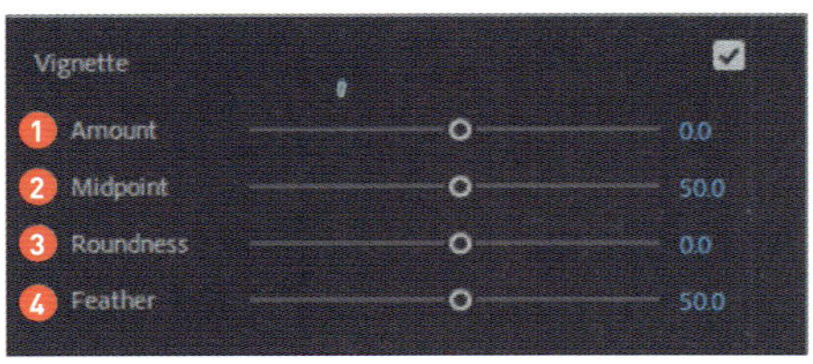

❶ **Amount** 영역의 양을 조정합니다.

❷ **Midpoint** 영역의 너비를 조정합니다.

❸ **Roundness** 영역 모양의 곡률을 조정합니다.

❹ **Feather** 영역의 부드럽게 퍼지는 정도를 조정합니다.

SECTION 02

화이트 밸런스로 색상 보정하기

- **준비파일** WhiteBalance.prproj
- **완성파일** WhiteBalance_result.prproj

■ PREVIEW

▶ PLAY

OVERVIEW

카메라로 화이트 밸런스(White Balance)를 조정하고 촬영하면 반사된 빛의 색감을 흰색 기준으로 중립적으로 잡아 색을 균형 있게 조절할 수 있지만, 조정 없이 촬영했다고 해도 프리미어 프로에서 루메트리 컬러 패널을 이용하면 보정할 수 있습니다. 프리미어 프로에서 루메트리 컬러 패널을 이용해 화이트 밸런스를 조절하는 방법에 대해 알아봅니다.

색상 보정 실습 준비하기

01 프리미어 프로를 실행하고 Home 대화상자에서 〈Open Project〉 버튼을 클릭해 'WhiteBalnce.prproj' 프로젝트 파일을 불러온 후 영상을 확인합니다.

화이트 밸런스 보정하기

02 타임라인 패널에서 소스 클립을 클릭하고, 루메트리 컬러 패널에서 Basic Correction 항목을 활성화하면 White Balance가 나타납니다.

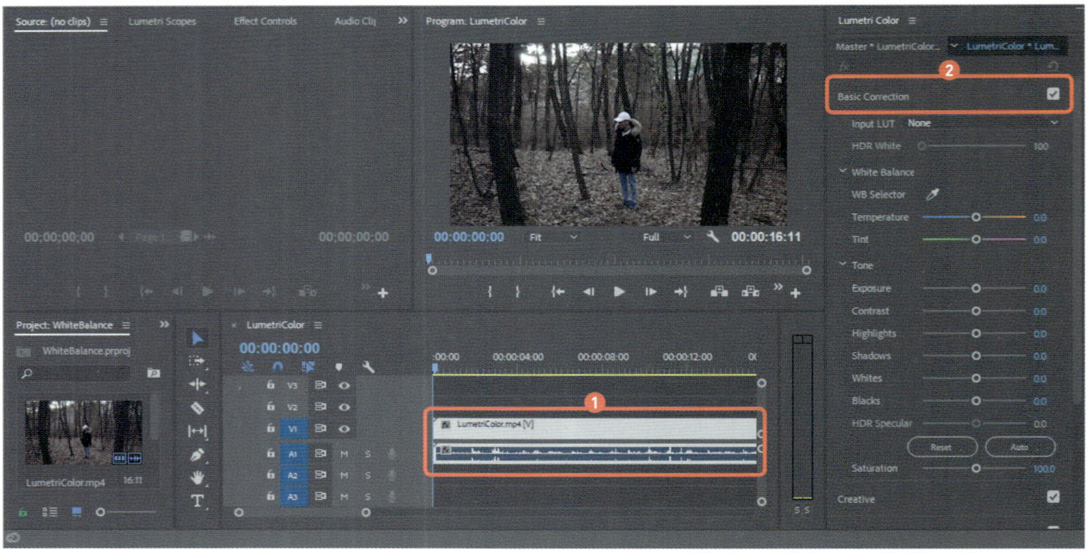

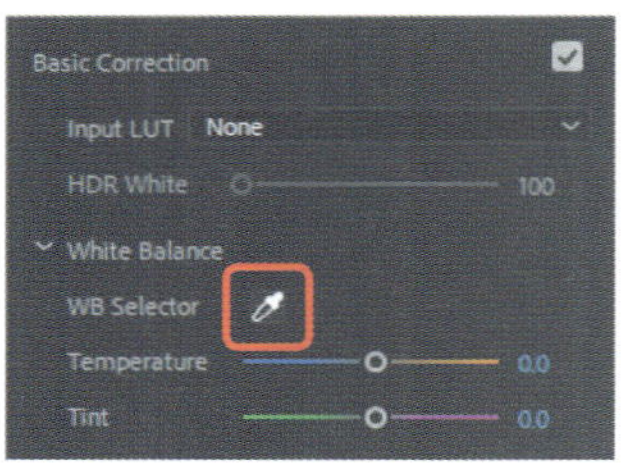

03 White Balance 항목에서 WB Selector의 스포이트 툴(✎)을 클릭합니다.

04 프로그램 모니터 패널의 화면에서 등장인물의 모자 부분을 클릭하면 색 온도와 색조의 조절자가 이동하면서 화면의 색상에 변화가 생깁니다. 원하는 색상에 가까워질 때까지 흰색 부분을 클릭합니다.

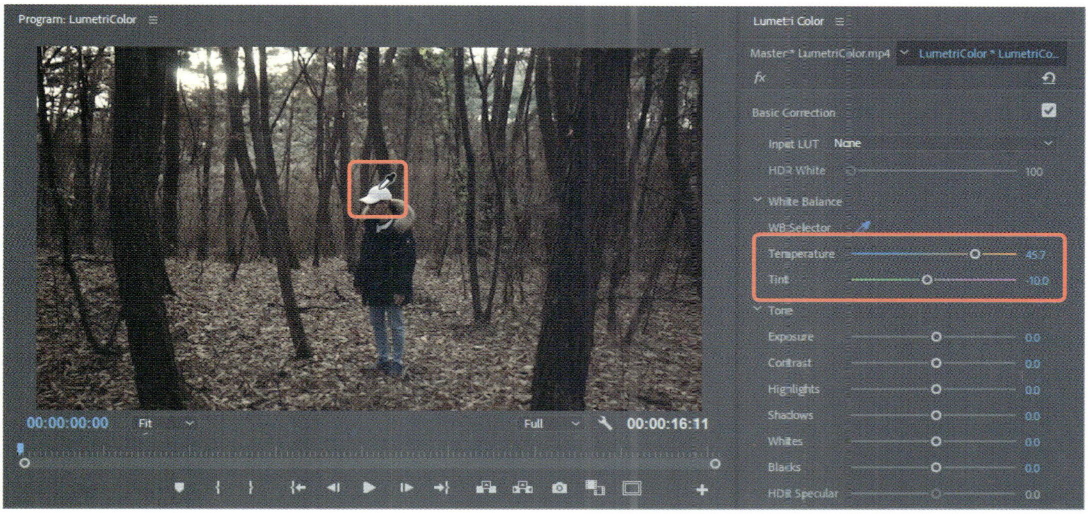

Tip 더 넓은 영역을 WB Selector로 조정하고 싶다면 WB Selector를 선택한 후 프로그램 모니터 화면에서 Ctrl을 누른 상태로 클릭합니다. Ctrl을 누른 상태로 마우스를 화면에 가져가면 스포이트가 커집니다.

05 WB Selector를 이용해 어느 정도 원하는 색상을 찾았다면 Tone 항목에서 노출, 대비, 하이라이트 등을 조정합니다. Exposure 값은 0.4, Contrast 값은 -2.5, Highlight 값은 12.7로 설정합니다.

06 프로젝트 패널에서 'LumetriColor.mp4' 파일을 더블클릭해 소스 모니터 패널에 재생합니다. 타임 표시자를 같은 곳에 위치시키고 소스 모니터 패널의 원본 영상과 프로그램 모니터 패널의 보정된 영상을 비교해 봅니다.

SECTION 03

컬러 그레이딩 작업하기

- **준비파일** ColorGrade.prproj
- **완성파일** ColorGrade_result.prproj

■ PREVIEW

▶ PLAY

OVERVIEW

이펙트 패널에서 효과를 각각 적용해야 했던 컬러 그레이딩(Color Grading) 작업을 루메트리 컬러 패널에서는 더 빠르고 쉽게 진행할 수 있습니다. 루메트리 컬러 패널의 슬라이더와 원형 컬러 휠을 조절해서 컬러 그레이딩 작업을 하겠습니다.

루메트리 컬러 패널에서 톤 보정하기

01 프리미어 프로를 실행하고 Home 대화상자에서 〈Open Project〉 버튼을 클릭해 'ColorGrade.prproj' 프로젝트 파일을 불러온 후 영상을 확인합니다.

02 루메트리 컬러 패널에서 Basic Correction ▸ Tone 항목의 확장 탭을 열고 Contrast 슬라이더를 오른쪽으로 드래그해 값을 69.4로 설정하면 대비가 높아집니다.

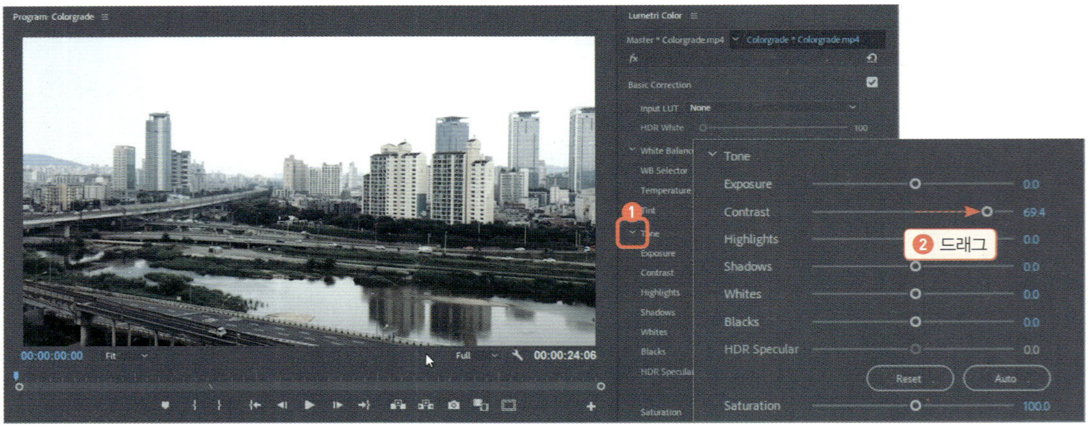

03 Tone 항목의 Blacks 슬라이더를 왼쪽으로 드래그해 값을 -26.1로 설정하면 검정색 영역이 늘어나 어두운 영역이 검정색에 더 가까워집니다.

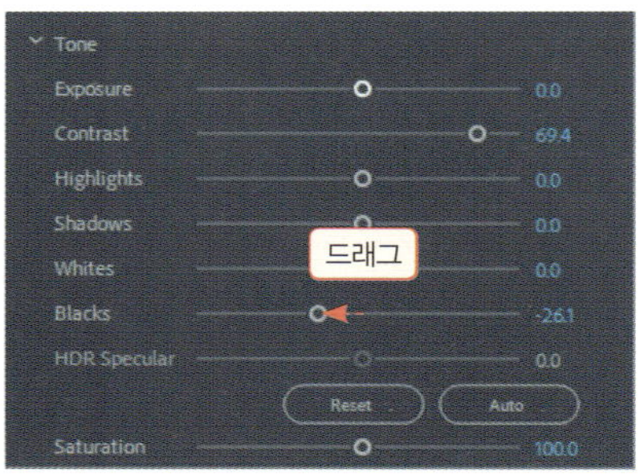

04 Whites 슬라이더를 오른쪽으로 드래그해 값을 46.5로 설정하면 밝은 영역이 늘어납니다. 결과적으로 검은색 영역과 흰색 영역이 늘어나 대비가 강해집니다.

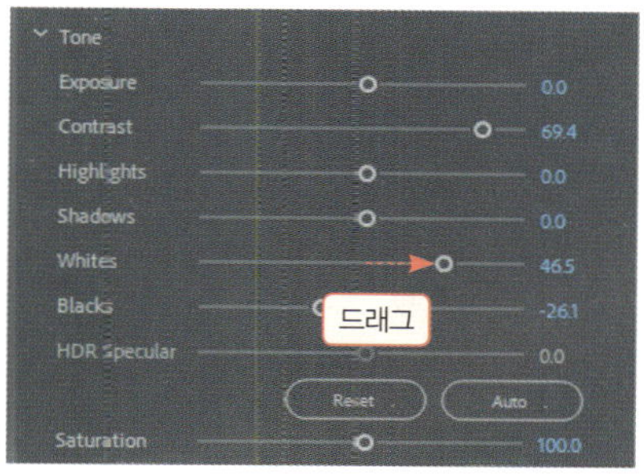

05 Shadows 슬라이더를 오른쪽으로 드래그해 값을 31.2로 설정하면 그림자 영역이 밝아집니다. Blacks 값은 -55.4로 조정합니다.

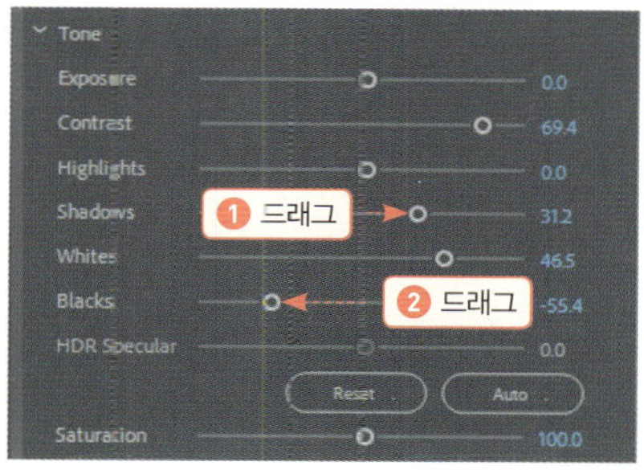

06 Highlights 슬라이더를 드래그해 값을 -41.4로 설정하면 하이라이트 영역이 어두워집니다. Whites는 70.7로 조정합니다. 그림자를 밝게 하면서 검정색 영역을 넓히고, 하이라이트를 어둡게 하면서 밝은 영역을 넓히면 강약이 과도하게 범위를 벗어나는 것을 막으면서 색상이 생동감 있게 표현됩니다.

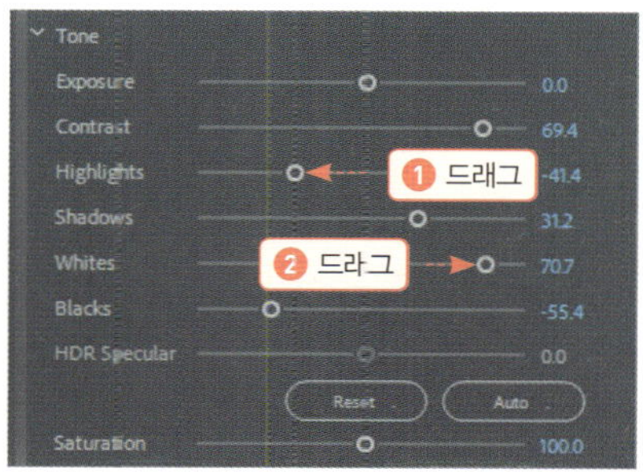

Tip 슬라이더를 드래그하지 않고 값을 직접 입력해도 됩니다.

07 마지막으로 Saturation 슬라이더를 오른쪽으로 드래그해 값을 121로 조정합니다.

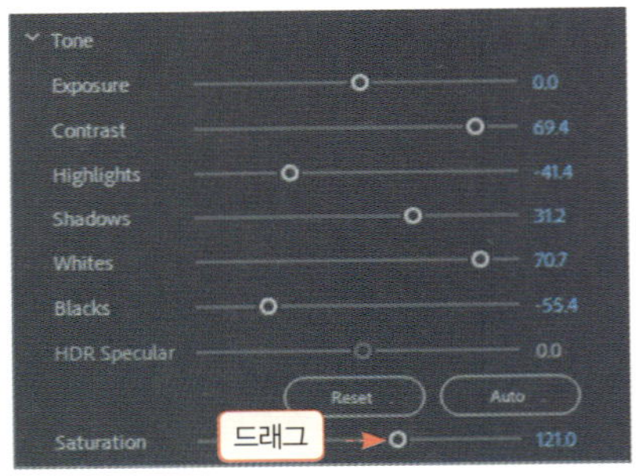

Tip Contrast, Blacks, Whites, Shadows, Highlights를 조정하지 않고 Saturation 슬라이더만 오른쪽으로 드래그하면 색이 살아나기보다 대비만 강해져 자칫 어색해 보일 수 있으므로 다른 항목을 조정한 후 Saturation 값을 조정합니다.

그림자, 미드톤, 하이라이트 보정하기

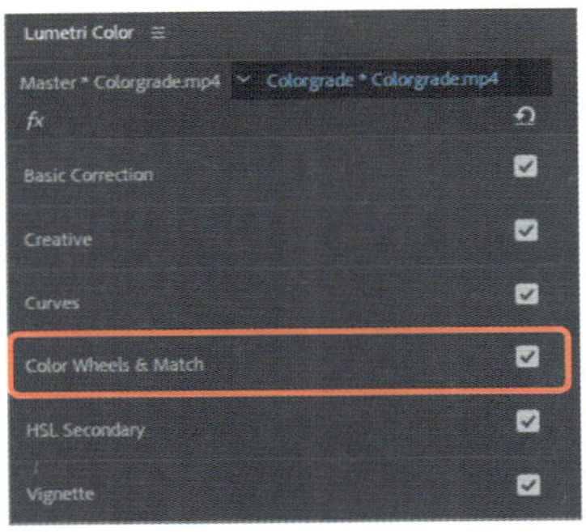

08 Basic Correction 설정을 마치고 루메트리 컬러 패널에서 Color Wheels & Match 항목을 선택합니다.

09 Shadows 색상 원의 안쪽으로 마우스를 가져가면 원 중앙에 + 모양 조절자가 생깁니다. 이 조절자를 클릭해 파란색(Blue) 계열 방향으로 드래그하면 어두운 부분의 색상이 차가운 느낌으로 바뀝니다.

10 같은 방법으로 Midtones의 원 중앙에 생기는 + 모양 조절자를 노랑색과 주황색 사이로 드래그하면 전체적인 색상이 따뜻한 느낌으로 바뀝니다.

11 Highlights의 조절자를 녹색과 파란색 사이로 약간 드래그하면 하이라이트 부분의 색상에 차가운 느낌이 더해집니다.

마스크 패스 작업하고 트래킹하기

12 타임라인 패널의 소스 클립을 마우스 오른쪽 버튼으로 클릭하고 팝업 메뉴에서 [Unlink]를 선택해 영상과 사운드의 링크를 해제합니다.

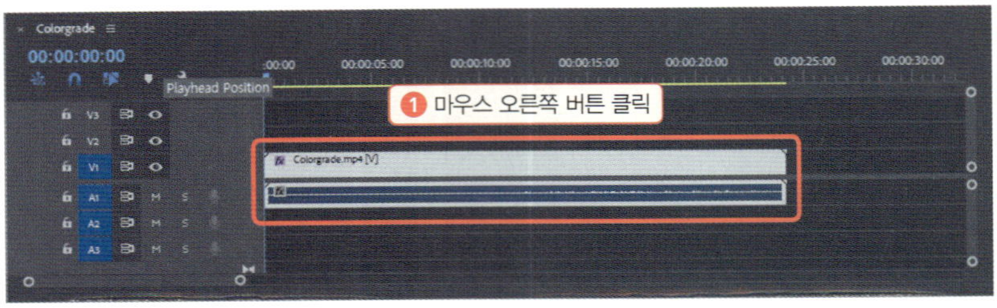

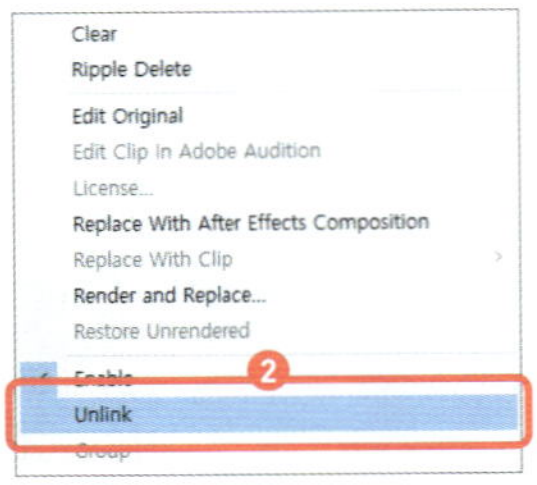

13 타임라인 패널에서 비디오 1번(V1) 트랙의 소스 클립을 클릭하고 Alt 를 누른 채 비디오 2번(V2) 트랙으로 드래그해 복사한 후, 비디오 2번(V2) 트랙의 소스 클립을 선택합니다.

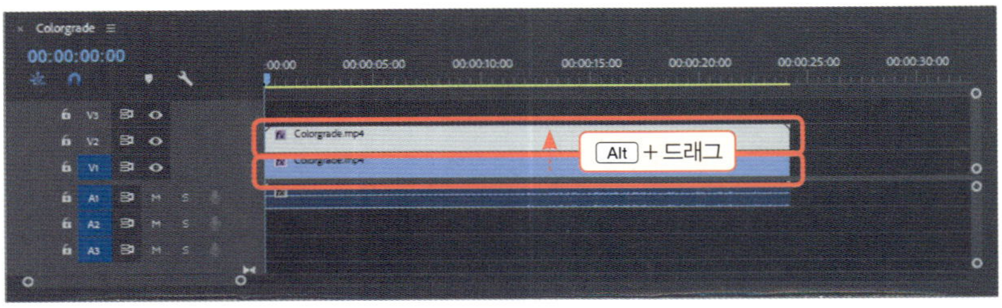

14 이펙트 컨트롤 패널에서 Opacity 항목의 마스크 펜 툴(✒)을 선택하고, 프로그램 모니터 패널의 화면을 클릭해 오른쪽 앞에 있는 건물에 마스크 패스를 만듭니다.

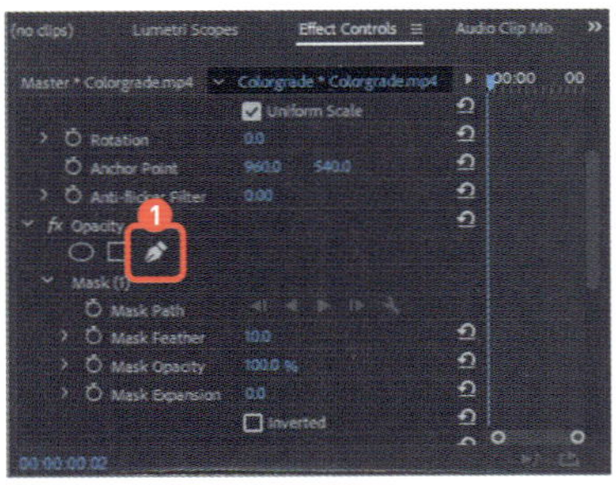

15 타임라인 패널에서 비디오 1번(V1) 트랙의 트랙 출력 켜기/끄기 버튼(👁)을 클릭해 비디오 1번(V1) 트랙의 소스 클립을 보이지 않게 하고 마스크 작업이 잘 되었는지 확인합니다.

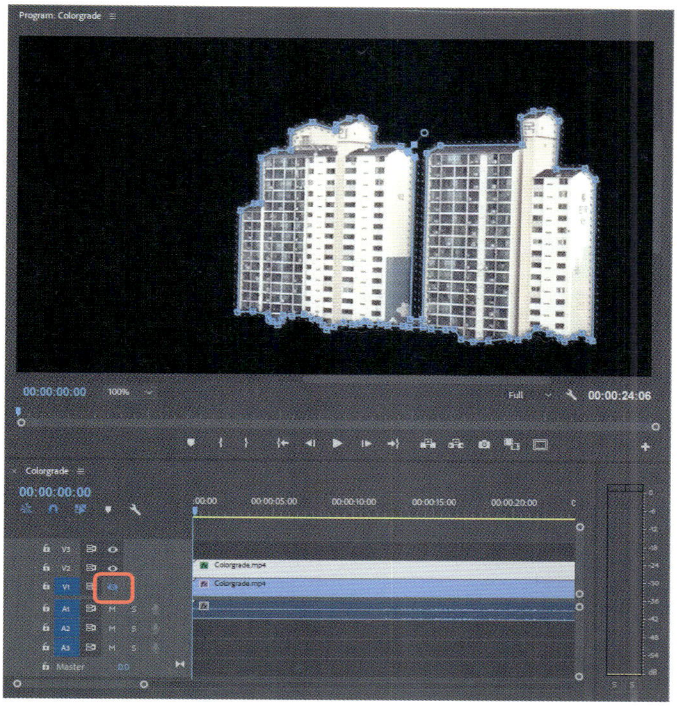

16 타임라인 패널에서 비디오 1번(V1) 트랙의 소스 클립을 클릭하고 Alt 를 누른 채 비디오 3번(V3) 트랙으로 드래그하여 복사한 후, 비디오 3번(V3) 트랙의 소스 클립을 선택합니다.

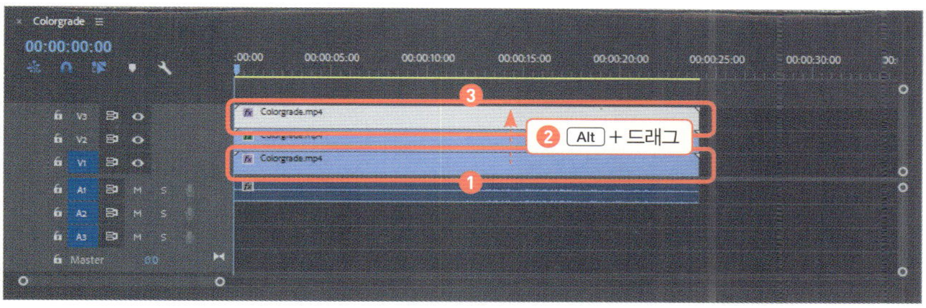

17 이펙트 컨트롤 패널에서 Opacity 항목의 마스크 펜 툴(✎)을 선택하고, 프로그램 모니터 패널의 화면을 클릭해 앞쪽 도로를 따라 마스크 패스를 만듭니다.

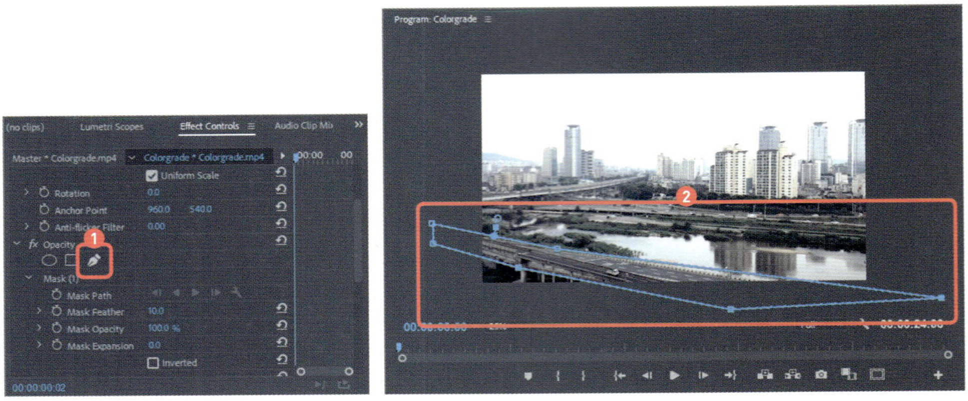

Tip 프로그램 모니터 패널에서 Select Zoom Level을 클릭해 화면을 25%로 축소하고 작업합니다. 패스는 화면 바깥쪽까지 넓게 그리는 것이 좋습니다.

18 타임라인 패널에서 타임 표시자를 드래그하면서 마스크 패스를 확인합니다. 마스크 패스가 소스 클립 영상의 도로 부분을 따라 이동하지 않는 것을 확인할 수 있습니다.

19 타임라인 패널에서 비디오 3번(V3) 트랙을 선택하고 타임 표시자를 시작점에 위치시킵니다. 이펙트 컨트롤 패널에서 Opacity ▸ Mask(1) ▸ Mask Path 항목의 '선택한 마스크 앞으로 추적' 버튼(▶)을 클릭해 트래킹을 시작합니다. Tracking 대화상자가 열리면서 트래킹 진행 상황이 보입니다.

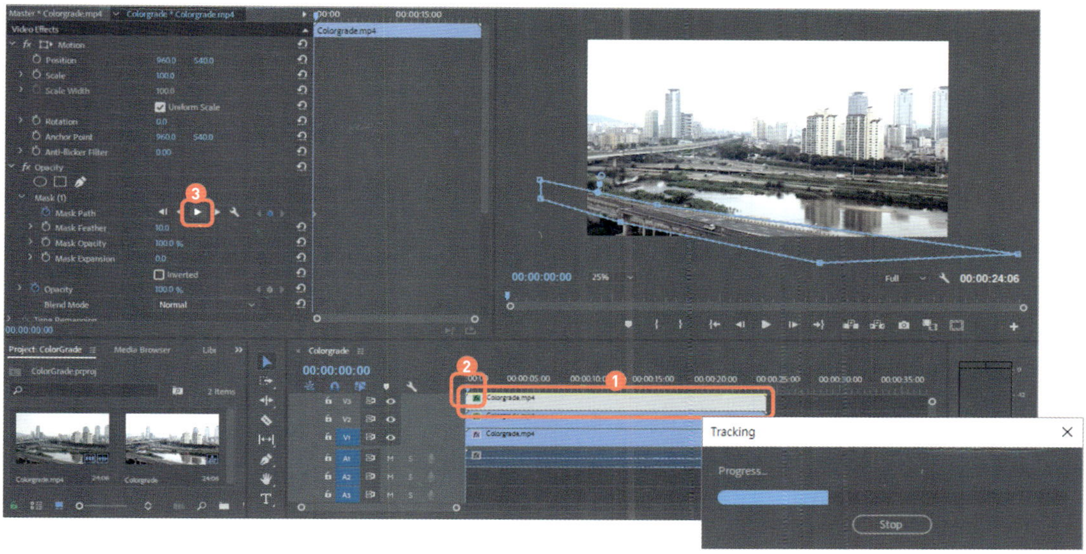

20 트래킹이 끝나면 이펙트 컨트롤 패널의 Mask Path에 키프레임이 매 프레임마다 생성됩니다. 타임라인 패널에서 비디오 2번(V2) 트랙을 선택하고 타임 표시자를 시작점에 위치시킵니다.

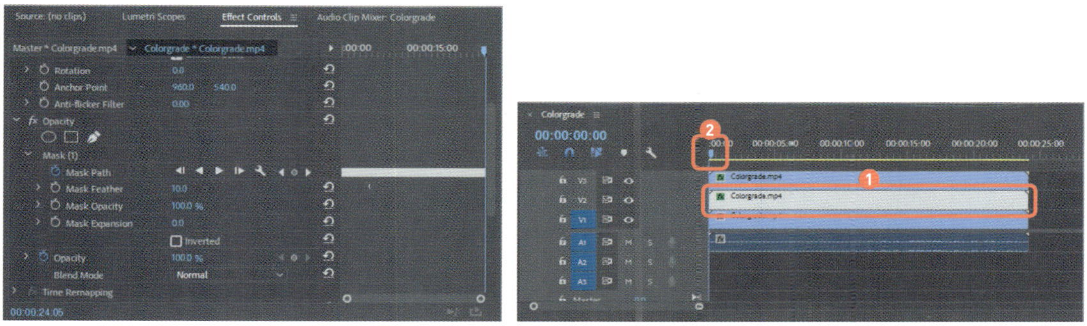

21 이펙트 컨트롤 패널에서 Mask Path 항목의 '선택한 마스크 앞으로 추적' 버튼(▶)을 클릭해 트래킹을 시작합니다.

마스크 패스 작업한 부분 색상 보정하기

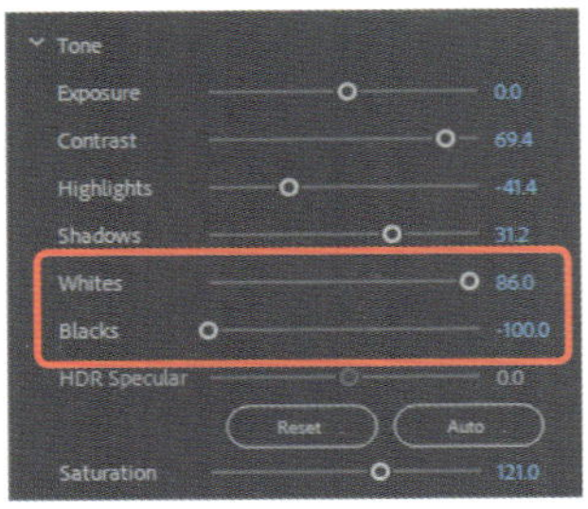

22 비디오 2번(V2) 트랙 소스 클립의 트래킹이 끝나면 루메트리 컬러 패널의 Basic Correction ▸ Tone 항목에서 Whites 값은 86, Blacks 값은 -100으로 조정합니다.

23 타임라인 패널에서 비디오 3번(V3) 트랙의 소스 클립을 선택하고, 루메트리 컬러 패널의 Basic Correction ▸ Tone 항목에서 Contrast 값은 100, Highlights 값은 -68.2, Shadows 값은 63.1, Whites 값은 100, Blacks 값은 -100으로 조절합니다.

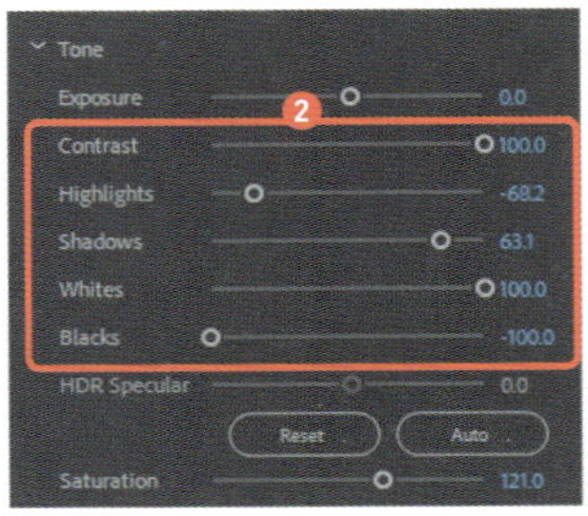

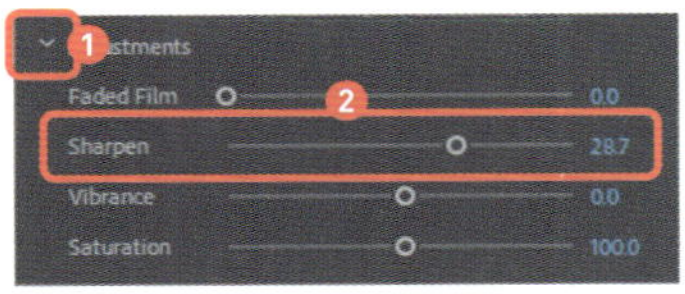

24 루메트리 컬러 패널에서 Creative ▸ Adjustments 항목을 열고 Sharpen 값을 28.7로 변경하면 비디오 3번(V3) 트랙의 소스 클립이 좀 더 뚜렷하게 보입니다.

25 프로젝트 패널에서 'Colorgrade.mp4' 파일을 더블클릭해 소스 모니터 패널에 재생하고, 소스 모니터 패널의 원본 영상과 프로그램 모니터 패널의 보정된 영상을 비교해 봅니다.

Color Matte 이펙트 적용하기

26 프로젝트 패널의 새 항목 버튼(■)을 클릭해 팝업 메뉴에서 [Color Matte]를 선택하고, New Color Matte 대화상자에서 〈OK〉 버튼을 클릭합니다. Color Picker 대화상자에서 #EEA235 색상을 선택하고 〈OK〉 버튼을 클릭한 후 Choose Name 대화상자에서 'Sun'을 입력하고 〈OK〉 버튼을 클릭하면 프로젝트 패널에 'Sun' Color Matter가 생성됩니다.

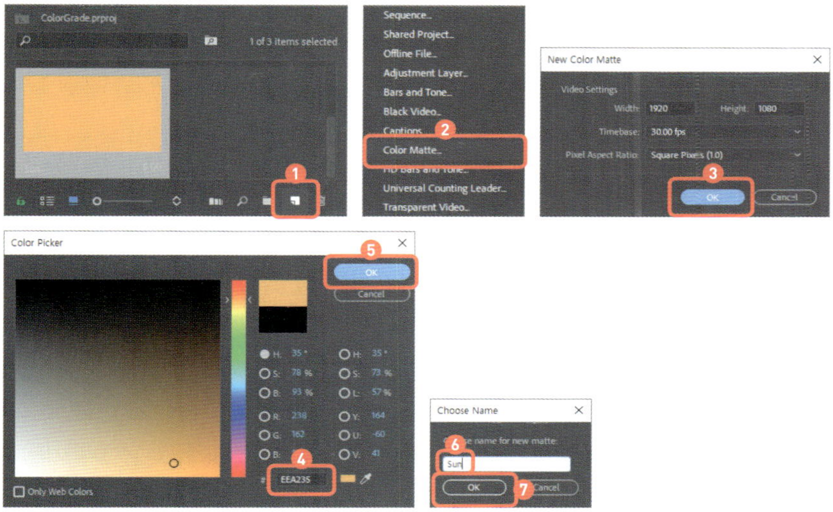

27 'Sun' 레이어를 타임라인 패널의 비디오 3번(V3) 트랙 위 공간으로 드래그하고, 소스 클립의 길이를 다른 트랙 소스 클립의 길이에 맞춰 늘립니다.

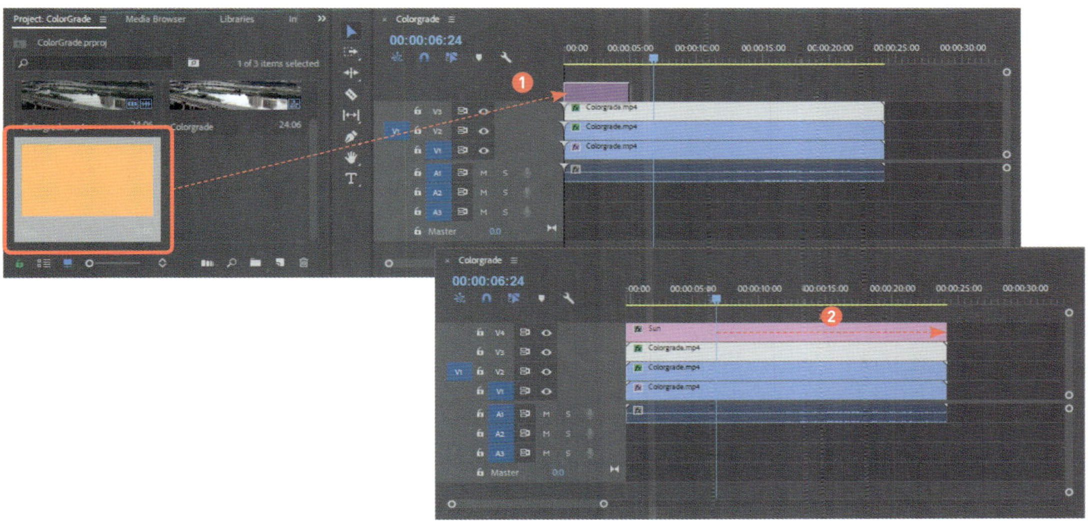

마스크 패스 생성하고 보정 작업하기

28 타임라인 패널에서 비디오 4번(V4) 트랙의 'Sun' 레이어를 선택하고, 이펙트 컨트롤 패널에서 Opacity 항목의 마스크 펜 툴(✎)을 클릭합니다. 프로그램 모니터 패널에서 '확대/축소 레벨 선택'을 이용해 화면을 25%로 축소하고, 화면 왼쪽 위에 그림과 같이 패스를 생성합니다.

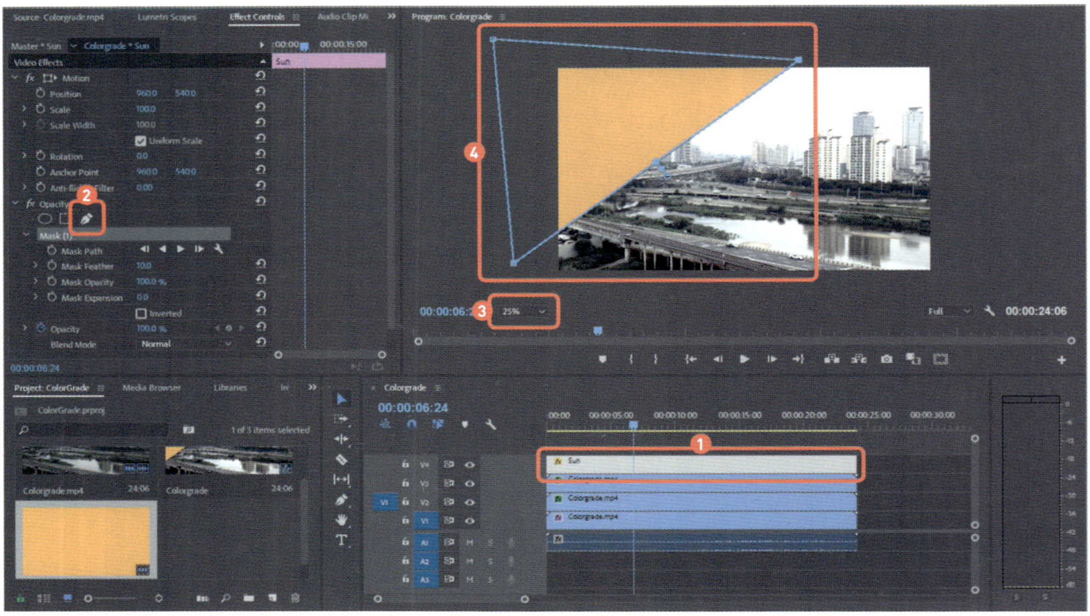

29 타임라인 패널의 비디오 1번(V1), 2번(V2), 3번(V3) 트랙의 트랙 출력 켜기/끄기 버튼(👁)을 각각 클릭해 소스 클립이 보이지 않게 합니다.

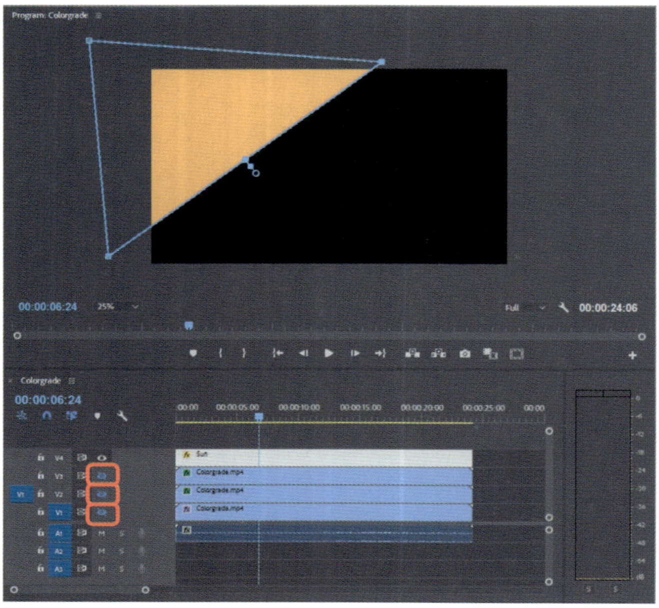

30 이펙트 컨트롤 패널에서 Motion 항목의 Position 값을 798, 723, Scale 값을 183으로 설정합니다. Opacity 항목의 Mask Feather 값은 250, Mask Expansion 값은 253, Opacity 값은 22%, Blend Mode는 Color Dodge로 변경합니다.

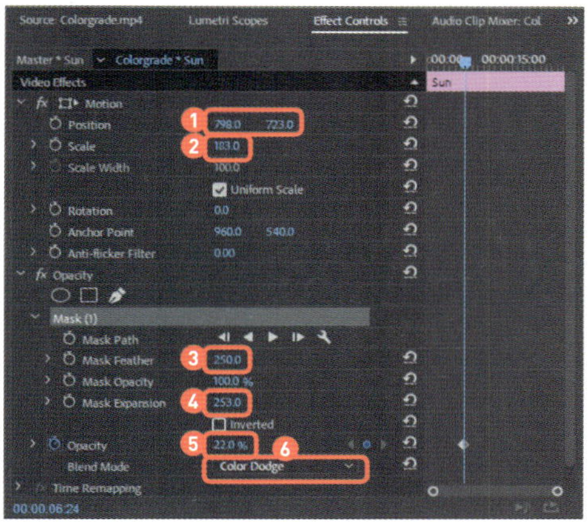

31 타임라인 패널의 비디오 1번(V1), 2번(V2), 3번(V3) 트랙의 트랙 출력 켜기/끄기 버튼()을 각각 클릭해 모든 트랙을 다시 보이게 합니다. 프로젝트 패널에서 'Colorgrade.mp4' 파일을 더블클릭해 소스 모니터 패널에 재생하고, 소스 모니터 패널의 원본 영상과 프로그램 모니터 패널의 보정된 영상을 비교해 봅니다.

색 온도 낮추기

32 해가 비치는 부분 맞은편의 색 온도를 낮춰 보겠습니다. 타임라인 패널에서 비디오 1번(V1) 트랙의 소스 클립을 Alt 를 누른 채 비디오 4번(V4) 트랙 위로 드래그합니다. 비디오 1번(V1) 2번(V2), 3번(V3), 4번(V4) 트랙의 트랙 출력 켜기/끄기 버튼( )을 각각 클릭해 소스 클립들이 보이지 않게 하고 비디오 5번(V5) 트랙을 선택합니다.

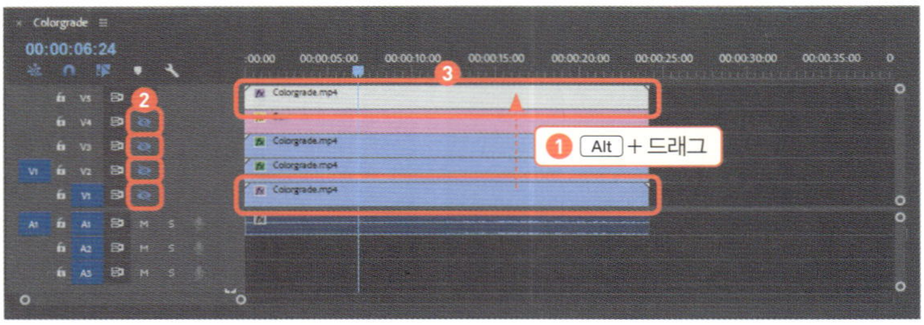

33 이펙트 컨트롤 패널에서 Opacity 항목의 마스크 펜 툴( )을 클릭하고, 프로그램 모니터 패널에서 '확대/축소 레벨 선택'을 이용해 화면을 25%로 축소한 후, 화면 오른쪽에 그림과 같이 패스를 생성합니다.

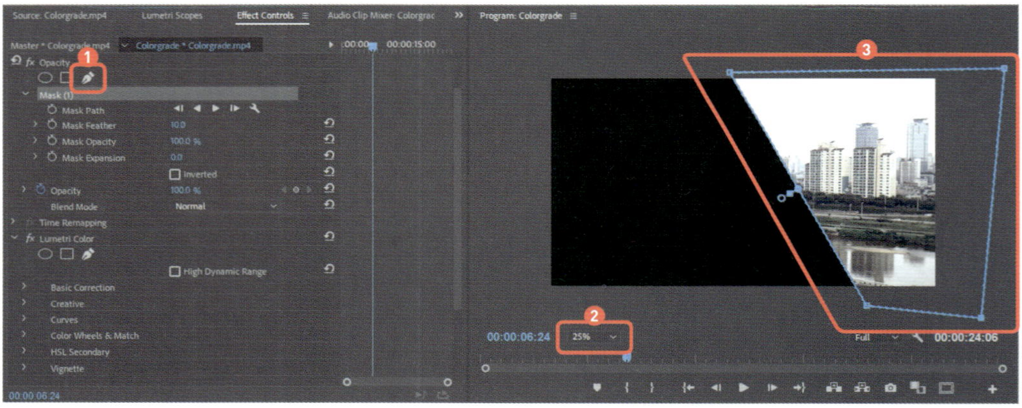

34 루메트리 컬러 패널의 Basic Correction ▸ White Balance 항목에서 Temperature 값을 -15.4로 변경하면 파란색 방향으로 이동되었기 때문에 차가운 느낌이 납니다.

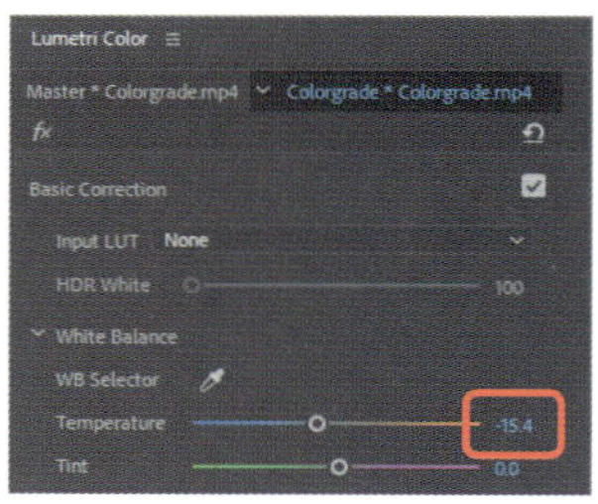

색상 보정 실습 마무리하기

35 색의 변화가 자연스러워 보이도록 이펙트 컨트롤 패널에서 Opacity ▸ Mask(□) ▸ Mask Feather 값을 829으로 올립니다.

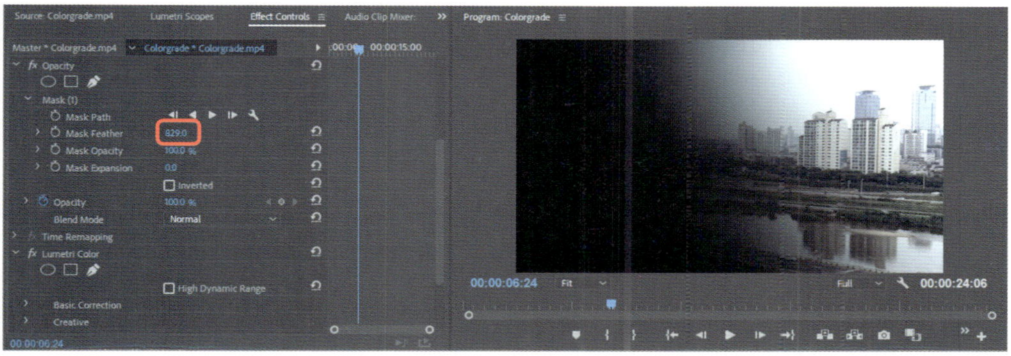

36 타임라인 패널에서 비디오 1번(V1), 2번(V2), 3번(V3), 4번(V4) 트랙의 트랙 출력 켜기/끄기 버튼(👁)을 각각 클릭해 모든 비디오 트랙의 소스 클립이 보이게 합니다.

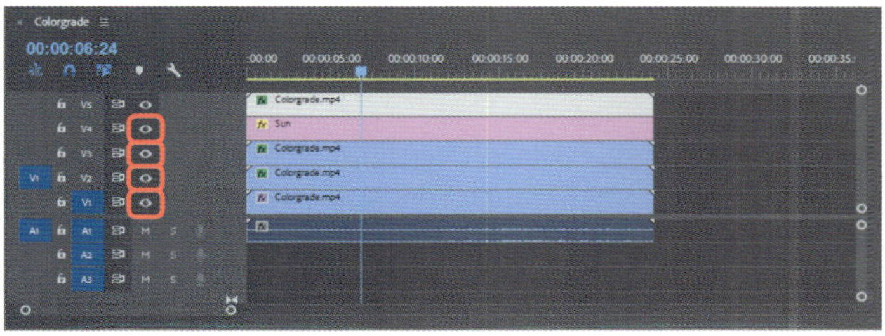

37 소스 모니터 패널의 원본 영상과 프로그램 모니터 패널의 보정된 영상을 비교해 봅니다.

SECTION 04

HSL Secondary로 특정 색상 변경하기

- **준비파일** ColorChange.prproj
- **완성파일** ColorChange_result.prproj

PREVIEW

▶ PLAY

OVERVIEW

프리미어 프로 이전 버전의 경우 색을 남기거나 바꾸려면 Chapter 09에서처럼 이펙트 패널과 마스크(Mask)를 이용해 작업했지만, 루메트리 컬러 패널의 HSL Secondary를 이용하면 좀 더 쉽게 특정 색상을 선택해 바꿀 수 있습니다. 편리한 기능이 항상 모든 경우에 적용되는 것은 아니지만, 다양한 기능을 알고 적절하게 사용할 수 있도록 준비하는 것이 좋습니다.

스포이트 툴로 변경할 색상 선택하기

01 프리미어 프로를 실행하고 Home 대화상자에서 〈Open Project〉 버튼을 클릭해 'ColorChange.prproj' 프로젝트 파일을 불러온 후 영상을 확인합니다.

02 루메트리 컬러 패널에서 HSL Secondary 항목을 열고, Key의 Set color 스포이트 툴(🖉)을 선택한 후 프로그램 모니터 패널의 화면에서 유니폼의 노란색을 클릭합니다.

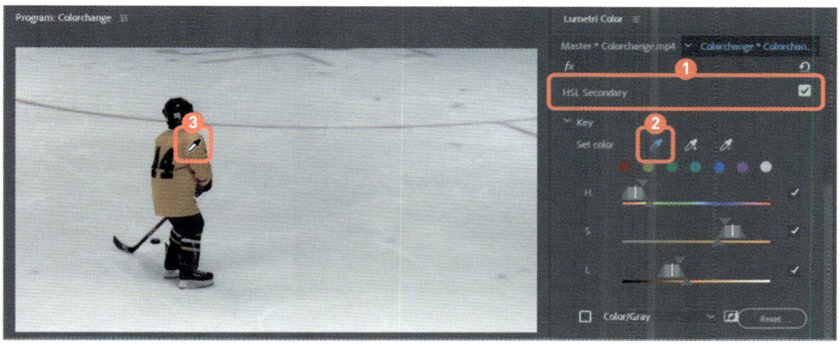

03 HSL Secondary ▸ Key 항목의 Color/Gray에 체크하면 프로그램 모니터 패널의 화면에서 선택한 색상 외에는 회색으로 보입니다.

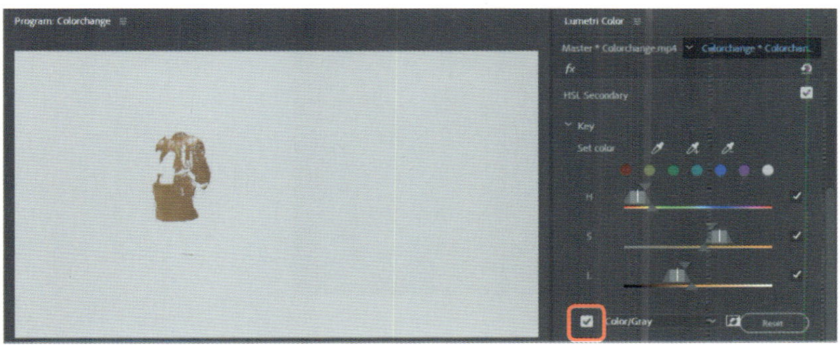

04 HSL Secondary ▸ Key 항목의 Set color에서 추가 스포이트 툴( )을 클릭하고, 프로그램 모니터 패널의 화면에서 유니폼의 선택되지 않은 노란 부분을 Ctrl 을 누른 채 반복 선택합니다.

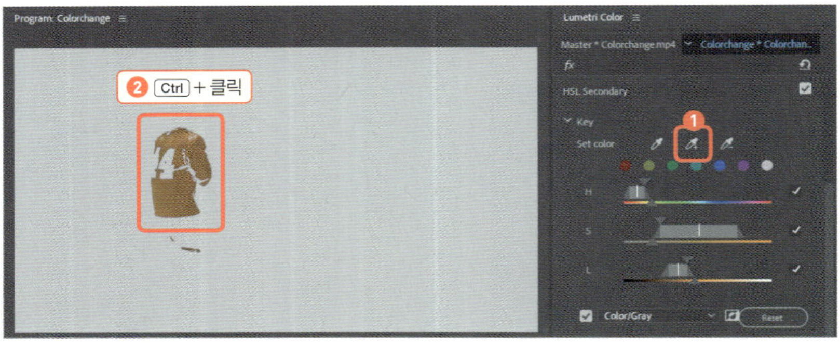

05 타임라인 패널의 타임 표시자를 00:00:00:19에 놓고, 루메트리 컬러 패널의 HSL Secondary ▸ Key 항목에서 Set color의 추가 스포이트 툴( )을 클릭하고 유니폼의 선택되지 않은 노란 부분을 Ctrl 을 누른 채 반복 선택합니다.

06 타임라인 패널의 타임 표시자를 00:00:01:11에 놓고, 루메트리 컬러 패널에서 Set color의 추가 스포이트 툴( )을 클릭하고 유니폼의 선택되지 않은 노란 부분을 Ctrl 을 누른 채 반복 선택합니다.

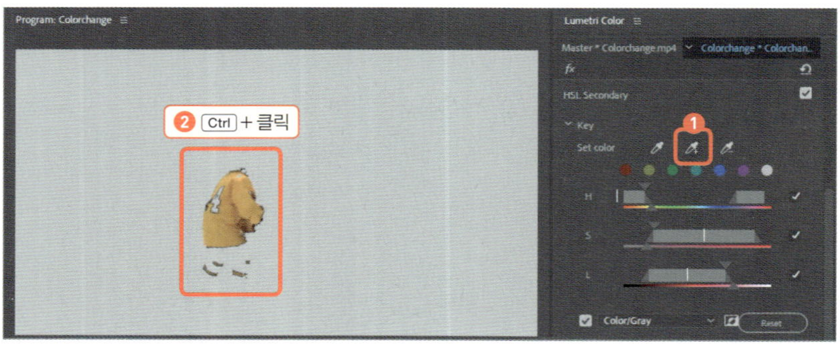

07 타임라인 패널의 타임 표시자를 00:00:02:00에 놓고, 같은 방법으로 유니폼의 선택되지 않은 노란 부분을 추가 선택합니다.

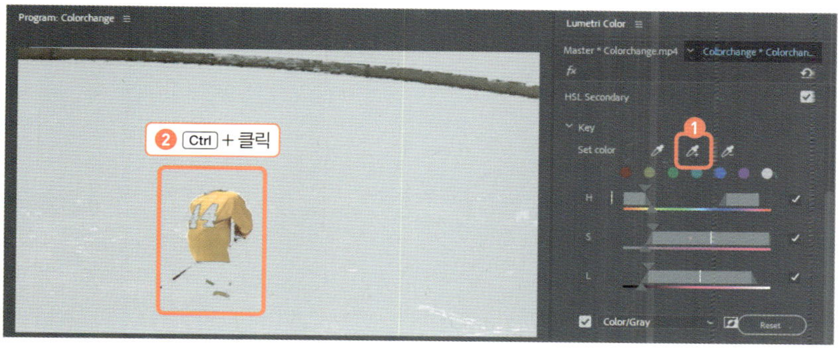

08 프로그램 모니터 패널에서 유니폼의 노란색이 잘 선택되었는지 확인한 후 루메트리 컬러 패널의 HSL Secondary ▸ Key 항목에서 Color/Gray의 선택을 해제하면 프로그램 모니터 패널에 전체 영상이 보입니다.

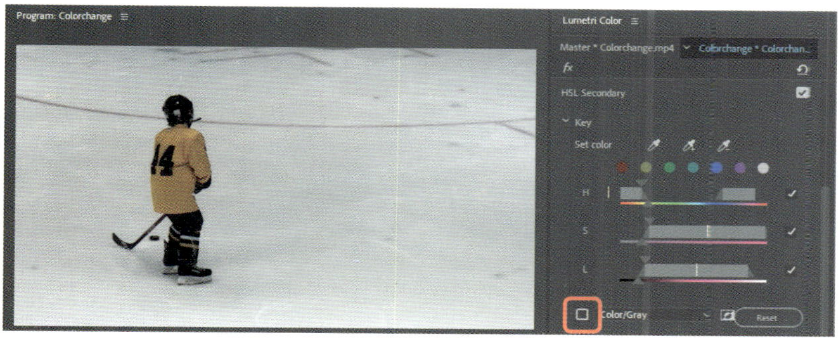

Correction 휠을 조정하여 색상 변경하기

09 루메트리 컬러 패널의 HSL Secondaty ▸ Correction 항목을 엽니다.

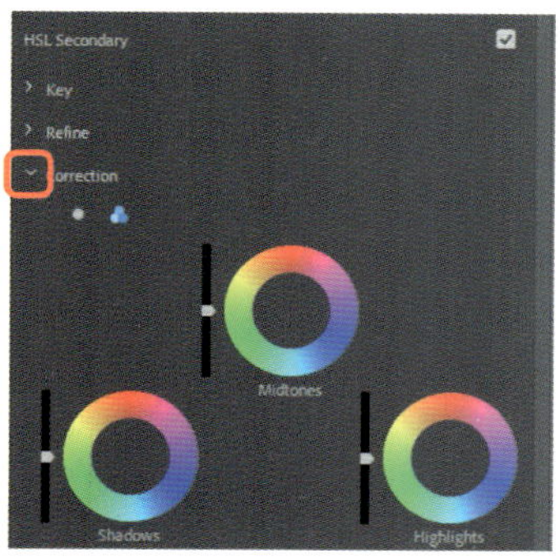

10 Midtones 휠의 원 안쪽에 마우스를 가져가 중심에 + 모양 조절자가 생기면 클릭해 휠 바깥 방향의 파란색과 보라색 사이로 드래그합니다. Shadows 휠도 파란색과 보라색 사이로 Midtones 휠보다 짧게 드래그하고, Highlights 휠도 파란색과 보란색 사이로 아주 짧게 드래그합니다.

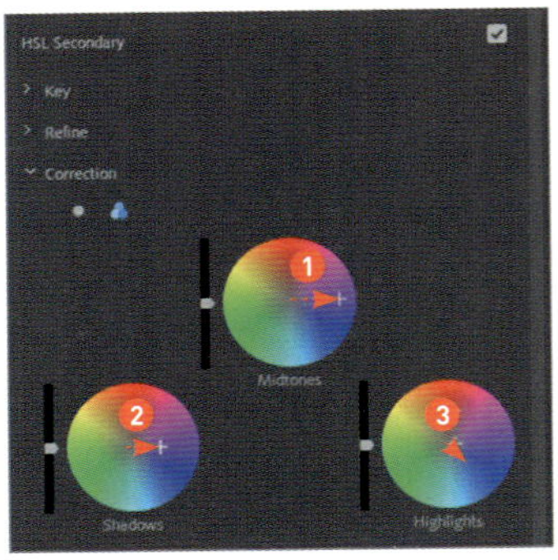

11 프로그램 모니터 패널에서 영상을 확인하면 영상 후반부에 유니폼 외의 다른 색도 변경된 것을 알 수 있습니다.

배경과 인물의 색상 분리하기

12 소스 클립을 하나 복사해서 배경과 인물을 분리하겠습니다. 타임라인 패널에서 소스 클립을 마우스 오른쪽 버튼으로 클릭하고 팝업 메뉴에서 [Unlink]를 선택해 영상과 사운드 소스 클립을 분리합니다.

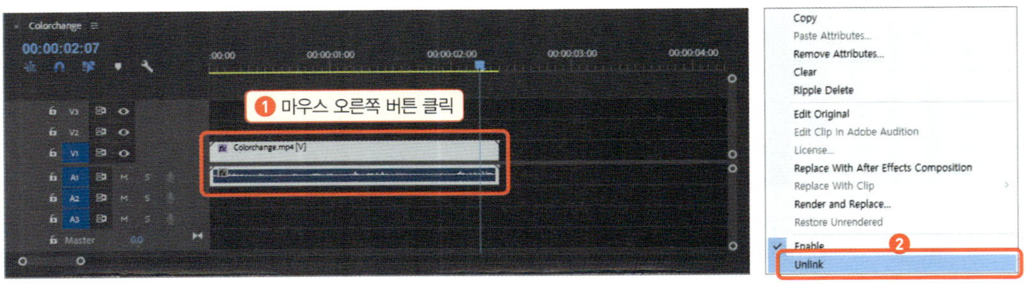

13 타임라인 패널에서 비디오 1번(V1) 트랙의 소스 클립을 비디오 2번(V2) 트랙으로 드래그한 후, 프로젝트 패널에서 'Colorchange.mp4' 파일을 타임라인 패널의 비디오 1번(V1) 트랙으로 드래그하고 비디오 2번(V2) 트랙의 소스 클립을 선택합니다.

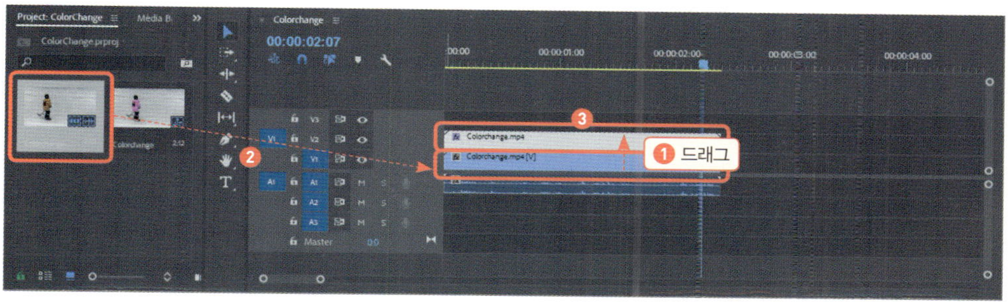

14 이펙트 컨트롤 패널에서 Opacity 항목의 사각 마스크 툴(■)을 클릭하고, 프로그램 모니터 패널의 화면에 생긴 마스크로 인물 전체를 선택합니다.

15 이펙트 컨트롤 패널에서 Opacity ▸ Mask(1) ▸ Mask Path의 '선택한 마스크 앞으로 추적' 버튼(▶)을 클릭해 트래킹 작업을 합니다.

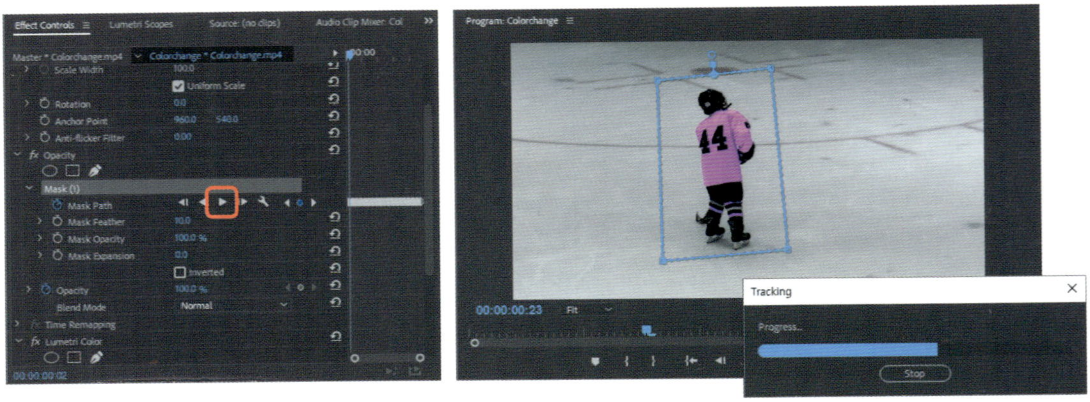

16 소스 모니터 패널에 원본 영상인 'Colorchange.mp4' 파일을 열고, 프로그램 모니터 패널의 보정 영상과 비교해 봅니다.

SECTION 05

루메트리 스코프 패널에서 색상 정보 파악하기

- **준비파일** LumetriScopes.prproj
- **완성파일** 없음

■ PREVIEW

▶ PLAY

OVERVIEW

루메트리 스코프(Lumetri Scopes) 패널에는 색상 조정에 따라 다양하게 분석한 루마(luma)와 크로마(chroma)가 파형으로 표시되며, 크기 조정이 가능한 벡터 스코프, 막대 그래프, 퍼레이드와 파형이 표시됩니다. 루메트리 스코프 패널을 사용하면 소스 클립을 정확하게 평가하고 색상을 교정하는 데 도움이 됩니다.

01 프리미어 프로를 실행하고 Home 대화상자에서 〈Open Project〉 버튼을 클릭해 'LumetriScopes.prproj' 프로젝트 파일을 불러온 후 영상을 확인합니다.

02 루메트리 스코프 패널 하단에서 설정 버튼(🔧)을 클릭하고 팝업 메뉴에서 [Preset]–[All Scope RGB]를 선택합니다.

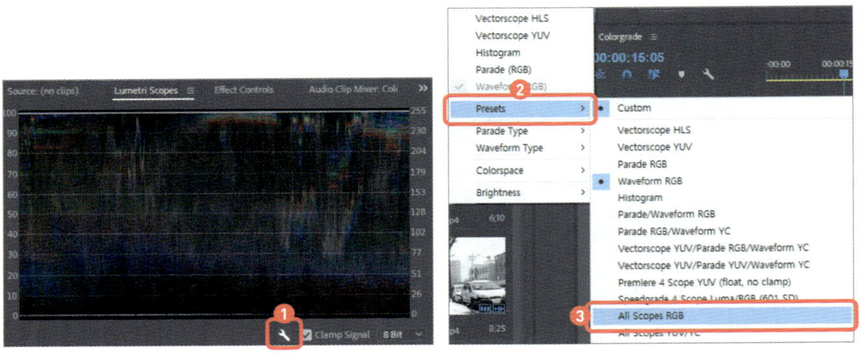

여기서 잠깐! 루메트리 스코프 패널

루메트리 스코프 패널에서 벡터스코프 HLS, 벡터스코프 YUV, 퍼레이드, 파형, 막대그래프 등 여러 스코프를 선택해 다양한 색상 범위와 찾고자 하는 영역의 정보를 표시할 수 있습니다.

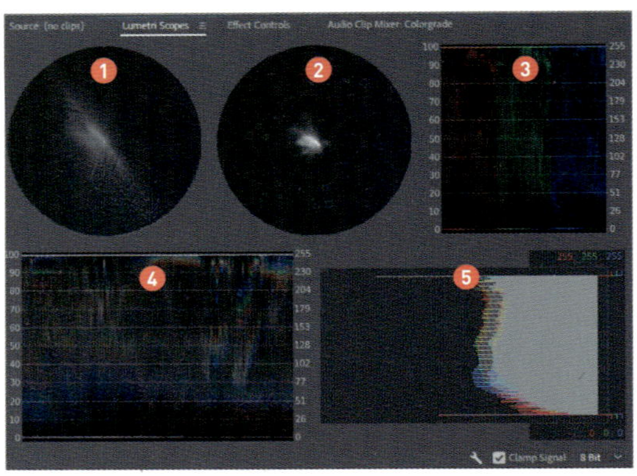

❶ **벡터스코프 HLS**(Vectorscope HLS) 색조, 채도, 밝기 및 신호 정보를 한눈에 볼 수 있게 표시합니다.

❷ **벡터스코프 YUV(Vectorscope YUV)** 소스 클립의 색 정보를 보여주는 색상 원반과 비슷한 원형 차트 표시입니다.

❸ **퍼레이드(Parade)** 영상 신호에서 휘도 및 색상 차이 채널의 레벨을 나타내는 파형을 표시합니다. RGB, YUV, RGB-White, YUV-White 퍼레이드 유형 중에서 선택할 수 있습니다. YUV 파형으로 보는 것이 편한 경우 색상과 휘도를 조정할 때 YUV 퍼레이드 스코프를 선택하고, 빨강, 녹색, 파랑 채널 간의 관계를 비교하려면 RGB 퍼레이드 스코프를 사용합니다.

❹ **파형(Waveform)**

- **RGB** 중첩된 RGB 신호를 표시해 모든 컬러 채널의 신호 레벨에 대한 스냅숏 보기를 제공합니다.
- **Luma** −20에서 120 사이의 IRE 값을 표시해 밝기를 효과적으로 분석하고 대비 비율 측정할 수 있게 합니다.
- **YC** 클립의 휘도(파형에서 녹색)와 색차(파형에서 파랑) 값을 표시합니다.
- **YC no Chroma** 클립의 광도 값만 표시합니다.

❺ **막대그래프(Histogram)** 각 색상 강도 레벨의 픽셀 밀도를 통계적으로 분석해 표시합니다. 어두운 영역, 중간 영역, 밝은 영역을 정확하게 볼 수 있고, 전체 이미지의 색 비율을 조정할 수 있습니다.

03 타임라인 패널에 교정 후의 소스 클립과 원본 소스 클립이 나란히 배치되어 있습니다. 타임 표시자를 드래그하면서 원본과 교정 후 영상의 스코프를 비교합니다. 교정 후 벡터스코프의 색조, 채도, 밝기가 더 고르게 분포되어 있습니다. 막대그래프(Histogram), 퍼레이드(Parade), 파형(Waveform)도 마찬가지입니다.

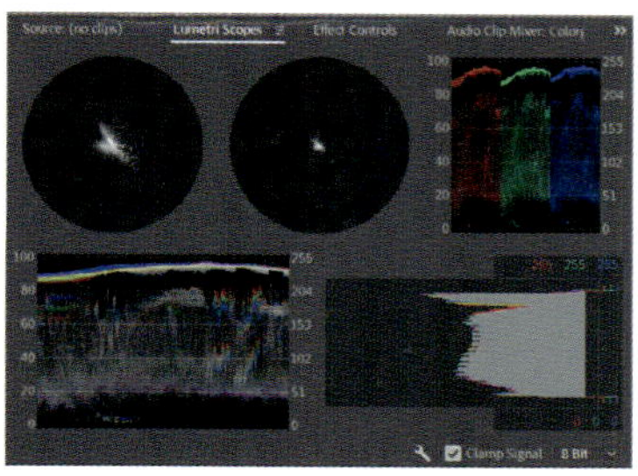
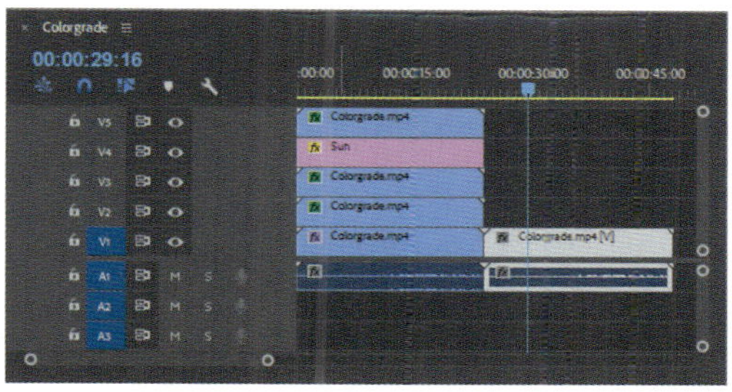

» 교정 전

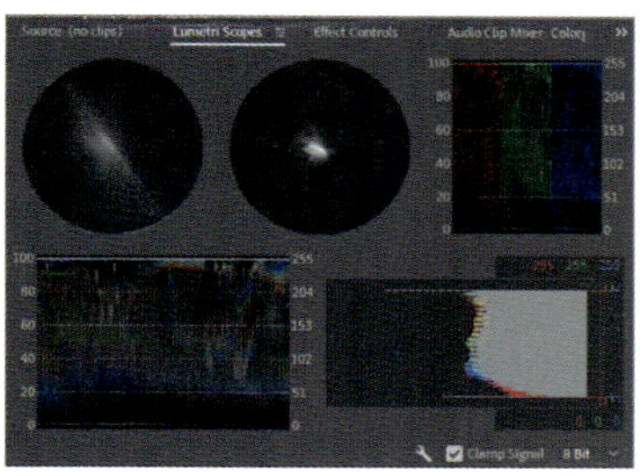

» 교정 후

04 타임 표시자를 계속 드래그하면서 교정 영상과 원본 영상의 스코프를 비교합니다. Chapter 09에서 선택한 색상만 남기고 흑백으로 만든 영상과 원본 영상을 비교해 보면 벡터스코프 HLS, 벡터스코프 YUV, 막대그래프, 퍼레이드, 파형의 차이가 더 잘 보입니다.

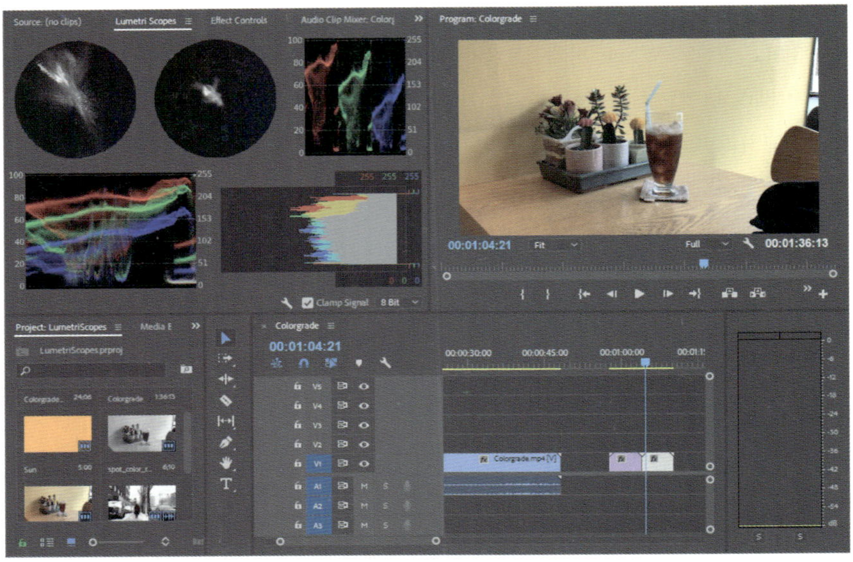

> 교정 전

> 교정 후

Tip 타임 표시자를 계속 드래그하여 교정 후 영상과 원본의 스코프를 비교해 봅니다.

SECTION

06

비네팅 효과 적용하기

- **준비파일** Vignette.prproj
- **완성파일** Vignette_result.prproj

■ PREVIEW

▶ PLAY

OVERVIEW

비네팅 효과란 화면 중앙부에서 모서리로 원형이나 타원형 모양으로 물결처럼 부드럽게 퍼져 나가는 효과로, 과거 회상이나 꿈꾸는 장면에서 많이 사용됩니다. 또한, 영상에 강조 효과를 주고 싶을 때 매우 효과적인 방법입니다. 비네팅 효과를 제대로 적용하면 보는 사람이 프레임 속 인물, 사물, 풍경과 같은 특정 대상에 코다 더 집중할 수 있습니다.

Vignette에서 슬라이더 조정하며 효과 비교하기

01 프리미어 프로를 실행하고 Home 대화상자에서 〈Open Project〉 버튼을 클릭해 'Vignette.prproj' 프로젝트 파일을 불러온 후 영상을 확인합니다.

02 루메트리 컬러 패널에서 Vignette 항목을 열고 Amount의 슬라이더를 조절해 봅니다. 왼쪽으로 드래그하면 가장자리가 어두워지고 오른쪽으로 드래그하면 가장자리가 밝아집니다.

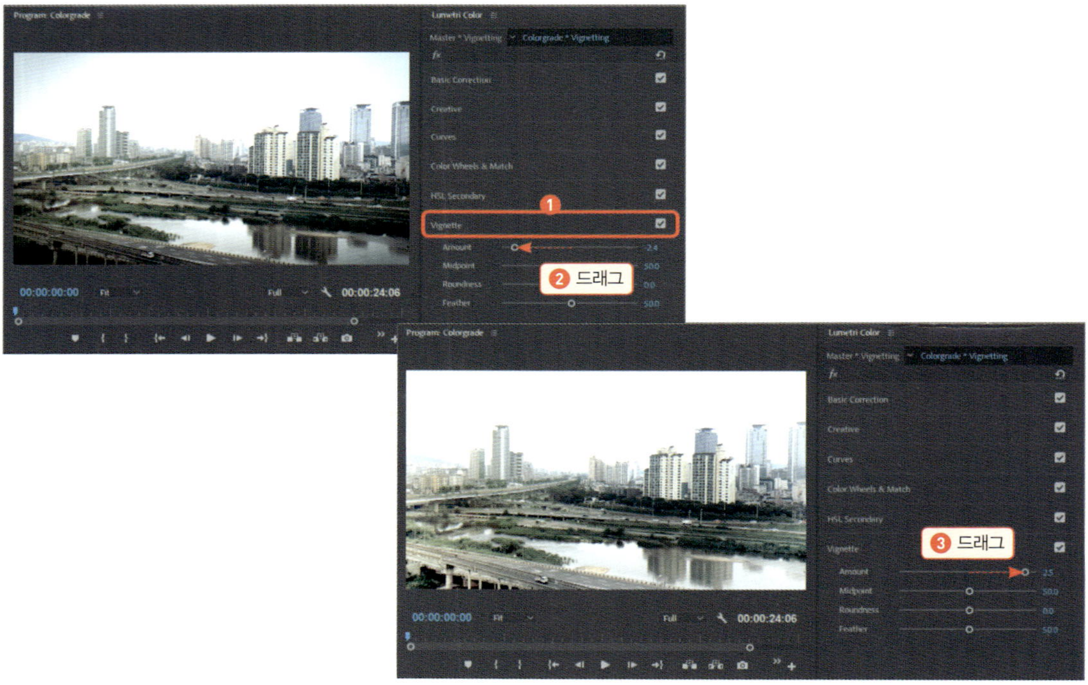

03 Midpoint의 슬라이더를 왼쪽으로 드래그하면 중간 톤의 범위가 넓어지고 오른쪽으로 드래그하면 중간 톤의 범위가 좁아집니다.

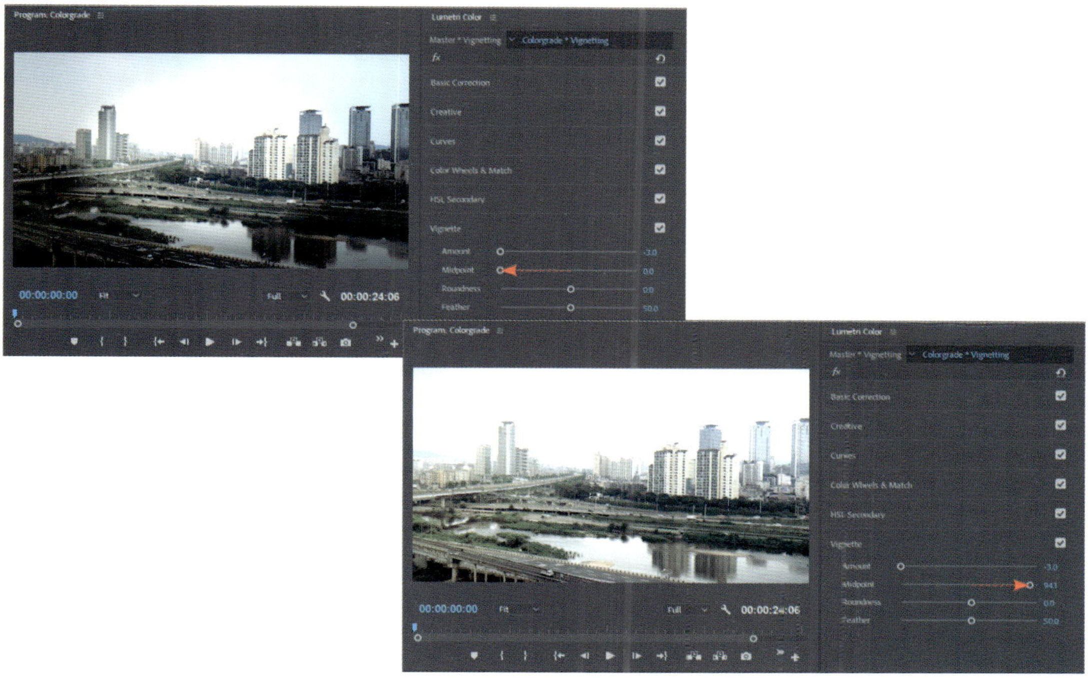

04 Roundness의 슬라이더를 왼쪽으로 드래그하면 Vignette의 형태가 사각 라운드에 가까워지고 오른쪽으로 드래그하면 정원에 가까워집니다.

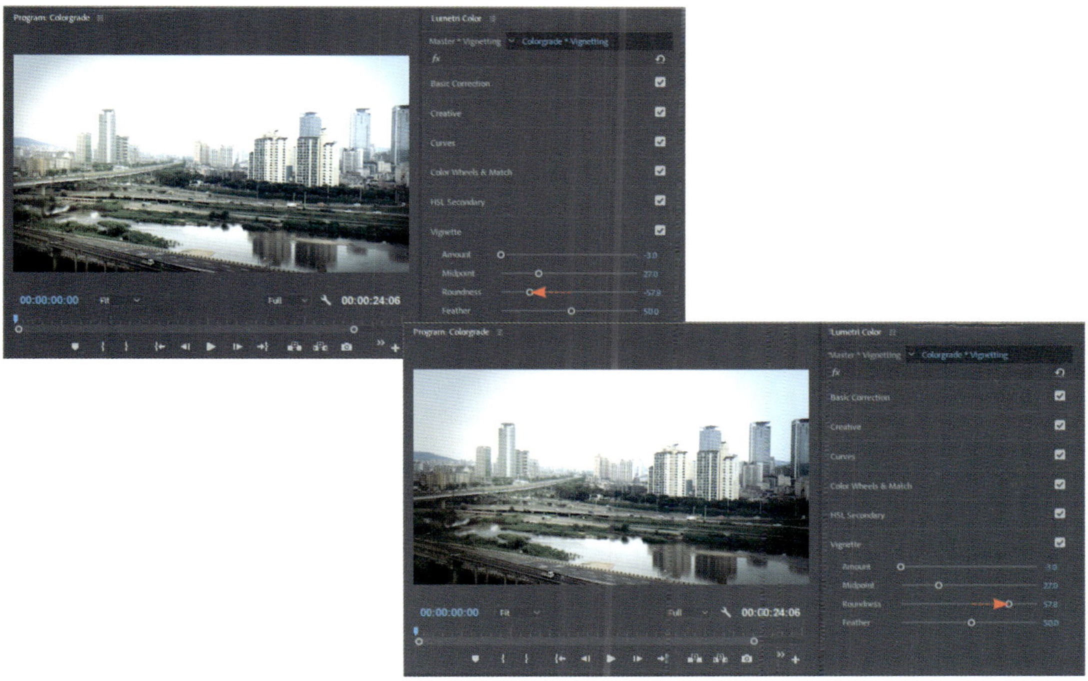

05 Feather의 슬라이더를 왼쪽으로 드래그하면 경계가 분명해지고 오른쪽으로 드래그하면 경계가 부드러워집니다.

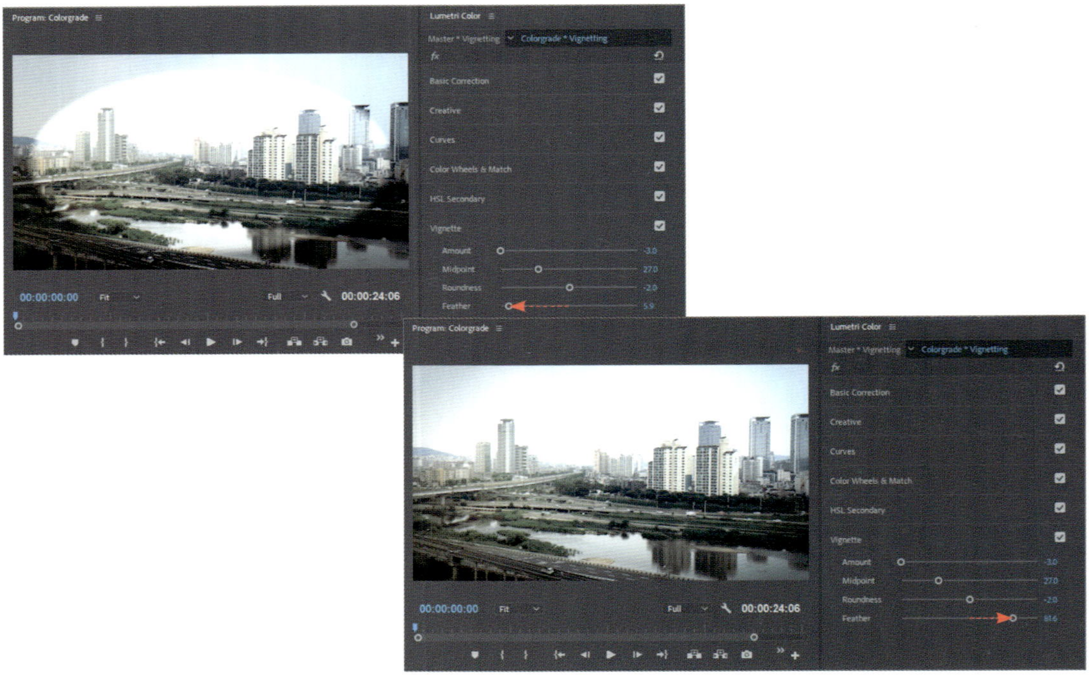

Vignette 적용하여 비네팅 효과 주기

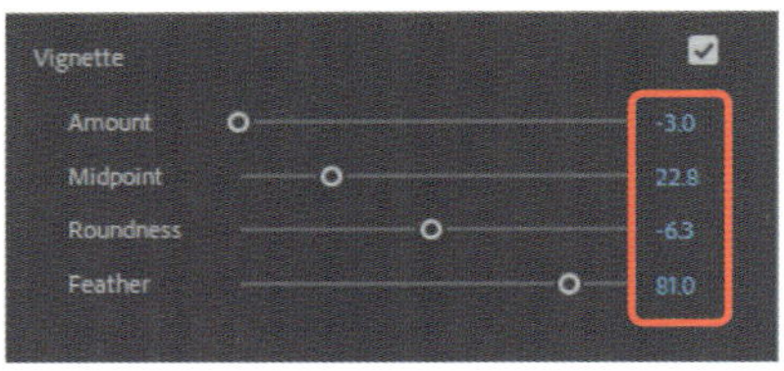

06 루메트리 컬러 패널의 Vignette 항목에서 Amount 값은 -3, Midpoint 값은 22.8, Roundness 값은 -6.3, Feather 값은 81로 조정합니다.

07 소스 모니터 패널에 원본 영상인 'Colograde.mp4' 파일을 열고, 프로그램 모니터 패널의 보정 영상과 비교해 봅니다.

SECTION 07

Lumetri Presets 효과 적용하기

- **준비파일** LumetriPresets.prproj
- **완성파일** LumetriPresets_result.prproj

■ PREVIEW

▶ PLAY

OVERVIEW

Lumetri Presets 효과는 이펙트 패널과 루메트리 컬러 패널의 Creative Lock에서 적용할 수 있습니다. 이펙트 패널에서는 Cinematic, Filmstocks, Monochrome, SpeedLooks, Technical과 같이 크게 다섯 가지 폴더로 나누어져 있습니다. 폴더 안에는 영화 필름 효과, 흑백 효과, 특수 카메라 효과 등이 있습니다. 또한, 루메트리 컬러 패널의 Creative Look에는 미리 보기 화면이 있어서 효과가 적용된 영상을 확인하면서 선택할 수 있습니다.

Lumetri Presets 폴더의 기능 확인하기

01 프리미어 프로를 실행하고 Home 대화상자에서 〈Open Project〉 버튼을 클릭해 'LumetriPresets.prproj' 프로젝트 파일을 불러온 후 영상을 확인합니다.

02 이펙트 패널에서 Lumetri Presets 폴더를 열면 Cinematic, Filmstocks, Monochrome, SpeedLooks, Technical의 다섯 폴더가 보입니다. Cinematic 폴더를 열고 Cinespace 25를 클릭하면 오른쪽에 프리셋 컬러가 보입니다.

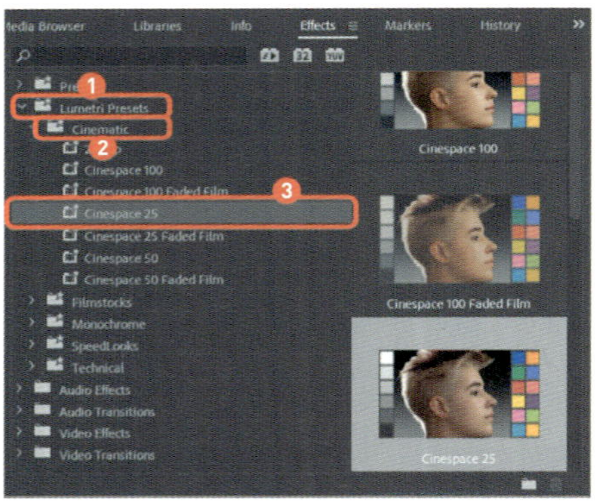

03 Filmstocks와 Monochrome 폴더도 열어봅니다.

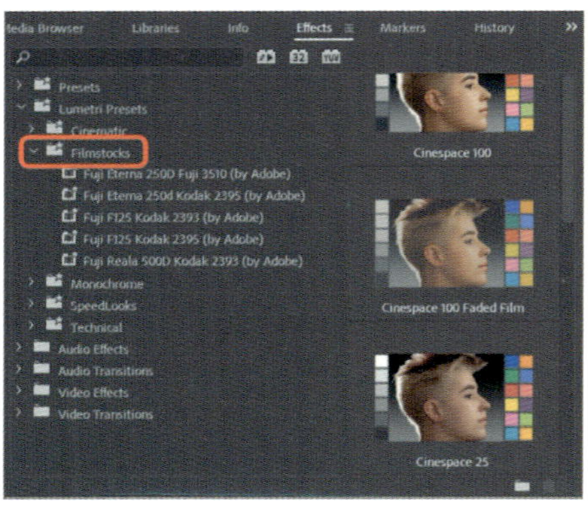

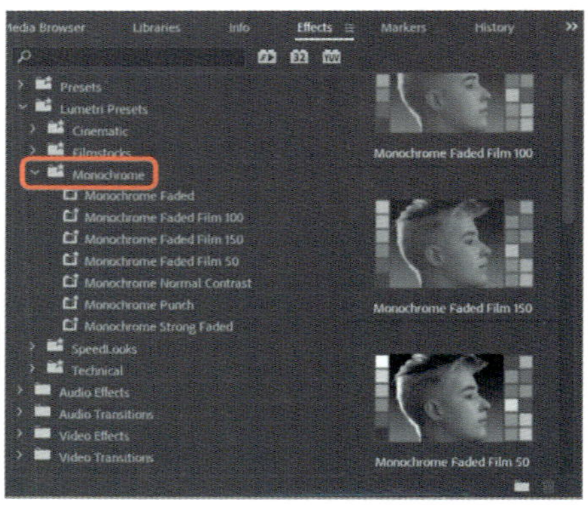

04 SpeedLooks 폴더를 열면 Camera와 Universal 폴더가 있습니다. Camera 폴더를 열면 다양한 카메라의 기종과 버전에 따른 프리셋의 종류가 보입니다. Technical 폴더 외 다른 폴더들도 열어 봅니다.

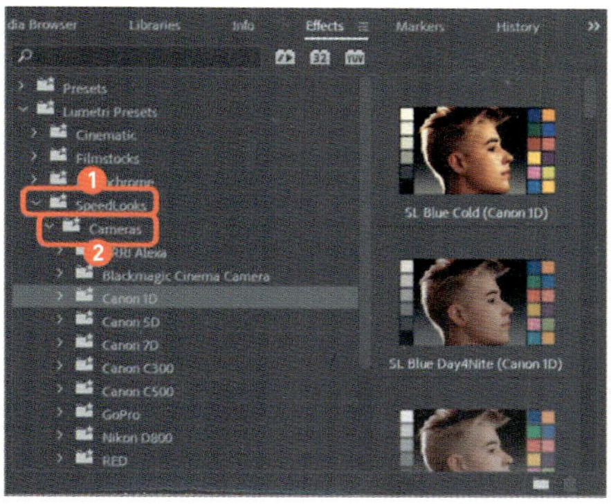

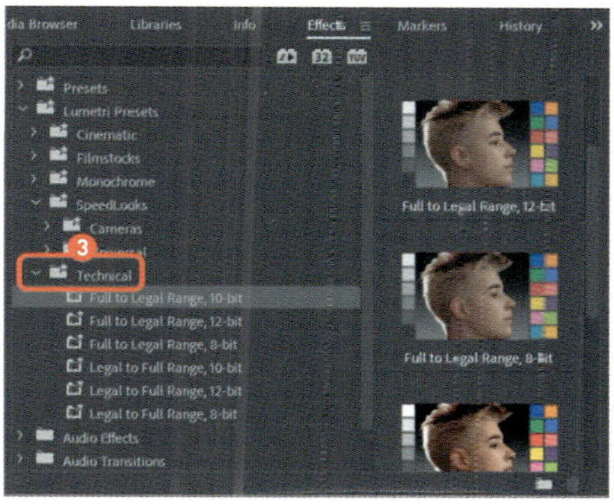

05 루메트리 컬러 패널에서 Creative 항목을 열고 Look 목록을 열면 Lumetri Preset이 보입니다. 여기서 선택하면 효과가 바로 적용돼 프로그램 모니터에서 볼 수 있습니다. None을 선택하면 이전 상태로 복구됩니다.

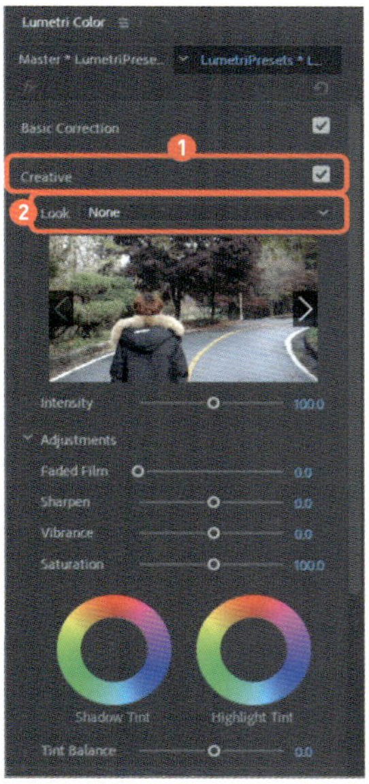

Tip Look 목록 아래에 있는 미리보기 화면에서 효과를 앞뒤로 넘기면서 비교할 수 있습니다. 미리보기는 소스 클립에 효과가 적용되는 것은 아닙니다.

Lumetri Presets을 활용하여 색상 보정하기

06 프로젝트 창에서 새 항목 버튼(■)을 클릭하고 팝업 메뉴에서 [Adjustment Layer]를 선택한 후 Adjustment Layer 대화상자에서 〈OK〉 버튼을 클릭하면 시퀀스와 같은 설정으로 레이어가 만들어집니다.

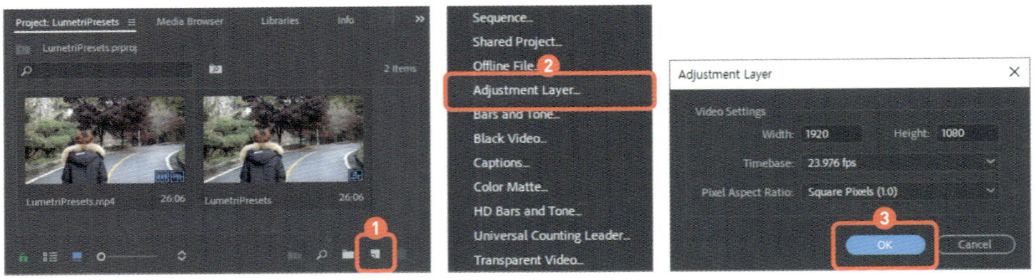

07 프로젝트 패널에서 'Adjustment Layer'를 타임라인 패널의 비디오 2번(V2) 트랙으로 드래그합니다.

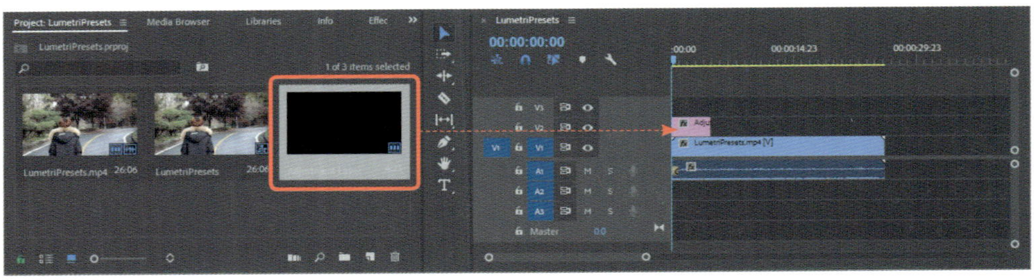

08 타임라인 패널에서 비디오 2번(V2) 트랙의 'Adjustment Layer' 소스 클립을 비디오 1번(V1) 트랙 소스 클립만큼 늘린 후 선택합니다.

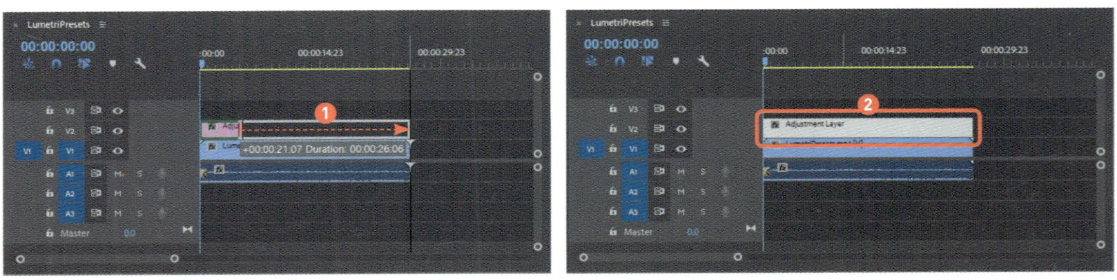

09 루메트리 컬러 패널에서 Creative 항목의 Look을 'CineSpace2383sRGB6bit'로 변경하고, Basic Correction 항목의 Saturation 값을 66으로 변경합니다.

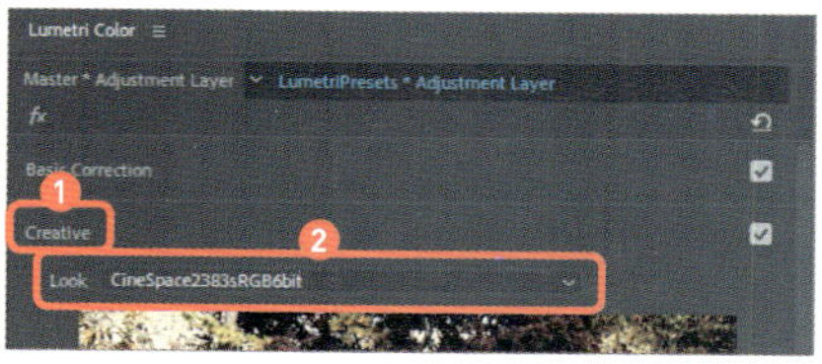

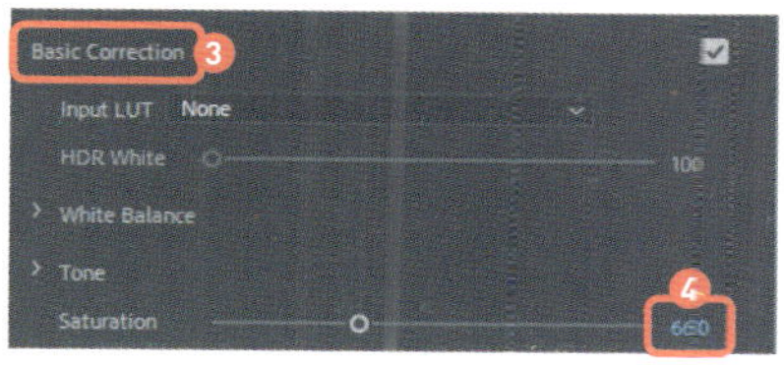

10 루메트리 컬러 패널에서 Creative 항목의 Intensity 값을 92로 변경합니다.

Tip Lumetri Color의 속성 변화는 이펙트 컨트롤 패널에서도 가능합니다.

11 프로젝트 패널에서 'LumetriPresets.mp4' 파일을 더블 클릭해 소스 모니터 패널에 엽니다.

12 소스 모니터 패널의 원본 영상과 프로그램 모니터 패널에서 Lumetri Presets으로 보정한 영상을 비교해 봅니다.

CHAPTER

11

영상 편집 테크닉

영상 편집의 도구로 사용하던 프리미어 프로는 점점 진화하고 있습니다. 내장된 이펙트와 프리셋, 타이틀 작업 등이 다양해지면서 프리미어 프로로 할 수 있는 일이 점점 더 많아졌고, 어도비(Adobe)의 포토샵, 애프터 이펙트, 오디션과 연동하여 작업할 수 있어 수준 높은 콘텐츠를 만들어내기에 충분합니다. 이 CHAPTER에서는 활용도가 높은 효과들을 실습하며 적절한 활용법을 알아봅니다.

SECTION 01

포커스 이동하기

- **준비파일** MoveFocus.prproj
- **완성파일** MoveFocus_result.prproj

PREVIEW

PLAY

OVERVIEW

조리개를 이용해 초점을 이동시키며 촬영한 영상은 보는 사람의 시선이 초점을 따라 자연스럽게 움직이도록 이끕니다. 프리미어 프로에서는 초점을 이동시킨다는 표현보다는 아웃 포커스가 되는 부분을 바꾼다는 표현이 더 정확합니다. 같은 소스 클립에서 초점을 흐리게 만드는 부분을 다르게 설정해서 영상이 재생되는 동안 부각되는 부분이 달라지게 만들어 봅니다.

마스크 패스 만들기

01 프리미어 프로를 실행하고 Home 대화상자에서 〈Open Project〉 버튼을 클릭해 'MoveFocus.prproj' 프로젝트 파일을 불러온 후 영상을 확인합니다.

02 타임라인 패널에서 비디오 1번(V1) 트랙의 소스 클립을 Alt 를 누른 채 비디오 2번(V2) 트랙으로 드래그해 복사한 후, 비디오 2번(V2) 트랙의 복사한 소스 클립을 선택합니다.

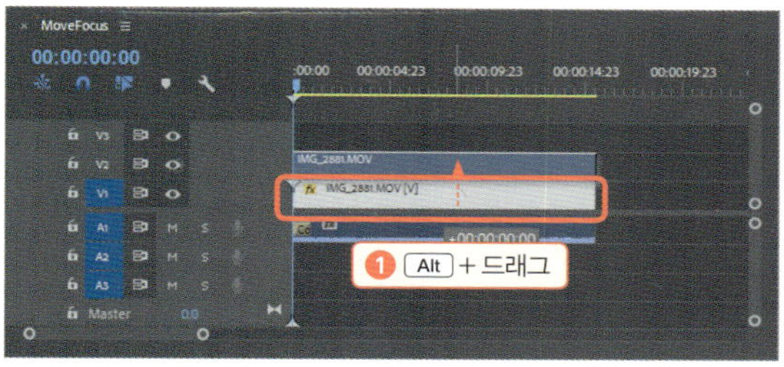

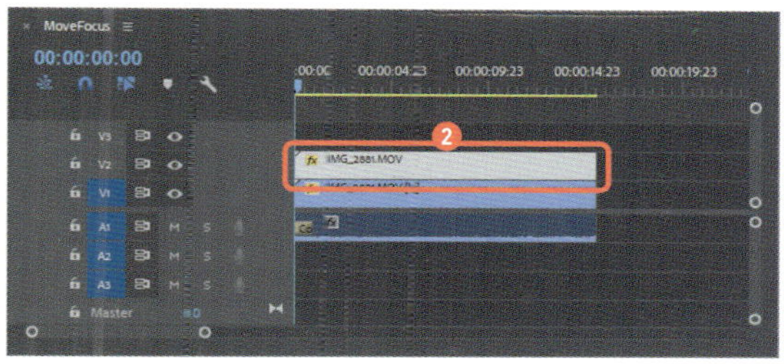

03 이펙트 컨트롤 패널에서 Opacity 항목의 사각형 마스크 툴(■)을 클릭하고, 프로그램 모니터 패널에서 마스크의 꼭지점을 이동해 마스크 패스를 다음과 같이 만듭니다.

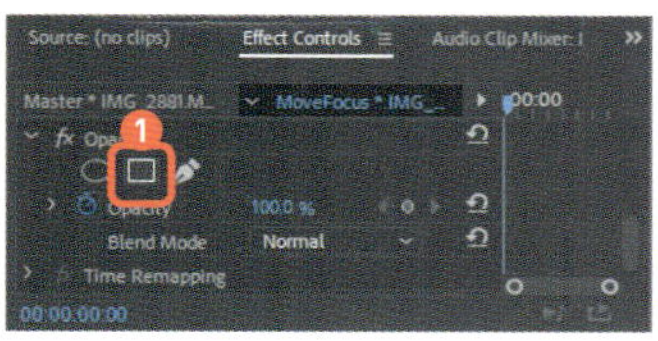

Gaussian Blur 이펙트 적용하기

04 이펙트 패널의 검색란에 'Gaussian Blur'를 입력해 찾은 Gaussian Blur를 타임라인 패널의 비디오 1번(V1), 2번(V2) 트랙의 소스 클립에 각각 드래그하여 효과를 적용합니다.

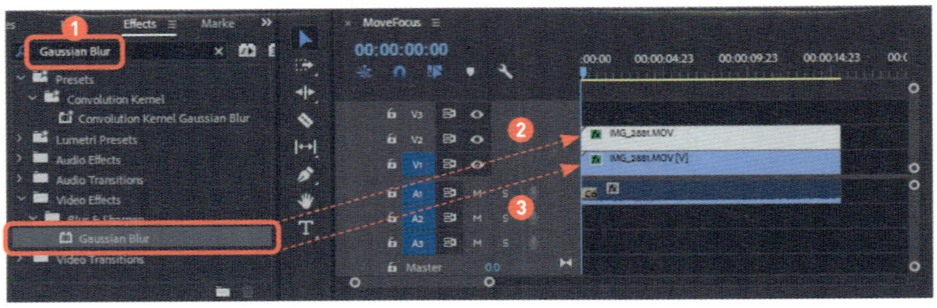

05 타임라인 패널에서 비디오 2번(V2) 트랙의 소스 클립을 선택하고 타임 표시자를 00:00:02:16에 둡니다. 이펙트 컨트롤 패널의 Gaussian Blur 항목에서 Blurriness의 애니메이션 켜기/끄기 버튼( )을 클릭하면 키프레임이 생성됩니다.

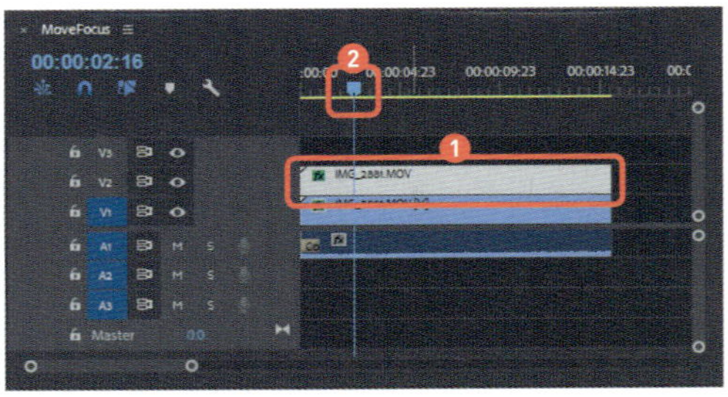

06 타임라인 패널의 타임 표시자를 00:00:07:01로 옮기고, 이펙트 컨트롤 패널에서 Gaussian Blur 항목의 Blurriness 값을 10으로 설정한 후 [Repeat Edge Pixels]에 체크합니다.

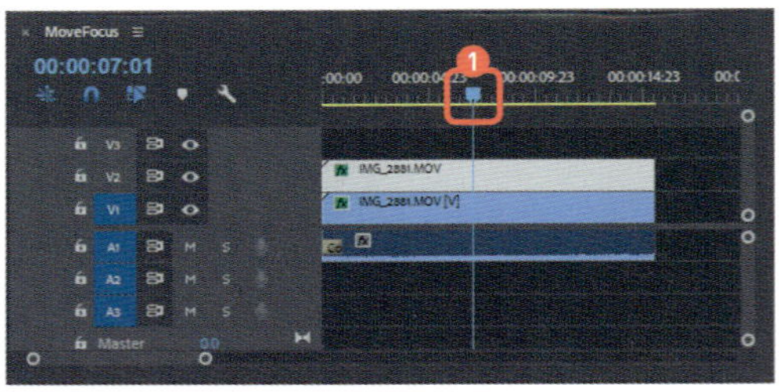

Tip 애니메이션 켜기/끄기 버튼( )이 켜져 있으므로 Blurriness 값이 바뀌면 두 번째 키프레임이 자동으로 생성됩니다. Repeat Edge Pixels에 체크하면 가장자리 뭉개지는 부분이 없어집니다.

07 비디오 1번(V1) 트랙 소스 클립의 Blur 값을 비디오 2번(V2) 트랙의 소스 클립과 반대로 설정하겠습니다. 타임라인 패널에서 비디오 1번(V1) 트랙의 소스 클립을 선택하고, 이펙트 컨트롤 패널의 Gaussian Blur 항목에서 Blurriness의 애니메이션 켜기/끄기 버튼(⏱)을 클릭합니다.

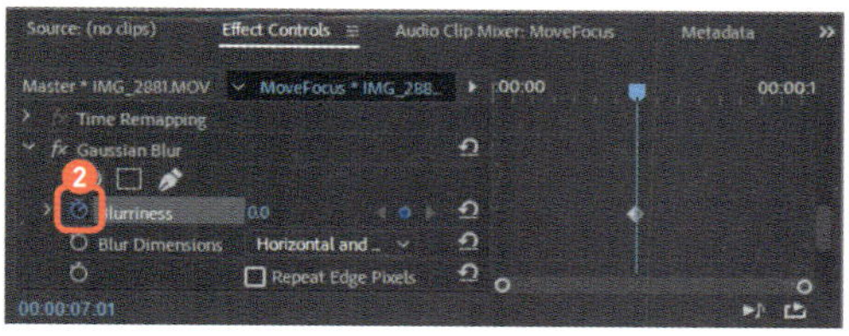

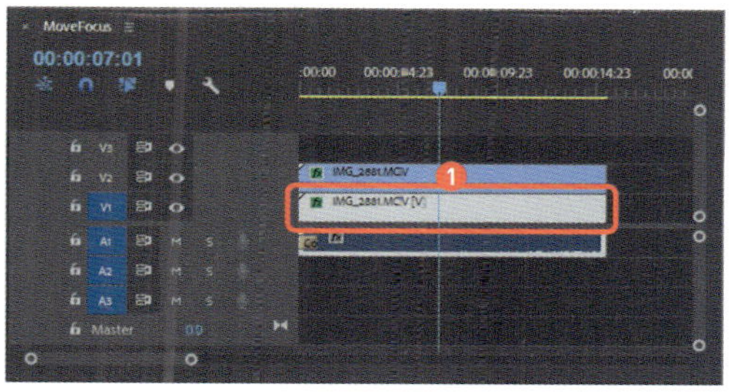

08 타임라인 패널의 타임 표시자를 00:00:02:16으로 옮기고, 이펙트 컨트롤 패널에서 Gaussian Blur 항목의 Blurriness 값을 10으로 설정한 후 [Repeat Edge Pixels]에 체크합니다. 시퀀스의 앞부분에서는 비디오 1번(V1) 트랙 소스 클립의 마스크 부분이 뿌옇게 보이다가 두 번째 키프레임에서는 비디오 2번(V2) 트랙 소스 클립의 마스크에서 제외된 다리 부분이 선명하게 보입니다.

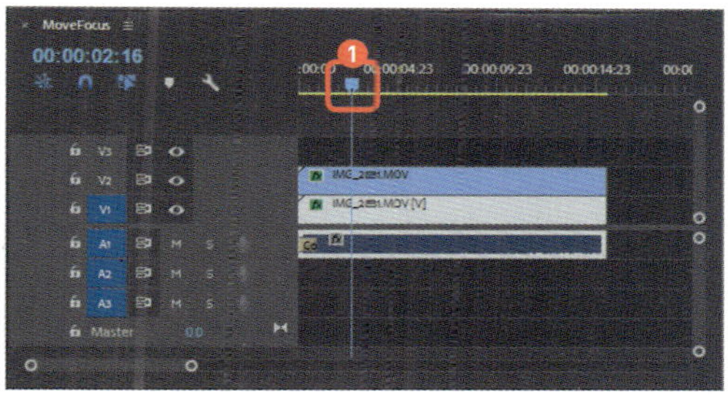

- **첫 번째 키프레임** 비디오 1번(V1) 트랙의 소스 클립은 마스크 때문에 빨간선 안쪽 부분만 보이고, 비디오 2번(V2) 트랙의 소스 클립은 비디오 1번(V1) 트랙의 소스 클립에 가려져 빨간선 안쪽 부분만 보입니다.

+

- **두 번째 키프레임** 비디오 1번(V1) 트랙의 소스 클립은 뿌옇게 보이고, 비디오 2번(V2) 트랙의 소스 클립은 선명하게 보입니다.

Tip 같은 소스 클립을 두 개의 트랙에 겹쳐놓고 두 소스 클립에서 마스크를 이용해 각각 다른 부분을 보이게 한 후, 같은 지점에서 Blur 값을 반대로 입력하면 한 화면에서 초점이 이동하는 것 같은 효과를 낼 수 있습니다.

마스크 패스의 경계 부드럽게 하기

09 타임라인 패널에서 비디오 2번(V2) 트랙의 소스 클립을 선택하고, 이펙트 컨트롤 패널의 Opacity ▸ Mask(1) 항목에서 Mask Feather 값은 172, Mask Expension 값은 80으로 설정합니다.

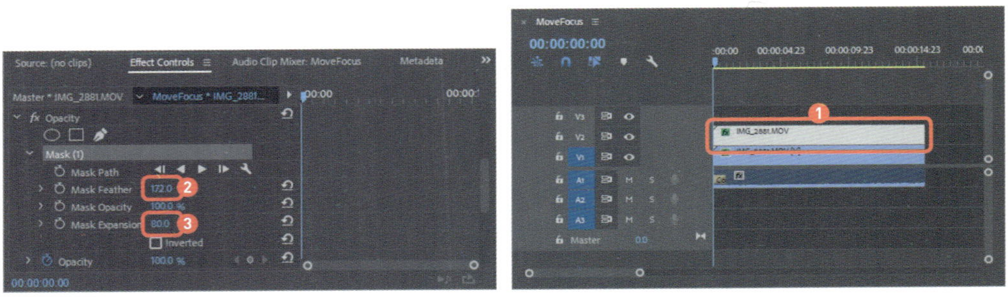

10 프로그램 모니터 패널에서 재생 버튼(▶)을 클릭해 초점이 이동하는 것을 확인합니다.

SECTION 02

화면 인트로 만들기

- **준비파일** OpenIntro.mp4
- **완성파일** OpenIntro_result.prproj

■ PREVIEW

▶ PLAY

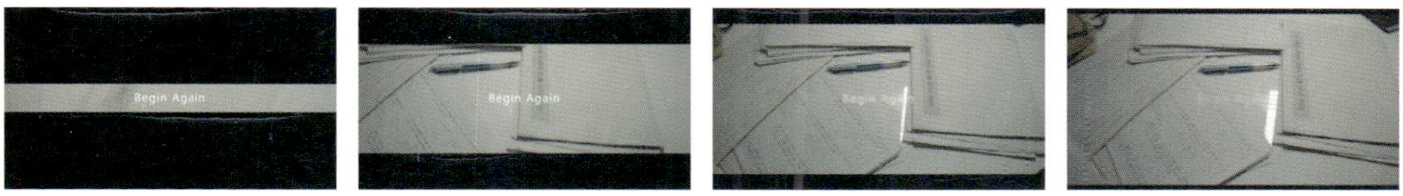

OVERVIEW

검정색 화면이 가운데부터 위아래로 열리면서 타이틀이 등장했다가 영상이 시작되면서 서서히 사라지는 인트로 장면을 만들어 봅니다. 타이틀이 보일 때는 영상이 흐릿하고 느리게 재생되다가 점점 선명해지도록 설정합니다. 타이틀이 등장할 때는 시선이 타이틀에 집중되고, 타이틀이 사라지면 영상에 시선이 가도록 하기 위해서입니다.

영상 편집 실습 준비하기

01 프리미어 프로를 실행하고 Home 대화상자에서 〈New Project〉 버튼을 클릭합니다. New Project 대화상자가 열리면 Name에 'OpenIntro'를 입력하고 〈Browse〉 버튼을 클릭해 파일 위치를 지정한 후 〈OK〉 버튼을 클릭합니다.

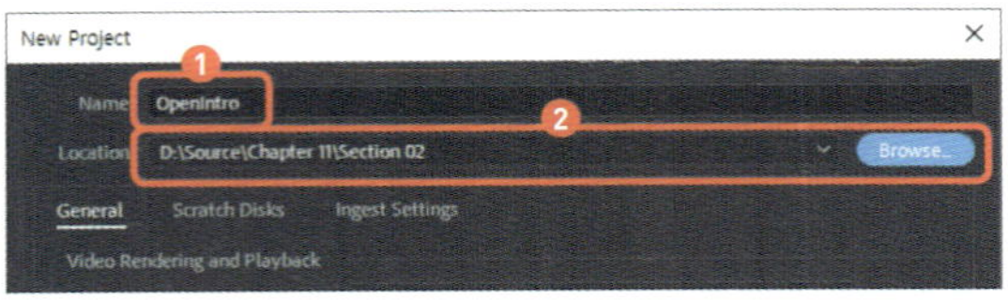

02 단축키 Ctrl + I를 눌러 Import 대화상자가 열리면 'OpenIntro.mp4' 파일을 선택해 불러옵니다.

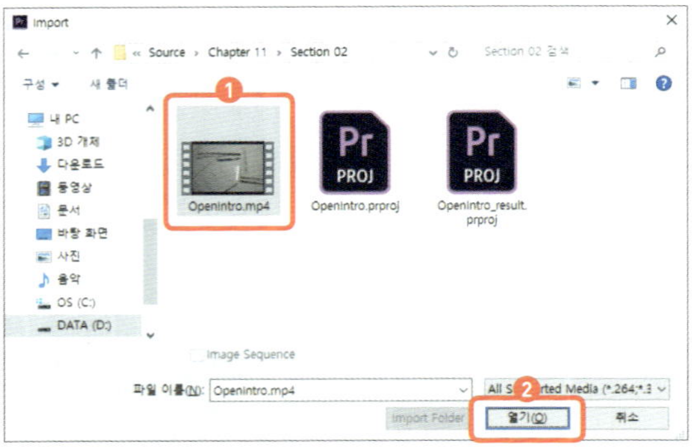

03 프로젝트 패널에서 'OpenIntro.mp4' 파일을 새 항목 버튼( )으로 드래그하여 소스 클립과 같은 속성의 시퀀스를 만듭니다.

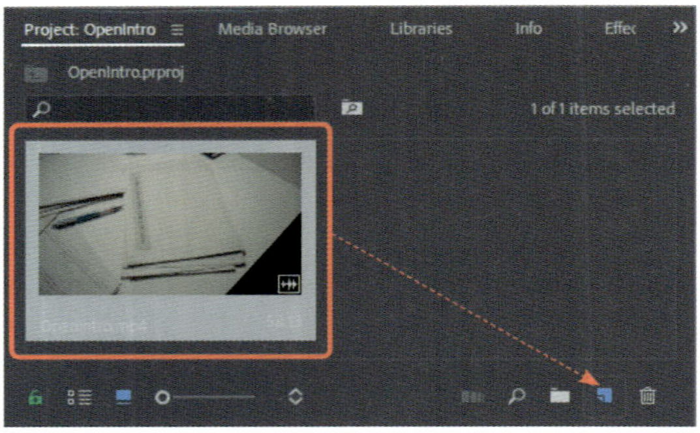

04 타임라인 패널에서 타임 표시자를 첫 장면이 끝나는 지점인 00:00:06:18에 두고 자르기 툴( )로 자른 후 두 번째 클립은 선택 툴( )을 이용해 뒤로 이동시킵니다.

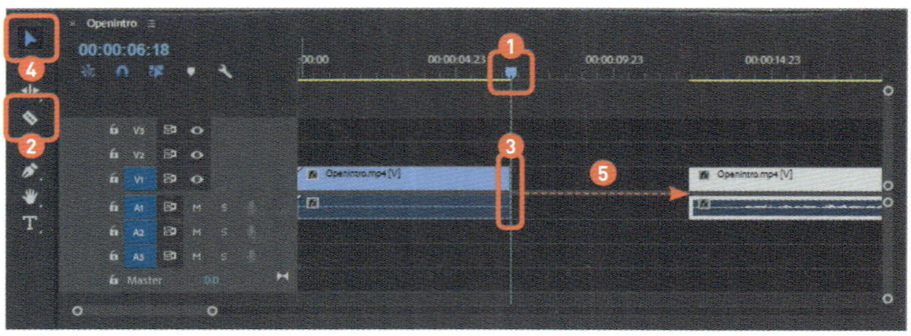

영상이 느려지도록 설정하기

05 첫 번째 소스 클립의 영상이 느리게 재생되도록 하겠습니다. 타임라인 패널의 첫 번째 소스 클립을 마우스 오른쪽 버튼으로 클릭하고 팝업 메뉴에서 [Speed/Duration]을 선택합니다. Clip Speed/Duration 대화상자에서 Speed를 90%로 수정하고 Time Interpolation은 Frame Blending으로 설정한 후 〈OK〉 버튼을 클릭합니다.

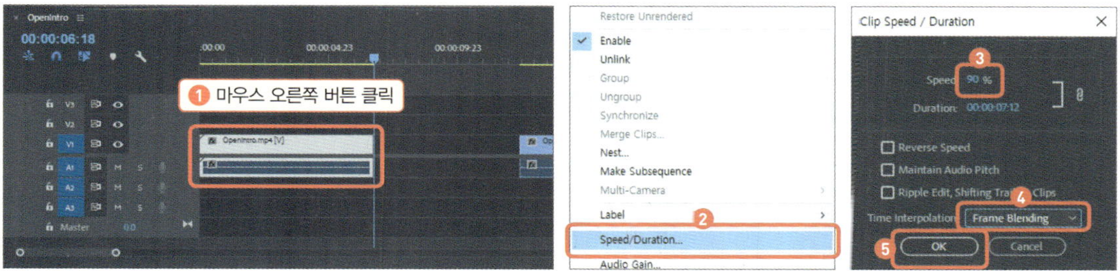

Tip Time Interpolation을 Frame Blending으로 설정하면 속도를 조절했을 때 움직임이 끊어지지 않고 부드럽게 흐릅니다.

검정색 화면이 열리는 효과 주기

06 프로젝트 패널에서 새 항목 버튼(■)을 클릭해 팝업 메뉴에서 Color Matte를 선택하고 New Color Matt 대화상자가 열리면 〈OK〉 버튼을 클릭합니다. Color Picker 대화상자에서 검정색을 선택하고, Choose Name 대화상자에서는 'Black'을 입력하고 〈OK〉 버튼을 클릭합니다.

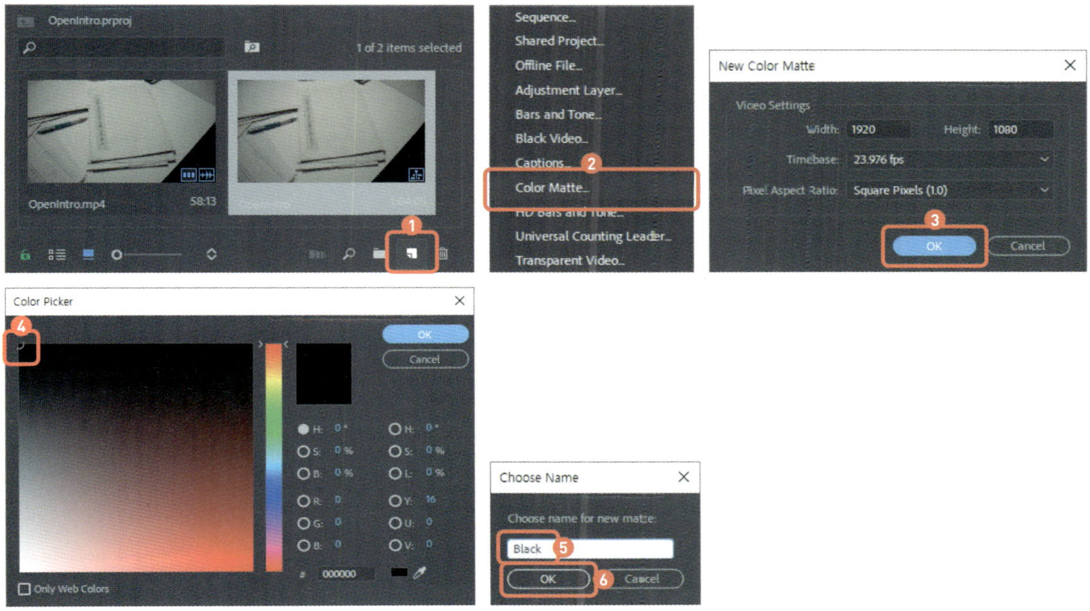

07 프로젝트 패널에 생성된 'Black' 레이어를 타임라인 패널의 비디오 2번(V2) 트랙으로 드래그하고, 타임 표시자를 00:00:06:00에 놓은 후 'Black' 레이어를 타임 표시자까지 늘립니다. 이펙트 패널 검색란에 'Crop'을 입력해 찾은 Crop을 타임라인 패널의 'Black' 레이어에 드래그하여 적용합니다.

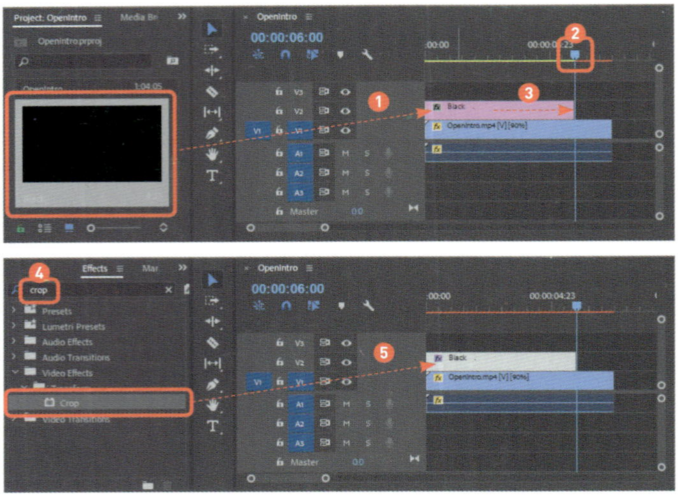

08 타임라인 패널에서 타임 표시자를 시작점에 놓고 이펙트 컨트롤 패널의 Crop 항목에서 Top 값을 50으로 변경한 후 Top의 애니메이션 켜기/끄기 버튼(⏱)을 클릭해 키프레임을 생성합니다.

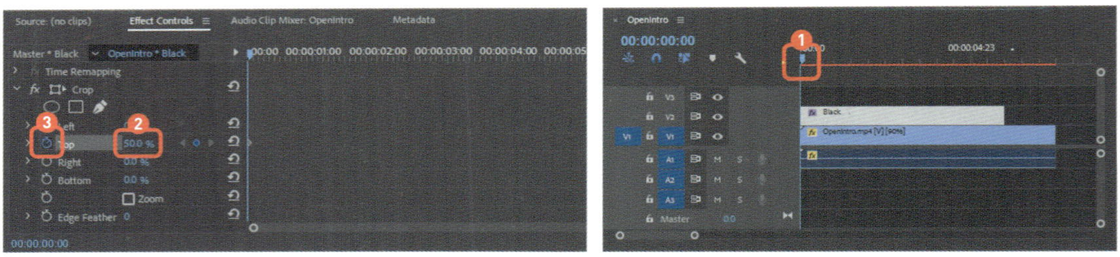

09 타임라인 패널에서 타임 표시자 위치로 00:00:02:00을 입력하고 이펙트 컨트롤 패널의 Crop 항목에서 Top 값에 80을 입력하면 키프레임이 자동으로 생성됩니다.

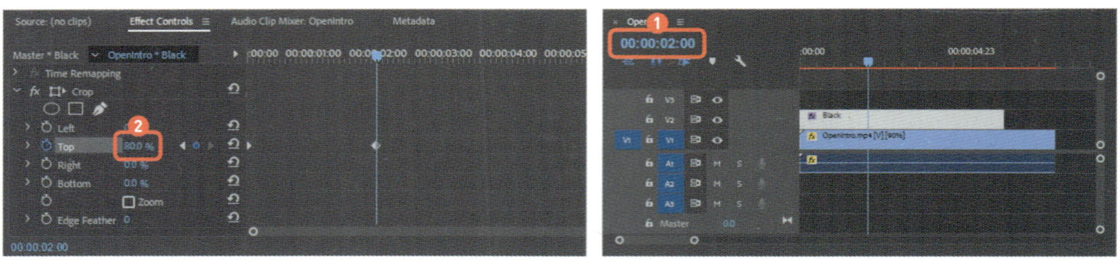

10 타임라인 패널에서 타임 표시자 위치로 00:00:03:22를 입력하고 이펙트 컨트롤 패널에서 Crop ▸ Top의 키프레임 추가/삭제 버튼(◉)을 클릭합니다.

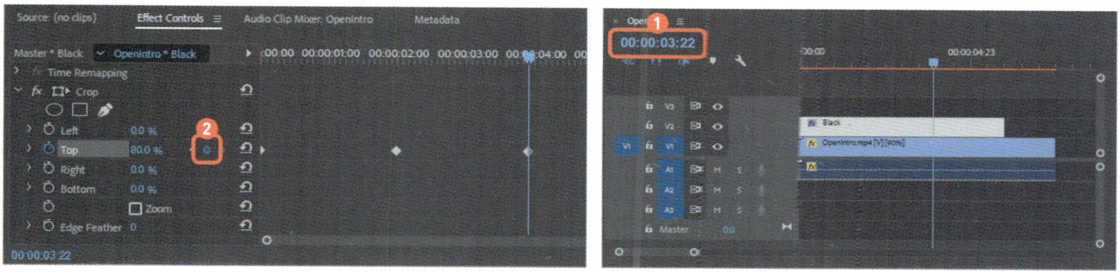

11 타임라인 패널에서 타임 표시자 위치로 00:00:05:22를 입력하고 이펙트 컨트롤 패널에서 Crop 항목의 Top 값을 100으로 설정합니다.

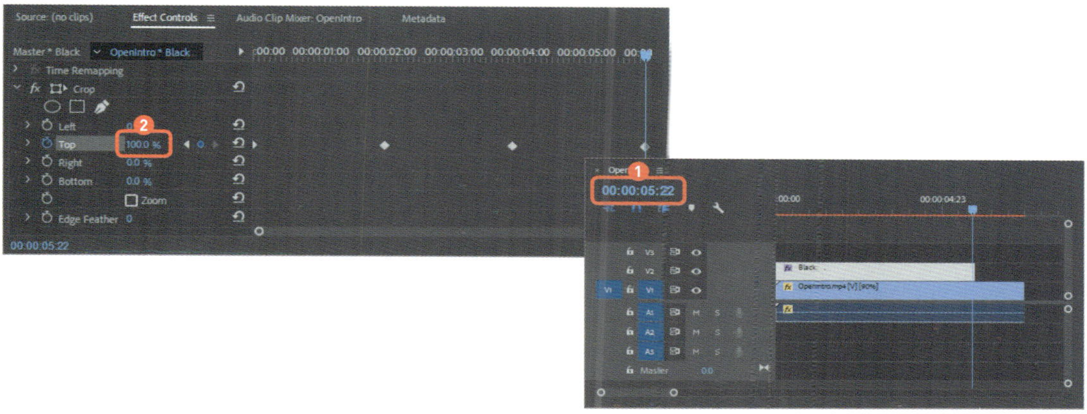

12 이펙트 컨트롤 패널에서 Crop ▸ Top의 두 번째와 네 번째 키프레임을 선택하고 마우스 오른쪽 버튼을 클릭해 팝업 메뉴에서 [Ease In]을 선택하면 키프레임의 속도에 변화가 생깁니다.

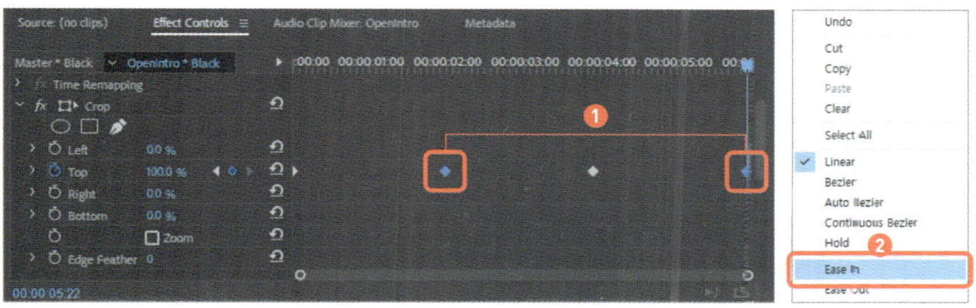

13 키프레임에 가속과 감속을 적용하겠습니다. Top 항목의 확장 탭을 클릭해 그래프를 열고 그래프의 조절자를 왼쪽으로 드래그해 다음과 같이 변경합니다.

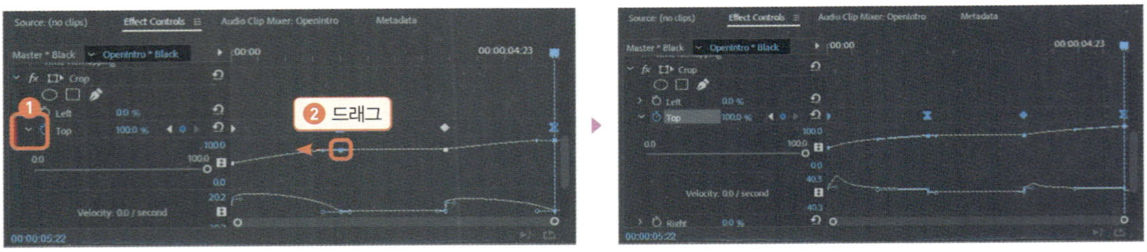

14 타임라인 패널에서 비디오 2번(V2) 트랙의 'Black' 소스 파일을 Alt 를 누른 채 비디오 3번(V3) 트랙으로 드래그해 복사합니다. 비디오 2번(V2) 트랙과 반대 움직임을 주기 위해 이펙트 패널에서 Vertical Flip을 찾아 비디오 3번(V3) 트랙에 적용합니다.

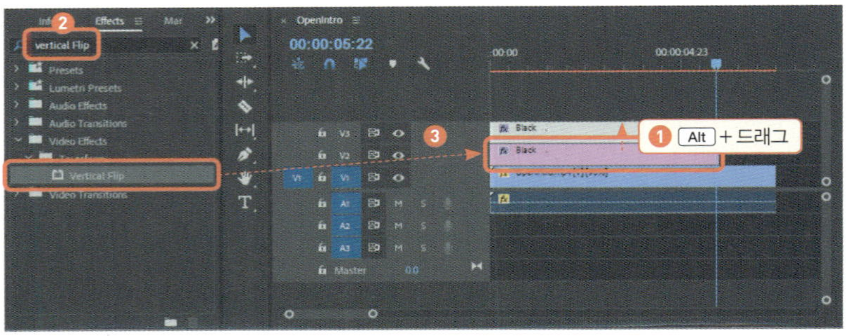

15 프로그램 모니터 패널의 재생 버튼(▶)을 클릭해 검정색 화면이 가운데부터 열리는 장면이 자연스러운지 확인합니다.

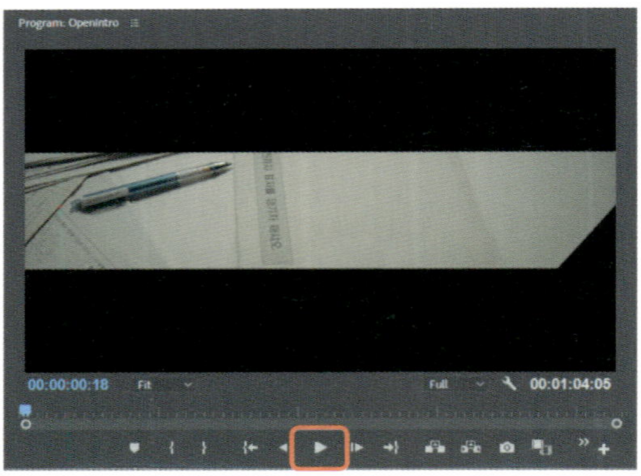

화면이 열리는 장면의 소스 클립에 효과 적용하기

16 타임라인 패널에서 타임 표시자 위치로 00:00:04:16을 입력하고 비디오 1번(V1) 트랙의 소스 클립을 선택합니다. 이펙트 컨트롤 패널에서 Motion 항목의 Scale과 Rotation의 애니메이션 켜기/끄기 버튼(⏱)을 클릭합니다.

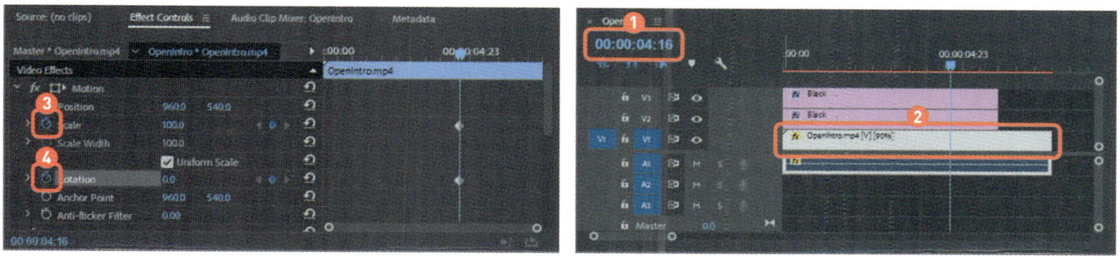

17 타임라인 패널의 타임 표시자를 시작점에 놓고 이펙트 컨트롤 패널에서 Rotation 값을 35로 설정합니다. 화면이 회전할 때 빈 공간이 보이지 않도록 Scale값은 135로 높입니다.

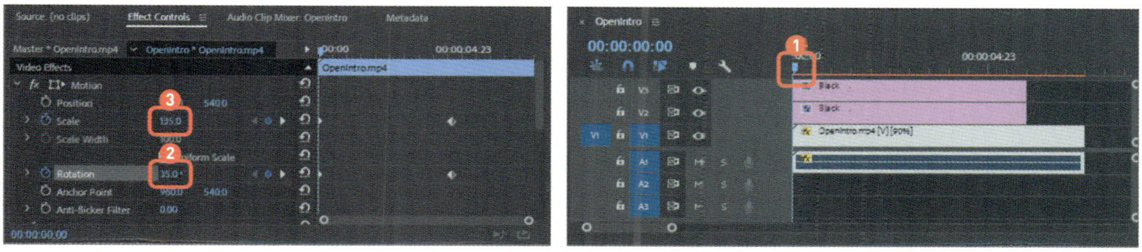

18 Scale과 Rotation에도 속도감을 적용하겠습니다. Scale과 Rotation의 두 번째 키프레임을 선택하고 마우스 오른쪽 버튼을 클릭해 팝업 메뉴에서 [Ease In]을 선택합니다.

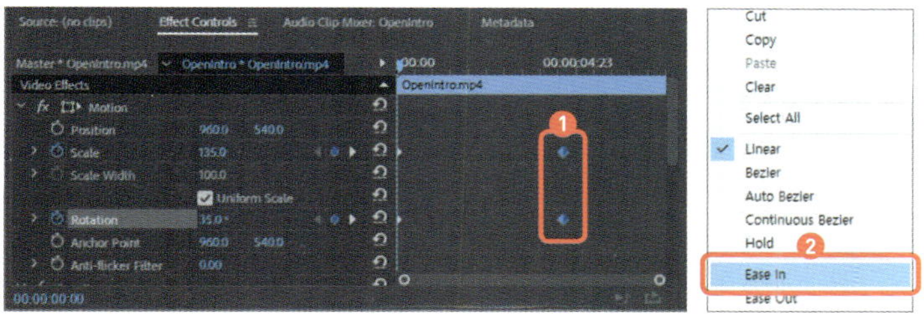

19 타임라인 패널에서 타임 표시자 위치로 00:00:04:15를 입력하고 비디오 1번(V1) 트랙의 소스 클립을 선택한 후, 이펙트 패널에서 Gaussian Blur를 찾아 더블클릭해 효과를 적용합니다. 이펙트 컨트롤 패널에서 Gaussian Blur ▸ Blurriness 항목의 애니메이션 켜기/끄기 버튼(⏱)을 클릭합니다.

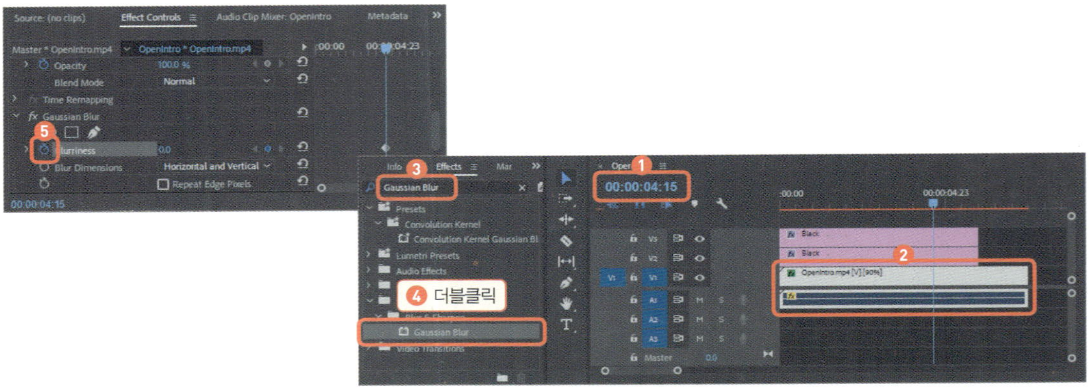

20 이펙트 컨트롤 패널에서 미니 타임라인의 타임 표시자를 시작점에 위치시키고, Gaussian Blur 항목의 Blurriness 값을 30으로 설정한 후, Repeat Edge Pixels에 체크합니다.

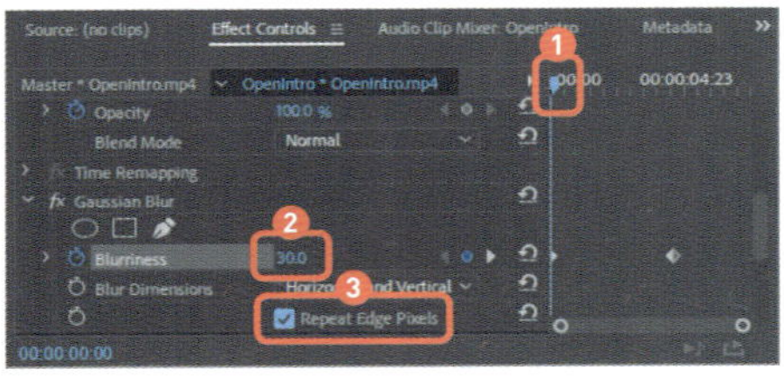

21 프로그램 모니터 패널의 재생 버튼(▶)을 클릭하고, 화면을 보면서 어색한 부분은 없는지 확인합니다.

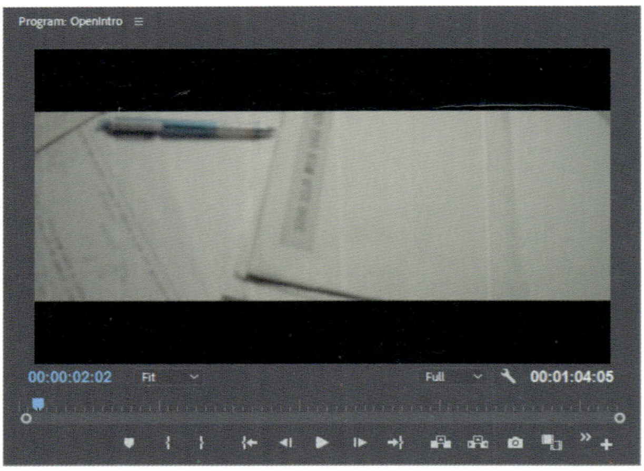

텍스트 넣고 효과 주기

22 툴 패널에서 타이프 툴(T)을 선택하고 프로그램 모니터 패널의 화면 중앙 부분을 클릭해 타이틀 'Begin Again'을 입력합니다. 이펙트 컨트롤 패널에서 Source Text 속성을 그림과 같이 변경합니다.

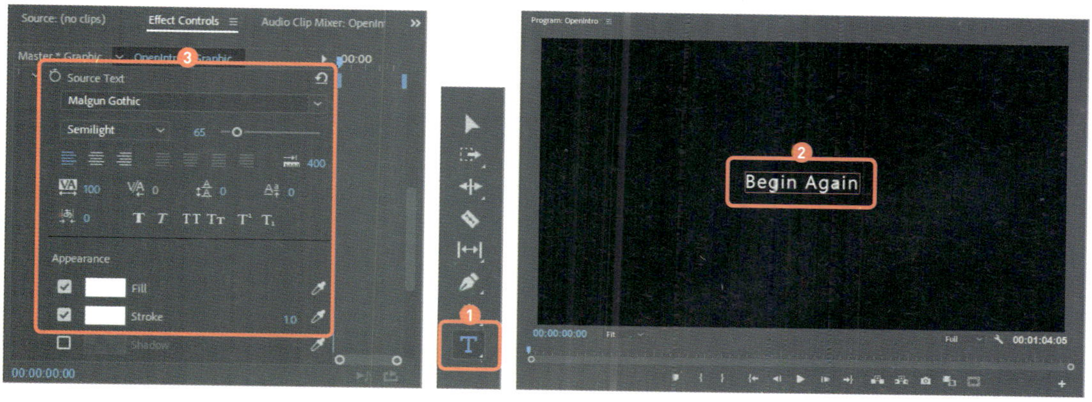

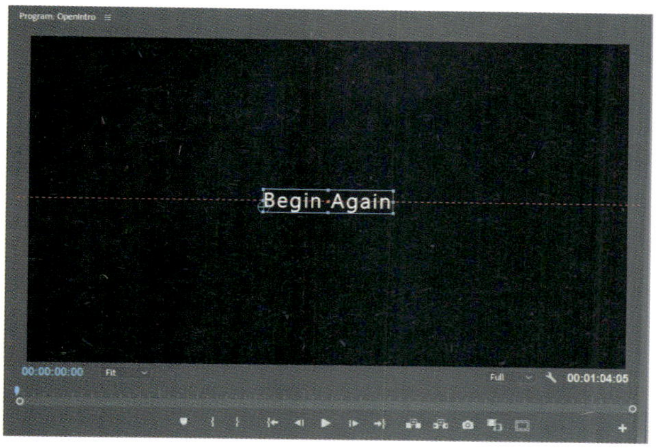

23 타이틀을 화면 중앙에 맞추겠습니다. 선택 툴(▶)을 클릭하고 Ctrl 을 누른 채 텍스트를 클릭해 화면 좌우로 드래그합니다. 텍스트 박스 중앙에 보이는 빨간 점과 화면의 중심선이 만나면 빨간색 점선이 보입니다. 가로와 세로 점선이 보일 때 마우스에서 손을 떼면 텍스트가 화면 중앙에 위치합니다.

24 문이 열리고 타이틀이 보이려면 텍스트 클립이 검정색 화면 아래에 있어야 하므로 타임라인 패널에서 'Begin Again' 텍스트 클립을 비디오 2번(V2) 트랙으로 이동합니다. 비디오 2번(V2) 트랙과 3번(V3) 트랙의 'Black' 소스 클립은 각각 3번(V3) 트랙과 4번(V4) 트랙으로 이동합니다.

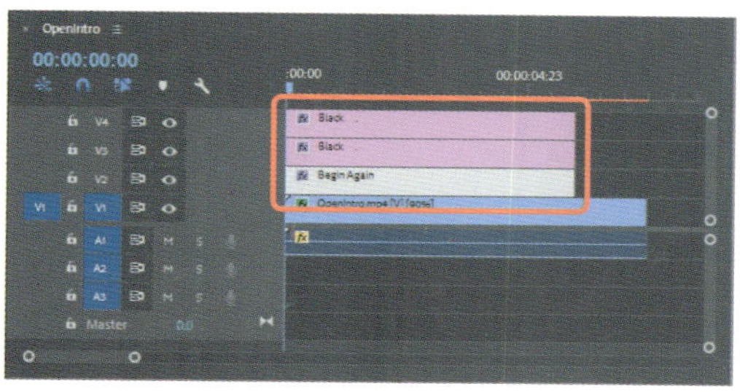

Tip 타임라인 패널의 트랙에서 소스 클립은 덮어쓰기가 되므로 겹치게 이동하면 안 됩니다. 다른 트랙으로 이동하거나 같은 트랙에서 간격을 두고 옆으로 밀어 두었다가 빈 공간으로 드래그해 옮깁니다.

25 타임라인 패널에서 'Begin Again' 텍스트 클립을 선택하고 타임 표시자 위치로 00:00:03:22를 입력한 후 이펙트 패널에서 Gaussian Blur를 검색해 더블클릭해 적용합니다. 이펙트 컨트롤 패널에서 Gaussian Blur ▸ Blurriness 항목의 애니메이션 켜기/끄기 버튼(⏱)을 클릭합니다.

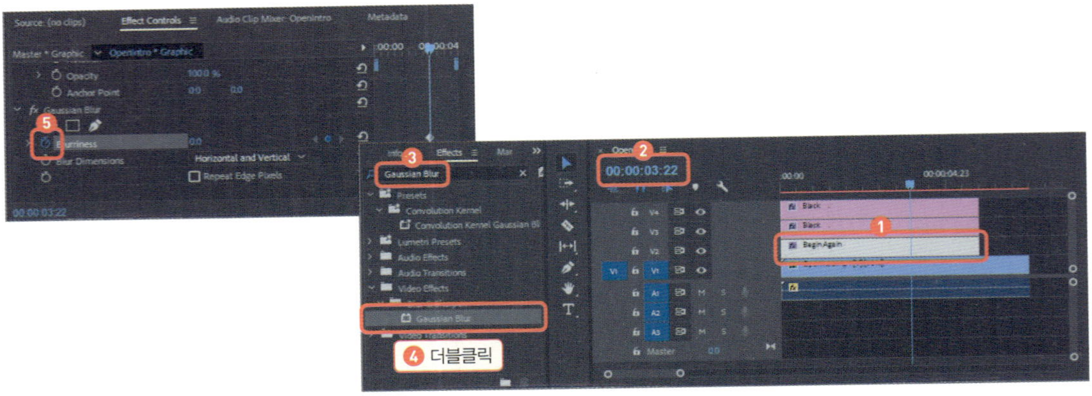

26 타임라인 패널에서 타임 표시자를 00:00:05:22로 이동하고, 이펙트 컨트롤 패널의 Gaussian Blur 항목에서 Blurriness 값을 30으로 설정합니다.

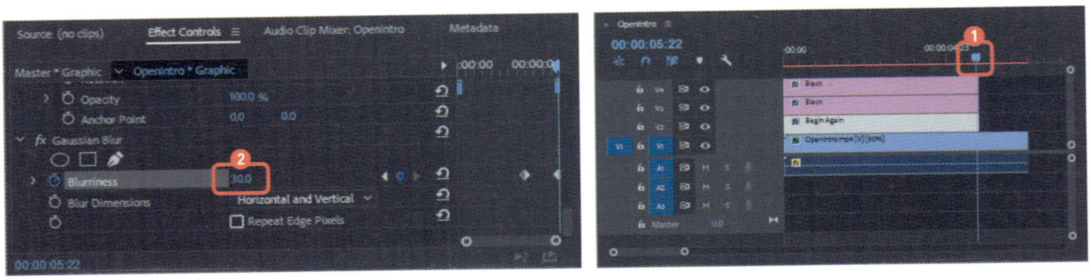

27 타이틀이 점점 사라지게 하겠습니다. 타임라인 패널에서 타임 표시자 위치로 00:00:03:22를 입력하고, 이펙트 패널에서 Cross Dissolve를 검색해 'Begin Again' 클립으로 드래그합니다. 드래그한 Cross Dissolve의 시작점을 타임 표시자까지 드래그하여 Dissolve 시간을 늘립니다.

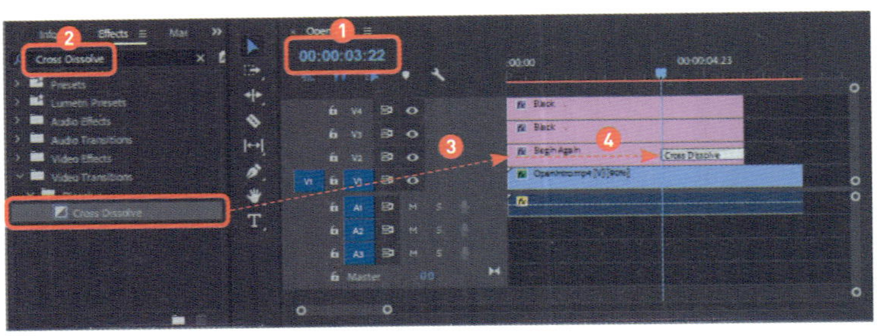

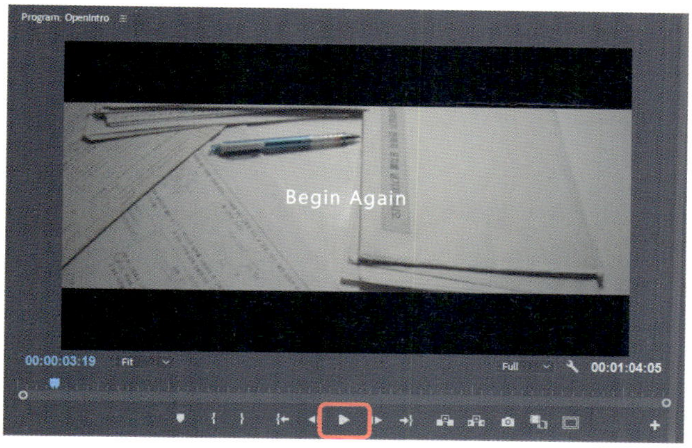

28 프로그램 모니터 패널의 재생 버튼(▶)을 클릭해 완성된 인트로 영상을 확인합니다.

영상 편집 실습 마무리하기

29 원본 영상에서 잘라낸 뒷부분을 연결하기 위해서 타임라인 패널의 빈 공간을 마우스 오른쪽 버튼으로 클릭하고 [Ripple Delete]를 선택합니다.

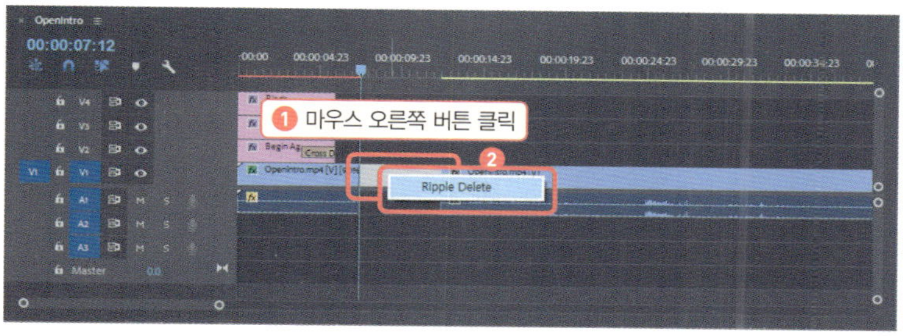

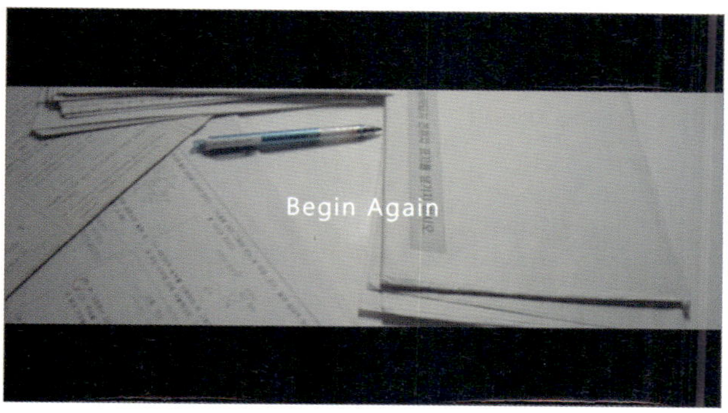

30 프로그램 모니터 패널에서 영상을 재생해 작업 내용을 확인합니다.

SECTION 03

롤링 슬라이드로 화면 전환하기

- **준비파일** RollingSlide.prproj
- **완성파일** RollingSlide_result.prproj

PREVIEW

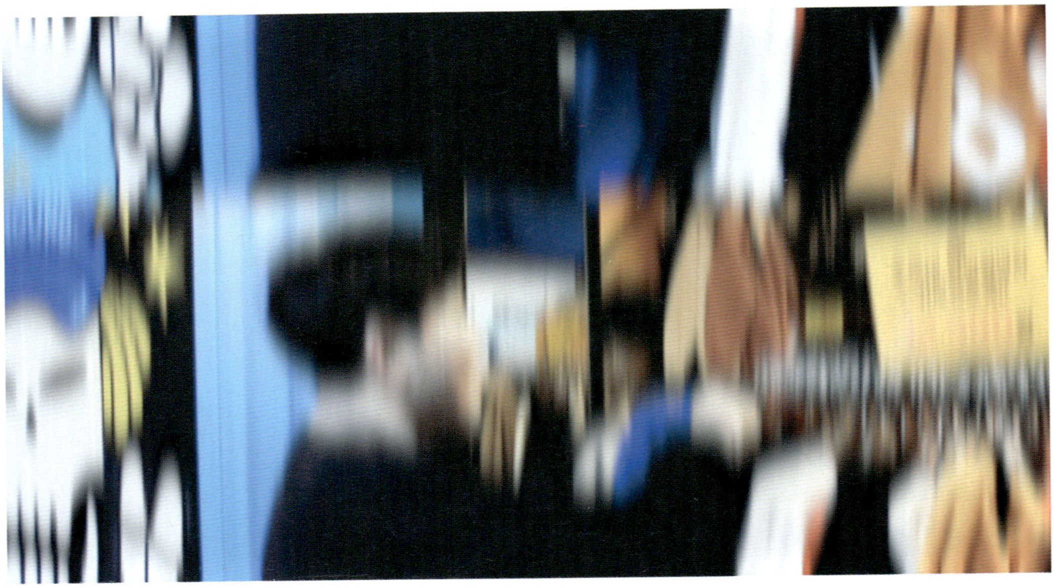

▶ PLAY

OVERVIEW

Adjustment Layer에 Offset과 Gaussian Blur 이펙트를 적용해 수평 또는 수직으로 빠르게 슬라이드되는 장면 전환 효과를 만들어 봅니다. 지루할 수도 있는 영상에 속도 변화를 주면 생동감이 생기듯이 롤링 슬라이드 효과를 적용하면 영상의 몰입도가 높아집니다.

영상 편집 실습 준비하기

01 프리미어 프로를 실행하고 Home 대화상자에서 〈Open Project〉 버튼을 클릭해 'Rollingslide.prproj' 프로젝트 파일을 불러온 후 영상을 확인합니다.

02 프로젝트 패널에서 새 항목 버튼(■)을 클릭해 Adjustment Layer를 만듭니다.

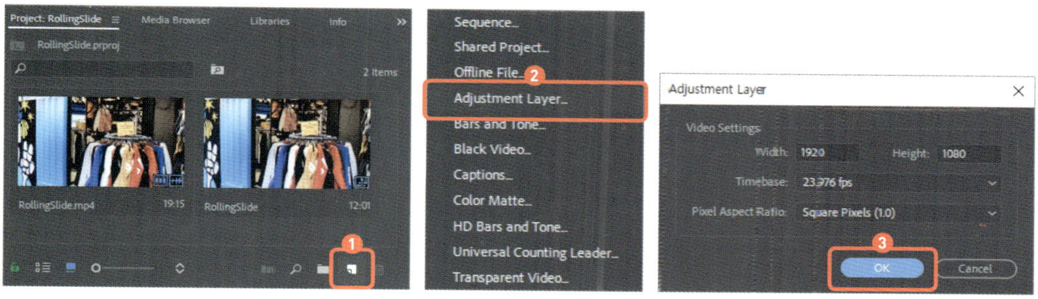

03 프로젝트 패널에서 'Adjustment Layer' 클립의 이름을 'RoI'로 변경하고, 타임라인 패널의 비디오 2번(V2) 트랙으로 드래그합니다.

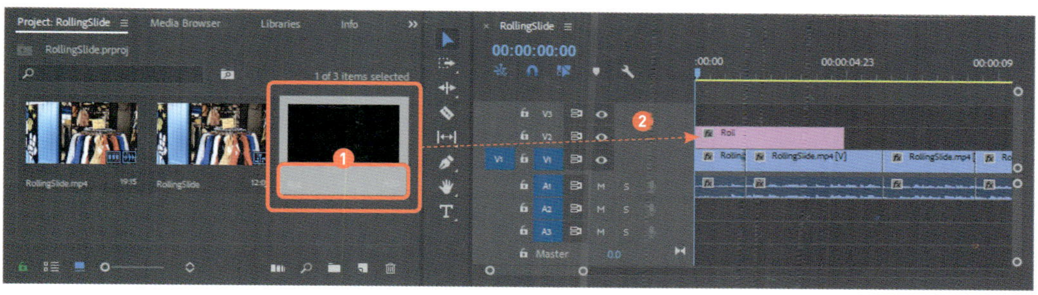

04 타임라인 패널에서 비디오 2번(V2) 트랙의 'Roll' 클립을 1초 뒤(00:00:01:00)로 이동합니다.

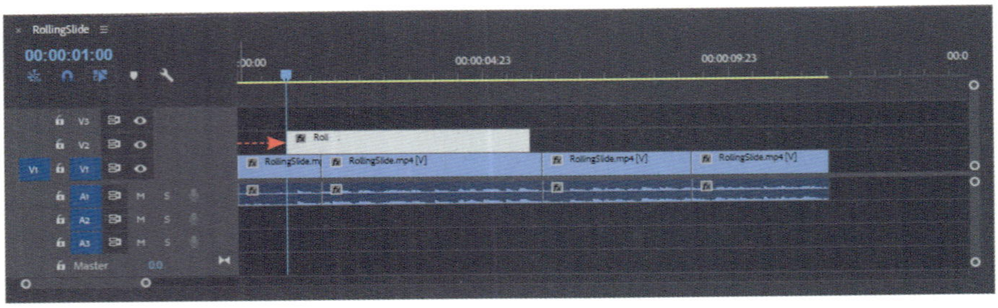

05 타임라인 패널에서 타임 표시자 위치로 00:00:02:16을 입력하고 타임 표시자의 위치에 맞추어 'Roll' 클립을 조절합니다.

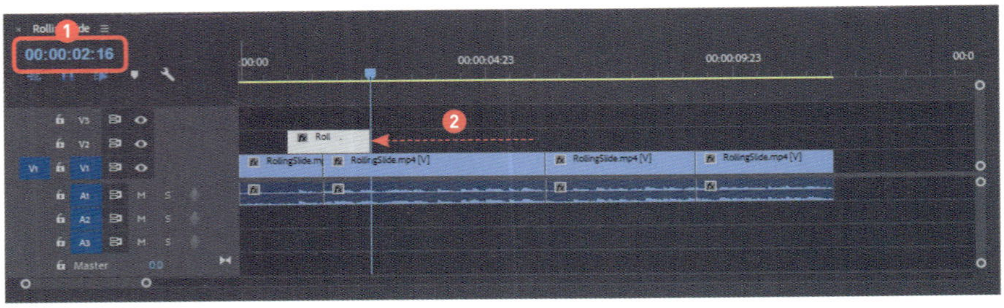

06 타임라인 패널의 타임 표시자를 00:00:05:21로 이동하고 'Roll' 클립을 Alt 를 누른 채 드래그하여 복사합니다.

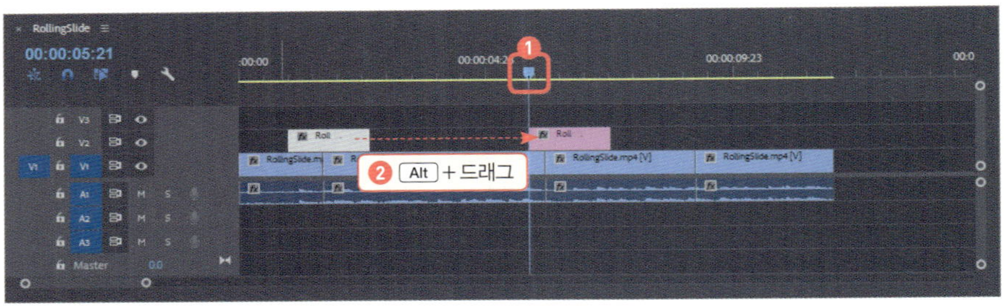

07 타임라인 패널의 타임 표시자를 00:00:09:00으로 이동하고 'Roll' 클립을 Alt 를 누른 채 드래그하여 복사합니다.

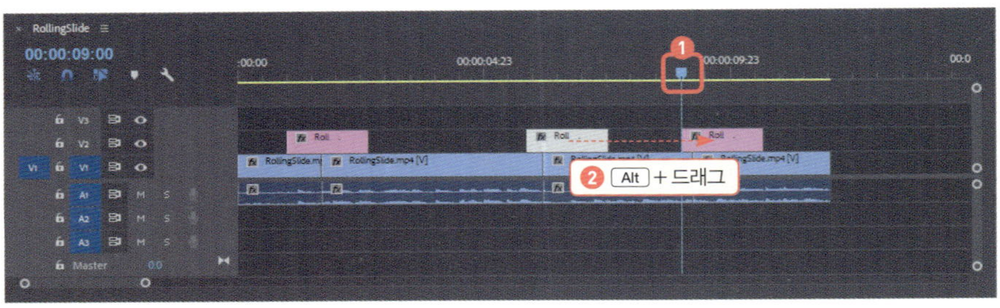

08 타임라인 패널의 타임 표시자를 00:00:09:22로 이동하고 타임 표시자의 위치에 맞추어 'Roll' 클립을 줄입니다.

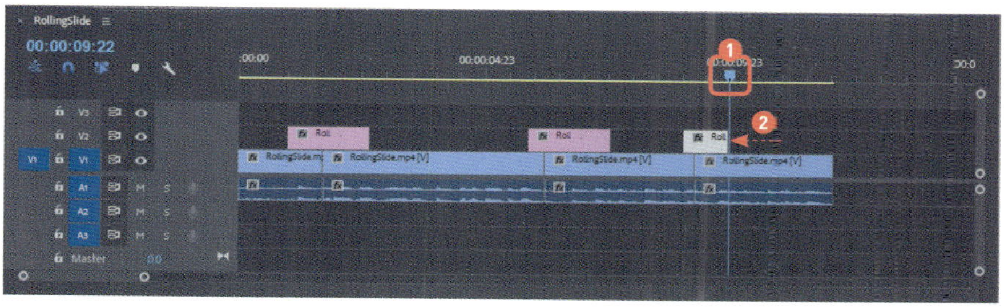

첫 번째 영상에 수평 롤링 슬라이드 적용하기

09 이펙트 패널에서 Offset을 검색하여 첫 번째 'Roll' 클립에 적용하고, 이펙트 컨트롤 패널에서 Offset 항목의 Shift Center To의 애니메이션 켜기/끄기 버튼(⏱)을 클릭해 'Roll' 클립의 시작점에 키프레임을 만듭니다.

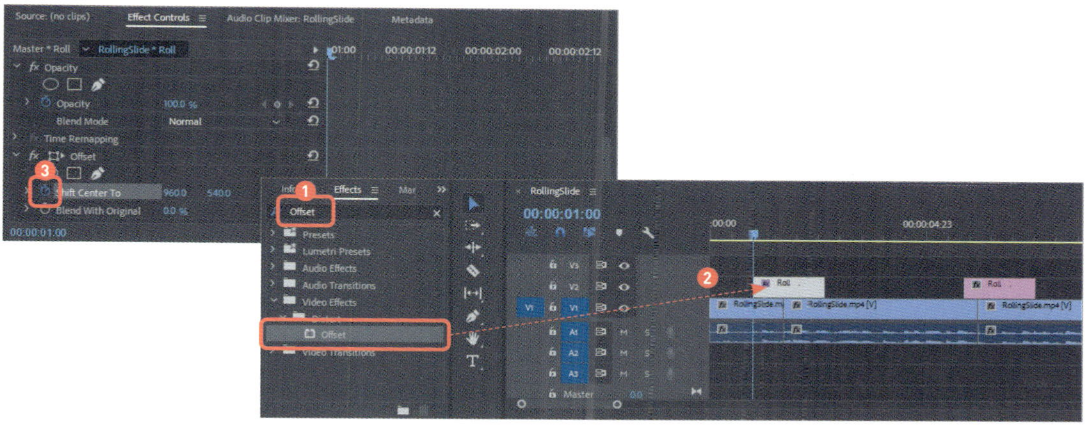

10 이펙트 컨트롤 패널에서 미니 타임라인의 타임 표시자를 중간 지점으로 옮기고, Offset ▸ Shift Center To 항목의 가로 이동 수치를 18240으로 설정합니다.

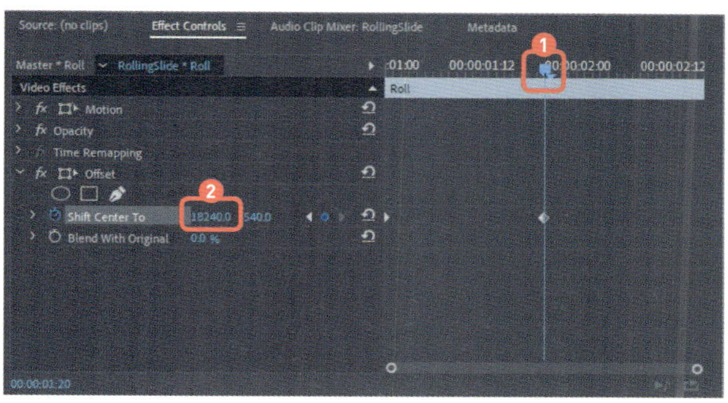

11 이펙트 패널에서 Gaussian Blur를 검색하여 타임라인 패널의 첫 번째 'Roll' 클립에 적용합니다.

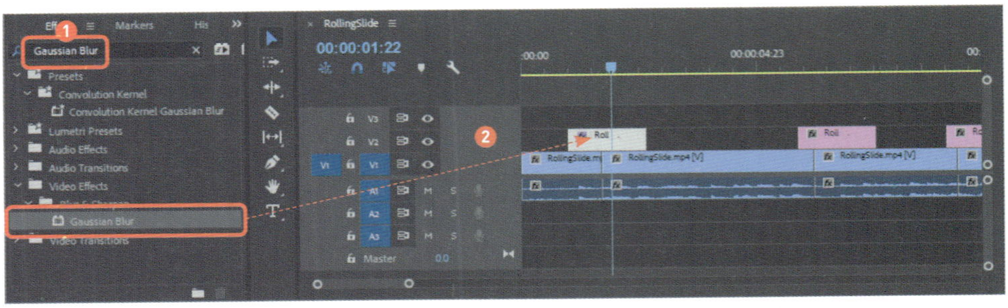

12 이펙트 컨트롤 패널에서 Gaussian Blur ▸ Blurriness 항목의 애니메이션 켜기/끄기 버튼(⏱)을 클릭해 키프레임을 만듭니다.

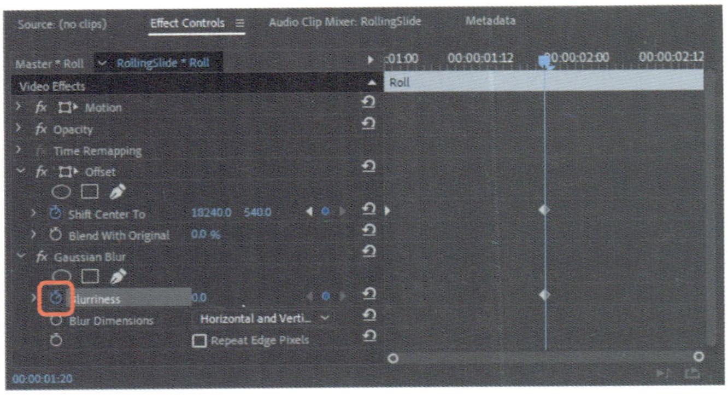

13 이펙트 컨트롤 패널 오른쪽 미니 타임라인의 타임 표시자를 Offset의 두 키프레임의 중간 지점(00:00:01:11)에 위치시키고 Gaussian Blur ▸ Blurriness 값을 120으로 변경합니다.

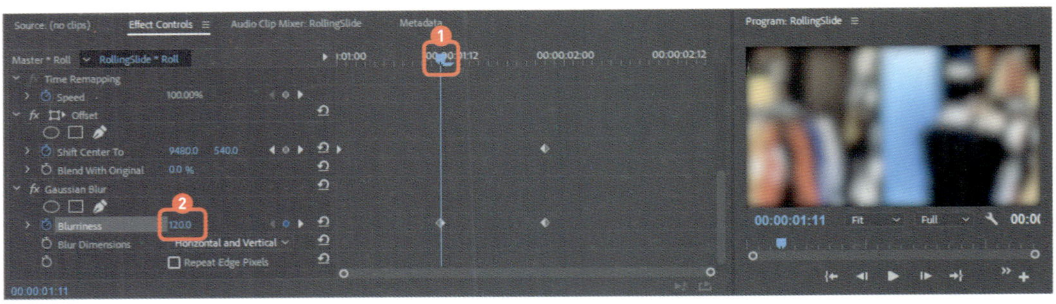

14 타임라인 패널에서 'Roll' 클립의 시작점인 00:00:01:00에 타임 표시자를 위치시키고 이펙트 컨트롤 패널에서 Gaussian Blur ▶ Blurriness 값을 0으로 설정합니다. Offset 속성의 두 키프레임을 선택하고 마우스 오른쪽 버튼을 클릭해 팝업 메뉴에서 [Time Interpolation]–[Bezier]를 선택합니다.

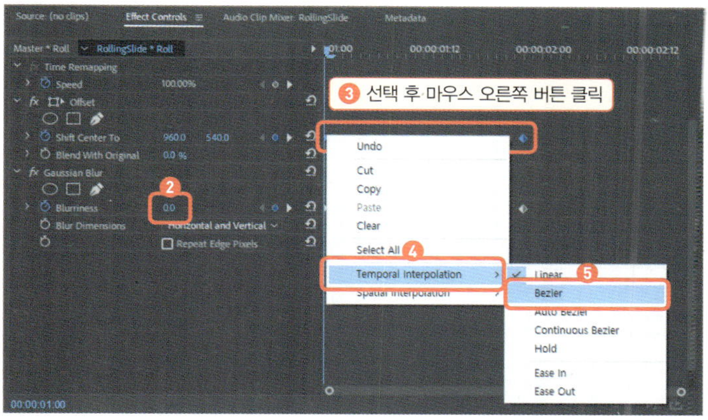

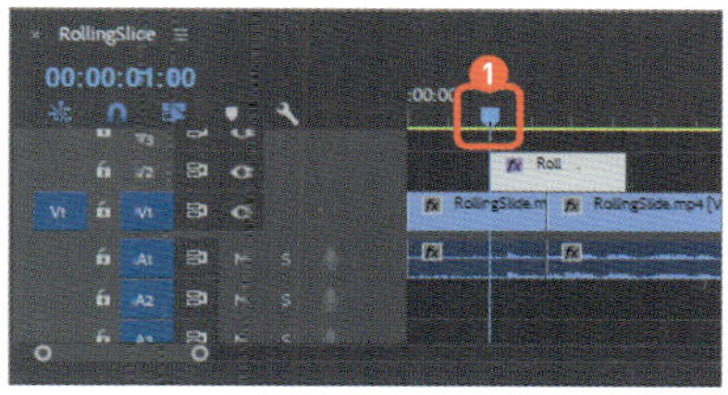

15 이펙트 컨트롤 패널에서 Offset ▶ Shift Center To의 확장 탭을 클릭하면 나타나는 베지어 곡선의 조절자를 다음과 같이 드래그합니다. 슬라이드가 넘어가는 속도가 빨라지다가 다시 느려집니다.

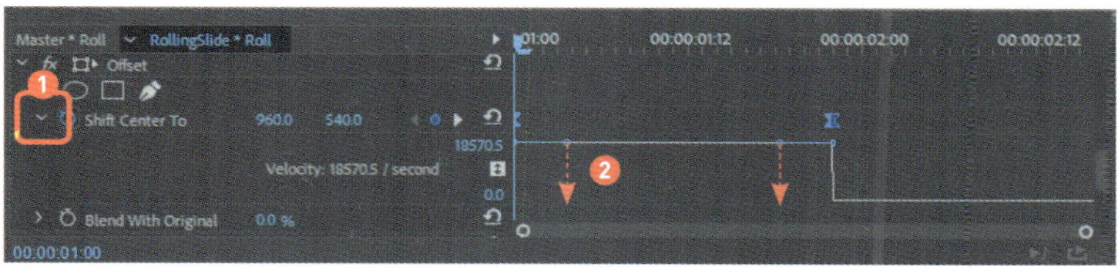

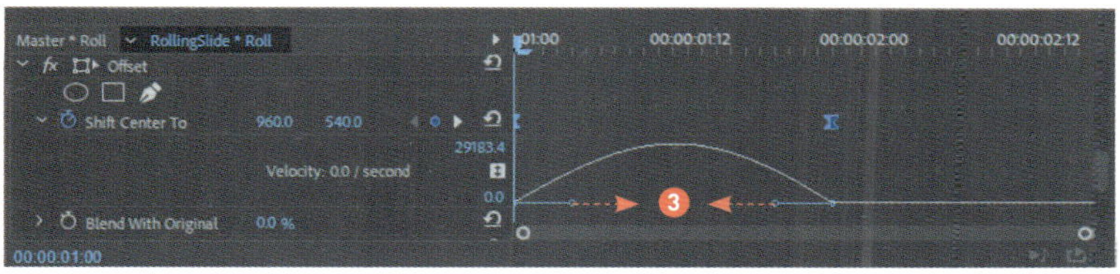

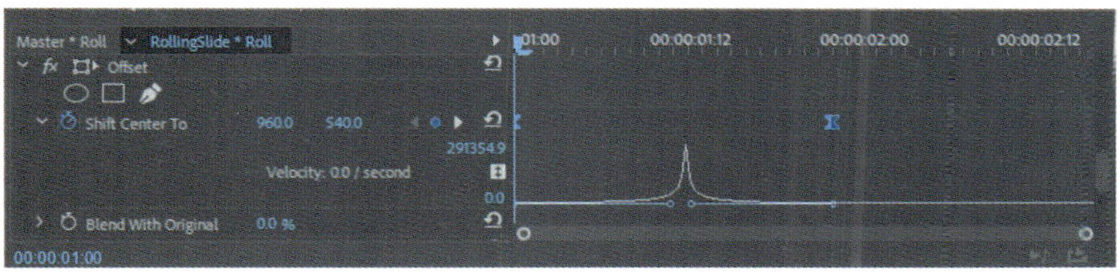

Tip 그래프의 가로는 시간이고 세로는 Shift Center To의 수치입니다.

16 프로그램 모니터 패널에서 재생 버튼(▶)을 클릭해 영상을 확인하면서 Offset ▸ Shift Center To 항목과 Gaussian Blur ▸ Blurriness 항목의 키프레임을 오른쪽으로 이동시킵니다. 가로 슬라이드가 빠르게 반복되므로 Blur Dimensions를 Horizontal로 변경하고, Repeat Edge Pixels에 체크합니다.

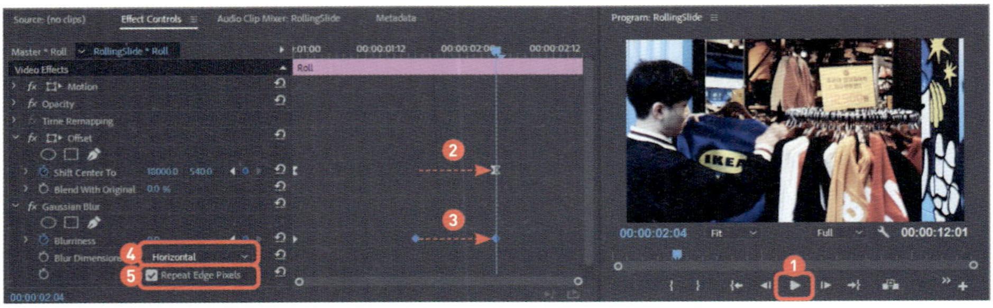

Tip Repeat Edge Pixels를 체크해야 블러(Blur) 효과를 주었을 때 화면의 테두리가 검게 되지 않습니다.

두 번째 영상에 수직 롤링 슬라이드 적용하기

17 두 번째 'Roll' 클립에는 위에서 아래로 롤 슬라이드되는 효과를 만들겠습니다. 타임라인 패널에서 두 번째 'Roll' 클립을 선택하고, 09~16 과정을 반복합니다. 다음 이펙트 컨트롤 패널 이미지를 참고합니다. 프로그램 모니터 패널에서 재생 버튼(▶)을 클릭해 영상을 확인합니다.

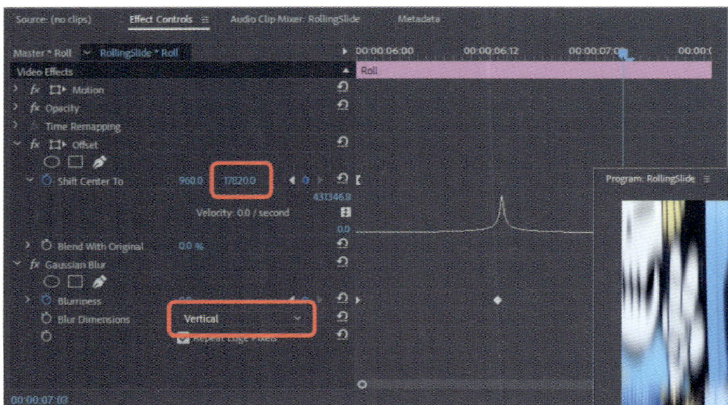

Tip 이펙트 컨트롤 패널에서 Offset 항목의 Shift Center To의 세로 값을 17820으로 설정하고, 수직으로 움직이기 때문에 Blur Dimensions를 Vertical로 변경합니다.

세 번째 영상에 수평 롤링 슬라이드 적용하기

18 세 번째 'Roll' 클립에는 첫 번째 클립과 마찬가지로 가로 방향으로 롤 슬라이드되는 효과를 만들겠습니다. 타임라인 패널에서 세 번째 'Roll' 클립을 선택하고, 09~16 과정을 반복합니다. 다음 이펙트 컨트롤 패널의 이미지를 참고합니다. 세 번째 'Roll' 클립의 길이가 짧으므로 첫 번째 'Roll' 클립보다 슬라이드가 반복되는 속도가 더 빨라집니다.

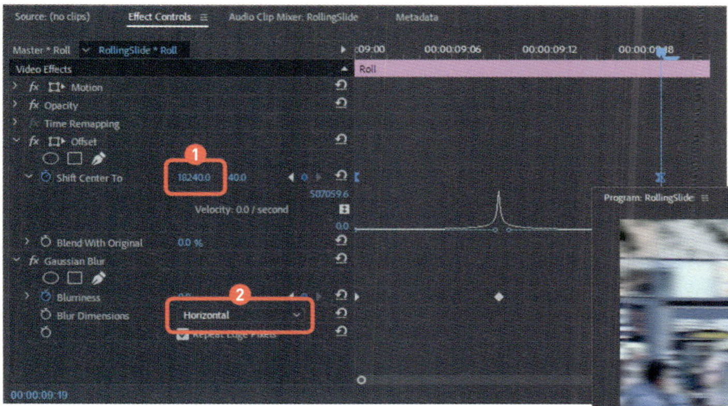

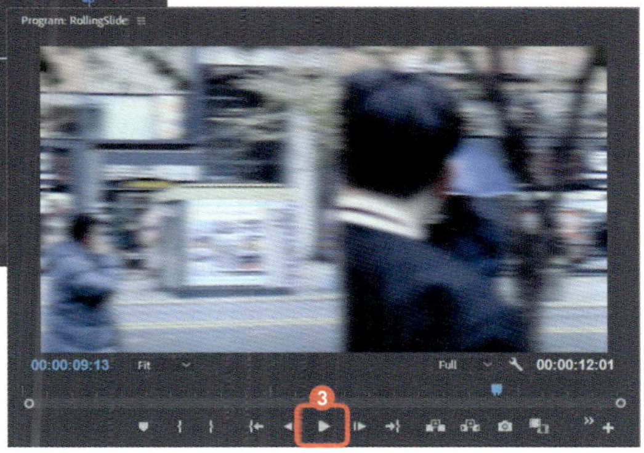

Tip 이펙트 컨트롤 패널에서 Offset ▸ Shift Center To 항목의 가로 값을 18240으로 설정하고, 수평으로 움직이기 때문에 Blur Dimensions를 Horizontal로 변경합니다.

SECTION 04

조명 효과로 강조하기

- **준비파일** Relighting.prproj
- **완성파일** Relighting_result.prproj

■ PREVIEW

▶ PLAY

OVERVIEW

영상에서 주제 부분을 부각시키려면 조명을 이용할 수도 있습니다. 프리미어 프로에서 Lighting Effect와 Blende Mode를 이용한 조명 효과를 배워 봅니다. 밝은 부분과 어두운 부분을 나누어 보는 사람의 시선을 의도대로 이끌 수 있도록 합니다.

Lighting Effects 적용하기

01 프리미어 프로를 실행하고 Home 대화상자에서 〈Open Project〉 버튼을 클릭해 'Relighting.prproj' 프로젝트 파일을 불러온 후 영상을 확인합니다.

02 타임라인 패널에서 소스 클립을 마우스 오른쪽 버튼으로 클릭하고 팝업 메뉴에서 [Unlink]를 선택해 비디오와 오디오를 분리합니다.

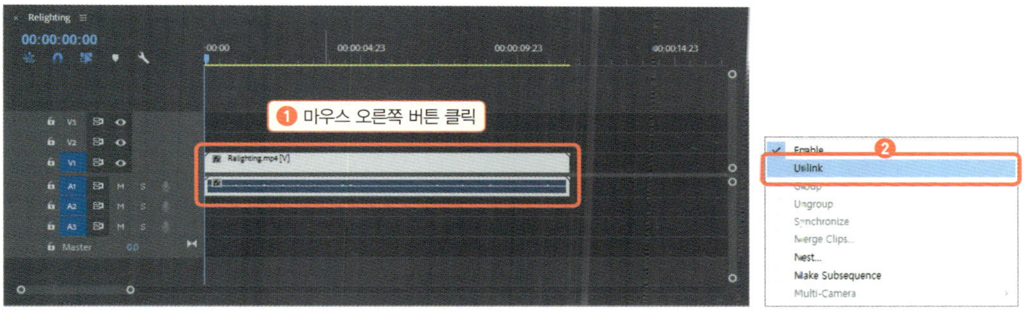

03 타임라인 패널에서 비디오 1번(V1) 트랙의 소스 클립을 Alt 를 누른 채 비디오 2번(V2) 트랙으로 드래그하여 복사합니다. 이펙트 패널에서 Lighting Effects를 검색하여 비디오 2번(V2) 트랙으로 드래그하면 프로그램 모니터 패널의 화면에서 조명 효과가 적용된 것을 확인할 수 있습니다.

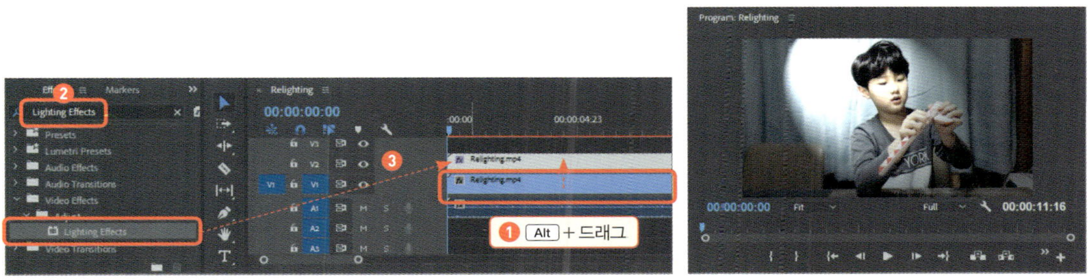

04 이펙트 컨트롤 패널에서 Lighting Effectsn ▸ Light 1 항목의 확장 탭을 클릭해 열고 Light Type을 Spotlight로 설정한 후 Center 값은 977, 676, Major Radius 값은 35, Minor Radius 값은 20, Angle 값은 54로 설정합니다. Lighting Effectsn ▸ Ambience Intensity 값은 15로 조정합니다.

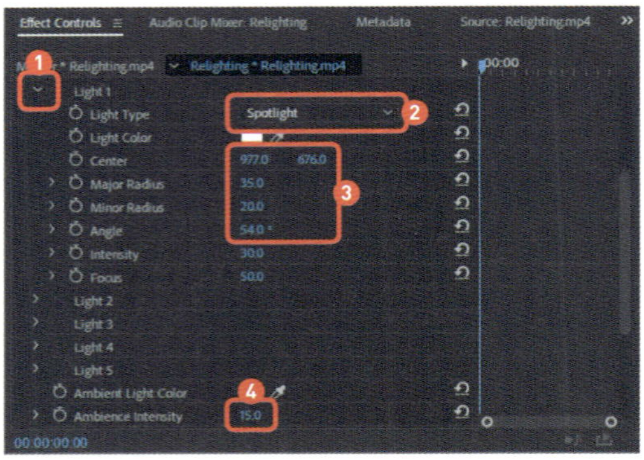

05 이펙트 컨트롤 패널에서 Lighting Effects ▸ Ligh 2 항목을 열고 Light Type은 Spotlight, Center 값은 1103, 564, Major Radius 값은 47, Minor Radius 값은 19로 설정합니다.

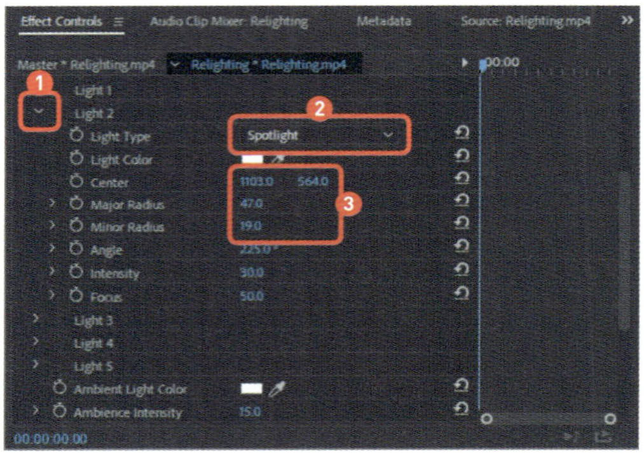

06 이펙트 컨트롤 패널에서 Opacity 항목의 Blend Mode를 Multiply로 변경하면 소스 클립의 그림자가 강조됩니다. 어두운 부분이 자연스럽게 보이도록 Opacity 값을 69%로 낮춥니다.

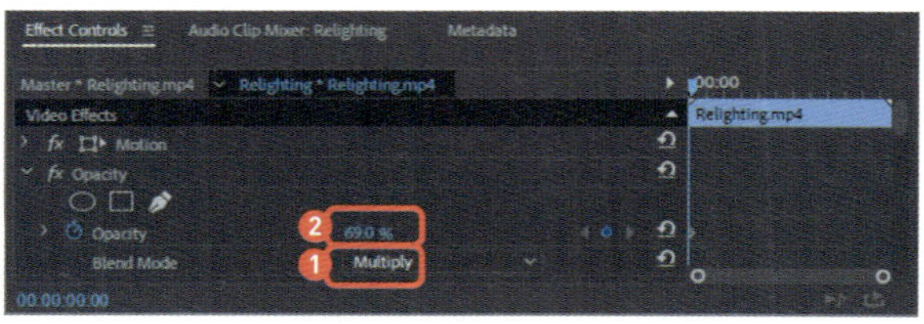

조명의 밝은 부분이 강조되어 보이도록 설정하기

07 타임라인 패널에서 비디오 2번(V2) 트랙의 비디오 클립을 Alt 를 누른 채 비디오 3번(V3) 트랙으로 드래그하여 복사하고, 비디오 3번(V3) 트랙을 선택합니다.

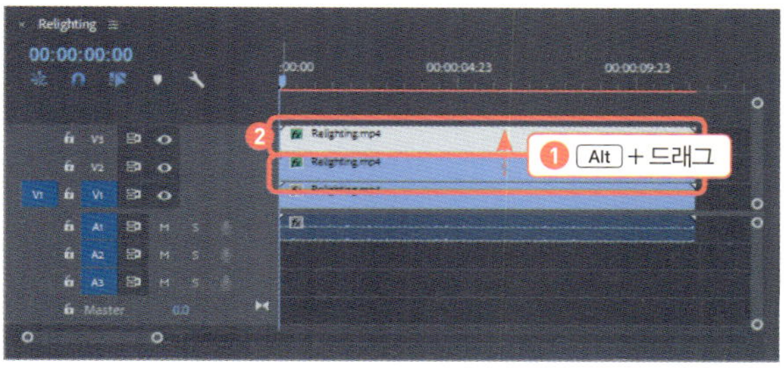

08 비디오 3번(V3) 트랙의 소스 클립에서 조명의 밝은 부분이 강조되어 보이도록 이펙트 컨트롤 패널에서 Opacity 항목의 Blend Mode를 Screen으로 변경하고, Opacity 값을 62%로 설정합니다.

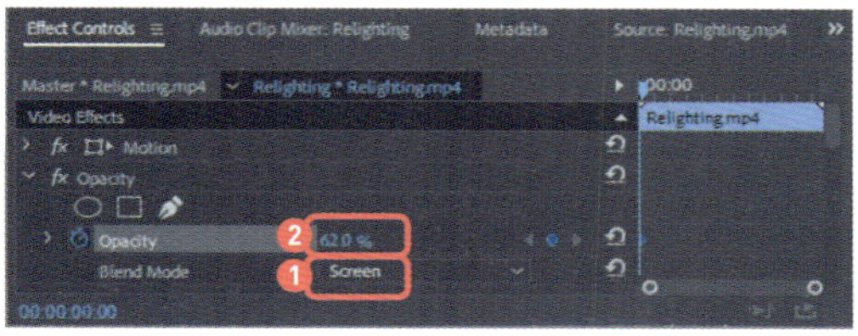

09 프로젝트 패널에서 'Relighting.mp4' 파일을 더블클릭해 소스 모니터 패널에 재생하고, 소스 모니터 패널의 원본 영상과 프로그램 모니터 패널의 조명 효과를 강조한 영상을 비교해 봅니다.

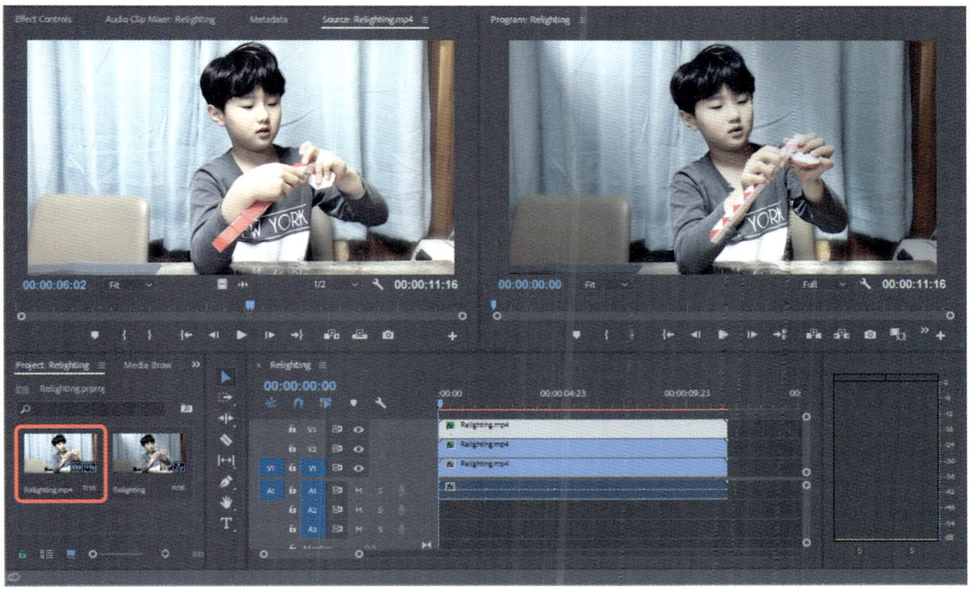

SECTION

05

모자이크와 음성변조 적용하기

- **준비파일** Mosaic&PitchShifter.prproj
- **완성파일** Mosaic&PitchShifter_result.prproj

■ PREVIEW

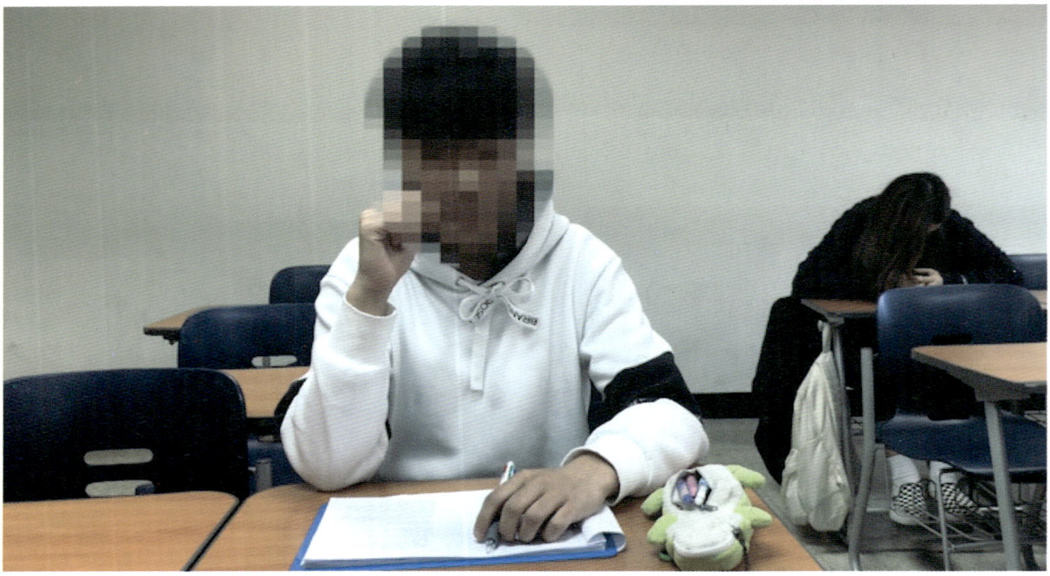

▶ PLAY

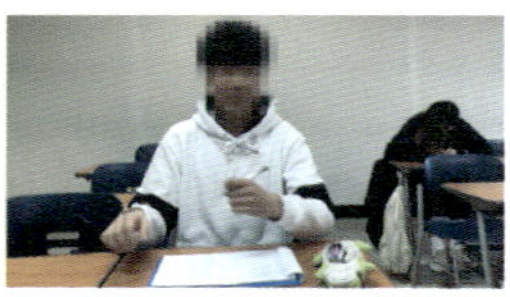

OVERVIEW

뉴스나 다큐멘터리 프로그램의 인터뷰에서 종종 볼 수 있는 모자이크와 음성변조 효과를 적용해 봅니다. 프리미어 프로에서 Mosaic과 Pitch Shifter 이펙트를 이용하면 손쉽게 몇 번의 조작만으로 모자이크와 음성변조가 적용된 영상을 만들 수 있습니다.

모자이크와 음성변조 적용하기 1

01 프리미어 프로를 실행하고 Home 대화상자에서 〈Open Project〉 버튼을 클릭해 'Mosaic&PitchShifter.prpoj' 프로젝트 파일을 불러온 후 영상을 확인합니다.

02 타임라인 패널의 소스 클립을 마우스 오른쪽 버튼으로 클릭하고 팝업 메뉴에서 [Unlink]를 선택해 비디오와 오디오를 분리합니다.

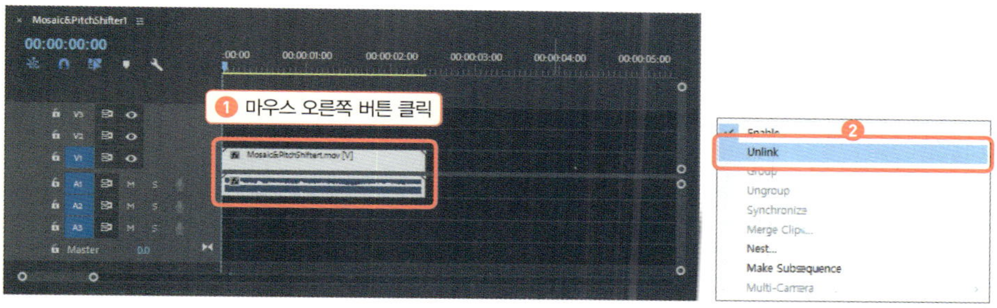

03 타임라인 패널에서 비디오 1번(V1) 트랙의 'Mosaic&PitchShifter1' 소스 클립을 Alt 를 누른 채 비디오 2번(V2) 트랙으로 드래그하여 복사한 후, 이펙트 패널에서 Mosaic을 검색하여 비디오 2번(V2) 트랙의 소스 클립으로 드래그하여 효과를 적용합니다.

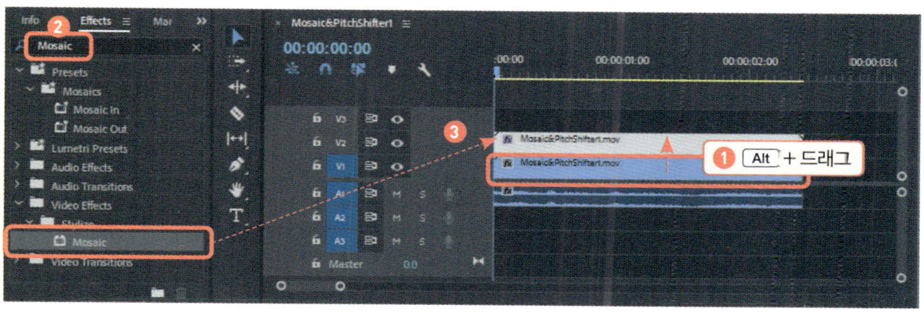

04 이펙트 컨트롤 패널에서 Mosaic 항목의 Horizontal Blocks 값과 Vertical Blocks 값을 각각 55로 설정합니다.

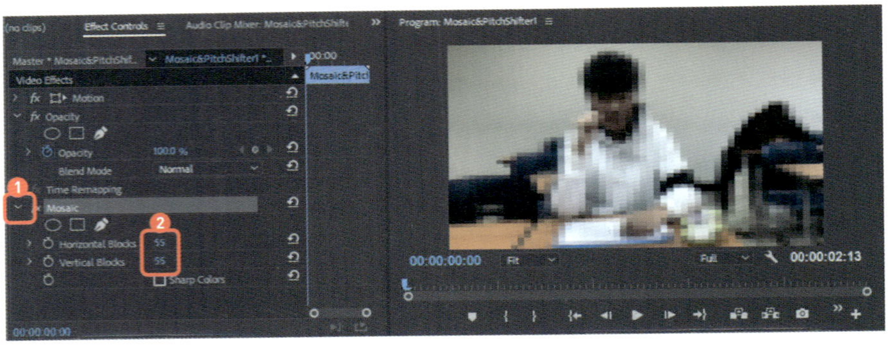

Tip 블록의 경계를 부드럽게 하려면 Sharp Color는 체크하지 않습니다.

05 이펙트 컨트롤 패널에서 Opacity 항목의 원형 마스크 툴(⬭)을 클릭하고, 프로그램 모니터 패널의 화면에서 마스크 포인터를 드래그하여 얼굴 부분에 맞춥니다.

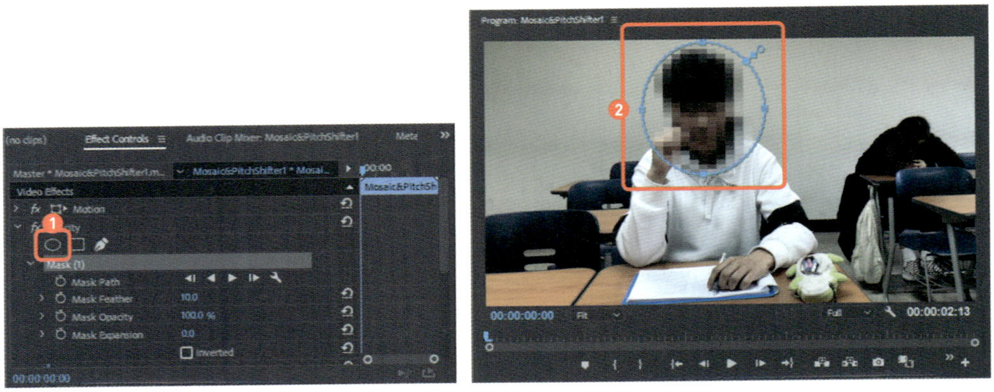

06 프로그램 모니터 패널을 재생해 마스크가 얼굴의 움직임을 벗어나는 부분이 있는지 확인합니다.

07 마스크 패스가 얼굴을 벗어나는 부분이 없도록 하겠습니다. 이펙트 컨트롤 패널의 '선택한 마스크 앞으로 추적' 버튼(▶)을 클릭합니다.

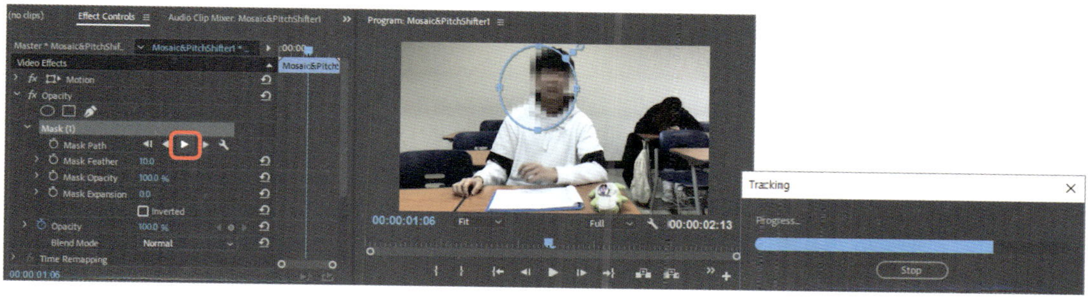

08 오디오 1(A1) 트랙의 오디오 클립을 선택하고 이펙트 패널에서 Pitch Shifter를 검색해 더블클릭합니다.

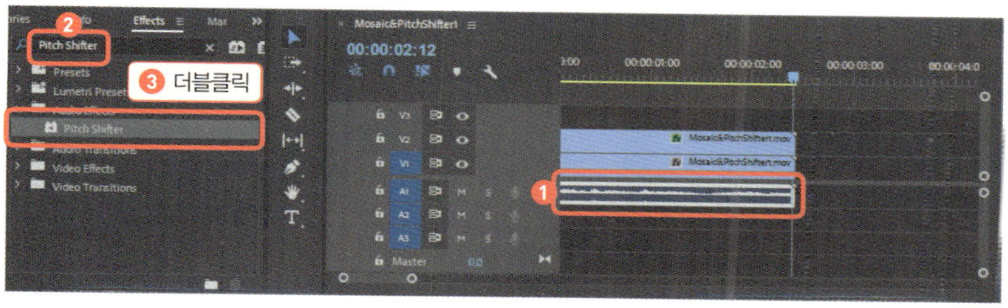

Tip 오디오 클립에 대해서는 다음 장인 Chapter 12에서 자세히 다룹니다.

09 이펙트 컨트롤 패널의 Pitch Shifter 항목에서 Custom Setup의 〈Edit〉 버튼을 클릭하고 Presets 네 종류를 각각 선택해 재생해 본 후 원하는 효과를 선택합니다.

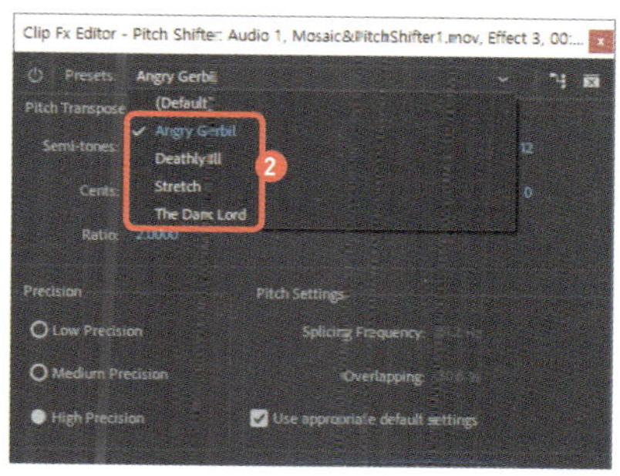

10 프로그램 모니터 패널에서 영상을 재생해 작업 내용을 확인합니다.

모자이크와 음성변조 적용하기 2

11 단축키 Ctrl+I를 눌러 Import 대화상자가 열리면 'Mosaic&PitchShifter2.mp4' 파일을 선택하고 〈열기〉 버튼을 클릭합니다.

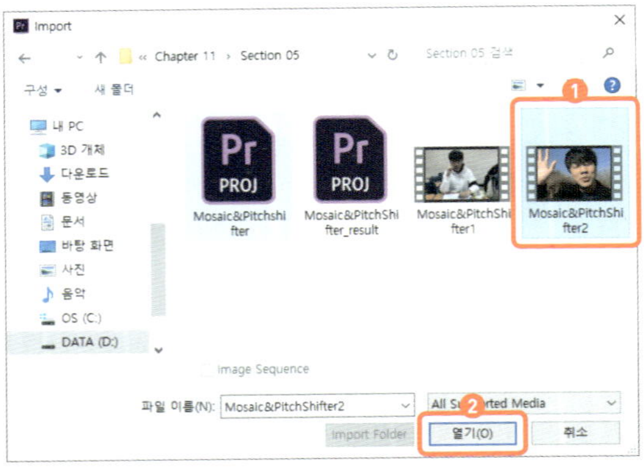

12 프로젝트 패널에 불러온 'Mosaic&PitchShifter2' 소스 클립을 타임라인 패널에 드래그하고 마우스 오른쪽 버튼으로 클릭해 팝업 메뉴에서 [Unlink]를 선택합니다.

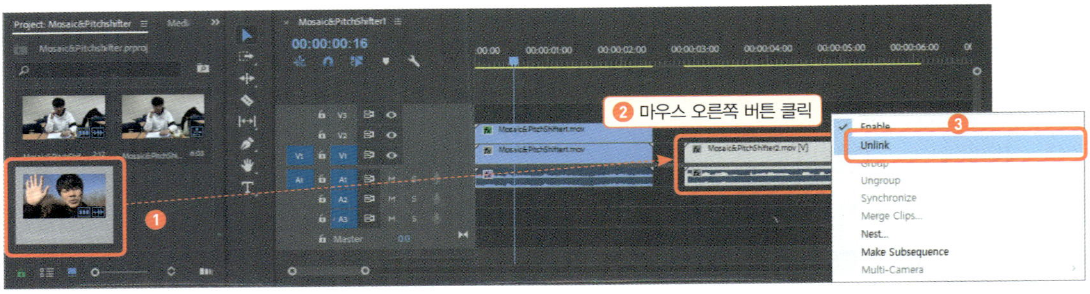

13 타임라인 패널에서 비디오 1번(V1) 트랙의 'Mosaic&PitchShifter2' 소스 클립을 Alt를 누른 채 비디오 2번(V2) 트랙으로 드래그하여 복사하고, 이펙트 패널에서 Gaussian Blur을 검색해 비디오 2번(V2) 트랙의 소스 클립으로 드래그하여 효과를 적용합니다.

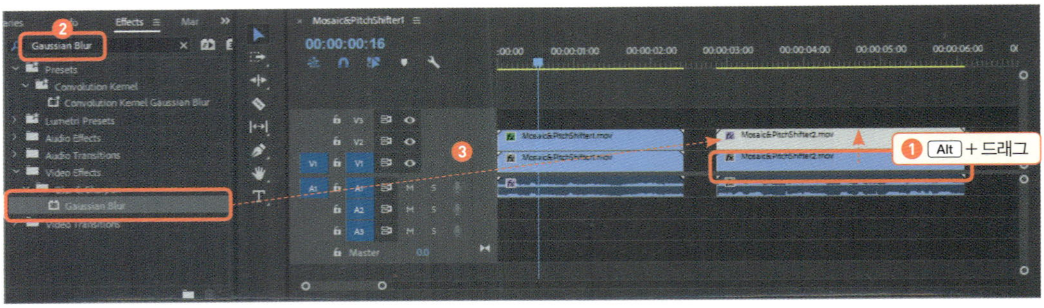

14 이펙트 컨트롤 패널의 Gaussian Blur 항목에서 Blurriness를 143으로 설정한 후 원형 마스크 툴(◯)을 클릭하고 프로그램 모니터 패널에서 포인터를 이동시켜 얼굴 부분에 맞춥니다

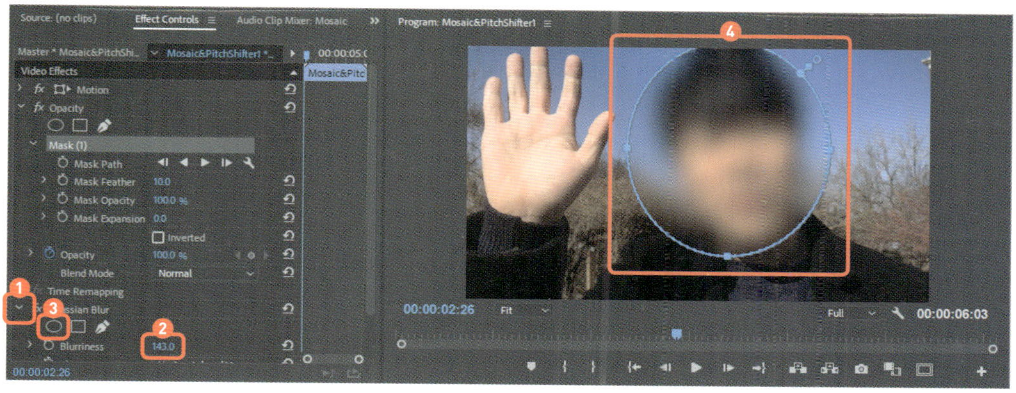

15 이펙트 컨트롤 패널의 Opacity ▸ Mask(1) 항목에서 Mask Feather 값은 114, Mask Expansion 값은 19로 변경하고, '선택한 마스크 앞으로 추적' 버튼(▶)을 클릭합니다.

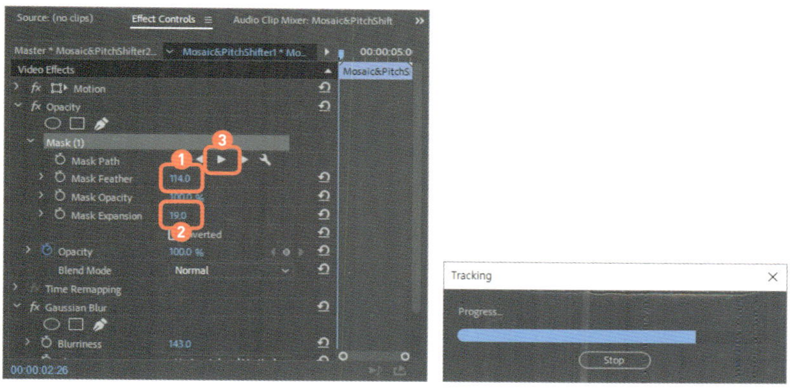

Tip Gaussian Blur 효과를 이용하면 Mosaic 효과를 적용했을 때보다 부드럽게 얼굴을 가릴 수 있습니다. 상황에 따라 더 어울리는 효과를 사용하면 됩니다.

16 오디오 1번(A1) 트랙의 'Mosaic&PitchShifter2' 오디오 클립을 선탁하고 이펙트 패널에서 Pitch Shifter를 검색해 더블클릭합니다.

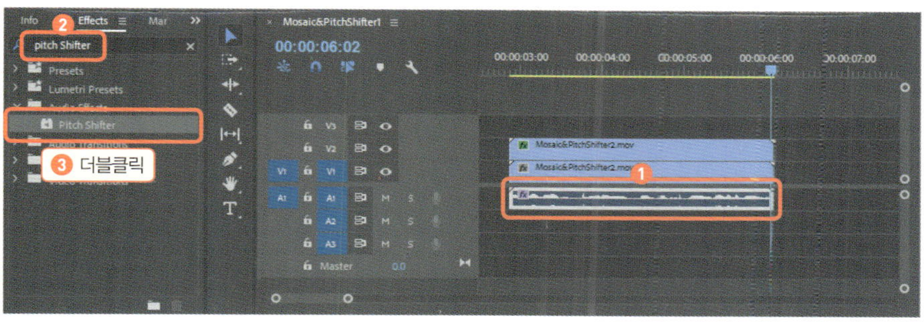

17 이펙트 컨트롤 패널의 Pitch Shifter 항목에서 Custom Setup의 〈Edit〉 버튼을 클릭하고 Preset에서 [Stretch]를 선택합니다.

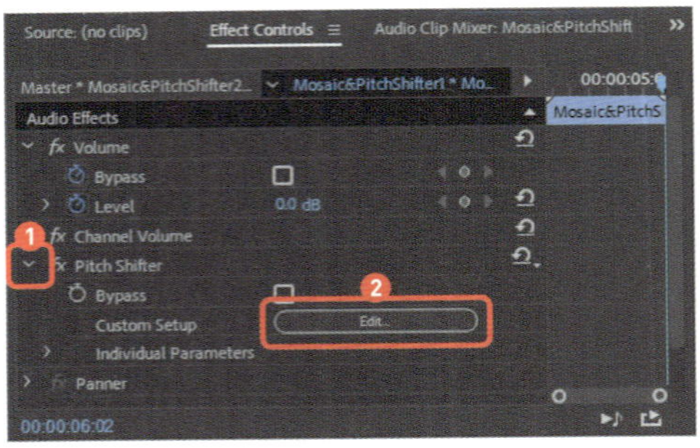

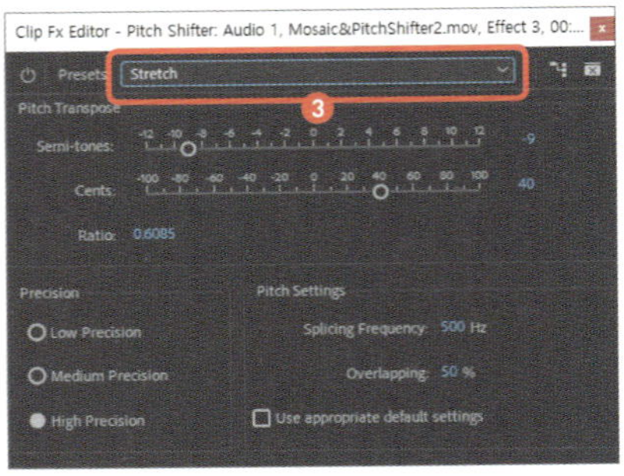

18 프로그램 모니터 패널에서 영상을 재생해 작업 내용을 확인합니다.

PART

04

영상 편집 심화 작업

CHAPTER

12

오디오 편집

진공 상태가 아니라면 언제 어디든 무슨 소리라도 존재하기 때문에 오디오는 영상의 필수 조건입니다. 영상 제작에 필요한 오디오는 대사, 내레이션, 배경음악, 효과음, 현장음으로 나눌 수 있습니다. 장면에 따라 대사, 내레이션, 배경음악이 없는 경우는 있지만, 특별히 의도한 경우가 아니라면 현장음이 없는 경우는 없습니다. 위의 오디오들을 각각 녹음하여 다른 소스 클립으로 편집하는 것이 전문적인 방법이지만, 1인 미디어 창작 시대가 되면서 다양한 방법으로 보완되고 있습니다. 이 CHAPTER에서는 오디오를 편집하고 영상에 어울리는 효과를 적용하는 방법에 대해 알아보겠습니다.

Section 01 / 오디오 클립의 볼륨 조절하기
Section 02 / 오디오 클립에 페이드 아웃 적용하기
Section 03 / 오디오 소음 복구하기
Section 04 / 음성 노이즈 제거하기
Section 05 / 오디오 트랙 믹서 활용하기

SECTION 01

오디오 클립의 볼륨 조절하기

- **준비파일** AudioClip.prproj
- **완성파일** AudioClip_result.prproj

촬영할 때마다 영상의 색감과 분위기를 맞추기 어려운 것처럼 오디오의 볼륨 레벨(Level) 값을 비슷하게 유지하는 것도 어렵습니다. 인터뷰 영상의 오디오 소스의 경우 사람마다 목소리 크기가 달라서 편집할 때 레벨을 조절해야 합니다. 오디오 메터스(Audio Meters) 패널을 보면 오디오의 레벨 값의 차이를 눈으로 확인할 수 있습니다. 또한, 레벨 값의 최대치를 초과한 경우 그래프의 색을 다르게 표현하여 볼륨 조절을 해야 할 부분을 알 수 있습니다. 오디오 메터스 패널을 보면서 오디오의 볼륨을 조절해 봅니다.

오디오 메터스 패널 확인하기

01 프리미어 프로를 실행하고 Home 대화상자에서 〈Open Project〉 버튼을 클릭해 'AudioClip.prpoj' 프로젝트 파일을 불러온 후 영상을 확인합니다.

02 타임라인 패널에서 오디오 3번(A3) 트랙의 첫 번째 소스 클립을 선택합니다.

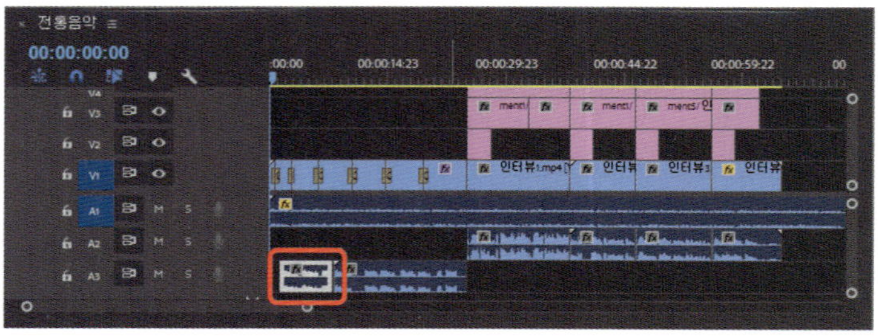

03 프로그램 모니터 패널의 재생 버튼(▶)을 클릭해 재생하면 타임라인 패널 오른쪽에 있는 오디오 메터스(Audio Meters) 패널에 오디오 볼륨의 레벨 값이 그래디언트 그래프로 표시됩니다.

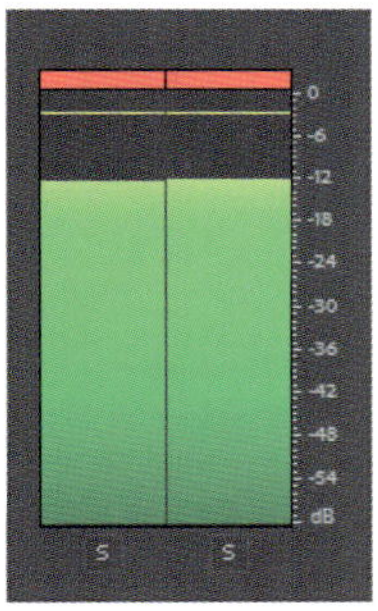

04 오디오 볼륨의 레벨이 최대치를 초과하면 오디오 메터스 패널의 위쪽 클리핑 영역이 붉은색으로 표시됩니다. 레벨 값이 최대치를 초과하면 클리핑 노이즈가 생겨 오디오가 깨끗하게 들리지 않을 수 있으므로 해당 오디오 볼륨을 적절하게 조절해야 합니다.

이펙트 컨트롤 패널에서 볼륨 레벨 조절하기

05 타임라인 패널에서 오디오 2번(A2) 트랙의 첫 번째 소스 클립을 선택합니다.

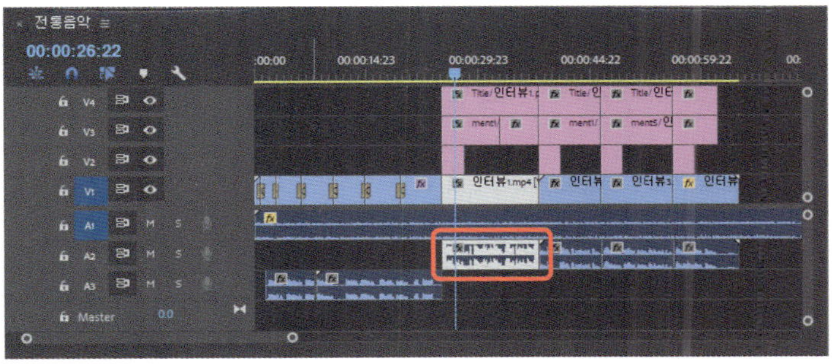

06 이펙트 컨트롤 패널의 Audio Effects 항목에서 해당 오디오 클립의 Volume, Channel Volume, Panner 속성을 설정할 수 있습니다.

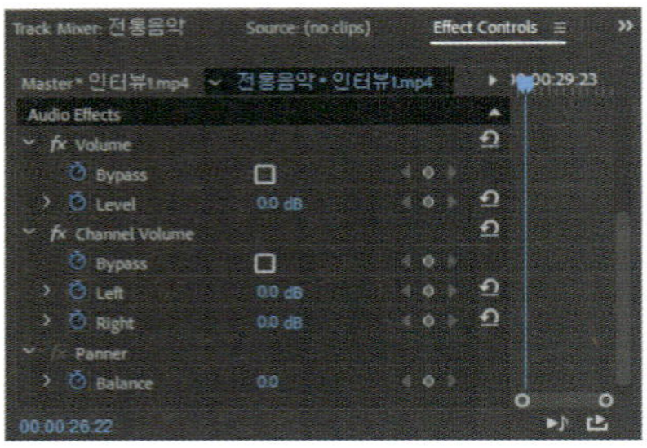

여기서 잠깐! **Audio Effects**

이펙트 컨트롤 패널에 있는 Audio Effects 항목에는 Volume, Channel Volume, Panner 속성이 있습니다.

❶ **Volume** 오디오 레벨(Level)을 설정합니다. 기준은 0dB이고, 최저 -287.5dB에서 최고 6dB까지 조정할 수 있습니다.

❷ **Channel Volume** 왼쪽과 오른쪽 채널의 오디오 레벨을 각각 조정합니다.

❸ **Panner** 왼쪽과 오른쪽 채널의 밸런스를 조정합니다.

07 애니메이션 켜기/끄기 버튼(⏱)이 활성화되어 있으므로 Volume 항목의 Level 값을 -4로 변경하면 키프레임이 생성됩니다. 소스 클립의 볼륨이 뒤로 갈수록 더 높아지므로 타임 표시자를 뒤로 옮기고 Level 값을 -7.6으로 더 낮춥니다.

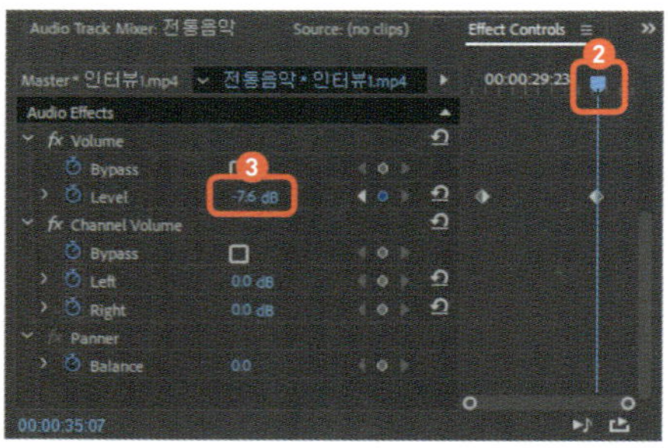

08 프로그램 모니터 패널의 재생 버튼(▶)을 클릭해 영상이 재생될 때 오디오 메터스(Audio Meters) 패널을 보면 이전보다 최댓값이 아래로 내려간 것을 확인할 수 있습니다.

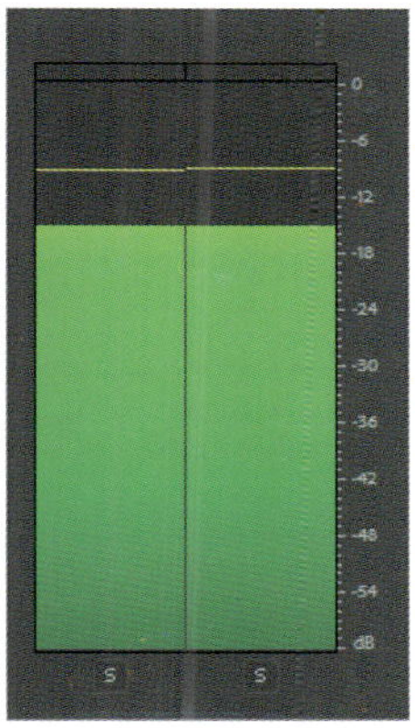

타임라인 패널의 오디오 클립에서 직접 볼륨 조절하기

09 오디오 클립의 볼륨 레벨은 타임라인 패널에서도 조절할 수 있습니다. 오디오 2번(A2) 트랙의 첫 번째 소스 클립 왼쪽 위에 있는 fx 버튼을 마우스 오른쪽 버튼으로 클릭하고 팝업 메뉴에서 [Volume]−[Level]을 선택합니다.

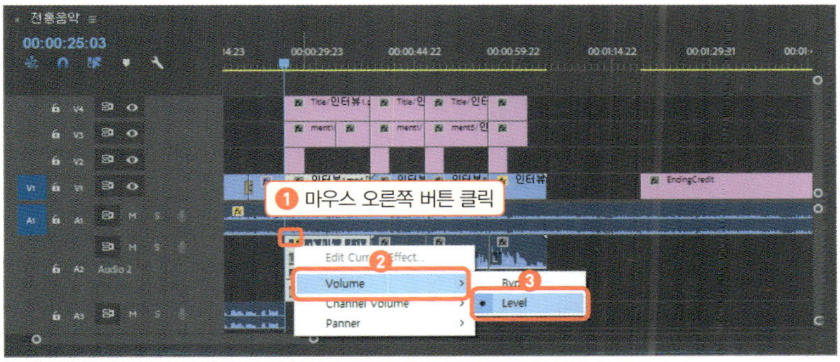

10 오디오 클립의 레벨에 들어간 두 개의 키프레임을 확인한 후, 첫 번째 키프레임을 선택하고 Delete 를 누르면 키프레임이 삭제됩니다. 마찬가지로 두 번째 키프레임을 선택하고 Delete 를 눌러 삭제합니다.

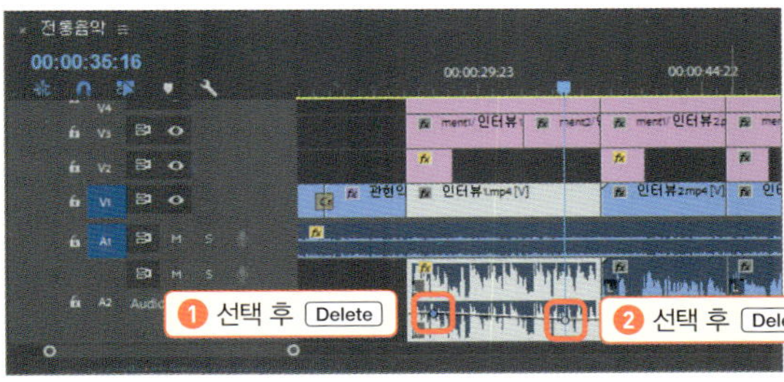

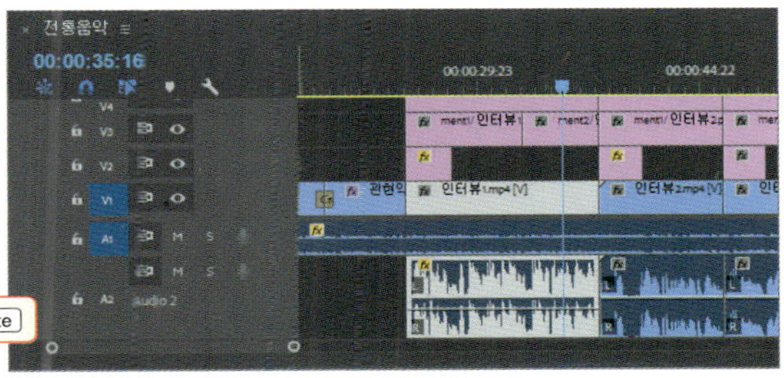

11 이펙트 컨트롤 패널에서 Volume 항목의 Level 값이 0이 되었습니다.

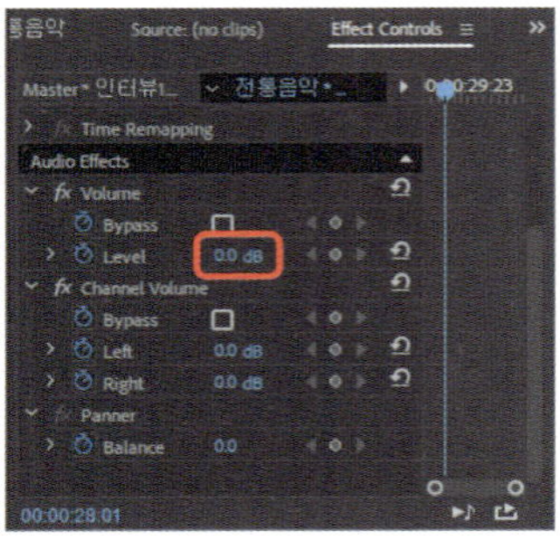

12 오디오 클립 가운데 선에 마우스를 가져가면 포인터가 위아래로 이동할 수 있는 모양으로 바뀌는데, 이때 클릭해 아래로 드래그하면 오디오 클립 전체 레벨(Level)이 낮아집니다. 드래그할 때 레벨 값이 보입니다.

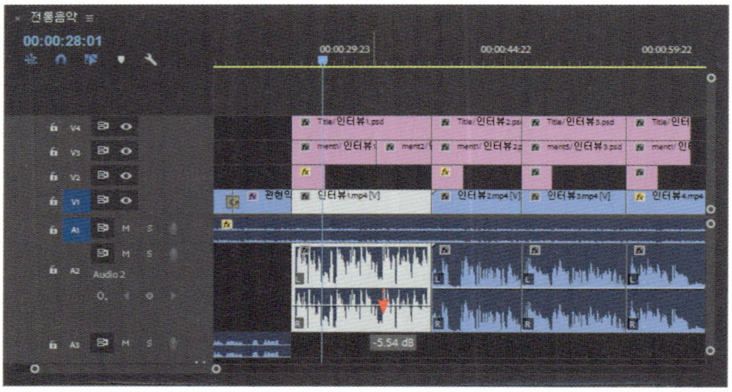

13 이펙트 컨트롤 패널에서 Volume 항목의 Level 값이 낮아진 것을 확인할 수 있습니다. 그런데 오디오 메터스(Audio Meters) 패널을 보면 오디오 클립 앞부분보다 뒷부분의 볼륨(Volume)이 높다는 것을 알 수 있습니다.

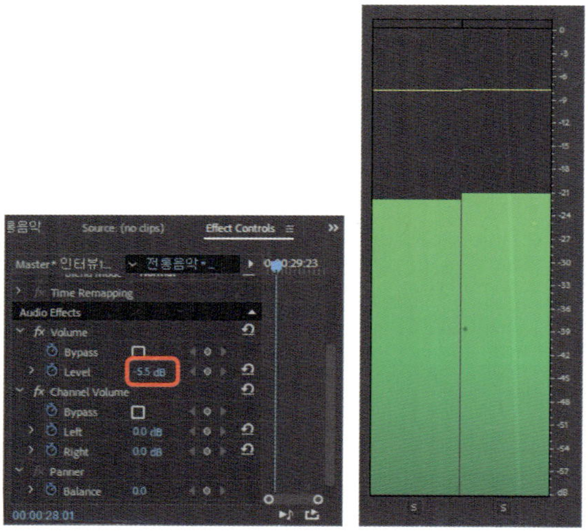

14 타임라인 패널에서 레벨 값에 키프레임을 적용하겠습니다. 툴 패널에서 펜 툴()을 선택하고 오디오 클립의 파형을 보면서 높은 부분의 레벨을 낮추기 위해 선 위를 네 번 클릭해 키프레임을 네 개 만듭니다.

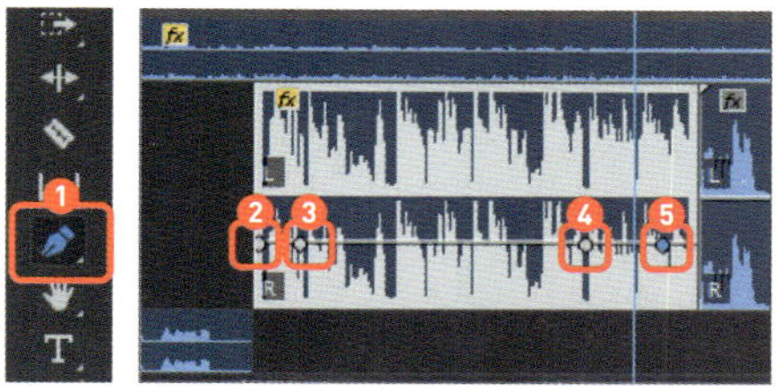

15 툴 패널에서 선택 툴()을 선택하고 오디오 클립의 키프레임을 클릭해 위아래로 이동합니다.(첫 번째 키프레임: −0.5db, 두 번째 키프레임: −4.6db, 세 번째 키프레임: −7.7db, 네 번째 키프레임: −3.8db)

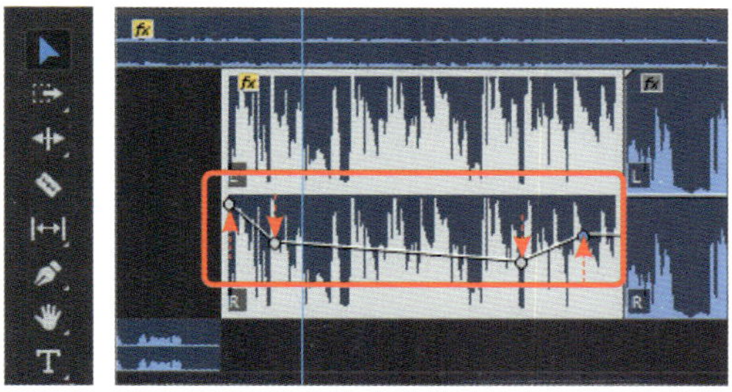

16 이펙트 컨트롤 패널에서 키프레임과 Level 값을 확인합니다.

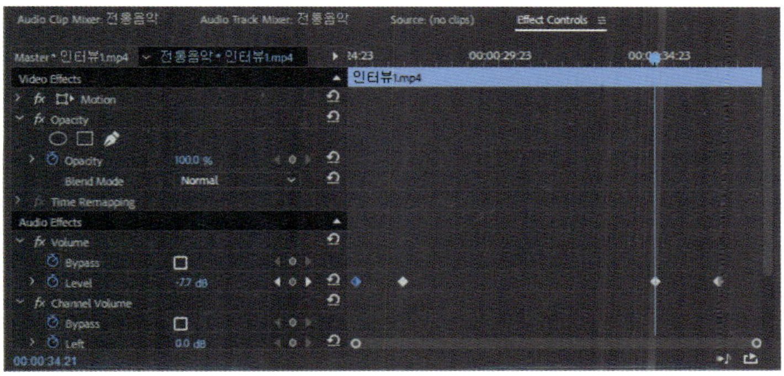

Audio Gain으로 볼륨 조절하기

17 한 개 이상 오디오 클립의 볼륨을 표준화할 때는 Audio Gain을 사용합니다. 오디오 2번(A2) 트랙의 첫 번째 소스 클립을 마우스 오른쪽 버튼으로 클릭하고 팝업 메뉴에서 [Audio Gain]을 선택합니다.

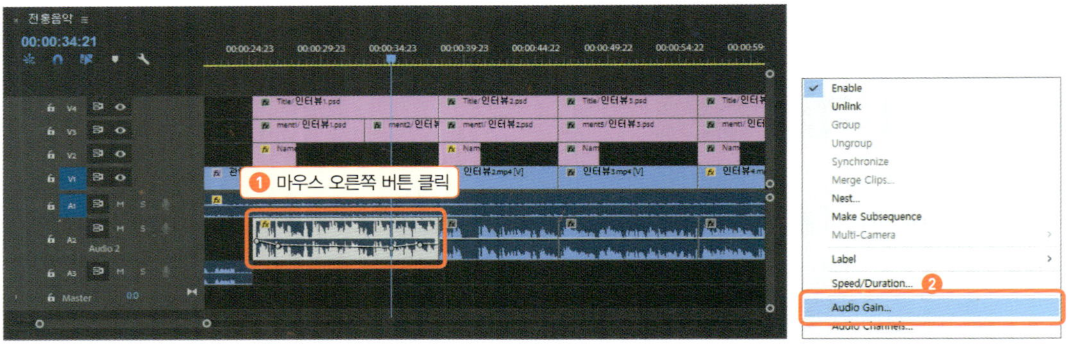

18 Audio Gain 대화상자에서 Set Gain to를 선택하고, 오른쪽의 숫자를 클릭해 -7.5를 입력한 후 〈OK〉 버튼을 클릭합니다.

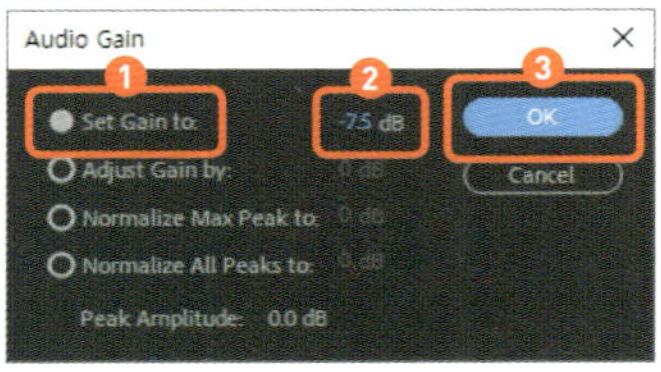

19 Audio Gain이 0dB일 때보다 -7.5dB일 때 오디오 클립의 파형이 낮아집니다.

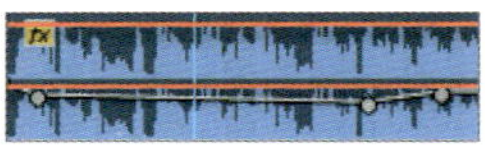

» Audio Gain: 0dB

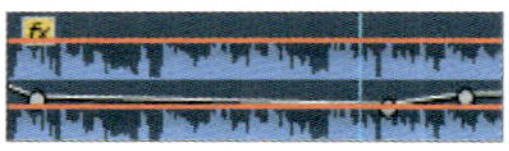

» Audio Gain: -7.5dB

여기서 잠깐! | **Audio Gain**

Audio Gain을 설정하여 트랙이나 클립 간의 볼륨을 변경해 레벨 일관성을 높일 수 있습니다. 그러나 오디오 클립이 디지털화된 경우 해당 클립의 레벨이 너무 낮게 설정되어 있으면 Gain이나 Volume을 높였을 때 노이즈만 증폭될 수 있습니다. Audio Gain 명령은 오디오 트랙 믹서나 타임라인의 출력 레벨 설정과 별개지만, 해당 값은 마스터 트랙 레벨과 결합됩니다.

Essential Sound 패널에서 Auto-Match로 볼륨 조절하기

20 오디오 2번(A2) 트랙의 첫 번째 소스 클립을 클릭하고 에센셜 사운드(Essential Sound) 패널에서 Audio Type 중에 Dialogue를 선택합니다. 다른 트랙의 오디오가 들리지 않도록 오디오 1번(A1) 트랙의 트랙 음소거 버튼(M)을 클릭합니다.

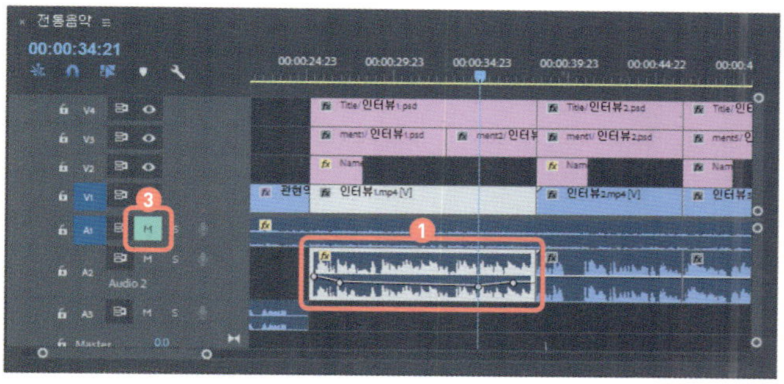

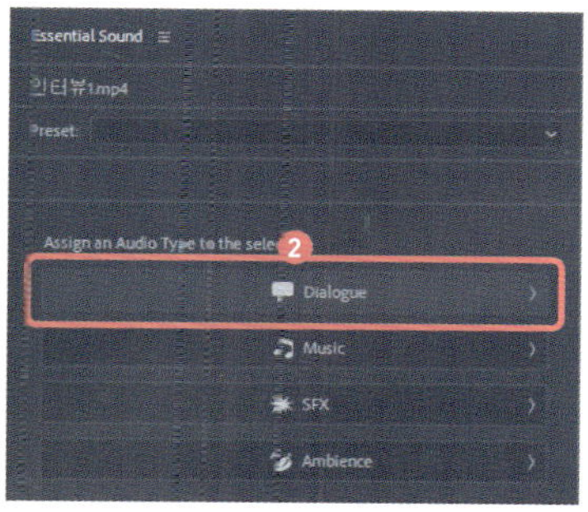

21 Loudness 항목을 선택해 열고 〈Auto-Match〉 버튼을 클릭합니다.

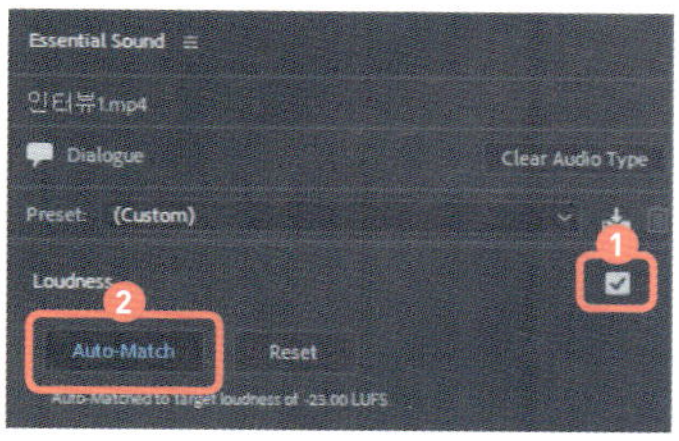

22 오디오 2번(A2) 트랙의 두 번째 오디오 클립을 선택하고 에센셜 사운드 패널에서 Audio Type을 Dialogue로 설정한 후, Loudness 항목에서 〈Auto-Match〉 버튼을 클릭합니다. 오디오 2번(A2) 트랙의 '인터뷰3'과 '인터뷰4' 클립도 같은 방식으로 설정합니다.

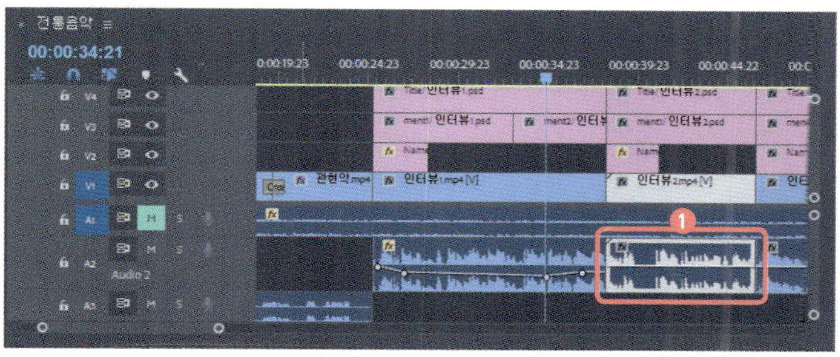

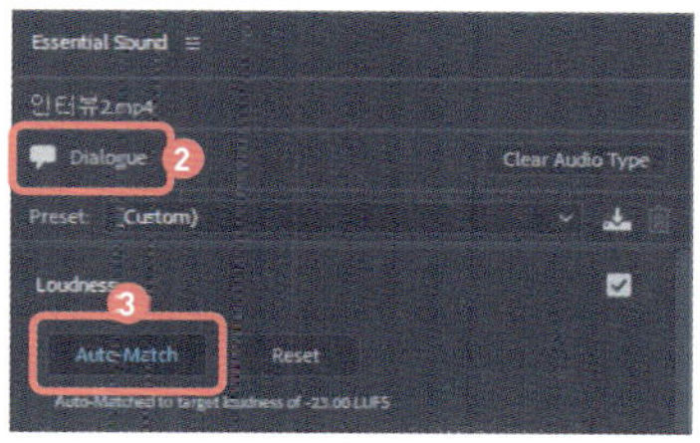

23 자동으로 볼륨을 조정했을 때 Audio Gain 값이 어떻게 달라지는지 보기 위해 오디오 2번(A2) 트랙의 첫 번째 오디오 클립을 마우스 오른쪽 버튼으로 클릭해 팝업 메뉴에서 [Audio Gain]을 선택합니다.

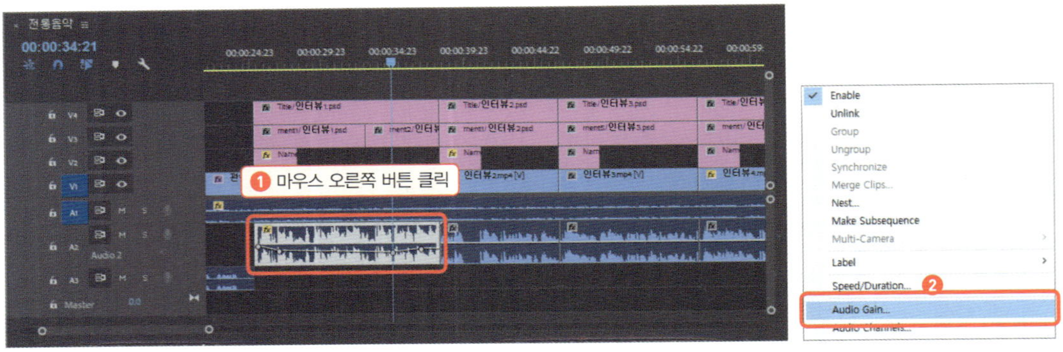

24 Audio Gain 대화상자에서 Set Gain to가 -6.5dB로 표시됩니다. 18단계에서 사용자 지정으로 Set Gain to 값을 -7.5dB로 설정했는데 현재 Gain 값이 -6.5dB이므로 +1 높아진 것을 알 수 있습니다. Set Gain to의 값을 -7.5로 변경하고 〈OK〉 버튼을 클릭합니다. 같은 방식으로 '인터뷰2', '인터뷰3', '인터뷰4'의 오디오 클립도 Audio Gain을 확인합니다.

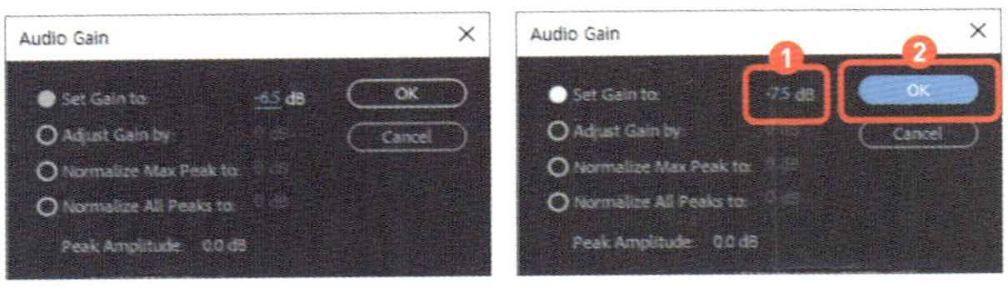

25 프로그램 모니터 패널에서 영상을 재생해 오디오를 확인합니다.

SECTION 02

오디오 클립에 페이드 아웃 적용하기

- **준비파일** AudioFade.prproj
- **완성파일** AudioFade_result.prproj

비디오 클립의 마지막 영상이 페이드 아웃(Fade Out)되는 것이 자연스러운 것처럼 오디오도 끝나는 시점에서 점점 볼륨이 줄어드는 것이 자연스럽습니다. 영상이 끝나는 시점의 오디오에 페이드 아웃(Fade Out)을 적용해 보겠습니다.

오디오 클립에서 키프레임을 이용하여 볼륨 조절하기

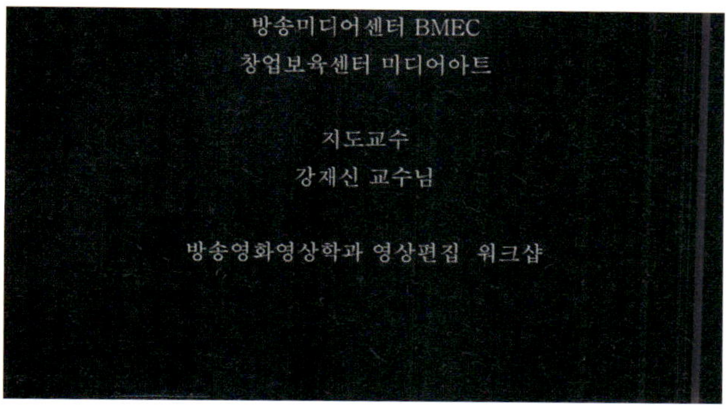

01 프리미어 프로를 실행하고 Home 대화상자에서 〈Open Project〉 버튼을 클릭해 'AudioFade.prpoj' 프로젝트 파일을 불러온 후 영상을 확인합니다. 엔딩 크레디트 마지막 부분에서 오디오가 갑자기 사라져 어색하게 느껴집니다.

02 타임라인 패널에서 오디오 1번(A1) 트랙의 오디오 클립 왼쪽 위에 있는 fx 버튼을 마우스 오른쪽 버튼으로 클릭하고 팝업 메뉴에서 [Volume]–[Level]을 선택합니다.

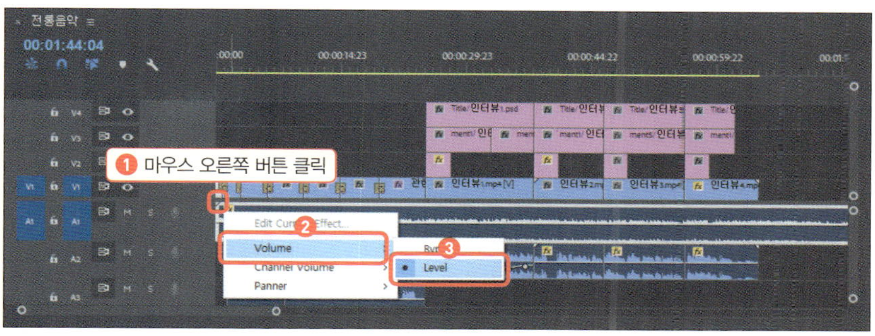

03 타임라인 패널에서 타임 표시자 위치로 00:01:43:08을 입력하고, 툴 패널에서 펜 툴(✒)을 선택한 후 오디오 클립의 그래프 선을 클릭합니다.

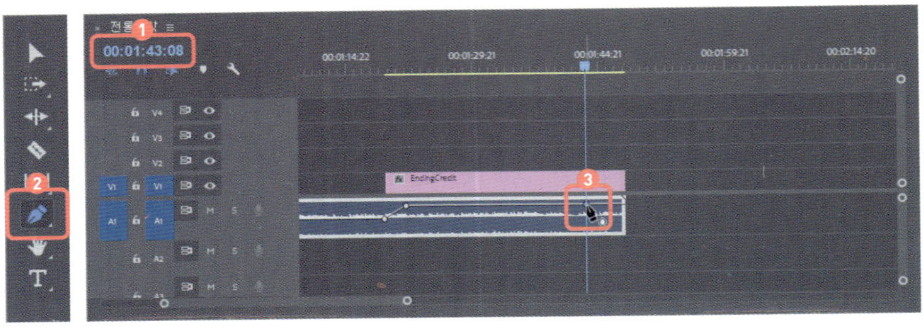

04 오디오 클립 마지막 부분의 레벨을 낮추기 위해 오디오 클립 끝부분의 선 위를 클릭해 키프레임을 생성합니다.

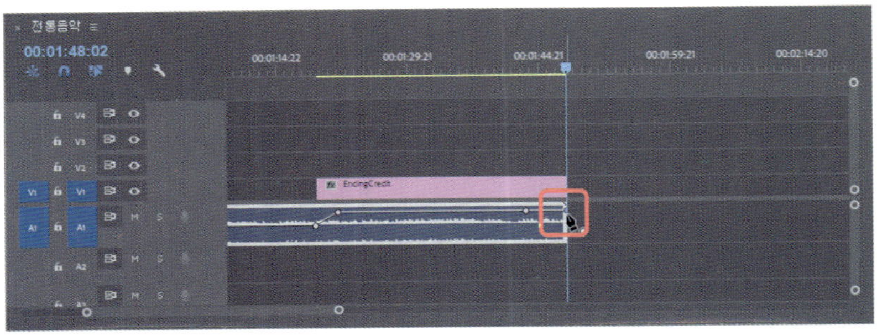

05 툴 패널에서 선택 툴(▶)을 선택하고 오디오 클립 끝부분의 키프레임을 아래로 끝까지 드래그해 이동합니다.

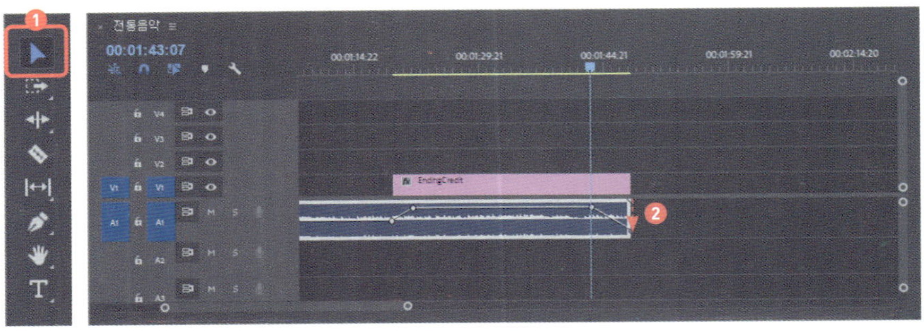

06 프로그램 모니터 패널의 재생 버튼(▶)을 클릭해 오디오를 확인합니다 엔딩 크레디트가 끝나갈수록 점점 볼륨이 작아집니다.

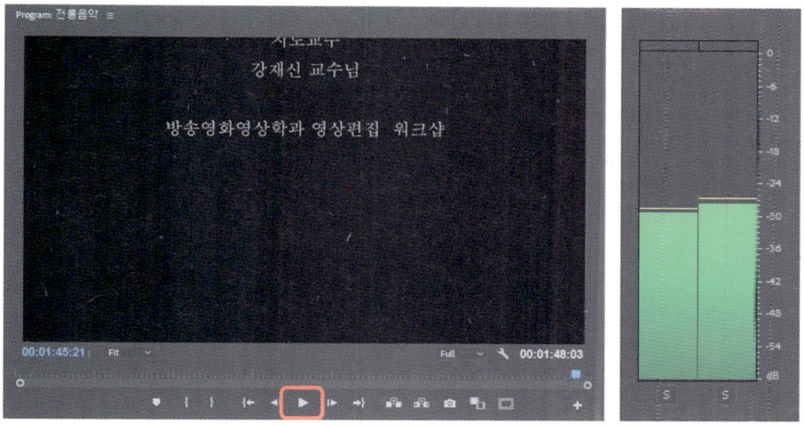

볼륨이 작아지는 시작점 앞으로 당기기

07 오디오 클립의 볼륨이 작아지는 시작점을 앞으로 당기기 위해 마지막 키프레임 이전의 키프레임을 클릭해 왼쪽으로 드래그합니다.

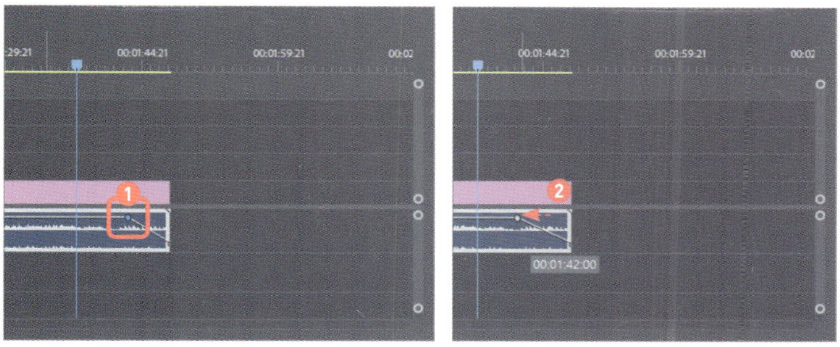

08 프로그램 모니터 패널에 영상을 재생해 오디오를 확인합니다.

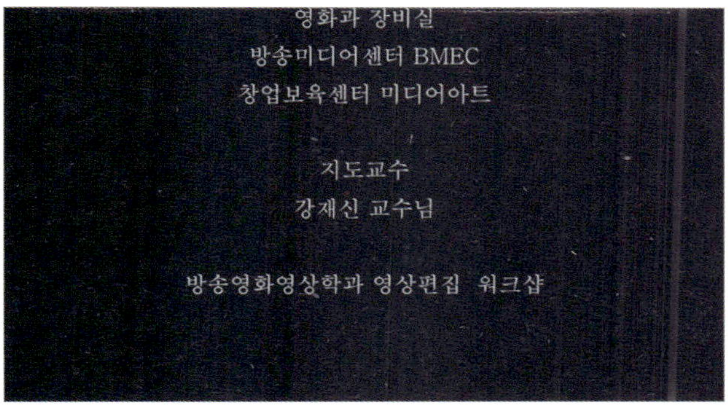

SECTION 03

오디오 소음 복구하기

- **준비파일** AudioRepair.prproj
- **완성파일** AudioRepair_result.prpro

영상에서 배경 소음이 심한 오디오 클립은 완벽하게 복구하기가 쉽지 않습니다. 하지만 프리미어 프로에서 에센셜 사운드(Essential Sound) 패널의 속성을 이용하면 오디오 소음을 어느 정도 복구할 수 있습니다.

노이즈 줄이기

01 프리미어 프로를 실행하고 Home 대화상자에서 〈Open Project〉 버튼을 클릭해 'AudioRepair.prpoj' 프로젝트 파일을 불러옵니다. 영상을 확인하면 자동차 소리와 소음이 시끄러워 대화가 잘 들리지 않습니다.

02 타임라인 패널에서 소스 클립을 선택합니다. 에센셜 사운드 패널에서 Audio Type을 Dialogue로 설정합니다. Repair를 클릭해 하위 항목을 열고 Reduce Noise에 체크하여 선택한 오디오 클립에 Reduce Noise 속성을 적용합니다.

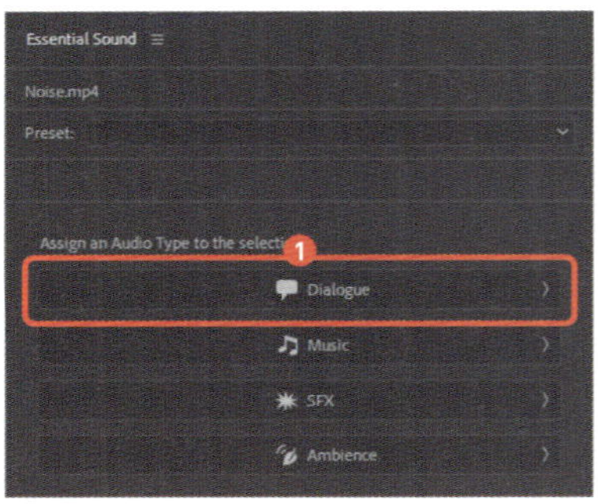

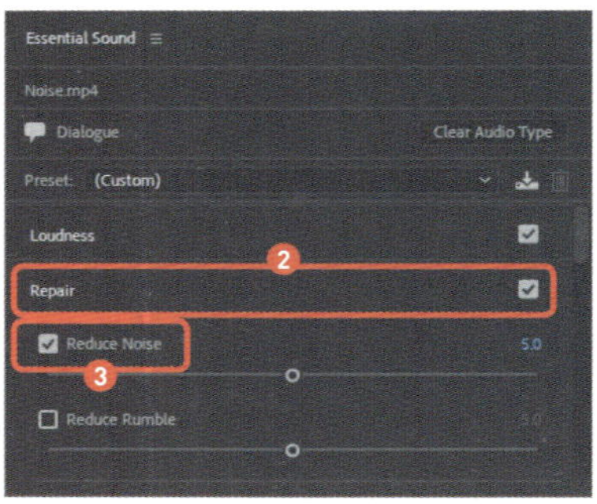

03 이펙트 컨트롤 패널의 Audio Effects 항목에서 추가된 DeNoise 속성을 확인합니다.

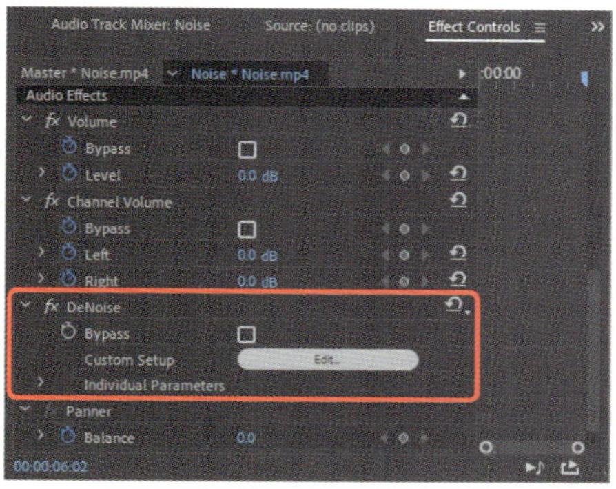

04 에센셜 사운드 패널에서 Reduce Noise 속성에 체크하기 전과 후의 오디오를 프로그램 모니터 패널에서 재생해 비교해 봅니다. 노이즈는 줄었지만 볼륨이 일정하게 들리지 않습니다.

볼륨이 일정하게 들리도록 오디오 조정하기

05 타임라인 패널에서 오디오 파형을 보기 위해 오디오 1번(A1) 트랙의 높이를 높입니다. 볼륨이 비슷한 클립으로 나누어 조정하기 위해 00:00:01:15과 00:00:04:17에서 자르기 툴(🔪)로 클립을 나눕니다.

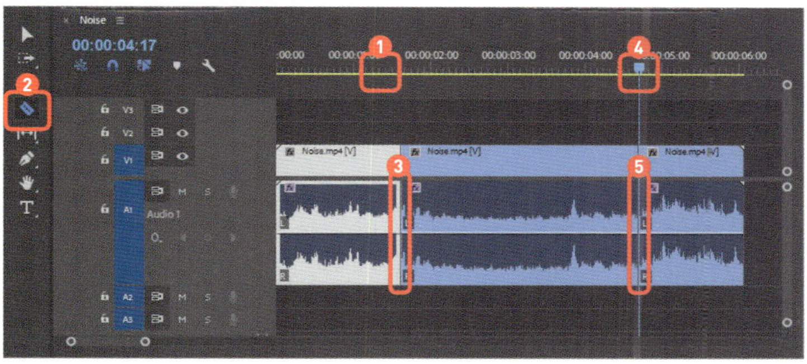

06 툴 패널에서 선택 툴(▶)로 오디오 1번(A1) 트랙의 세 번째 오디오 클립을 선택하고, 에센셜 사운드 패널에서 Loudness를 클릭해 하위 항목을 열고 〈Auto-Match〉 버튼을 클릭합니다.

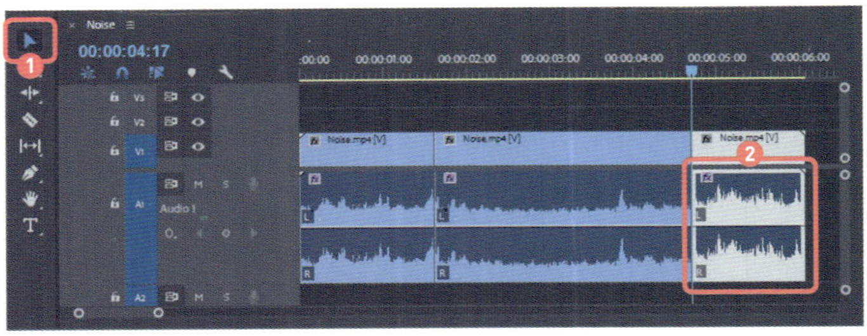

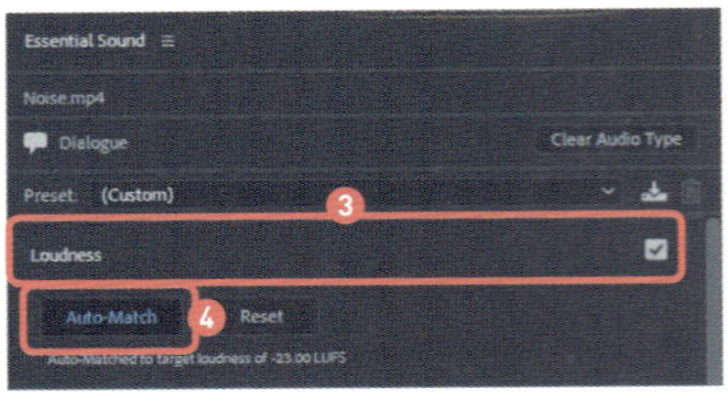

07 타임라인 패널에 세 번째 오디오 클립을 마우스 오른쪽 버튼으로 클릭하고 팝업 메뉴에서 [Audio Gain]을 선택해 Auto-Match에 의해 줄어든 Audio Gain 값을 확인합니다. -6.8dB이므로 약간 소리를 키우기 위해 Audio Gain 대화상자에서 Set Gain to 값을 -4.2로 변경합니다.

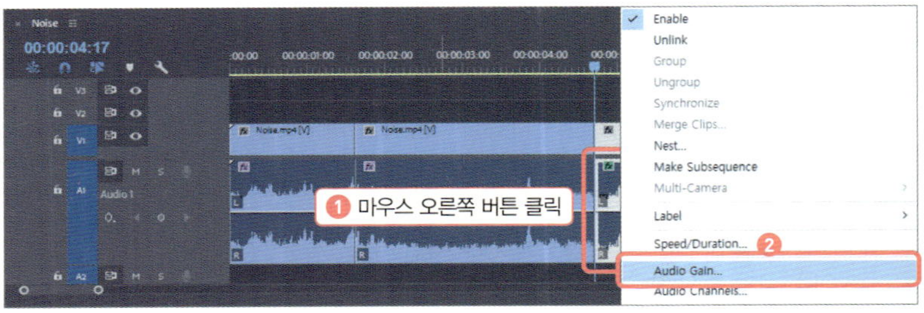

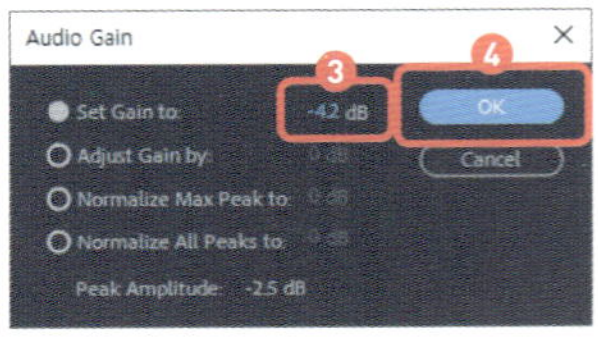

08 에센셜 사운드 패널에서 Repair 속성의 하위 항목을 연 후 Reduce Rumble, DeHum, DeEss에 체크하고, Reduce Rumble 값은 5, DeHum 값은 7.1, DeEss 값은 4.6으로 각각 변경합니다.

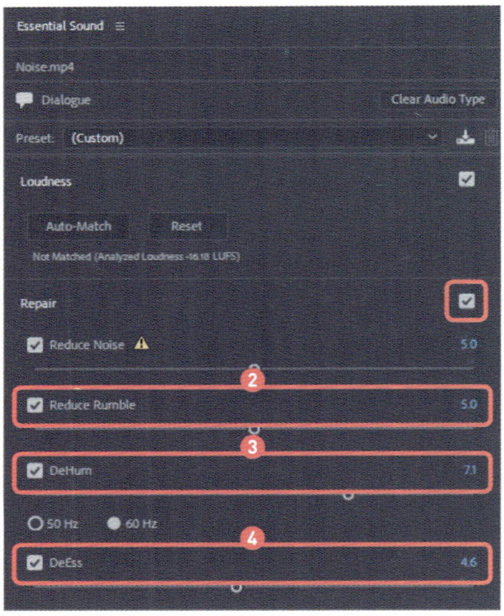

09 이펙트 컨트롤 패널에서 DeHummer ▶ Custom Setup 항목의 〈Edit〉 버튼을 클릭해 Presets을 Remove 400Hz and Harmonics로 변경합니다.

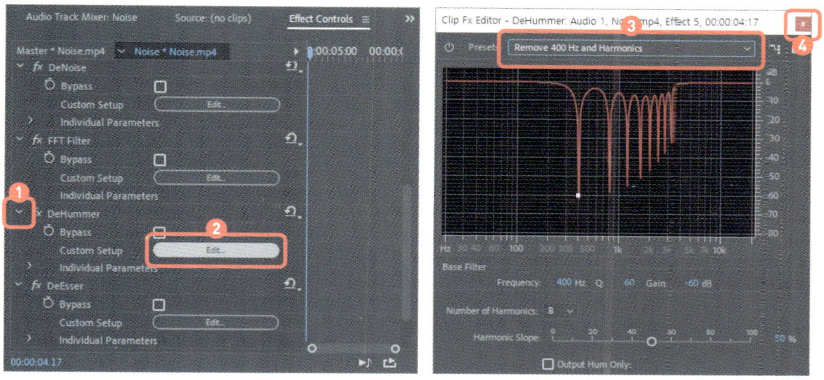

Tip 영상을 재생해 오디오를 들으면서 오디오의 변화에 따라 조절하는 것이 좋습니다.

10 타임라인 패널에서 오디오 1번(A1) 트랙의 첫 번째 오디오 클립을 선택하고, 에센셜 사운드 패널에서 Repair 속성 중 Reduce Noise와 DeHum에 체크하고, 각각 5, 7.1로 설정합니다.

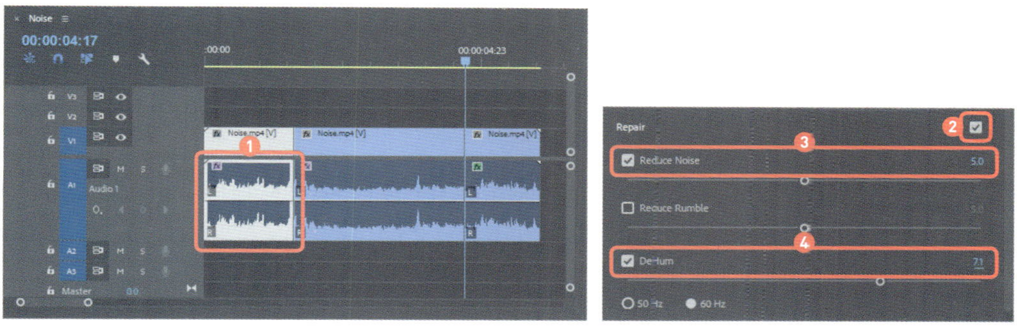

11 타임라인 패널에서 오디오 1번(A1) 트랙의 두 번째 오디오 클립을 선택하고, Essential Sound 패널에서 Repair 속성 중 Reduce Noise에만 체크합니다.

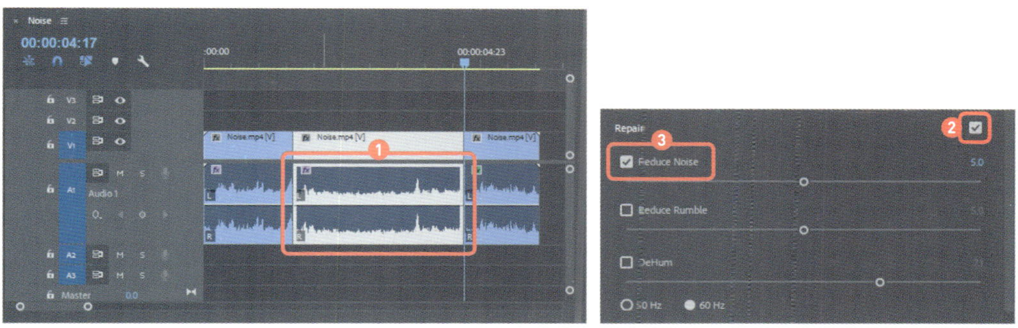

12 프로그램 모니터 패널에서 영상을 재생해 오디오를 확인합니다.

SECTION 04

음성 노이즈 제거하기

- **준비파일** NoiseReduction.prproj
- **완성파일** NoiseReduction_result.prproj

오디오 클립에 대화가 포함되어 있을 경우 에센셜 사운드 패널에서 Dialogue를 선택한 후 Repair 속성에 있는 노이즈를 조절합니다. 또한, 오디션 CC(Audition CC)와 연동하여 좀 더 디테일하게 노이즈를 제거할 수 있으며, 수정된 속성 값은 프리미어 프로의 이펙트 컨트롤 패널에서 확인할 수 있습니다.

오디오 클립의 Dialogue 속성 조절하기

01 프리미어 프로를 실행하고 Home 대화상자에서 〈Open Project〉 버튼을 클릭해 'NoiseReduction.prpoj' 프로젝트 파일을 불러옵니다. 영상을 확인하면 실내에서의 대화는 울리고 야외에서의 대화는 잡음이 섞여 들립니다.

Tip 오디오를 조정할 때는 작은 노이즈나 소음도 잡아내기 위해 스피커보다는 헤드셋이나 이어폰을 사용해 듣는 것이 좋습니다.

02 타임라인 패널에서 비디오 1번(V1) 트랙의 '수덕1.mp4' 파일을 선택하고 에센셜 사운드 패널에서 Audio Type을 Dialogue로 선택합니다.

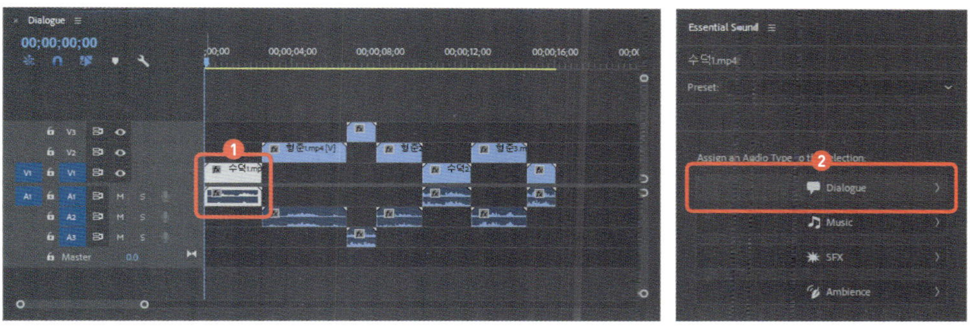

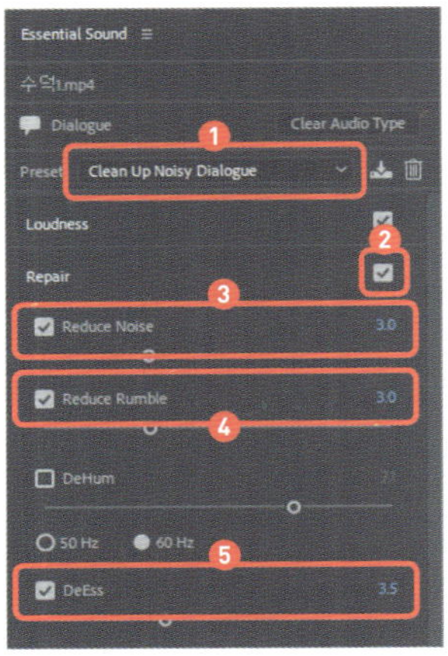

03 에센셜 사운드 패널에서 Dialogue 항목의 Preset을 Clean Up Noisy Dialogue로 선택하고, Repair의 하위 항목을 열어 Reduce Noise 값은 3, Reduce Rumble 값은 3, DeSS 값은 3.5로 변경합니다. 이펙트 컨트롤 패널에서도 적용된 효과를 확인할 수 있습니다.

Tip 이펙트 컨트롤 패널의 Audio Effects에서 적용된 효과는 오디션 CC와 연동해 세부 속성을 조절할 수 있습니다.

오디션 CC 연결하기

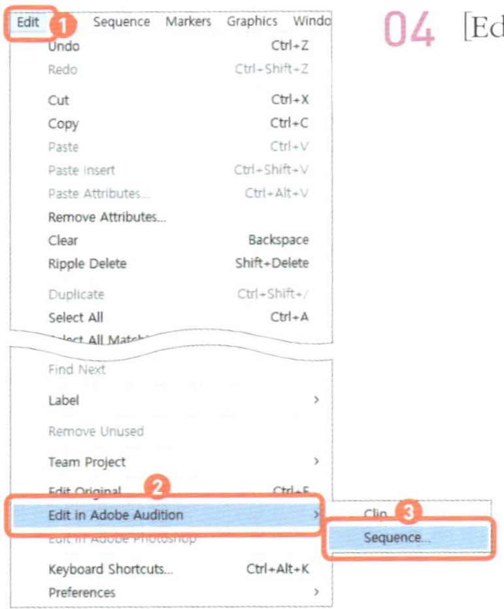

04 [Edit]–[Edit in Adobe Audition]–[Sequence] 메뉴를 선택합니다.

05 Edit in Adobe Audition 대화상자에서 Path는 예제 파일과 같은 폴더로 지정하고, Open in Adobe Audition에 체크되어 있는지 확인한 후 〈OK〉 버튼을 클릭하면 오디션 CC가 열립니다.

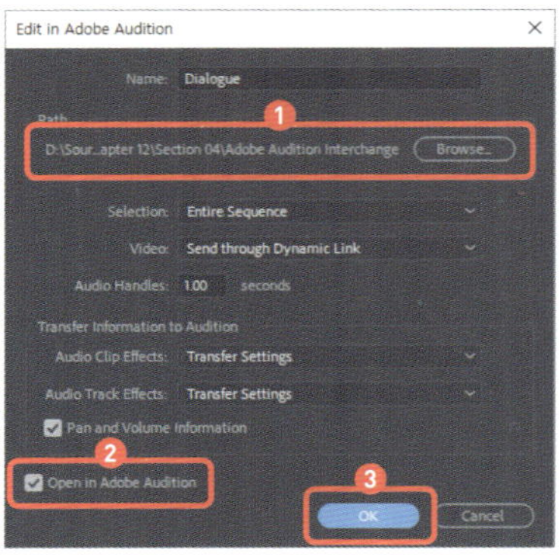

오디션 CC에서 작업하기

06 오디션 CC가 열리면 에디터 패널에서 오디오 트랙을 확인하고, 오디오 1번(A1) 트랙의 첫 번째 소스 클립(수덕1.mp4)을 클릭합니다. 에센셜 사운드 패널의 Preset에 Clean Up Noisy Dialogue 속성이 프리미어 프로의 속성 그대로 연동된 것을 확인할 수 있습니다.

07 에디터 패널에서 재생 버튼(▶)을 클릭해 오디오를 확인합니다.

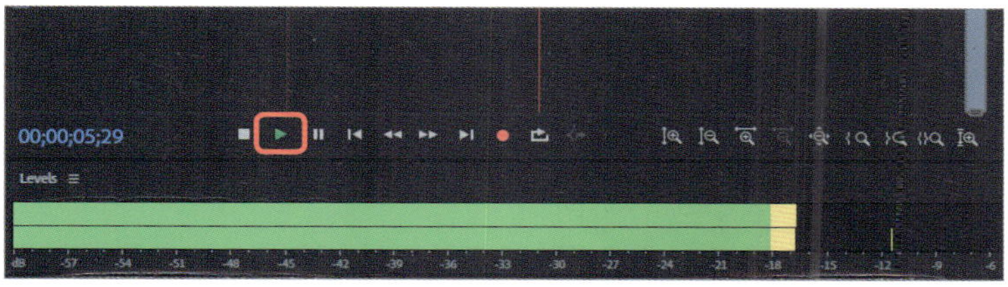

08 이펙트 랙(Effect Rack) 패널의 Track Effects 탭에서 1번 오디오의 확장 버튼(▶)을 클릭하고 팝업 메뉴에서 [Noise Reduction / Restoration]−[Adaptive Noise Reduction]을 선택합니다.

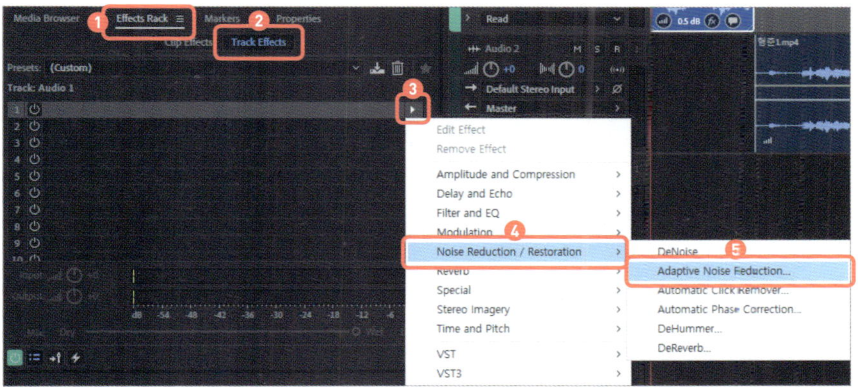

09 이펙트 랙 패널에서 Adaptive Noise Reduction을 그대로 적용하고, 2번 오디오에도 Track Effects로 Adaptive Noise Reduction을 적용합니다.

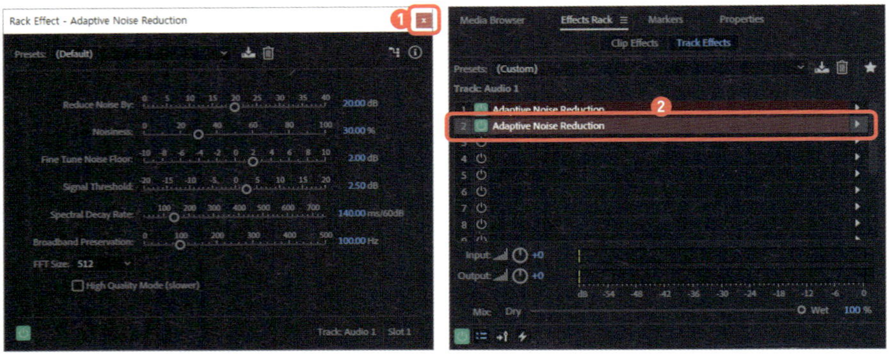

10 에디터 패널에서 오디오 트랙을 확인하고, 오디오 1번(A1) 트랙의 두 번째 소스 클립 '수덕2'를 더블클릭해 확대합니다. 시작부터 11초까지 대사가 없는 구간을 드래그해 선택합니다.

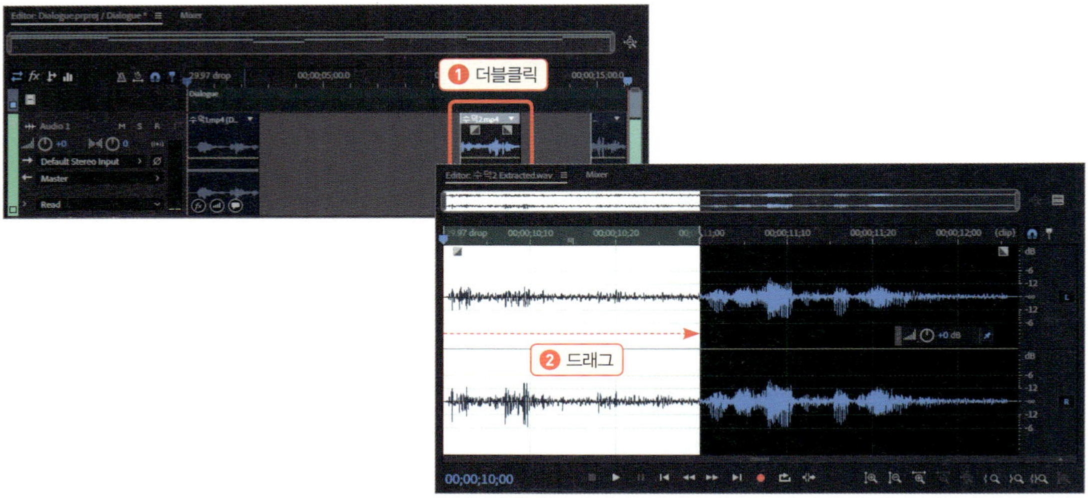

11 [Effects]–[Noise Reduction / Restoration]–[Noise Reduction(process)] 메뉴를 선택합니다.

12 Effect–Noise Reduction 대화상자에서 〈Capture Noise Print〉 버튼을 클릭하고, Noise Reduction 값은 100%, Reduce by 값은 13dB로 변경합니다. 〈Apply〉 버튼을 클릭하면 에디터 패널에서 효과가 적용된 구간의 파형이 줄어든 것을 확인할 수 있습니다. 에디터 패널의 재생 버튼(▶)을 클릭해 오디오를 확인합니다.

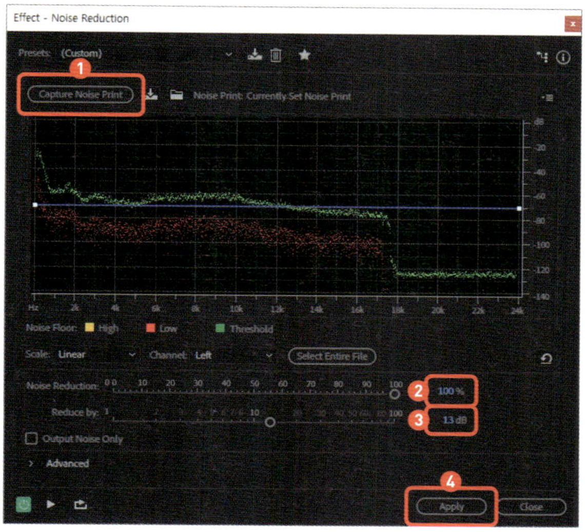

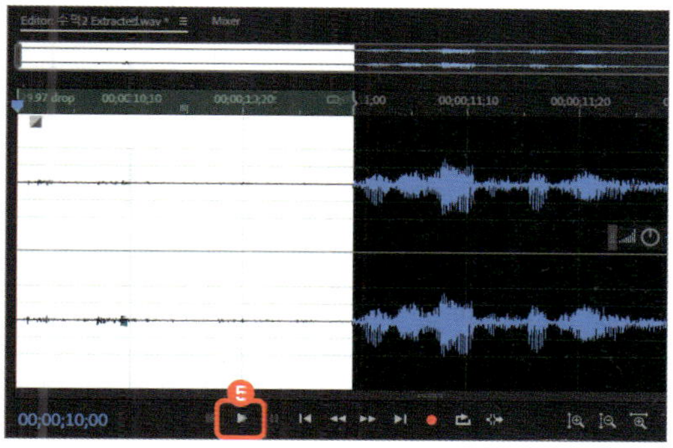

13 '수덕2' 오디오 클립의 나머지 대사 부분을 드래그해 선택하고, [Effects]–[Noise Reduction / Restoration]–[Noise Reduction(process)] 메뉴를 선택합니다. Effect–Noise Reduction 대화상자에서 Noise Reduction 값은 100%, Reduce by 값은 2dB로 설정하고 〈Apply〉 버튼을 클릭합니다.

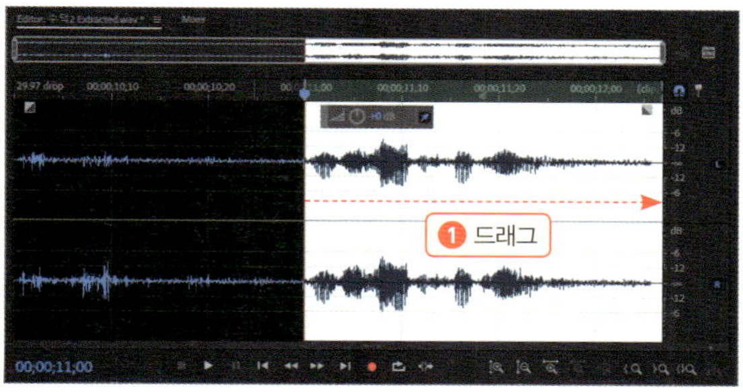

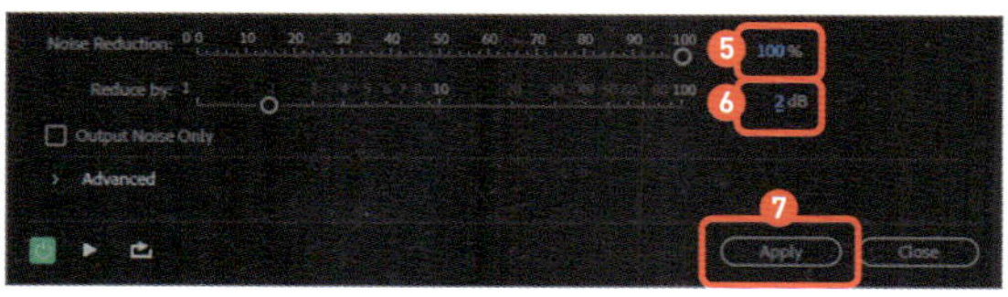

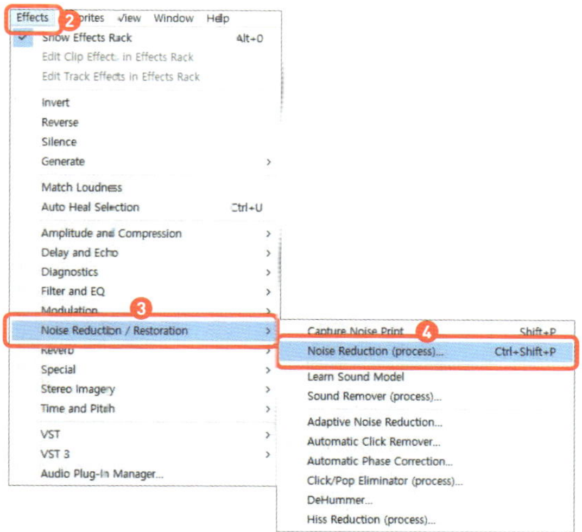

14 오디오 3번(A3) 트랙의 'outside' 오디오 클립을 더블클릭해 확대합니다. 재생해 보면 대사 없이 잡음만 들립니다. 전체 구간을 드래그해 선택하고 [Effects]-[Noise Reduction/Restoration]-[Noise Reduction(process)] 메뉴를 선택합니다. Effect-Noise Reduction 대화상자에서 Noise Reduction 값은 100%, Reduce by 값은 7dB로 설정하고 〈Apply〉 버튼을 클릭합니다.

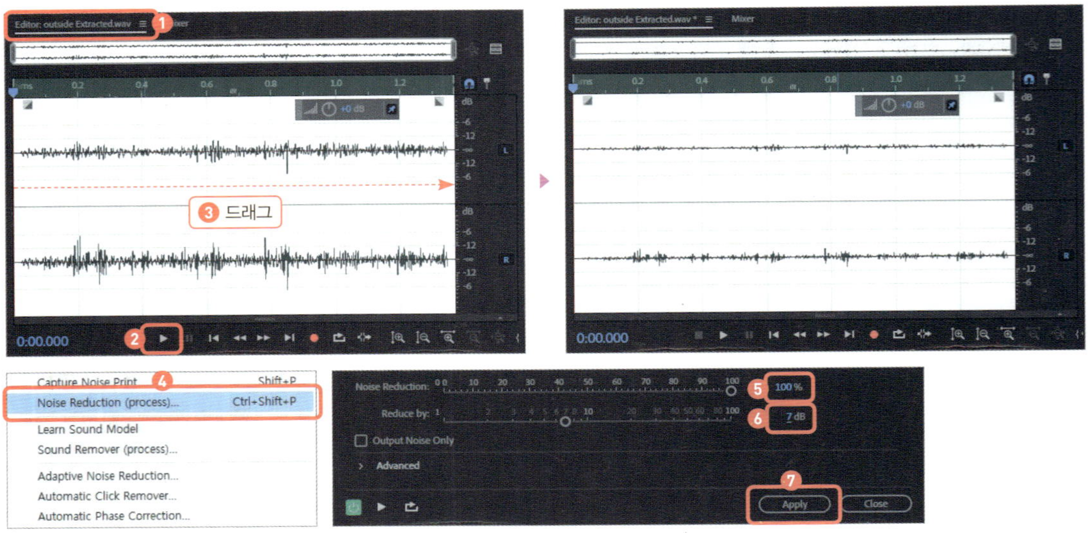

15 '수덕3' 오디오 파일을 더블클릭해 확대합니다. 재생해 보면 잡음이 가장 심하게 들리는데, 심한 잡음이 대사와 같은 부분에 들어 있으므로 파형을 보고 구간을 나누어 조절해야 합니다. 대사가 나오기 전 부분을 선택하고 [Effects]-[Noise Reduction / Restoration]-[Noise Reduction(process)] 메뉴를 선택합니다. Effect-Noise Reduction 대화상자에서 Noise Reduction 값은 100%, Reduce by 값은 13.2dB로 설정하고 〈Apply〉 버튼을 클릭합니다.

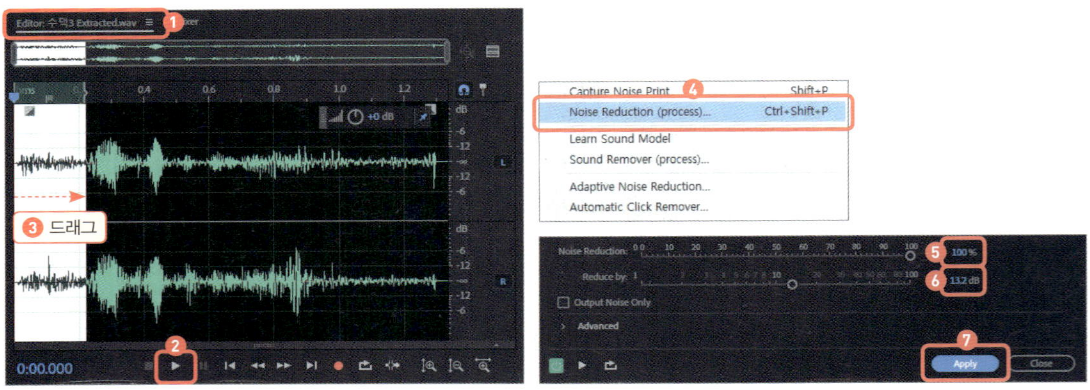

16 단어나 문장이 끝나는 지점을 기준으로 파형을 보면서 구간을 나누면 조절하기가 수월합니다. 다음과 같이 구간을 선택하고 [Effects]–[Noise Reduction / Restoration]–[Noise Reduction(process)] 메뉴를 선택합니다. Effect–Noise Reduction 대화상자에서 Noise Reduction 값은 100%, Reduce by 값은 3dB로 설정하고 〈Apply〉 버튼을 클릭합니다.

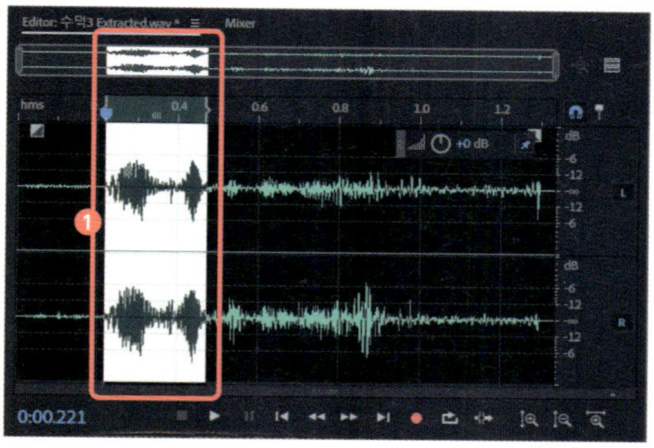

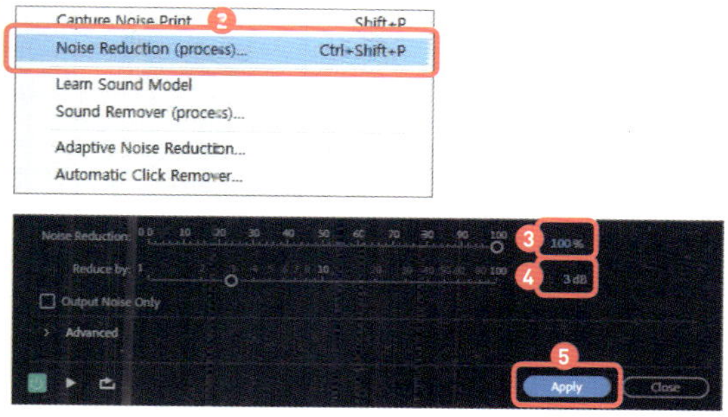

17 다음과 같이 구간을 선택하고 같은 방법으로 Noise Reduction 값은 100%, Reduce by 값은 5dB로 설정합니다.

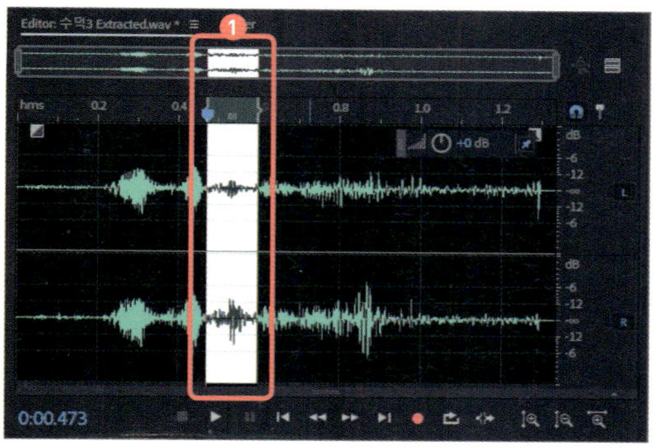

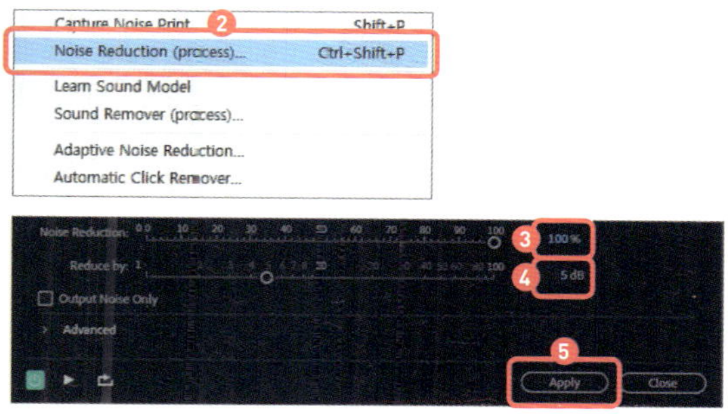

18 다음과 같이 구간을 선택하고 Noise Reduction 값은 100%, Reduce by 값은 7dB로 설정합니다.

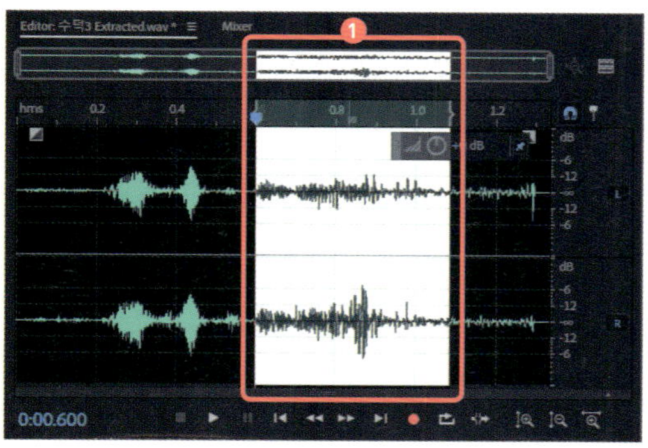

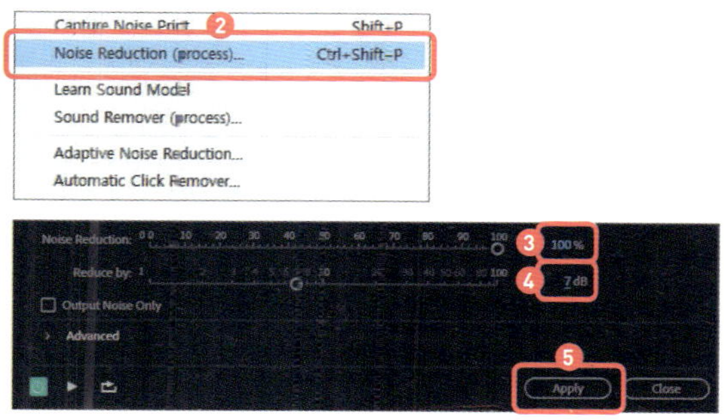

작업한 파일을 프리미어 프로로 내보내기

19 노이즈 제거 작업이 끝나면 에디터 패널에서 [Dialogue.prproj / Dialogue]로 전환한 후 [File]–[Export]–[Export to Adobe Premiere Pro] 메뉴를 선택하고 저장될 위치를 지정한 후 〈Export〉 버튼을 클릭합니다. 파일 내보내기(Import Files)가 진행됩니다.

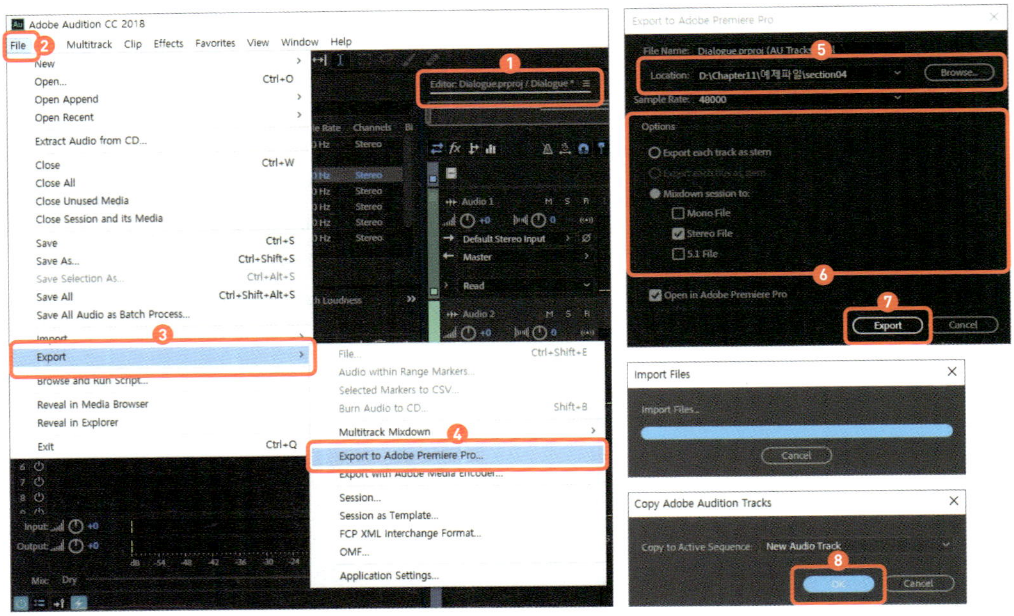

20 타임라인 패널에서 오디오 4번(A4) 트랙에 들어온 오디오 트랙을 확인할 수 있습니다. 오디오 1번(A1), 2번(A2), 3번(A3) 트랙의 트랙 음소거 버튼(M)을 각각 클릭하고 프로그램 패널에서 노이즈가 감소된 오디오를 들어 봅니다.

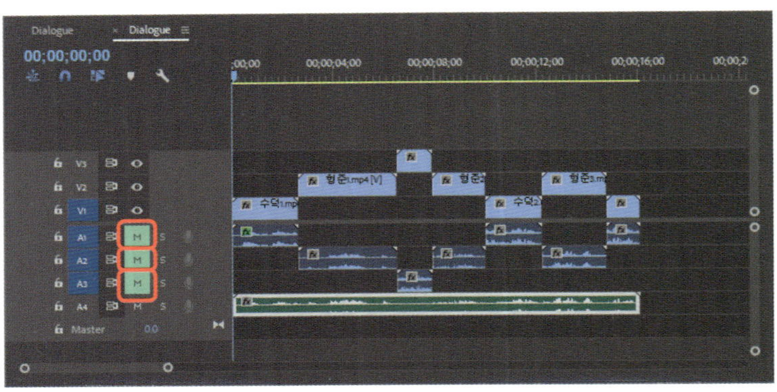

SECTION 05

오디오 트랙 믹서 활용하기

- **준비파일** AudioTrackMixer.prproj
- **완성파일** AudioTrackMixer_result.prproj

오디오 트랙은 여러 트랙이 겹쳐 있을 경우 비디오 트랙처럼 상위 레이어가 노출되는 것이 아니라 각 트랙의 오디오가 섞여 동시에 들립니다. 따라서 대사, 내레이션, 배경음악(BGM), 효과음, 현장음 등을 각 트랙에 분리하여 볼륨을 조절하고 효과를 적용하면 작업이 좀 더 편해집니다. 여기에서는 오디오 트랙 믹서 패널을 이용해 오디오 클립의 볼륨을 조절하고 이펙트를 적용해 봅니다.

01 프리미어 프로를 실행하고 Home 대화상자에서 〈Open Project〉 버튼을 클릭해 'AudioTrackMixer.prpoj' 프로젝트 파일을 불러옵니다. 영상을 확인하면 대사와 내레이션보다 배경음악이 더 크게 들리고, 배경음악의 볼륨 레벨 차이도 큽니다. 현장음은 카메라에서 나는 소리가 들립니다.

02 오디오 트랙 믹서(Audio Track Mixer) 패널에서 오디오 1번(A1)~4번(A4) 트랙의 이름을 각각 Interview, BGM, Narration, Ambient로 설정하고, 왼쪽 위에 있는 '효과 및 센드 표시/숨기기' 버튼(>)을 클릭합니다.

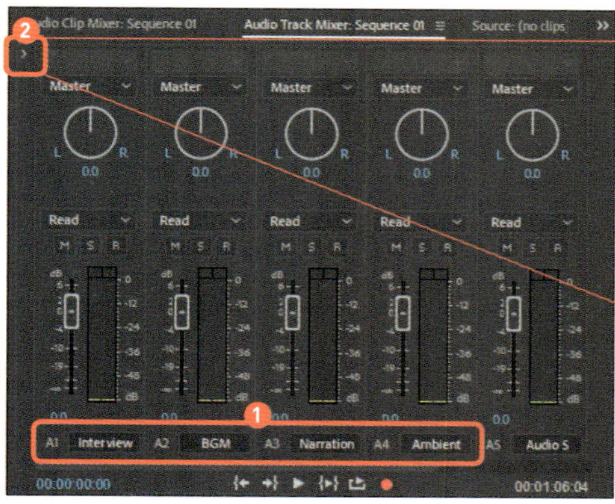

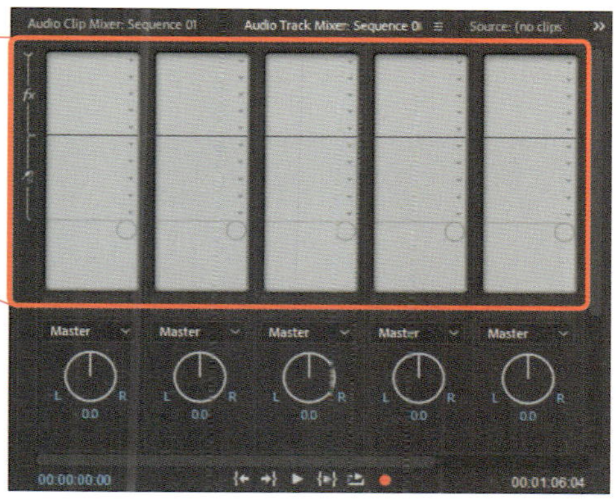

03 ‘Ambient’ 클립이 있는 오디오 4번(A4) 트랙의 이펙트 영역에서 이펙트 선택 버튼(▣)을 클릭하고 팝업 메뉴에서 [Noise Reduction/Restoration]-[Automatic Click Remover]를 선택합니다.

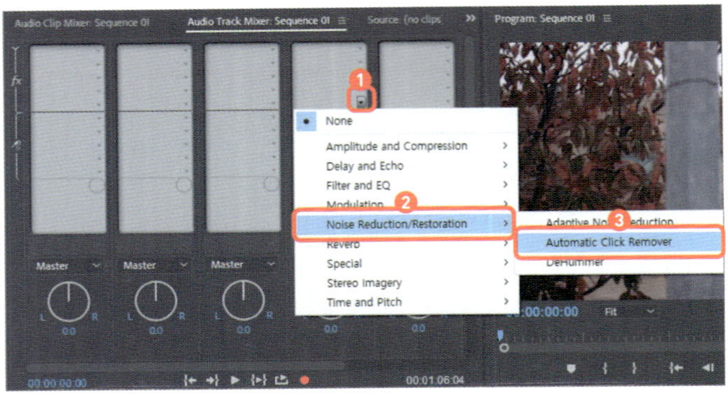

04 삽입된 이펙트의 세부 항목을 수정하겠습니다. 수치값을 시계 방향으로 돌려 41.29로 맞춥니다. 프로그램 모니터 패널에서 재생하여 노이즈가 제거되었는지 확인합니다.

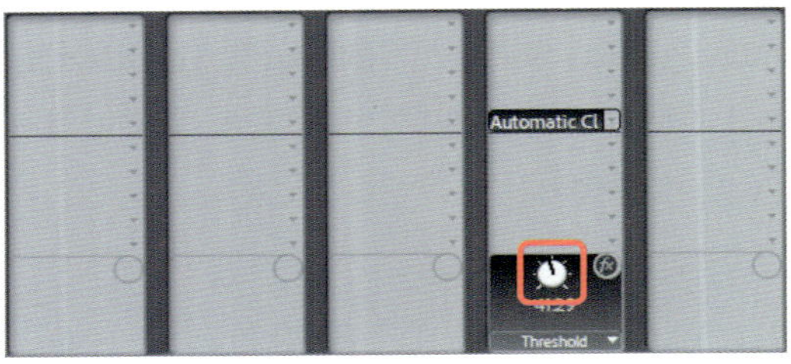

05 타임라인 패널에서 오디오 2번(A2) 트랙의 키프레임 표시 버튼(▣)을 클릭해 팝업 메뉴에서 [Track Keyframes]-[Volume]을 선택합니다.

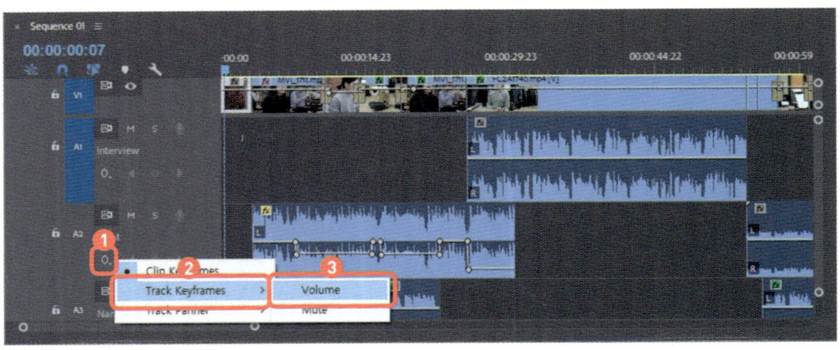

06 타임라인 패널의 오디오 2번(A2) 트랙 위로 흰 선이 표시됩니다. 펜 툴( )과 선택 툴( )을 이용해 다음과 같이 키프레임을 만듭니다.

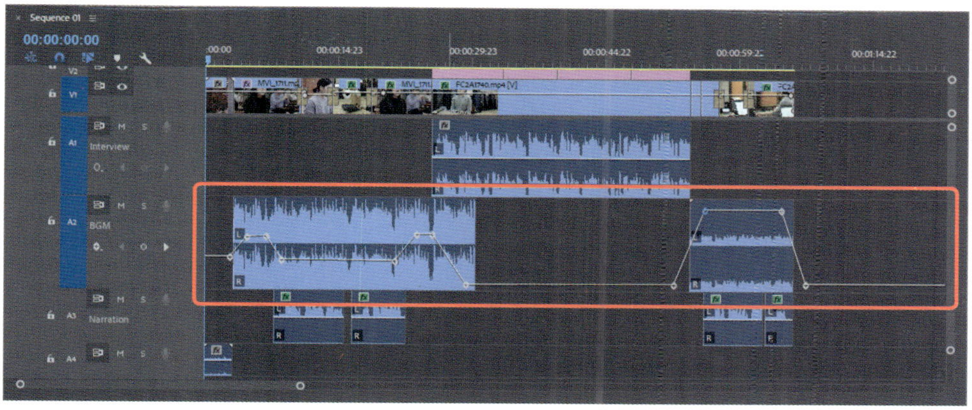

07 오디오 트랙 믹서 패널에서 Narration 클립이 있는 오디오 3번(A3) 트랙에 다음과 같이 이펙트를 적용합니다.

① [Filter and EQ]−[Graphic Equalizer(10band)], Range 48dB
② [Noise Reduction/Restoration]−[Automatic Click Remover], Threshold 29.29dB

08 'Interview' 클립이 있는 오디오 1번(A1) 트랙에 다음과 같이 이펙트를 적용합니다.

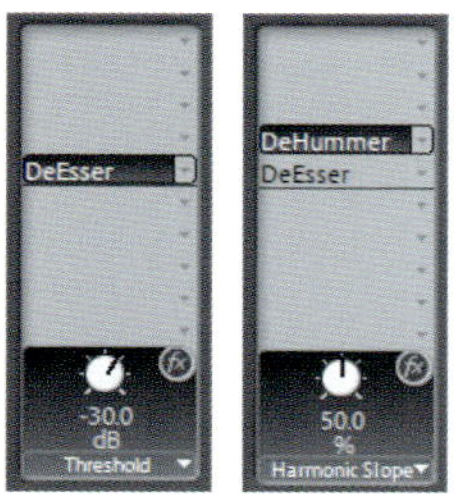

① [Amplitude and Compression]−[DeEsser], Threshold -30dB
② [Noise Reduction/Restoration]−[DeHummer], Harmonic Slope 50%

09 프로그램 모니터 패널에서 영상을 재생해 오디오를 확인하고 실습을 마무리합니다.

CHAPTER

13

영상 출력

프리미어 프로의 프로젝트 파일은 편집 정보가 기록된 파일입니다. 완성된 영상을 보려면 작업한 결과물을 출력해야 하는데, 여기서 출력은 타임라인의 시퀀스들을 내보내는(Export) 과정입니다. 프리미어 프로는 다양한 미디어와 포맷으로 영상을 출력하며, 사용 용도에 따라 영상과 오디오의 포맷을 결정합니다. 이 CHAPTER에서는 영상을 내보내는 방법과 여러 가지 옵션을 설정하는 방법에 대해 알아보겠습니다.

SECTION 01

Export 메뉴와 Export Settings 대화상자

프리미어 프로에서 영상을 출력하는 기본 메뉴인 Export 메뉴와 Export Settings 대화상자에 대해 알아보겠습니다.

Export 메뉴

Export 메뉴에서는 영상, 오디오, 시퀀스를 출력할 뿐 아니라 템플릿, 캡션도 출력할 수 있습니다. 다른 프로그램과 연동하여 작업할 경우에는 다른 프로그램과 호환되는 파일로 출력할 수도 있습니다. 타임라인 패널이나 프로젝트 패널에서 클립, 시퀀스, 타이틀 등 원하는 아이템을 선택한 후 [File]–[Export] 메뉴를 실행해 출력 설정을 선택합니다.

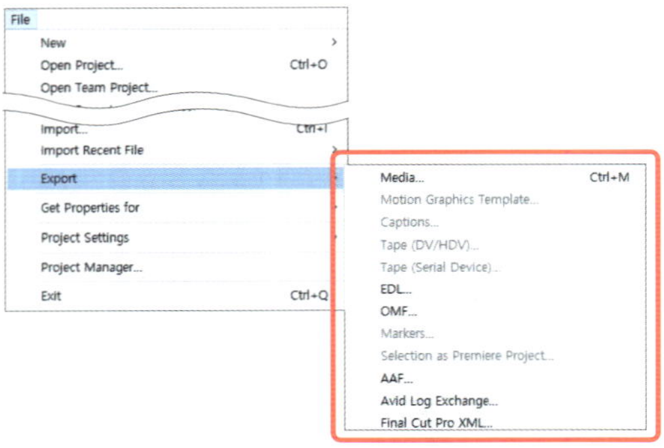

❶ **Media** 이미지 시퀀스, 동영상, 오디오 포맷을 설정할 수 있는 Export Settings 대화상자를 엽니다. (Ctrl+M)

❷ **Motion Graphics Template** 선택된 자막 효과를 템플릿 형태로 저장합니다.

❸ **Captions** 타이틀 데이터를 SCC, MCC, SRT, XML 파일 형태로 출력합니다.

❹ **Tape(DV/HDV)** DV나 HDV 등 레코더 장치를 통해 테이프 형태로 출력합니다.

❺ **Tape(Serial Device)** Serial Device를 사용하는 장치를 통해 테이프 형태로 출력합니다.

❻ **EDL** Edit Decision List의 약자로, 클립, 효과, 트랜지션, 편집점에 관한 정보를 텍스트로 만든 파일 포맷입니다.

❼ **OMF** Open Media Framework 포맷으로 오디오 클립과 오디오 편집 데이터를 출력합니다.

❽ **Markers** 마커 정보를 CSV, TXT, HTML의 텍스트 형식으로 출력합니다.

❾ **Selection as Premiere Project** 프로젝트 패널에서 선택한 아이템을 프리미어 프로젝트 파일로 출력합니다.

❿ **AAF** 호환 멀티미디어 프로젝트 포맷(Advanced Authoring Format)으로 출력합니다.

⓫ **Avid Log Exchange** Avid 편집 장비에서 사용할 수 있는 ALE 포맷으로 출력합니다.

⓬ **Final Cut Pro XLM** 파이널 컷 프로에서 작업할 수 있는 포맷인 XLM(eXtensible Marke up Langue) 파일로 출력합니다.

Export Settings 대화상자

Export Settings 대화상자에서는 편집 작업이 끝난 프로젝트를 영상, 오디오, 이미지 시퀀스 파일로 출력하기 위한 옵션을 설정할 수 있습니다. Export Settings 대화상자를 열려면 타임라인 패널 또는 프로그램 모니터 패널에서 시퀀스를 선택하거나, 프로젝트 패널 또는 소스 모니터 패널에서 클립을 선택합니다. 단축키 Ctrl+M 을 누르거나 [File]–[Export]–[Media] 메뉴를 선택해도 됩니다.

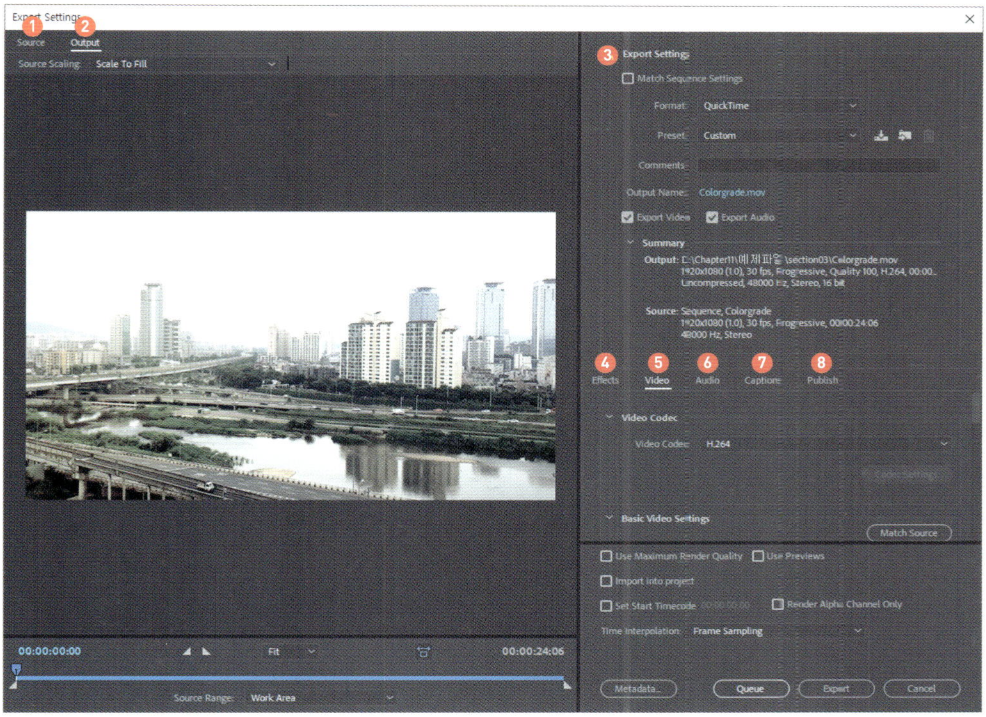

1. **Source** 출력할 시퀀스의 화면을 보여주며, 화면의 크기를 조절할 수 있습니다.
2. **Output** 화면의 비율과 크기를 보면서 설정할 수 있습니다.
3. **Export Settings** 포맷의 정보를 알려줍니다. 사용 용도에 적합한 출력 포맷을 설정할 수 있고 설정한 포맷은 사용자 정의 프리셋으로 저장하고 불러올 수 있습니다.
4. **Effects** 출력 시에 영상에 필요한 컬러, 이미지 워터마크, 텍스트 중첩, 타임코드 등의 효과를 적용할 수 있습니다.
5. **Video** 비디오 코덱과 크기, 프레임 레이트, 비트 레이트 등 비디오 형식의 자세한 설정을 확인하고 설정할 수 있습니다.
6. **Audio** 오디오 코덱과 샘플링 크기, 비율, 채널 등 오디오 형식의 자세한 설정을 확인하고 설정할 수 있습니다.
7. **Captions** 자막의 형식과 프레임 레이트 등을 설정합니다.
8. **Publish** 어도비 크리에이티브 클라우드(Adobe Creative Cloud), 페이스북, 유튜브 등 온라인에 바로 업로드할 수 있는 퍼블리싱 작업을 지원합니다.

■ Source 탭

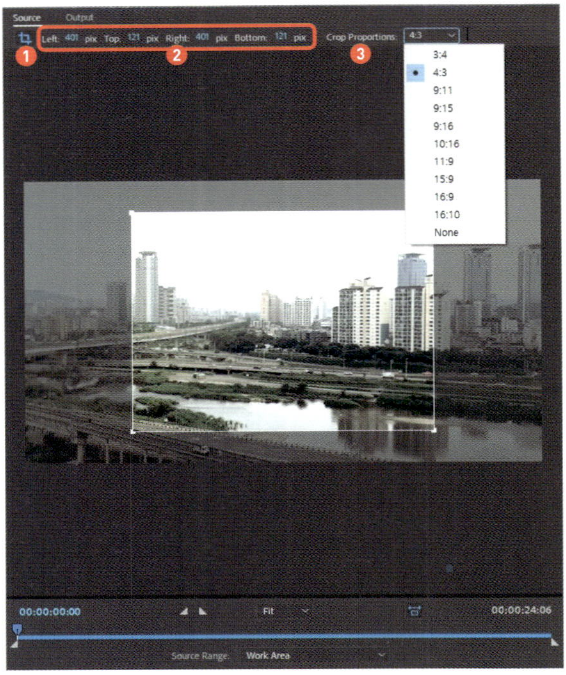

❶ **출력 비디오 자르기(Crop the output Video)** 버튼을 클릭해 활성화하고 화면에 드래그하는 부분만 잘라냅니다.

❷ Left/Top/Right/Bottom 잘라낸 왼쪽, 위쪽, 오른쪽, 아래쪽 픽셀을 표시합니다.

❸ Crop/Proportions 출력되는 화면을 크롭(Crop)할 때 비디오 화면 비율을 선택합니다.

■ Output 탭

❶ Source Scaling 출력할 소스의 크기를 설정합니다.

- Scale To Fit 소스의 화면 비율을 유지하면서 프레임에 맞추어 채웁니다.
- Scale To Fill 빈 공간 없이 화면에 꽉 채웁니다. 소스의 화면 비율은 유지됩니다.
- Stretch To Fill 영상이 잘리는 부분 없이 화면을 채웁니다. 비율을 무시하고 늘려서 화면을 채웁니다.
- Scale To Fit With Black Borders 영상의 크기를 조절하지 않고 검은색 테두리로 채웁니다.
- Change Output Size To Match Source 출력 소스의 크기를 시퀀스 설정에 맞춥니다.

❷ **타임코드(Timecode)** 편집 기준선이 위치한 지점의 타임코드를 보여줍니다.

❸ **시작 지점 설정(Set In Point)** 출력할 부분의 시작점을 표시합니다.

❹ **종료 지점 설정(Set Out Point)** 출력할 부분의 끝점을 표시합니다.

❺ **확대/축소 레벨 선택(Select Zoom Level)** % 단위로 설정된 화면 크기를 선택해서 볼 수 있습니다.

❻ **종횡비 교정(Aspect Ratio Correction)** 픽셀의 가로·세로 비율 단위를 출력할 콘텐츠 포맷의 종횡비(Aspect Ratio)에 따라 조정합니다. 종횡비가 1일 때는 클릭할 필요가 없습니다.

❼ **출력 파일 지속 시간(Duration of the output file)** 출력할 파일의 재생 시간을 표시합니다.

❽ **소스 범위(Source Range)** 출력할 영역을 지정합니다.

- Entire Sequence 시퀀스상의 클립 전체를 출력합니다.
- Sequence In/Out 시퀀스의 인점부터 아웃점까지 출력합니다.
- Work Area 타임라인에 설정되어 있는 Work Area Bar 영역을 출력합니다.
- Custom Set In Point에서 Set Out Point까지 임의로 설정한 영역을 출력합니다.

■ Export Settings 옵션

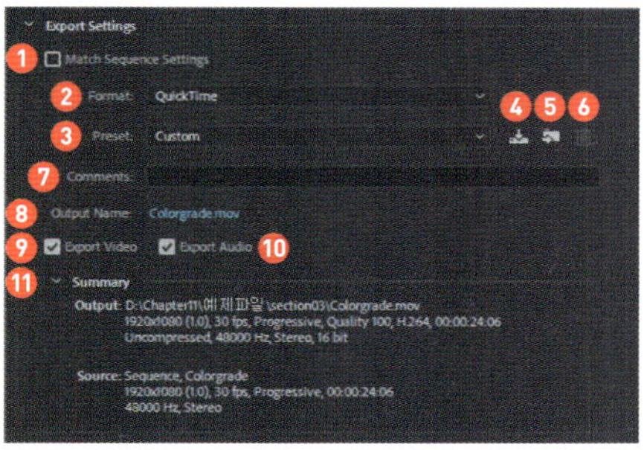

❶ Match Sequence Settings 체크하면 시퀀스와 가장 비슷한 옵션의 코덱과 화면 크기 등을 자동으로 설정합니다.

❷ Format 다양한 이미지, 비디오, 오디오의 형식을 설정합니다. 프리미어 프로 CC는 31종류의 코덱을 지원합니다.

❸ Preset Format 항목에서 설정한 코덱에서 자주 사용하는 화면 크기와 비율, 비트 레이트 등을 저장해 불러옵니다.

❹ **프리셋 저장(Save Preset)** 사용자가 설정한 현재 출력 설정 Preset을 저장합니다.

❺ **프리셋 불러오기(Import Preset)** 저장된 Preset 설정을 불러옵니다.

❻ **프리셋 삭제(Delete Preset)** 임의 설정으로 저장된 Preset을 삭제합니다.

❼ Comments 출력 설정과 관련된 간단한 설명을 적을 수 있습니다.

❽ Output Name 파일 이름을 클릭해 출력할 파일의 저장 경로와 파일 이름을 설정합니다.

❾ Export Video 체크하면 비디오를 포함하여 출력합니다.

❿ Export Audio 체크를 해제하면 오디오를 제외하고 출력합니다.

⓫ Summary 현재 설정한 출력 형식의 주요 내용을 요약해서 표시합니다.

■ Effects 탭

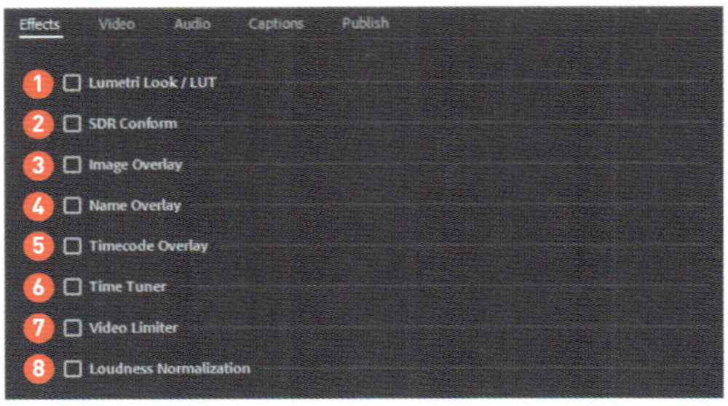

❶ Lumetri Look/LUT 체크하면 영상 전체에 색상 필터가 적용됩니다. 프리미어 프로에서 제공하는 컬러 필터 외에 [Select]를 선택해 Look, cube, itx, LUT 등 조명 필터 파일을 적용할 수 있습니다.

❷ SDR Conform 밝기, 대비 등 표준 SDR을 조절합니다.

❸ Image Overlay 이미지를 선택해 화면 위에 중첩합니다. 워터마크(Watermark)를 적용하기에 편리하며 이미지의 위치, 크기, 투명도를 조절할 수 있습니다.

❹ Name Overlay 파일명이나 글자를 영상 위에 중첩합니다. 글자의 위치, 크기, 투명도를 조절할 수 있습니다.

❺ Timecode Overlay 타임코드를 영상 위에 중첩합니다. 타임코드의 위치, 크기, 투명도를 조절할 수 있으며 타임코드의 형식을 변경할 수 있습니다.

❻ Time Tuner 출력되는 영상의 길이(Duration)를 재설정합니다.

❼ Video Limiter 컬러 한계 수치를 재설정합니다.

❽ Loudness Nomalization 출력되는 사운드의 표준 또는 한계 레벨을 설정합니다.

■ Video 탭

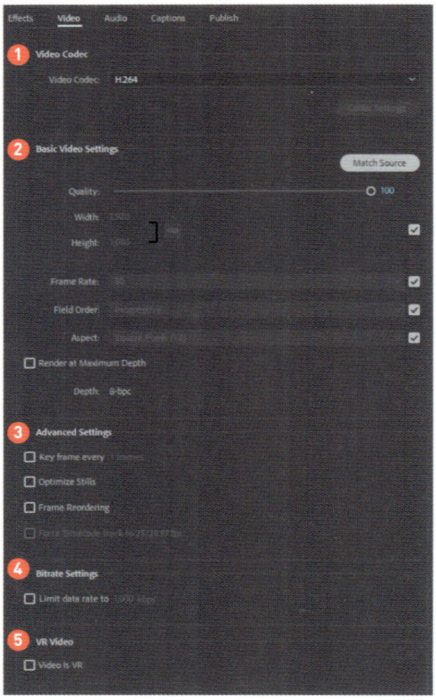

❶ Video Codec 출력 파일의 비디오 코덱을 설정합니다.

❷ Basic Video Settings 화면 크기, 프레임 레이트, 주사 방식 등 기본적인 비디오 옵션을 설정합니다.

- Match Source Basic Video Settings 항목을 출력 코덱과 시퀀스 설정에 맞게 자동으로 설정합니다. 각 설정은 체크 박스를 해제하여 임의로 설정할 수 있습니다.
- Quality % 단위로 비디오 출력 품질을 설정합니다.
- Width 픽셀 단위로 가로 화면 크기를 설정합니다.
- Height 픽셀 단위로 세로 화면 크기를 설정합니다.
- **(프레임 종횡비 유지)** 클릭해 활성화하면 크기를 변경할 때 가로 · 세로 비율이 일정하게 유지됩니다.
- Frame Rate 초당 프레임 수(fps)를 설정합니다.
- Field Orde 필드 우선순위로 주사 방식을 정합니다.
- Aspect 픽셀 한 개의 가로·세로 비율을 정합니다.

- Render at Maximum Depth 영상의 최고 심도까지 연산해 출력물의 화질을 개선합니다. 렌더링 시간이 오래 걸릴 수 있습니다.

❸ Advanced Settings 인코딩에 관한 고급 옵션을 설정합니다.

❹ Bitrate Settings 비트 레이트(bps) 설정과 관련된 옵션입니다.

❺ VR Video 출력될 비디오가 가상현실(VR) 콘텐츠로 인식되도록 설정합니다.

■ Audio 탭

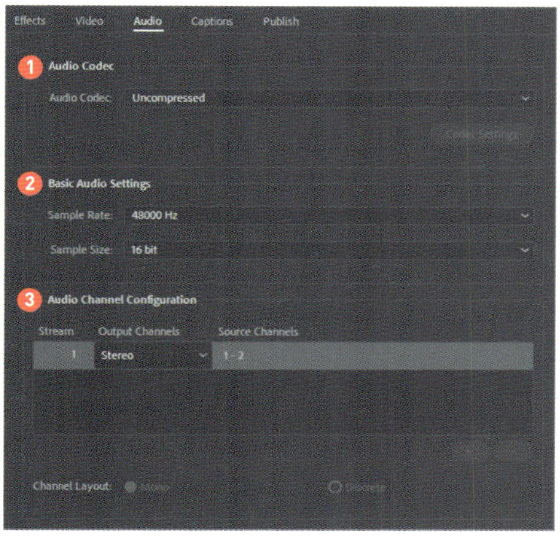

❶ Audio Codec 오디오의 출력 코덱을 설정합니다.

❷ Basic Audio Settings 기본적인 오디오의 샘플링 비율과 크기 등을 설정합니다.

❸ Audio Channel Configuration 오디오의 채널을 설정합니다.

■ Publish 탭

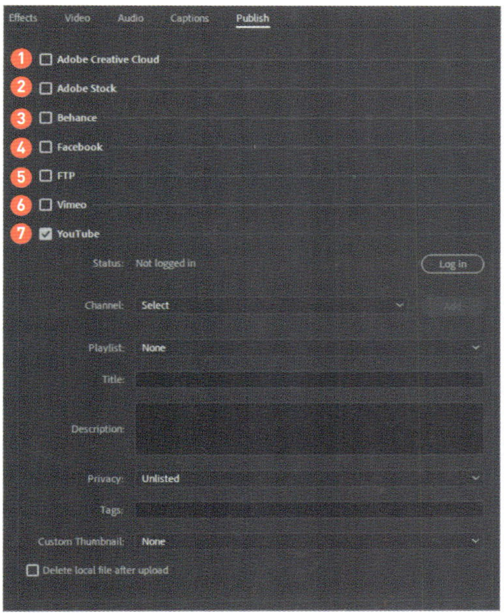

❶ Adobe Creative Clould 어도비에서 지원하는 클라우드 서버에 업로드할 수 있도록 지원합니다.

❷ Adobe Stock 콘텐츠를 출력한 후 어도비 스톡 사이트에 바로 업로드할 수 있습니다.

❸ Behance 출력 후 비헌스 사이트에 바로 업로드할 수 있습니다.

❹ Facebook 출력 후 페이스북에 바로 업로드할 수 있습니다.

❺ FTP 웹용으로 출력한 영상을 다른 프로그램의 도움 없이 바로 웹 서버로 업로드할 수 있습니다.

❻ Vimeo 출력 후 비메오 사이트에 바로 업로드할 수 있습니다.

❼ YouTube 출력 후 유튜브에 업로드할 수 있습니다.

■ Captions 탭

❶ Export Option 출력할 자막의 저장 방법과 표시 방법을 설정합니다.

❷ File Format 저장될 자막 파일의 포맷과 확장자를 설정합니다.

❸ Frame Rate 초당 프레임 레이트를 설정합니다.

■ 하단 설정 탭

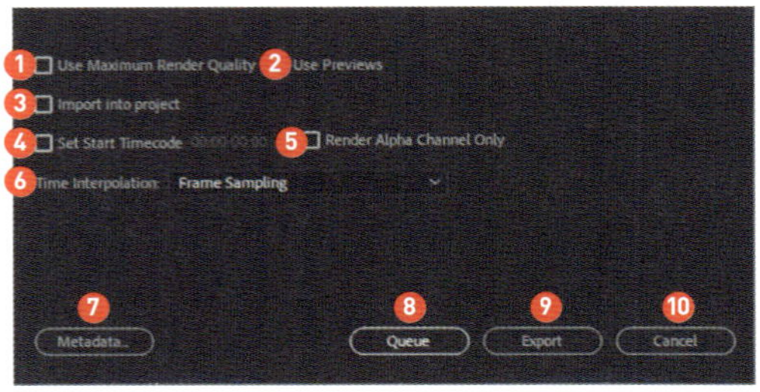

❶ Use Maximum Render Quality 체크하면 최상 화질로 출력됩니다. 큰 포맷에서 작은 포맷으로, 또는 고화질에서 표준 화질 포맷으로 스케일링할 때 선명한 디테일이 유지됩니다. 최대 렌더링 품질은 렌더링된 클립 및 시퀀스의 모션 품질을 최대화하지만 렌더링 시간이 오래 걸릴 수 있습니다.

❷ Use Preview 체크하면 렌더링이 진행되는 동안 Output 화면에 진행 상황이 실시간으로 나타납니다.

❸ Import into project 출력된 콘텐츠를 자동으로 프로젝트 패널에 내보냅니다.

❹ Set Start Timecode 시작되는 시점의 타임코드를 설정합니다.

❺ Render Alpha Channel Only 체크하면 투명도 설정을 위한 알파 채널만 출력됩니다.

❻ Time Interpolation 시퀀스의 프레임과 출력할 콘텐츠의 프레임이 달라질 경우에만 적용됩니다. 누락된 프레임을 어떻게 보간(Interpolation)할 것인지 설정합니다.

- Frame Sampling 시간에 따른 프레임을 맞추기 위해 프레임을 반복하거나 제거합니다.
- Frame Blending 프레임을 반복하지만 모션을 원활하게 하는 데 필요한 만큼의 프레임을 추가합니다.
- Optical Flow 30fps 시퀀스를 모든 프레임에 반복하지 않고 60fps로 출력할 경우 Optical Flow 옵션을 사용합니다.

❼ Metadata 출력되는 파일의 메타데이터 정보를 입력합니다. 메타데이터는 XMP 파일에만 관련이 있습니다. 메타데이터를 포함시키거나 별도의 '사이드카' 파일로 첨부할 수 있습니다.

❽ Queue Export Settings 대화상자에서 설정한 내용을 미디어 인코더로 내보냅니다.

❾ Export Export Settings 대화상자에서 설정한 내용대로 파일을 출력합니다.

❿ Cancel 설정한 내용을 취소하고 Export Settings 대화상자를 닫습니다.

SECTION 02

Export Settings 프리셋 저장하기

- **준비파일** ExportSettings.prproj
- **완성파일** 없음

프리미어 프로에서는 영상 편집을 할 때 자주 사용하는 포맷의 코덱, 해상도, 프레임 레이트, 비트 레이트 등의 옵션을 설정하고 프리셋(Preset)으로 저장하면 매번 옵션을 변경하지 않고 빠르고 편리하게 영상을 출력할 수 있습니다.

Export Settings 대화상자 열기

01 프리미어 프로를 실행하고 Home 대화상자에서 〈Open Project〉 버튼을 클릭해 'ExportSettings.prpoj' 프로젝트 파일을 불러온 후 영상을 확인합니다.

02 [File]-[Export]-[Media] 메뉴를 선택하거나 단축키 Ctrl+M을 누릅니다.

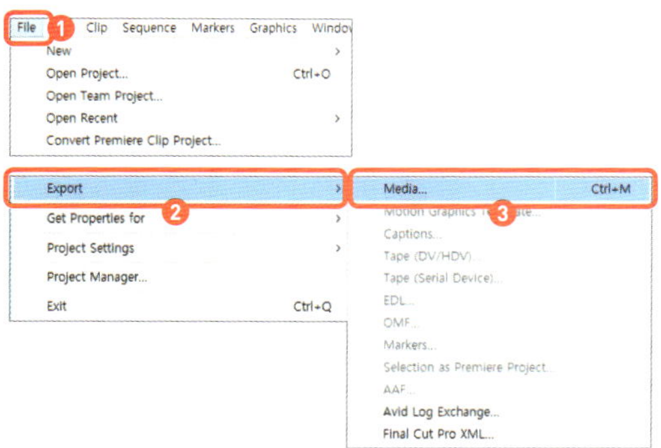

영상 출력 옵션 설정하기

03 Export Settings 대화상자의 Export Settings 옵션에서 Format을 H.264로 설정합니다.

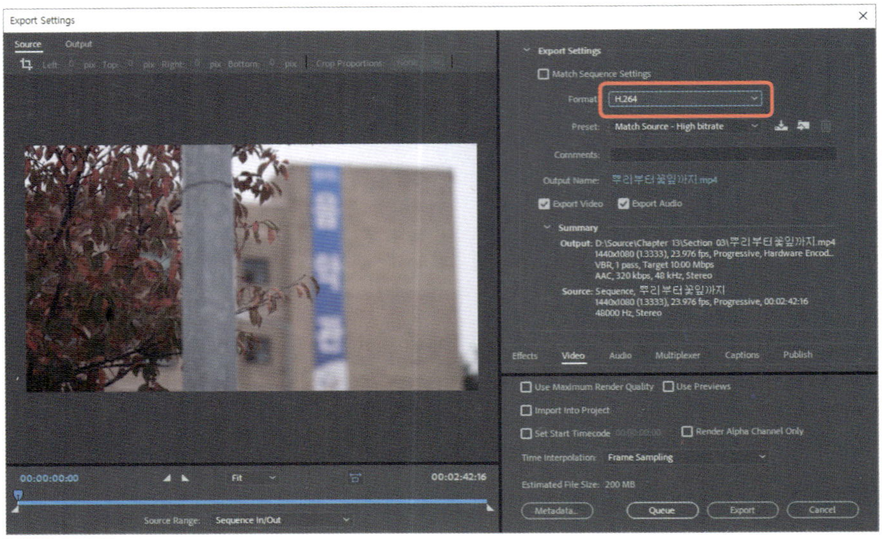

04 출력할 콘텐츠의 파일명을 입력하겠습니다. Output Name의 '뿌리부터꽃잎까지.mp4'라는 파란색 글씨를 클릭해 Save as 대화상자가 열리면 영상을 저장할 위치를 지정하고 〈저장〉 버튼을 클릭합니다.

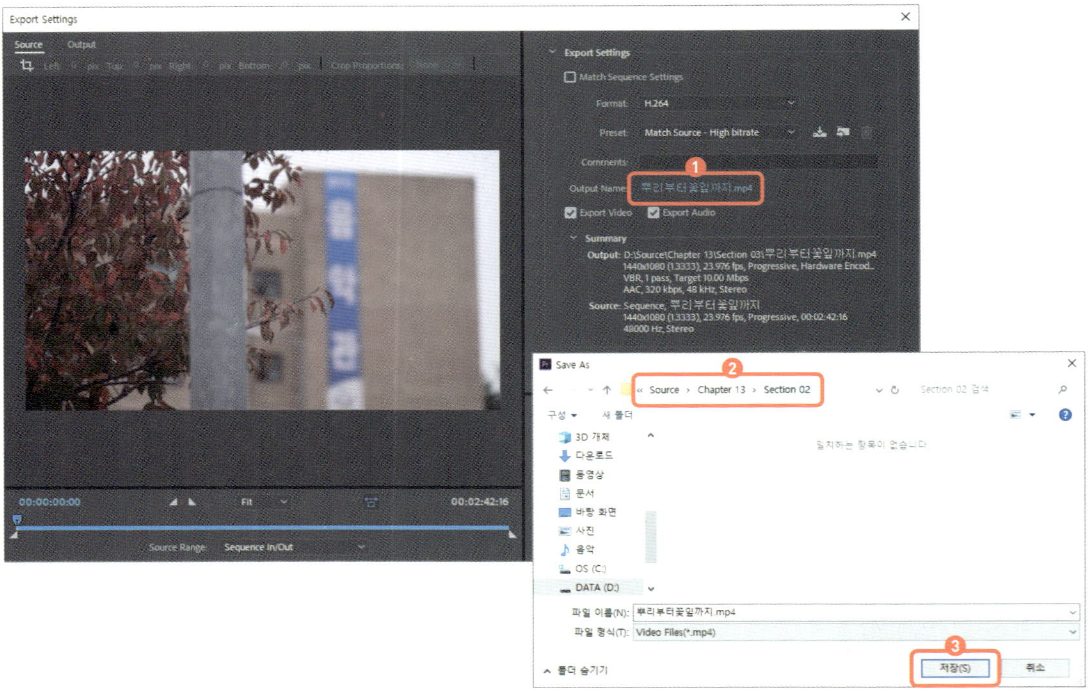

05 Export Settings 대화상자의 Video 탭에서 Basic Video Settings 항목의 Width와 Height의 체크를 해제한 후 비율 유지 버튼(🔗)을 클릭해 해제하고 Width에 960, Height에 540을 입력합니다. Aspect의 체크를 해제하고 Square Pixel(1.0)로 설정합니다.

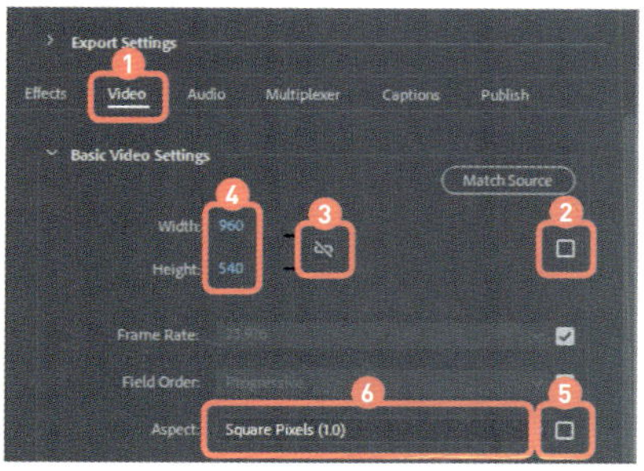

Tip 왼쪽의 Output 화면을 보면서 Export Settings 대화상자의 옵션 설정을 변경하면 좋습니다. 출력할 영상의 가로·세로 사이즈와 Aspect(픽셀 한 개의 가로·세로 비율)에 따라 Output 화면에서 이미지가 다르게 보입니다.

06 Bitrate Settings 항목의 Bitrate Encoding은 CBR, Target Bitrate 값은 14로 설정합니다.

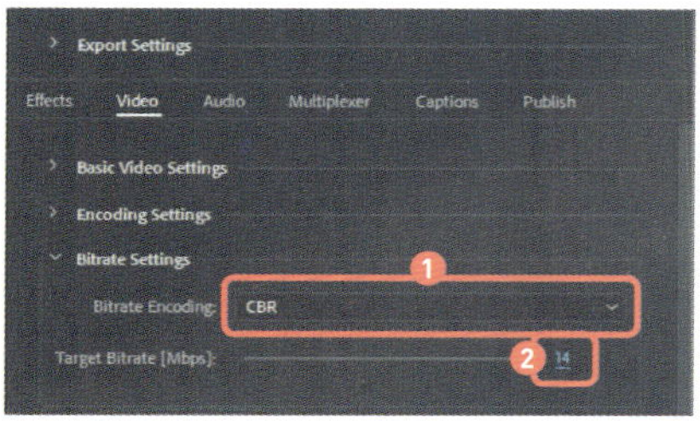

Tip Target Bitrate는 1초에 전송하는 데이터를 말하며, 수치가 높을수록 화질은 좋아지고 파일 크기도 커집니다. Target Bitrate 값은 출력할 콘텐츠의 사용 목적에 맞게 설정해야 합니다.

설정된 영상 출력 옵션을 프리셋으로 저장하기

07 설정된 영상 출력 옵션을 프리셋으로 저장하기 위해 프리셋 저장 버튼(⬇)을 클릭하고, Choose Name 대화상자의 입력란에 'H.264_960/540'을 입력한 후 〈OK〉 버튼을 클릭합니다.

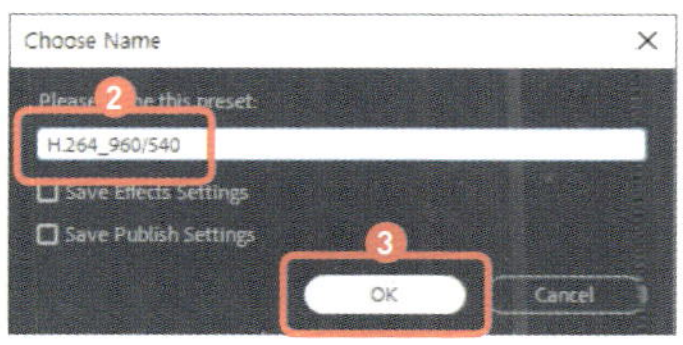

08 Export Settings 대화상자의 Preset에서 방금 저장한 프리셋인 'H.264_960/540'을 확인합니다.

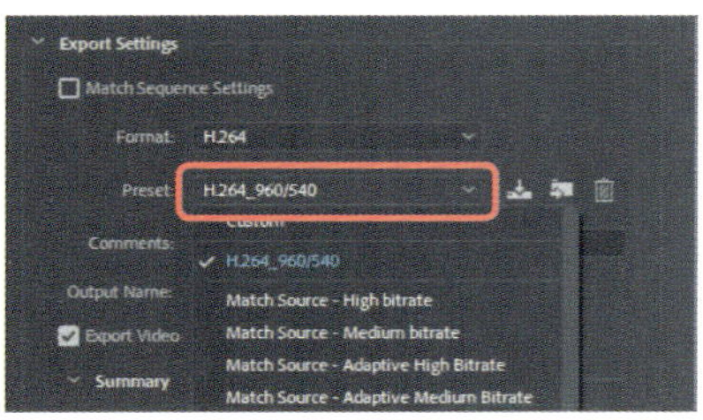

영상 출력하기

09 설정한 프리셋을 선택하고 〈Export〉 버튼을 클릭해 영상을 출력합니다.

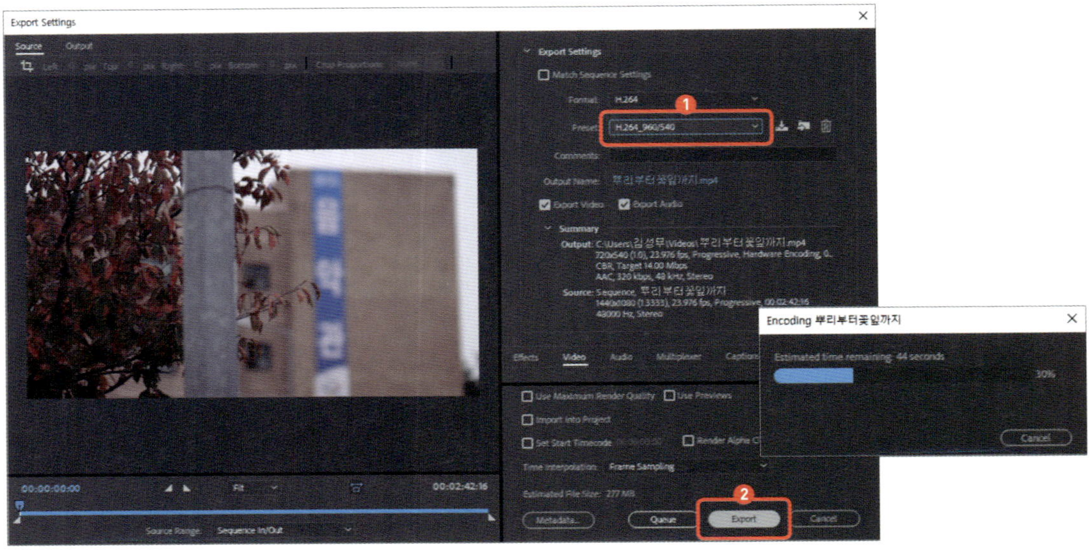

10 영상을 출력한 폴더를 열어 영상을 확인합니다.

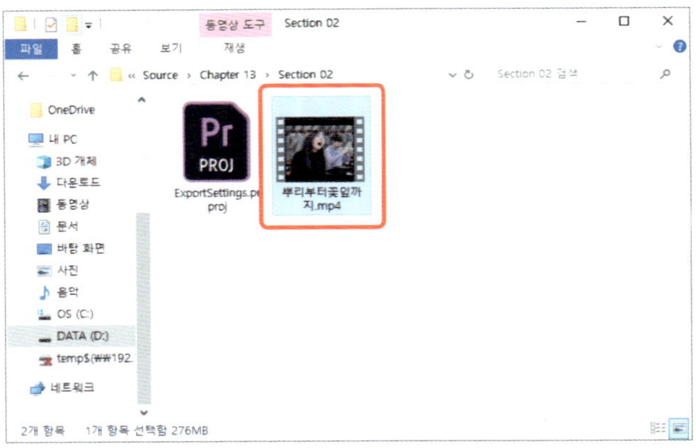

11 프로그램 모니터 패널에서 영상을 재생해 작업 내용을 확인합니다.

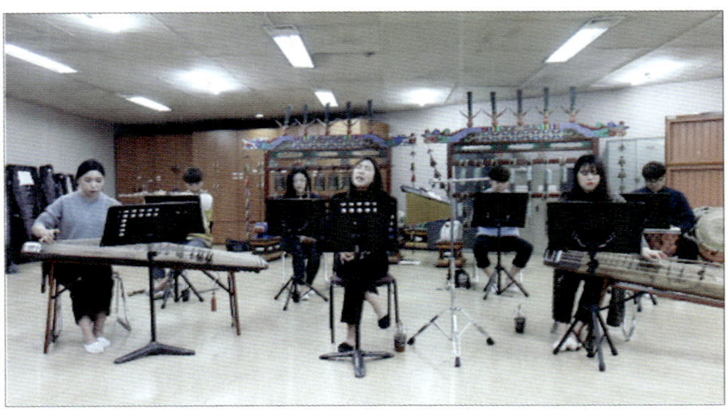

SECTION 03

백업 영상 출력하기

- **준비파일** BackupExport.prproj
- **완성파일** 없음

편집된 마스터 영상을 2차 작업용으로 전달하거나 백업용으로 보관하려면 무압축 영상으로 출력하는 것이 좋습니다. Export Settings 대화상자에서 비디오 코덱(Video codec)을 'Uncompressed RGB 8-bit'로 설정해 무압축 영상으로 출력해 봅니다.

Export Settings 대화상자 열기

01 프리미어 프로를 실행하고 Home 대화상자에서 〈Open Project〉 버튼을 클릭해 'BackupExport.prproj' 프로젝트 파일을 불러온 후 영상을 확인합니다.

02 [File]–[Export]–[Media] 메뉴를 선택해 Export Settings 대화상자를 엽니다.

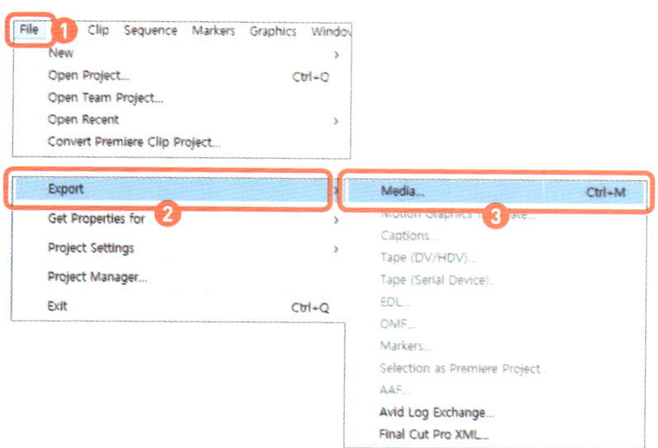

영상 출력 옵션 설정하기

03 Export Settings 대화상자에서 Export Settings 항목의 Format을 QuickTime으로 설정합니다.

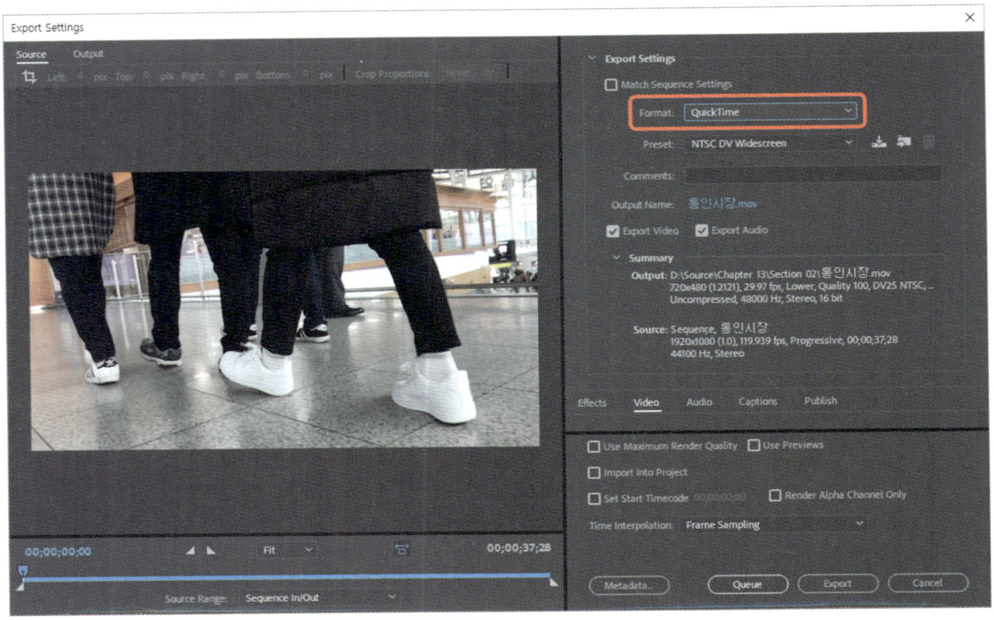

Tip QuickTime은 코덱에 따라 온라인 업로드용, 고화질 이미지, 이미지 시퀀스 등으로 다양하게 출력할 수 있는 표준 멀티미디어 포맷입니다.

04 Video 탭을 열고 Video codec을 None(Uncompressed RGB 8-bit)로 설정합니다.

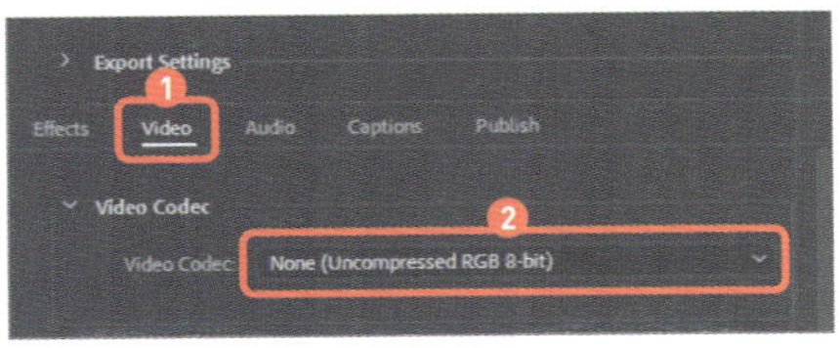

05 Video 탭의 Basic Video Settings 항목에서 〈Match Source〉 버튼을 클릭합니다.

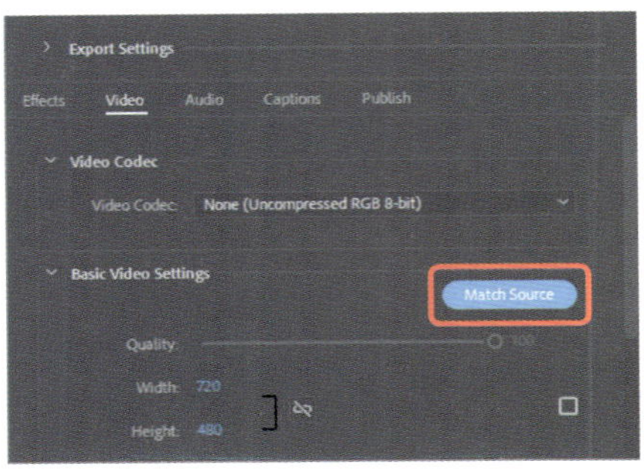

Tip 〈Match Source〉 버튼을 클릭하면 출력될 콘텐츠의 크기, 프레임 레이트, Aspect 등의 옵션이 시퀀스와 동일하게 설정됩니다.

06 Export Settings 항목에서 Output Name의 파란색 글씨를 클릭하고 Save As 대화상자에서 출력할 영상을 저장할 위치를 지정한 후 〈저장〉 버튼을 클릭합니다.

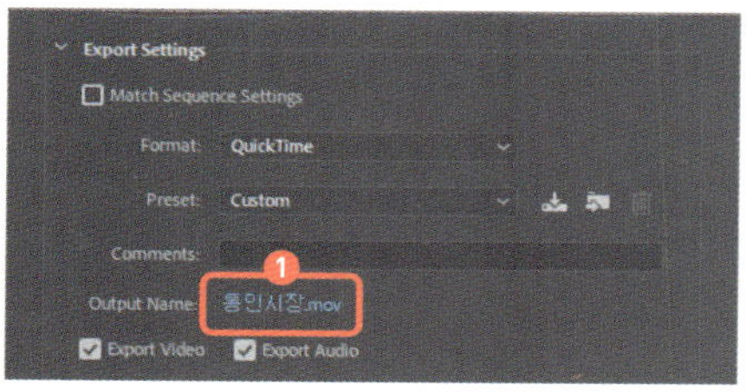

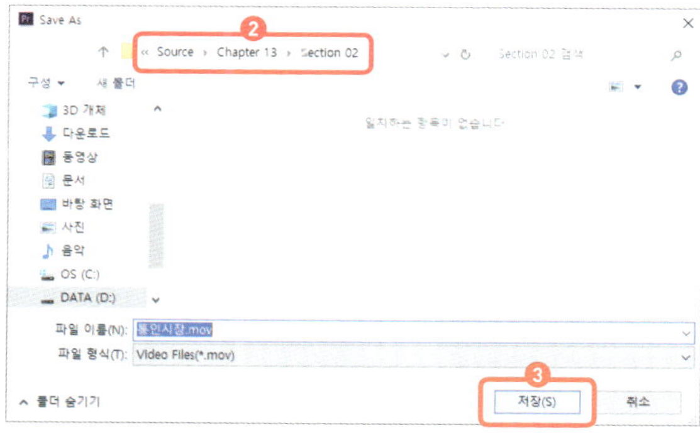

07 Export Settings 대화상자의 Output 탭에서 화면 하단의 종횡비 교정 버튼(■)을 클릭하고, 출력한 콘텐츠를 프로젝트 패널에 불러오기 위해 Export Settings 대화상자 오른쪽 아래 설정 탭에서 Import Into Project에 체크합니다.

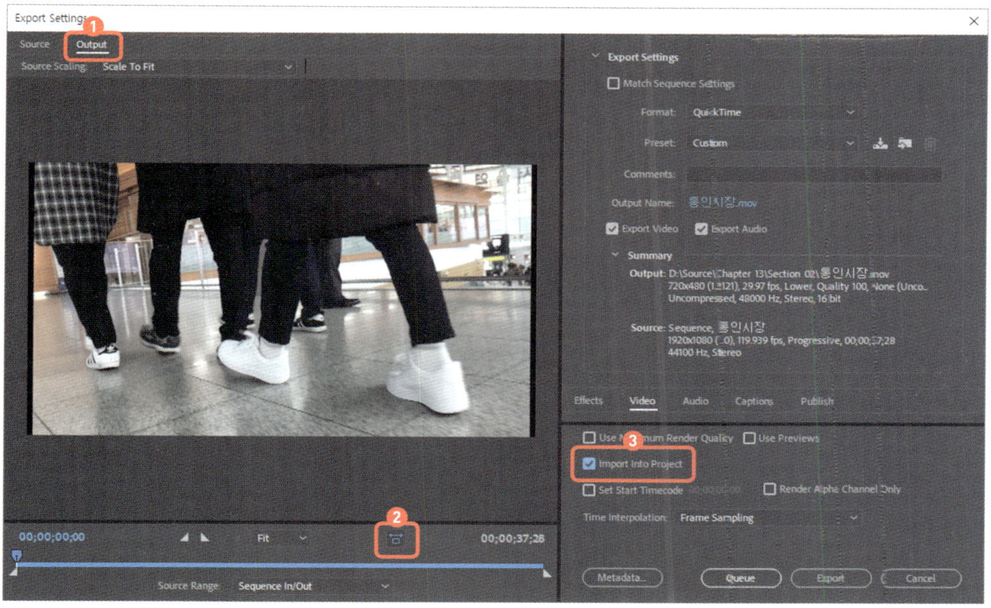

Tip 픽셀 종횡비(Aspect Ratio)는 프레임에서 단일 픽셀의 너비와 높이의 비율을 나타냅니다. 일반적으로 프레임의 크기(해상도)에 따라 픽셀 종횡비는 다르게 적용됩니다. 만약 정사각형 픽셀 화면에 직사각형 픽셀을 변경하지 않고 표시하면 이미지가 왜곡되어 보입니다. 이럴 때 종횡비 교정 버튼(■)을 클릭하면 이미지 비율이 올바르게 표시됩니다.

영상 출력하기

08 Export Settings 대화상자에서 〈Export〉 버튼을 클릭해 영상을 출력합니다.

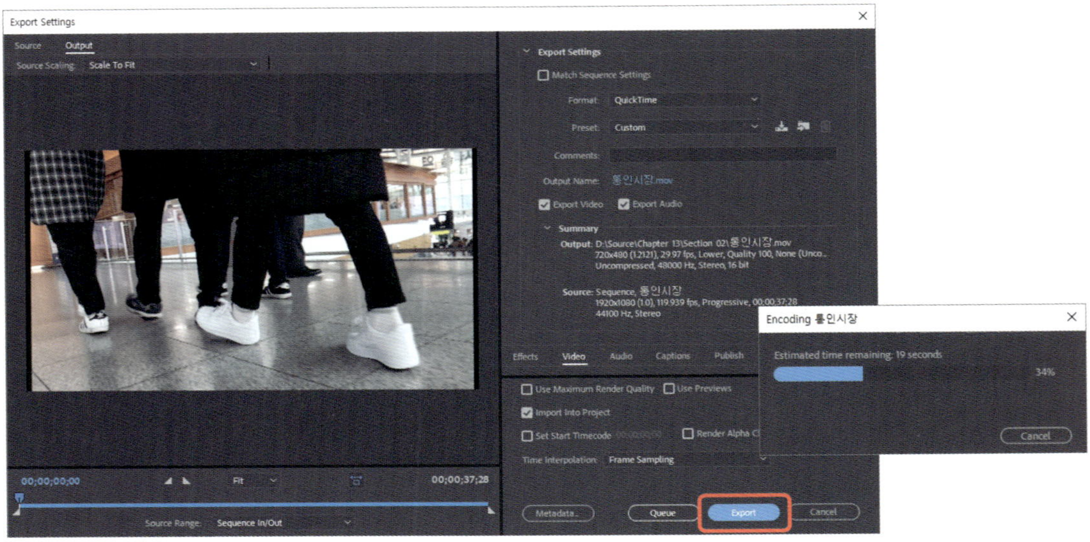

09 Export Settings 대화상자가 닫히면 프로젝트 패널에 '통인시장.mov' 파일이 불러와진 것을 확인할 수 있습니다.

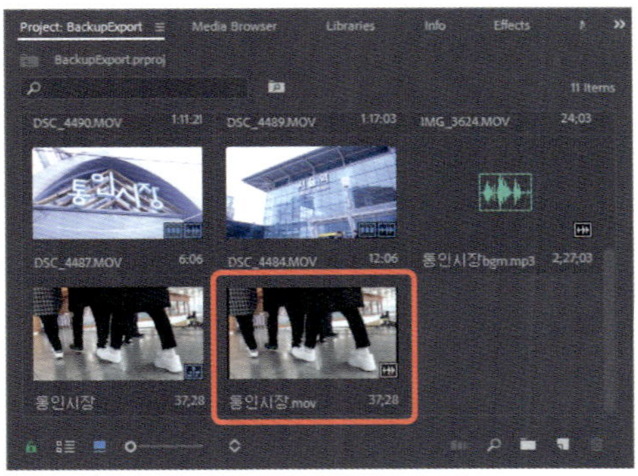

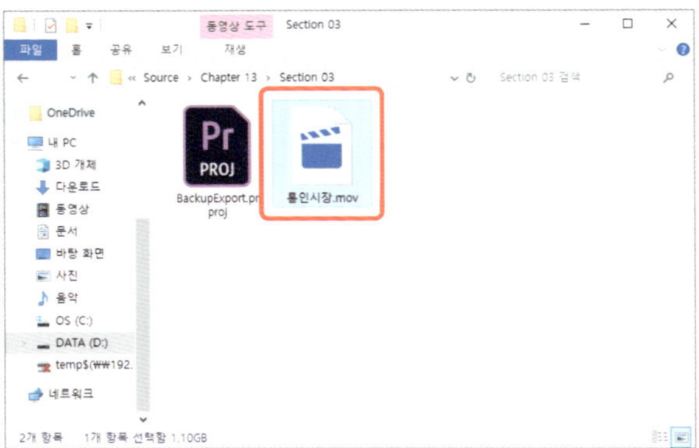

10 영상을 출력한 폴더를 열어 영상을 확인합니다.

SECTION 04

온라인 전용 영상 출력하기

- **준비파일** OnlineExport.prproj
- **완성파일** 없음

어도비 클라우드, 페이스북, 유튜브 등의 온라인 미디어에 업로드할 영상은 고화질 저용량이어야 합니다. 고화질 저용량 영상은 주로 H.264 코덱의 mp4 파일로 출력하는데, H.264 코덱은 온라인에서 가장 많이 활용되는 동영상 포맷입니다. mp4 파일로 출력한 콘텐츠를 Export Settings 대화상자에서 유튜브 사이트에 업로드해 보겠습니다.

Export Settings 대화상자 열기

01 프리미어 프로를 실행하고 Home 대화상자에서 〈Open Project〉 버튼을 클릭해 'OnlineExport.prpoj' 프로젝트 파일을 불러온 후 영상을 확인합니다.

02 [File]-[Export]-[Media] 메뉴를 선택해 Export Settings 대화상자를 엽니다.

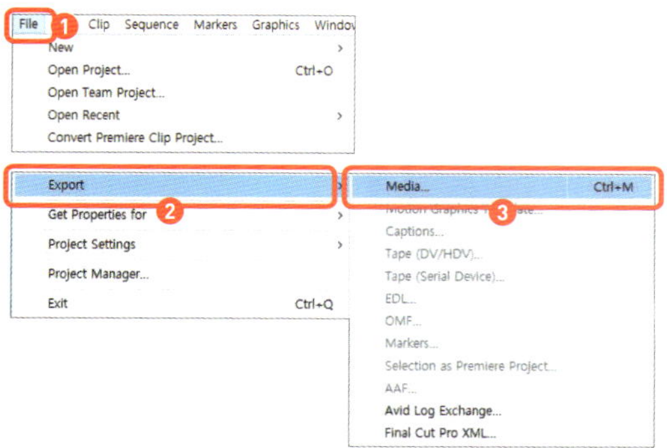

유튜브 업로드용 영상 출력 옵션 설정하기

03 Export Settings 대화상자가 열리면 오른쪽 Export Settings 항목에서 Format은 H.264, Preset은 YouTube 1080p HD로 설정합니다. Output Name의 파란색 글씨를 클릭하고 Save As 대화상자가 열리면 파일을 저장할 위치를 지정하고 〈저장〉 버튼을 클릭합니다.

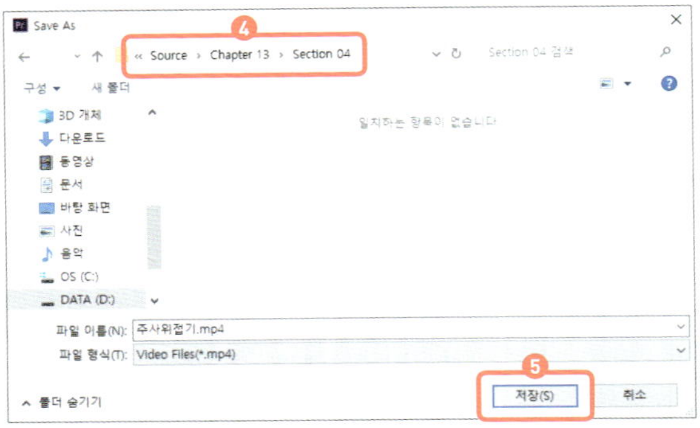

Tip H.264 포맷을 사용하는 이유는 유튜브, 페이스북, 비메오 등의 온라인용 프리셋을 가지고 있고, 모바일, 표준 매체 등 다양한 형식의 미디어 출력 설정이 가능하기 때문입니다.

04 Publish 탭을 열고 YouTube에 체크한 후 〈Log in〉 버튼을 클릭해 유튜브 계정에 로그인합니다. 로그인 후 Publish 탭으로 돌아오면 유튜브에 업로드할 영상 제목(Title), 설명(Description), 공개 범위(Privacy), 태그(Tags)를 입력하고, Custom Thumbnail을 Frame from source video로 설정합니다. 〈Use Current Frame〉 버튼을 클릭하면 왼쪽의 Output 화면에 보이는 장면이 썸네일로 지정됩니다.

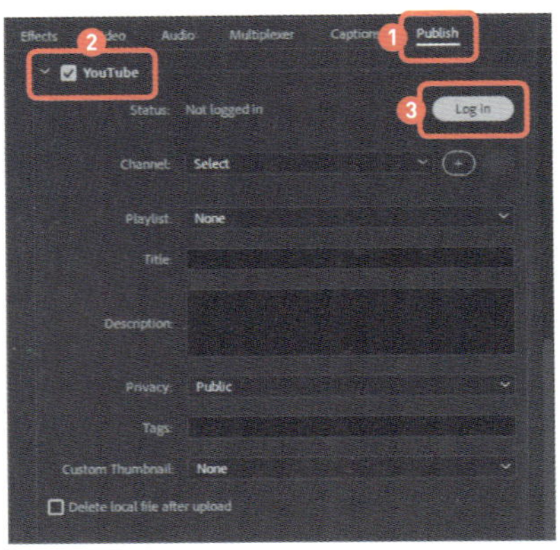

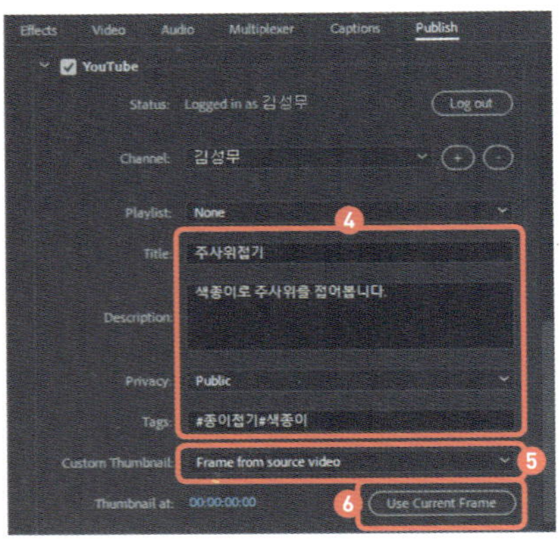

Tip 썸네일 장면을 소스 비디오 장면 중에 고르려면 Frame from source video를 선택합니다.

유튜브에 영상 업로드하기

05 설정을 마치고 Export Settings 대화상자에서 〈Export〉 버튼을 클릭하면 인코딩이 시작되고, 인코딩 후 업로드가 진행됩니다.

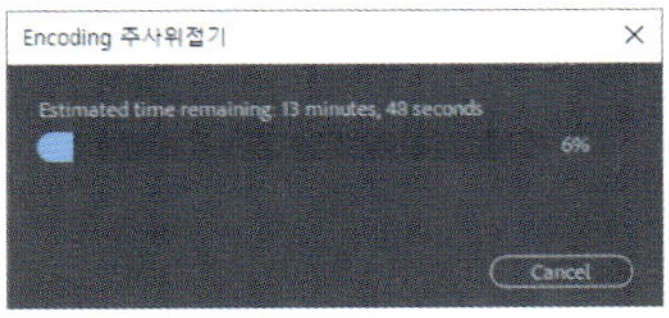

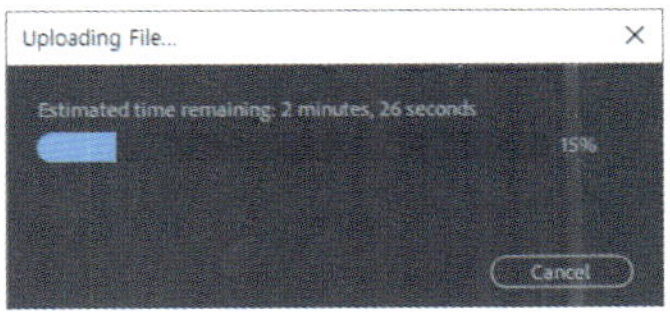

06 업로드가 완료된 후 5분 정도 시간을 두고 유튜브 웹사이트(http://www.youtube.com)에 접속해 로그인한 후, 채널에서 업로드된 영상과 썸네일을 확인합니다.

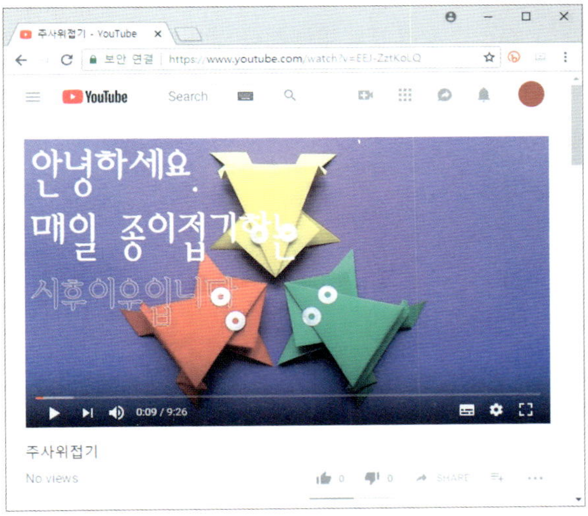

07 로드된 영상의 제목을 클릭해 영상을 확인합니다.

SECTION 05

어도비 미디어 인코더로 영상 출력하기

- **준비파일** MediaEncoder.prproj
- **완성파일** 없음

어도비의 미디어 인코더(Media Encoder)를 이용하면 프리미어 프로, 애프터 이펙트에서 작업한 파일에 다양한 설정을 적용해 인코딩하고 출력할 수 있습니다. 미디어 인코더는 여러 동영상 코덱을 한꺼번에 변환하거나 하나의 소스 파일을 다양한 포맷으로 출력할 때 사용하는 프로그램입니다. 프리미어 프로의 Export Settings 대화상자에서 〈Queue〉 버튼을 클릭하면 미디어 인코더가 실행됩니다.

Export Settings 대화상자 열기

01 프리미어 프로를 실행하고 Home 대화상자에서 〈Open Project〉 버튼을 클릭해 'MediaEncoder.prpoj' 프로젝트 파일을 불러온 후 영상을 확인합니다.

02 [File]-[Export]-[Media] 메뉴를 선택해 Export Settings 대화상자를 엽니다.

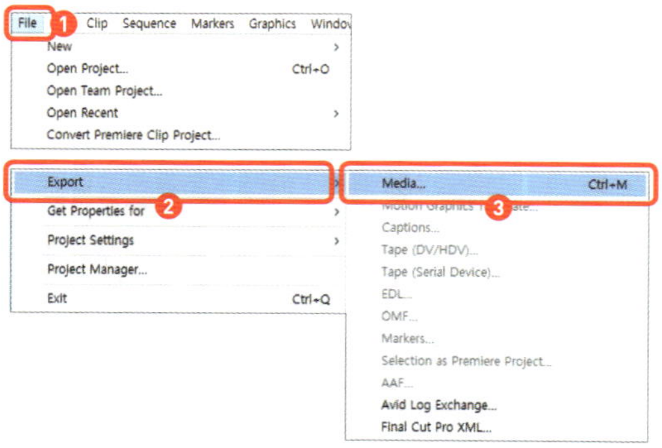

미디어 인코더 연결하기

03 Export Settings 대화상자 오른쪽의 Export Settings 항목에서 Format은 H.264, Preset은 Match Source-High bitrat로 설정합니다. Output Name의 파일명을 클릭해 Save As 대화상자가 열리면 파일을 저장할 위치를 지정하고 〈저장〉 버튼을 클릭합니다.

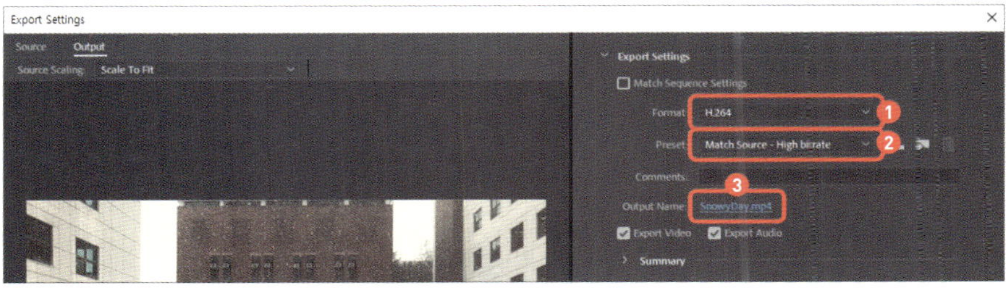

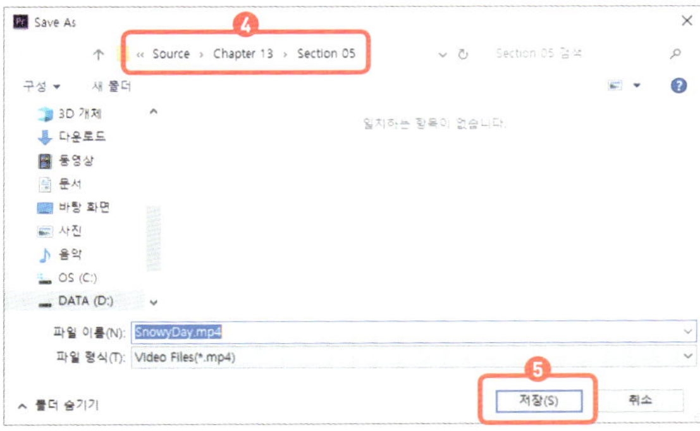

04 Export Settings 대화상자의 〈Queue〉 버튼을 클릭합니다.

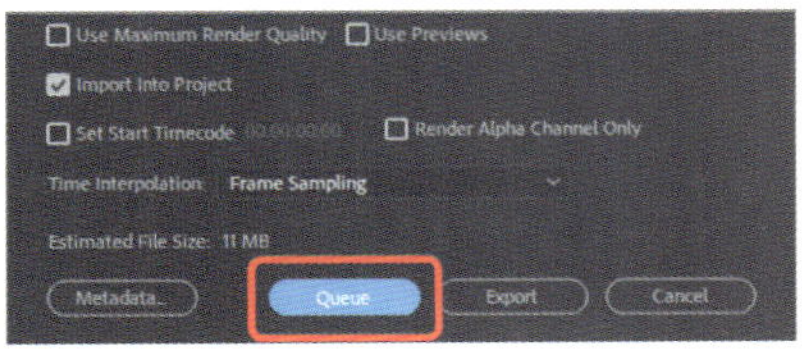

05 미디어 인코더 CC 프로그램이 열립니다.

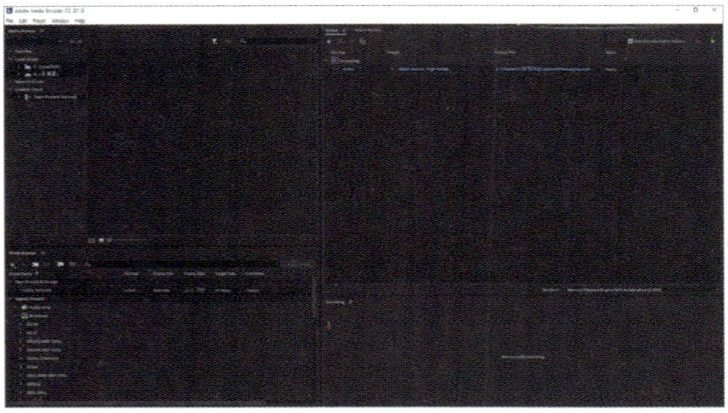

06 Media Encoder의 렌더링 항목에 프리미어 프로에서 설정한대로 H.264 포맷, Match Source–High bitrate 프리셋의 프리미어 프로젝트 파일이 표시됩니다.

07 다시 프리미어 프로에서 단축키 Ctrl+M을 클릭해 Export Settings 대화상자를 열고 Format을 JPEG로 설정합니다.

08 Video 탭에서 Export As Sequence가 체크되어 있는지 확인한 후 Frame Rate의 오른쪽 체크박스를 해제하고 값을 30으로 변경하여 60프레임으로 촬영된 동영상을 30프레임으로 변경합니다. Output Name의 파일명을 클릭해 Save As 대화상자가 열리면 파일을 저장할 위치를 지정하고 〈저장〉 버튼을 클릭한 후 〈Queue〉 버튼을 클릭해 미디어 인코더 화면으로 넘어갑니다.

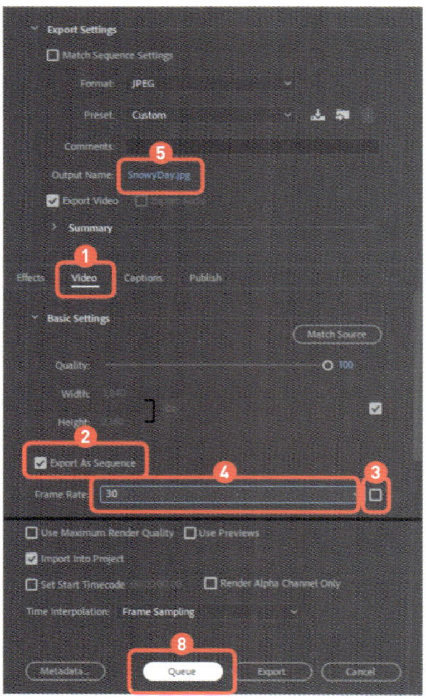

09 프리미어 프로에서 작업한 내용이 자동으로 미디어 인코더 렌더링 항목에 추가된 것을 확인할 수 있습니다.

미디어 인코더에서 작업하기

10 미디어 인코더의 Queue 패널에서 소스 추가 버튼(+)을 클릭하고 'MediaEncoder.prproj' 파일을 선택하면 렌더링 항목에 추가됩니다.

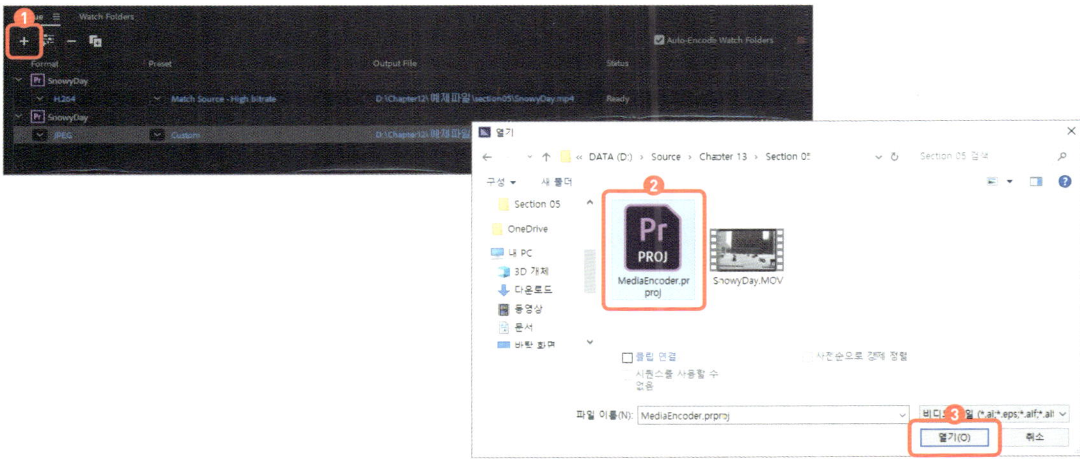

11 추가된 항목의 Format을 mp3로 설정하고 오른쪽 위에 있는 Start Queue 버튼(▶)을 클릭해 렌더링을 실행합니다.

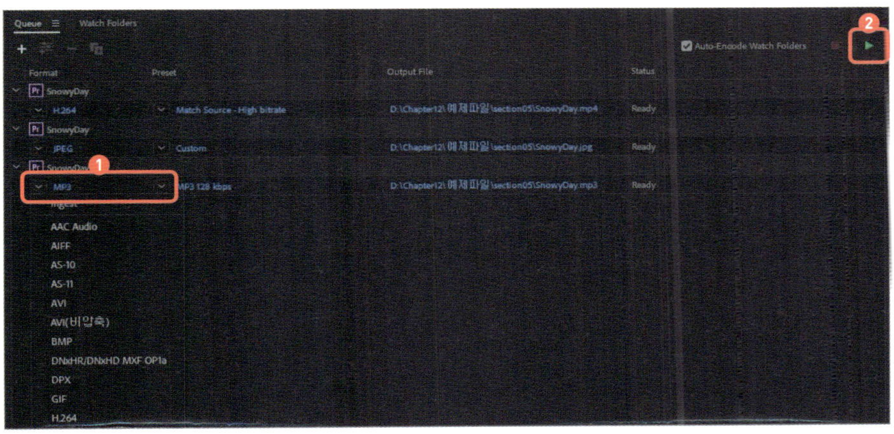

12 세 개의 파일이 차례로 인코딩되고, 완료된 파일은 'Done'으로 표시됩니다.

Tip Encoding 패널에서 렌더링 과정을 확인할 수 있습니다.

13 지정한 폴더에서 인코딩된 파일을 확인합니다.

여기서 잠깐! 미디어 인코더의 다른 패널

어도비 미디어 인코더에 있는 Preset Browser 패널과 Watch Folders 패널에 대해 알아보겠습니다.

1 Preset Browser 패널

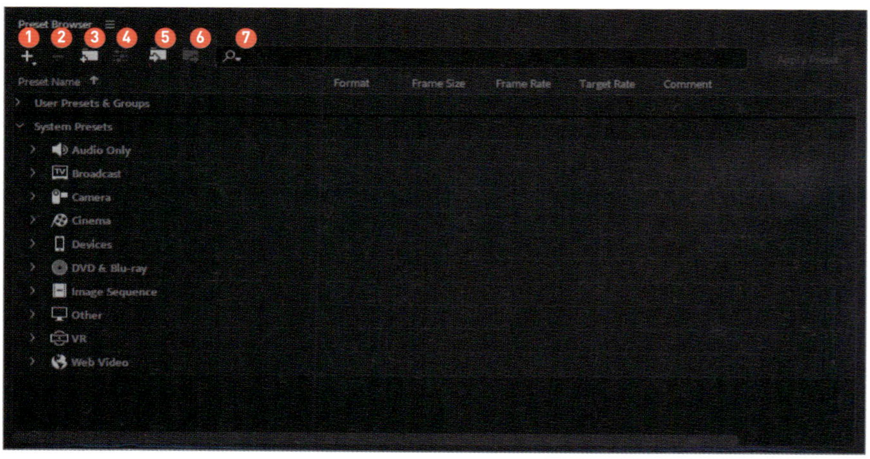

❶ Create New Preset 새로운 설정의 프리셋을 생성합니다. 새로 만든 프리셋은 User Presets &Groups에 추가됩니다.

❷ Delete Preset 사용자가 생성한 프리셋이나 프리셋 그룹을 삭제합니다.

❸ Create New Preset Group 새로운 프리셋 그룹을 생성합니다.

❹ Preset Settings 프리셋에서 옵션 설정을 변경합니다.

❺ Import Preset 확장자가 epr인 비디오 프리셋 파일을 불러옵니다.

❻ Export Preset 설정한 프리셋을 확장자가 epr인 파일로 저장합니다.

❼ Find Box 프리셋 파일을 검색해 빠르게 찾을 수 있습니다.

2 Watch Folders 패널

폴더 추가(+) 버튼을 클릭해 감시 폴더의 경로를 지정하면 해당 폴더에 있는 미디어 파일이 Export Settings로 자동 인코딩됩니다.

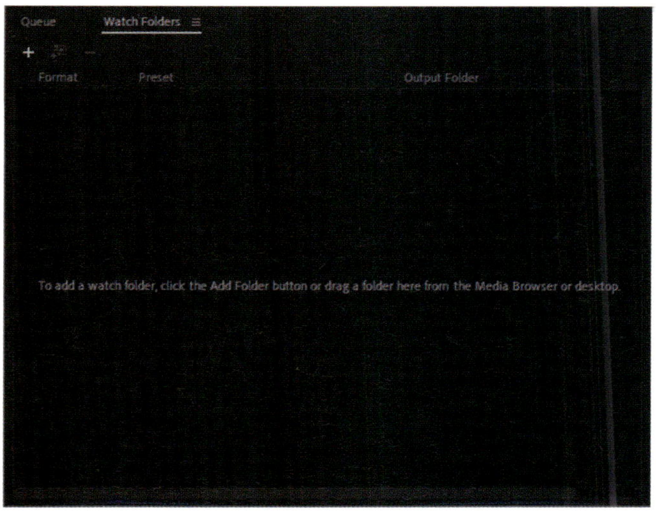

CHAPTER

14

내가 촬영한 영상 편집

지금까지 프리미어 프로의 다양한 기능을 이용해 영상 편집 실습을 해 보았습니다. 프리미어 프로를 다룰 줄 안다고 해도 막상 영상을 찍고 나면 무엇부터 해야 할지 모를 수 있습니다. 이 책에서는 편집(자르고 붙이기), 키프레임, 자막과 타이틀, 화질 개선, 컬러 보정, 오디오, 출력 등 실제 영상 편집 과정에 따라 실습을 정리하였으므로 실제 작업을 할 때도 이 과정을 기본으로 하면 됩니다. 이 CHAPTER에서는 1인 미디어 콘텐츠를 편집하는 과정(편집점 찾기→레이아웃 조정→컬러 보정→자막 삽입→인트로 제작→타이틀 삽입→오디오 삽입)을 종합 실습 형식으로 다룹니다. 끝까지 따라해 본 후 직접 촬영하고 녹음한 소스를 이용해 1인 미디어 콘텐츠도 만들어 봅니다.

Section 01 / 편집점 찾기

Section 02 / 키프레임으로 레이아웃 조정하기

Section 03 / 컬러 보정하기

Section 04 / 자막 넣기

Section 05 / 인트로 만들기

Section 06 / 타이틀 넣기

Section 07 / 배경음악과 효과음 넣기

SECTION 01

편집점 찾기

- **준비파일** 주사위접기.mp4
- **완성파일** VideoEdit1_result.prproj

촬영한 영상을 컴퓨터로 가져와 가장 먼저 해야 하는 일은 필요한 소스와 필요하지 않은 소스를 구분하는 일입니다. 샘플 영상은 종이접기를 설명하는 내용으로 유튜브 업로드를 목적으로 촬영한 영상입니다. 보통 실시간으로 방송되는 1인 미디어 방송이나 동영상 강좌 등은 여러 장면으로 나누어 촬영하기보다는 한 번에 길게 촬영하는 것이 일반적입니다. 한 장소에서 작업 과정을 그대로 보여줘야 하기 때문입니다. 한 번에 촬영한 영상은 바로 프리미어 프로로 불러와 편집을 진행합니다. 여러 장면을 나누어 촬영한 경우는 미리 촬영 분량을 재생해 보고 사용할 소스와 사용하지 않을 소스를 다른 폴더에 나누어 저장한 후에 사용할 소스부터 편집합니다.

영상 편집 준비하기

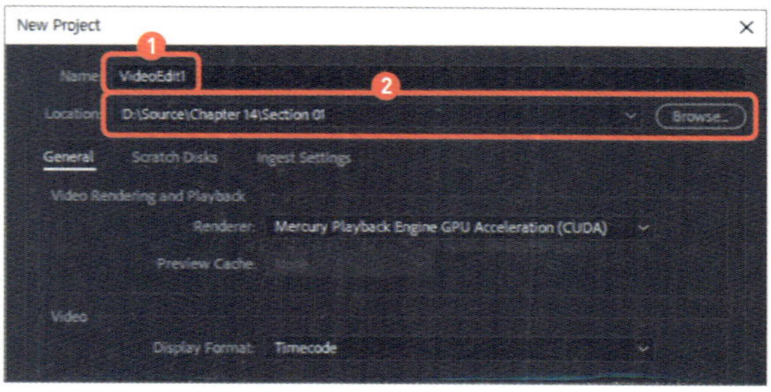

01 프리미어 프로를 실행하고 Home 대화상자에서 〈New Project〉 버튼을 클릭합니다. New Project 대화상자에서 Name에 'VideoEdit1'을 입력하고 〈Browse〉 버튼을 클릭해 파일 위치를 지정한 후 〈OK〉 버튼을 클릭합니다.

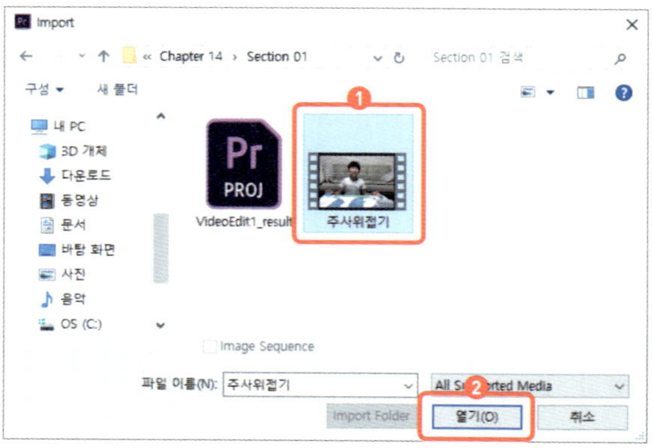

02 단축키 Ctrl+I를 누르고 Import 대화상자가 열리면 '주사위접기.mp4' 파일을 선택한 후 〈열기〉 버튼을 클릭합니다.

03 프로젝트 패널에 불러온 '주사위접기.mp4' 파일을 마우스 오른쪽 버튼으로 클릭하고 팝업 메뉴에서 [New Sequence From Clip]을 선택하면 소스 클립과 같은 설정의 시퀀스가 만들어집니다.

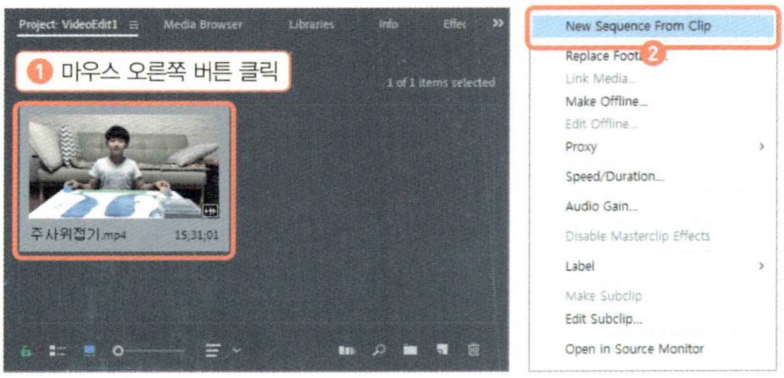

04 필요 없는 부분을 선택해 잘라야 하기 때문에 기본 인터페이스로 [Editing]을 선택하고 Enter 를 눌러 영상을 재생합니다.

편집점 찾아서 소스 클립 자르고 붙이기

05 영상을 보면서 편집할 부분의 시작점과 끝점에 마커를 넣겠습니다. 타임라인 패널에서 편집이 필요한 세 군데의 소스 클립을 제거하기 위해 다음 시작점과 끝점에 마커를 넣습니다.

① 00:00:03:27~00:00:08:07 – 멘트 내용이 어색합니다.
② 00:05:18:19~00:05:18:27 – 촬영자의 손이 왼쪽 화면을 가립니다.
③ 00:10:39:29~00:15:31:06 – 주사위 만들기 내용은 끝났고, 추가 설명 영상은 마무리가 되지 않은 채 끝납니다.

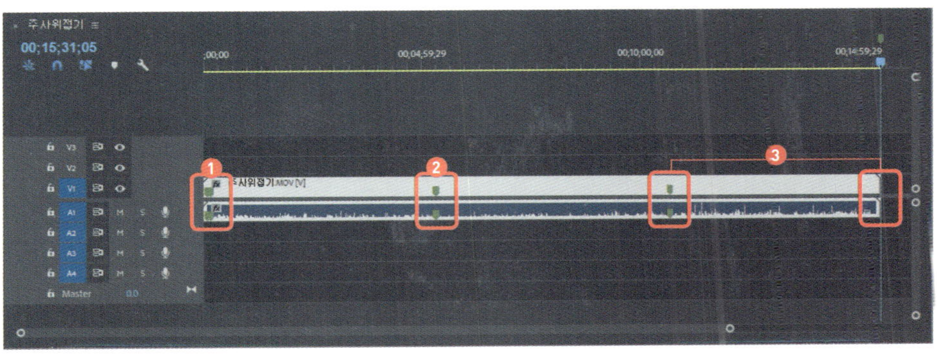

06 타임라인 패널에서 마커 부분을 자르겠습니다. Shift를 누른 채 마커가 있는 부분에 타임 표시자를 드래그한 후 단축키 Ctrl+K를 누릅니다. 마지막 마커까지 반복합니다.

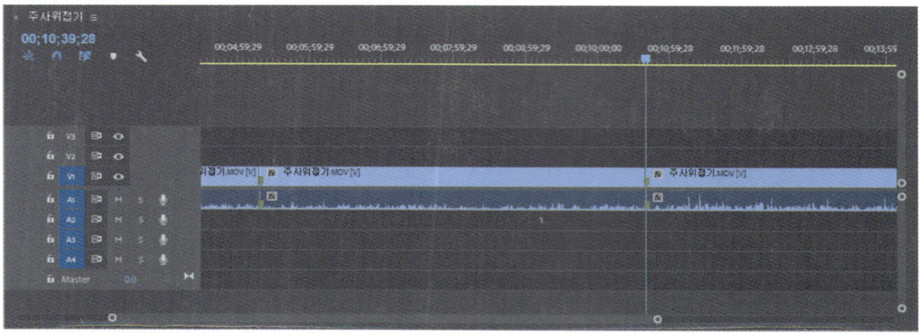

Tip 타임라인 패널에서 Shift를 누른 채 타임 표시자를 드래그하면 마커 부분에 스냅(Snap)됩니다. 그 위치에서 Ctrl+K를 누르면 타임 표시자가 위치한 부분에서 소스 클립이 나누어집니다.

07 자른 선을 경계로 두 번째, 네 번째, 여섯 번째 파일을 각각 Delete를 눌러 삭제합니다. 빈 공간을 각각 마우스 오른쪽 버튼으로 클릭하고 팝업 메뉴인 [Ripple Delete]를 선택합니다.

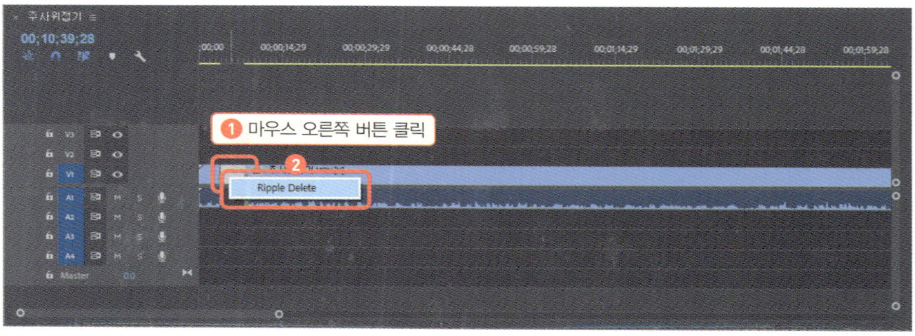

08 첫 번째 클립이 "안녕하세요. 저는"에서 끝나 어색합니다. 바로 뒤에 자기소개를 인트로로 넣어 보완하겠습니다. 인트로가 들어갈 부분을 남기기 위해 두 번째와 세 번째 파일을 같이 선택해 첫 번째 클립 끝부터 8초 뒤로 드래그합니다.

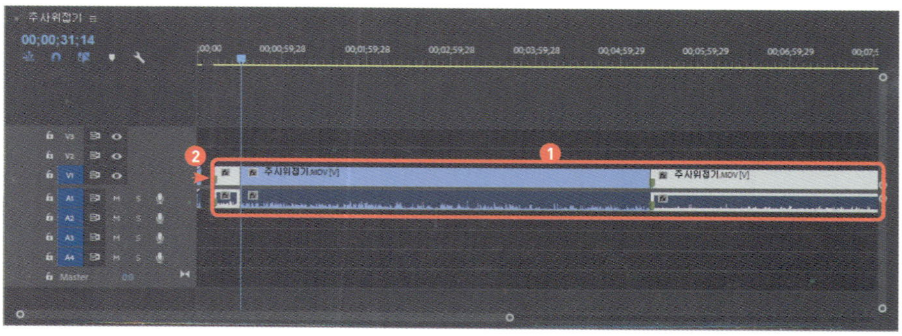

Tip 편집의 기본은 꾸미는 것보다는 어색한 부분을 보완하고 자연스럽게 만드는 것입니다. 촬영한 영상에서 먼저 어색하고 부족한 부분을 찾아 보완하는 것이 좋습니다.

09 종이접기를 시작하는 부분에서 카메라 위치가 멀어 종이접기가 잘 보이지 않습니다. "접기를 시작하겠습니다."라고 말하기 전인 00:00:31:14 지점에서 단축키 Ctrl + K를 눌러 클립을 나눕니다.

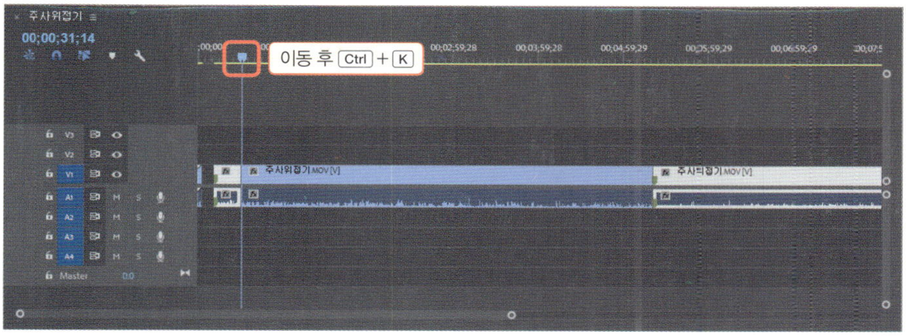

10 00:07:45:22부터 00:09:13:12까지는 만들기가 제대로 되지 않아 반복 시도하는 부분이므로 빠르게 재생되도록 하겠습니다. 타임라인 패널의 00:07:45:22와 00:09:13:12에서 단축키 Ctrl + K를 눌러 클립을 나눈 후, 중간 클립을 마우스 오른쪽 버튼으로 클릭해 팝업 메뉴에서 [Speed/Duration]을 선택합니다. Clip Speed/Duration 대화상자에서 Speed를 1000%로 설정합니다.

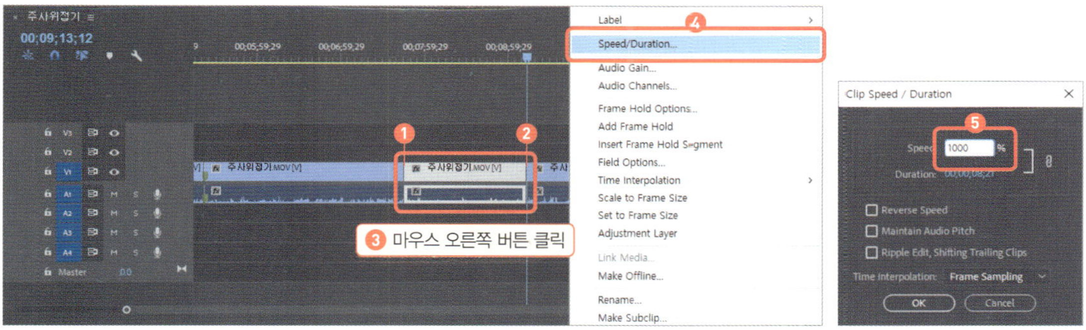

11 속도가 빨라지는 만큼 소스 클립의 길이가 줄어듭니다. 빈 공간을 마우스 오른쪽 버튼으로 클릭하고 팝업 메뉴인 [Ripple Delete]를 선택합니다. 편집점을 찾아 소스 클립을 나누는 과정이 끝났습니다.

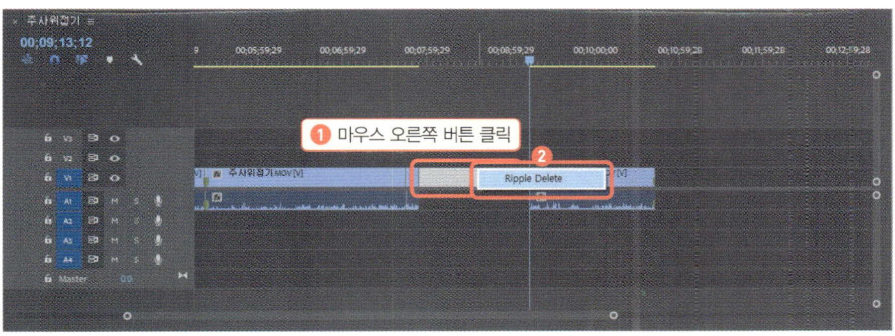

Tip 이후로는 계속 하나로 이어지는 실습이므로 따로 준비 파일을 불러오지 않고 현재 상태 그대로 진행해도 되지만, 각 Section마다 마련된 준비 파일로 실습을 시작해도 됩니다.

SECTION 02

키프레임으로 레이아웃 조정하기

- **준비파일** VideoEdit2.prproj
- **완성파일** VideoEdit2_result.prproj

촬영 중에 생긴 약한 흔들림 현상은 Warp Stabilizer VFX를 이용해 보정할 수 있습니다. 하지만 촬영 후에 발견되는 레이아웃 상의 문제점은 Warp Stabilizer VFX로도 해결되지 않습니다. 샘플 영상을 예로 들면, 소파와 테이블이 화면의 가로 선으로 평행하게 보여야 안정적인 느낌을 줄 수 있는데 기울어지게 촬영되었습니다. 이런 경우에는 이펙트 컨트롤 패널의 Motion을 조정해서 안정되어 보이게 보정할 수 있습니다. 촬영한 영상의 레이아웃이 만족스럽다면 이 부분은 넘어가고 작업을 진행해도 됩니다.

01 첫 번째 소스 클립을 선택하고, 이펙트 컨트롤 패널에서 Motion의 하위 항목을 엽니다. 소파의 기울기를 조절하려면 Rotation을 조정해야 하는데, 그러면 의도치 않은 여백이 생기므로 Scale과 함께 조정해야 하고 때에 따라서는 Position도 조정합니다.

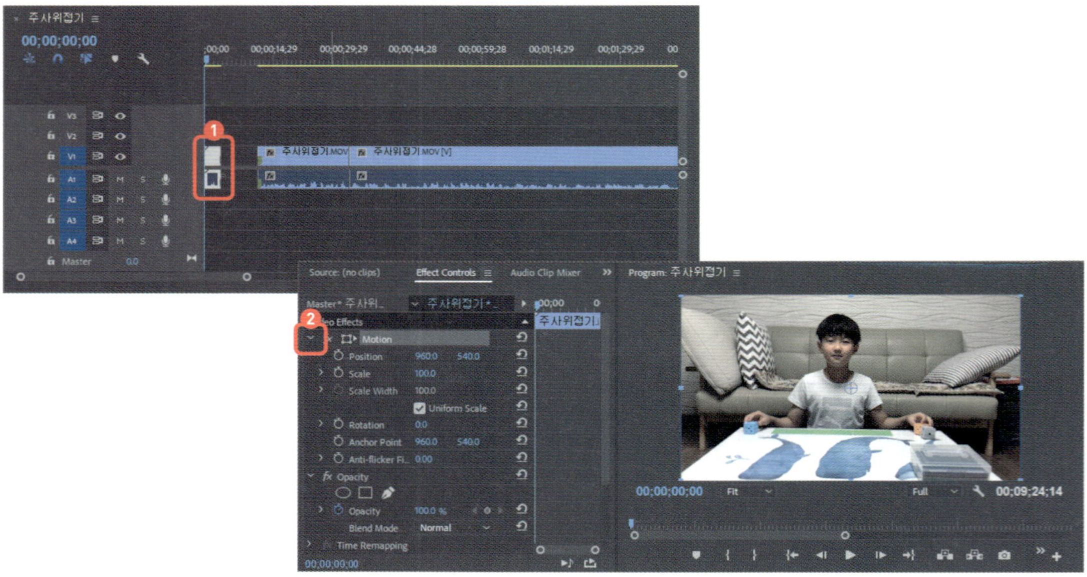

02 이펙트 컨트롤 패널의 Motion 항목에서 Rotation 값은 -1.2, Scale 값은 124, Position 값은 1065, 577로 변경합니다.

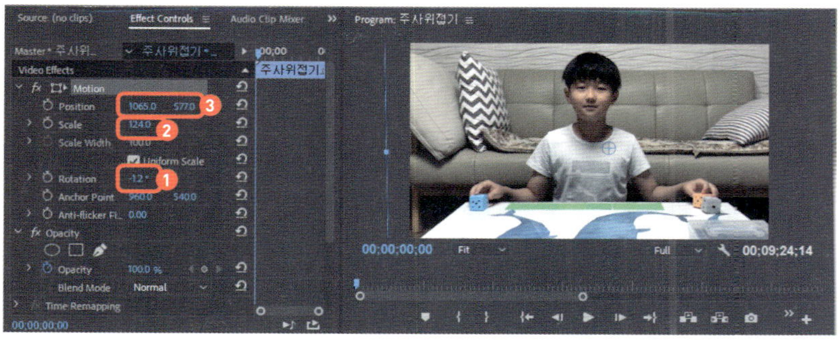

Tip 첫 번째 소스 클립은 기울기가 거의 일정하기 때문에 키프레임 없이 레이아웃을 수정할 수 있습니다.

03 두 번째 소스 클립을 선택하고 시작점인 00:00:11:24에 타임 표시자를 위치시킵니다. 이펙트 컨트롤 패널의 Motion 항목에서 Rotation 값은 -1.2, Scale 값은 120, Position 값은 1103, 532로 수정하고 타임 표시자를 드래그해 보면 카메라가 흔들린 것을 알 수 있습니다.

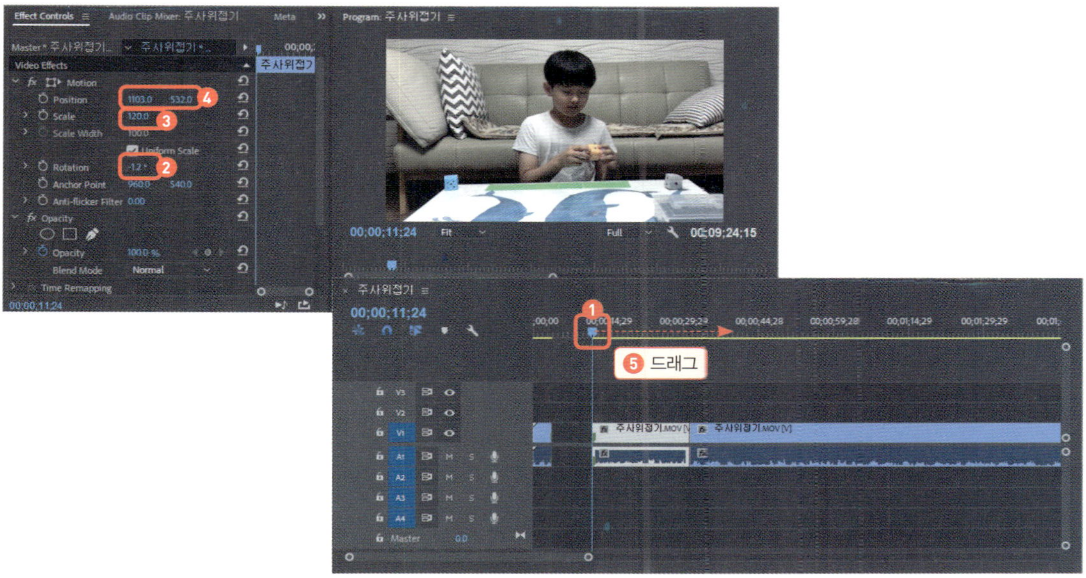

04 타임 표시자를 00:00:14:17로 옮기고, Motion ▶ Position 항목의 애니메이션 켜기/끄기 버튼(⏱)을 클릭해 키프레임을 만듭니다. 같은 방식으로 키프레임이 생성된 앞과 뒤의 카메라가 흔들리는 지점에서 Position을 이동해 자동으로 키프레임을 생성합니다.

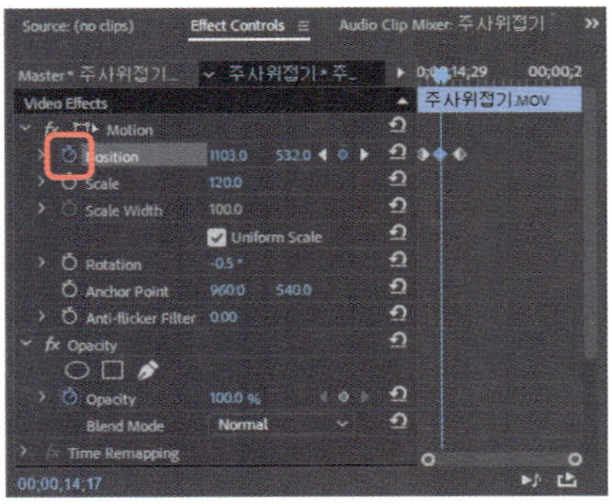

Tip 카메라가 가장 덜 흔들린 부분에서 위치, 회전, 크기를 조절하면 수치를 조금씩 조절해도 됩니다. 따라서 카메라가 가장 덜 흔들린 지점에서 첫 번째 키프레임을 만들고 그 전과 후로 위치, 회전, 크기를 조절하면서 키프레임을 자동 생성하는 것이 좋습니다.

05 Rotation, Scale, Position 항목의 애니메이션 켜기/끄기 버튼(⏱)을 각각 클릭한 후, 화면을 보면서 타임라인 패널의 세 번째 소스 클립부터 마지막 소스 클립까지 Rotation, Scale, Position의 값을 변경합니다.

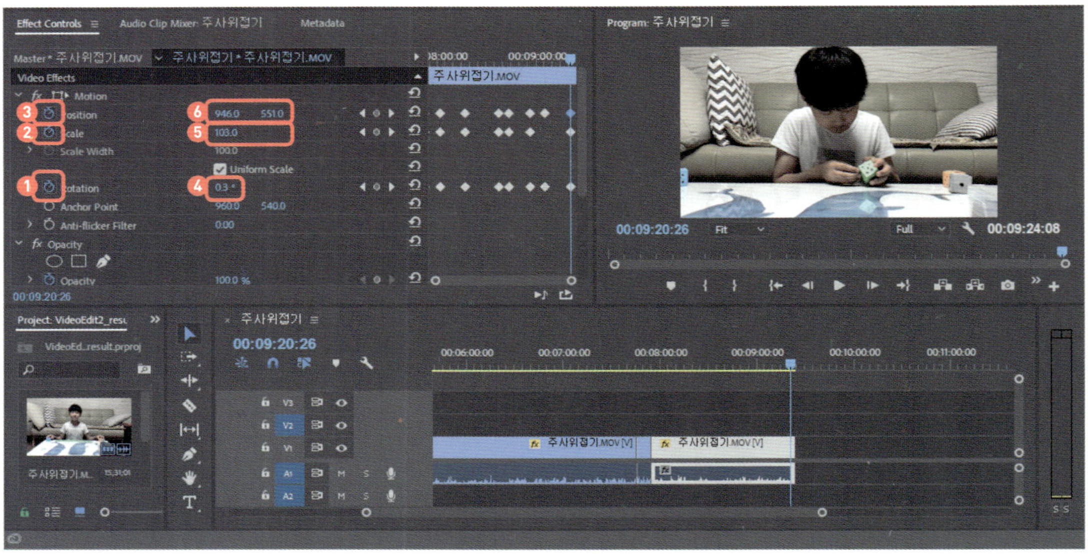

Tip 완성 파일을 확인하여 키프레임을 체크해 봅니다.

SECTION 03

컬러 보정하기

- **준비파일** VideoEdit3.prproj
- **완성파일** VideoEdit3_result.prproj

실내 환경에서 같은 조명의 영향을 받고 촬영된 소스 클립의 경우 한 개의 클립에 이펙트를 적용해 완성한 효과를 다른 클립에 적용할 수 있습니다. 따라서 소스 클립에 바로 보정하는 것보다는 Adjustment Layer를 만들어 작업하는 것이 좋습니다. 컬러 보정을 하면 Lumetri Color 수치를 조금만 조절해도 이미지가 훨씬 좋아 보이는 경우가 많습니다. 이 과정은 생략하지 않는 게 좋습니다.

Lumetri Color 패널에서 전체 색상 보정하기

01 프로젝트 패널에서 새 항목 버튼( )을 클릭하고 팝업 메뉴에서 [Adjustment Layer]를 선택한 후 Adjustment Layer 대화상자에서 〈OK〉 버튼을 클릭합니다. Adjustment Layer를 비디오 2번(V2) 트랙으로 드래그하고 길이를 마지막 소스 클립에 맞춰 늘립니다.

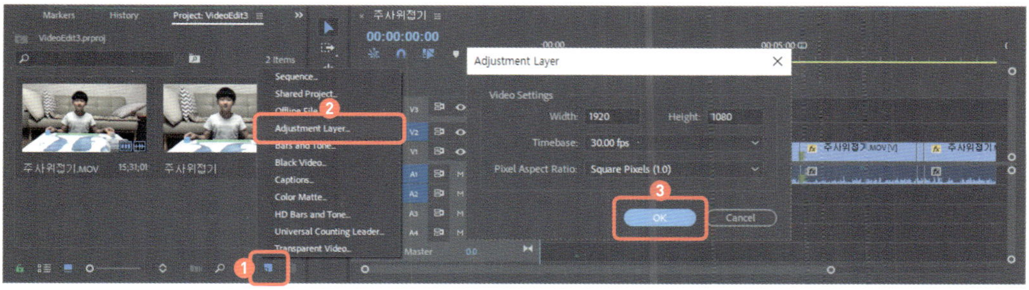

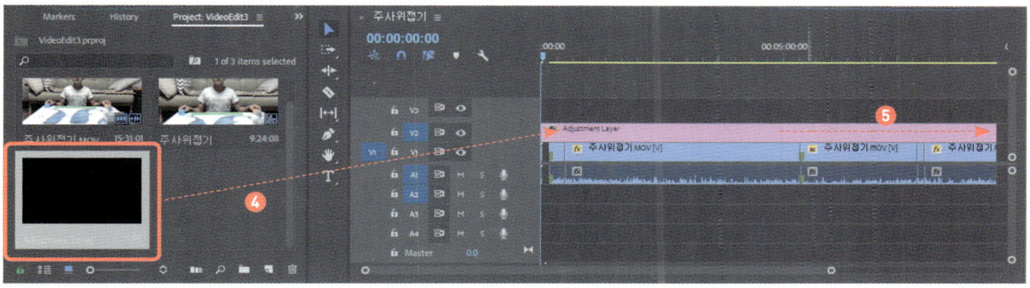

02 [Window]–[Lumetri Color] 메뉴를 선택하고, 루메트리 컬러 패널의 Curves 항목에서 RGB Curves를 그림과 같이 변경해 영상을 밝게 조절합니다.

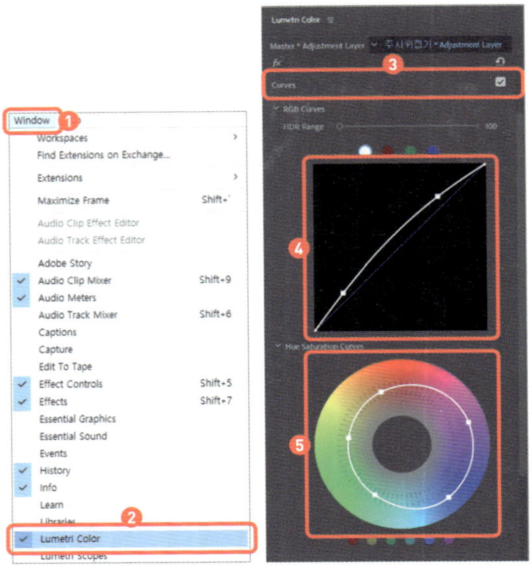

Tip RGB 커브의 마스터 커브에서 밝은 영역과 어두운 영역을 각각 클릭해 포인트 두 개를 만들고 왼쪽 방향 위로 드래그해 볼록한 곡선을 만들면 영상이 전체적으로 밝아집니다.

Tip Hue Saturation Curves에서는 소스 클립에서 더 잘 보이게 강조하고 싶은 색상의 포인트를 원 바깥쪽으로 드래그합니다.

03 프로그램 모니터 패널에서 화면을 확인합니다. 전체적으로 밝아졌지만 얼굴에 그림자가 남아 있습니다.

반사판 효과로 그림자 없애기

04 Adjustment Layer를 비디오 2번(V2) 트랙에서 비디오 3번(V3) 트랙으로 드래그해 이동시킵니다. 비디오 1번(V1) 트랙의 소스 클립을 마우스 오른쪽 버튼으로 클릭하고 팝업 메뉴에서 [Unlink]를 선택해 영상과 사운드 소스 클립을 분리한 후 Alt를 누른 채 비디오 2번(V2) 트랙으로 드래그해 복사합니다.

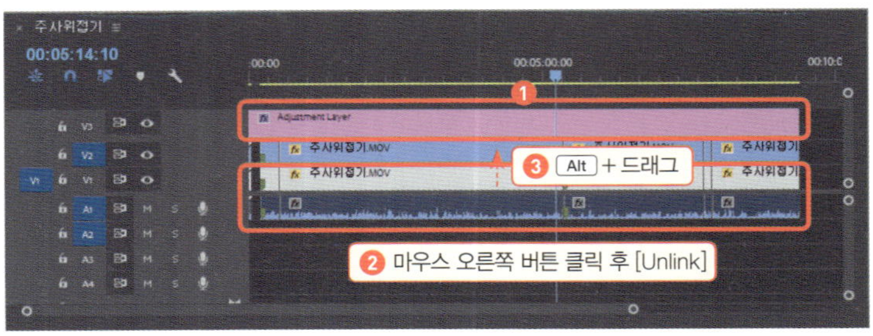

05 얼굴에 남아 있는 그림자를 없애기 위해 반사판을 만들겠습니다. 비디오 2번(V2) 트랙의 첫 번째 소스 클립을 선택하고 이펙트 컨트롤 패널에서 Opacity ▸ Opacity 항목의 Blend Mode를 Screen, Opacity 값을 34%로 변경한 후, 사각형 마스크를 클릭해 얼굴 주변에 마스크를 만듭니다. Mask Path가 피사체의 움직임을 따라가도록 키프레임을 넣습니다.

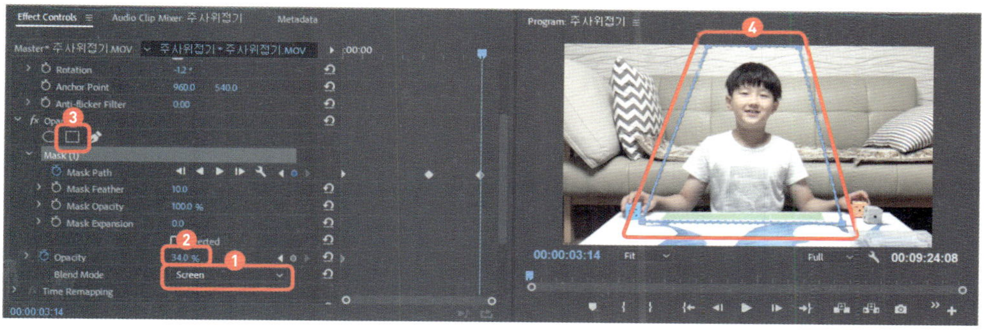

Tip '선택한 마스크 앞으로 추적' 버튼(▶)을 클릭해 트래킹을 하면 매 프레임마다 키프레임이 생기고 파일 용량도 커집니다. 샘플 영상의 경우 피사체가 크게 움직이지 않으므로 Mask Path 영역을 넓게 잡고 피사체가 벗어나는 부분만 Mask Path 전체를 이동해 키프레임을 넣는 것이 좋습니다.

06 얼굴 부분에서 노이즈나 주름을 제거하려면 이펙트 패널에서 Gaussian Blur를 검색해 적용한 후, 이펙트 컨트롤 패널에서 Gaussian Blur 항목의 Blurriness 값을 12로 변경합니다.

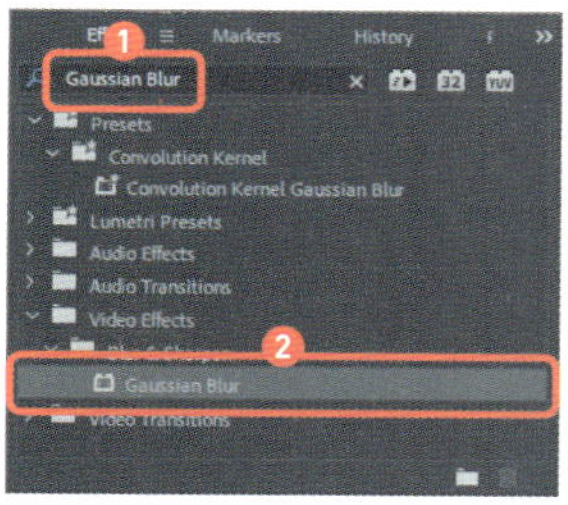

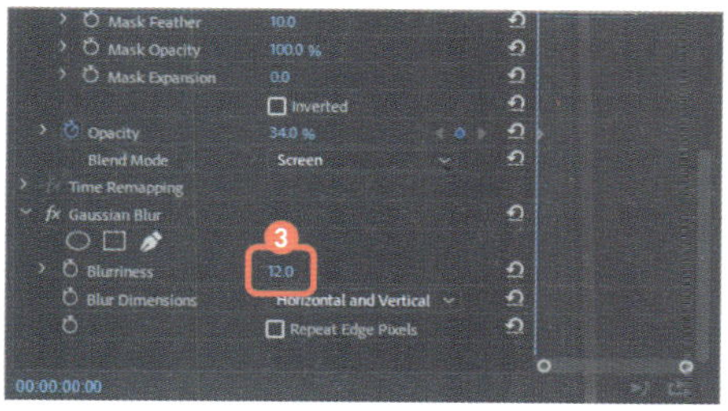

07 원본 소스 클립과 Adjustment Layer를 추가했을 때, Screen Layer를 하나 더 추가했을 때의 이미지를 비교합니다.

» 원본

» Adjustment Layer 추가

» Screen Layer 추가

보정한 소스 클립의 속성 복사하여 다른 소스 클립에 적용하기

08 보정 작업한 첫 번째 소스 클립의 속성을 복사해 두 번째부터 마지막 소스 클립까지 붙여넣겠습니다. 첫 번째 소스 클립을 선택하고 단축키 Ctrl+C를 누른 후 두 번째 소스 클립을 선택하고 단축키 Ctrl+Alt+V를 누릅니다. Paste Attributes 대화상자에서 Opacity와 Effects에 체크하고 〈OK〉 버튼을 클릭합니다. 세 번째~마지막 클립도 각각 선택해서 적용합니다.

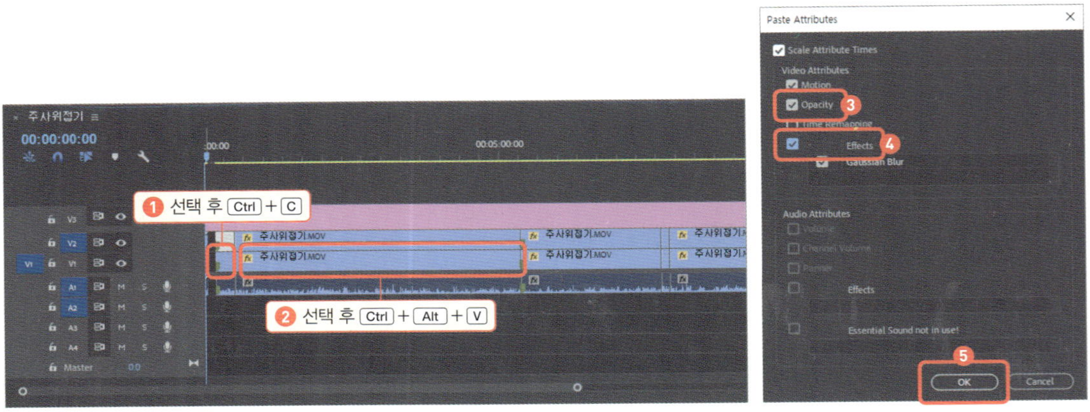

Tip 자주 쓰는 효과라면 이펙트 컨트롤 패널에서 Opacity와 Gaussian Blur를 선택한 후 마우스 오른쪽 버튼을 클릭하고 팝업 메뉴에서 [Save Preset]을 선택하고 Name을 입력한 후 〈OK〉 버튼을 클릭해 등록합니다. 이펙트 패널의 Preset 폴더에서 찾아서 다른 소스 클립에 적용하면 됩니다.

09 각 소스 클립마다 마스크가 피사체를 따라다니도록 각각의 소스 클립을 선택하고 타임 표시자를 이동시킨 후, 이펙트 컨트롤 패널의 Opacity ▸ Mask(1) ▸ Mask Path 항목의 '선택한 마스크 앞으로 추적' 버튼(▶)을 클릭해 키프레임을 생성합니다.

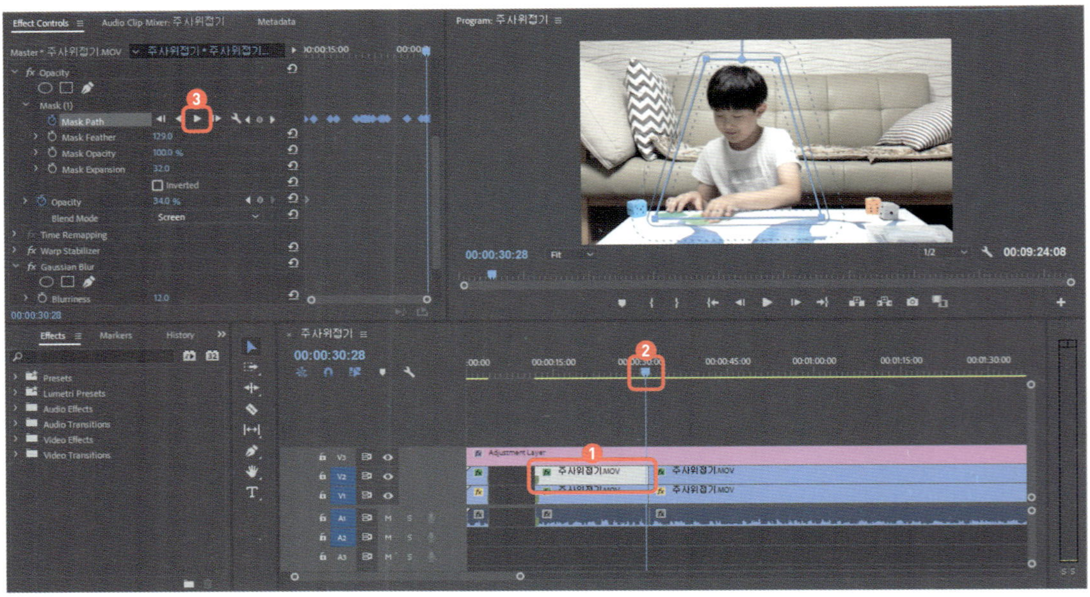

SECTION 04

자막 넣기

- **준비파일** VideoEdit4.prproj
- **완성파일** VideoEdit4_result.prproj

영상에서 소리가 잘 들리지 않아도 자막이 있으면 내용을 쉽게 이해할 수 있기 때문에 최근에는 영상에 자막을 거의 필수로 넣습니다. 프리미어 프로에서는 자막의 길이에 따라 배경 박스의 길이도 변하는 반응형 자막을 만들 수 있습니다. 반응형 자막을 만들어 보겠습니다.

기본 자막 만들기

01 타임라인 패널에서 종이접기 설명이 시작되는 00:00:11:24에 타임 표시자를 위치시키고, 툴 패널에서 타이프 툴을 선택하고 프로그램 모니터 패널에서 클릭한 후, '오늘 주사위!'를 입력합니다. 입력한 글자를 드래그해 선택하고 이펙트 컨트롤 패널의 Text 항목에서 Font Family는 Malgun Gothic Semilight, Font Size는 72, 문단 정렬은 가운데 정렬, Fill 색상은 검정색으로 설정합니다.

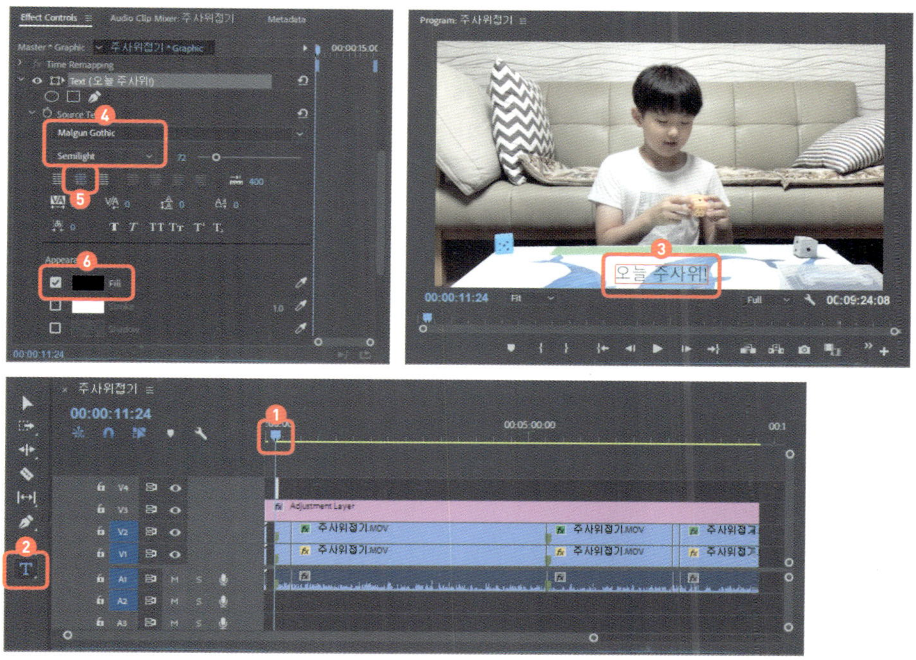

02 타임라인 패널에서 '오늘 주사위!' 텍스트 클립을 선택하고, 툴 패널의 펜 툴(✎)을 길게 눌러 사각형 툴(□)을 선택합니다.

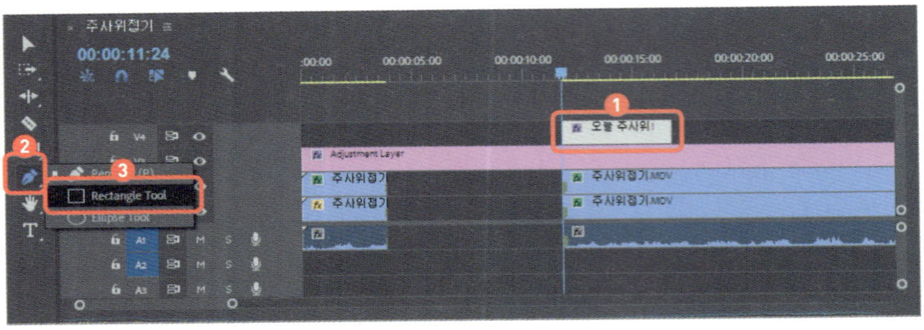

03 프로그램 모니터 패널에서 '오늘 주사위!' 텍스트보다 크게 드래그하여 도형을 만들고, 키보드에서 V를 눌러 선택 툴로 바꾼 후 이펙트 컨트롤 패널에서 Fill 색상을 회색으로 변경합니다.

04 자막 박스가 자막을 가리지 않도록 하겠습니다. 이펙트 컨트롤 패널에서 Shape를 선택한 후 드래그하여 Text 위로 위치를 조정합니다.

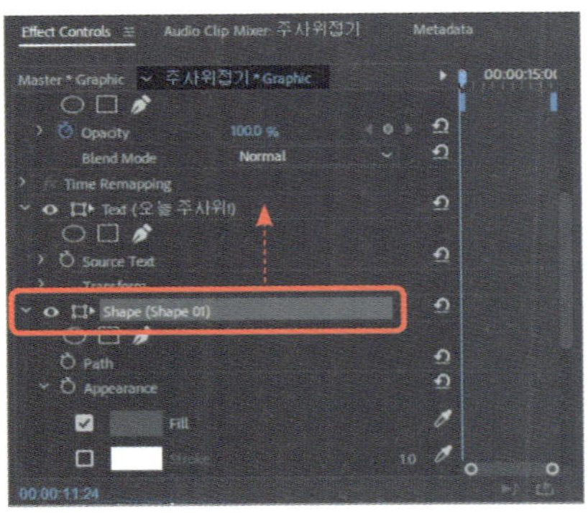

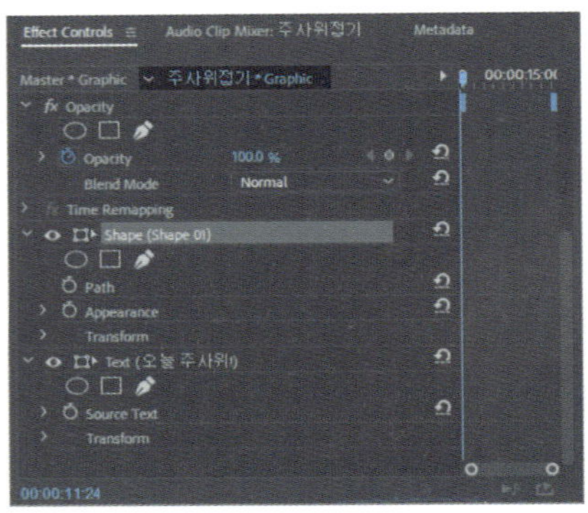

반응형 자막 만들기

05 워크 스페이스에서 Graphics를 선택하고, 에센셜 그래픽 패널에서 Edit 탭을 연 후, 자막 박스를 선택하면 속성이 표시됩니다. 자막 박스의 길이와 높이가 자막에 따라 바뀌어야 하므로 Pin To(고정 대상)에서 '오늘 주사위!'를 선택하고, 오른쪽 아이콘의 가운데를 클릭합니다.

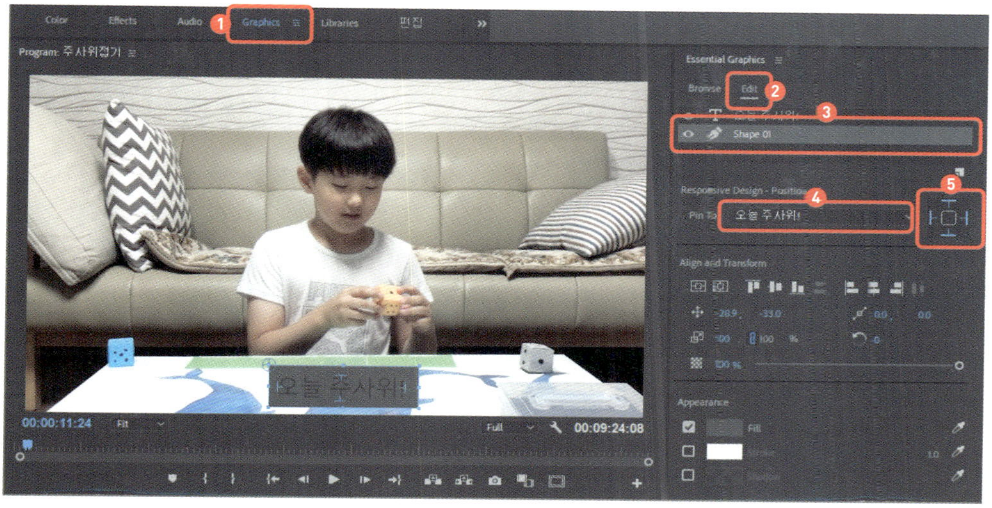

06 에센셜 그래픽 패널에서 자막을 선택하고 Text 항목에서 Font Size는 38, Fill은 흰색으로 변경합니다. 폰트 크기에 맞게 자막 박스가 자동으로 줄어듭니다. Align and Transform 항목에서 가로 가운데 정렬 버튼( )을 클릭합니다.

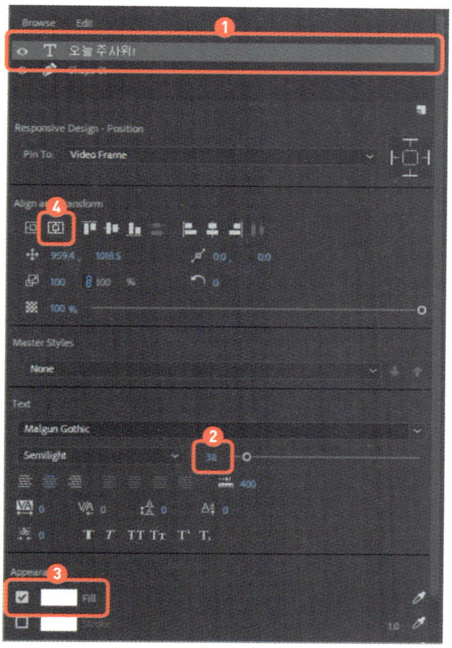

07 타임라인 패널에서 자막 클립을 드래그해 길게 늘리고 영상의 멘트에 맞춰 소스 클립을 자른 후, 툴 패널의 타이프 툴을 이용해 자막을 입력합니다.

Tip 단축키 C를 눌러 클립을 자르고 T를 눌러 자막을 쓰고 다시 V를 눌러 선택 툴로 빠져나오면 빠르게 작업할 수 있습니다. 멘트가 한동안 없는 부분은 자막 클립이 없어도 되지만 너무 짧은 간격은 자막과 자막으로 잇는 것이 자연스럽습니다.

08 이후 멘트에 맞춰 계속 자막을 입력하고 작업을 마무리합니다. 완성 파일을 실행해 자막을 체크해 봅니다.

Tip 자막이 많으니 작업에 익숙해지도록 반복해 실습해도 되고, 완성 파일을 확인하고 넘어가도 됩니다. 다음 섹션에서는 해당 섹션의 준비 파일로 실습을 시작합니다.

SECTION 05

인트로 만들기

- **준비파일** VideoEdit5.prproj
- **완성파일** VideoEdit5_result.prproj

멘트가 어색해서 비워둔 00:00:03:27부터 00:00:11:24 사이에 인트로를 넣겠습니다. 우선 '종이접기'라는 주제와 관련된 이미지를 준비합니다. 직접 촬영한 소스를 사용하는 것도 좋지만, 알록달록한 색상으로 발랄한 분위기를 연출하기 위해 영상에 어울리는 자료를 준비 파일에 수록하였습니다. 여러 장의 사진이 빠르게 슬라이드되면서 시작하는 인트로를 만들겠습니다.

인트로 제작 준비하기

01 단축키 Ctrl+I를 눌러 이미지 소스 20개를 프로젝트 패널에 불러온 후 프로젝트 패널 하단의 새 폴더 버튼(■)을 클릭해 새 폴더를 만들고 이름을 '종이접기img'로 변경합니다. 새로 만든 폴더에 사진들을 넣어 정리합니다.

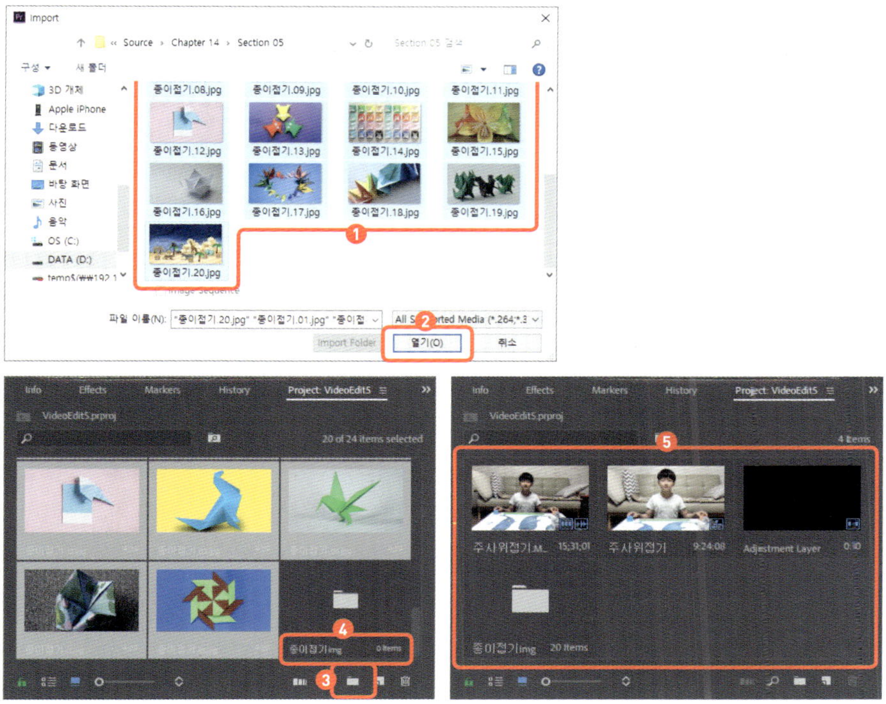

02 [Edit]–[Preferences]–[Timeline] 메뉴를 선택합니다. 타임라인 패널에 가져오는 스틸 이미지 기본 지속 시간이 5초로 설정되어 있는데, 이를 10프레임으로 바꾸겠습니다. Still Image Default Duration 값을 10Frames로 변경합니다.

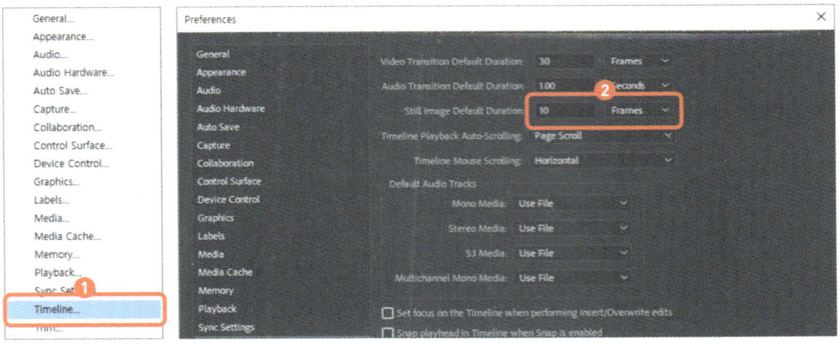

Tip 단위를 Seconds에서 Frames로 먼저 바꾼 후 숫자를 입력합니다.

03 프로젝트 패널에서 '종이접기img' 폴더에 들어가 '종이접기.01~20'까지 모두 선택하고 마우스 오른쪽 버튼을 클릭해 팝업 메뉴에서 [New Sequence From Clip]을 선택합니다. 새로 생성된 시퀀스 이름을 '종이접기img'로 바꾸고 '종이접기img'를 선택한 후 단축키 Ctrl + X를 눌러 잘라냅니다.

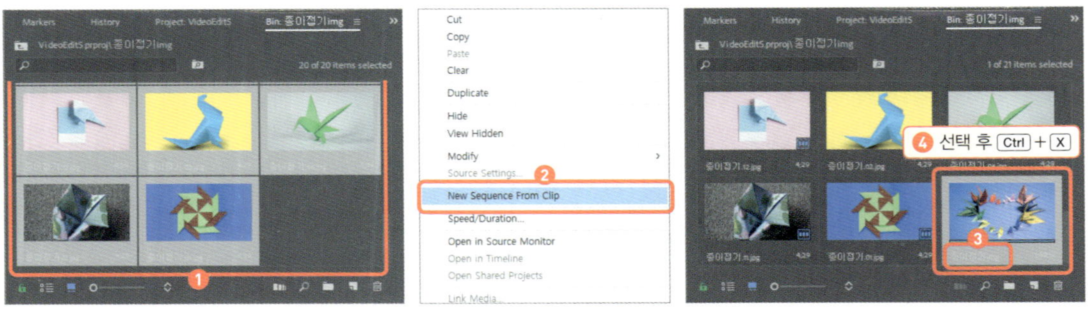

04 '종이접기img' 폴더의 상위 폴더로 나와서 단축키 Ctrl + V를 눌러 붙여넣고 더블클릭합니다.

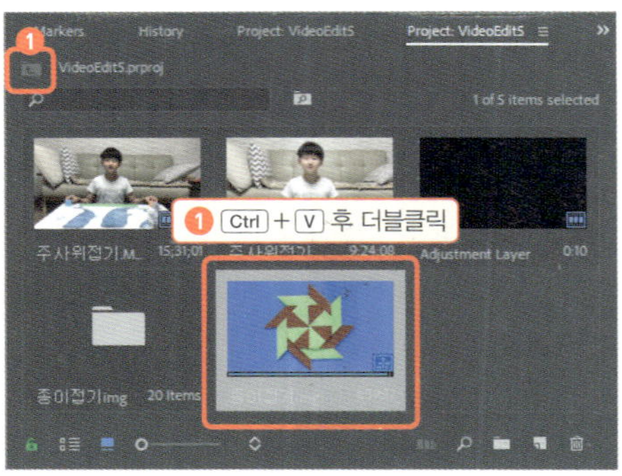

인트로 이미지 편집하기

05 타임라인 패널의 소스 클립을 모두 선택하고 Alt 를 누른 채 비디오 2번(V2) 트랙으로 드래그해 복사합니다. V2 트랙의 소스 클립이 슬라이드 위에서 아래로 슬라이드되면 아래에 있는 V1 트랙의 소스 클립이 보이므로 같은 소스 클립이 V2 트랙과 V1 트랙에 나란히 있지 않도록 V2 트랙의 소스 클립 순서를 섞겠습니다.

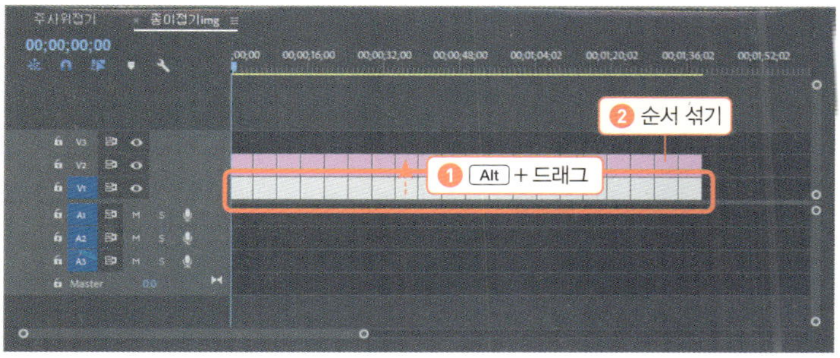

06 비디오 2번(V2) 트랙의 첫 번째 소스 클립이 화면 밖 위에서 아래로 내려오도록 키프레임을 설정하겠습니다. 타임라인 패널에서 V2 트랙의 첫 번째 소스 클립을 선택한 후, 이펙트 컨트롤 패널에서 Postion 값이 960, −540이었다가 5프레임 후에 960, 540이 되도록 설정합니다.

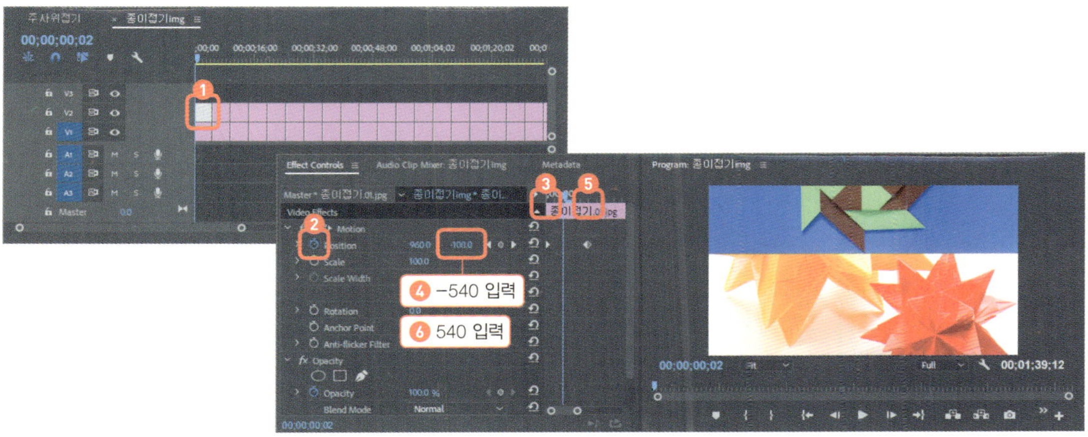

07 속도감을 주기 위해 두 번째 키프레임을 마우스 오른쪽 버튼으로 클릭하고 팝업 메뉴에서 [Time Interpolation]−[Easy In]을 선택한 후, Position 앞의 확장 탭을 클릭하고 그래프에서 조절자를 왼쪽으로 살짝 드래그합니다.

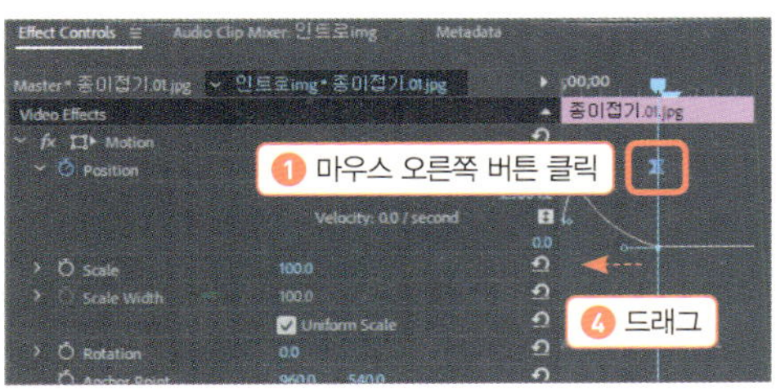

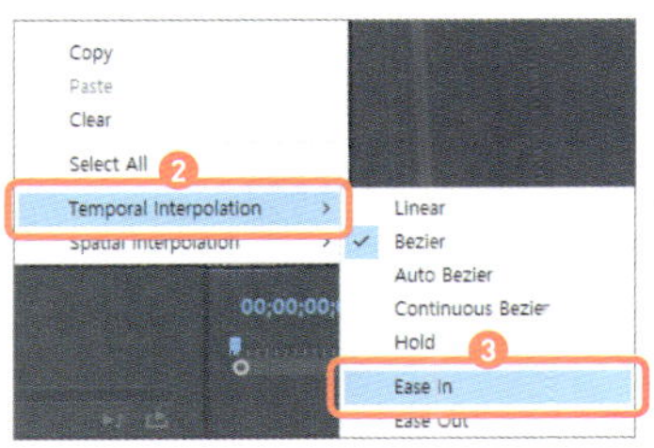

08 Motion Blur의 느낌이 나도록 이펙트 패널에서 Gaussian Blur를 찾아 더블클릭해 적용합니다. 이펙트 컨트롤 패널의 Gaussian Blur 항목에서 Blurriness 값을 시작점에서 160, 5프레임 후 지점에서 0이 되도록 설정하고, Blur Dimensions는 Vertical로 설정합니다.

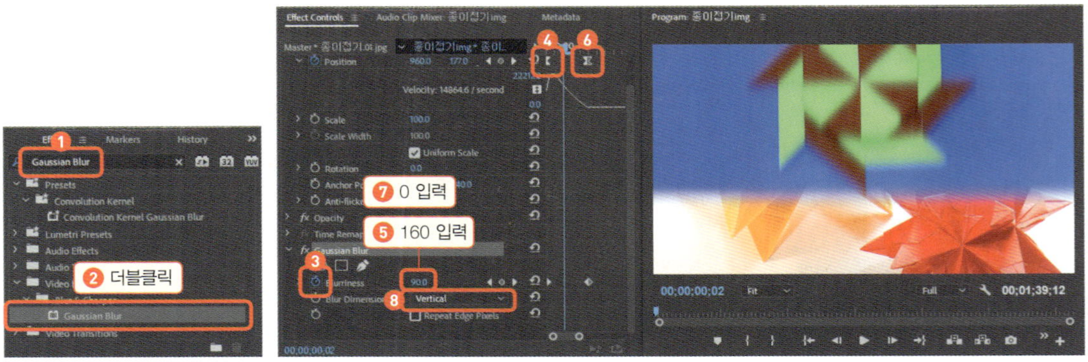

09 V2 트랙의 나머지 19개의 소스 클립에 같은 효과를 넣기 위해 이펙트 컨트롤 패널에서 Motion과 Gaussian Blur를 선택하고 마우스 오른쪽 버튼을 클릭해 [Save Preset]을 선택합니다. Save Preset 대화상자의 Name에 'Quick Slide'를 입력하고 〈OK〉 버튼을 클릭합니다.

10 V2 트랙의 두 번째부터 마지막 소스 클립까지 선택하고, 이펙트 패널의 Presets 폴더에서 Quick Slide를 찾아 효과를 적용합니다.

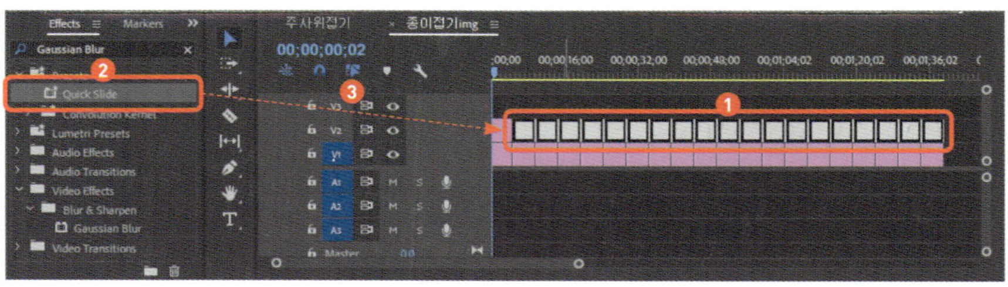

11 타임라인 패널에서 소스 클립을 모두 선택하고 마우스 오른쪽 버튼을 클릭해 [Nest]를 선택합니다. Nested Sequence Name 대화상자의 Name에 '인트로img'를 입력하고 〈OK〉 버튼을 클릭합니다.

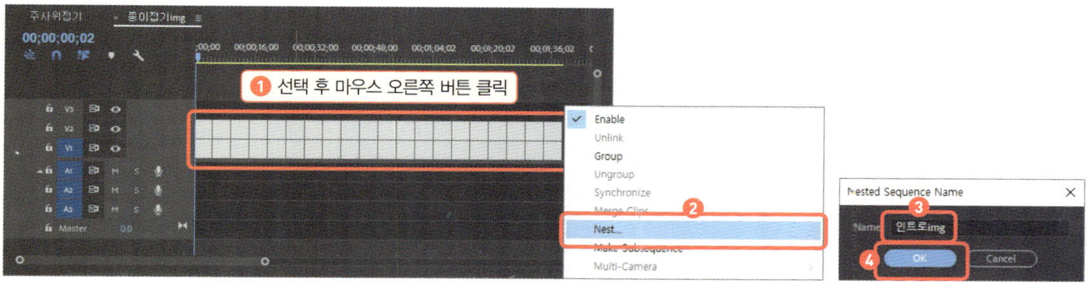

12 Nest로 합친 소스 클립을 00:01:04:10 지점에서 단축키 Ctrl+K를 눌러 두 개로 나누고, 앞의 소스 클립은 Speed/Duration의 Speed를 200%로, 뒤의 소스 클립은 Speed를 300%로 설정합니다. 빠르게 슬라이드되다가 더 빠르게 슬라이드되도록 하기 위해서입니다.

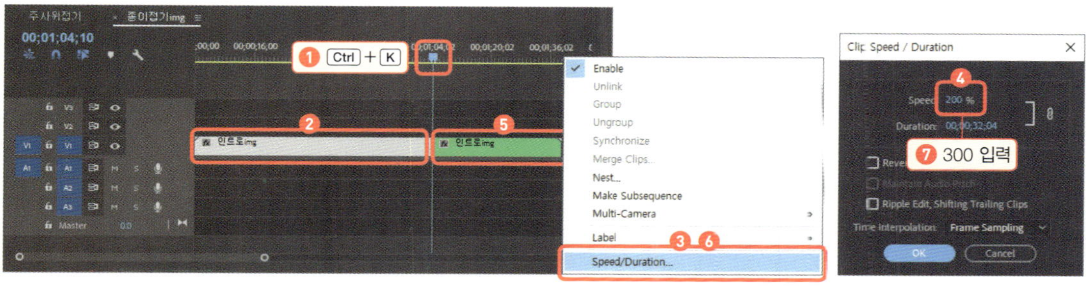

13 뒤의 소스 클립을 앞의 소스 클립 바로 뒤로 옮깁니다. 뒤의 소스 클립을 복사해 10개로 만듭니다.

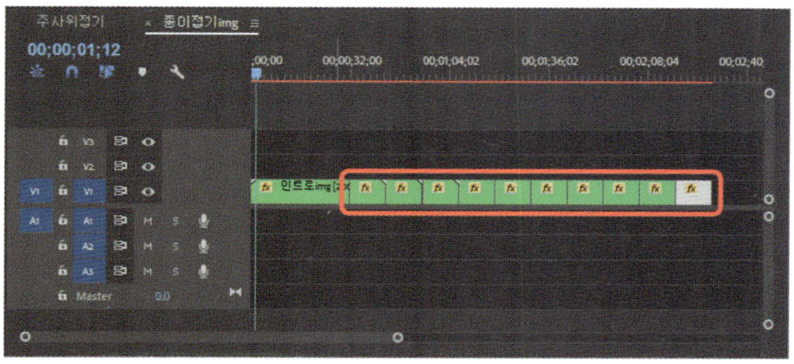

14 지금 작업한 시퀀스의 이름을 프로젝트 패널에서 'background'로 바꾸고 비디오 4번(V4) 트랙 위로 드래그합니다.

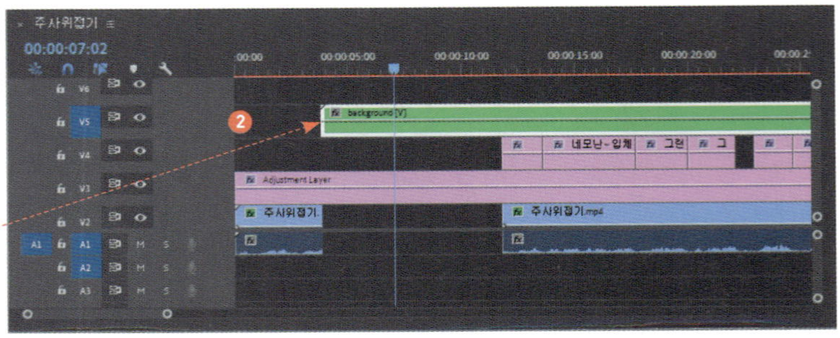

인트로 텍스트 넣고 효과 주기

15 타임라인 패널에서 타임 표시자를 00:00:06:18에 위치시키고, 툴 패널의 타이프 툴을 이용해 프로그램 모니터 패널에 텍스트를 입력합니다. 텍스트를 드래그해 선택한 후 이펙트 컨트롤 패널에서 서체와 텍스트 크기를 지정합니다. Fill의 체크는 해제하고 Stroke만 체크한 후 색은 흰색으로 지정합니다.

16 텍스트 클립을 하나 더 복사해 몇 초 뒤로 이동시키고, 이펙트 컨트롤 패널에서 Stroke의 체크를 해제하고 Fill은 흰색으로 지정합니다.

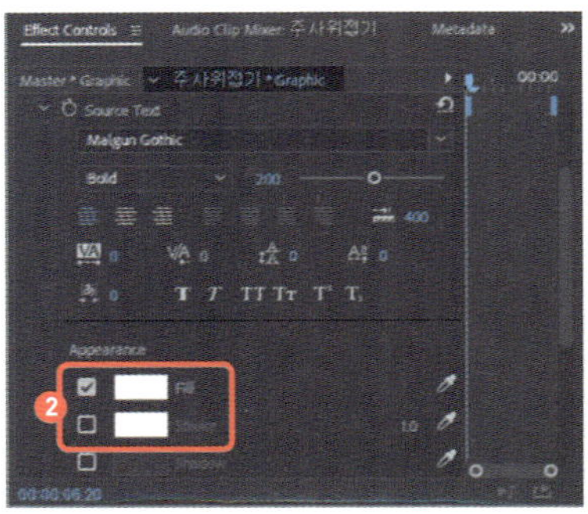

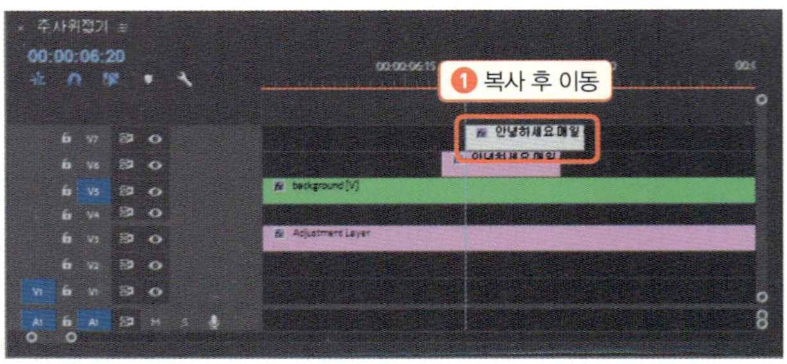

17 인트로 텍스트에 색을 한 줄씩 채우기 위해 클립을 세 개로 자릅니다. 첫 번째 클립은 첫 줄만 남기고 글을 지우고, 두 번째 클립은 마지막 줄의 글만 지웁니다.

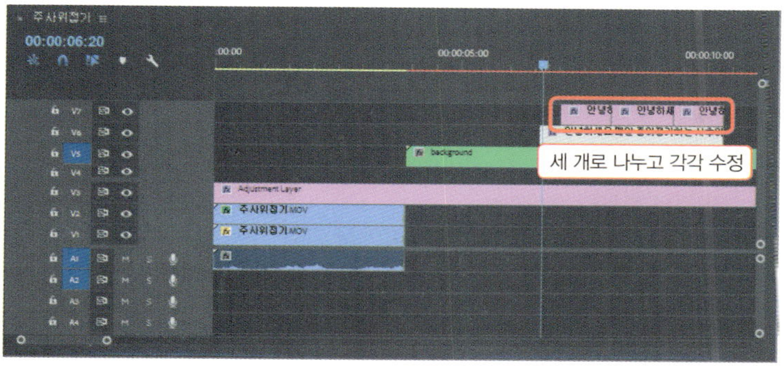

» 첫 번째 클립

» 두 번째 클립

» 세 번째 클립

18 재생해 보면 앞의 큰 글자가 바뀔 때 배경이 너무 빠르게 변해서 눈에 잘 안 들어옵니다. background 소스 클립을 Stroke 글자가 시작되는 부분까지만 사용하고 Fill 글자가 등장하는 부분은 스틸 이미지를 사용합니다.

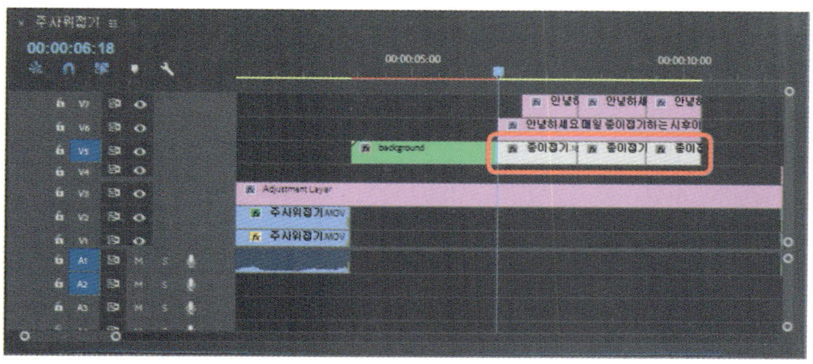

19 background 소스 클립을 스틸 이미지로 바꾼 영상을 확인합니다.

SECTION 06

타이틀 넣기

- **준비파일** VideoEdit6.prproj
- **완성파일** VideoEdit6_result.prproj

인트로가 끝나고 종이접기가 시작될 때까지 짧지만 임팩트 있는 서브 타이틀을 넣으면 좋겠습니다. 이미지를 포함하는 서브 타이틀을 만들고, 상황에 따라 다른 텍스트를 넣어서 사용할 수 있도록 반응형으로 만들어 봅니다.

01 타임 표시자를 00:00:10:10에 놓고, 툴 패널에서 타이프 툴(T)을 선택해 프로그램 모니터 패널을 클릭한 후 텍스트를 입력합니다. 입력한 텍스트를 드래그해 선택하고 이펙트 컨트롤 패널의 Text 항목에서 서체, 텍스트 크기, 그림자, 글꼴 색 등을 지정합니다.

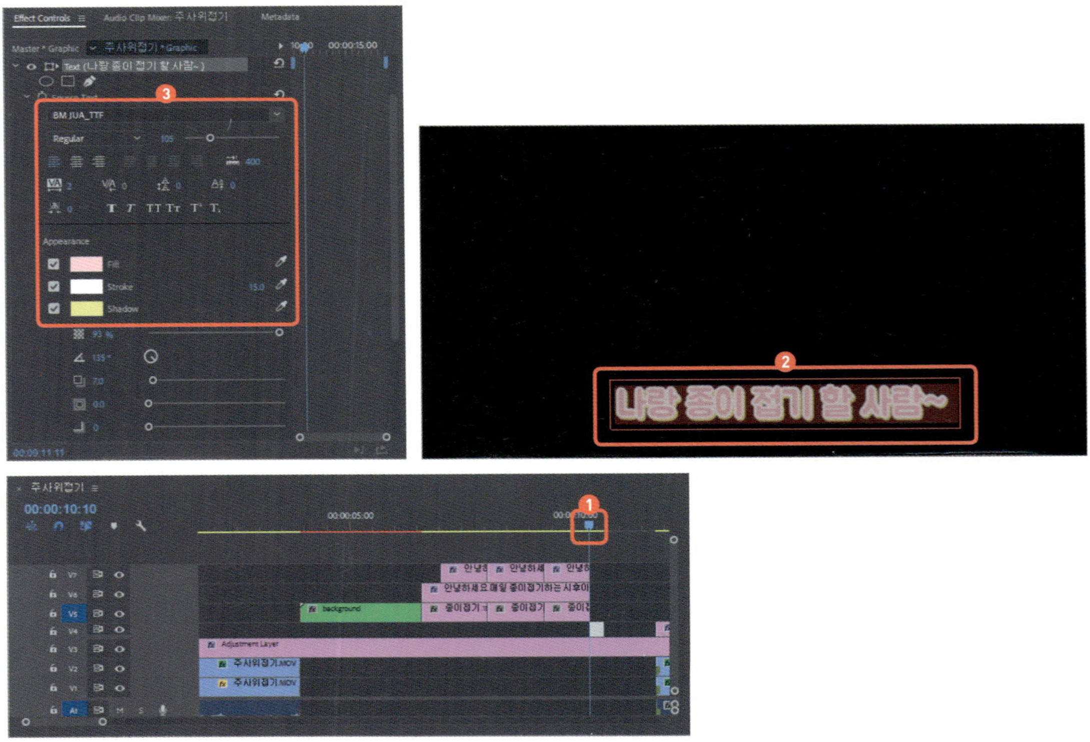

Tip 서체가 없다면 다른 서체를 사용해도 됩니다.

02 에센셜 그래픽 패널의 Edit 탭을 열고 텍스트 레이어 목록 아래에 있는 새 레이어 버튼(■)을 클릭해 팝업 메뉴에서 [From File]을 선택하고 'Hoo.psd' 파일을 엽니다.

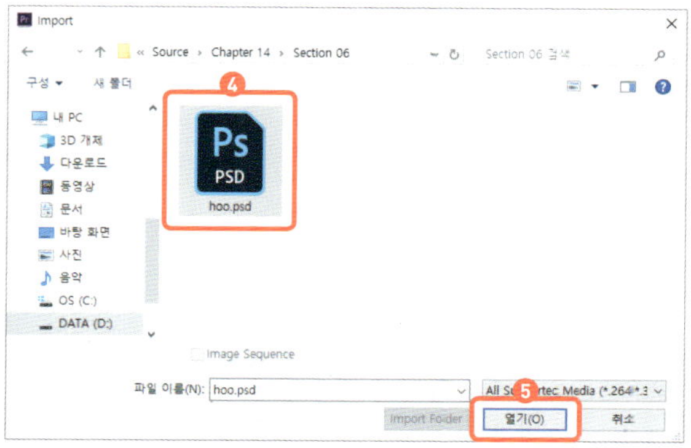

03 Import Layered File: hoo 대화상자에서 Import As를 Marge All Layers(모든 레이어 병합)로 설정하고 〈OK〉 버튼을 클릭합니다.

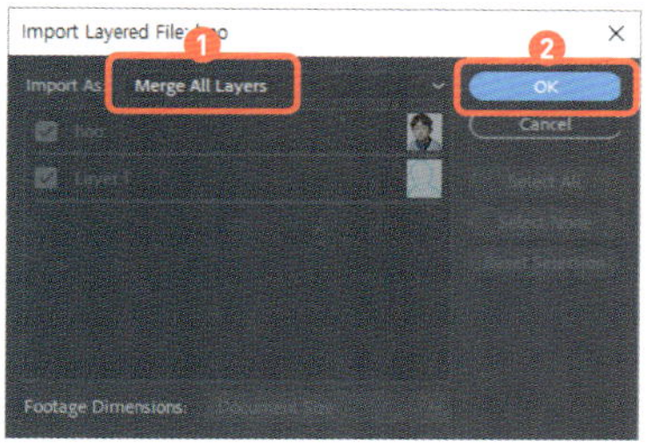

04 이미지 파일의 크기를 25%로 줄이고 선택 툴(▶)을 이용해 글 왼쪽 옆에 배치합니다. 이미지 파일이 항상 글 왼쪽에 위치하도록 핀을 설정합니다.

05 새 레이어 아이콘(■)을 클릭해 팝업 메뉴에서 [Rectangle]을 선택하고 글의 배경 박스를 만듭니다. Shape 01 레이어를 텍스트 레이어 아래로 드래그해 내리고, 텍스트의 길이에 따라 반응하도록 핀을 설정합니다.

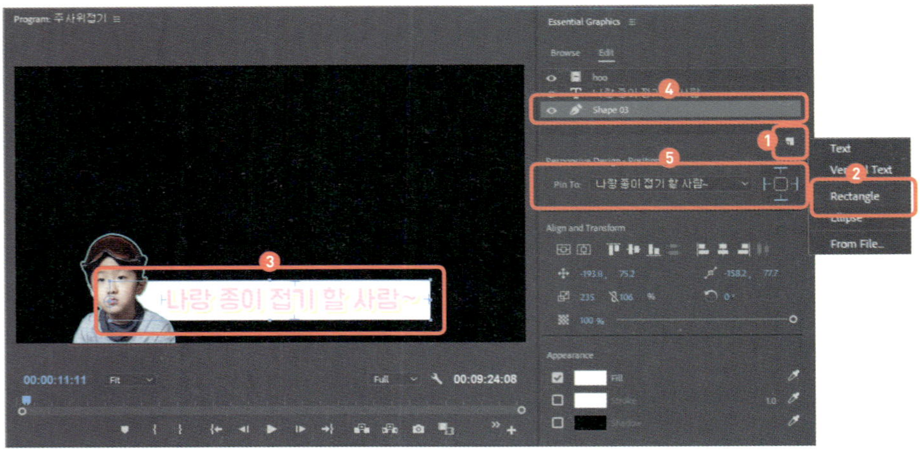

06 새 레이어 아이콘(■)을 클릭하고 팝업 메뉴에서 [Elipse]를 선택해 말풍선을 만듭니다. 말꼬리는 툴 패널의 펜 툴(✒)을 이용해 삼각형으로 그립니다. 말풍선 위에 이름을 추가하고 말풍선 Shape와 함께 모두 글 왼쪽을 따라다니도록 핀을 설정합니다.

07 서브타이틀인 '시후이우' 소스 클립을 00:00:17:20까지 늘리고, 배경 이미지로 '종이접기 12.jpg'를 00:00:11:00부터 00:00:12:00까지 V5 트랙에 넣습니다.

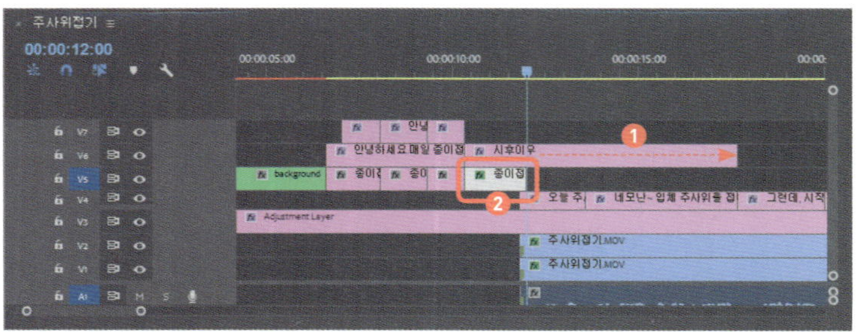

08 Chapter 13의 Section 03에서 사용한 Offset과 Gaussian Blur 효과를 적용합니다.

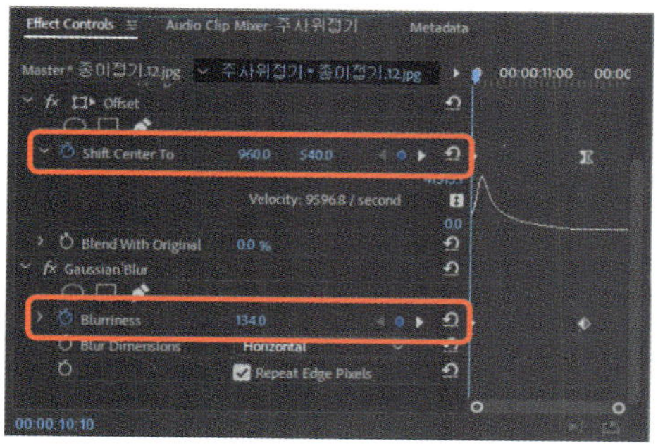

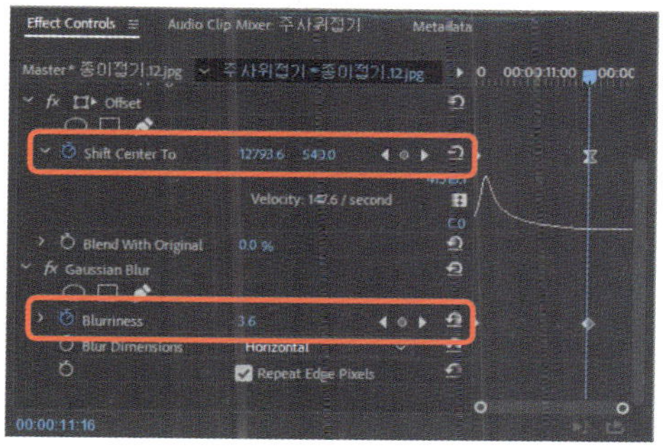

09 프로그램 모니터 패널에서 재생해 작업 영상을 확인합니다.

SECTION 07

배경음악과 효과음 넣기

- **준비파일** VideoEdit7.prproj
- **완성파일** VideoEdit7_result.prproj

전체에 하나의 배경음악을 넣는 것보다는 내용이나 장면과 어울리는 배경음악을 적절히 사용하는 것이 좋습니다. 내레이션이나 대사에 방해가 되지 않으면서 영상에 몰입할 수 있도록 오디오를 넣어 봅니다. 샘플 영상에서는 인트로 부분에 배경음악을, 서브타이틀 부분에 효과음을 넣었습니다.

01 단축키 Ctrl+I를 눌러 프로젝트 패널에 오디오 소스 'chimerical__countdown.wav'와 'S_Effect1.wav' 파일을 불러온 후, 타임 표시자를 00:00:03:22에 두고 'chimerical__countdown.wav' 오디오 클립을 오디오 2번(A2) 트랙으로 드래그합니다.

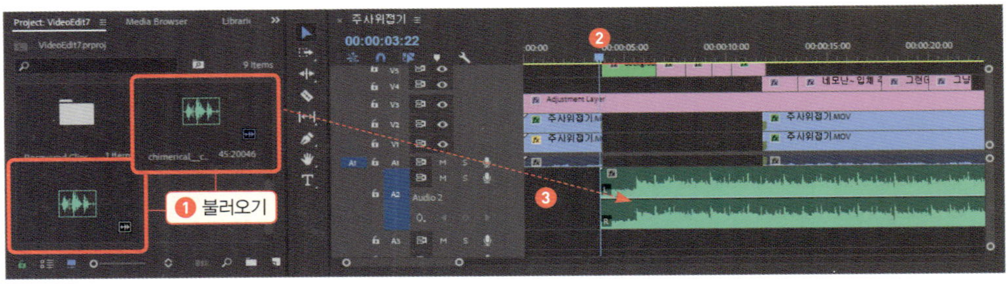

02 소스 클립을 마우스 오른쪽 버튼으로 클릭하고 팝업 메뉴에서 [Speed/Duration]을 선택해 Speed를 120%으로 조절합니다. 툴 패널에서 펜 툴( )을 선택하고 00:00:06:18, 00:00:07:01, 00:00:09:11, 00:00:10:09 지점의 레벨을 클릭해 키프레임을 만듭니다.

Tip 레벨은 소스 클립의 왼쪽 위 fx 버튼을 마우스 오른쪽 버튼으로 클릭해 팝업 메뉴에서 [Volume]-[Level]을 선택해 조절할 수 있습니다.

03 이펙트 컨트롤 패널에서 Volume ▸ Level 값을 첫 번째 키프레임부터 차례로 0, −6.2 −6.2, −30dB로 설정합니다.

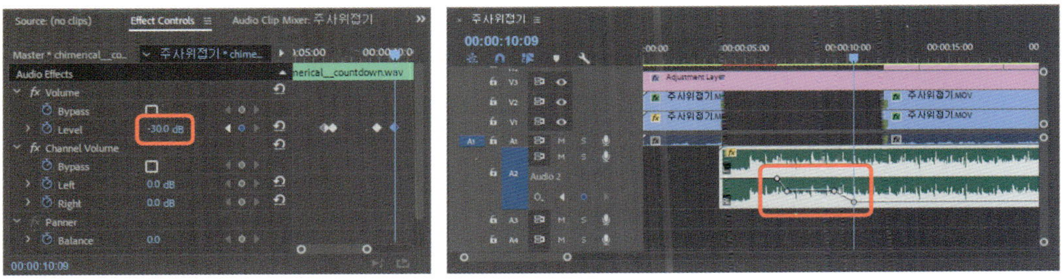

04 타임 패널에서 타임 표시자를 00:00:10:10에 놓고 단축키 Ctrl+K를 눌러 클립을 두 개로 나눈 후 뒤의 클립을 제거합니다.

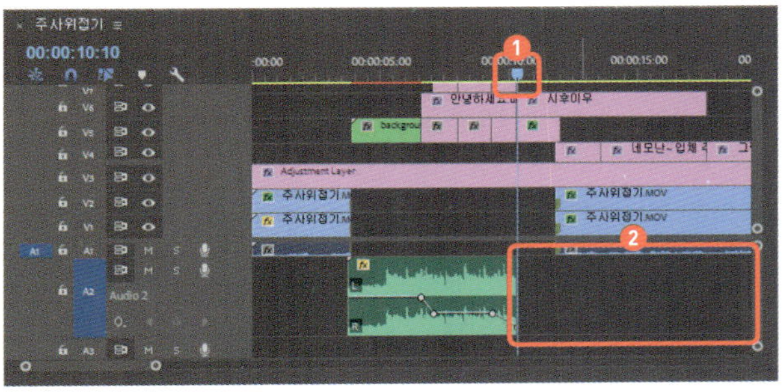

05 프로젝트 패널에서 'S_Effect1.wav' 파일을 오디오 2번(A2) 트랙의 'chimerical__countdown' 클립 뒤로 드래그하고, [Speed/Duration]의 Speed를 130으로 조절합니다.

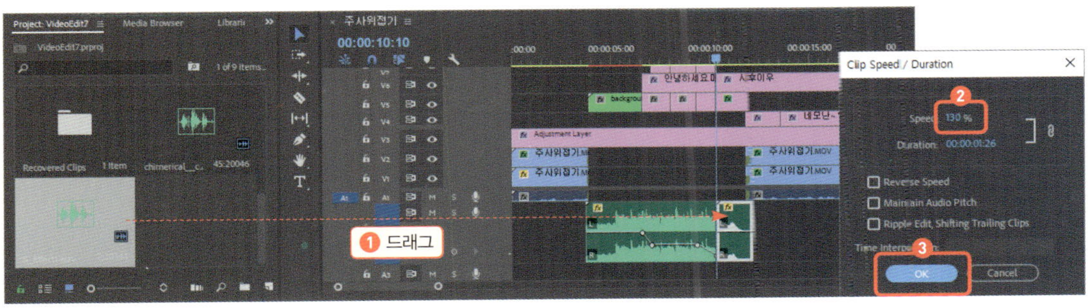

06 오디오 2번(A2) 트랙의 'Chimerical_countdown' 클립을 마우스 오른쪽 버튼으로 클릭하고 팝업 메뉴에서 [Audio Gain]을 선택합니다. Audio Gain 대화상자에서 Set Gain To를 선택하고 값을 2로 설정합니다.

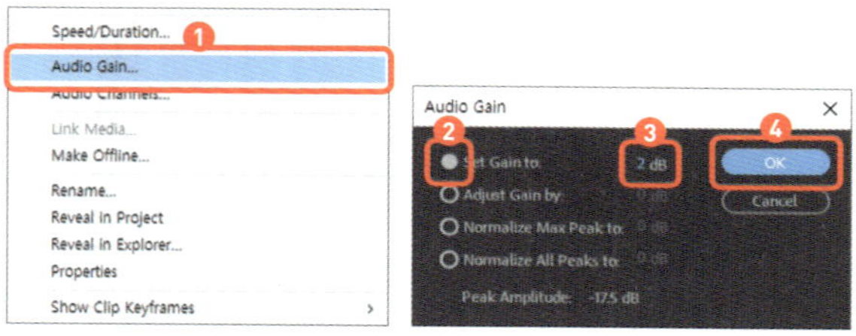

07 타임라인 패널에서 '시우이후' 타이틀 클립, '종이접기.12' 배경 클립, 'S_Effect1' 오디오 클립을 선택하고 단축키 Ctrl+C를 눌러 복사한 후, 00:09:24:01에서 단축키 Ctrl+V를 눌러 붙여넣습니다. '시후이후' 클립이 영상과 겹치도록 앞으로 이동합니다.

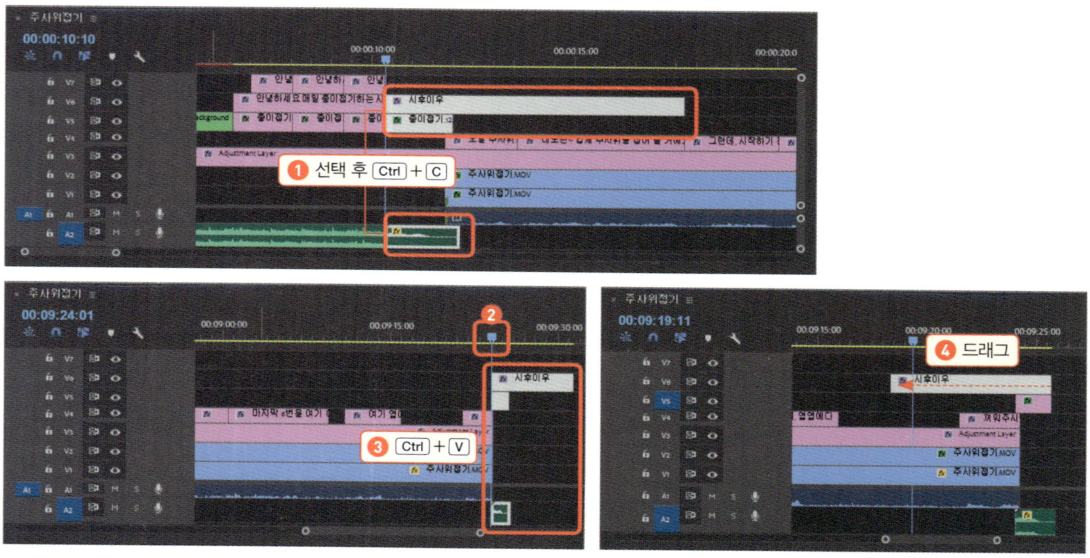

08 프로그램 모니터 패널에서 재생해 작업 영상을 확인하고 실습을 마무리합니다.

단축키

❶ 파일 관련 단축키

새 프로젝트 만들기	Ctrl + Alt + N
새 시퀀스 만들기	Ctrl + N
새 텍스트 만들기	Ctrl + T
프로젝트 열기	Ctrl + O
Adobe Bridge에서 찾아보기	Ctrl + Alt + O
가져오기	Ctrl + I
미디어 브라우저에서 가져오기	Ctrl + Alt + I
프로젝트 닫기	Ctrl + Shift + W
시퀀스 닫기	Ctrl + W
저장	Ctrl + S
다른 이름으로 저장	Ctrl + Shift + S
사본 저장	Ctrl + Alt + S
캡처	F5
일괄 캡처	F6
미디어로 내보내기	Ctrl + M
종료	Ctrl + Q

❷ 패널 관련 단축키

프로젝트 패널	Shift + 1
소스 모니터 패널	Shift + 2
타임라인 패널	Shift + 3
프로그램 모니터 패널	Shift + 4
이펙트 컨트롤 패널	Shift + 5
오디오 트랙 믹서 패널	Shift + 6
이펙트 패널	Shift + 7
미디어 브라우저 패널	Shift + 8
오디오 클립 믹서 패널	Shift + 9

단축키

❸ 편집 관련 단축키

실행 취소	Ctrl + Z
다시 실행	Ctrl + Shift + Z
잘라내기	Ctrl + X
복사	Ctrl + C
붙여넣기	Ctrl + V
삽입 붙여넣기	Ctrl + Shift + V
속성 붙여넣기	Ctrl + Alt + V
지우기	Delete
잔물결 삭제(Ripple Delete)	Shift + Delete
복제	Ctrl + Shift + /
모두 선택	Ctrl + A
모두 선택 해제	Ctrl + Shift + A
찾기	Ctrl + F
원본 편집	Ctrl + E
키보드 단축키 보기/편집	Ctrl + Alt + K

❹ 툴 관련 단축키

선택 툴	V
트랙 선택 툴	A
잔물결 편집 툴	B
롤링 편집 툴	N
속도 조정 툴	R
자르기 툴	C
밀어넣기 툴	Y
밀기 툴	U
펜 툴	P
손 툴	H
확대/축소 툴	Z

⑤ 시퀀스 관련 단축키

실시간 렌더링 재생	Enter
프레임 일치	F
뒤로 프레임 일치	Shift + R
타임 표시자 위치에서 자르기	Ctrl + K
모든 트랙에 편집 추가	Ctrl + Shift + K
편집물 트림	T
편집물을 재생 헤드로 확장	E
비디오 전환 적용	Ctrl + D
오디오 전환 적용	Ctrl + Shift + D
제거(lift)	;
추출(Extract)	'
확대	=
축소	-
스냅	S

⑥ 클립 관련 단축키

속도/지속 시간	Ctrl + R
삽입	,
덮어쓰기	.
그룹	Ctrl + G
그룹 해제	Ctrl + Shift + G

❼ 마커 관련 단축키

시작 표시	[
종료 표시	O
클립 표시	X
선택 항목 표시	/
시작 포인트로 이동	Shift + I
종료 포인트로 이동	Shift + O
시작 지우기	Ctrl + Shift + I
종료 지우기	Ctrl + Shift + O
시작 및 종료 지우기	Ctrl + Shift + X
마커 추가	M
다음 마커로 이동	Shift + M
이전 마커로 이동	Ctrl + Shift + M
현재 마커 지우기	Ctrl + Alt + M
모든 마커 지우기	Ctrl + Alt + Shift + M

❽ 프로젝트 패널 관련 단축키

작업 영역 1	Alt + Shift + 1
작업 영역 2	Alt + Shift + 2
작업 영역 3	Alt + Shift + 3
시퀀스로 확대/축소	\
소스 모니터에서 열기	Shift + O
다음 축소판 크기	Shift +]
이전 축소판 크기	Shift + [
보기 켜기/끄기	Shift + \

❾ 타임라인 패널 관련 단축키

선택 항목 지우기	백스페이스
비디오 트랙 높이 늘리기	Ctrl + =
비디오 트랙 높이 낮추기	Ctrl + −
오디오 트랙 높이 늘리기	Alt + =
오디오 트랙 높이 낮추기	Alt + −
선택한 클립을 왼쪽으로 한 프레임 이동	Alt + 왼쪽
선택한 클립을 오른쪽으로 한 프레임 이동	Alt + 오른쪽
선택한 클립을 왼쪽으로 다섯 프레임 이동	Alt + Shift + 왼쪽
선택한 클립을 오른쪽으로 다섯 프레임 이동	Alt + Shift + 오른쪽
잔물결 삭제	Alt + 백스페이스
작업 영역 막대 시작점 설정	Alt + [
작업 영역 막대 종료 포인트 설정	Alt +]
다음 클립 화면 표시	Page Down
이전 클립 화면 표시	Page Up
선택한 클립을 왼쪽으로 한 프레임 밀기	Alt + ,
선택한 클립을 오른쪽으로 한 프레임 밀기	Alt + .
선택한 클립을 왼쪽으로 다섯 프레임 밀기	Alt + Shift + ,
선택한 클립을 오른쪽으로 다섯 프레임 밀기	Alt + Shift + .
선택한 클립을 왼쪽으로 한 프레임 밀어넣기	Ctrl + Alt + 왼쪽
선택한 클립을 오른쪽으로 한 프레임 밀어넣기	Ctrl + Alt + 오른쪽
선택한 클립을 왼쪽으로 다섯 프레임 밀어넣기	Ctrl + Alt + Shift + 왼쪽
선택한 클립을 오른쪽으로 다섯 프레임 밀어넣기	Ctrl + Alt + Shift + 오른쪽

찾아보기